解説（計算例）目次

一覧式17大付録

（注）　平成25年1月1日から令和19年12月31日までの間に生ずる所得については，源泉所得税を徴収する際，復興特別所得税を併せて徴収し，源泉所得税の法定納期限までに，その復興特別所得税を源泉所得税と併せて納付しなければならないこととされました。
　この源泉徴収税額表の税額には復興特別所得税相当額が含まれています。

本書は，令和6年4月30日現在の法令等によっています。

その月の社会保険料等控除後の給与等の金額 以上	未満	甲 扶養親族等の数 0人	1人	2人	3人	4人	5人	6人	7人	乙 税額
円	円	円 税	円	円	円	円	円 額	円	円	円 税　額
88,000 円未満		0	0	0	0	0	0	0	0	その月の社会保険料等控除後の給与等の金額の3.063%に相当する金額
88,000	89,000	130	0	0	0	0	0	0	0	3,200
89,000	90,000	180	0	0	0	0	0	0	0	3,200
90,000	91,000	230	0	0	0	0	0	0	0	3,200
91,000	92,000	290	0	0	0	0	0	0	0	3,200
92,000	93,000	340	0	0	0	0	0	0	0	3,300
93,000	94,000	390	0	0	0	0	0	0	0	3,300
94,000	95,000	440	0	0	0	0	0	0	0	3,300
95,000	96,000	490	0	0	0	0	0	0	0	3,400
96,000	97,000	540	0	0	0	0	0	0	0	3,400
97,000	98,000	590	0	0	0	0	0	0	0	3,500
98,000	99,000	640	0	0	0	0	0	0	0	3,500
99,000	101,000	720	0	0	0	0	0	0	0	3,600
101,000	103,000	830	0	0	0	0	0	0	0	3,600
103,000	105,000	930	0	0	0	0	0	0	0	3,700
105,000	107,000	1,030	0	0	0	0	0	0	0	3,800
107,000	109,000	1,130	0	0	0	0	0	0	0	3,800
109,000	111,000	1,240	0	0	0	0	0	0	0	3,900
111,000	113,000	1,340	0	0	0	0	0	0	0	4,000
113,000	115,000	1,440	0	0	0	0	0	0	0	4,100
115,000	117,000	1,540	0	0	0	0	0	0	0	4,100
117,000	119,000	1,640	0	0	0	0	0	0	0	4,200
119,000	121,000	1,750	120	0	0	0	0	0	0	4,300
121,000	123,000	1,850	220	0	0	0	0	0	0	4,500
123,000	125,000	1,950	330	0	0	0	0	0	0	4,800
125,000	127,000	2,050	430	0	0	0	0	0	0	5,100
127,000	129,000	2,150	530	0	0	0	0	0	0	5,400
129,000	131,000	2,260	630	0	0	0	0	0	0	5,700
131,000	133,000	2,360	740	0	0	0	0	0	0	6,000
133,000	135,000	2,460	840	0	0	0	0	0	0	6,300
135,000	137,000	2,550	930	0	0	0	0	0	0	6,600
137,000	139,000	2,610	990	0	0	0	0	0	0	6,800
139,000	141,000	2,680	1,050	0	0	0	0	0	0	7,100
141,000	143,000	2,740	1,110	0	0	0	0	0	0	7,500
143,000	145,000	2,800	1,170	0	0	0	0	0	0	7,800
145,000	147,000	2,860	1,240	0	0	0	0	0	0	8,100
147,000	149,000	2,920	1,300	0	0	0	0	0	0	8,400
149,000	151,000	2,980	1,360	0	0	0	0	0	0	8,700
151,000	153,000	3,050	1,430	0	0	0	0	0	0	9,000
153,000	155,000	3,120	1,500	0	0	0	0	0	0	9,300
155,000	157,000	3,200	1,570	0	0	0	0	0	0	9,600
157,000	159,000	3,270	1,640	0	0	0	0	0	0	9,900
159,000	161,000	3,340	1,720	100	0	0	0	0	0	10,200
161,000	163,000	3,410	1,790	170	0	0	0	0	0	10,500
163,000	165,000	3,480	1,860	250	0	0	0	0	0	10,800
165,000	167,000	3,550	1,930	320	0	0	0	0	0	11,100

「扶養控除等申告書」を提出している人について使用

「扶養控除等申告書」を提出しない人について使用

月額表

その月の社会保険料等控除後の給与等の金額		甲									乙	
		扶　養　親　族　等　の　数										
		0　人	1　人	2　人	3　人	4　人	5　人	6　人	7　人		税　額	
以　上	未　満	税					額				税　額	
円	円	円	円	円	円	円	円	円	円		円	
167,000	169,000	3,620	2,000	390	0	0	0	0	0		11,400	
169,000	171,000	3,700	2,070	460	0	0	0	0	0		11,700	
171,000	173,000	3,770	2,140	530	0	0	0	0	0		12,000	
173,000	175,000	3,840	2,220	600	0	0	0	0	0		12,400	
175,000	177,000	3,910	2,290	670	0	0	0	0	0		12,700	
177,000	179,000	3,980	2,360	750	0	0	0	0	0		13,200	
179,000	181,000	4,050	2,430	820	0	0	0	0	0		13,900	
181,000	183,000	4,120	2,500	890	0	0	0	0	0		14,600	
183,000	185,000	4,200	2,570	960	0	0	0	0	0		15,300	
185,000	187,000	4,270	2,640	1,030	0	0	0	0	0		16,000	
187,000	189,000	4,340	2,720	1,100	0	0	0	0	0		16,700	
189,000	191,000	4,410	2,790	1,170	0	0	0	0	0		17,500	
191,000	193,000	4,480	2,860	1,250	0	0	0	0	0		18,100	
193,000	195,000	4,550	2,930	1,320	0	0	0	0	0		18,800	
195,000	197,000	4,630	3,000	1,390	0	0	0	0	0		19,500	
197,000	199,000	4,700	3,070	1,460	0	0	0	0	0		20,200	
199,000	201,000	4,770	3,140	1,530	0	0	0	0	0		20,900	
201,000	203,000	4,840	3,220	1,600	0	0	0	0	0		21,500	
203,000	205,000	4,910	3,290	1,670	0	0	0	0	0		22,200	
205,000	207,000	4,980	3,360	1,750	130	0	0	0	0		22,700	
207,000	209,000	5,050	3,430	1,820	200	0	0	0	0		23,300	
209,000	211,000	5,130	3,500	1,890	280	0	0	0	0		23,900	
211,000	213,000	5,200	3,570	1,960	350	0	0	0	0		24,400	
213,000	215,000	5,270	3,640	2,030	420	0	0	0	0		25,000	
215,000	217,000	5,340	3,720	2,100	490	0	0	0	0		25,500	
217,000	219,000	5,410	3,790	2,170	560	0	0	0	0		26,100	
219,000	221,000	5,480	3,860	2,250	630	0	0	0	0		26,800	
221,000	224,000	5,560	3,950	2,340	710	0	0	0	0		27,400	
224,000	227,000	5,680	4,060	2,440	830	0	0	0	0		28,400	
227,000	230,000	5,780	4,170	2,550	930	0	0	0	0		29,300	
230,000	233,000	5,890	4,280	2,650	1,040	0	0	0	0		30,300	
233,000	236,000	5,990	4,380	2,770	1,140	0	0	0	0		31,300	
236,000	239,000	6,110	4,490	2,870	1,260	0	0	0	0		32,400	
239,000	242,000	6,210	4,590	2,980	1,360	0	0	0	0		33,400	
242,000	245,000	6,320	4,710	3,080	1,470	0	0	0	0		34,400	
245,000	248,000	6,420	4,810	3,200	1,570	0	0	0	0		35,400	
248,000	251,000	6,530	4,920	3,300	1,680	0	0	0	0		36,400	
251,000	254,000	6,640	5,020	3,410	1,790	170	0	0	0		37,500	
254,000	257,000	6,750	5,140	3,510	1,900	290	0	0	0		38,500	
257,000	260,000	6,850	5,240	3,620	2,000	390	0	0	0		39,400	
260,000	263,000	6,960	5,350	3,730	2,110	500	0	0	0		40,400	
263,000	266,000	7,070	5,450	3,840	2,220	600	0	0	0		41,500	
266,000	269,000	7,180	5,560	3,940	2,330	710	0	0	0		42,500	
269,000	272,000	7,280	5,670	4,050	2,430	820	0	0	0		43,500	
272,000	275,000	7,390	5,780	4,160	2,540	930	0	0	0		44,500	
275,000	278,000	7,490	5,880	4,270	2,640	1,030	0	0	0		45,500	
278,000	281,000	7,610	5,990	4,370	2,760	1,140	0	0	0		46,600	
281,000	284,000	7,710	6,100	4,480	2,860	1,250	0	0	0		47,600	
284,000	287,000	7,820	6,210	4,580	2,970	1,360	0	0	0		48,600	
287,000	290,000	7,920	6,310	4,700	3,070	1,460	0	0	0		49,700	

「扶養控除等申告書」を提出している人について使用　　　　「扶養控除等申告書」を提出しない人について使用

月額表

その月の社会保険料等控除後の給与等の金額		甲 扶養親族等の数								乙
以上	未満	0 人	1 人	2 人	3 人	4 人	5 人	6 人	7 人	税 額
円	円	税　　　　　　　　　　　額								円
290,000	293,000	8,040	6,420	4,800	3,190	1,570	0	0	0	50,900
293,000	296,000	8,140	6,520	4,910	3,290	1,670	0	0	0	52,100
296,000	299,000	8,250	6,640	5,010	3,400	1,790	160	0	0	52,900
299,000	302,000	8,420	6,740	5,130	3,510	1,890	280	0	0	53,700
302,000	305,000	8,670	6,860	5,250	3,630	2,010	400	0	0	54,500
305,000	308,000	8,910	6,980	5,370	3,760	2,130	520	0	0	55,200
308,000	311,000	9,160	7,110	5,490	3,880	2,260	640	0	0	56,100
311,000	314,000	9,400	7,230	5,620	4,000	2,380	770	0	0	56,900
314,000	317,000	9,650	7,350	5,740	4,120	2,500	890	0	0	57,800
317,000	320,000	9,890	7,470	5,860	4,250	2,620	1,010	0	0	58,800
320,000	323,000	10,140	7,600	5,980	4,370	2,750	1,130	0	0	59,800
323,000	326,000	10,380	7,720	6,110	4,490	2,870	1,260	0	0	60,900
326,000	329,000	10,630	7,840	6,230	4,610	2,990	1,380	0	0	61,900
329,000	332,000	10,870	7,960	6,350	4,740	3,110	1,500	0	0	62,900
332,000	335,000	11,120	8,090	6,470	4,860	3,240	1,620	0	0	63,900
335,000	338,000	11,360	8,210	6,600	4,980	3,360	1,750	130	0	64,900
338,000	341,000	11,610	8,370	6,720	5,110	3,480	1,870	260	0	66,000
341,000	344,000	11,850	8,620	6,840	5,230	3,600	1,990	380	0	67,000
344,000	347,000	12,100	8,860	6,960	5,350	3,730	2,110	500	0	68,000
347,000	350,000	12,340	9,110	7,090	5,470	3,850	2,240	620	0	69,000
350,000	353,000	12,590	9,350	7,210	5,600	3,970	2,360	750	0	70,000
353,000	356,000	12,830	9,600	7,330	5,720	4,090	2,480	870	0	71,100
356,000	359,000	13,080	9,840	7,450	5,840	4,220	2,600	990	0	72,100
359,000	362,000	13,320	10,090	7,580	5,960	4,340	2,730	1,110	0	73,100
362,000	365,000	13,570	10,330	7,700	6,090	4,460	2,850	1,240	0	74,200
365,000	368,000	13,810	10,580	7,820	6,210	4,580	2,970	1,360	0	75,200
368,000	371,000	14,060	10,820	7,940	6,330	4,710	3,090	1,480	0	76,200
371,000	374,000	14,300	11,070	8,070	6,450	4,830	3,220	1,600	0	77,100
374,000	377,000	14,550	11,310	8,190	6,580	4,950	3,340	1,730	100	78,100
377,000	380,000	14,790	11,560	8,320	6,700	5,070	3,460	1,850	220	79,000
380,000	383,000	15,040	11,800	8,570	6,820	5,200	3,580	1,970	350	79,900
383,000	386,000	15,280	12,050	8,810	6,940	5,320	3,710	2,090	470	81,400
386,000	389,000	15,530	12,290	9,060	7,070	5,440	3,830	2,220	590	83,100
389,000	392,000	15,770	12,540	9,300	7,190	5,560	3,950	2,340	710	84,700
392,000	395,000	16,020	12,780	9,550	7,310	5,690	4,070	2,460	840	86,500
395,000	398,000	16,260	13,030	9,790	7,430	5,810	4,200	2,580	960	88,200
398,000	401,000	16,510	13,270	10,040	7,560	5,930	4,320	2,710	1,080	89,800
401,000	404,000	16,750	13,520	10,280	7,680	6,050	4,440	2,830	1,200	91,600
404,000	407,000	17,000	13,760	10,530	7,800	6,180	4,560	2,950	1,330	93,300
407,000	410,000	17,240	14,010	10,770	7,920	6,300	4,690	3,070	1,450	95,000
410,000	413,000	17,490	14,250	11,020	8,050	6,420	4,810	3,200	1,570	96,700
413,000	416,000	17,730	14,500	11,260	8,170	6,540	4,930	3,320	1,690	98,300
416,000	419,000	17,980	14,740	11,510	8,290	6,670	5,050	3,440	1,820	100,100
419,000	422,000	18,220	14,990	11,750	8,530	6,790	5,180	3,560	1,940	101,800
422,000	425,000	18,470	15,230	12,000	8,770	6,910	5,300	3,690	2,060	103,400
425,000	428,000	18,710	15,480	12,240	9,020	7,030	5,420	3,810	2,180	105,200
428,000	431,000	18,960	15,720	12,490	9,260	7,160	5,540	3,930	2,310	106,900
431,000	434,000	19,210	15,970	12,730	9,510	7,280	5,670	4,050	2,430	108,500
434,000	437,000	19,450	16,210	12,980	9,750	7,400	5,790	4,180	2,550	110,300
437,000	440,000	19,700	16,460	13,220	10,000	7,520	5,910	4,300	2,680	112,000

「扶養控除等申告書」を提出している人について使用

「扶養控除等申告書」を提出しない人について使用

その月の社会保険料等控除後の給与等の金額		甲								乙
		扶　養　親　族　等　の　数								
以　上	未　満	0 人	1 人	2 人	3 人	4 人	5 人	6 人	7 人	税　額
		税					額			税　額
円	円	円	円	円	円	円	円	円	円	円
440,000	443,000	20,090	16,700	13,470	10,240	7,650	6,030	4,420	2,800	113,600
443,000	446,000	20,580	16,950	13,710	10,490	7,770	6,160	4,540	2,920	115,400
446,000	449,000	21,070	17,190	13,960	10,730	7,890	6,280	4,670	3,040	117,100
449,000	452,000	21,560	17,440	14,200	10,980	8,010	6,400	4,790	3,170	118,700
452,000	455,000	22,050	17,680	14,450	11,220	8,140	6,520	4,910	3,290	120,500
455,000	458,000	22,540	17,930	14,690	11,470	8,260	6,650	5,030	3,410	122,200
458,000	461,000	23,030	18,170	14,940	11,710	8,470	6,770	5,160	3,530	123,800
461,000	464,000	23,520	18,420	15,180	11,960	8,720	6,890	5,280	3,660	125,600
464,000	467,000	24,010	18,660	15,430	12,200	8,960	7,010	5,400	3,780	127,300
467,000	470,000	24,500	18,910	15,670	12,450	9,210	7,140	5,520	3,900	129,000
470,000	473,000	24,990	19,150	15,920	12,690	9,450	7,260	5,650	4,020	130,700
473,000	476,000	25,480	19,400	16,160	12,940	9,700	7,380	5,770	4,150	132,300
476,000	479,000	25,970	19,640	16,410	13,180	9,940	7,500	5,890	4,270	134,000
479,000	482,000	26,460	20,000	16,650	13,430	10,190	7,630	6,010	4,390	135,600
482,000	485,000	26,950	20,490	16,900	13,670	10,430	7,750	6,140	4,510	137,200
485,000	488,000	27,440	20,980	17,140	13,920	10,680	7,870	6,260	4,640	138,800
488,000	491,000	27,930	21,470	17,390	14,160	10,920	7,990	6,380	4,760	140,400
491,000	494,000	28,420	21,960	17,630	14,410	11,170	8,120	6,500	4,880	142,000
494,000	497,000	28,910	22,450	17,880	14,650	11,410	8,240	6,630	5,000	143,700
497,000	500,000	29,400	22,940	18,120	14,900	11,660	8,420	6,750	5,130	145,200
500,000	503,000	29,890	23,430	18,370	15,140	11,900	8,670	6,870	5,250	146,800
503,000	506,000	30,380	23,920	18,610	15,390	12,150	8,910	6,990	5,370	148,500
506,000	509,000	30,880	24,410	18,860	15,630	12,390	9,160	7,120	5,490	150,100
509,000	512,000	31,370	24,900	19,100	15,880	12,640	9,400	7,240	5,620	151,600
512,000	515,000	31,860	25,390	19,350	16,120	12,890	9,650	7,360	5,740	153,300
515,000	518,000	32,350	25,880	19,590	16,370	13,130	9,890	7,480	5,860	154,900
518,000	521,000	32,840	26,370	19,900	16,610	13,380	10,140	7,610	5,980	156,500
521,000	524,000	33,330	26,860	20,390	16,860	13,620	10,380	7,730	6,110	158,100
524,000	527,000	33,820	27,350	20,880	17,100	13,870	10,630	7,850	6,230	159,600
527,000	530,000	34,310	27,840	21,370	17,350	14,110	10,870	7,970	6,350	161,000
530,000	533,000	34,800	28,330	21,860	17,590	14,360	11,120	8,100	6,470	162,500
533,000	536,000	35,290	28,820	22,350	17,840	14,600	11,360	8,220	6,600	164,000
536,000	539,000	35,780	29,310	22,840	18,080	14,850	11,610	8,380	6,720	165,400
539,000	542,000	36,270	29,800	23,330	18,330	15,090	11,850	8,630	6,840	166,900
542,000	545,000	36,760	30,290	23,820	18,570	15,340	12,100	8,870	6,960	168,400
545,000	548,000	37,250	30,780	24,310	18,820	15,580	12,340	9,120	7,090	169,900
548,000	551,000	37,740	31,270	24,800	19,060	15,830	12,590	9,360	7,210	171,300
551,000	554,000	38,280	31,810	25,340	19,330	16,100	12,860	9,630	7,350	172,800
554,000	557,000	38,830	32,370	25,890	19,600	16,380	13,140	9,900	7,480	174,300
557,000	560,000	39,380	32,920	26,440	19,980	16,650	13,420	10,180	7,630	175,700
560,000	563,000	39,930	33,470	27,000	20,530	16,930	13,690	10,460	7,760	177,200
563,000	566,000	40,480	34,020	27,550	21,080	17,200	13,970	10,730	7,900	178,700
566,000	569,000	41,030	34,570	28,100	21,630	17,480	14,240	11,010	8,040	180,100
569,000	572,000	41,590	35,120	28,650	22,190	17,760	14,520	11,280	8,180	181,600
572,000	575,000	42,140	35,670	29,200	22,740	18,030	14,790	11,560	8,330	183,100
575,000	578,000	42,690	36,230	29,750	23,290	18,310	15,070	11,830	8,610	184,600
578,000	581,000	43,240	36,780	30,300	23,840	18,580	15,350	12,110	8,880	186,000
581,000	584,000	43,790	37,330	30,850	24,390	18,860	15,620	12,380	9,160	187,500
584,000	587,000	44,340	37,880	31,410	24,940	19,130	15,900	12,660	9,430	189,000
587,000	590,000	44,890	38,430	31,960	25,490	19,410	16,170	12,940	9,710	190,400

「扶養控除等申告書」を提出している人について使用

「扶養控除等申告書」を提出しない人について使用

月額表

その月の社会保険料等控除後の給与等の金額		甲								乙
		扶 養 親 族 等 の 数								
		0 人	1 人	2 人	3 人	4 人	5 人	6 人	7 人	
以 上	未 満	税					額			税 額
円	円	円	円	円	円	円	円	円	円	円
590,000	593,000	45,440	38,980	32,510	26,050	19,680	16,450	13,210	9,990	191,900
593,000	596,000	46,000	39,530	33,060	26,600	20,130	16,720	13,490	10,260	193,400
596,000	599,000	46,550	40,080	33,610	27,150	20,690	17,000	13,760	10,540	194,800
599,000	602,000	47,100	40,640	34,160	27,700	21,240	17,280	14,040	10,810	196,300
602,000	605,000	47,650	41,190	34,710	28,250	21,790	17,550	14,310	11,090	197,800
605,000	608,000	48,200	41,740	35,270	28,800	22,340	17,830	14,590	11,360	199,300
608,000	611,000	48,750	42,290	35,820	29,350	22,890	18,100	14,870	11,640	200,700
611,000	614,000	49,300	42,840	36,370	29,910	23,440	18,380	15,140	11,920	202,200
614,000	617,000	49,860	43,390	36,920	30,460	23,990	18,650	15,420	12,190	203,700
617,000	620,000	50,410	43,940	37,470	31,010	24,540	18,930	15,690	12,470	205,100
620,000	623,000	50,960	44,500	38,020	31,560	25,100	19,210	15,970	12,740	206,700
623,000	626,000	51,510	45,050	38,570	32,110	25,650	19,480	16,240	13,020	208,100
626,000	629,000	52,060	45,600	39,120	32,660	26,200	19,760	16,520	13,290	209,500
629,000	632,000	52,610	46,150	39,680	33,210	26,750	20,280	16,800	13,570	211,000
632,000	635,000	53,160	46,700	40,230	33,760	27,300	20,830	17,070	13,840	212,500
635,000	638,000	53,710	47,250	40,780	34,320	27,850	21,380	17,350	14,120	214,000
638,000	641,000	54,270	47,800	41,330	34,870	28,400	21,930	17,620	14,400	214,900
641,000	644,000	54,820	48,350	41,880	35,420	28,960	22,480	17,900	14,670	215,900
644,000	647,000	55,370	48,910	42,430	35,970	29,510	23,030	18,170	14,950	217,000
647,000	650,000	55,920	49,460	42,980	36,520	30,060	23,590	18,450	15,220	218,000
650,000	653,000	56,470	50,010	43,540	37,070	30,610	24,140	18,730	15,500	219,000
653,000	656,000	57,020	50,560	44,090	37,620	31,160	24,690	19,000	15,770	220,000
656,000	659,000	57,570	51,110	44,640	38,180	31,710	25,240	19,280	16,050	221,000
659,000	662,000	58,130	51,660	45,190	38,730	32,260	25,790	19,550	16,330	222,100
662,000	665,000	58,680	52,210	45,740	39,280	32,810	26,340	19,880	16,600	223,100
665,000	668,000	59,230	52,770	46,290	39,830	33,370	26,890	20,430	16,880	224,100
668,000	671,000	59,780	53,320	46,840	40,380	33,920	27,440	20,980	17,150	225,000
671,000	674,000	60,330	53,870	47,390	40,930	34,470	28,000	21,530	17,430	226,000
674,000	677,000	60,880	54,420	47,950	41,480	35,020	28,550	22,080	17,700	227,100
677,000	680,000	61,430	54,970	48,500	42,030	35,570	29,100	22,640	17,980	228,100
680,000	683,000	61,980	55,520	49,050	42,590	36,120	29,650	23,190	18,260	229,100
683,000	686,000	62,540	56,070	49,600	43,140	36,670	30,200	23,740	18,530	230,400
686,000	689,000	63,090	56,620	50,150	43,690	37,230	30,750	24,290	18,810	232,100
689,000	692,000	63,640	57,180	50,700	44,240	37,780	31,300	24,840	19,080	233,600
692,000	695,000	64,190	57,730	51,250	44,790	38,330	31,860	25,390	19,360	235,100
695,000	698,000	64,740	58,280	51,810	45,340	38,880	32,410	25,940	19,630	236,700
698,000	701,000	65,290	58,830	52,360	45,890	39,430	32,960	26,490	20,030	238,200
701,000	704,000	65,840	59,380	52,910	46,450	39,980	33,510	27,050	20,580	239,700
704,000	707,000	66,400	59,930	53,460	47,000	40,530	34,060	27,600	21,130	241,300
707,000	710,000	66,960	60,480	54,020	47,550	41,090	34,620	28,150	21,690	242,900
710,000	713,000	67,570	61,100	54,630	48,160	41,700	35,230	28,760	22,300	244,400
713,000	716,000	68,180	61,710	55,250	48,770	42,310	35,850	29,370	22,910	246,000
716,000	719,000	68,790	62,320	55,860	49,390	42,920	36,460	29,990	23,520	247,500
719,000	722,000	69,410	62,930	56,470	50,000	43,540	37,070	30,600	24,140	249,000
722,000	725,000	70,020	63,550	57,080	50,610	44,150	37,690	31,210	24,750	250,600
725,000	728,000	70,630	64,160	57,700	51,220	44,760	38,300	31,820	25,360	252,200
728,000	731,000	71,250	64,770	58,310	51,840	45,370	38,910	32,440	25,970	253,700
731,000	734,000	71,860	65,380	58,920	52,450	45,990	39,520	33,050	26,590	255,300
734,000	737,000	72,470	66,000	59,530	53,060	46,600	40,140	33,660	27,200	256,800
737,000	740,000	73,080	66,610	60,150	53,670	47,210	40,750	34,270	27,810	258,300

「扶養控除等申告書」を提出している人について使用

「扶養控除等申告書」を提出しない人について使用

その月の社会保険料等控除後の給与等の金額	甲								乙
	扶 養 親 族 等 の 数								
	0 人	1 人	2 人	3 人	4 人	5 人	6 人	7 人	
以 上　　　未 満	税					額			税　　　額
740,000円	円 73,390	円 66,920	円 60,450	円 53,980	円 47,520	円 41,050	円 34,580	円 28,120	円 259,800
740,000円を超え780,000円に満たない金額	740,000円の場合の税額に、その月の社会保険料等控除後の給与等の金額のうち740,000円を超える金額の20.42％に相当する金額を加算した金額								259,800円に、その月の社会保険料等控除後の給与等の金額のうち740,000円を超える金額の40.84％に相当する金額を加算した金額
780,000円	円 81,560	円 75,090	円 68,620	円 62,150	円 55,690	円 49,220	円 42,750	円 36,290	
780,000円を超え950,000円に満たない金額	780,000円の場合の税額に、その月の社会保険料等控除後の給与等の金額のうち780,000円を超える金額の23.483％に相当する金額を加算した金額								
950,000円	円 121,480	円 115,010	円 108,540	円 102,070	円 95,610	円 89,140	円 82,670	円 76,210	
950,000円を超え1,700,000円に満たない金額	950,000円の場合の税額に、その月の社会保険料等控除後の給与等の金額のうち950,000円を超える金額の33.693％に相当する金額を加算した金額								
1,700,000円	円 374,180	円 367,710	円 361,240	円 354,770	円 348,310	円 341,840	円 335,370	円 328,910	円 651,900
1,700,000円を超え2,170,000円に満たない金額	1,700,000円の場合の税額に，その月の社会保険料等控除後の給与等の金額のうち1,700,000円を超える金額の40.84％に相当する金額を加算した金額								651,900円に、その月の社会保険料等控除後の給与等の金額のうち1,700,000円を超える金額の45.945％に相当する金額を加算した金額
2,170,000円	円 571,570	円 565,090	円 558,630	円 552,160	円 545,690	円 539,230	円 532,760	円 526,290	
2,170,000円を超え2,210,000円に満たない金額	2,170,000円の場合の税額に、その月の社会保険料等控除後の給与等の金額のうち2,170,000円を超える金額の40.84％に相当する金額を加算した金額								
2,210,000円	円 593,340	円 586,870	円 580,410	円 573,930	円 567,470	円 561,010	円 554,540	円 548,070	
2,210,000円を超え2,250,000円に満たない金額	2,210,000円の場合の税額に、その月の社会保険料等控除後の給与等の金額のうち2,210,000円を超える金額の40.84％に相当する金額を加算した金額								
2,250,000円	円 615,120	円 608,650	円 602,190	円 595,710	円 589,250	円 582,790	円 576,310	円 569,850	
2,250,000円を超え3,500,000円に満たない金額	2,250,000円の場合の税額に、その月の社会保険料等控除後の給与等の金額のうち2,250,000円を超える金額の40.84％に相当する金額を加算した金額								

月額表

「扶養控除等申告書」を提出している人について使用

「扶養控除等申告書」を提出していない人について使用

月額
表

その月の社会保険料等控除後の給与等の金額	甲								乙	
	扶　養　親　族　等　の　数									
	0　人	1　人	2　人	3　人	4　人	5　人	6　人	7　人	税　　　額	
以　上　　未　満	税					額			税　　　　額	
3,500,000円	円 1,125,620	円 1,119,150	円 1,112,690	円 1,106,210	円 1,099,750	円 1,093,290	円 1,086,810	円 1,080,350	651,900円に、その月の社会保険料等控除後の給与等の金額のうち1,700,000円を超える金額の45.945％に相当する金額を加算した金額	
3,500,000円を超える金額	3,500,000円の場合の税額に、その月の社会保険料等控除後の給与等の金額のうち3,500,000円を超える金額の45.945％に相当する金額を加算した金額									
扶養親族等の数が7人を超える場合には、扶養親族等の数が7人の場合の税額から、その7人を超える1人ごとに1,610円を控除した金額									従たる給与についての扶養控除等申告書が提出されている場合には、当該申告書に記載された扶養親族等の数に応じ、扶養親族等1人ごとに1,610円を、上の各欄によって求めた税額から控除した金額	

(注)　この表における用語の意味は、次のとおりです。

1　「扶養親族等」とは、源泉控除対象配偶者及び控除対象扶養親族をいいます。

2　「社会保険料等」とは、所得税法第74条第2項（社会保険料控除）に規定する社会保険料及び同法第75条第2項（小規模企業共済等掛金控除）に規定する小規模企業共済等掛金をいいます。

(備考)　税額の求め方は、次のとおりです。

1　「給与所得者の扶養控除等申告書」（以下この表において「扶養控除等申告書」といいます。）の提出があった人

(1)　まず、その人のその月の給与等の金額から、その給与等の金額から控除される社会保険料等の金額を控除した金額を求めます。

(2)　次に、扶養控除等申告書により申告された扶養親族等（その申告書に記載がされていないものとされる源泉控除対象配偶者を除きます。また、扶養親族等が国外居住親族である場合には、親族に該当する旨を証する書類（その国外居住親族である扶養親族等が年齢30歳以上70歳未満の控除対象扶養親族でありかつ、留学により国内に住所及び居所を有しなくなった人である場合には、親族に該当する旨を証する書類及び留学により国内に住所及び居所を有しなくなった人である場合には、親族に該当する旨を証する書類及び留学により国内に住所及び居所を有しなくなった人に該当する旨を証する書類）が扶養控除等申告書に添付され、又は扶養控除等申告書の提出の際に提示された扶養親族等に限ります。）の数が7人以下である場合には、(1)により求めた金額に応じて「その月の社会保険料等控除後の給与等の金額」欄の該当する行を求め、その行と扶養親族等の数に応じた甲欄の該当欄との交わるところに記載されている金額を求めます。これが求める税額です。

(3)　扶養控除等申告書により申告された扶養親族等の数が7人を超える場合には、(1)により求めた金額に応じて、扶養親族等の数が7人であるものとして(2)により求めた税額から、扶養親族等の数が7人を超える1人ごとに1,610円を控除した金額を求めます。これが求める税額です。

(4)　(2)及び(3)の場合において、扶養控除等申告書にその人が障害者（特別障害者を含みます。）、寡婦、ひと

り親又は勤労学生に該当する旨の記載があるときは、扶養親族等の数にこれらの一に該当するごとに1人を加算した数を、扶養控除等申告書にその人の同一生計配偶者又は扶養親族のうちに障害者（特別障害者を含みます。）又は同居特別障害者（障害者（特別障害者を含みます。）又は同居特別障害者が国外居住親族である場合には、親族に該当する旨を証する書類が扶養控除等申告書に添付され、又は当該書類が扶養控除等申告書の提出の際に提示された障害者（特別障害者を含みます。）又は同居特別障害者に限ります。）に該当する人がいる旨の記載があるときは、扶養親族等の数にこれらの一に該当するごとに1人を加算した数を、それぞれ（2）及び（3）の扶養親族等の数とします。

2　扶養控除等申告書の提出がない人（「従たる給与についての扶養控除等申告書」の提出があった人を含みます。）

その人のその月の給与等の金額から、その給与等の金額から控除される社会保険料等の金額を控除し、その控除後の金額に応じた「その月の社会保険料等控除後の給与等の金額」欄の該当する行と乙欄との交わるところに記載されている金額（「従たる給与についての扶養控除等申告書」の提出があった場合には、その申告書により申告された扶養親族等（その申告書に記載がされていないものとされる源泉控除対象配偶者を除きます。）の数に応じ、扶養親族等1人ごとに1,610円を控除した金額）を求めます。これが求める税額です。

日額表

| その日の社会保険料等控除後の給与等の金額 | | 甲 | | | | | | | | 乙 | 丙 |
以上	未満	0人	1人	2人	3人	4人	5人	6人	7人	税額	税額
円 2,900 円未満		円 0	円 0	円 0	円 0	円 0	円 0	円 0	円 0	円 その日の社会保険料等控除後の給与等の金額の3.063%に相当する金額	円 0
2,900	2,950	5	0	0	0	0	0	0	0	100	0
2,950	3,000	5	0	0	0	0	0	0	0	100	0
3,000	3,050	10	0	0	0	0	0	0	0	100	0
3,050	3,100	10	0	0	0	0	0	0	0	110	0
3,100	3,150	15	0	0	0	0	0	0	0	110	0
3,150	3,200	15	0	0	0	0	0	0	0	110	0
3,200	3,250	20	0	0	0	0	0	0	0	110	0
3,250	3,300	20	0	0	0	0	0	0	0	110	0
3,300	3,400	25	0	0	0	0	0	0	0	120	0
3,400	3,500	30	0	0	0	0	0	0	0	120	0
3,500	3,600	35	0	0	0	0	0	0	0	120	0
3,600	3,700	40	0	0	0	0	0	0	0	130	0
3,700	3,800	45	0	0	0	0	0	0	0	130	0
3,800	3,900	50	0	0	0	0	0	0	0	130	0
3,900	4,000	55	0	0	0	0	0	0	0	140	0
4,000	4,100	60	5	0	0	0	0	0	0	140	0
4,100	4,200	65	10	0	0	0	0	0	0	160	0
4,200	4,300	70	15	0	0	0	0	0	0	170	0
4,300	4,400	75	20	0	0	0	0	0	0	190	0
4,400	4,500	80	25	0	0	0	0	0	0	200	0
4,500	4,600	85	30	0	0	0	0	0	0	220	0
4,600	4,700	85	35	0	0	0	0	0	0	230	0
4,700	4,800	90	35	0	0	0	0	0	0	260	0
4,800	4,900	90	40	0	0	0	0	0	0	270	0
4,900	5,000	95	40	0	0	0	0	0	0	280	0
5,000	5,100	100	45	0	0	0	0	0	0	300	0
5,100	5,200	100	50	0	0	0	0	0	0	310	0
5,200	5,300	105	55	0	0	0	0	0	0	330	0
5,300	5,400	110	55	5	0	0	0	0	0	340	0
5,400	5,500	110	60	5	0	0	0	0	0	360	0
5,500	5,600	115	65	10	0	0	0	0	0	370	0
5,600	5,700	120	65	15	0	0	0	0	0	390	0
5,700	5,800	125	70	15	0	0	0	0	0	400	0
5,800	5,900	125	75	20	0	0	0	0	0	420	0
5,900	6,000	130	75	25	0	0	0	0	0	440	0
6,000	6,100	135	80	30	0	0	0	0	0	470	0
6,100	6,200	135	85	30	0	0	0	0	0	510	0
6,200	6,300	140	90	35	0	0	0	0	0	540	0
6,300	6,400	150	90	40	0	0	0	0	0	580	0
6,400	6,500	150	95	40	0	0	0	0	0	610	0
6,500	6,600	155	100	45	0	0	0	0	0	650	0
6,600	6,700	160	100	50	0	0	0	0	0	680	0
6,700	6,800	165	105	50	0	0	0	0	0	710	0
6,800	6,900	165	110	55	5	0	0	0	0	750	0
6,900	7,000	170	110	60	5	0	0	0	0	780	0

「扶養控除等申告書」を提出している人について使用

乙：「扶養控除等申告書」を提出しない人について使用

丙：日雇労働者について使用

その日の社会保険料等控除後の給与等の金額		甲 扶養親族等の数								乙	丙
以上	未満	0人	1人	2人	3人	4人	5人	6人	7人	税額	税額
円	円	円	円	円	円	円	円	円	円	円	円
7,000	7,100	175	115	65	10	0	0	0	0	810	0
7,100	7,200	175	120	65	15	0	0	0	0	840	0
7,200	7,300	180	125	70	15	0	0	0	0	860	0
7,300	7,400	185	125	75	20	0	0	0	0	890	0
7,400	7,500	185	130	75	25	0	0	0	0	920	0
7,500	7,600	190	135	80	30	0	0	0	0	960	0
7,600	7,700	195	135	85	30	0	0	0	0	990	0
7,700	7,800	200	140	85	35	0	0	0	0	1,020	0
7,800	7,900	200	150	90	40	0	0	0	0	1,060	0
7,900	8,000	205	150	95	40	0	0	0	0	1,090	0
8,000	8,100	210	155	100	45	0	0	0	0	1,120	0
8,100	8,200	210	160	100	50	0	0	0	0	1,150	0
8,200	8,300	215	165	105	50	0	0	0	0	1,190	0
8,300	8,400	220	165	110	55	5	0	0	0	1,230	0
8,400	8,500	220	170	110	60	5	0	0	0	1,260	0
8,500	8,600	225	175	115	65	10	0	0	0	1,300	0
8,600	8,700	230	175	120	65	15	0	0	0	1,330	0
8,700	8,800	235	180	120	70	15	0	0	0	1,360	0
8,800	8,900	235	185	125	75	20	0	0	0	1,400	0
8,900	9,000	240	185	130	75	25	0	0	0	1,430	0
9,000	9,100	245	190	135	80	25	0	0	0	1,460	0
9,100	9,200	245	195	135	85	30	0	0	0	1,490	0
9,200	9,300	250	200	140	85	35	0	0	0	1,530	0
9,300	9,400	255	200	150	90	40	0	0	0	1,560	3
9,400	9,500	255	205	150	95	40	0	0	0	1,590	6
9,500	9,600	260	210	155	100	45	0	0	0	1,630	10
9,600	9,700	265	210	160	100	50	0	0	0	1,670	13
9,700	9,800	270	215	160	105	50	0	0	0	1,710	17
9,800	9,900	270	220	165	110	55	0	0	0	1,750	20
9,900	10,000	275	220	170	110	60	5	0	0	1,780	24
10,000	10,100	280	225	175	115	65	10	0	0	1,800	27
10,100	10,200	290	230	175	120	65	15	0	0	1,830	31
10,200	10,300	300	235	180	125	70	20	0	0	1,850	34
10,300	10,400	305	240	185	125	75	20	0	0	1,880	38
10,400	10,500	315	240	190	130	80	25	0	0	1,910	41
10,500	10,600	320	245	195	135	85	30	0	0	1,940	45
10,600	10,700	330	250	195	140	85	35	0	0	1,970	49
10,700	10,800	340	255	200	150	90	40	0	0	2,000	53
10,800	10,900	345	260	205	150	95	40	0	0	2,040	56
10,900	11,000	355	260	210	155	100	45	0	0	2,070	60
11,000	11,100	360	265	215	160	105	50	0	0	2,110	63
11,100	11,200	370	270	215	165	105	55	0	0	2,140	67
11,200	11,300	380	275	220	170	110	60	5	0	2,170	70
11,300	11,400	385	280	225	170	115	60	10	0	2,220	74
11,400	11,500	400	290	230	175	120	65	15	0	2,250	77
11,500	11,600	405	295	235	180	125	70	15	0	2,280	81
11,600	11,700	415	305	235	185	125	75	20	0	2,320	84
11,700	11,800	425	310	240	190	130	80	25	0	2,350	88
11,800	11,900	430	320	245	190	135	80	30	0	2,380	91
11,900	12,000	440	330	250	195	140	85	35	0	2,420	95

「扶養控除等申告書」を提出している人について使用　　　　「扶養控除等申告書」を提出しない人について使用　　日雇労働者について使用

日額表

その日の社会保険料等控除後の給与等の金額		甲								乙	丙
		扶 養 親 族 等 の 数									
		0 人	1 人	2 人	3 人	4 人	5 人	6 人	7 人		
以 上	未 満	税						額		税 額	税 額
円	円	円	円	円	円	円	円	円	円	円	円
12,000	12,100	445	335	255	200	150	90	35	0	2,450	99
12,100	12,200	455	345	255	205	150	95	40	0	2,480	103
12,200	12,300	465	350	260	210	155	100	45	0	2,520	106
12,300	12,400	470	360	265	210	160	100	50	0	2,550	110
12,400	12,500	480	370	270	215	165	105	55	0	2,580	113
12,500	12,600	485	375	275	220	170	110	55	5	2,610	117
12,600	12,700	495	385	280	225	170	115	60	10	2,640	120
12,700	12,800	505	395	285	230	175	120	65	10	2,680	124
12,800	12,900	510	405	295	230	180	120	70	15	2,740	127
12,900	13,000	520	415	305	235	185	125	75	20	2,790	131
13,000	13,100	525	420	310	240	190	130	75	25	2,850	134
13,100	13,200	535	430	320	245	190	135	80	30	2,900	138
13,200	13,300	545	435	325	250	195	140	85	30	2,960	141
13,300	13,400	550	445	335	250	200	140	90	35	3,010	146
13,400	13,500	560	455	345	255	205	150	95	40	3,070	149
13,500	13,600	565	460	350	260	210	155	95	45	3,120	153
13,600	13,700	575	470	360	265	210	160	100	50	3,190	156
13,700	13,800	585	475	365	270	215	165	105	50	3,240	160
13,800	13,900	590	485	375	270	220	165	110	55	3,300	164
13,900	14,000	600	495	385	275	225	170	115	60	3,360	168
14,000	14,100	605	500	395	285	230	175	115	65	3,410	172
14,100	14,200	615	510	405	295	230	180	120	70	3,470	176
14,200	14,300	625	515	410	300	235	185	125	70	3,520	180
14,300	14,400	635	525	420	310	240	185	130	75	3,580	184
14,400	14,500	645	535	430	315	245	190	135	80	3,630	188
14,500	14,600	650	540	435	325	250	195	135	85	3,700	192
14,600	14,700	660	550	445	335	250	200	140	90	3,750	197
14,700	14,800	675	555	450	340	255	205	150	90	3,810	201
14,800	14,900	690	565	460	350	260	205	155	95	3,870	205
14,900	15,000	705	575	470	355	265	210	160	100	3,920	209
15,000	15,100	725	580	475	365	270	215	160	105	3,980	213
15,100	15,200	740	590	485	375	270	220	165	110	4,030	217
15,200	15,300	755	595	490	380	275	225	170	110	4,090	221
15,300	15,400	770	605	500	395	285	225	175	115	4,150	225
15,400	15,500	785	615	510	400	290	230	180	120	4,210	229
15,500	15,600	805	620	515	410	300	235	180	125	4,260	233
15,600	15,700	820	635	525	420	310	240	185	130	4,320	237
15,700	15,800	835	640	530	425	315	245	190	130	4,370	241
15,800	15,900	850	650	540	435	325	245	195	135	4,430	246
15,900	16,000	865	660	550	440	330	250	200	140	4,480	250
16,000	16,100	890	670	555	450	340	255	200	150	4,530	254
16,100	16,200	905	690	565	460	350	260	205	155	4,590	258
16,200	16,300	920	705	570	465	355	265	210	155	4,650	262
16,300	16,400	935	720	580	475	365	265	215	160	4,700	266
16,400	16,500	950	735	590	480	370	270	220	165	4,750	270
16,500	16,600	970	750	595	490	380	275	220	170	4,810	274
16,600	16,700	985	770	605	500	395	280	225	175	4,860	278
16,700	16,800	1,000	785	610	505	400	290	230	175	4,910	282
16,800	16,900	1,015	800	620	515	410	300	235	180	4,960	286
16,900	17,000	1,030	815	635	520	415	305	240	185	5,020	290

「扶養控除等申告書」を提出している人について使用　　　　「扶養控除等申告書」を提出しない人について使用　　日雇労働者について使用

その日の社会保険料等控除後の給与等の金額		甲								乙	丙
		扶　養　親　族　等　の　数									
以上	未満	0 人	1 人	2 人	3 人	4 人	5 人	6 人	7 人	税　額	税　額
		税					額				
円	円	円	円	円	円	円	円	円	円	円	円
17,000	17,100	1,050	830	640	530	425	315	240	190	5,070	295
17,100	17,200	1,065	850	650	540	435	320	245	195	5,130	299
17,200	17,300	1,080	865	655	545	440	330	250	195	5,180	303
17,300	17,400	1,095	885	670	555	450	340	255	200	5,240	307
17,400	17,500	1,110	900	685	560	455	345	260	205	5,290	311
17,500	17,600	1,135	915	700	570	465	355	260	210	5,340	315
17,600	17,700	1,150	935	715	580	475	360	265	215	5,380	319
17,700	17,800	1,165	950	735	585	480	370	270	215	5,430	323
17,800	17,900	1,180	965	750	595	490	380	275	220	5,480	327
17,900	18,000	1,195	980	765	600	495	385	280	225	5,530	331
18,000	18,100	1,215	995	780	610	505	400	290	230	5,580	335
18,100	18,200	1,230	1,015	795	620	515	405	295	235	5,630	339
18,200	18,300	1,245	1,030	815	625	520	415	305	235	5,680	344
18,300	18,400	1,260	1,045	830	640	530	425	310	240	5,730	348
18,400	18,500	1,280	1,065	845	650	540	430	320	245	5,780	352
18,500	18,600	1,300	1,080	865	655	545	440	330	250	5,830	356
18,600	18,700	1,315	1,100	890	670	555	450	340	255	5,870	360
18,700	18,800	1,335	1,115	905	690	565	460	350	260	5,920	364
18,800	18,900	1,350	1,140	925	710	575	470	355	265	5,970	368
18,900	19,000	1,375	1,160	940	725	585	475	365	270	6,020	372
19,000	19,100	1,395	1,175	960	745	590	485	375	275	6,070	376
19,100	19,200	1,410	1,195	980	760	600	495	385	280	6,120	384
19,200	19,300	1,430	1,210	995	780	610	505	400	290	6,170	393
19,300	19,400	1,445	1,230	1,015	800	620	515	405	295	6,220	401
19,400	19,500	1,465	1,250	1,030	815	635	520	415	305	6,270	409
19,500	19,600	1,485	1,265	1,050	835	640	530	425	315	6,320	417
19,600	19,700	1,500	1,285	1,070	850	650	540	435	325	6,360	425
19,700	19,800	1,520	1,300	1,085	870	660	550	445	335	6,410	433
19,800	19,900	1,535	1,320	1,105	895	675	560	450	340	6,460	442
19,900	20,000	1,555	1,340	1,125	910	695	565	460	350	6,510	450
20,000	20,100	1,575	1,355	1,145	930	715	575	470	360	6,570	458
20,100	20,200	1,590	1,380	1,165	945	730	585	480	370	6,610	466
20,200	20,300	1,615	1,395	1,180	965	750	595	490	380	6,660	474
20,300	20,400	1,630	1,415	1,200	985	765	605	495	385	6,710	482
20,400	20,500	1,650	1,435	1,215	1,000	785	610	505	400	6,760	491
20,500	20,600	1,670	1,450	1,235	1,020	805	620	515	410	6,810	499
20,600	20,700	1,685	1,470	1,255	1,035	820	635	525	420	6,850	507
20,700	20,800	1,705	1,485	1,270	1,055	840	645	535	430	6,900	515
20,800	20,900	1,720	1,505	1,290	1,075	855	655	540	435	6,950	523
20,900	21,000	1,740	1,525	1,305	1,090	880	665	550	445	7,000	531
21,000	21,100	1,760	1,540	1,325	1,110	900	680	560	455	7,060	540
21,100	21,200	1,775	1,560	1,345	1,130	915	700	570	465	7,100	548
21,200	21,300	1,795	1,575	1,365	1,150	935	720	580	475	7,150	556
21,300	21,400	1,810	1,595	1,385	1,170	950	735	585	480	7,180	564
21,400	21,500	1,830	1,620	1,400	1,185	970	755	595	490	7,210	572
21,500	21,600	1,855	1,635	1,420	1,205	990	770	605	500	7,250	580
21,600	21,700	1,870	1,655	1,440	1,220	1,005	790	615	510	7,280	589
21,700	21,800	1,890	1,670	1,455	1,240	1,025	810	625	520	7,310	597
21,800	21,900	1,905	1,690	1,475	1,260	1,040	825	635	525	7,340	605
21,900	22,000	1,925	1,710	1,490	1,275	1,060	845	645	535	7,380	613

「扶養控除等申告書」を提出している人について使用　　　「扶養控除等申告書」を提出しない人について使用　　　日雇労働者について使用

日額表

日額表

その日の社会保険料等控除後の給与等の金額		甲								乙	丙
		扶　養　親　族　等　の　数									
以上	未満	0人	1人	2人	3人	4人	5人	6人	7人	税額	税額
		税						額			
円 22,000	円 22,100	円 1,945	円 1,725	円 1,510	円 1,295	円 1,080	円 860	円 655	円 545	円 7,410	円 621
22,100	22,200	1,960	1,745	1,530	1,310	1,095	885	670	555	7,440	629
22,200	22,300	1,980	1,760	1,545	1,330	1,115	905	685	565	7,480	638
22,300	22,400	1,995	1,780	1,565	1,350	1,135	920	705	570	7,510	646
22,400	22,500	2,015	1,800	1,580	1,370	1,155	940	720	580	7,550	654
22,500	22,600	2,035	1,815	1,600	1,390	1,175	955	740	590	7,590	662
22,600	22,700	2,050	1,835	1,625	1,405	1,190	975	760	600	7,620	670
22,700	22,800	2,070	1,855	1,640	1,425	1,210	995	775	610	7,650	678
22,800	22,900	2,085	1,875	1,660	1,445	1,225	1,010	795	615	7,700	687
22,900	23,000	2,110	1,895	1,675	1,460	1,245	1,030	810	625	7,750	695
23,000	23,100	2,130	1,910	1,695	1,480	1,265	1,045	830	640	7,800	703
23,100	23,200	2,145	1,930	1,715	1,495	1,280	1,065	850	650	7,850	711
23,200	23,300	2,165	1,945	1,730	1,515	1,300	1,085	865	660	7,900	719
23,300	23,400	2,180	1,965	1,750	1,535	1,315	1,100	890	675	7,950	727
23,400	23,500	2,200	1,985	1,765	1,550	1,335	1,125	905	690	8,000	736
23,500	23,600	2,220	2,000	1,785	1,570	1,355	1,140	925	710	8,070	744
23,600	23,700	2,235	2,020	1,805	1,590	1,375	1,160	945	730	8,120	752
23,700	23,800	2,255	2,040	1,825	1,615	1,395	1,180	965	750	8,170	760
23,800	23,900	2,275	2,060	1,850	1,635	1,415	1,200	985	770	8,220	768
23,900	24,000	2,295	2,080	1,870	1,655	1,435	1,220	1,005	790	8,270	776
24,000 円		2,305	2,095	1,880	1,665	1,445	1,230	1,015	800	8,320	785
24,000円を超え26,000円に満たない金額		24,000円の場合の税額に、その日の社会保険料等控除後の給与等の金額のうち24,000円を超える金額の20.42％に相当する金額を加算した金額								8,320円に、その日の社会保険料等控除後の給与等の金額のうち24,000円を超える金額の40.84％に相当する金額を加算した金額	785円に、その日の社会保険料等控除後の給与等の金額のうち24,000円を超える金額の10.21％に相当する金額を加算した金額
26,000円		円 2,715	円 2,505	円 2,290	円 2,075	円 1,855	円 1,640	円 1,425	円 1,210		円 989
26,000円を超え32,000円に満たない金額		26,000円の場合の税額に、その日の社会保険料等控除後の給与等の金額のうち26,000円を超える金額の23.483％に相当する金額を加算した金額									989円に、その日の社会保険料等控除後の給与等の金額のうち26,000円を超える金額の20.42％に相当する金額を加算した金額
32,000円		円 4,125	円 3,915	円 3,700	円 3,485	円 3,265	円 3,050	円 2,835	円 2,620		円 2,214
32,000円を超え57,000円に満たない金額		32,000円の場合の税額に、その日の社会保険料等控除後の給与等の金額のうち32,000円を超える金額の33.693％に相当する金額を加算した金額									2,214円に、その日の社会保険料等控除後の給与等の金額のうち32,000円を超える金額の25.525％に相当する金額を加算した金額

「扶養控除等申告書」を提出している人について使用　　「扶養控除等申告書」を提出しない人について使用　　日雇労働者について使用

その日の社会保険料等控除後の給与等の金額	甲								乙	丙
	扶養親族等の数									
	0人	1人	2人	3人	4人	5人	6人	7人		
以上　　未満	税　　　　　　　　　　　　　　　　　　　　　　額								税　　額	税　　額
円 57,000円	円 12,550	円 12,340	円 12,125	円 11,910	円 11,690	円 11,475	円 11,260	円 11,045	円 21,800	円 8,595
57,000円を超え72,500円に満たない金額	57,000円の場合の税額に，その日の社会保険料等控除後の給与等の金額のうち57,000円を超える金額の40.84％に相当する金額を加算した金額								21,800円に，その日の社会保険料等控除後の給与等の金額のうち57,000円を超える金額の45.945％に相当する金額を加算した金額	8,595円に，その日の社会保険料等控除後の給与等の金額のうち57,000円を超える金額の33.693％に相当する金額を加算した金額
72,500円	円 19,060	円 18,845	円 18,635	円 18,420	円 18,200	円 17,985	円 17,770	円 17,555		
72,500円を超え73,500円に満たない金額	72,500円の場合の税額に、その日の社会保険料等控除後の給与等の金額のうち72,500円を超える金額の40.84％に相当する金額を加算した金額									
73,500円	円 19,655	円 19,440	円 19,225	円 19,010	円 18,790	円 18,575	円 18,360	円 18,150		
73,500円を超え75,000円に満たない金額	73,500円の場合の税額に、その日の社会保険料等控除後の給与等の金額のうち73,500円を超える金額の40.84％に相当する金額を加算した金額									
75,000円	円 20,450	円 20,235	円 20,020	円 19,805	円 19,585	円 19,375	円 19,160	円 18,945		
75,000円を超え116,500円に満たない金額	75,000円の場合の税額に、その日の社会保険料等控除後の給与等の金額のうち75,000円を超える金額の40.84％に相当する金額を加算した金額									
116,500円	円 37,400	円 37,185	円 36,970	円 36,755	円 36,535	円 36,325	円 36,110	円 35,895		円 28,643
116,500円を超える金額	116,500円の場合の税額に、その日の社会保険料等控除後の給与等の金額のうち116,500円を超える金額の45.945％に相当する金額を加算した金額									28,643円に、その日の社会保険料等控除後の給与等の金額のうち116,500円を超える金額の40.84％に相当する金額を加算した金額

「扶養控除等申告書」を提出している人について使用　　　　「扶養控除等申告書」を提出しない人について使用　　日雇労働者について使用

日額表

その日の社会保険料等控除後の給与等の金額	甲								乙	丙
	扶　養　親　族　等　の　数								税　額	税　額
	0 人	1 人	2 人	3 人	4 人	5 人	6 人	7 人		
以　　上　　未　　満	税　　　　　　　　　　　　　　　　額								税　額	税　額
扶養親族等の数が7人を超える場合には、扶養親族等の数が7人の場合の税額から、その7人を1人ごとに50円を控除した金額									従たる給与についての扶養控除等申告書が提出されている場合には、当該申告書に記載された扶養親族等の数に応じ、扶養親族等1人ごとに50円を、上の各欄によって求めた税額から控除した金額	―

(注)　この表における用語の意味は、次のとおりです。

1　「扶養親族等」とは、源泉控除対象配偶者及び控除対象扶養親族をいいます。

2　「社会保険料等」とは、所得税法第74条第2項（社会保険料控除）に規定する社会保険料及び同法第75条第2項（小規模企業共済等掛金控除）に規定する小規模企業共済等掛金をいいます。

(備考)　税額の求め方は、次のとおりです。

1　「給与所得者の扶養控除等申告書」（以下この表において「扶養控除等申告書」といいます。）の提出があった人

(1)　まず、その人のその日の給与等の金額から、その給与等の金額から控除される社会保険料等の金額を控除した金額を求めます。

(2)　次に、扶養控除等申告書により申告された扶養親族等（その申告書に記載がされていないものとされる源泉控除対象配偶者を除きます。また、扶養親族等が国外居住親族である場合には、親族に該当する旨を証する書類（その国外居住親族である扶養親族等が年齢30歳以上70歳未満の控除対象扶養親族であり、かつ、留学により国内に住所及び居所を有しなくなった人である場合には、親族に該当する旨を証する書類及び留学により国内に住所及び居所を有しなくなった人に該当する旨を証する書類）が扶養控除等申告書に添付され、又は扶養控除等申告書の提出の際に提示された扶養親族等に限ります。）の数が7人以下である場合には、(1)により求めた金額に応じて「その日の社会保険料等控除後の給与等の金額」欄の該当する行を求め、その行と扶養親族等の数に応じた甲欄の該当欄との交わるところに記載されている金額を求めます。これが求める税額です。

(3)　扶養控除等申告書により申告された扶養親族等の数が7人を超える場合には、(1)により求めた金額に応じて、扶養親族等の数が7人であるものとして(2)により求めた税額から、扶養親族等の数が7人を超える1人ごとに50円を控除した金額を求めます。これが求める税額です。

(4)　(2)及び(3)の場合において、扶養控除等申告書にその人が障害者(特別障害者を含みます。)、寡婦、ひとり親又は勤労学生に該当する旨の記載があるときは、扶養親族等の数にこれらの一に該当するごとに1人を加算した数を、扶養控除等申告書にその人の同一生計配偶者又は扶養親族のうちに障害者(特別障害者を含みます。)又は同居特別障害者（障害者（特別障害者を含みます。）又は同居特別障害者が国外居住親族である場合には、親族に該当する旨を証する書類が扶養控除等申告書に添付され、又は当該書類が扶養控除等申告書の提出の際に提示された障害者（特別障害者を含みます。）又は同居特別障害者に限ります。）に該当する人がいる旨の記載があるときは、扶養親族等の数にこれらの一に該当するごとに1人を加算した数を、それぞれ(2)及び(3)の扶養親族等の数とします。

2　扶養控除等申告書の提出がない人（「従たる給与についての扶養控除等申告書」の提出があった人を含みます。）

(1)　(2)に該当する場合を除き、その人のその日の給与等の金額から、その給与等の金額から控除される社会保険料等の金額を控除し、その控除後の金額に応じて「その日の社会保険料等控除後の給与等の金額」欄の該当す

る行を求め、その行と乙欄との交わるところに記載されている金額（「従たる給与についての扶養控除等申告書」の提出があった場合には、その申告書により申告された扶養親族等（その申告書に記載がされていないものとされる源泉控除対象配偶者を除きます。）の数に応じ、扶養親族等１人ごとに50円を控除した金額）を求めます。これが求める税額です。

(2)　その給与等が所得税法第185条第１項第３号（労働した日ごとに支払われる給与等）に掲げる給与等であるときは、その人のその日の給与等の金額から、その給与等の金額から控除される社会保険料等の金額を控除し、その控除後の金額に応じて「その日の社会保険料等控除後の給与等の金額」欄の該当する行を求め、その行と丙欄との交わるところに記載されている金額を求めます。これが求める税額です。

　　ただし、継続して２か月を超えて支払うこととなった場合には、その２か月を超える部分の期間につき支払われる給与等は、労働した日ごとに支払われる給与等には含まれませんので、税額の求め方は１又は２(1)によります。

賞与の表

賞与に対する源泉徴収税額の算出率の表

賞与の金額に乗ずべき率	扶養親族等（甲族） 0 人		1 人		2 人		3 人	
	前月の社会保険料等控							
%	以上 千円	未満 千円	以上 千円	未満 千円	以上 千円	未満 千円	以上 千円	未満 千円
0.000	68千円未満		94千円未満		133千円未満		171千円未満	
2.042	68	79	94	243	133	269	171	295
4.084	79	252	243	282	269	312	295	345
6.126	252	300	282	338	312	369	345	398
8.168	300	334	338	365	369	393	398	417
10.210	334	363	365	394	393	420	417	445
12.252	363	395	394	422	420	450	445	477
14.294	395	426	422	455	450	484	477	510
16.336	426	520	455	520	484	520	510	544
18.378	520	601	520	617	520	632	544	647
20.420	601	678	617	699	632	721	647	745
22.462	678	708	699	733	721	757	745	782
24.504	708	745	733	771	757	797	782	823
26.546	745	788	771	814	797	841	823	868
28.588	788	846	814	874	841	902	868	931
30.630	846	914	874	944	902	975	931	1,005
32.672	914	1,312	944	1,336	975	1,360	1,005	1,385
35.735	1,312	1,521	1,336	1,526	1,360	1,526	1,385	1,538
38.798	1,521	2,621	1,526	2,645	1,526	2,669	1,538	2,693
41.861	2,621	3,495	2,645	3,527	2,669	3,559	2,693	3,590
45.945	3,495千円以上		3,527千円以上		3,559千円以上		3,590千円以上	

（注）　この表における用語の意味は，次のとおりです。
1　「扶養親族等」とは、源泉控除対象配偶者及び控除対象扶養親族をいいます。
2　「社会保険料等」とは、所得税法第74条第2項（社会保険料控除）に規定する社会保険料及び同法第75条第2項（小規模企業共済等掛金控除）に規定する小規模企業共済等掛金をいいます。また、「賞与の金額に乗ずべき率」の賞与の金額とは、賞与の金額から控除される社会保険料等の金額がある場合には、その社会保険料等控除後の金額をいいます。

（備考）　賞与の金額に乗ずべき率の求め方は，次のとおりです。
1　「給与所得者の扶養控除等申告書」(以下この表において「扶養控除等申告書」といいます。)の提出があった人(4に該当する場合を除きます。)
(1)　まず、その人の前月中の給与等（賞与を除きます。以下この表において同じです。）の金額から、その給与等の金額から控除される社会保険料等の金額（以下この表において「前月中の社会保険料等の金額」といいます。）を控除した金額を求めます。
(2)　次に、扶養控除等申告書により申告された扶養親族等（その申告書に記載がされていないものとされる源泉控除対象配偶者を除きます。また、扶養親族等が国外居住親族である場合には、親族に該当する旨を証する書類（その国外居住親族である扶養親族等が年齢30歳以上70歳未満の控除対象扶養親族であり、かつ、留学により国内に住所及び居所を有しなくなった人である場合には、親族に該当する旨を証する書類及び留学により国内に住所及び居所を有しなくなった人に該当する旨を証する書類）が扶養控除等申告書に添付され、又は扶養控除等申告書の提出の際に提示された扶養親族等に限ります。）の数と(1)により求めた金額とに応じて甲欄の「前月の社会保険料等控除後の給与等の金額」欄の該当する行を求めます。
(3)　(2)により求めた行と「賞与の金額に乗ずべき率」欄との交わるところに記載されている率を求めます。これが求める率です。
2　1の場合において、扶養控除等申告書にその人が障害者（特別障害者を含みます。）、寡婦、ひとり親又は

等 の 数								乙	
4 人		5 人		6 人		7人以上		前月の社会保険料等控除後の給与等の金額	
除 後 の	給 与	等 の	金 額						
以 上	未 満	以 上	未 満	以 上	未 満	以 上	未 満	以 上	未 満
千円	千円	千円	千円	千円	千円	千円	千円	千円	千円
210千円未満		243千円未満		275千円未満		308千円未満			
210	300	243	300	275	333	308	372		
300	378	300	406	333	431	372	456		
378	424	406	450	431	476	456	502		
424	444	450	472	476	499	502	523		
444	470	472	496	499	521	523	545	222千円未満	
470	503	496	525	521	547	545	571		
503	534	525	557	547	582	571	607		
534	570	557	597	582	623	607	650		
570	662	597	677	623	693	650	708		
662	768	677	792	693	815	708	838	222	293
768	806	792	831	815	856	838	880		
806	849	831	875	856	900	880	926		
849	896	875	923	900	950	926	978		
896	959	923	987	950	1,015	978	1,043		
959	1,036	987	1,066	1,015	1,096	1,043	1,127	293	524
1,036	1,409	1,066	1,434	1,096	1,458	1,127	1,482		
1,409	1,555	1,434	1,555	1,458	1,555	1,482	1,583		
1,555	2,716	1,555	2,740	1,555	2,764	1,583	2,788	524	1,118
2,716	3,622	2,740	3,654	2,764	3,685	2,788	3,717		
3,622千円以上		3,654千円以上		3,685千円以上		3,717千円以上		1,118千円以上	

　　勤労学生に該当する旨の記載があるときは、扶養親族等の数にこれらの一に該当するごとに1人を加算した
　数を、扶養控除等申告書にその人の同一生計配偶者又は扶養親族のうちに障害者（特別障害者を含みます。）又は
　同居特別障害者（障害者（特別障害者を含みます。）又は同居特別障害者が国外居住親族である場合には、親族
　に該当する旨を証する書類が扶養控除等申告書に添付され、又は当該書類が扶養控除等申告書の提出の際に提示
　された障害者（特別障害者を含みます。）又は同居特別障害者に限ります。）に該当する人がいる旨の記載があると
　きは、扶養親族等の数にこれらの一に該当するごとに1人を加算した数を、それぞれ扶養親族等の数とします。
3　扶養控除等申告書の提出がない人（「従たる給与についての扶養控除等申告書」の提出があった人を含み、
　4に該当する場合を除きます。）
(1)　その人の前月中の給与等の金額から前月中の社会保険料等の金額を控除した金額を求めます。
(2)　(1)により求めた金額に応じて乙欄の「前月の社会保険料等控除後の給与等の金額」欄の該当する行を
　求めます。
(3)　(2)により求めた行と「賞与の金額に乗ずべき率」欄との交わるところに記載されている率を求めます。
　これが求める率です
4　前月中の給与等の金額がない場合や前月中の給与等の金額が前月中の社会保険料等の金額以下である場合
　又はその賞与の金額（その金額から控除される社会保険料等の金額がある場合には、その控除後の金額）が
　前月中の給与等の金額から前月中の社会保険料等の金額を控除した金額の10倍に相当する金額を超える場合
　には、この表によらず、平成24年3月31日財務省告示第115号（令和2年3月31日財務省告示第81号改正）
　第3項第1号イ (2) 若しくはロ (2) 又は第2号の規定により、月額表を使って税額を計算します。
5　1から4までの場合において、その人の受ける給与等の支給期が月の整数倍の期間ごとと定められている
　ときは、その賞与の支払の直前に支払を受けた若しくは支払を受けるべき給与等の金額又はその給与等の金
　額から控除される社会保険料等の金額をその倍数で除して計算した金額を、それぞれ前月中の給与等の金額
　又はその金額から控除される社会保険料等の金額とみなします。

令和６年分の
源泉徴収のための退職所得控除額の表

勤 続 年 数	退職所得控除額		勤 続 年 数	退職所得控除額	
	一般退職の場合	障害退職の場合		一般退職の場合	障害退職の場合
	千円	千円	24 年	千円 10,800	千円 11,800
2年以下	800	1,800	25 年	11,500	12,500
			26 年	12,200	13,200
3 年	1,200	2,200	27 年	12,900	13,900
4 年	1,600	2,600	28 年	13,600	14,600
5 年	2,000	3,000	29 年	14,300	15,300
6 年	2,400	3,400	30 年	15,000	16,000
7 年	2,800	3,800	31 年	15,700	16,700
8 年	3,200	4,200	32 年	16,400	17,400
9 年	3,600	4,600	33 年	17,100	18,100
10 年	4,000	5,000	34 年	17,800	18,800
11 年	4,400	5,400	35 年	18,500	19,500
12 年	4,800	5,800	36 年	19,200	20,200
13 年	5,200	6,200	37 年	19,900	20,900
14 年	5,600	6,600	38 年	20,600	21,600
15 年	6,000	7,000	39 年	21,300	22,300
16 年	6,400	7,400	40 年	22,000	23,000
17 年	6,800	7,800			
18 年	7,200	8,200	41年以上	22,000千円に，勤続年数が40年を超える１年ごとに700千円を加算した金額	23,000千円に，勤続年数が40年を超える１年ごとに700千円を加算した金額
19 年	7,600	8,600			
20 年	8,000	9,000			
21 年	8,700	9,700			
22 年	9,400	10,400			
23 年	10,100	11,100			

(注) この表における用語の意味は，次のとおりです。

1 「勤続年数」とは，退職手当等の支払を受ける人が，退職手当等の支払者の下においてその退職手当等の支払の基因となった退職の日まで引き続き勤務した期間により計算した一定の年数をいいます（所得税法施行令第69条）。

2 「障害退職の場合」とは，障害者になったことに直接基因して退職したと認められる一定の場合をいいます（所得税法第30条第５項第３号）。

3 「一般退職の場合」とは，障害退職の場合以外の退職の場合をいいます。

(備考)

1 退職所得控除額は，２に該当する場合を除き，退職手当等に係る勤続年数に応じ「勤続年数」欄の該当する行に当てはめて求めます。この場合，一般退職のときはその行の「退職所得控除額」の「一般退職の場合」欄に記載されている金額が，また，障害退職のときはその行の「退職所得控除額」の「障害退職の場合」欄に記載されている金額が，それぞれその退職手当等に係る退職所得控除額です。

2 所得税法第30条第５項第１号（退職所得控除額の計算の特例）に掲げる場合に該当するときは，同項の規定に準じて計算した金額が，その退職手当等に係る退職所得控除額です。

退職

令和6年分の退職所得の源泉徴収税額の速算表

課税退職所得金額(A)		所得税率(B)	控除額(C)	税額 = ((A)×(B)−(C))× 102.1%
	1,950,000 円以下	5%	−	((A)× 5 %　　　　　　　　)× 102.1%
1,950,000 円超	3,300,000 円 〃	10%	97,500 円	((A)×10% −　　　97,500 円)× 102.1%
3,300,000 円 〃	6,950,000 円 〃	20%	427,500 円	((A)×20% −　　427,500 円)× 102.1%
6,950,000 円 〃	9,000,000 円 〃	23%	636,000 円	((A)×23% −　　636,000 円)× 102.1%
9,000,000 円 〃	18,000,000 円 〃	33%	1,536,000 円	((A)×33% − 1,536,000 円)× 102.1%
18,000,000 円 〃	40,000,000 円 〃	40%	2,796,000 円	((A)×40% − 2,796,000 円)× 102.1%
40,000,000 円 〃		45%	4,796,000 円	((A)×45% − 4,796,000 円)× 102.1%

(注) 1　退職手当等に係る「課税退職所得金額」は，退職手当等の収入金額から退職所得控除額を控除した残額の2分の1に相当する金額（1,000円未満の端数切捨て）となります。

　　　なお，特定役員退職手当等に係る「課税退職所得金額」については，特定役員退職手当等の収入金額から退職所得控除額を控除した残額に相当する金額（1,000円未満の端数切捨て）となります。

　　2　所得税と復興特別所得税を併せて源泉徴収する際の税額の端数処理については，計算の途中では端数処理を行わず，最後に1円未満の端数を切り捨てます。

退職

〔参　考〕

退職所得の税額の求め方

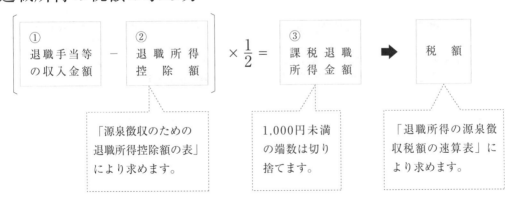

- 「源泉徴収のための退職所得控除額の表」により求めます。
- 1,000円未満の端数は切り捨てます。
- 「退職所得の源泉徴収税額の速算表」により求めます。

(注)　退職手当等に係る税額は，退職手当等の収入金額（①）から退職所得控除額（②）を控除した残額の $\frac{1}{2}$ に相当する金額（課税退職所得金額（③））に応じて，「退職所得の源泉徴収税額の速算表」の「税額」欄に算式が示されていますので，この算式に従って計算して税額を求めます。

　　ただし，特定役員退職手当等(111ページ)及び令和4年分以後の一定の短期退職手当等(111ページ)については，$\frac{1}{2}$ の適用はありません。

令和6年分の扶養控除額及び障害者等の控除額の合計額の早見表

<table>
<tr><th colspan="6">①控除対象扶養親族の数に応じた控除額</th></tr>
<tr><th colspan="2">人　数</th><th colspan="2">控　除　額</th><th>人　数</th><th>控　除　額</th></tr>
<tr><td colspan="2">1　人</td><td colspan="2">380,000 円</td><td>5　人</td><td>1,900,000 円</td></tr>
<tr><td colspan="2">2　人</td><td colspan="2">760,000</td><td>6　人</td><td>2,280,000</td></tr>
<tr><td colspan="2">3　人</td><td colspan="2">1,140,000</td><td>7　人</td><td>2,660,000</td></tr>
<tr><td colspan="2">4　人</td><td colspan="2">1,520,000</td><td>8 人 以 上</td><td>7人を超える1人につき 380,000円を2,660,000円に加えた金額</td></tr>
<tr><td rowspan="7">②障害者等がいる場合の控除額の加算額</td><td colspan="3">㋑同居特別障害者に当たる人がいる場合</td><td colspan="2">1人につき 750,000 円</td></tr>
<tr><td colspan="3">㋺同居特別障害者以外の特別障害者に当たる（人がいる）場合</td><td colspan="2">1人につき 400,000 円</td></tr>
<tr><td colspan="3">㋩一般の障害者，寡婦又は勤労学生に当たる（人がいる）場合</td><td colspan="2">左の一に該当するとき 各270,000 円</td></tr>
<tr><td colspan="3">㋥所得者本人がひとり親に当たる場合</td><td colspan="2">350,000 円</td></tr>
<tr><td colspan="3">㋭同居老親等に当たる人がいる場合</td><td colspan="2">1人につき 200,000 円</td></tr>
<tr><td colspan="3">㋬特定扶養親族に当たる人がいる場合</td><td colspan="2">1人につき 250,000 円</td></tr>
<tr><td colspan="3">㋣同居老親等以外の老人扶養親族に当たる人がいる場合</td><td colspan="2">1人につき 100,000 円</td></tr>
</table>

控除額

※控除額の合計額は，「①」欄及び「②」欄により求めた金額の合計額となります。
※上記の表には，基礎控除額及び配偶者控除額又は配偶者特別控除額は含まれていません。

(注) 1　「同居特別障害者」とは，特別障害者に当たる同一生計配偶者又は扶養親族で，所得者又はその配偶者若しくは所得者と生計を一にするその他の親族のいずれかとの同居を常況としている人をいいます。
　　2　「寡婦」とは，「ひとり親」に該当しない寡婦で，扶養親族を有し（死別の場合は不要），合計所得金額が500万円以下で，かつ，事実上婚姻関係と同様の事情にあると認められる人（住民票の続柄に「夫（未届）」の記載がある人等）がいない人をいいます。
　　3　「ひとり親」とは，現に婚姻をしていない者等で，生計を一にする一定の子を有し，合計所得金額が500万円以下で，かつ，事実上婚姻関係と同様の事情にあると認められる人（住民票の続柄に「夫（未届）」又は「妻（未届）」の記載がある人等）がいない人をいいます。
　　4　「同居老親等」とは，老人扶養親族のうち，所得者又はその配偶者の直系尊属（父母，祖父母など）で，所得者又はその配偶者のいずれかとの同居を常況としている人をいいます。
　　5　「特定扶養親族」とは，控除対象扶養親族のうち年齢19歳以上23歳未満の人をいいます。
　　6　障害者控除は，所得者本人が障害者に当たる場合のほか，同一生計配偶者又は扶養親族が障害者に当たる場合にも適用があります。

「控除額の合計額の早見表」による控除額の求め方の例示

設例を「控除額の合計額の早見表」に当てはめると，控除額は次のようになります。

本 ……… 所得者本人
配 ……… 配偶者（人数に含まない）
扶 ……… 一般の控除対象扶養親族
特扶 …… 特定扶養親族
年少 …… 年少扶養親族（年齢16歳未満の人）（控除対象外）
同居老親 …… 老人扶養親族のうち同居老親等

老扶 …… 同居老親等以外の老人扶養親族
障 ……… 障害者
特障 …… 特別障害者
同居特障 …… 同居特別障害者
寡 ……… 寡婦
ひとり …… ひとり親

区　　分	設　　例	早見表の当てはめる欄		求める控除額の合計額
		「①控除対象扶養親族の数に応じた控除額」欄	「②障害者等がいる場合の控除額の加算額」欄	
1　配偶者も扶養親族もいない人	本	な　し		0円
2　所得者が障害者，寡婦，ひとり親又は勤労学生でなく，控除対象扶養親族がいる人	本—配／扶	1　人	——	380,000円
	本—配／扶—同居老親／扶—特扶	2　人	(ホ)　(ヘ)	760,000円 ＋ 同居老親 1人の差額 200,000円 ＋ 特扶 1人の差額 250,000円 1,210,000円
	本—配／扶—同居老親／扶—同居特障	2　人	(イ)　(ホ)	760,000円 ＋ 同居特障 750,000円 ＋ 同居老親 1人の差額 200,000円 1,710,000円
3　所得者が障害者である場合	本／障	な　し	(ハ)	0円 ＋ 障 270,000円 270,000円
	本—配／扶—老扶／扶—特扶／年少—特障	2　人	(ロ)　(ハ)　(ヘ)　(ト)	760,000円 ＋ 特障 400,000円 ＋ 障 270,000円 ＋ 特扶 1人の差額 250,000円 ＋ 老扶 1人の差額 100,000円 1,780,000円
4　所得者が寡婦又はひとり親である場合	本／寡—扶	1　人	(ハ)	380,000円 ＋ 寡 270,000円 650,000円
	本／ひとり—年少	な　し	(ニ)	0円 ＋ ひとり 350,000円 350,000円

給与所得金額の算出表

給与等の金額 以上	給与等の金額 未満	給与所得控除後の給与等の金額
円	円	円
551,000未満		0
551,000	1,619,000	給与等の金額から550,000円を控除した金額
1,619,000	1,620,000	1,069,000
1,620,000	1,622,000	1,070,000
1,622,000	1,624,000	1,072,000
1,624,000	1,628,000	1,074,000
1,628,000	1,632,000	1,076,800
1,632,000	1,636,000	1,079,200
1,636,000	1,640,000	1,081,600
1,640,000	1,644,000	1,084,000
1,644,000	1,648,000	1,086,400
1,648,000	1,652,000	1,088,800
1,652,000	1,656,000	1,091,200
1,656,000	1,660,000	1,093,600
1,660,000	1,664,000	1,096,000
1,664,000	1,668,000	1,098,400
1,668,000	1,672,000	1,100,800
1,672,000	1,676,000	1,103,200
1,676,000	1,680,000	1,105,600
1,680,000	1,684,000	1,108,000
1,684,000	1,688,000	1,110,400
1,688,000	1,692,000	1,112,800
1,692,000	1,696,000	1,115,200
1,696,000	1,700,000	1,117,600
1,700,000	1,704,000	1,120,000
1,704,000	1,708,000	1,122,400
1,708,000	1,712,000	1,124,800
1,712,000	1,716,000	1,127,200
1,716,000	1,720,000	1,129,600
1,720,000	1,724,000	1,132,000
1,724,000	1,728,000	1,134,400
1,728,000	1,732,000	1,136,800
1,732,000	1,736,000	1,139,200
1,736,000	1,740,000	1,141,600
1,740,000	1,744,000	1,144,000
1,744,000	1,748,000	1,146,400
1,748,000	1,752,000	1,148,800
1,752,000	1,756,000	1,151,200
1,756,000	1,760,000	1,153,600
1,760,000	1,764,000	1,156,000
1,764,000	1,768,000	1,158,400
1,768,000	1,772,000	1,160,800

給与等の金額 以上	給与等の金額 未満	給与所得控除後の給与等の金額
円	円	円
1,772,000	1,776,000	1,163,200
1,776,000	1,780,000	1,165,600
1,780,000	1,784,000	1,168,000
1,784,000	1,788,000	1,170,400
1,788,000	1,792,000	1,172,800
1,792,000	1,796,000	1,175,200
1,796,000	1,800,000	1,177,600
1,800,000	1,804,000	1,180,000
1,804,000	1,808,000	1,182,800
1,808,000	1,812,000	1,185,600
1,812,000	1,816,000	1,188,400
1,816,000	1,820,000	1,191,200
1,820,000	1,824,000	1,194,000
1,824,000	1,828,000	1,196,800
1,828,000	1,832,000	1,199,600
1,832,000	1,836,000	1,202,400
1,836,000	1,840,000	1,205,200
1,840,000	1,844,000	1,208,000
1,844,000	1,848,000	1,210,800
1,848,000	1,852,000	1,213,600
1,852,000	1,856,000	1,216,400
1,856,000	1,860,000	1,219,200
1,860,000	1,864,000	1,222,000
1,864,000	1,868,000	1,224,800
1,868,000	1,872,000	1,227,600
1,872,000	1,876,000	1,230,400
1,876,000	1,880,000	1,233,200
1,880,000	1,884,000	1,236,000
1,884,000	1,888,000	1,238,800
1,888,000	1,892,000	1,241,600
1,892,000	1,896,000	1,244,400
1,896,000	1,900,000	1,247,200
1,900,000	1,904,000	1,250,000
1,904,000	1,908,000	1,252,800
1,908,000	1,912,000	1,255,600
1,912,000	1,916,000	1,258,400
1,916,000	1,920,000	1,261,200
1,920,000	1,924,000	1,264,000
1,924,000	1,928,000	1,266,800
1,928,000	1,932,000	1,269,600
1,932,000	1,936,000	1,272,400
1,936,000	1,940,000	1,275,200
1,940,000	1,944,000	1,278,000
1,944,000	1,948,000	1,280,800
1,948,000	1,952,000	1,283,600
1,952,000	1,956,000	1,286,400
1,956,000	1,960,000	1,289,200
1,960,000	1,964,000	1,292,000
1,964,000	1,968,000	1,294,800
1,968,000	1,972,000	1,297,600

給与等の金額 以上	給与等の金額 未満	給与所得控除後の給与等の金額
円	円	円
1,972,000	1,976,000	1,300,400
1,976,000	1,980,000	1,303,200
1,980,000	1,984,000	1,306,000
1,984,000	1,988,000	1,308,800
1,988,000	1,992,000	1,311,600
1,992,000	1,996,000	1,314,400
1,996,000	2,000,000	1,317,200
2,000,000	2,004,000	1,320,000
2,004,000	2,008,000	1,322,800
2,008,000	2,012,000	1,325,600
2,012,000	2,016,000	1,328,400
2,016,000	2,020,000	1,331,200
2,020,000	2,024,000	1,334,000
2,024,000	2,028,000	1,336,800
2,028,000	2,032,000	1,339,600
2,032,000	2,036,000	1,342,400
2,036,000	2,040,000	1,345,200
2,040,000	2,044,000	1,348,000
2,044,000	2,048,000	1,350,800
2,048,000	2,052,000	1,353,600
2,052,000	2,056,000	1,356,400
2,056,000	2,060,000	1,359,200
2,060,000	2,064,000	1,362,000
2,064,000	2,068,000	1,364,800
2,068,000	2,072,000	1,367,600
2,072,000	2,076,000	1,370,400
2,076,000	2,080,000	1,373,200
2,080,000	2,084,000	1,376,000
2,084,000	2,088,000	1,378,800
2,088,000	2,092,000	1,381,600
2,092,000	2,096,000	1,384,400
2,096,000	2,100,000	1,387,200
2,100,000	2,104,000	1,390,000
2,104,000	2,108,000	1,392,800
2,108,000	2,112,000	1,395,600
2,112,000	2,116,000	1,398,400
2,116,000	2,120,000	1,401,200
2,120,000	2,124,000	1,404,000
2,124,000	2,128,000	1,406,800
2,128,000	2,132,000	1,409,600
2,132,000	2,136,000	1,412,400
2,136,000	2,140,000	1,415,200
2,140,000	2,144,000	1,418,000
2,144,000	2,148,000	1,420,800
2,148,000	2,152,000	1,423,600
2,152,000	2,156,000	1,426,400
2,156,000	2,160,000	1,429,200
2,160,000	2,164,000	1,432,000
2,164,000	2,168,000	1,434,800
2,168,000	2,172,000	1,437,600

給 与 等 の 金 額		給与所得控除後の給与等の金額	給 与 等 の 金 額		給与所得控除後の給与等の金額	給 与 等 の 金 額		給与所得控除後の給与等の金額
以　　　上	未　　　満		以　　　上	未　　　満		以　　　上	未　　　満	
円	円	円	円	円	円	円	円	円
2,172,000	2,176,000	1,440,400	2,372,000	2,376,000	1,580,400	2,572,000	2,576,000	1,720,400
2,176,000	2,180,000	1,443,200	2,376,000	2,380,000	1,583,200	2,576,000	2,580,000	1,723,200
2,180,000	2,184,000	1,446,000	2,380,000	2,384,000	1,586,000	2,580,000	2,584,000	1,726,000
2,184,000	2,188,000	1,448,800	2,384,000	2,388,000	1,588,800	2,584,000	2,588,000	1,728,800
2,188,000	2,192,000	1,451,600	2,388,000	2,392,000	1,591,600	2,588,000	2,592,000	1,731,600
2,192,000	2,196,000	1,454,400	2,392,000	2,396,000	1,594,400	2,592,000	2,596,000	1,734,400
2,196,000	2,200,000	1,457,200	2,396,000	2,400,000	1,597,200	2,596,000	2,600,000	1,737,200
2,200,000	2,204,000	1,460,000	2,400,000	2,404,000	1,600,000	2,600,000	2,604,000	1,740,000
2,204,000	2,208,000	1,462,800	2,404,000	2,408,000	1,602,800	2,604,000	2,608,000	1,742,800
2,208,000	2,212,000	1,465,600	2,408,000	2,412,000	1,605,600	2,608,000	2,612,000	1,745,600
2,212,000	2,216,000	1,468,400	2,412,000	2,416,000	1,608,400	2,612,000	2,616,000	1,748,400
2,216,000	2,220,000	1,471,200	2,416,000	2,420,000	1,611,200	2,616,000	2,620,000	1,751,200
2,220,000	2,224,000	1,474,000	2,420,000	2,424,000	1,614,000	2,620,000	2,624,000	1,754,000
2,224,000	2,228,000	1,476,800	2,424,000	2,428,000	1,616,800	2,624,000	2,628,000	1,756,800
2,228,000	2,232,000	1,479,600	2,428,000	2,432,000	1,619,600	2,628,000	2,632,000	1,759,600
2,232,000	2,236,000	1,482,400	2,432,000	2,436,000	1,622,400	2,632,000	2,636,000	1,762,400
2,236,000	2,240,000	1,485,200	2,436,000	2,440,000	1,625,200	2,636,000	2,640,000	1,765,200
2,240,000	2,244,000	1,488,000	2,440,000	2,444,000	1,628,000	2,640,000	2,644,000	1,768,000
2,244,000	2,248,000	1,490,800	2,444,000	2,448,000	1,630,800	2,644,000	2,648,000	1,770,800
2,248,000	2,252,000	1,493,600	2,448,000	2,452,000	1,633,600	2,648,000	2,652,000	1,773,600
2,252,000	2,256,000	1,496,400	2,452,000	2,456,000	1,636,400	2,652,000	2,656,000	1,776,400
2,256,000	2,260,000	1,499,200	2,456,000	2,460,000	1,639,200	2,656,000	2,660,000	1,779,200
2,260,000	2,264,000	1,502,000	2,460,000	2,464,000	1,642,000	2,660,000	2,664,000	1,782,000
2,264,000	2,268,000	1,504,800	2,464,000	2,468,000	1,644,800	2,664,000	2,668,000	1,784,800
2,268,000	2,272,000	1,507,600	2,468,000	2,472,000	1,647,600	2,668,000	2,672,000	1,787,600
2,272,000	2,276,000	1,510,400	2,472,000	2,476,000	1,650,400	2,672,000	2,676,000	1,790,400
2,276,000	2,280,000	1,513,200	2,476,000	2,480,000	1,653,200	2,676,000	2,680,000	1,793,200
2,280,000	2,284,000	1,516,000	2,480,000	2,484,000	1,656,000	2,680,000	2,684,000	1,796,000
2,284,000	2,288,000	1,518,800	2,484,000	2,488,000	1,658,800	2,684,000	2,688,000	1,798,800
2,288,000	2,292,000	1,521,600	2,488,000	2,492,000	1,661,600	2,688,000	2,692,000	1,801,600
2,292,000	2,296,000	1,524,400	2,492,000	2,496,000	1,664,400	2,692,000	2,696,000	1,804,400
2,296,000	2,300,000	1,527,200	2,496,000	2,500,000	1,667,200	2,696,000	2,700,000	1,807,200
2,300,000	2,304,000	1,530,000	2,500,000	2,504,000	1,670,000	2,700,000	2,704,000	1,810,000
2,304,000	2,308,000	1,532,800	2,504,000	2,508,000	1,672,800	2,704,000	2,708,000	1,812,800
2,308,000	2,312,000	1,535,600	2,508,000	2,512,000	1,675,600	2,708,000	2,712,000	1,815,600
2,312,000	2,316,000	1,538,400	2,512,000	2,516,000	1,678,400	2,712,000	2,716,000	1,818,400
2,316,000	2,320,000	1,541,200	2,516,000	2,520,000	1,681,200	2,716,000	2,720,000	1,821,200
2,320,000	2,324,000	1,544,000	2,520,000	2,524,000	1,684,000	2,720,000	2,724,000	1,824,000
2,324,000	2,328,000	1,546,800	2,524,000	2,528,000	1,686,800	2,724,000	2,728,000	1,826,800
2,328,000	2,332,000	1,549,600	2,528,000	2,532,000	1,689,600	2,728,000	2,732,000	1,829,600
2,332,000	2,336,000	1,552,400	2,532,000	2,536,000	1,692,400	2,732,000	2,736,000	1,832,400
2,336,000	2,340,000	1,555,200	2,536,000	2,540,000	1,695,200	2,736,000	2,740,000	1,835,200
2,340,000	2,344,000	1,558,000	2,540,000	2,544,000	1,698,000	2,740,000	2,744,000	1,838,000
2,344,000	2,348,000	1,560,800	2,544,000	2,548,000	1,700,800	2,744,000	2,748,000	1,840,800
2,348,000	2,352,000	1,563,600	2,548,000	2,552,000	1,703,600	2,748,000	2,752,000	1,843,600
2,352,000	2,356,000	1,566,400	2,552,000	2,556,000	1,706,400	2,752,000	2,756,000	1,846,400
2,356,000	2,360,000	1,569,200	2,556,000	2,560,000	1,709,200	2,756,000	2,760,000	1,849,200
2,360,000	2,364,000	1,572,000	2,560,000	2,564,000	1,712,000	2,760,000	2,764,000	1,852,000
2,364,000	2,368,000	1,574,800	2,564,000	2,568,000	1,714,800	2,764,000	2,768,000	1,854,800
2,368,000	2,372,000	1,577,600	2,568,000	2,572,000	1,717,600	2,768,000	2,772,000	1,857,600

給与所得金額の算出表

給与等の金額		給与所得控除後の給与等の金額	給与等の金額		給与所得控除後の給与等の金額	給与等の金額		給与所得控除後の給与等の金額
以上	未満		以上	未満		以上	未満	
円	円	円	円	円	円	円	円	円
2,772,000	2,776,000	1,860,400	2,972,000	2,976,000	2,000,400	3,172,000	3,176,000	2,140,400
2,776,000	2,780,000	1,863,200	2,976,000	2,980,000	2,003,200	3,176,000	3,180,000	2,143,200
2,780,000	2,784,000	1,866,000	2,980,000	2,984,000	2,006,000	3,180,000	3,184,000	2,146,000
2,784,000	2,788,000	1,868,800	2,984,000	2,988,000	2,008,800	3,184,000	3,188,000	2,148,800
2,788,000	2,792,000	1,871,600	2,988,000	2,992,000	2,011,600	3,188,000	3,192,000	2,151,600
2,792,000	2,796,000	1,874,400	2,992,000	2,996,000	2,014,400	3,192,000	3,196,000	2,154,400
2,796,000	2,800,000	1,877,200	2,996,000	3,000,000	2,017,200	3,196,000	3,200,000	2,157,200
2,800,000	2,804,000	1,880,000	3,000,000	3,004,000	2,020,000	3,200,000	3,204,000	2,160,000
2,804,000	2,808,000	1,882,800	3,004,000	3,008,000	2,022,800	3,204,000	3,208,000	2,162,800
2,808,000	2,812,000	1,885,600	3,008,000	3,012,000	2,025,600	3,208,000	3,212,000	2,165,600
2,812,000	2,816,000	1,888,400	3,012,000	3,016,000	2,028,400	3,212,000	3,216,000	2,168,400
2,816,000	2,820,000	1,891,200	3,016,000	3,020,000	2,031,200	3,216,000	3,220,000	2,171,200
2,820,000	2,824,000	1,894,000	3,020,000	3,024,000	2,034,000	3,220,000	3,224,000	2,174,000
2,824,000	2,828,000	1,896,800	3,024,000	3,028,000	2,036,800	3,224,000	3,228,000	2,176,800
2,828,000	2,832,000	1,899,600	3,028,000	3,032,000	2,039,600	3,228,000	3,232,000	2,179,600
2,832,000	2,836,000	1,902,400	3,032,000	3,036,000	2,042,400	3,232,000	3,236,000	2,182,400
2,836,000	2,840,000	1,905,200	3,036,000	3,040,000	2,045,200	3,236,000	3,240,000	2,185,200
2,840,000	2,844,000	1,908,000	3,040,000	3,044,000	2,048,000	3,240,000	3,244,000	2,188,000
2,844,000	2,848,000	1,910,800	3,044,000	3,048,000	2,050,800	3,244,000	3,248,000	2,190,800
2,848,000	2,852,000	1,913,600	3,048,000	3,052,000	2,053,600	3,248,000	3,252,000	2,193,600
2,852,000	2,856,000	1,916,400	3,052,000	3,056,000	2,056,400	3,252,000	3,256,000	2,196,400
2,856,000	2,860,000	1,919,200	3,056,000	3,060,000	2,059,200	3,256,000	3,260,000	2,199,200
2,860,000	2,864,000	1,922,000	3,060,000	3,064,000	2,062,000	3,260,000	3,264,000	2,202,000
2,864,000	2,868,000	1,924,800	3,064,000	3,068,000	2,064,800	3,264,000	3,268,000	2,204,800
2,868,000	2,872,000	1,927,600	3,068,000	3,072,000	2,067,600	3,268,000	3,272,000	2,207,600
2,872,000	2,876,000	1,930,400	3,072,000	3,076,000	2,070,400	3,272,000	3,276,000	2,210,400
2,876,000	2,880,000	1,933,200	3,076,000	3,080,000	2,073,200	3,276,000	3,280,000	2,213,200
2,880,000	2,884,000	1,936,000	3,080,000	3,084,000	2,076,000	3,280,000	3,284,000	2,216,000
2,884,000	2,888,000	1,938,800	3,084,000	3,088,000	2,078,800	3,284,000	3,288,000	2,218,800
2,888,000	2,892,000	1,941,600	3,088,000	3,092,000	2,081,600	3,288,000	3,292,000	2,221,600
2,892,000	2,896,000	1,944,400	3,092,000	3,096,000	2,084,400	3,292,000	3,296,000	2,224,400
2,896,000	2,900,000	1,947,200	3,096,000	3,100,000	2,087,200	3,296,000	3,300,000	2,227,200
2,900,000	2,904,000	1,950,000	3,100,000	3,104,000	2,090,000	3,300,000	3,304,000	2,230,000
2,904,000	2,908,000	1,952,800	3,104,000	3,108,000	2,092,800	3,304,000	3,308,000	2,232,800
2,908,000	2,912,000	1,955,600	3,108,000	3,112,000	2,095,600	3,308,000	3,312,000	2,235,600
2,912,000	2,916,000	1,958,400	3,112,000	3,116,000	2,098,400	3,312,000	3,316,000	2,238,400
2,916,000	2,920,000	1,961,200	3,116,000	3,120,000	2,101,200	3,316,000	3,320,000	2,241,200
2,920,000	2,924,000	1,964,000	3,120,000	3,124,000	2,104,000	3,320,000	3,324,000	2,244,000
2,924,000	2,928,000	1,966,800	3,124,000	3,128,000	2,106,800	3,324,000	3,328,000	2,246,800
2,928,000	2,932,000	1,969,600	3,128,000	3,132,000	2,109,600	3,328,000	3,332,000	2,249,600
2,932,000	2,936,000	1,972,400	3,132,000	3,136,000	2,112,400	3,332,000	3,336,000	2,252,400
2,936,000	2,940,000	1,975,200	3,136,000	3,140,000	2,115,200	3,336,000	3,340,000	2,255,200
2,940,000	2,944,000	1,978,000	3,140,000	3,144,000	2,118,000	3,340,000	3,344,000	2,258,000
2,944,000	2,948,000	1,980,800	3,144,000	3,148,000	2,120,800	3,344,000	3,348,000	2,260,800
2,948,000	2,952,000	1,983,600	3,148,000	3,152,000	2,123,600	3,348,000	3,352,000	2,263,600
2,952,000	2,956,000	1,986,400	3,152,000	3,156,000	2,126,400	3,352,000	3,356,000	2,266,400
2,956,000	2,960,000	1,989,200	3,156,000	3,160,000	2,129,200	3,356,000	3,360,000	2,269,200
2,960,000	2,964,000	1,992,000	3,160,000	3,164,000	2,132,000	3,360,000	3,364,000	2,272,000
2,964,000	2,968,000	1,994,800	3,164,000	3,168,000	2,134,800	3,364,000	3,368,000	2,274,800
2,968,000	2,972,000	1,997,600	3,168,000	3,172,000	2,137,600	3,368,000	3,372,000	2,277,600

給与等の金額		給与所得控除後の給与等の金額	給与等の金額		給与所得控除後の給与等の金額	給与等の金額		給与所得控除後の給与等の金額
以上	未満		以上	未満		以上	未満	
円	円	円	円	円	円	円	円	円
3,372,000	3,376,000	2,280,400	3,572,000	3,576,000	2,420,400	3,772,000	3,776,000	2,577,600
3,376,000	3,380,000	2,283,200	3,576,000	3,580,000	2,423,200	3,776,000	3,780,000	2,580,800
3,380,000	3,384,000	2,286,000	3,580,000	3,584,000	2,426,000	3,780,000	3,784,000	2,584,000
3,384,000	3,388,000	2,288,800	3,584,000	3,588,000	2,428,800	3,784,000	3,788,000	2,587,200
3,388,000	3,392,000	2,291,600	3,588,000	3,592,000	2,431,600	3,788,000	3,792,000	2,590,400
3,392,000	3,396,000	2,294,400	3,592,000	3,596,000	2,434,400	3,792,000	3,796,000	2,593,600
3,396,000	3,400,000	2,297,200	3,596,000	3,600,000	2,437,200	3,796,000	3,800,000	2,596,800
3,400,000	3,404,000	2,300,000	3,600,000	3,604,000	2,440,000	3,800,000	3,804,000	2,600,000
3,404,000	3,408,000	2,302,800	3,604,000	3,608,000	2,443,200	3,804,000	3,808,000	2,603,200
3,408,000	3,412,000	2,305,600	3,608,000	3,612,000	2,446,400	3,808,000	3,812,000	2,606,400
3,412,000	3,416,000	2,308,400	3,612,000	3,616,000	2,449,600	3,812,000	3,816,000	2,609,600
3,416,000	3,420,000	2,311,200	3,616,000	3,620,000	2,452,800	3,816,000	3,820,000	2,612,800
3,420,000	3,424,000	2,314,000	3,620,000	3,624,000	2,456,000	3,820,000	3,824,000	2,616,000
3,424,000	3,428,000	2,316,800	3,624,000	3,628,000	2,459,200	3,824,000	3,828,000	2,619,200
3,428,000	3,432,000	2,319,600	3,628,000	3,632,000	2,462,400	3,828,000	3,832,000	2,622,400
3,432,000	3,436,000	2,322,400	3,632,000	3,636,000	2,465,600	3,832,000	3,836,000	2,625,600
3,436,000	3,440,000	2,325,200	3,636,000	3,640,000	2,468,800	3,836,000	3,840,000	2,628,800
3,440,000	3,444,000	2,328,000	3,640,000	3,644,000	2,472,000	3,840,000	3,844,000	2,632,000
3,444,000	3,448,000	2,330,800	3,644,000	3,648,000	2,475,200	3,844,000	3,848,000	2,635,200
3,448,000	3,452,000	2,333,600	3,648,000	3,652,000	2,478,400	3,848,000	3,852,000	2,638,400
3,452,000	3,456,000	2,336,400	3,652,000	3,656,000	2,481,600	3,852,000	3,856,000	2,641,600
3,456,000	3,460,000	2,339,200	3,656,000	3,660,000	2,484,800	3,856,000	3,860,000	2,644,800
3,460,000	3,464,000	2,342,000	3,660,000	3,664,000	2,488,000	3,860,000	3,864,000	2,648,000
3,464,000	3,468,000	2,344,800	3,664,000	3,668,000	2,491,200	3,864,000	3,868,000	2,651,200
3,468,000	3,472,000	2,347,600	3,668,000	3,672,000	2,494,400	3,868,000	3,872,000	2,654,400
3,472,000	3,476,000	2,350,400	3,672,000	3,676,000	2,497,600	3,872,000	3,876,000	2,657,600
3,476,000	3,480,000	2,353,200	3,676,000	3,680,000	2,500,800	3,876,000	3,880,000	2,660,800
3,480,000	3,484,000	2,356,000	3,680,000	3,684,000	2,504,000	3,880,000	3,884,000	2,664,000
3,484,000	3,488,000	2,358,800	3,684,000	3,688,000	2,507,200	3,884,000	3,888,000	2,667,200
3,488,000	3,492,000	2,361,600	3,688,000	3,692,000	2,510,400	3,888,000	3,892,000	2,670,400
3,492,000	3,496,000	2,364,400	3,692,000	3,696,000	2,513,600	3,892,000	3,896,000	2,673,600
3,496,000	3,500,000	2,367,200	3,696,000	3,700,000	2,516,800	3,896,000	3,900,000	2,676,800
3,500,000	3,504,000	2,370,000	3,700,000	3,704,000	2,520,000	3,900,000	3,904,000	2,680,000
3,504,000	3,508,000	2,372,800	3,704,000	3,708,000	2,523,200	3,904,000	3,908,000	2,683,200
3,508,000	3,512,000	2,375,600	3,708,000	3,712,000	2,526,400	3,908,000	3,912,000	2,686,400
3,512,000	3,516,000	2,378,400	3,712,000	3,716,000	2,529,600	3,912,000	3,916,000	2,689,600
3,516,000	3,520,000	2,381,200	3,716,000	3,720,000	2,532,800	3,916,000	3,920,000	2,692,800
3,520,000	3,524,000	2,384,000	3,720,000	3,724,000	2,536,000	3,920,000	3,924,000	2,696,000
3,524,000	3,528,000	2,386,800	3,724,000	3,728,000	2,539,200	3,924,000	3,928,000	2,699,200
3,528,000	3,532,000	2,389,600	3,728,000	3,732,000	2,542,400	3,928,000	3,932,000	2,702,400
3,532,000	3,536,000	2,392,400	3,732,000	3,736,000	2,545,600	3,932,000	3,936,000	2,705,600
3,536,000	3,540,000	2,395,200	3,736,000	3,740,000	2,548,800	3,936,000	3,940,000	2,708,800
3,540,000	3,544,000	2,398,000	3,740,000	3,744,000	2,552,000	3,940,000	3,944,000	2,712,000
3,544,000	3,548,000	2,400,800	3,744,000	3,748,000	2,555,200	3,944,000	3,948,000	2,715,200
3,548,000	3,552,000	2,403,600	3,748,000	3,752,000	2,558,400	3,948,000	3,952,000	2,718,400
3,552,000	3,556,000	2,406,400	3,752,000	3,756,000	2,561,600	3,952,000	3,956,000	2,721,600
3,556,000	3,560,000	2,409,200	3,756,000	3,760,000	2,564,800	3,956,000	3,960,000	2,724,800
3,560,000	3,564,000	2,412,000	3,760,000	3,764,000	2,568,000	3,960,000	3,964,000	2,728,000
3,564,000	3,568,000	2,414,800	3,764,000	3,768,000	2,571,200	3,964,000	3,968,000	2,731,200
3,568,000	3,572,000	2,417,600	3,768,000	3,772,000	2,574,400	3,968,000	3,972,000	2,734,400

給与所得金額の算出表

給与等の金額 以上	未満	給与所得控除後の給与等の金額	給与等の金額 以上	未満	給与所得控除後の給与等の金額	給与等の金額 以上	未満	給与所得控除後の給与等の金額
円	円	円	円	円	円	円	円	円
3,972,000	3,976,000	2,737,600	4,172,000	4,176,000	2,897,600	4,372,000	4,376,000	3,057,600
3,976,000	3,980,000	2,740,800	4,176,000	4,180,000	2,900,800	4,376,000	4,380,000	3,060,800
3,980,000	3,984,000	2,744,000	4,180,000	4,184,000	2,904,000	4,380,000	4,384,000	3,064,000
3,984,000	3,988,000	2,747,200	4,184,000	4,188,000	2,907,200	4,384,000	4,388,000	3,067,200
3,988,000	3,992,000	2,750,400	4,188,000	4,192,000	2,910,400	4,388,000	4,392,000	3,070,400
3,992,000	3,996,000	2,753,600	4,192,000	4,196,000	2,913,600	4,392,000	4,396,000	3,073,600
3,996,000	4,000,000	2,756,800	4,196,000	4,200,000	2,916,800	4,396,000	4,400,000	3,076,800
4,000,000	4,004,000	2,760,000	4,200,000	4,204,000	2,920,000	4,400,000	4,404,000	3,080,000
4,004,000	4,008,000	2,763,200	4,204,000	4,208,000	2,923,200	4,404,000	4,408,000	3,083,200
4,008,000	4,012,000	2,766,400	4,208,000	4,212,000	2,926,400	4,408,000	4,412,000	3,086,400
4,012,000	4,016,000	2,769,600	4,212,000	4,216,000	2,929,600	4,412,000	4,416,000	3,089,600
4,016,000	4,020,000	2,772,800	4,216,000	4,220,000	2,932,800	4,416,000	4,420,000	3,092,800
4,020,000	4,024,000	2,776,000	4,220,000	4,224,000	2,936,000	4,420,000	4,424,000	3,096,000
4,024,000	4,028,000	2,779,200	4,224,000	4,228,000	2,939,200	4,424,000	4,428,000	3,099,200
4,028,000	4,032,000	2,782,400	4,228,000	4,232,000	2,942,400	4,428,000	4,432,000	3,102,400
4,032,000	4,036,000	2,785,600	4,232,000	4,236,000	2,945,600	4,432,000	4,436,000	3,105,600
4,036,000	4,040,000	2,788,800	4,236,000	4,240,000	2,948,800	4,436,000	4,440,000	3,108,800
4,040,000	4,044,000	2,792,000	4,240,000	4,244,000	2,952,000	4,440,000	4,444,000	3,112,000
4,044,000	4,048,000	2,795,200	4,244,000	4,248,000	2,955,200	4,444,000	4,448,000	3,115,200
4,048,000	4,052,000	2,798,400	4,248,000	4,252,000	2,958,400	4,448,000	4,452,000	3,118,400
4,052,000	4,056,000	2,801,600	4,252,000	4,256,000	2,961,600	4,452,000	4,456,000	3,121,600
4,056,000	4,060,000	2,804,800	4,256,000	4,260,000	2,964,800	4,456,000	4,460,000	3,124,800
4,060,000	4,064,000	2,808,000	4,260,000	4,264,000	2,968,000	4,460,000	4,464,000	3,128,000
4,064,000	4,068,000	2,811,200	4,264,000	4,268,000	2,971,200	4,464,000	4,468,000	3,131,200
4,068,000	4,072,000	2,814,400	4,268,000	4,272,000	2,974,400	4,468,000	4,472,000	3,134,400
4,072,000	4,076,000	2,817,600	4,272,000	4,276,000	2,977,600	4,472,000	4,476,000	3,137,600
4,076,000	4,080,000	2,820,800	4,276,000	4,280,000	2,980,800	4,476,000	4,480,000	3,140,800
4,080,000	4,084,000	2,824,000	4,280,000	4,284,000	2,984,000	4,480,000	4,484,000	3,144,000
4,084,000	4,088,000	2,827,200	4,284,000	4,288,000	2,987,200	4,484,000	4,488,000	3,147,200
4,088,000	4,092,000	2,830,400	4,288,000	4,292,000	2,990,400	4,488,000	4,492,000	3,150,400
4,092,000	4,096,000	2,833,600	4,292,000	4,296,000	2,993,600	4,492,000	4,496,000	3,153,600
4,096,000	4,100,000	2,836,800	4,296,000	4,300,000	2,996,800	4,496,000	4,500,000	3,156,800
4,100,000	4,104,000	2,840,000	4,300,000	4,304,000	3,000,000	4,500,000	4,504,000	3,160,000
4,104,000	4,108,000	2,843,200	4,304,000	4,308,000	3,003,200	4,504,000	4,508,000	3,163,200
4,108,000	4,112,000	2,846,400	4,308,000	4,312,000	3,006,400	4,508,000	4,512,000	3,166,400
4,112,000	4,116,000	2,849,600	4,312,000	4,316,000	3,009,600	4,512,000	4,516,000	3,169,600
4,116,000	4,120,000	2,852,800	4,316,000	4,320,000	3,012,800	4,516,000	4,520,000	3,172,800
4,120,000	4,124,000	2,856,000	4,320,000	4,324,000	3,016,000	4,520,000	4,524,000	3,176,000
4,124,000	4,128,000	2,859,200	4,324,000	4,328,000	3,019,200	4,524,000	4,528,000	3,179,200
4,128,000	4,132,000	2,862,400	4,328,000	4,332,000	3,022,400	4,528,000	4,532,000	3,182,400
4,132,000	4,136,000	2,865,600	4,332,000	4,336,000	3,025,600	4,532,000	4,536,000	3,185,600
4,136,000	4,140,000	2,868,800	4,336,000	4,340,000	3,028,800	4,536,000	4,540,000	3,188,800
4,140,000	4,144,000	2,872,000	4,340,000	4,344,000	3,032,000	4,540,000	4,544,000	3,192,000
4,144,000	4,148,000	2,875,200	4,344,000	4,348,000	3,035,200	4,544,000	4,548,000	3,195,200
4,148,000	4,152,000	2,878,400	4,348,000	4,352,000	3,038,400	4,548,000	4,552,000	3,198,400
4,152,000	4,156,000	2,881,600	4,352,000	4,356,000	3,041,600	4,552,000	4,556,000	3,201,600
4,156,000	4,160,000	2,884,800	4,356,000	4,360,000	3,044,800	4,556,000	4,560,000	3,204,800
4,160,000	4,164,000	2,888,000	4,360,000	4,364,000	3,048,000	4,560,000	4,564,000	3,208,000
4,164,000	4,168,000	2,891,200	4,364,000	4,368,000	3,051,200	4,564,000	4,568,000	3,211,200
4,168,000	4,172,000	2,894,400	4,368,000	4,372,000	3,054,400	4,568,000	4,572,000	3,214,400

給与所得控除後の給与等の金額の算出表

給与等の金額		給与所得控除後の給与等の金額	給与等の金額		給与所得控除後の給与等の金額	給与等の金額		給与所得控除後の給与等の金額
以上	未満		以上	未満		以上	未満	
円	円	円	円	円	円	円	円	円
4,572,000	4,576,000	3,217,600	4,772,000	4,776,000	3,377,600	4,972,000	4,976,000	3,537,600
4,576,000	4,580,000	3,220,800	4,776,000	4,780,000	3,380,800	4,976,000	4,980,000	3,540,800
4,580,000	4,584,000	3,224,000	4,780,000	4,784,000	3,384,000	4,980,000	4,984,000	3,544,000
4,584,000	4,588,000	3,227,200	4,784,000	4,788,000	3,387,200	4,984,000	4,988,000	3,547,200
4,588,000	4,592,000	3,230,400	4,788,000	4,792,000	3,390,400	4,988,000	4,992,000	3,550,400
4,592,000	4,596,000	3,233,600	4,792,000	4,796,000	3,393,600	4,992,000	4,996,000	3,553,600
4,596,000	4,600,000	3,236,800	4,796,000	4,800,000	3,396,800	4,996,000	5,000,000	3,556,800
4,600,000	4,604,000	3,240,000	4,800,000	4,804,000	3,400,000	5,000,000	5,004,000	3,560,000
4,604,000	4,608,000	3,243,200	4,804,000	4,808,000	3,403,200	5,004,000	5,008,000	3,563,200
4,608,000	4,612,000	3,246,400	4,808,000	4,812,000	3,406,400	5,008,000	5,012,000	3,566,400
4,612,000	4,616,000	3,249,600	4,812,000	4,816,000	3,409,600	5,012,000	5,016,000	3,569,600
4,616,000	4,620,000	3,252,800	4,816,000	4,820,000	3,412,800	5,016,000	5,020,000	3,572,800
4,620,000	4,624,000	3,256,000	4,820,000	4,824,000	3,416,000	5,020,000	5,024,000	3,576,000
4,624,000	4,628,000	3,259,200	4,824,000	4,828,000	3,419,200	5,024,000	5,028,000	3,579,200
4,628,000	4,632,000	3,262,400	4,828,000	4,832,000	3,422,400	5,028,000	5,032,000	3,582,400
4,632,000	4,636,000	3,265,600	4,832,000	4,836,000	3,425,600	5,032,000	5,036,000	3,585,600
4,636,000	4,640,000	3,268,800	4,836,000	4,840,000	3,428,800	5,036,000	5,040,000	3,588,800
4,640,000	4,644,000	3,272,000	4,840,000	4,844,000	3,432,000	5,040,000	5,044,000	3,592,000
4,644,000	4,648,000	3,275,200	4,844,000	4,848,000	3,435,200	5,044,000	5,048,000	3,595,200
4,648,000	4,652,000	3,278,400	4,848,000	4,852,000	3,438,400	5,048,000	5,052,000	3,598,400
4,652,000	4,656,000	3,281,600	4,852,000	4,856,000	3,441,600	5,052,000	5,056,000	3,601,600
4,656,000	4,660,000	3,284,800	4,856,000	4,860,000	3,444,800	5,056,000	5,060,000	3,604,800
4,660,000	4,664,000	3,288,000	4,860,000	4,864,000	3,448,000	5,060,000	5,064,000	3,608,000
4,664,000	4,668,000	3,291,200	4,864,000	4,868,000	3,451,200	5,064,000	5,068,000	3,611,200
4,668,000	4,672,000	3,294,400	4,868,000	4,872,000	3,454,400	5,068,000	5,072,000	3,614,400
4,672,000	4,676,000	3,297,600	4,872,000	4,876,000	3,457,600	5,072,000	5,076,000	3,617,600
4,676,000	4,680,000	3,300,800	4,876,000	4,880,000	3,460,800	5,076,000	5,080,000	3,620,800
4,680,000	4,684,000	3,304,000	4,880,000	4,884,000	3,464,000	5,080,000	5,084,000	3,624,000
4,684,000	4,688,000	3,307,200	4,884,000	4,888,000	3,467,200	5,084,000	5,088,000	3,627,200
4,688,000	4,692,000	3,310,400	4,888,000	4,892,000	3,470,400	5,088,000	5,092,000	3,630,400
4,692,000	4,696,000	3,313,600	4,892,000	4,896,000	3,473,600	5,092,000	5,096,000	3,633,600
4,696,000	4,700,000	3,316,800	4,896,000	4,900,000	3,476,800	5,096,000	5,100,000	3,636,800
4,700,000	4,704,000	3,320,000	4,900,000	4,904,000	3,480,000	5,100,000	5,104,000	3,640,000
4,704,000	4,708,000	3,323,200	4,904,000	4,908,000	3,483,200	5,104,000	5,108,000	3,643,200
4,708,000	4,712,000	3,326,400	4,908,000	4,912,000	3,486,400	5,108,000	5,112,000	3,646,400
4,712,000	4,716,000	3,329,600	4,912,000	4,916,000	3,489,600	5,112,000	5,116,000	3,649,600
4,716,000	4,720,000	3,332,800	4,916,000	4,920,000	3,492,800	5,116,000	5,120,000	3,652,800
4,720,000	4,724,000	3,336,000	4,920,000	4,924,000	3,496,000	5,120,000	5,124,000	3,656,000
4,724,000	4,728,000	3,339,200	4,924,000	4,928,000	3,499,200	5,124,000	5,128,000	3,659,200
4,728,000	4,732,000	3,342,400	4,928,000	4,932,000	3,502,400	5,128,000	5,132,000	3,662,400
4,732,000	4,736,000	3,345,600	4,932,000	4,936,000	3,505,600	5,132,000	5,136,000	3,665,600
4,736,000	4,740,000	3,348,800	4,936,000	4,940,000	3,508,800	5,136,000	5,140,000	3,668,800
4,740,000	4,744,000	3,352,000	4,940,000	4,944,000	3,512,000	5,140,000	5,144,000	3,672,000
4,744,000	4,748,000	3,355,200	4,944,000	4,948,000	3,515,200	5,144,000	5,148,000	3,675,200
4,748,000	4,752,000	3,358,400	4,948,000	4,952,000	3,518,400	5,148,000	5,152,000	3,678,400
4,752,000	4,756,000	3,361,600	4,952,000	4,956,000	3,521,600	5,152,000	5,156,000	3,681,600
4,756,000	4,760,000	3,364,800	4,956,000	4,960,000	3,524,800	5,156,000	5,160,000	3,684,800
4,760,000	4,764,000	3,368,000	4,960,000	4,964,000	3,528,000	5,160,000	5,164,000	3,688,000
4,764,000	4,768,000	3,371,200	4,964,000	4,968,000	3,531,200	5,164,000	5,168,000	3,691,200
4,768,000	4,772,000	3,374,400	4,968,000	4,972,000	3,534,400	5,168,000	5,172,000	3,694,400

給与所得金額の算出表

給 与 等 の 金 額		給与所得控除後の給与等の金額	給 与 等 の 金 額		給与所得控除後の給与等の金額	給 与 等 の 金 額		給与所得控除後の給与等の金額
以 上	未 満		以 上	未 満		以 上	未 満	
円	円	円	円	円	円	円	円	円
5,172,000	5,176,000	3,697,600	5,372,000	5,376,000	3,857,600	5,572,000	5,576,000	4,017,600
5,176,000	5,180,000	3,700,800	5,376,000	5,380,000	3,860,800	5,576,000	5,580,000	4,020,800
5,180,000	5,184,000	3,704,000	5,380,000	5,384,000	3,864,000	5,580,000	5,584,000	4,024,000
5,184,000	5,188,000	3,707,200	5,384,000	5,388,000	3,867,200	5,584,000	5,588,000	4,027,200
5,188,000	5,192,000	3,710,400	5,388,000	5,392,000	3,870,400	5,588,000	5,592,000	4,030,400
5,192,000	5,196,000	3,713,600	5,392,000	5,396,000	3,873,600	5,592,000	5,596,000	4,033,600
5,196,000	5,200,000	3,716,800	5,396,000	5,400,000	3,876,800	5,596,000	5,600,000	4,036,800
5,200,000	5,204,000	3,720,000	5,400,000	5,404,000	3,880,000	5,600,000	5,604,000	4,040,000
5,204,000	5,208,000	3,723,200	5,404,000	5,408,000	3,883,200	5,604,000	5,608,000	4,043,200
5,208,000	5,212,000	3,726,400	5,408,000	5,412,000	3,886,400	5,608,000	5,612,000	4,046,400
5,212,000	5,216,000	3,729,600	5,412,000	5,416,000	3,889,600	5,612,000	5,616,000	4,049,600
5,216,000	5,220,000	3,732,800	5,416,000	5,420,000	3,892,800	5,616,000	5,620,000	4,052,800
5,220,000	5,224,000	3,736,000	5,420,000	5,424,000	3,896,000	5,620,000	5,624,000	4,056,000
5,224,000	5,228,000	3,739,200	5,424,000	5,428,000	3,899,200	5,624,000	5,628,000	4,059,200
5,228,000	5,232,000	3,742,400	5,428,000	5,432,000	3,902,400	5,628,000	5,632,000	4,062,400
5,232,000	5,236,000	3,745,600	5,432,000	5,436,000	3,905,600	5,632,000	5,636,000	4,065,600
5,236,000	5,240,000	3,748,800	5,436,000	5,440,000	3,908,800	5,636,000	5,640,000	4,068,800
5,240,000	5,244,000	3,752,000	5,440,000	5,444,000	3,912,000	5,640,000	5,644,000	4,072,000
5,244,000	5,248,000	3,755,200	5,444,000	5,448,000	3,915,200	5,644,000	5,648,000	4,075,200
5,248,000	5,252,000	3,758,400	5,448,000	5,452,000	3,918,400	5,648,000	5,652,000	4,078,400
5,252,000	5,256,000	3,761,600	5,452,000	5,456,000	3,921,600	5,652,000	5,656,000	4,081,600
5,256,000	5,260,000	3,764,800	5,456,000	5,460,000	3,924,800	5,656,000	5,660,000	4,084,800
5,260,000	5,264,000	3,768,000	5,460,000	5,464,000	3,928,000	5,660,000	5,664,000	4,088,000
5,264,000	5,268,000	3,771,200	5,464,000	5,468,000	3,931,200	5,664,000	5,668,000	4,091,200
5,268,000	5,272,000	3,774,400	5,468,000	5,472,000	3,934,400	5,668,000	5,672,000	4,094,400
5,272,000	5,276,000	3,777,600	5,472,000	5,476,000	3,937,600	5,672,000	5,676,000	4,097,600
5,276,000	5,280,000	3,780,800	5,476,000	5,480,000	3,940,800	5,676,000	5,680,000	4,100,800
5,280,000	5,284,000	3,784,000	5,480,000	5,484,000	3,944,000	5,680,000	5,684,000	4,104,000
5,284,000	5,288,000	3,787,200	5,484,000	5,488,000	3,947,200	5,684,000	5,688,000	4,107,200
5,288,000	5,292,000	3,790,400	5,488,000	5,492,000	3,950,400	5,688,000	5,692,000	4,110,400
5,292,000	5,296,000	3,793,600	5,492,000	5,496,000	3,953,600	5,692,000	5,696,000	4,113,600
5,296,000	5,300,000	3,796,800	5,496,000	5,500,000	3,956,800	5,696,000	5,700,000	4,116,800
5,300,000	5,304,000	3,800,000	5,500,000	5,504,000	3,960,000	5,700,000	5,704,000	4,120,000
5,304,000	5,308,000	3,803,200	5,504,000	5,508,000	3,963,200	5,704,000	5,708,000	4,123,200
5,308,000	5,312,000	3,806,400	5,508,000	5,512,000	3,966,400	5,708,000	5,712,000	4,126,400
5,312,000	5,316,000	3,809,600	5,512,000	5,516,000	3,969,600	5,712,000	5,716,000	4,129,600
5,316,000	5,320,000	3,812,800	5,516,000	5,520,000	3,972,800	5,716,000	5,720,000	4,132,800
5,320,000	5,324,000	3,816,000	5,520,000	5,524,000	3,976,000	5,720,000	5,724,000	4,136,000
5,324,000	5,328,000	3,819,200	5,524,000	5,528,000	3,979,200	5,724,000	5,728,000	4,139,200
5,328,000	5,332,000	3,822,400	5,528,000	5,532,000	3,982,400	5,728,000	5,732,000	4,142,400
5,332,000	5,336,000	3,825,600	5,532,000	5,536,000	3,985,600	5,732,000	5,736,000	4,145,600
5,336,000	5,340,000	3,828,800	5,536,000	5,540,000	3,988,800	5,736,000	5,740,000	4,148,800
5,340,000	5,344,000	3,832,000	5,540,000	5,544,000	3,992,000	5,740,000	5,744,000	4,152,000
5,344,000	5,348,000	3,835,200	5,544,000	5,548,000	3,995,200	5,744,000	5,748,000	4,155,200
5,348,000	5,352,000	3,838,400	5,548,000	5,552,000	3,998,400	5,748,000	5,752,000	4,158,400
5,352,000	5,356,000	3,841,600	5,552,000	5,556,000	4,001,600	5,752,000	5,756,000	4,161,600
5,356,000	5,360,000	3,844,800	5,556,000	5,560,000	4,004,800	5,756,000	5,760,000	4,164,800
5,360,000	5,364,000	3,848,000	5,560,000	5,564,000	4,008,000	5,760,000	5,764,000	4,168,000
5,364,000	5,368,000	3,851,200	5,564,000	5,568,000	4,011,200	5,764,000	5,768,000	4,171,200
5,368,000	5,372,000	3,854,400	5,568,000	5,572,000	4,014,400	5,768,000	5,772,000	4,174,400

給与所得金額の算出表

給与等の金額 以上	未満	給与所得控除後の給与等の金額	給与等の金額 以上	未満	給与所得控除後の給与等の金額	給与等の金額 以上	未満	給与所得控除後の給与等の金額
円	円	円	円	円	円	円	円	円
5,772,000	5,776,000	4,177,600	5,972,000	5,976,000	4,337,600	6,172,000	6,176,000	4,497,600
5,776,000	5,780,000	4,180,800	5,976,000	5,980,000	4,340,800	6,176,000	6,180,000	4,500,800
5,780,000	5,784,000	4,184,000	5,980,000	5,984,000	4,344,000	6,180,000	6,184,000	4,504,000
5,784,000	5,788,000	4,187,200	5,984,000	5,988,000	4,347,200	6,184,000	6,188,000	4,507,200
5,788,000	5,792,000	4,190,400	5,988,000	5,992,000	4,350,400	6,188,000	6,192,000	4,510,400
5,792,000	5,796,000	4,193,600	5,992,000	5,996,000	4,353,600	6,192,000	6,196,000	4,513,600
5,796,000	5,800,000	4,196,800	5,996,000	6,000,000	4,356,800	6,196,000	6,200,000	4,516,800
5,800,000	5,804,000	4,200,000	6,000,000	6,004,000	4,360,000	6,200,000	6,204,000	4,520,000
5,804,000	5,808,000	4,203,200	6,004,000	6,008,000	4,363,200	6,204,000	6,208,000	4,523,200
5,808,000	5,812,000	4,206,400	6,008,000	6,012,000	4,366,400	6,208,000	6,212,000	4,526,400
5,812,000	5,816,000	4,209,600	6,012,000	6,016,000	4,369,600	6,212,000	6,216,000	4,529,600
5,816,000	5,820,000	4,212,800	6,016,000	6,020,000	4,372,800	6,216,000	6,220,000	4,532,800
5,820,000	5,824,000	4,216,000	6,020,000	6,024,000	4,376,000	6,220,000	6,224,000	4,536,000
5,824,000	5,828,000	4,219,200	6,024,000	6,028,000	4,379,200	6,224,000	6,228,000	4,539,200
5,828,000	5,832,000	4,222,400	6,028,000	6,032,000	4,382,400	6,228,000	6,232,000	4,542,400
5,832,000	5,836,000	4,225,600	6,032,000	6,036,000	4,385,600	6,232,000	6,236,000	4,545,600
5,836,000	5,840,000	4,228,800	6,036,000	6,040,000	4,388,800	6,236,000	6,240,000	4,548,800
5,840,000	5,844,000	4,232,000	6,040,000	6,044,000	4,392,000	6,240,000	6,244,000	4,552,000
5,844,000	5,848,000	4,235,200	6,044,000	6,048,000	4,395,200	6,244,000	6,248,000	4,555,200
5,848,000	5,852,000	4,238,400	6,048,000	6,052,000	4,398,400	6,248,000	6,252,000	4,558,400
5,852,000	5,856,000	4,241,600	6,052,000	6,056,000	4,401,600	6,252,000	6,256,000	4,561,600
5,856,000	5,860,000	4,244,800	6,056,000	6,060,000	4,404,800	6,256,000	6,260,000	4,564,800
5,860,000	5,864,000	4,248,000	6,060,000	6,064,000	4,408,000	6,260,000	6,264,000	4,568,000
5,864,000	5,868,000	4,251,200	6,064,000	6,068,000	4,411,200	6,264,000	6,268,000	4,571,200
5,868,000	5,872,000	4,254,400	6,068,000	6,072,000	4,414,400	6,268,000	6,272,000	4,574,400
5,872,000	5,876,000	4,257,600	6,072,000	6,076,000	4,417,600	6,272,000	6,276,000	4,577,600
5,876,000	5,880,000	4,260,800	6,076,000	6,080,000	4,420,800	6,276,000	6,280,000	4,580,800
5,880,000	5,884,000	4,264,000	6,080,000	6,084,000	4,424,000	6,280,000	6,284,000	4,584,000
5,884,000	5,888,000	4,267,200	6,084,000	6,088,000	4,427,200	6,284,000	6,288,000	4,587,200
5,888,000	5,892,000	4,270,400	6,088,000	6,092,000	4,430,400	6,288,000	6,292,000	4,590,400
5,892,000	5,896,000	4,273,600	6,092,000	6,096,000	4,433,600	6,292,000	6,296,000	4,593,600
5,896,000	5,900,000	4,276,800	6,096,000	6,100,000	4,436,800	6,296,000	6,300,000	4,596,800
5,900,000	5,904,000	4,280,000	6,100,000	6,104,000	4,440,000	6,300,000	6,304,000	4,600,000
5,904,000	5,908,000	4,283,200	6,104,000	6,108,000	4,443,200	6,304,000	6,308,000	4,603,200
5,908,000	5,912,000	4,286,400	6,108,000	6,112,000	4,446,400	6,308,000	6,312,000	4,606,400
5,912,000	5,916,000	4,289,600	6,112,000	6,116,000	4,449,600	6,312,000	6,316,000	4,609,600
5,916,000	5,920,000	4,292,800	6,116,000	6,120,000	4,452,800	6,316,000	6,320,000	4,612,800
5,920,000	5,924,000	4,296,000	6,120,000	6,124,000	4,456,000	6,320,000	6,324,000	4,616,000
5,924,000	5,928,000	4,299,200	6,124,000	6,128,000	4,459,200	6,324,000	6,328,000	4,619,200
5,928,000	5,932,000	4,302,400	6,128,000	6,132,000	4,462,400	6,328,000	6,332,000	4,622,400
5,932,000	5,936,000	4,305,600	6,132,000	6,136,000	4,465,600	6,332,000	6,336,000	4,625,600
5,936,000	5,940,000	4,308,800	6,136,000	6,140,000	4,468,800	6,336,000	6,340,000	4,628,800
5,940,000	5,944,000	4,312,000	6,140,000	6,144,000	4,472,000	6,340,000	6,344,000	4,632,000
5,944,000	5,948,000	4,315,200	6,144,000	6,148,000	4,475,200	6,344,000	6,348,000	4,635,200
5,948,000	5,952,000	4,318,400	6,148,000	6,152,000	4,478,400	6,348,000	6,352,000	4,638,400
5,952,000	5,956,000	4,321,600	6,152,000	6,156,000	4,481,600	6,352,000	6,356,000	4,641,600
5,956,000	5,960,000	4,324,800	6,156,000	6,160,000	4,484,800	6,356,000	6,360,000	4,644,800
5,960,000	5,964,000	4,328,000	6,160,000	6,164,000	4,488,000	6,360,000	6,364,000	4,648,000
5,964,000	5,968,000	4,331,200	6,164,000	6,168,000	4,491,200	6,364,000	6,368,000	4,651,200
5,968,000	5,972,000	4,334,400	6,168,000	6,172,000	4,494,400	6,368,000	6,372,000	4,654,400

給与所得金額の算出表

給与等の金額		給与所得控除後の給与等の金額	給与等の金額		給与所得控除後の給与等の金額	給与等の金額		給与所得控除後の給与等の金額
以 上	未 満		以 上	未 満		以 上	未 満	
円	円	円	円	円	円	円	円	円
6,372,000	6,376,000	4,657,600	6,472,000	6,476,000	4,737,600	6,572,000	6,576,000	4,817,600
6,376,000	6,380,000	4,660,800	6,476,000	6,480,000	4,740,800	6,576,000	6,580,000	4,820,800
6,380,000	6,384,000	4,664,000	6,480,000	6,484,000	4,744,000	6,580,000	6,584,000	4,824,000
6,384,000	6,388,000	4,667,200	6,484,000	6,488,000	4,747,200	6,584,000	6,588,000	4,827,200
6,388,000	6,392,000	4,670,400	6,488,000	6,492,000	4,750,400	6,588,000	6,592,000	4,830,400
6,392,000	6,396,000	4,673,600	6,492,000	6,496,000	4,753,600	6,592,000	6,596,000	4,833,600
6,396,000	6,400,000	4,676,800	6,496,000	6,500,000	4,756,800	6,596,000	6,600,000	4,836,800
6,400,000	6,404,000	4,680,000	6,500,000	6,504,000	4,760,000			
6,404,000	6,408,000	4,683,200	6,504,000	6,508,000	4,763,200			
6,408,000	6,412,000	4,686,400	6,508,000	6,512,000	4,766,400			
6,412,000	6,416,000	4,689,600	6,512,000	6,516,000	4,769,600	6,600,000	8,500,000	給与等の金額に90%を乗じて算出した額から1,100,000円を控除した金額
6,416,000	6,420,000	4,692,800	6,516,000	6,520,000	4,772,800			
6,420,000	6,424,000	4,696,000	6,520,000	6,524,000	4,776,000			
6,424,000	6,428,000	4,699,200	6,524,000	6,528,000	4,779,200			
6,428,000	6,432,000	4,702,400	6,528,000	6,532,000	4,782,400			
6,432,000	6,436,000	4,705,600	6,532,000	6,536,000	4,785,600	8,500,000	20,000,000	給与等の金額から1,950,000円を控除した額
6,436,000	6,440,000	4,708,800	6,536,000	6,540,000	4,788,800			
6,440,000	6,444,000	4,712,000	6,540,000	6,544,000	4,792,000			
6,444,000	6,448,000	4,715,200	6,544,000	6,548,000	4,795,200			
6,448,000	6,452,000	4,718,400	6,548,000	6,552,000	4,798,400			
6,452,000	6,456,000	4,721,600	6,552,000	6,556,000	4,801,600	20,000,000		18,050,000
6,456,000	6,460,000	4,724,800	6,556,000	6,560,000	4,804,800			
6,460,000	6,464,000	4,728,000	6,560,000	6,564,000	4,808,000			
6,464,000	6,468,000	4,731,200	6,564,000	6,568,000	4,811,200			
6,468,000	6,472,000	4,734,400	6,568,000	6,572,000	4,814,400			

給与所得金額の算出表

（備考）給与所得控除後の給与等の金額を求めるには、その年中の給与等の金額に応じ、まず、この表の「給与等の金額」欄の該当する行を求め、次にその行の「給与所得控除後の給与等の金額」欄に記載されている金額を求めます。この金額が、その給与等の金額についての給与所得控除後の給与等の金額です。この場合において、給与等の金額が6,600,000円以上の人の給与所得控除後の給与等の金額に1円未満の端数があるときは、これを切り捨てた額をもってその求める給与所得控除後の給与等の金額とします。

令和6年分の年末調整のための算出所得税額の速算表

課税給与所得金額(A)		税　率(B)	控除額(C)	税額 = (A) × (B) - (C)
	1,950,000円以下	5 %	——	(A) × 5%
1,950,000円超	3,300,000 〃	10 %	97,500円	(A) ×10% －　　97,500円
3,300,000 〃	6,950,000 〃	20 %	427,500円	(A) ×20% －　 427,500円
6,950,000 〃	9,000,000 〃	23 %	636,000円	(A) ×23% －　 636,000円
9,000,000 〃	18,000,000 〃	33 %	1,536,000円	(A) ×33% － 1,536,000円
18,000,000 〃	18,050,000 〃	40 %	2,796,000円	(A) ×40% － 2,796,000円

(注) 1　課税給与所得金額に1,000円未満の端数があるときは，これを切り捨てます。

　　　 2　課税給与所得金額が18,050,000円を超える場合は，令和6年分の年末調整の対象となりません。

(参考1…課税（給与）所得金額が18,050,000円を超える場合の算出所得税額の速算表)

課税所得金額(A)	税　率(B)	控除額(C)	税額 = (A) × (B) - (C)
18,050,000円超　40,000,000円以下	40%	2,796,000円	(A) ×40% － 2,796,000円
40,000,000 〃	45%	4,796,000円	(A) ×45% － 4,796,000円

(参考2…令和6年分の年末調整による税額計算の手順)

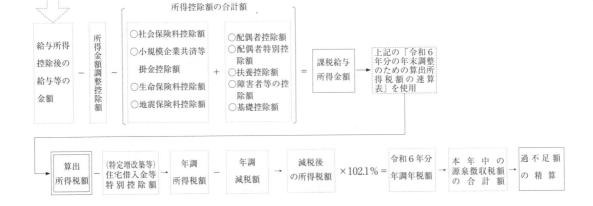

所得税額

退職所得控除額控除後の退職手当等の金額（2分の1前）		特別徴収税額			退職所得控除額控除後の退職手当等の金額（2分の1前）		特別徴収税額		
から	まで	市町村民税（特別区民税）	道府県民税（都民税）	合計	から	まで	市町村民税（特別区民税）	道府県民税（都民税）	合計
円	円	円	円	円	円	円	円	円	円
～ 3,999		0	0	0	126,000	127,999	3,700	2,500	6,200
4,000	5,999	100	0	100	128,000	129,999	3,800	2,500	6,300
6,000	7,999	100	100	200	130,000	133,999	3,900	2,600	6,500
8,000	9,999	200	100	300	134,000	135,999	4,000	2,600	6,600
10,000	13,999	300	200	500	136,000	137,999	4,000	2,700	6,700
14,000	15,999	400	200	600	138,000	139,999	4,100	2,700	6,800
16,000	17,999	400	300	700	140,000	143,999	4,200	2,800	7,000
18,000	19,999	500	300	800	144,000	145,999	4,300	2,800	7,100
20,000	23,999	600	400	1,000	146,000	147,999	4,300	2,900	7,200
24,000	25,999	700	400	1,100	148,000	149,999	4,400	2,900	7,300
26,000	27,999	700	500	1,200	150,000	153,999	4,500	3,000	7,500
28,000	29,999	800	500	1,300	154,000	155,999	4,600	3,000	7,600
30,000	33,999	900	600	1,500	156,000	157,999	4,600	3,100	7,700
34,000	35,999	1,000	600	1,600	158,000	159,999	4,700	3,100	7,800
36,000	37,999	1,000	700	1,700	160,000	163,999	4,800	3,200	8,000
38,000	39,999	1,100	700	1,800	164,000	165,999	4,900	3,200	8,100
40,000	43,999	1,200	800	2,000	166,000	167,999	4,900	3,300	8,200
44,000	45,999	1,300	800	2,100	168,000	169,999	5,000	3,300	8,300
46,000	47,999	1,300	900	2,200	170,000	173,999	5,100	3,400	8,500
48,000	49,999	1,400	900	2,300	174,000	175,999	5,200	3,400	8,600
50,000	53,999	1,500	1,000	2,500	176,000	177,999	5,200	3,500	8,700
54,000	55,999	1,600	1,000	2,600	178,000	179,999	5,300	3,500	8,800
56,000	57,999	1,600	1,100	2,700	180,000	183,999	5,400	3,600	9,000
58,000	59,999	1,700	1,100	2,800	184,000	185,999	5,500	3,600	9,100
60,000	63,999	1,800	1,200	3,000	186,000	187,999	5,500	3,700	9,200
64,000	65,999	1,900	1,200	3,100	188,000	189,999	5,600	3,700	9,300
66,000	67,999	1,900	1,300	3,200	190,000	193,999	5,700	3,800	9,500
68,000	69,999	2,000	1,300	3,300	194,000	195,999	5,800	3,800	9,600
70,000	73,999	2,100	1,400	3,500	196,000	197,999	5,800	3,900	9,700
74,000	75,999	2,200	1,400	3,600	198,000	199,999	5,900	3,900	9,800
76,000	77,999	2,200	1,500	3,700	200,000	203,999	6,000	4,000	10,000
78,000	79,999	2,300	1,500	3,800	204,000	205,999	6,100	4,000	10,100
80,000	83,999	2,400	1,600	4,000	206,000	207,999	6,100	4,100	10,200
84,000	85,999	2,500	1,600	4,100	208,000	209,999	6,200	4,100	10,300
86,000	87,999	2,500	1,700	4,200	210,000	213,999	6,300	4,200	10,500
88,000	89,999	2,600	1,700	4,300	214,000	215,999	6,400	4,200	10,600
90,000	93,999	2,700	1,800	4,500	216,000	217,999	6,400	4,300	10,700
94,000	95,999	2,800	1,800	4,600	218,000	219,999	6,500	4,300	10,800
96,000	97,999	2,800	1,900	4,700	220,000	223,999	6,600	4,400	11,000
98,000	99,999	2,900	1,900	4,800	224,000	225,999	6,700	4,400	11,100
100,000	103,999	3,000	2,000	5,000	226,000	227,999	6,700	4,500	11,200
104,000	105,999	3,100	2,000	5,100	228,000	229,999	6,800	4,500	11,300
106,000	107,999	3,100	2,100	5,200	230,000	233,999	6,900	4,600	11,500
108,000	109,999	3,200	2,100	5,300	234,000	235,999	7,000	4,600	11,600
110,000	113,999	3,300	2,200	5,500	236,000	237,999	7,000	4,700	11,700
114,000	115,999	3,400	2,200	5,600	238,000	239,999	7,100	4,700	11,800
116,000	117,999	3,400	2,300	5,700	240,000	243,999	7,200	4,800	12,000
118,000	119,999	3,500	2,300	5,800	244,000	245,999	7,300	4,800	12,100
120,000	123,999	3,600	2,400	6,000	246,000	247,999	7,300	4,900	12,200
124,000	125,999	3,700	2,400	6,100	248,000	249,999	7,400	4,900	12,300

退職の特別徴収

退職所得控除額控除後の退職手当等の金額（2分の1前）		特別徴収税額			退職所得控除額控除後の退職手当等の金額（2分の1前）		特別徴収税額		
から	まで	市町村民税(特別区民税)	道府県民税(都民税)	合計	から	まで	市町村民税(特別区民税)	道府県民税(都民税)	合計
円	円	円	円	円	円	円	円	円	円
250,000	253,999	7,500	5,000	12,500	376,000	377,999	11,200	7,500	18,700
254,000	255,999	7,600	5,000	12,600	378,000	379,999	11,300	7,500	18,800
256,000	257,999	7,600	5,100	12,700	380,000	383,999	11,400	7,600	19,000
258,000	259,999	7,700	5,100	12,800	384,000	385,999	11,500	7,600	19,100
260,000	263,999	7,800	5,200	13,000	386,000	387,999	11,500	7,700	19,200
264,000	265,999	7,900	5,200	13,100	388,000	389,999	11,600	7,700	19,300
266,000	267,999	7,900	5,300	13,200	390,000	393,999	11,700	7,800	19,500
268,000	269,999	8,000	5,300	13,300	394,000	395,999	11,800	7,800	19,600
270,000	273,999	8,100	5,400	13,500	396,000	397,999	11,800	7,900	19,700
274,000	275,999	8,200	5,400	13,600	398,000	399,999	11,900	7,900	19,800
276,000	277,999	8,200	5,500	13,700	400,000	403,999	12,000	8,000	20,000
278,000	279,999	8,300	5,500	13,800	404,000	405,999	12,100	8,000	20,100
280,000	283,999	8,400	5,600	14,000	406,000	407,999	12,100	8,100	20,200
284,000	285,999	8,500	5,600	14,100	408,000	409,999	12,200	8,100	20,300
286,000	287,999	8,500	5,700	14,200	410,000	413,999	12,300	8,200	20,500
288,000	289,999	8,600	5,700	14,300	414,000	415,999	12,400	8,200	20,600
290,000	293,999	8,700	5,800	14,500	416,000	417,999	12,400	8,300	20,700
294,000	295,999	8,800	5,800	14,600	418,000	419,999	12,500	8,300	20,800
296,000	297,999	8,800	5,900	14,700	420,000	423,999	12,600	8,400	21,000
298,000	299,999	8,900	5,900	14,800	424,000	425,999	12,700	8,400	21,100
300,000	303,999	9,000	6,000	15,000	426,000	427,999	12,700	8,500	21,200
304,000	305,999	9,100	6,000	15,100	428,000	429,999	12,800	8,500	21,300
306,000	307,999	9,100	6,100	15,200	430,000	433,999	12,900	8,600	21,500
308,000	309,999	9,200	6,100	15,300	434,000	435,999	13,000	8,600	21,600
310,000	313,999	9,300	6,200	15,500	436,000	437,999	13,000	8,700	21,700
314,000	315,999	9,400	6,200	15,600	438,000	439,999	13,100	8,700	21,800
316,000	317,999	9,400	6,300	15,700	440,000	443,999	13,200	8,800	22,000
318,000	319,999	9,500	6,300	15,800	444,000	445,999	13,300	8,800	22,100
320,000	323,999	9,600	6,400	16,000	446,000	447,999	13,300	8,900	22,200
324,000	325,999	9,700	6,400	16,100	448,000	449,999	13,400	8,900	22,300
326,000	327,999	9,700	6,500	16,200	450,000	453,999	13,500	9,000	22,500
328,000	329,999	9,800	6,500	16,300	454,000	455,999	13,600	9,000	22,600
330,000	333,999	9,900	6,600	16,500	456,000	457,999	13,600	9,100	22,700
334,000	335,999	10,000	6,600	16,600	458,000	459,999	13,700	9,100	22,800
336,000	337,999	10,000	6,700	16,700	460,000	463,999	13,800	9,200	23,000
338,000	339,999	10,100	6,700	16,800	464,000	465,999	13,900	9,200	23,100
340,000	343,999	10,200	6,800	17,000	466,000	467,999	13,900	9,300	23,200
344,000	345,999	10,300	6,800	17,100	468,000	469,999	14,000	9,300	23,300
346,000	347,999	10,300	6,900	17,200	470,000	473,999	14,100	9,400	23,500
348,000	349,999	10,400	6,900	17,300	474,000	475,999	14,200	9,400	23,600
350,000	353,999	10,500	7,000	17,500	476,000	477,999	14,200	9,500	23,700
354,000	355,999	10,600	7,000	17,600	478,000	479,999	14,300	9,500	23,800
356,000	357,999	10,600	7,100	17,700	480,000	483,999	14,400	9,600	24,000
358,000	359,999	10,700	7,100	17,800	484,000	485,999	14,500	9,600	24,100
360,000	363,999	10,800	7,200	18,000	486,000	487,999	14,500	9,700	24,200
364,000	365,999	10,900	7,200	18,100	488,000	489,999	14,600	9,700	24,300
366,000	367,999	10,900	7,300	18,200	490,000	493,999	14,700	9,800	24,500
368,000	369,999	11,000	7,300	18,300	494,000	495,999	14,800	9,800	24,600
370,000	373,999	11,100	7,400	18,500	496,000	497,999	14,800	9,900	24,700
374,000	375,999	11,200	7,400	18,600	498,000	499,999	14,900	9,900	24,800

退職の特別徴収

退職所得控除額控除後の退職手当等の金額（2分の1前）		特別徴収税額			退職所得控除額控除後の退職手当等の金額（2分の1前）		特別徴収税額		
から	まで	市町村民税（特別区民税）	道府県民税（都民税）	合計	から	まで	市町村民税（特別区民税）	道府県民税（都民税）	合計
円	円	円	円	円	円	円	円	円	円
500,000	503,999	15,000	10,000	25,000	626,000	627,999	18,700	12,500	31,200
504,000	505,999	15,100	10,000	25,100	628,000	629,999	18,800	12,500	31,300
506,000	507,999	15,100	10,100	25,200	630,000	633,999	18,900	12,600	31,500
508,000	509,999	15,200	10,100	25,300	634,000	635,999	19,000	12,600	31,600
510,000	513,999	15,300	10,200	25,500	636,000	637,999	19,000	12,700	31,700
514,000	515,999	15,400	10,200	25,600	638,000	639,999	19,100	12,700	31,800
516,000	517,999	15,400	10,300	25,700	640,000	643,999	19,200	12,800	32,000
518,000	519,999	15,500	10,300	25,800	644,000	645,999	19,300	12,800	32,100
520,000	523,999	15,600	10,400	26,000	646,000	647,999	19,300	12,900	32,200
524,000	525,999	15,700	10,400	26,100	648,000	649,999	19,400	12,900	32,300
526,000	527,999	15,700	10,500	26,200	650,000	653,999	19,500	13,000	32,500
528,000	529,999	15,800	10,500	26,300	654,000	655,999	19,600	13,000	32,600
530,000	533,999	15,900	10,600	26,500	656,000	657,999	19,600	13,100	32,700
534,000	535,999	16,000	10,600	26,600	658,000	659,999	19,700	13,100	32,800
536,000	537,999	16,000	10,700	26,700	660,000	663,999	19,800	13,200	33,000
538,000	539,999	16,100	10,700	26,800	664,000	665,999	19,900	13,200	33,100
540,000	543,999	16,200	10,800	27,000	666,000	667,999	19,900	13,300	33,200
544,000	545,999	16,300	10,800	27,100	668,000	669,999	20,000	13,300	33,300
546,000	547,999	16,300	10,900	27,200	670,000	673,999	20,100	13,400	33,500
548,000	549,999	16,400	10,900	27,300	674,000	675,999	20,200	13,400	33,600
550,000	553,999	16,500	11,000	27,500	676,000	677,999	20,200	13,500	33,700
554,000	555,999	16,600	11,000	27,600	678,000	679,999	20,300	13,500	33,800
556,000	557,999	16,600	11,100	27,700	680,000	683,999	20,400	13,600	34,000
558,000	559,999	16,700	11,100	27,800	684,000	685,999	20,500	13,600	34,100
560,000	563,999	16,800	11,200	28,000	686,000	687,999	20,500	13,700	34,200
564,000	565,999	16,900	11,200	28,100	688,000	689,999	20,600	13,700	34,300
566,000	567,999	16,900	11,300	28,200	690,000	693,999	20,700	13,800	34,500
568,000	569,999	17,000	11,300	28,300	694,000	695,999	20,800	13,800	34,600
570,000	573,999	17,100	11,400	28,500	696,000	697,999	20,800	13,900	34,700
574,000	575,999	17,200	11,400	28,600	698,000	699,999	20,900	13,900	34,800
576,000	577,999	17,200	11,500	28,700	700,000	703,999	21,000	14,000	35,000
578,000	579,999	17,300	11,500	28,800	704,000	705,999	21,100	14,000	35,100
580,000	583,999	17,400	11,600	29,000	706,000	707,999	21,100	14,100	35,200
584,000	585,999	17,500	11,600	29,100	708,000	709,999	21,200	14,100	35,300
586,000	587,999	17,500	11,700	29,200	710,000	713,999	21,300	14,200	35,500
588,000	589,999	17,600	11,700	29,300	714,000	715,999	21,400	14,200	35,600
590,000	593,999	17,700	11,800	29,500	716,000	717,999	21,400	14,300	35,700
594,000	595,999	17,800	11,800	29,600	718,000	719,999	21,500	14,300	35,800
596,000	597,999	17,800	11,900	29,700	720,000	723,999	21,600	14,400	36,000
598,000	599,999	17,900	11,900	29,800	724,000	725,999	21,700	14,400	36,100
600,000	603,999	18,000	12,000	30,000	726,000	727,999	21,700	14,500	36,200
604,000	605,999	18,100	12,000	30,100	728,000	729,999	21,800	14,500	36,300
606,000	607,999	18,100	12,100	30,200	730,000	733,999	21,900	14,600	36,500
608,000	609,999	18,200	12,100	30,300	734,000	735,999	22,000	14,600	36,600
610,000	613,999	18,300	12,200	30,500	736,000	737,999	22,000	14,700	36,700
614,000	615,999	18,400	12,200	30,600	738,000	739,999	22,100	14,700	36,800
616,000	617,999	18,400	12,300	30,700	740,000	743,999	22,200	14,800	37,000
618,000	619,999	18,500	12,300	30,800	744,000	745,999	22,300	14,800	37,100
620,000	623,999	18,600	12,400	31,000	746,000	747,999	22,300	14,900	37,200
624,000	625,999	18,700	12,400	31,100	748,000	749,999	22,400	14,900	37,300

退職の特別徴収

退職所得控除額控除後の退職手当等の金額（2分の1前）		特別徴収税額			退職所得控除額控除後の退職手当等の金額（2分の1前）		特別徴収税額		
から	まで	市町村民税（特別区民税）	道府県民税（都民税）	合　計	から	まで	市町村民税（特別区民税）	道府県民税（都民税）	合　計
円	円	円	円	円	円	円	円	円	円
750,000	753,999	22,500	15,000	37,500	876,000	877,999	26,200	17,500	43,700
754,000	755,999	22,600	15,000	37,600	878,000	879,999	26,300	17,500	43,800
756,000	757,999	22,600	15,100	37,700	880,000	883,999	26,400	17,600	44,000
758,000	759,999	22,700	15,100	37,800	884,000	885,999	26,500	17,600	44,100
760,000	763,999	22,800	15,200	38,000	886,000	887,999	26,500	17,700	44,200
764,000	765,999	22,900	15,200	38,100	888,000	889,999	26,600	17,700	44,300
766,000	767,999	22,900	15,300	38,200	890,000	893,999	26,700	17,800	44,500
768,000	769,999	23,000	15,300	38,300	894,000	895,999	26,800	17,800	44,600
770,000	773,999	23,100	15,400	38,500	896,000	897,999	26,800	17,900	44,700
774,000	775,999	23,200	15,400	38,600	898,000	899,999	26,900	17,900	44,800
776,000	777,999	23,200	15,500	38,700	900,000	903,999	27,000	18,000	45,000
778,000	779,999	23,300	15,500	38,800	904,000	905,999	27,100	18,000	45,100
780,000	783,999	23,400	15,600	39,000	906,000	907,999	27,100	18,100	45,200
784,000	785,999	23,500	15,600	39,100	908,000	909,999	27,200	18,100	45,300
786,000	787,999	23,500	15,700	39,200	910,000	913,999	27,300	18,200	45,500
788,000	789,999	23,600	15,700	39,300	914,000	915,999	27,400	18,200	45,600
790,000	793,999	23,700	15,800	39,500	916,000	917,999	27,400	18,300	45,700
794,000	795,999	23,800	15,800	39,600	918,000	919,999	27,500	18,300	45,800
796,000	797,999	23,800	15,900	39,700	920,000	923,999	27,600	18,400	46,000
798,000	799,999	23,900	15,900	39,800	924,000	925,999	27,700	18,400	46,100
800,000	803,999	24,000	16,000	40,000	926,000	927,999	27,700	18,500	46,200
804,000	805,999	24,100	16,000	40,100	928,000	929,999	27,800	18,500	46,300
806,000	807,999	24,100	16,100	40,200	930,000	933,999	27,900	18,600	46,500
808,000	809,999	24,200	16,100	40,300	934,000	935,999	28,000	18,600	46,600
810,000	813,999	24,300	16,200	40,500	936,000	937,999	28,000	18,700	46,700
814,000	815,999	24,400	16,200	40,600	938,000	939,999	28,100	18,700	46,800
816,000	817,999	24,400	16,300	40,700	940,000	943,999	28,200	18,800	47,000
818,000	819,999	24,500	16,300	40,800	944,000	945,999	28,300	18,800	47,100
820,000	823,999	24,600	16,400	41,000	946,000	947,999	28,300	18,900	47,200
824,000	825,999	24,700	16,400	41,100	948,000	949,999	28,400	18,900	47,300
826,000	827,999	24,700	16,500	41,200	950,000	953,999	28,500	19,000	47,500
828,000	829,999	24,800	16,500	41,300	954,000	955,999	28,600	19,000	47,600
830,000	833,999	24,900	16,600	41,500	956,000	957,999	28,600	19,100	47,700
834,000	835,999	25,000	16,600	41,600	958,000	959,999	28,700	19,100	47,800
836,000	837,999	25,000	16,700	41,700	960,000	963,999	28,800	19,200	48,000
838,000	839,999	25,100	16,700	41,800	964,000	965,999	28,900	19,200	48,100
840,000	843,999	25,200	16,800	42,000	966,000	967,999	28,900	19,300	48,200
844,000	845,999	25,300	16,800	42,100	968,000	969,999	29,000	19,300	48,300
846,000	847,999	25,300	16,900	42,200	970,000	973,999	29,100	19,400	48,500
848,000	849,999	25,400	16,900	42,300	974,000	975,999	29,200	19,400	48,600
850,000	853,999	25,500	17,000	42,500	976,000	977,999	29,200	19,500	48,700
854,000	855,999	25,600	17,000	42,600	978,000	979,999	29,300	19,500	48,800
856,000	857,999	25,600	17,100	42,700	980,000	983,999	29,400	19,600	49,000
858,000	859,999	25,700	17,100	42,800	984,000	985,999	29,500	19,600	49,100
860,000	863,999	25,800	17,200	43,000	986,000	987,999	29,500	19,700	49,200
864,000	865,999	25,900	17,200	43,100	988,000	989,999	29,600	19,700	49,300
866,000	867,999	25,900	17,300	43,200	990,000	993,999	29,700	19,800	49,500
868,000	869,999	26,000	17,300	43,300	994,000	995,999	29,800	19,800	49,600
870,000	873,999	26,100	17,400	43,500	996,000	997,999	29,800	19,900	49,700
874,000	875,999	26,200	17,400	43,600	998,000	999,999	29,900	19,900	49,800

退職の特別徴収

退職所得控除額控除後の退職手当等の金額（2分の1前）		特別徴収税額			退職所得控除額控除後の退職手当等の金額（2分の1前）		特別徴収税額		
から	まで	市町村民税（特別区民税）	道府県民税（都民税）	合計	から	まで	市町村民税（特別区民税）	道府県民税（都民税）	合計
円	円	円	円	円	円	円	円	円	円
1,000,000	1,003,999	30,000	20,000	50,000	1,126,000	1,127,999	33,700	22,500	56,200
1,004,000	1,005,999	30,100	20,000	50,100	1,128,000	1,129,999	33,800	22,500	56,300
1,006,000	1,007,999	30,100	20,100	50,200	1,130,000	1,133,999	33,900	22,600	56,500
1,008,000	1,009,999	30,200	20,100	50,300	1,134,000	1,135,999	34,000	22,600	56,600
1,010,000	1,013,999	30,300	20,200	50,500	1,136,000	1,137,999	34,000	22,700	56,700
1,014,000	1,015,999	30,400	20,200	50,600	1,138,000	1,139,999	34,100	22,700	56,800
1,016,000	1,017,999	30,400	20,300	50,700	1,140,000	1,143,999	34,200	22,800	57,000
1,018,000	1,019,999	30,500	20,300	50,800	1,144,000	1,145,999	34,300	22,800	57,100
1,020,000	1,023,999	30,600	20,400	51,000	1,146,000	1,147,999	34,300	22,900	57,200
1,024,000	1,025,999	30,700	20,400	51,100	1,148,000	1,149,999	34,400	22,900	57,300
1,026,000	1,027,999	30,700	20,500	51,200	1,150,000	1,153,999	34,500	23,000	57,500
1,028,000	1,029,999	30,800	20,500	51,300	1,154,000	1,155,999	34,600	23,000	57,600
1,030,000	1,033,999	30,900	20,600	51,500	1,156,000	1,157,999	34,600	23,100	57,700
1,034,000	1,035,999	31,000	20,600	51,600	1,158,000	1,159,999	34,700	23,100	57,800
1,036,000	1,037,999	31,000	20,700	51,700	1,160,000	1,163,999	34,800	23,200	58,000
1,038,000	1,039,999	31,100	20,700	51,800	1,164,000	1,165,999	34,900	23,200	58,100
1,040,000	1,043,999	31,200	20,800	52,000	1,166,000	1,167,999	34,900	23,300	58,200
1,044,000	1,045,999	31,300	20,800	52,100	1,168,000	1,169,999	35,000	23,300	58,300
1,046,000	1,047,999	31,300	20,900	52,200	1,170,000	1,173,999	35,100	23,400	58,500
1,048,000	1,049,999	31,400	20,900	52,300	1,174,000	1,175,999	35,200	23,400	58,600
1,050,000	1,053,999	31,500	21,000	52,500	1,176,000	1,177,999	35,200	23,500	58,700
1,054,000	1,055,999	31,600	21,000	52,600	1,178,000	1,179,999	35,300	23,500	58,800
1,056,000	1,057,999	31,600	21,100	52,700	1,180,000	1,183,999	35,400	23,600	59,000
1,058,000	1,059,999	31,700	21,100	52,800	1,184,000	1,185,999	35,500	23,600	59,100
1,060,000	1,063,999	31,800	21,200	53,000	1,186,000	1,187,999	35,500	23,700	59,200
1,064,000	1,065,999	31,900	21,200	53,100	1,188,000	1,189,999	35,600	23,700	59,300
1,066,000	1,067,999	31,900	21,300	53,200	1,190,000	1,193,999	35,700	23,800	59,500
1,068,000	1,069,999	32,000	21,300	53,300	1,194,000	1,195,999	35,800	23,800	59,600
1,070,000	1,073,999	32,100	21,400	53,500	1,196,000	1,197,999	35,800	23,900	59,700
1,074,000	1,075,999	32,200	21,400	53,600	1,198,000	1,199,999	35,900	23,900	59,800
1,076,000	1,077,999	32,200	21,500	53,700	1,200,000	1,203,999	36,000	24,000	60,000
1,078,000	1,079,999	32,300	21,500	53,800	1,204,000	1,205,999	36,100	24,000	60,100
1,080,000	1,083,999	32,400	21,600	54,000	1,206,000	1,207,999	36,100	24,100	60,200
1,084,000	1,085,999	32,500	21,600	54,100	1,208,000	1,209,999	36,200	24,100	60,300
1,086,000	1,087,999	32,500	21,700	54,200	1,210,000	1,213,999	36,300	24,200	60,500
1,088,000	1,089,999	32,600	21,700	54,300	1,214,000	1,215,999	36,400	24,200	60,600
1,090,000	1,093,999	32,700	21,800	54,500	1,216,000	1,217,999	36,400	24,300	60,700
1,094,000	1,095,999	32,800	21,800	54,600	1,218,000	1,219,999	36,500	24,300	60,800
1,096,000	1,097,999	32,800	21,900	54,700	1,220,000	1,223,999	36,600	24,400	61,000
1,098,000	1,099,999	32,900	21,900	54,800	1,224,000	1,225,999	36,700	24,400	61,100
1,100,000	1,103,999	33,000	22,000	55,000	1,226,000	1,227,999	36,700	24,500	61,200
1,104,000	1,105,999	33,100	22,000	55,100	1,228,000	1,229,999	36,800	24,500	61,300
1,106,000	1,107,999	33,100	22,100	55,200	1,230,000	1,233,999	36,900	24,600	61,500
1,108,000	1,109,999	33,200	22,100	55,300	1,234,000	1,235,999	37,000	24,600	61,600
1,110,000	1,113,999	33,300	22,200	55,500	1,236,000	1,237,999	37,000	24,700	61,700
1,114,000	1,115,999	33,400	22,200	55,600	1,238,000	1,239,999	37,100	24,700	61,800
1,116,000	1,117,999	33,400	22,300	55,700	1,240,000	1,243,999	37,200	24,800	62,000
1,118,000	1,119,999	33,500	22,300	55,800	1,244,000	1,245,999	37,300	24,800	62,100
1,120,000	1,123,999	33,600	22,400	56,000	1,246,000	1,247,999	37,300	24,900	62,200
1,124,000	1,125,999	33,700	22,400	56,100	1,248,000	1,249,999	37,400	24,900	62,300

退職の特別徴収

退職所得控除額控除後の退職手当等の金額（2分の1前）		特別徴収税額			退職所得控除額控除後の退職手当等の金額（2分の1前）		特別徴収税額		
から	まで	市町村民税（特別区民税）	道府県民税（都民税）	合　計	から	まで	市町村民税（特別区民税）	道府県民税（都民税）	合　計
円	円	円	円	円	円	円	円	円	円
1,250,000	1,253,999	37,500	25,000	62,500	1,376,000	1,377,999	41,200	27,500	68,700
1,254,000	1,255,999	37,600	25,000	62,600	1,378,000	1,379,999	41,300	27,500	68,800
1,256,000	1,257,999	37,600	25,100	62,700	1,380,000	1,383,999	41,400	27,600	69,000
1,258,000	1,259,999	37,700	25,100	62,800	1,384,000	1,385,999	41,500	27,600	69,100
1,260,000	1,263,999	37,800	25,200	63,000	1,386,000	1,387,999	41,500	27,700	69,200
1,264,000	1,265,999	37,900	25,200	63,100	1,388,000	1,389,999	41,600	27,700	69,300
1,266,000	1,267,999	37,900	25,300	63,200	1,390,000	1,393,999	41,700	27,800	69,500
1,268,000	1,269,999	38,000	25,300	63,300	1,394,000	1,395,999	41,800	27,800	69,600
1,270,000	1,273,999	38,100	25,400	63,500	1,396,000	1,397,999	41,800	27,900	69,700
1,274,000	1,275,999	38,200	25,400	63,600	1,398,000	1,399,999	41,900	27,900	69,800
1,276,000	1,277,999	38,200	25,500	63,700	1,400,000	1,403,999	42,000	28,000	70,000
1,278,000	1,279,999	38,300	25,500	63,800	1,404,000	1,405,999	42,100	28,000	70,100
1,280,000	1,283,999	38,400	25,600	64,000	1,406,000	1,407,999	42,100	28,100	70,200
1,284,000	1,285,999	38,500	25,600	64,100	1,408,000	1,409,999	42,200	28,100	70,300
1,286,000	1,287,999	38,500	25,700	64,200	1,410,000	1,413,999	42,300	28,200	70,500
1,288,000	1,289,999	38,600	25,700	64,300	1,414,000	1,415,999	42,400	28,200	70,600
1,290,000	1,293,999	38,700	25,800	64,500	1,416,000	1,417,999	42,400	28,300	70,700
1,294,000	1,295,999	38,800	25,800	64,600	1,418,000	1,419,999	42,500	28,300	70,800
1,296,000	1,297,999	38,800	25,900	64,700	1,420,000	1,423,999	42,600	28,400	71,000
1,298,000	1,299,999	38,900	25,900	64,800	1,424,000	1,425,999	42,700	28,400	71,100
1,300,000	1,303,999	39,000	26,000	65,000	1,426,000	1,427,999	42,700	28,500	71,200
1,304,000	1,305,999	39,100	26,000	65,100	1,428,000	1,429,999	42,800	28,500	71,300
1,306,000	1,307,999	39,100	26,100	65,200	1,430,000	1,433,999	42,900	28,600	71,500
1,308,000	1,309,999	39,200	26,100	65,300	1,434,000	1,435,999	43,000	28,600	71,600
1,310,000	1,313,999	39,300	26,200	65,500	1,436,000	1,437,999	43,000	28,700	71,700
1,314,000	1,315,999	39,400	26,200	65,600	1,438,000	1,439,999	43,100	28,700	71,800
1,316,000	1,317,999	39,400	26,300	65,700	1,440,000	1,443,999	43,200	28,800	72,000
1,318,000	1,319,999	39,500	26,300	65,800	1,444,000	1,445,999	43,300	28,800	72,100
1,320,000	1,323,999	39,600	26,400	66,000	1,446,000	1,447,999	43,300	28,900	72,200
1,324,000	1,325,999	39,700	26,400	66,100	1,448,000	1,449,999	43,400	28,900	72,300
1,326,000	1,327,999	39,700	26,500	66,200	1,450,000	1,453,999	43,500	29,000	72,500
1,328,000	1,329,999	39,800	26,500	66,300	1,454,000	1,455,999	43,600	29,000	72,600
1,330,000	1,333,999	39,900	26,600	66,500	1,456,000	1,457,999	43,600	29,100	72,700
1,334,000	1,335,999	40,000	26,600	66,600	1,458,000	1,459,999	43,700	29,100	72,800
1,336,000	1,337,999	40,000	26,700	66,700	1,460,000	1,463,999	43,800	29,200	73,000
1,338,000	1,339,999	40,100	26,700	66,800	1,464,000	1,465,999	43,900	29,200	73,100
1,340,000	1,343,999	40,200	26,800	67,000	1,466,000	1,467,999	43,900	29,300	73,200
1,344,000	1,345,999	40,300	26,800	67,100	1,468,000	1,469,999	44,000	29,300	73,300
1,346,000	1,347,999	40,300	26,900	67,200	1,470,000	1,473,999	44,100	29,400	73,500
1,348,000	1,349,999	40,400	26,900	67,300	1,474,000	1,475,999	44,200	29,400	73,600
1,350,000	1,353,999	40,500	27,000	67,500	1,476,000	1,477,999	44,200	29,500	73,700
1,354,000	1,355,999	40,600	27,000	67,600	1,478,000	1,479,999	44,300	29,500	73,800
1,356,000	1,357,999	40,600	27,100	67,700	1,480,000	1,483,999	44,400	29,600	74,000
1,358,000	1,359,999	40,700	27,100	67,800	1,484,000	1,485,999	44,500	29,600	74,100
1,360,000	1,363,999	40,800	27,200	68,000	1,486,000	1,487,999	44,500	29,700	74,200
1,364,000	1,365,999	40,900	27,200	68,100	1,488,000	1,489,999	44,600	29,700	74,300
1,366,000	1,367,999	40,900	27,300	68,200	1,490,000	1,493,999	44,700	29,800	74,500
1,368,000	1,369,999	41,000	27,300	68,300	1,494,000	1,495,999	44,800	29,800	74,600
1,370,000	1,373,999	41,100	27,400	68,500	1,496,000	1,497,999	44,800	29,900	74,700
1,374,000	1,375,999	41,200	27,400	68,600	1,498,000	1,499,999	44,900	29,900	74,800

退職の特別徴収

退職所得控除額控除後の退職手当等の金額（2分の1前）		特別徴収税額			退職所得控除額控除後の退職手当等の金額（2分の1前）		特別徴収税額		
から	まで	市町村民税（特別区民税）	道府県民税（都民税）	合　計	から	まで	市町村民税（特別区民税）	道府県民税（都民税）	合　計
円	円	円	円	円	円	円	円	円	円
1,500,000	1,503,999	45,000	30,000	75,000	1,626,000	1,627,999	48,700	32,500	81,200
1,504,000	1,505,999	45,100	30,000	75,100	1,628,000	1,629,999	48,800	32,500	81,300
1,506,000	1,507,999	45,100	30,100	75,200	1,630,000	1,633,999	48,900	32,600	81,500
1,508,000	1,509,999	45,200	30,100	75,300	1,634,000	1,635,999	49,000	32,600	81,600
1,510,000	1,513,999	45,300	30,200	75,500	1,636,000	1,637,999	49,000	32,700	81,700
1,514,000	1,515,999	45,400	30,200	75,600	1,638,000	1,639,999	49,100	32,700	81,800
1,516,000	1,517,999	45,400	30,300	75,700	1,640,000	1,643,999	49,200	32,800	82,000
1,518,000	1,519,999	45,500	30,300	75,800	1,644,000	1,645,999	49,300	32,800	82,100
1,520,000	1,523,999	45,600	30,400	76,000	1,646,000	1,647,999	49,300	32,900	82,200
1,524,000	1,525,999	45,700	30,400	76,100	1,648,000	1,649,999	49,400	32,900	82,300
1,526,000	1,527,999	45,700	30,500	76,200	1,650,000	1,653,999	49,500	33,000	82,500
1,528,000	1,529,999	45,800	30,500	76,300	1,654,000	1,655,999	49,600	33,000	82,600
1,530,000	1,533,999	45,900	30,600	76,500	1,656,000	1,657,999	49,600	33,100	82,700
1,534,000	1,535,999	46,000	30,600	76,600	1,658,000	1,659,999	49,700	33,100	82,800
1,536,000	1,537,999	46,000	30,700	76,700	1,660,000	1,663,999	49,800	33,200	83,000
1,538,000	1,539,999	46,100	30,700	76,800	1,664,000	1,665,999	49,900	33,200	83,100
1,540,000	1,543,999	46,200	30,800	77,000	1,666,000	1,667,999	49,900	33,300	83,200
1,544,000	1,545,999	46,300	30,800	77,100	1,668,000	1,669,999	50,000	33,300	83,300
1,546,000	1,547,999	46,300	30,900	77,200	1,670,000	1,673,999	50,100	33,400	83,500
1,548,000	1,549,999	46,400	30,900	77,300	1,674,000	1,675,999	50,200	33,400	83,600
1,550,000	1,553,999	46,500	31,000	77,500	1,676,000	1,677,999	50,200	33,500	83,700
1,554,000	1,555,999	46,600	31,000	77,600	1,678,000	1,679,999	50,300	33,500	83,800
1,556,000	1,557,999	46,600	31,100	77,700	1,680,000	1,683,999	50,400	33,600	84,000
1,558,000	1,559,999	46,700	31,100	77,800	1,684,000	1,685,999	50,500	33,600	84,100
1,560,000	1,563,999	46,800	31,200	78,000	1,686,000	1,687,999	50,500	33,700	84,200
1,564,000	1,565,999	46,900	31,200	78,100	1,688,000	1,689,999	50,600	33,700	84,300
1,566,000	1,567,999	46,900	31,300	78,200	1,690,000	1,693,999	50,700	33,800	84,500
1,568,000	1,569,999	47,000	31,300	78,300	1,694,000	1,695,999	50,800	33,800	84,600
1,570,000	1,573,999	47,100	31,400	78,500	1,696,000	1,697,999	50,800	33,900	84,700
1,574,000	1,575,999	47,200	31,400	78,600	1,698,000	1,699,999	50,900	33,900	84,800
1,576,000	1,577,999	47,200	31,500	78,700	1,700,000	1,703,999	51,000	34,000	85,000
1,578,000	1,579,999	47,300	31,500	78,800	1,704,000	1,705,999	51,100	34,000	85,100
1,580,000	1,583,999	47,400	31,600	79,000	1,706,000	1,707,999	51,100	34,100	85,200
1,584,000	1,585,999	47,500	31,600	79,100	1,708,000	1,709,999	51,200	34,100	85,300
1,586,000	1,587,999	47,500	31,700	79,200	1,710,000	1,713,999	51,300	34,200	85,500
1,588,000	1,589,999	47,600	31,700	79,300	1,714,000	1,715,999	51,400	34,200	85,600
1,590,000	1,593,999	47,700	31,800	79,500	1,716,000	1,717,999	51,400	34,300	85,700
1,594,000	1,595,999	47,800	31,800	79,600	1,718,000	1,719,999	51,500	34,300	85,800
1,596,000	1,597,999	47,800	31,900	79,700	1,720,000	1,723,999	51,600	34,400	86,000
1,598,000	1,599,999	47,900	31,900	79,800	1,724,000	1,725,999	51,700	34,400	86,100
1,600,000	1,603,999	48,000	32,000	80,000	1,726,000	1,727,999	51,700	34,500	86,200
1,604,000	1,605,999	48,100	32,000	80,100	1,728,000	1,729,999	51,800	34,500	86,300
1,606,000	1,607,999	48,100	32,100	80,200	1,730,000	1,733,999	51,900	34,600	86,500
1,608,000	1,609,999	48,200	32,100	80,300	1,734,000	1,735,999	52,000	34,600	86,600
1,610,000	1,613,999	48,300	32,200	80,500	1,736,000	1,737,999	52,000	34,700	86,700
1,614,000	1,615,999	48,400	32,200	80,600	1,738,000	1,739,999	52,100	34,700	86,800
1,616,000	1,617,999	48,400	32,300	80,700	1,740,000	1,743,999	52,200	34,800	87,000
1,618,000	1,619,999	48,500	32,300	80,800	1,744,000	1,745,999	52,300	34,800	87,100
1,620,000	1,623,999	48,600	32,400	81,000	1,746,000	1,747,999	52,300	34,900	87,200
1,624,000	1,625,999	48,700	32,400	81,100	1,748,000	1,749,999	52,400	34,900	87,300

退職の特別徴収

退職所得控除額控除後の退職手当等の金額（2分の1前）		特別徴収税額			退職所得控除額控除後の退職手当等の金額（2分の1前）		特別徴収税額		
から	まで	市町村民税（特別区民税）	道府県民税（都民税）	合　計	から	まで	市町村民税（特別区民税）	道府県民税（都民税）	合　計
円	円	円	円	円	円	円	円	円	円
1,750,000	1,753,999	52,500	35,000	87,500	1,876,000	1,877,999	56,200	37,500	93,700
1,754,000	1,755,999	52,600	35,000	87,600	1,878,000	1,879,999	56,300	37,500	93,800
1,756,000	1,757,999	52,600	35,100	87,700	1,880,000	1,883,999	56,400	37,600	94,000
1,758,000	1,759,999	52,700	35,100	87,800	1,884,000	1,885,999	56,500	37,600	94,100
1,760,000	1,763,999	52,800	35,200	88,000	1,886,000	1,887,999	56,500	37,700	94,200
1,764,000	1,765,999	52,900	35,200	88,100	1,888,000	1,889,999	56,600	37,700	94,300
1,766,000	1,767,999	52,900	35,300	88,200	1,890,000	1,893,999	56,700	37,800	94,500
1,768,000	1,769,999	53,000	35,300	88,300	1,894,000	1,895,999	56,800	37,800	94,600
1,770,000	1,773,999	53,100	35,400	88,500	1,896,000	1,897,999	56,800	37,900	94,700
1,774,000	1,775,999	53,200	35,400	88,600	1,898,000	1,899,999	56,900	37,900	94,800
1,776,000	1,777,999	53,200	35,500	88,700	1,900,000	1,903,999	57,000	38,000	95,000
1,778,000	1,779,999	53,300	35,500	88,800	1,904,000	1,905,999	57,100	38,000	95,100
1,780,000	1,783,999	53,400	35,600	89,000	1,906,000	1,907,999	57,100	38,100	95,200
1,784,000	1,785,999	53,500	35,600	89,100	1,908,000	1,909,999	57,200	38,100	95,300
1,786,000	1,787,999	53,500	35,700	89,200	1,910,000	1,913,999	57,300	38,200	95,500
1,788,000	1,789,999	53,600	35,700	89,300	1,914,000	1,915,999	57,400	38,200	95,600
1,790,000	1,793,999	53,700	35,800	89,500	1,916,000	1,917,999	57,400	38,300	95,700
1,794,000	1,795,999	53,800	35,800	89,600	1,918,000	1,919,999	57,500	38,300	95,800
1,796,000	1,797,999	53,800	35,900	89,700	1,920,000	1,923,999	57,600	38,400	96,000
1,798,000	1,799,999	53,900	35,900	89,800	1,924,000	1,925,999	57,700	38,400	96,100
1,800,000	1,803,999	54,000	36,000	90,000	1,926,000	1,927,999	57,700	38,500	96,200
1,804,000	1,805,999	54,100	36,000	90,100	1,928,000	1,929,999	57,800	38,500	96,300
1,806,000	1,807,999	54,100	36,100	90,200	1,930,000	1,933,999	57,900	38,600	96,500
1,808,000	1,809,999	54,200	36,100	90,300	1,934,000	1,935,999	58,000	38,600	96,600
1,810,000	1,813,999	54,300	36,200	90,500	1,936,000	1,937,999	58,000	38,700	96,700
1,814,000	1,815,999	54,400	36,200	90,600	1,938,000	1,939,999	58,100	38,700	96,800
1,816,000	1,817,999	54,400	36,300	90,700	1,940,000	1,943,999	58,200	38,800	97,000
1,818,000	1,819,999	54,500	36,300	90,800	1,944,000	1,945,999	58,300	38,800	97,100
1,820,000	1,823,999	54,600	36,400	91,000	1,946,000	1,947,999	58,300	38,900	97,200
1,824,000	1,825,999	54,700	36,400	91,100	1,948,000	1,949,999	58,400	38,900	97,300
1,826,000	1,827,999	54,700	36,500	91,200	1,950,000	1,953,999	58,500	39,000	97,500
1,828,000	1,829,999	54,800	36,500	91,300	1,954,000	1,955,999	58,600	39,000	97,600
1,830,000	1,833,999	54,900	36,600	91,500	1,956,000	1,957,999	58,600	39,100	97,700
1,834,000	1,835,999	55,000	36,600	91,600	1,958,000	1,959,999	58,700	39,100	97,800
1,836,000	1,837,999	55,000	36,700	91,700	1,960,000	1,963,999	58,800	39,200	98,000
1,838,000	1,839,999	55,100	36,700	91,800	1,964,000	1,965,999	58,900	39,200	98,100
1,840,000	1,843,999	55,200	36,800	92,000	1,966,000	1,967,999	58,900	39,300	98,200
1,844,000	1,845,999	55,300	36,800	92,100	1,968,000	1,969,999	59,000	39,300	98,300
1,846,000	1,847,999	55,300	36,900	92,200	1,970,000	1,973,999	59,100	39,400	98,500
1,848,000	1,849,999	55,400	36,900	92,300	1,974,000	1,975,999	59,200	39,400	98,600
1,850,000	1,853,999	55,500	37,000	92,500	1,976,000	1,977,999	59,200	39,500	98,700
1,854,000	1,855,999	55,600	37,000	92,600	1,978,000	1,979,999	59,300	39,500	98,800
1,856,000	1,857,999	55,600	37,100	92,700	1,980,000	1,983,999	59,400	39,600	99,000
1,858,000	1,859,999	55,700	37,100	92,800	1,984,000	1,985,999	59,500	39,600	99,100
1,860,000	1,863,999	55,800	37,200	93,000	1,986,000	1,987,999	59,500	39,700	99,200
1,864,000	1,865,999	55,900	37,200	93,100	1,988,000	1,989,999	59,600	39,700	99,300
1,866,000	1,867,999	55,900	37,300	93,200	1,990,000	1,993,999	59,700	39,800	99,500
1,868,000	1,869,999	56,000	37,300	93,300	1,994,000	1,995,999	59,800	39,800	99,600
1,870,000	1,873,999	56,100	37,400	93,500	1,996,000	1,997,999	59,800	39,900	99,700
1,874,000	1,875,999	56,200	37,400	93,600	1,998,000	1,999,999	59,900	39,900	99,800

退職の特別徴収

退職所得控除額控除後の退職手当等の金額（2分の1前）		特別徴収税額			退職所得控除額控除後の退職手当等の金額（2分の1前）		特別徴収税額		
から	まで	市町村民税（特別区民税）	道府県民税（都民税）	合計	から	まで	市町村民税（特別区民税）	道府県民税（都民税）	合計
円	円	円	円	円	円	円	円	円	円
2,000,000	2,003,999	60,000	40,000	100,000	2,126,000	2,127,999	63,700	42,500	106,200
2,004,000	2,005,999	60,100	40,000	100,100	2,128,000	2,129,999	63,800	42,500	106,300
2,006,000	2,007,999	60,100	40,100	100,200	2,130,000	2,133,999	63,900	42,600	106,500
2,008,000	2,009,999	60,200	40,100	100,300	2,134,000	2,135,999	64,000	42,600	106,600
2,010,000	2,013,999	60,300	40,200	100,500	2,136,000	2,137,999	64,000	42,700	106,700
2,014,000	2,015,999	60,400	40,200	100,600	2,138,000	2,139,999	64,100	42,700	106,800
2,016,000	2,017,999	60,400	40,300	100,700	2,140,000	2,143,999	64,200	42,800	107,000
2,018,000	2,019,999	60,500	40,300	100,800	2,144,000	2,145,999	64,300	42,800	107,100
2,020,000	2,023,999	60,600	40,400	101,000	2,146,000	2,147,999	64,300	42,900	107,200
2,024,000	2,025,999	60,700	40,400	101,100	2,148,000	2,149,999	64,400	42,900	107,300
2,026,000	2,027,999	60,700	40,500	101,200	2,150,000	2,153,999	64,500	43,000	107,500
2,028,000	2,029,999	60,800	40,500	101,300	2,154,000	2,155,999	64,600	43,000	107,600
2,030,000	2,033,999	60,900	40,600	101,500	2,156,000	2,157,999	64,600	43,100	107,700
2,034,000	2,035,999	61,000	40,600	101,600	2,158,000	2,159,999	64,700	43,100	107,800
2,036,000	2,037,999	61,000	40,700	101,700	2,160,000	2,163,999	64,800	43,200	108,000
2,038,000	2,039,999	61,100	40,700	101,800	2,164,000	2,165,999	64,900	43,200	108,100
2,040,000	2,043,999	61,200	40,800	102,000	2,166,000	2,167,999	64,900	43,300	108,200
2,044,000	2,045,999	61,300	40,800	102,100	2,168,000	2,169,999	65,000	43,300	108,300
2,046,000	2,047,999	61,300	40,900	102,200	2,170,000	2,173,999	65,100	43,400	108,500
2,048,000	2,049,999	61,400	40,900	102,300	2,174,000	2,175,999	65,200	43,400	108,600
2,050,000	2,053,999	61,500	41,000	102,500	2,176,000	2,177,999	65,200	43,500	108,700
2,054,000	2,055,999	61,600	41,000	102,600	2,178,000	2,179,999	65,300	43,500	108,800
2,056,000	2,057,999	61,600	41,100	102,700	2,180,000	2,183,999	65,400	43,600	109,000
2,058,000	2,059,999	61,700	41,100	102,800	2,184,000	2,185,999	65,500	43,600	109,100
2,060,000	2,063,999	61,800	41,200	103,000	2,186,000	2,187,999	65,500	43,700	109,200
2,064,000	2,065,999	61,900	41,200	103,100	2,188,000	2,189,999	65,600	43,700	109,300
2,066,000	2,067,999	61,900	41,300	103,200	2,190,000	2,193,999	65,700	43,800	109,500
2,068,000	2,069,999	62,000	41,300	103,300	2,194,000	2,195,999	65,800	43,800	109,600
2,070,000	2,073,999	62,100	41,400	103,500	2,196,000	2,197,999	65,800	43,900	109,700
2,074,000	2,075,999	62,200	41,400	103,600	2,198,000	2,199,999	65,900	43,900	109,800
2,076,000	2,077,999	62,200	41,500	103,700	2,200,000	2,203,999	66,000	44,000	110,000
2,078,000	2,079,999	62,300	41,500	103,800	2,204,000	2,205,999	66,100	44,000	110,100
2,080,000	2,083,999	62,400	41,600	104,000	2,206,000	2,207,999	66,100	44,100	110,200
2,084,000	2,085,999	62,500	41,600	104,100	2,208,000	2,209,999	66,200	44,100	110,300
2,086,000	2,087,999	62,500	41,700	104,200	2,210,000	2,213,999	66,300	44,200	110,500
2,088,000	2,089,999	62,600	41,700	104,300	2,214,000	2,215,999	66,400	44,200	110,600
2,090,000	2,093,999	62,700	41,800	104,500	2,216,000	2,217,999	66,400	44,300	110,700
2,094,000	2,095,999	62,800	41,800	104,600	2,218,000	2,219,999	66,500	44,300	110,800
2,096,000	2,097,999	62,800	41,900	104,700	2,220,000	2,223,999	66,600	44,400	111,000
2,098,000	2,099,999	62,900	41,900	104,800	2,224,000	2,225,999	66,700	44,400	111,100
2,100,000	2,103,999	63,000	42,000	105,000	2,226,000	2,227,999	66,700	44,500	111,200
2,104,000	2,105,999	63,100	42,000	105,100	2,228,000	2,229,999	66,800	44,500	111,300
2,106,000	2,107,999	63,100	42,100	105,200	2,230,000	2,233,999	66,900	44,600	111,500
2,108,000	2,109,999	63,200	42,100	105,300	2,234,000	2,235,999	67,000	44,600	111,600
2,110,000	2,113,999	63,300	42,200	105,500	2,236,000	2,237,999	67,000	44,700	111,700
2,114,000	2,115,999	63,400	42,200	105,600	2,238,000	2,239,999	67,100	44,700	111,800
2,116,000	2,117,999	63,400	42,300	105,700	2,240,000	2,243,999	67,200	44,800	112,000
2,118,000	2,119,999	63,500	42,300	105,800	2,244,000	2,245,999	67,300	44,800	112,100
2,120,000	2,123,999	63,600	42,400	106,000	2,246,000	2,247,999	67,300	44,900	112,200
2,124,000	2,125,999	63,700	42,400	106,100	2,248,000	2,249,999	67,400	44,900	112,300

退職の特別徴収

退職所得控除額控除後の退職手当等の金額（2分の1前）		特別徴収税額			退職所得控除額控除後の退職手当等の金額（2分の1前）		特別徴収税額		
から	まで	市町村民税（特別区民税）	道府県民税（都民税）	合計	から	まで	市町村民税（特別区民税）	道府県民税（都民税）	合計
円	円	円	円	円	円	円	円	円	円
2,250,000	2,253,999	67,500	45,000	112,500	2,376,000	2,377,999	71,200	47,500	118,700
2,254,000	2,255,999	67,600	45,000	112,600	2,378,000	2,379,999	71,300	47,500	118,800
2,256,000	2,257,999	67,600	45,100	112,700	2,380,000	2,383,999	71,400	47,600	119,000
2,258,000	2,259,999	67,700	45,100	112,800	2,384,000	2,385,999	71,500	47,600	119,100
2,260,000	2,263,999	67,800	45,200	113,000	2,386,000	2,387,999	71,500	47,700	119,200
2,264,000	2,265,999	67,900	45,200	113,100	2,388,000	2,389,999	71,600	47,700	119,300
2,266,000	2,267,999	67,900	45,300	113,200	2,390,000	2,393,999	71,700	47,800	119,500
2,268,000	2,269,999	68,000	45,300	113,300	2,394,000	2,395,999	71,800	47,800	119,600
2,270,000	2,273,999	68,100	45,400	113,500	2,396,000	2,397,999	71,800	47,900	119,700
2,274,000	2,275,999	68,200	45,400	113,600	2,398,000	2,399,999	71,900	47,900	119,800
2,276,000	2,277,999	68,200	45,500	113,700	2,400,000	2,403,999	72,000	48,000	120,000
2,278,000	2,279,999	68,300	45,500	113,800	2,404,000	2,405,999	72,100	48,000	120,100
2,280,000	2,283,999	68,400	45,600	114,000	2,406,000	2,407,999	72,100	48,100	120,200
2,284,000	2,285,999	68,500	45,600	114,100	2,408,000	2,409,999	72,200	48,100	120,300
2,286,000	2,287,999	68,500	45,700	114,200	2,410,000	2,413,999	72,300	48,200	120,500
2,288,000	2,289,999	68,600	45,700	114,300	2,414,000	2,415,999	72,400	48,200	120,600
2,290,000	2,293,999	68,700	45,800	114,500	2,416,000	2,417,999	72,400	48,300	120,700
2,294,000	2,295,999	68,800	45,800	114,600	2,418,000	2,419,999	72,500	48,300	120,800
2,296,000	2,297,999	68,800	45,900	114,700	2,420,000	2,423,999	72,600	48,400	121,000
2,298,000	2,299,999	68,900	45,900	114,800	2,424,000	2,425,999	72,700	48,400	121,100
2,300,000	2,303,999	69,000	46,000	115,000	2,426,000	2,427,999	72,700	48,500	121,200
2,304,000	2,305,999	69,100	46,000	115,100	2,428,000	2,429,999	72,800	48,500	121,300
2,306,000	2,307,999	69,100	46,100	115,200	2,430,000	2,433,999	72,900	48,600	121,500
2,308,000	2,309,999	69,200	46,100	115,300	2,434,000	2,435,999	73,000	48,600	121,600
2,310,000	2,313,999	69,300	46,200	115,500	2,436,000	2,437,999	73,000	48,700	121,700
2,314,000	2,315,999	69,400	46,200	115,600	2,438,000	2,439,999	73,100	48,700	121,800
2,316,000	2,317,999	69,400	46,300	115,700	2,440,000	2,443,999	73,200	48,800	122,000
2,318,000	2,319,999	69,500	46,300	115,800	2,444,000	2,445,999	73,300	48,800	122,100
2,320,000	2,323,999	69,600	46,400	116,000	2,446,000	2,447,999	73,300	48,900	122,200
2,324,000	2,325,999	69,700	46,400	116,100	2,448,000	2,449,999	73,400	48,900	122,300
2,326,000	2,327,999	69,700	46,500	116,200	2,450,000	2,453,999	73,500	49,000	122,500
2,328,000	2,329,999	69,800	46,500	116,300	2,454,000	2,455,999	73,600	49,000	122,600
2,330,000	2,333,999	69,900	46,600	116,500	2,456,000	2,457,999	73,600	49,100	122,700
2,334,000	2,335,999	70,000	46,600	116,600	2,458,000	2,459,999	73,700	49,100	122,800
2,336,000	2,337,999	70,000	46,700	116,700	2,460,000	2,463,999	73,800	49,200	123,000
2,338,000	2,339,999	70,100	46,700	116,800	2,464,000	2,465,999	73,900	49,200	123,100
2,340,000	2,343,999	70,200	46,800	117,000	2,466,000	2,467,999	73,900	49,300	123,200
2,344,000	2,345,999	70,300	46,800	117,100	2,468,000	2,469,999	74,000	49,300	123,300
2,346,000	2,347,999	70,300	46,900	117,200	2,470,000	2,473,999	74,100	49,400	123,500
2,348,000	2,349,999	70,400	46,900	117,300	2,474,000	2,475,999	74,200	49,400	123,600
2,350,000	2,353,999	70,500	47,000	117,500	2,476,000	2,477,999	74,200	49,500	123,700
2,354,000	2,355,999	70,600	47,000	117,600	2,478,000	2,479,999	74,300	49,500	123,800
2,356,000	2,357,999	70,600	47,100	117,700	2,480,000	2,483,999	74,400	49,600	124,000
2,358,000	2,359,999	70,700	47,100	117,800	2,484,000	2,485,999	74,500	49,600	124,100
2,360,000	2,363,999	70,800	47,200	118,000	2,486,000	2,487,999	74,500	49,700	124,200
2,364,000	2,365,999	70,900	47,200	118,100	2,488,000	2,489,999	74,600	49,700	124,300
2,366,000	2,367,999	70,900	47,300	118,200	2,490,000	2,493,999	74,700	49,800	124,500
2,368,000	2,369,999	71,000	47,300	118,300	2,494,000	2,495,999	74,800	49,800	124,600
2,370,000	2,373,999	71,100	47,400	118,500	2,496,000	2,497,999	74,800	49,900	124,700
2,374,000	2,375,999	71,200	47,400	118,600	2,498,000	2,499,999	74,900	49,900	124,800

退職の特別徴収

退職所得控除額控除後の退職手当等の金額（2分の1前）		特別徴収税額			退職所得控除額控除後の退職手当等の金額（2分の1前）		特別徴収税額		
から	まで	市町村民税（特別区民税）	道府県民税（都民税）	合　計	から	まで	市町村民税（特別区民税）	道府県民税（都民税）	合　計
円	円	円	円	円	円	円	円	円	円
2,500,000	2,503,999	75,000	50,000	125,000	2,626,000	2,627,999	78,700	52,500	131,200
2,504,000	2,505,999	75,100	50,000	125,100	2,628,000	2,629,999	78,800	52,500	131,300
2,506,000	2,507,999	75,100	50,100	125,200	2,630,000	2,633,999	78,900	52,600	131,500
2,508,000	2,509,999	75,200	50,100	125,300	2,634,000	2,635,999	79,000	52,600	131,600
2,510,000	2,513,999	75,300	50,200	125,500	2,636,000	2,637,999	79,000	52,700	131,700
2,514,000	2,515,999	75,400	50,200	125,600	2,638,000	2,639,999	79,100	52,700	131,800
2,516,000	2,517,999	75,400	50,300	125,700	2,640,000	2,643,999	79,200	52,800	132,000
2,518,000	2,519,999	75,500	50,300	125,800	2,644,000	2,645,999	79,300	52,800	132,100
2,520,000	2,523,999	75,600	50,400	126,000	2,646,000	2,647,999	79,300	52,900	132,200
2,524,000	2,525,999	75,700	50,400	126,100	2,648,000	2,649,999	79,400	52,900	132,300
2,526,000	2,527,999	75,700	50,500	126,200	2,650,000	2,653,999	79,500	53,000	132,500
2,528,000	2,529,999	75,800	50,500	126,300	2,654,000	2,655,999	79,600	53,000	132,600
2,530,000	2,533,999	75,900	50,600	126,500	2,656,000	2,657,999	79,600	53,100	132,700
2,534,000	2,535,999	76,000	50,600	126,600	2,658,000	2,659,999	79,700	53,100	132,800
2,536,000	2,537,999	76,000	50,700	126,700	2,660,000	2,663,999	79,800	53,200	133,000
2,538,000	2,539,999	76,100	50,700	126,800	2,664,000	2,665,999	79,900	53,200	133,100
2,540,000	2,543,999	76,200	50,800	127,000	2,666,000	2,667,999	79,900	53,300	133,200
2,544,000	2,545,999	76,300	50,800	127,100	2,668,000	2,669,999	80,000	53,300	133,300
2,546,000	2,547,999	76,300	50,900	127,200	2,670,000	2,673,999	80,100	53,400	133,500
2,548,000	2,549,999	76,400	50,900	127,300	2,674,000	2,675,999	80,200	53,400	133,600
2,550,000	2,553,999	76,500	51,000	127,500	2,676,000	2,677,999	80,200	53,500	133,700
2,554,000	2,555,999	76,600	51,000	127,600	2,678,000	2,679,999	80,300	53,500	133,800
2,556,000	2,557,999	76,600	51,100	127,700	2,680,000	2,683,999	80,400	53,600	134,000
2,558,000	2,559,999	76,700	51,100	127,800	2,684,000	2,685,999	80,500	53,600	134,100
2,560,000	2,563,999	76,800	51,200	128,000	2,686,000	2,687,999	80,500	53,700	134,200
2,564,000	2,565,999	76,900	51,200	128,100	2,688,000	2,689,999	80,600	53,700	134,300
2,566,000	2,567,999	76,900	51,300	128,200	2,690,000	2,693,999	80,700	53,800	134,500
2,568,000	2,569,999	77,000	51,300	128,300	2,694,000	2,695,999	80,800	53,800	134,600
2,570,000	2,573,999	77,100	51,400	128,500	2,696,000	2,697,999	80,800	53,900	134,700
2,574,000	2,575,999	77,200	51,400	128,600	2,698,000	2,699,999	80,900	53,900	134,800
2,576,000	2,577,999	77,200	51,500	128,700	2,700,000	2,703,999	81,000	54,000	135,000
2,578,000	2,579,999	77,300	51,500	128,800	2,704,000	2,705,999	81,100	54,000	135,100
2,580,000	2,583,999	77,400	51,600	129,000	2,706,000	2,707,999	81,100	54,100	135,200
2,584,000	2,585,999	77,500	51,600	129,100	2,708,000	2,709,999	81,200	54,100	135,300
2,586,000	2,587,999	77,500	51,700	129,200	2,710,000	2,713,999	81,300	54,200	135,500
2,588,000	2,589,999	77,600	51,700	129,300	2,714,000	2,715,999	81,400	54,200	135,600
2,590,000	2,593,999	77,700	51,800	129,500	2,716,000	2,717,999	81,400	54,300	135,700
2,594,000	2,595,999	77,800	51,800	129,600	2,718,000	2,719,999	81,500	54,300	135,800
2,596,000	2,597,999	77,800	51,900	129,700	2,720,000	2,723,999	81,600	54,400	136,000
2,598,000	2,599,999	77,900	51,900	129,800	2,724,000	2,725,999	81,700	54,400	136,100
2,600,000	2,603,999	78,000	52,000	130,000	2,726,000	2,727,999	81,700	54,500	136,200
2,604,000	2,605,999	78,100	52,000	130,100	2,728,000	2,729,999	81,800	54,500	136,300
2,606,000	2,607,999	78,100	52,100	130,200	2,730,000	2,733,999	81,900	54,600	136,500
2,608,000	2,609,999	78,200	52,100	130,300	2,734,000	2,735,999	82,000	54,600	136,600
2,610,000	2,613,999	78,300	52,200	130,500	2,736,000	2,737,999	82,000	54,700	136,700
2,614,000	2,615,999	78,400	52,200	130,600	2,738,000	2,739,999	82,100	54,700	136,800
2,616,000	2,617,999	78,400	52,300	130,700	2,740,000	2,743,999	82,200	54,800	137,000
2,618,000	2,619,999	78,500	52,300	130,800	2,744,000	2,745,999	82,300	54,800	137,100
2,620,000	2,623,999	78,600	52,400	131,000	2,746,000	2,747,999	82,300	54,900	137,200
2,624,000	2,625,999	78,700	52,400	131,100	2,748,000	2,749,999	82,400	54,900	137,300

退職の特別徴収

退職所得控除額控除後の退職手当等の金額（2分の1前）		特別徴収税額			退職所得控除額控除後の退職手当等の金額（2分の1前）		特別徴収税額		
から	まで	市町村民税（特別区民税）	道府県民税（都民税）	合　計	から	まで	市町村民税（特別区民税）	道府県民税（都民税）	合　計
円	円	円	円	円	円	円	円	円	円
2,750,000	2,753,999	82,500	55,000	137,500	2,876,000	2,877,999	86,200	57,500	143,700
2,754,000	2,755,999	82,600	55,000	137,600	2,878,000	2,879,999	86,300	57,500	143,800
2,756,000	2,757,999	82,600	55,100	137,700	2,880,000	2,883,999	86,400	57,600	144,000
2,758,000	2,759,999	82,700	55,100	137,800	2,884,000	2,885,999	86,500	57,600	144,100
2,760,000	2,763,999	82,800	55,200	138,000	2,886,000	2,887,999	86,500	57,700	144,200
2,764,000	2,765,999	82,900	55,200	138,100	2,888,000	2,889,999	86,600	57,700	144,300
2,766,000	2,767,999	82,900	55,300	138,200	2,890,000	2,893,999	86,700	57,800	144,500
2,768,000	2,769,999	83,000	55,300	138,300	2,894,000	2,895,999	86,800	57,800	144,600
2,770,000	2,773,999	83,100	55,400	138,500	2,896,000	2,897,999	86,800	57,900	144,700
2,774,000	2,775,999	83,200	55,400	138,600	2,898,000	2,899,999	86,900	57,900	144,800
2,776,000	2,777,999	83,200	55,500	138,700	2,900,000	2,903,999	87,000	58,000	145,000
2,778,000	2,779,999	83,300	55,500	138,800	2,904,000	2,905,999	87,100	58,000	145,100
2,780,000	2,783,999	83,400	55,600	139,000	2,906,000	2,907,999	87,100	58,100	145,200
2,784,000	2,785,999	83,500	55,600	139,100	2,908,000	2,909,999	87,200	58,100	145,300
2,786,000	2,787,999	83,500	55,700	139,200	2,910,000	2,913,999	87,300	58,200	145,500
2,788,000	2,789,999	83,600	55,700	139,300	2,914,000	2,915,999	87,400	58,200	145,600
2,790,000	2,793,999	83,700	55,800	139,500	2,916,000	2,917,999	87,400	58,300	145,700
2,794,000	2,795,999	83,800	55,800	139,600	2,918,000	2,919,999	87,500	58,300	145,800
2,796,000	2,797,999	83,800	55,900	139,700	2,920,000	2,923,999	87,600	58,400	146,000
2,798,000	2,799,999	83,900	55,900	139,800	2,924,000	2,925,999	87,700	58,400	146,100
2,800,000	2,803,999	84,000	56,000	140,000	2,926,000	2,927,999	87,700	58,500	146,200
2,804,000	2,805,999	84,100	56,000	140,100	2,928,000	2,929,999	87,800	58,500	146,300
2,806,000	2,807,999	84,100	56,100	140,200	2,930,000	2,933,999	87,900	58,600	146,500
2,808,000	2,809,999	84,200	56,100	140,300	2,934,000	2,935,999	88,000	58,600	146,600
2,810,000	2,813,999	84,300	56,200	140,500	2,936,000	2,937,999	88,000	58,700	146,700
2,814,000	2,815,999	84,400	56,200	140,600	2,938,000	2,939,999	88,100	58,700	146,800
2,816,000	2,817,999	84,400	56,300	140,700	2,940,000	2,943,999	88,200	58,800	147,000
2,818,000	2,819,999	84,500	56,300	140,800	2,944,000	2,945,999	88,300	58,800	147,100
2,820,000	2,823,999	84,600	56,400	141,000	2,946,000	2,947,999	88,300	58,900	147,200
2,824,000	2,825,999	84,700	56,400	141,100	2,948,000	2,949,999	88,400	58,900	147,300
2,826,000	2,827,999	84,700	56,500	141,200	2,950,000	2,953,999	88,500	59,000	147,500
2,828,000	2,829,999	84,800	56,500	141,300	2,954,000	2,955,999	88,600	59,000	147,600
2,830,000	2,833,999	84,900	56,600	141,500	2,956,000	2,957,999	88,600	59,100	147,700
2,834,000	2,835,999	85,000	56,600	141,600	2,958,000	2,959,999	88,700	59,100	147,800
2,836,000	2,837,999	85,000	56,700	141,700	2,960,000	2,963,999	88,800	59,200	148,000
2,838,000	2,839,999	85,100	56,700	141,800	2,964,000	2,965,999	88,900	59,200	148,100
2,840,000	2,843,999	85,200	56,800	142,000	2,966,000	2,967,999	88,900	59,300	148,200
2,844,000	2,845,999	85,300	56,800	142,100	2,968,000	2,969,999	89,000	59,300	148,300
2,846,000	2,847,999	85,300	56,900	142,200	2,970,000	2,973,999	89,100	59,400	148,500
2,848,000	2,849,999	85,400	56,900	142,300	2,974,000	2,975,999	89,200	59,400	148,600
2,850,000	2,853,999	85,500	57,000	142,500	2,976,000	2,977,999	89,200	59,500	148,700
2,854,000	2,855,999	85,600	57,000	142,600	2,978,000	2,979,999	89,300	59,500	148,800
2,856,000	2,857,999	85,600	57,100	142,700	2,980,000	2,983,999	89,400	59,600	149,000
2,858,000	2,859,999	85,700	57,100	142,800	2,984,000	2,985,999	89,500	59,600	149,100
2,860,000	2,863,999	85,800	57,200	143,000	2,986,000	2,987,999	89,500	59,700	149,200
2,864,000	2,865,999	85,900	57,200	143,100	2,988,000	2,989,999	89,600	59,700	149,300
2,866,000	2,867,999	85,900	57,300	143,200	2,990,000	2,993,999	89,700	59,800	149,500
2,868,000	2,869,999	86,000	57,300	143,300	2,994,000	2,995,999	89,800	59,800	149,600
2,870,000	2,873,999	86,100	57,400	143,500	2,996,000	2,997,999	89,800	59,900	149,700
2,874,000	2,875,999	86,200	57,400	143,600	2,998,000	2,999,999	89,900	59,900	149,800

退職の特別徴収

退職所得控除額控除後の退職手当等の金額（2分の1前）		特別徴収税額			退職所得控除額控除後の退職手当等の金額（2分の1前）		特別徴収税額		
から	まで	市町村民税（特別区民税）	道府県民税（都民税）	合計	から	まで	市町村民税（特別区民税）	道府県民税（都民税）	合計
円	円	円	円	円	円	円	円	円	円
3,000,000	3,003,999	90,000	60,000	150,000	3,126,000	3,127,999	93,700	62,500	156,200
3,004,000	3,005,999	90,100	60,000	150,100	3,128,000	3,129,999	93,800	62,500	156,300
3,006,000	3,007,999	90,100	60,100	150,200	3,130,000	3,133,999	93,900	62,600	156,500
3,008,000	3,009,999	90,200	60,100	150,300	3,134,000	3,135,999	94,000	62,600	156,600
3,010,000	3,013,999	90,300	60,200	150,500	3,136,000	3,137,999	94,000	62,700	156,700
3,014,000	3,015,999	90,400	60,200	150,600	3,138,000	3,139,999	94,100	62,700	156,800
3,016,000	3,017,999	90,400	60,300	150,700	3,140,000	3,143,999	94,200	62,800	157,000
3,018,000	3,019,999	90,500	60,300	150,800	3,144,000	3,145,999	94,300	62,800	157,100
3,020,000	3,023,999	90,600	60,400	151,000	3,146,000	3,147,999	94,300	62,900	157,200
3,024,000	3,025,999	90,700	60,400	151,100	3,148,000	3,149,999	94,400	62,900	157,300
3,026,000	3,027,999	90,700	60,500	151,200	3,150,000	3,153,999	94,500	63,000	157,500
3,028,000	3,029,999	90,800	60,500	151,300	3,154,000	3,155,999	94,600	63,000	157,600
3,030,000	3,033,999	90,900	60,600	151,500	3,156,000	3,157,999	94,600	63,100	157,700
3,034,000	3,035,999	91,000	60,600	151,600	3,158,000	3,159,999	94,700	63,100	157,800
3,036,000	3,037,999	91,000	60,700	151,700	3,160,000	3,163,999	94,800	63,200	158,000
3,038,000	3,039,999	91,100	60,700	151,800	3,164,000	3,165,999	94,900	63,200	158,100
3,040,000	3,043,999	91,200	60,800	152,000	3,166,000	3,167,999	94,900	63,300	158,200
3,044,000	3,045,999	91,300	60,800	152,100	3,168,000	3,169,999	95,000	63,300	158,300
3,046,000	3,047,999	91,300	60,900	152,200	3,170,000	3,173,999	95,100	63,400	158,500
3,048,000	3,049,999	91,400	60,900	152,300	3,174,000	3,175,999	95,200	63,400	158,600
3,050,000	3,053,999	91,500	61,000	152,500	3,176,000	3,177,999	95,200	63,500	158,700
3,054,000	3,055,999	91,600	61,000	152,600	3,178,000	3,179,999	95,300	63,500	158,800
3,056,000	3,057,999	91,600	61,100	152,700	3,180,000	3,183,999	95,400	63,600	159,000
3,058,000	3,059,999	91,700	61,100	152,800	3,184,000	3,185,999	95,500	63,600	159,100
3,060,000	3,063,999	91,800	61,200	153,000	3,186,000	3,187,999	95,500	63,700	159,200
3,064,000	3,065,999	91,900	61,200	153,100	3,188,000	3,189,999	95,600	63,700	159,300
3,066,000	3,067,999	91,900	61,300	153,200	3,190,000	3,193,999	95,700	63,800	159,500
3,068,000	3,069,999	92,000	61,300	153,300	3,194,000	3,195,999	95,800	63,800	159,600
3,070,000	3,073,999	92,100	61,400	153,500	3,196,000	3,197,999	95,800	63,900	159,700
3,074,000	3,075,999	92,200	61,400	153,600	3,198,000	3,199,999	95,900	63,900	159,800
3,076,000	3,077,999	92,200	61,500	153,700	3,200,000	3,203,999	96,000	64,000	160,000
3,078,000	3,079,999	92,300	61,500	153,800	3,204,000	3,205,999	96,100	64,000	160,100
3,080,000	3,083,999	92,400	61,600	154,000	3,206,000	3,207,999	96,100	64,100	160,200
3,084,000	3,085,999	92,500	61,600	154,100	3,208,000	3,209,999	96,200	64,100	160,300
3,086,000	3,087,999	92,500	61,700	154,200	3,210,000	3,213,999	96,300	64,200	160,500
3,088,000	3,089,999	92,600	61,700	154,300	3,214,000	3,215,999	96,400	64,200	160,600
3,090,000	3,093,999	92,700	61,800	154,500	3,216,000	3,217,999	96,400	64,300	160,700
3,094,000	3,095,999	92,800	61,800	154,600	3,218,000	3,219,999	96,500	64,300	160,800
3,096,000	3,097,999	92,800	61,900	154,700	3,220,000	3,223,999	96,600	64,400	161,000
3,098,000	3,099,999	92,900	61,900	154,800	3,224,000	3,225,999	96,700	64,400	161,100
3,100,000	3,103,999	93,000	62,000	155,000	3,226,000	3,227,999	96,700	64,500	161,200
3,104,000	3,105,999	93,100	62,000	155,100	3,228,000	3,229,999	96,800	64,500	161,300
3,106,000	3,107,999	93,100	62,100	155,200	3,230,000	3,233,999	96,900	64,600	161,500
3,108,000	3,109,999	93,200	62,100	155,300	3,234,000	3,235,999	97,000	64,600	161,600
3,110,000	3,113,999	93,300	62,200	155,500	3,236,000	3,237,999	97,000	64,700	161,700
3,114,000	3,115,999	93,400	62,200	155,600	3,238,000	3,239,999	97,100	64,700	161,800
3,116,000	3,117,999	93,400	62,300	155,700	3,240,000	3,243,999	97,200	64,800	162,000
3,118,000	3,119,999	93,500	62,300	155,800	3,244,000	3,245,999	97,300	64,800	162,100
3,120,000	3,123,999	93,600	62,400	156,000	3,246,000	3,247,999	97,300	64,900	162,200
3,124,000	3,125,999	93,700	62,400	156,100	3,248,000	3,249,999	97,400	64,900	162,300

退職の特別徴収

退職所得控除額控除後の退職手当等の金額（2分の1前）		特別徴収税額			退職所得控除額控除後の退職手当等の金額（2分の1前）		特別徴収税額		
から	まで	市町村民税（特別区民税）	道府県民税（都民税）	合計	から	まで	市町村民税（特別区民税）	道府県民税（都民税）	合計
円	円	円	円	円	円	円	円	円	円
3,250,000	3,253,999	97,500	65,000	162,500	3,376,000	3,377,999	101,200	67,500	168,700
3,254,000	3,255,999	97,600	65,000	162,600	3,378,000	3,379,999	101,300	67,500	168,800
3,256,000	3,257,999	97,600	65,100	162,700	3,380,000	3,383,999	101,400	67,600	169,000
3,258,000	3,259,999	97,700	65,100	162,800	3,384,000	3,385,999	101,500	67,600	169,100
3,260,000	3,263,999	97,800	65,200	163,000	3,386,000	3,387,999	101,500	67,700	169,200
3,264,000	3,265,999	97,900	65,200	163,100	3,388,000	3,389,999	101,600	67,700	169,300
3,266,000	3,267,999	97,900	65,300	163,200	3,390,000	3,393,999	101,700	67,800	169,500
3,268,000	3,269,999	98,000	65,300	163,300	3,394,000	3,395,999	101,800	67,800	169,600
3,270,000	3,273,999	98,100	65,400	163,500	3,396,000	3,397,999	101,800	67,900	169,700
3,274,000	3,275,999	98,200	65,400	163,600	3,398,000	3,399,999	101,900	67,900	169,800
3,276,000	3,277,999	98,200	65,500	163,700	3,400,000	3,403,999	102,000	68,000	170,000
3,278,000	3,279,999	98,300	65,500	163,800	3,404,000	3,405,999	102,100	68,000	170,100
3,280,000	3,283,999	98,400	65,600	164,000	3,406,000	3,407,999	102,100	68,100	170,200
3,284,000	3,285,999	98,500	65,600	164,100	3,408,000	3,409,999	102,200	68,100	170,300
3,286,000	3,287,999	98,500	65,700	164,200	3,410,000	3,413,999	102,300	68,200	170,500
3,288,000	3,289,999	98,600	65,700	164,300	3,414,000	3,415,999	102,400	68,200	170,600
3,290,000	3,293,999	98,700	65,800	164,500	3,416,000	3,417,999	102,400	68,300	170,700
3,294,000	3,295,999	98,800	65,800	164,600	3,418,000	3,419,999	102,500	68,300	170,800
3,296,000	3,297,999	98,800	65,900	164,700	3,420,000	3,423,999	102,600	68,400	171,000
3,298,000	3,299,999	98,900	65,900	164,800	3,424,000	3,425,999	102,700	68,400	171,100
3,300,000	3,303,999	99,000	66,000	165,000	3,426,000	3,427,999	102,700	68,500	171,200
3,304,000	3,305,999	99,100	66,000	165,100	3,428,000	3,429,999	102,800	68,500	171,300
3,306,000	3,307,999	99,100	66,100	165,200	3,430,000	3,433,999	102,900	68,600	171,500
3,308,000	3,309,999	99,200	66,100	165,300	3,434,000	3,435,999	103,000	68,600	171,600
3,310,000	3,313,999	99,300	66,200	165,500	3,436,000	3,437,999	103,000	68,700	171,700
3,314,000	3,315,999	99,400	66,200	165,600	3,438,000	3,439,999	103,100	68,700	171,800
3,316,000	3,317,999	99,400	66,300	165,700	3,440,000	3,443,999	103,200	68,800	172,000
3,318,000	3,319,999	99,500	66,300	165,800	3,444,000	3,445,999	103,300	68,800	172,100
3,320,000	3,323,999	99,600	66,400	166,000	3,446,000	3,447,999	103,300	68,900	172,200
3,324,000	3,325,999	99,700	66,400	166,100	3,448,000	3,449,999	103,400	68,900	172,300
3,326,000	3,327,999	99,700	66,500	166,200	3,450,000	3,453,999	103,500	69,000	172,500
3,328,000	3,329,999	99,800	66,500	166,300	3,454,000	3,455,999	103,600	69,000	172,600
3,330,000	3,333,999	99,900	66,600	166,500	3,456,000	3,457,999	103,600	69,100	172,700
3,334,000	3,335,999	100,000	66,600	166,600	3,458,000	3,459,999	103,700	69,100	172,800
3,336,000	3,337,999	100,000	66,700	166,700	3,460,000	3,463,999	103,800	69,200	173,000
3,338,000	3,339,999	100,100	66,700	166,800	3,464,000	3,465,999	103,900	69,200	173,100
3,340,000	3,343,999	100,200	66,800	167,000	3,466,000	3,467,999	103,900	69,300	173,200
3,344,000	3,345,999	100,300	66,800	167,100	3,468,000	3,469,999	104,000	69,300	173,300
3,346,000	3,347,999	100,300	66,900	167,200	3,470,000	3,473,999	104,100	69,400	173,500
3,348,000	3,349,999	100,400	66,900	167,300	3,474,000	3,475,999	104,200	69,400	173,600
3,350,000	3,353,999	100,500	67,000	167,500	3,476,000	3,477,999	104,200	69,500	173,700
3,354,000	3,355,999	100,600	67,000	167,600	3,478,000	3,479,999	104,300	69,500	173,800
3,356,000	3,357,999	100,600	67,100	167,700	3,480,000	3,483,999	104,400	69,600	174,000
3,358,000	3,359,999	100,700	67,100	167,800	3,484,000	3,485,999	104,500	69,600	174,100
3,360,000	3,363,999	100,800	67,200	168,000	3,486,000	3,487,999	104,500	69,700	174,200
3,364,000	3,365,999	100,900	67,200	168,100	3,488,000	3,489,999	104,600	69,700	174,300
3,366,000	3,367,999	100,900	67,300	168,200	3,490,000	3,493,999	104,700	69,800	174,500
3,368,000	3,369,999	101,000	67,300	168,300	3,494,000	3,495,999	104,800	69,800	174,600
3,370,000	3,373,999	101,100	67,400	168,500	3,496,000	3,497,999	104,800	69,900	174,700
3,374,000	3,375,999	101,200	67,400	168,600	3,498,000	3,499,999	104,900	69,900	174,800

退職の特別徴収

退職所得控除額控除後の退職手当等の金額（2分の1前）		特別徴収税額			退職所得控除額控除後の退職手当等の金額（2分の1前）		特別徴収税額		
から	まで	市町村民税（特別区民税）	道府県民税（都民税）	合　計	から	まで	市町村民税（特別区民税）	道府県民税（都民税）	合　計
円	円	円	円	円	円	円	円	円	円
3,500,000	3,503,999	105,000	70,000	175,000	3,626,000	3,627,999	108,700	72,500	181,200
3,504,000	3,505,999	105,100	70,000	175,100	3,628,000	3,629,999	108,800	72,500	181,300
3,506,000	3,507,999	105,100	70,100	175,200	3,630,000	3,633,999	108,900	72,600	181,500
3,508,000	3,509,999	105,200	70,100	175,300	3,634,000	3,635,999	109,000	72,600	181,600
3,510,000	3,513,999	105,300	70,200	175,500	3,636,000	3,637,999	109,000	72,700	181,700
3,514,000	3,515,999	105,400	70,200	175,600	3,638,000	3,639,999	109,100	72,700	181,800
3,516,000	3,517,999	105,400	70,300	175,700	3,640,000	3,643,999	109,200	72,800	182,000
3,518,000	3,519,999	105,500	70,300	175,800	3,644,000	3,645,999	109,300	72,800	182,100
3,520,000	3,523,999	105,600	70,400	176,000	3,646,000	3,647,999	109,300	72,900	182,200
3,524,000	3,525,999	105,700	70,400	176,100	3,648,000	3,649,999	109,400	72,900	182,300
3,526,000	3,527,999	105,700	70,500	176,200	3,650,000	3,653,999	109,500	73,000	182,500
3,528,000	3,529,999	105,800	70,500	176,300	3,654,000	3,655,999	109,600	73,000	182,600
3,530,000	3,533,999	105,900	70,600	176,500	3,656,000	3,657,999	109,600	73,100	182,700
3,534,000	3,535,999	106,000	70,600	176,600	3,658,000	3,659,999	109,700	73,100	182,800
3,536,000	3,537,999	106,000	70,700	176,700	3,660,000	3,663,999	109,800	73,200	183,000
3,538,000	3,539,999	106,100	70,700	176,800	3,664,000	3,665,999	109,900	73,200	183,100
3,540,000	3,543,999	106,200	70,800	177,000	3,666,000	3,667,999	109,900	73,300	183,200
3,544,000	3,545,999	106,300	70,800	177,100	3,668,000	3,669,999	110,000	73,300	183,300
3,546,000	3,547,999	106,300	70,900	177,200	3,670,000	3,673,999	110,100	73,400	183,500
3,548,000	3,549,999	106,400	70,900	177,300	3,674,000	3,675,999	110,200	73,400	183,600
3,550,000	3,553,999	106,500	71,000	177,500	3,676,000	3,677,999	110,200	73,500	183,700
3,554,000	3,555,999	106,600	71,000	177,600	3,678,000	3,679,999	110,300	73,500	183,800
3,556,000	3,557,999	106,600	71,100	177,700	3,680,000	3,683,999	110,400	73,600	184,000
3,558,000	3,559,999	106,700	71,100	177,800	3,684,000	3,685,999	110,500	73,600	184,100
3,560,000	3,563,999	106,800	71,200	178,000	3,686,000	3,687,999	110,500	73,700	184,200
3,564,000	3,565,999	106,900	71,200	178,100	3,688,000	3,689,999	110,600	73,700	184,300
3,566,000	3,567,999	106,900	71,300	178,200	3,690,000	3,693,999	110,700	73,800	184,500
3,568,000	3,569,999	107,000	71,300	178,300	3,694,000	3,695,999	110,800	73,800	184,600
3,570,000	3,573,999	107,100	71,400	178,500	3,696,000	3,697,999	110,800	73,900	184,700
3,574,000	3,575,999	107,200	71,400	178,600	3,698,000	3,699,999	110,900	73,900	184,800
3,576,000	3,577,999	107,200	71,500	178,700	3,700,000	3,703,999	111,000	74,000	185,000
3,578,000	3,579,999	107,300	71,500	178,800	3,704,000	3,705,999	111,100	74,000	185,100
3,580,000	3,583,999	107,400	71,600	179,000	3,706,000	3,707,999	111,100	74,100	185,200
3,584,000	3,585,999	107,500	71,600	179,100	3,708,000	3,709,999	111,200	74,100	185,300
3,586,000	3,587,999	107,500	71,700	179,200	3,710,000	3,713,999	111,300	74,200	185,500
3,588,000	3,589,999	107,600	71,700	179,300	3,714,000	3,715,999	111,400	74,200	185,600
3,590,000	3,593,999	107,700	71,800	179,500	3,716,000	3,717,999	111,400	74,300	185,700
3,594,000	3,595,999	107,800	71,800	179,600	3,718,000	3,719,999	111,500	74,300	185,800
3,596,000	3,597,999	107,800	71,900	179,700	3,720,000	3,723,999	111,600	74,400	186,000
3,598,000	3,599,999	107,900	71,900	179,800	3,724,000	3,725,999	111,700	74,400	186,100
3,600,000	3,603,999	108,000	72,000	180,000	3,726,000	3,727,999	111,700	74,500	186,200
3,604,000	3,605,999	108,100	72,000	180,100	3,728,000	3,729,999	111,800	74,500	186,300
3,606,000	3,607,999	108,100	72,100	180,200	3,730,000	3,733,999	111,900	74,600	186,500
3,608,000	3,609,999	108,200	72,100	180,300	3,734,000	3,735,999	112,000	74,600	186,600
3,610,000	3,613,999	108,300	72,200	180,500	3,736,000	3,737,999	112,000	74,700	186,700
3,614,000	3,615,999	108,400	72,200	180,600	3,738,000	3,739,999	112,100	74,700	186,800
3,616,000	3,617,999	108,400	72,300	180,700	3,740,000	3,743,999	112,200	74,800	187,000
3,618,000	3,619,999	108,500	72,300	180,800	3,744,000	3,745,999	112,300	74,800	187,100
3,620,000	3,623,999	108,600	72,400	181,000	3,746,000	3,747,999	112,300	74,900	187,200
3,624,000	3,625,999	108,700	72,400	181,100	3,748,000	3,749,999	112,400	74,900	187,300

退職の特別徴収

退職所得控除額控除後の退職手当等の金額（2分の1前）		特別徴収税額			退職所得控除額控除後の退職手当等の金額（2分の1前）		特別徴収税額		
から	まで	市町村民税（特別区民税）	道府県民税（都民税）	合計	から	まで	市町村民税（特別区民税）	道府県民税（都民税）	合計
円	円	円	円	円	円	円	円	円	円
3,750,000	3,753,999	112,500	75,000	187,500	3,876,000	3,877,999	116,200	77,500	193,700
3,754,000	3,755,999	112,600	75,000	187,600	3,878,000	3,879,999	116,300	77,500	193,800
3,756,000	3,757,999	112,600	75,100	187,700	3,880,000	3,883,999	116,400	77,600	194,000
3,758,000	3,759,999	112,700	75,100	187,800	3,884,000	3,885,999	116,500	77,600	194,100
3,760,000	3,763,999	112,800	75,200	188,000	3,886,000	3,887,999	116,500	77,700	194,200
3,764,000	3,765,999	112,900	75,200	188,100	3,888,000	3,889,999	116,600	77,700	194,300
3,766,000	3,767,999	112,900	75,300	188,200	3,890,000	3,893,999	116,700	77,800	194,500
3,768,000	3,769,999	113,000	75,300	188,300	3,894,000	3,895,999	116,800	77,800	194,600
3,770,000	3,773,999	113,100	75,400	188,500	3,896,000	3,897,999	116,800	77,900	194,700
3,774,000	3,775,999	113,200	75,400	188,600	3,898,000	3,899,999	116,900	77,900	194,800
3,776,000	3,777,999	113,200	75,500	188,700	3,900,000	3,903,999	117,000	78,000	195,000
3,778,000	3,779,999	113,300	75,500	188,800	3,904,000	3,905,999	117,100	78,000	195,100
3,780,000	3,783,999	113,400	75,600	189,000	3,906,000	3,907,999	117,100	78,100	195,200
3,784,000	3,785,999	113,500	75,600	189,100	3,908,000	3,909,999	117,200	78,100	195,300
3,786,000	3,787,999	113,500	75,700	189,200	3,910,000	3,913,999	117,300	78,200	195,500
3,788,000	3,789,999	113,600	75,700	189,300	3,914,000	3,915,999	117,400	78,200	195,600
3,790,000	3,793,999	113,700	75,800	189,500	3,916,000	3,917,999	117,400	78,300	195,700
3,794,000	3,795,999	113,800	75,800	189,600	3,918,000	3,919,999	117,500	78,300	195,800
3,796,000	3,797,999	113,800	75,900	189,700	3,920,000	3,923,999	117,600	78,400	196,000
3,798,000	3,799,999	113,900	75,900	189,800	3,924,000	3,925,999	117,700	78,400	196,100
3,800,000	3,803,999	114,000	76,000	190,000	3,926,000	3,927,999	117,700	78,500	196,200
3,804,000	3,805,999	114,100	76,000	190,100	3,928,000	3,929,999	117,800	78,500	196,300
3,806,000	3,807,999	114,100	76,100	190,200	3,930,000	3,933,999	117,900	78,600	196,500
3,808,000	3,809,999	114,200	76,100	190,300	3,934,000	3,935,999	118,000	78,600	196,600
3,810,000	3,813,999	114,300	76,200	190,500	3,936,000	3,937,999	118,000	78,700	196,700
3,814,000	3,815,999	114,400	76,200	190,600	3,938,000	3,939,999	118,100	78,700	196,800
3,816,000	3,817,999	114,400	76,300	190,700	3,940,000	3,943,999	118,200	78,800	197,000
3,818,000	3,819,999	114,500	76,300	190,800	3,944,000	3,945,999	118,300	78,800	197,100
3,820,000	3,823,999	114,600	76,400	191,000	3,946,000	3,947,999	118,300	78,900	197,200
3,824,000	3,825,999	114,700	76,400	191,100	3,948,000	3,949,999	118,400	78,900	197,300
3,826,000	3,827,999	114,700	76,500	191,200	3,950,000	3,953,999	118,500	79,000	197,500
3,828,000	3,829,999	114,800	76,500	191,300	3,954,000	3,955,999	118,600	79,000	197,600
3,830,000	3,833,999	114,900	76,600	191,500	3,956,000	3,957,999	118,600	79,100	197,700
3,834,000	3,835,999	115,000	76,600	191,600	3,958,000	3,959,999	118,700	79,100	197,800
3,836,000	3,837,999	115,000	76,700	191,700	3,960,000	3,963,999	118,800	79,200	198,000
3,838,000	3,839,999	115,100	76,700	191,800	3,964,000	3,965,999	118,900	79,200	198,100
3,840,000	3,843,999	115,200	76,800	192,000	3,966,000	3,967,999	118,900	79,300	198,200
3,844,000	3,845,999	115,300	76,800	192,100	3,968,000	3,969,999	119,000	79,300	198,300
3,846,000	3,847,999	115,300	76,900	192,200	3,970,000	3,973,999	119,100	79,400	198,500
3,848,000	3,849,999	115,400	76,900	192,300	3,974,000	3,975,999	119,200	79,400	198,600
3,850,000	3,853,999	115,500	77,000	192,500	3,976,000	3,977,999	119,200	79,500	198,700
3,854,000	3,855,999	115,600	77,000	192,600	3,978,000	3,979,999	119,300	79,500	198,800
3,856,000	3,857,999	115,600	77,100	192,700	3,980,000	3,983,999	119,400	79,600	199,000
3,858,000	3,859,999	115,700	77,100	192,800	3,984,000	3,985,999	119,500	79,600	199,100
3,860,000	3,863,999	115,800	77,200	193,000	3,986,000	3,987,999	119,500	79,700	199,200
3,864,000	3,865,999	115,900	77,200	193,100	3,988,000	3,989,999	119,600	79,700	199,300
3,866,000	3,867,999	115,900	77,300	193,200	3,990,000	3,993,999	119,700	79,800	199,500
3,868,000	3,869,999	116,000	77,300	193,300	3,994,000	3,995,999	119,800	79,800	199,600
3,870,000	3,873,999	116,100	77,400	193,500	3,996,000	3,997,999	119,800	79,900	199,700
3,874,000	3,875,999	116,200	77,400	193,600	3,998,000	3,999,999	119,900	79,900	199,800

退職の特別徴収

退職所得控除額控除後の退職手当等の金額（2分の1前）		特別徴収税額			退職所得控除額控除後の退職手当等の金額（2分の1前）		特別徴収税額		
から	まで	市町村民税（特別区民税）	道府県民税（都民税）	合計	から	まで	市町村民税（特別区民税）	道府県民税（都民税）	合計
円	円	円	円	円	円	円	円	円	円
4,000,000	4,003,999	120,000	80,000	200,000	4,126,000	4,127,999	123,700	82,500	206,200
4,004,000	4,005,999	120,100	80,000	200,100	4,128,000	4,129,999	123,800	82,500	206,300
4,006,000	4,007,999	120,100	80,100	200,200	4,130,000	4,133,999	123,900	82,600	206,500
4,008,000	4,009,999	120,200	80,100	200,300	4,134,000	4,135,999	124,000	82,600	206,600
4,010,000	4,013,999	120,300	80,200	200,500	4,136,000	4,137,999	124,000	82,700	206,700
4,014,000	4,015,999	120,400	80,200	200,600	4,138,000	4,139,999	124,100	82,700	206,800
4,016,000	4,017,999	120,400	80,300	200,700	4,140,000	4,143,999	124,200	82,800	207,000
4,018,000	4,019,999	120,500	80,300	200,800	4,144,000	4,145,999	124,300	82,800	207,100
4,020,000	4,023,999	120,600	80,400	201,000	4,146,000	4,147,999	124,300	82,900	207,200
4,024,000	4,025,999	120,700	80,400	201,100	4,148,000	4,149,999	124,400	82,900	207,300
4,026,000	4,027,999	120,700	80,500	201,200	4,150,000	4,153,999	124,500	83,000	207,500
4,028,000	4,029,999	120,800	80,500	201,300	4,154,000	4,155,999	124,600	83,000	207,600
4,030,000	4,033,999	120,900	80,600	201,500	4,156,000	4,157,999	124,600	83,100	207,700
4,034,000	4,035,999	121,000	80,600	201,600	4,158,000	4,159,999	124,700	83,100	207,800
4,036,000	4,037,999	121,000	80,700	201,700	4,160,000	4,163,999	124,800	83,200	208,000
4,038,000	4,039,999	121,100	80,700	201,800	4,164,000	4,165,999	124,900	83,200	208,100
4,040,000	4,043,999	121,200	80,800	202,000	4,166,000	4,167,999	124,900	83,300	208,200
4,044,000	4,045,999	121,300	80,800	202,100	4,168,000	4,169,999	125,000	83,300	208,300
4,046,000	4,047,999	121,300	80,900	202,200	4,170,000	4,173,999	125,100	83,400	208,500
4,048,000	4,049,999	121,400	80,900	202,300	4,174,000	4,175,999	125,200	83,400	208,600
4,050,000	4,053,999	121,500	81,000	202,500	4,176,000	4,177,999	125,200	83,500	208,700
4,054,000	4,055,999	121,600	81,000	202,600	4,178,000	4,179,999	125,300	83,500	208,800
4,056,000	4,057,999	121,600	81,100	202,700	4,180,000	4,183,999	125,400	83,600	209,000
4,058,000	4,059,999	121,700	81,100	202,800	4,184,000	4,185,999	125,500	83,600	209,100
4,060,000	4,063,999	121,800	81,200	203,000	4,186,000	4,187,999	125,500	83,700	209,200
4,064,000	4,065,999	121,900	81,200	203,100	4,188,000	4,189,999	125,600	83,700	209,300
4,066,000	4,067,999	121,900	81,300	203,200	4,190,000	4,193,999	125,700	83,800	209,500
4,068,000	4,069,999	122,000	81,300	203,300	4,194,000	4,195,999	125,800	83,800	209,600
4,070,000	4,073,999	122,100	81,400	203,500	4,196,000	4,197,999	125,800	83,900	209,700
4,074,000	4,075,999	122,200	81,400	203,600	4,198,000	4,199,999	125,900	83,900	209,800
4,076,000	4,077,999	122,200	81,500	203,700	4,200,000	4,203,999	126,000	84,000	210,000
4,078,000	4,079,999	122,300	81,500	203,800	4,204,000	4,205,999	126,100	84,000	210,100
4,080,000	4,083,999	122,400	81,600	204,000	4,206,000	4,207,999	126,100	84,100	210,200
4,084,000	4,085,999	122,500	81,600	204,100	4,208,000	4,209,999	126,200	84,100	210,300
4,086,000	4,087,999	122,500	81,700	204,200	4,210,000	4,213,999	126,300	84,200	210,500
4,088,000	4,089,999	122,600	81,700	204,300	4,214,000	4,215,999	126,400	84,200	210,600
4,090,000	4,093,999	122,700	81,800	204,500	4,216,000	4,217,999	126,400	84,300	210,700
4,094,000	4,095,999	122,800	81,800	204,600	4,218,000	4,219,999	126,500	84,300	210,800
4,096,000	4,097,999	122,800	81,900	204,700	4,220,000	4,223,999	126,600	84,400	211,000
4,098,000	4,099,999	122,900	81,900	204,800	4,224,000	4,225,999	126,700	84,400	211,100
4,100,000	4,103,999	123,000	82,000	205,000	4,226,000	4,227,999	126,700	84,500	211,200
4,104,000	4,105,999	123,100	82,000	205,100	4,228,000	4,229,999	126,800	84,500	211,300
4,106,000	4,107,999	123,100	82,100	205,200	4,230,000	4,233,999	126,900	84,600	211,500
4,108,000	4,109,999	123,200	82,100	205,300	4,234,000	4,235,999	127,000	84,600	211,600
4,110,000	4,113,999	123,300	82,200	205,500	4,236,000	4,237,999	127,000	84,700	211,700
4,114,000	4,115,999	123,400	82,200	205,600	4,238,000	4,239,999	127,100	84,700	211,800
4,116,000	4,117,999	123,400	82,300	205,700	4,240,000	4,243,999	127,200	84,800	212,000
4,118,000	4,119,999	123,500	82,300	205,800	4,244,000	4,245,999	127,300	84,800	212,100
4,120,000	4,123,999	123,600	82,400	206,000	4,246,000	4,247,999	127,300	84,900	212,200
4,124,000	4,125,999	123,700	82,400	206,100	4,248,000	4,249,999	127,400	84,900	212,300

退職の特別徴収

退職所得控除額控除後の退職手当等の金額（2分の1前）		特別徴収税額			退職所得控除額控除後の退職手当等の金額（2分の1前）		特別徴収税額		
から	まで	市町村民税（特別区民税）	道府県民税（都民税）	合　計	から	まで	市町村民税（特別区民税）	道府県民税（都民税）	合　計
円	円	円	円	円	円	円	円	円	円
4,250,000	4,253,999	127,500	85,000	212,500	4,376,000	4,377,999	131,200	87,500	218,700
4,254,000	4,255,999	127,600	85,000	212,600	4,378,000	4,379,999	131,300	87,500	218,800
4,256,000	4,257,999	127,600	85,100	212,700	4,380,000	4,383,999	131,400	87,600	219,000
4,258,000	4,259,999	127,700	85,100	212,800	4,384,000	4,385,999	131,500	87,600	219,100
4,260,000	4,263,999	127,800	85,200	213,000	4,386,000	4,387,999	131,500	87,700	219,200
4,264,000	4,265,999	127,900	85,200	213,100	4,388,000	4,389,999	131,600	87,700	219,300
4,266,000	4,267,999	127,900	85,300	213,200	4,390,000	4,393,999	131,700	87,800	219,500
4,268,000	4,269,999	128,000	85,300	213,300	4,394,000	4,395,999	131,800	87,800	219,600
4,270,000	4,273,999	128,100	85,400	213,500	4,396,000	4,397,999	131,800	87,900	219,700
4,274,000	4,275,999	128,200	85,400	213,600	4,398,000	4,399,999	131,900	87,900	219,800
4,276,000	4,277,999	128,200	85,500	213,700	4,400,000	4,403,999	132,000	88,000	220,000
4,278,000	4,279,999	128,300	85,500	213,800	4,404,000	4,405,999	132,100	88,000	220,100
4,280,000	4,283,999	128,400	85,600	214,000	4,406,000	4,407,999	132,100	88,100	220,200
4,284,000	4,285,999	128,500	85,600	214,100	4,408,000	4,409,999	132,200	88,100	220,300
4,286,000	4,287,999	128,500	85,700	214,200	4,410,000	4,413,999	132,300	88,200	220,500
4,288,000	4,289,999	128,600	85,700	214,300	4,414,000	4,415,999	132,400	88,200	220,600
4,290,000	4,293,999	128,700	85,800	214,500	4,416,000	4,417,999	132,400	88,300	220,700
4,294,000	4,295,999	128,800	85,800	214,600	4,418,000	4,419,999	132,500	88,300	220,800
4,296,000	4,297,999	128,800	85,900	214,700	4,420,000	4,423,999	132,600	88,400	221,000
4,298,000	4,299,999	128,900	85,900	214,800	4,424,000	4,425,999	132,700	88,400	221,100
4,300,000	4,303,999	129,000	86,000	215,000	4,426,000	4,427,999	132,700	88,500	221,200
4,304,000	4,305,999	129,100	86,000	215,100	4,428,000	4,429,999	132,800	88,500	221,300
4,306,000	4,307,999	129,100	86,100	215,200	4,430,000	4,433,999	132,900	88,600	221,500
4,308,000	4,309,999	129,200	86,100	215,300	4,434,000	4,435,999	133,000	88,600	221,600
4,310,000	4,313,999	129,300	86,200	215,500	4,436,000	4,437,999	133,000	88,700	221,700
4,314,000	4,315,999	129,400	86,200	215,600	4,438,000	4,439,999	133,100	88,700	221,800
4,316,000	4,317,999	129,400	86,300	215,700	4,440,000	4,443,999	133,200	88,800	222,000
4,318,000	4,319,999	129,500	86,300	215,800	4,444,000	4,445,999	133,300	88,800	222,100
4,320,000	4,323,999	129,600	86,400	216,000	4,446,000	4,447,999	133,300	88,900	222,200
4,324,000	4,325,999	129,700	86,400	216,100	4,448,000	4,449,999	133,400	88,900	222,300
4,326,000	4,327,999	129,700	86,500	216,200	4,450,000	4,453,999	133,500	89,000	222,500
4,328,000	4,329,999	129,800	86,500	216,300	4,454,000	4,455,999	133,600	89,000	222,600
4,330,000	4,333,999	129,900	86,600	216,500	4,456,000	4,457,999	133,600	89,100	222,700
4,334,000	4,335,999	130,000	86,600	216,600	4,458,000	4,459,999	133,700	89,100	222,800
4,336,000	4,337,999	130,000	86,700	216,700	4,460,000	4,463,999	133,800	89,200	223,000
4,338,000	4,339,999	130,100	86,700	216,800	4,464,000	4,465,999	133,900	89,200	223,100
4,340,000	4,343,999	130,200	86,800	217,000	4,466,000	4,467,999	133,900	89,300	223,200
4,344,000	4,345,999	130,300	86,800	217,100	4,468,000	4,469,999	134,000	89,300	223,300
4,346,000	4,347,999	130,300	86,900	217,200	4,470,000	4,473,999	134,100	89,400	223,500
4,348,000	4,349,999	130,400	86,900	217,300	4,474,000	4,475,999	134,200	89,400	223,600
4,350,000	4,353,999	130,500	87,000	217,500	4,476,000	4,477,999	134,200	89,500	223,700
4,354,000	4,355,999	130,600	87,000	217,600	4,478,000	4,479,999	134,300	89,500	223,800
4,356,000	4,357,999	130,600	87,100	217,700	4,480,000	4,483,999	134,400	89,600	224,000
4,358,000	4,359,999	130,700	87,100	217,800	4,484,000	4,485,999	134,500	89,600	224,100
4,360,000	4,363,999	130,800	87,200	218,000	4,486,000	4,487,999	134,500	89,700	224,200
4,364,000	4,365,999	130,900	87,200	218,100	4,488,000	4,489,999	134,600	89,700	224,300
4,366,000	4,367,999	130,900	87,300	218,200	4,490,000	4,493,999	134,700	89,800	224,500
4,368,000	4,369,999	131,000	87,300	218,300	4,494,000	4,495,999	134,800	89,800	224,600
4,370,000	4,373,999	131,100	87,400	218,500	4,496,000	4,497,999	134,800	89,900	224,700
4,374,000	4,375,999	131,200	87,400	218,600	4,498,000	4,499,999	134,900	89,900	224,800

退職の特別徴収

退職所得控除額控除後の退職手当等の金額（2分の1前）		特別徴収税額			退職所得控除額控除後の退職手当等の金額（2分の1前）		特別徴収税額		
から	まで	市町村民税（特別区民税）	道府県民税（都民税）	合　計	から	まで	市町村民税（特別区民税）	道府県民税（都民税）	合　計
円	円	円	円	円	円	円	円	円	円
4,500,000	4,503,999	135,000	90,000	225,000	4,626,000	4,627,999	138,700	92,500	231,200
4,504,000	4,505,999	135,100	90,000	225,100	4,628,000	4,629,999	138,800	92,500	231,300
4,506,000	4,507,999	135,100	90,100	225,200	4,630,000	4,633,999	138,900	92,600	231,500
4,508,000	4,509,999	135,200	90,100	225,300	4,634,000	4,635,999	139,000	92,600	231,600
4,510,000	4,513,999	135,300	90,200	225,500	4,636,000	4,637,999	139,000	92,700	231,700
4,514,000	4,515,999	135,400	90,200	225,600	4,638,000	4,639,999	139,100	92,700	231,800
4,516,000	4,517,999	135,400	90,300	225,700	4,640,000	4,643,999	139,200	92,800	232,000
4,518,000	4,519,999	135,500	90,300	225,800	4,644,000	4,645,999	139,300	92,800	232,100
4,520,000	4,523,999	135,600	90,400	226,000	4,646,000	4,647,999	139,300	92,900	232,200
4,524,000	4,525,999	135,700	90,400	226,100	4,648,000	4,649,999	139,400	92,900	232,300
4,526,000	4,527,999	135,700	90,500	226,200	4,650,000	4,653,999	139,500	93,000	232,500
4,528,000	4,529,999	135,800	90,500	226,300	4,654,000	4,655,999	139,600	93,000	232,600
4,530,000	4,533,999	135,900	90,600	226,500	4,656,000	4,657,999	139,600	93,100	232,700
4,534,000	4,535,999	136,000	90,600	226,600	4,658,000	4,659,999	139,700	93,100	232,800
4,536,000	4,537,999	136,000	90,700	226,700	4,660,000	4,663,999	139,800	93,200	233,000
4,538,000	4,539,999	136,100	90,700	226,800	4,664,000	4,665,999	139,900	93,200	233,100
4,540,000	4,543,999	136,200	90,800	227,000	4,666,000	4,667,999	139,900	93,300	233,200
4,544,000	4,545,999	136,300	90,800	227,100	4,668,000	4,669,999	140,000	93,300	233,300
4,546,000	4,547,999	136,300	90,900	227,200	4,670,000	4,673,999	140,100	93,400	233,500
4,548,000	4,549,999	136,400	90,900	227,300	4,674,000	4,675,999	140,200	93,400	233,600
4,550,000	4,553,999	136,500	91,000	227,500	4,676,000	4,677,999	140,200	93,500	233,700
4,554,000	4,555,999	136,600	91,000	227,600	4,678,000	4,679,999	140,300	93,500	233,800
4,556,000	4,557,999	136,600	91,100	227,700	4,680,000	4,683,999	140,400	93,600	234,000
4,558,000	4,559,999	136,700	91,100	227,800	4,684,000	4,685,999	140,500	93,600	234,100
4,560,000	4,563,999	136,800	91,200	228,000	4,686,000	4,687,999	140,500	93,700	234,200
4,564,000	4,565,999	136,900	91,200	228,100	4,688,000	4,689,999	140,600	93,700	234,300
4,566,000	4,567,999	136,900	91,300	228,200	4,690,000	4,693,999	140,700	93,800	234,500
4,568,000	4,569,999	137,000	91,300	228,300	4,694,000	4,695,999	140,800	93,800	234,600
4,570,000	4,573,999	137,100	91,400	228,500	4,696,000	4,697,999	140,800	93,900	234,700
4,574,000	4,575,999	137,200	91,400	228,600	4,698,000	4,699,999	140,900	93,900	234,800
4,576,000	4,577,999	137,200	91,500	228,700	4,700,000	4,703,999	141,000	94,000	235,000
4,578,000	4,579,999	137,300	91,500	228,800	4,704,000	4,705,999	141,100	94,000	235,100
4,580,000	4,583,999	137,400	91,600	229,000	4,706,000	4,707,999	141,100	94,100	235,200
4,584,000	4,585,999	137,500	91,600	229,100	4,708,000	4,709,999	141,200	94,100	235,300
4,586,000	4,587,999	137,500	91,700	229,200	4,710,000	4,713,999	141,300	94,200	235,500
4,588,000	4,589,999	137,600	91,700	229,300	4,714,000	4,715,999	141,400	94,200	235,600
4,590,000	4,593,999	137,700	91,800	229,500	4,716,000	4,717,999	141,400	94,300	235,700
4,594,000	4,595,999	137,800	91,800	229,600	4,718,000	4,719,999	141,500	94,300	235,800
4,596,000	4,597,999	137,800	91,900	229,700	4,720,000	4,723,999	141,600	94,400	236,000
4,598,000	4,599,999	137,900	91,900	229,800	4,724,000	4,725,999	141,700	94,400	236,100
4,600,000	4,603,999	138,000	92,000	230,000	4,726,000	4,727,999	141,700	94,500	236,200
4,604,000	4,605,999	138,100	92,000	230,100	4,728,000	4,729,999	141,800	94,500	236,300
4,606,000	4,607,999	138,100	92,100	230,200	4,730,000	4,733,999	141,900	94,600	236,500
4,608,000	4,609,999	138,200	92,100	230,300	4,734,000	4,735,999	142,000	94,600	236,600
4,610,000	4,613,999	138,300	92,200	230,500	4,736,000	4,737,999	142,000	94,700	236,700
4,614,000	4,615,999	138,400	92,200	230,600	4,738,000	4,739,999	142,100	94,700	236,800
4,616,000	4,617,999	138,400	92,300	230,700	4,740,000	4,743,999	142,200	94,800	237,000
4,618,000	4,619,999	138,500	92,300	230,800	4,744,000	4,745,999	142,300	94,800	237,100
4,620,000	4,623,999	138,600	92,400	231,000	4,746,000	4,747,999	142,300	94,900	237,200
4,624,000	4,625,999	138,700	92,400	231,100	4,748,000	4,749,999	142,400	94,900	237,300

退職の特別徴収

退職所得控除額控除後の退職手当等の金額（2分の1前）		特別徴収税額			退職所得控除額控除後の退職手当等の金額（2分の1前）		特別徴収税額		
から	まで	市町村民税(特別区民税)	道府県民税(都民税)	合計	から	まで	市町村民税(特別区民税)	道府県民税(都民税)	合計
円	円	円	円	円	円	円	円	円	円
4,750,000	4,753,999	142,500	95,000	237,500	4,876,000	4,877,999	146,200	97,500	243,700
4,754,000	4,755,999	142,600	95,000	237,600	4,878,000	4,879,999	146,300	97,500	243,800
4,756,000	4,757,999	142,600	95,100	237,700	4,880,000	4,883,999	146,400	97,600	244,000
4,758,000	4,759,999	142,700	95,100	237,800	4,884,000	4,885,999	146,500	97,600	244,100
4,760,000	4,763,999	142,800	95,200	238,000	4,886,000	4,887,999	146,500	97,700	244,200
4,764,000	4,765,999	142,900	95,200	238,100	4,888,000	4,889,999	146,600	97,700	244,300
4,766,000	4,767,999	142,900	95,300	238,200	4,890,000	4,893,999	146,700	97,800	244,500
4,768,000	4,769,999	143,000	95,300	238,300	4,894,000	4,895,999	146,800	97,800	244,600
4,770,000	4,773,999	143,100	95,400	238,500	4,896,000	4,897,999	146,800	97,900	244,700
4,774,000	4,775,999	143,200	95,400	238,600	4,898,000	4,899,999	146,900	97,900	244,800
4,776,000	4,777,999	143,200	95,500	238,700	4,900,000	4,903,999	147,000	98,000	245,000
4,778,000	4,779,999	143,300	95,500	238,800	4,904,000	4,905,999	147,100	98,000	245,100
4,780,000	4,783,999	143,400	95,600	239,000	4,906,000	4,907,999	147,100	98,100	245,200
4,784,000	4,785,999	143,500	95,600	239,100	4,908,000	4,909,999	147,200	98,100	245,300
4,786,000	4,787,999	143,500	95,700	239,200	4,910,000	4,913,999	147,300	98,200	245,500
4,788,000	4,789,999	143,600	95,700	239,300	4,914,000	4,915,999	147,400	98,200	245,600
4,790,000	4,793,999	143,700	95,800	239,500	4,916,000	4,917,999	147,400	98,300	245,700
4,794,000	4,795,999	143,800	95,800	239,600	4,918,000	4,919,999	147,500	98,300	245,800
4,796,000	4,797,999	143,800	95,900	239,700	4,920,000	4,923,999	147,600	98,400	246,000
4,798,000	4,799,999	143,900	95,900	239,800	4,924,000	4,925,999	147,700	98,400	246,100
4,800,000	4,803,999	144,000	96,000	240,000	4,926,000	4,927,999	147,700	98,500	246,200
4,804,000	4,805,999	144,100	96,000	240,100	4,928,000	4,929,999	147,800	98,500	246,300
4,806,000	4,807,999	144,100	96,100	240,200	4,930,000	4,933,999	147,900	98,600	246,500
4,808,000	4,809,999	144,200	96,100	240,300	4,934,000	4,935,999	148,000	98,600	246,600
4,810,000	4,813,999	144,300	96,200	240,500	4,936,000	4,937,999	148,000	98,700	246,700
4,814,000	4,815,999	144,400	96,200	240,600	4,938,000	4,939,999	148,100	98,700	246,800
4,816,000	4,817,999	144,400	96,300	240,700	4,940,000	4,943,999	148,200	98,800	247,000
4,818,000	4,819,999	144,500	96,300	240,800	4,944,000	4,945,999	148,300	98,800	247,100
4,820,000	4,823,999	144,600	96,400	241,000	4,946,000	4,947,999	148,300	98,900	247,200
4,824,000	4,825,999	144,700	96,400	241,100	4,948,000	4,949,999	148,400	98,900	247,300
4,826,000	4,827,999	144,700	96,500	241,200	4,950,000	4,953,999	148,500	99,000	247,500
4,828,000	4,829,999	144,800	96,500	241,300	4,954,000	4,955,999	148,600	99,000	247,600
4,830,000	4,833,999	144,900	96,600	241,500	4,956,000	4,957,999	148,600	99,100	247,700
4,834,000	4,835,999	145,000	96,600	241,600	4,958,000	4,959,999	148,700	99,100	247,800
4,836,000	4,837,999	145,000	96,700	241,700	4,960,000	4,963,999	148,800	99,200	248,000
4,838,000	4,839,999	145,100	96,700	241,800	4,964,000	4,965,999	148,900	99,200	248,100
4,840,000	4,843,999	145,200	96,800	242,000	4,966,000	4,967,999	148,900	99,300	248,200
4,844,000	4,845,999	145,300	96,800	242,100	4,968,000	4,969,999	149,000	99,300	248,300
4,846,000	4,847,999	145,300	96,900	242,200	4,970,000	4,973,999	149,100	99,400	248,500
4,848,000	4,849,999	145,400	96,900	242,300	4,974,000	4,975,999	149,200	99,400	248,600
4,850,000	4,853,999	145,500	97,000	242,500	4,976,000	4,977,999	149,200	99,500	248,700
4,854,000	4,855,999	145,600	97,000	242,600	4,978,000	4,979,999	149,300	99,500	248,800
4,856,000	4,857,999	145,600	97,100	242,700	4,980,000	4,983,999	149,400	99,600	249,000
4,858,000	4,859,999	145,700	97,100	242,800	4,984,000	4,985,999	149,500	99,600	249,100
4,860,000	4,863,999	145,800	97,200	243,000	4,986,000	4,987,999	149,500	99,700	249,200
4,864,000	4,865,999	145,900	97,200	243,100	4,988,000	4,989,999	149,600	99,700	249,300
4,866,000	4,867,999	145,900	97,300	243,200	4,990,000	4,993,999	149,700	99,800	249,500
4,868,000	4,869,999	146,000	97,300	243,300	4,994,000	4,995,999	149,800	99,800	249,600
4,870,000	4,873,999	146,100	97,400	243,500	4,996,000	4,997,999	149,800	99,900	249,700
4,874,000	4,875,999	146,200	97,400	243,600	4,998,000	4,999,999	149,900	99,900	249,800

退職の特別徴収

退職所得控除額控除後の退職手当等の金額（2分の1前）		特別徴収税額			退職所得控除額控除後の退職手当等の金額（2分の1前）		特別徴収税額		
から	まで	市町村民税（特別区民税）	道府県民税（都民税）	合　計	から	まで	市町村民税（特別区民税）	道府県民税（都民税）	合　計
円	円	円	円	円	円	円	円	円	円
5,000,000	5,003,999	150,000	100,000	250,000	5,126,000	5,127,999	153,700	102,500	256,200
5,004,000	5,005,999	150,100	100,000	250,100	5,128,000	5,129,999	153,800	102,500	256,300
5,006,000	5,007,999	150,100	100,100	250,200	5,130,000	5,133,999	153,900	102,600	256,500
5,008,000	5,009,999	150,200	100,100	250,300	5,134,000	5,135,999	154,000	102,600	256,600
5,010,000	5,013,999	150,300	100,200	250,500	5,136,000	5,137,999	154,000	102,700	256,700
5,014,000	5,015,999	150,400	100,200	250,600	5,138,000	5,139,999	154,100	102,700	256,800
5,016,000	5,017,999	150,400	100,300	250,700	5,140,000	5,143,999	154,200	102,800	257,000
5,018,000	5,019,999	150,500	100,300	250,800	5,144,000	5,145,999	154,300	102,800	257,100
5,020,000	5,023,999	150,600	100,400	251,000	5,146,000	5,147,999	154,300	102,900	257,200
5,024,000	5,025,999	150,700	100,400	251,100	5,148,000	5,149,999	154,400	102,900	257,300
5,026,000	5,027,999	150,700	100,500	251,200	5,150,000	5,153,999	154,500	103,000	257,500
5,028,000	5,029,999	150,800	100,500	251,300	5,154,000	5,155,999	154,600	103,000	257,600
5,030,000	5,033,999	150,900	100,600	251,500	5,156,000	5,157,999	154,600	103,100	257,700
5,034,000	5,035,999	151,000	100,600	251,600	5,158,000	5,159,999	154,700	103,100	257,800
5,036,000	5,037,999	151,000	100,700	251,700	5,160,000	5,163,999	154,800	103,200	258,000
5,038,000	5,039,999	151,100	100,700	251,800	5,164,000	5,165,999	154,900	103,200	258,100
5,040,000	5,043,999	151,200	100,800	252,000	5,166,000	5,167,999	154,900	103,300	258,200
5,044,000	5,045,999	151,300	100,800	252,100	5,168,000	5,169,999	155,000	103,300	258,300
5,046,000	5,047,999	151,300	100,900	252,200	5,170,000	5,173,999	155,100	103,400	258,500
5,048,000	5,049,999	151,400	100,900	252,300	5,174,000	5,175,999	155,200	103,400	258,600
5,050,000	5,053,999	151,500	101,000	252,500	5,176,000	5,177,999	155,200	103,500	258,700
5,054,000	5,055,999	151,600	101,000	252,600	5,178,000	5,179,999	155,300	103,500	258,800
5,056,000	5,057,999	151,600	101,100	252,700	5,180,000	5,183,999	155,400	103,600	259,000
5,058,000	5,059,999	151,700	101,100	252,800	5,184,000	5,185,999	155,500	103,600	259,100
5,060,000	5,063,999	151,800	101,200	253,000	5,186,000	5,187,999	155,500	103,700	259,200
5,064,000	5,065,999	151,900	101,200	253,100	5,188,000	5,189,999	155,600	103,700	259,300
5,066,000	5,067,999	151,900	101,300	253,200	5,190,000	5,193,999	155,700	103,800	259,500
5,068,000	5,069,999	152,000	101,300	253,300	5,194,000	5,195,999	155,800	103,800	259,600
5,070,000	5,073,999	152,100	101,400	253,500	5,196,000	5,197,999	155,800	103,900	259,700
5,074,000	5,075,999	152,200	101,400	253,600	5,198,000	5,199,999	155,900	103,900	259,800
5,076,000	5,077,999	152,200	101,500	253,700	5,200,000	5,203,999	156,000	104,000	260,000
5,078,000	5,079,999	152,300	101,500	253,800	5,204,000	5,205,999	156,100	104,000	260,100
5,080,000	5,083,999	152,400	101,600	254,000	5,206,000	5,207,999	156,100	104,100	260,200
5,084,000	5,085,999	152,500	101,600	254,100	5,208,000	5,209,999	156,200	104,100	260,300
5,086,000	5,087,999	152,500	101,700	254,200	5,210,000	5,213,999	156,300	104,200	260,500
5,088,000	5,089,999	152,600	101,700	254,300	5,214,000	5,215,999	156,400	104,200	260,600
5,090,000	5,093,999	152,700	101,800	254,500	5,216,000	5,217,999	156,400	104,300	260,700
5,094,000	5,095,999	152,800	101,800	254,600	5,218,000	5,219,999	156,500	104,300	260,800
5,096,000	5,097,999	152,800	101,900	254,700	5,220,000	5,223,999	156,600	104,400	261,000
5,098,000	5,099,999	152,900	101,900	254,800	5,224,000	5,225,999	156,700	104,400	261,100
5,100,000	5,103,999	153,000	102,000	255,000	5,226,000	5,227,999	156,700	104,500	261,200
5,104,000	5,105,999	153,100	102,000	255,100	5,228,000	5,229,999	156,800	104,500	261,300
5,106,000	5,107,999	153,100	102,100	255,200	5,230,000	5,233,999	156,900	104,600	261,500
5,108,000	5,109,999	153,200	102,100	255,300	5,234,000	5,235,999	157,000	104,600	261,600
5,110,000	5,113,999	153,300	102,200	255,500	5,236,000	5,237,999	157,000	104,700	261,700
5,114,000	5,115,999	153,400	102,200	255,600	5,238,000	5,239,999	157,100	104,700	261,800
5,116,000	5,117,999	153,400	102,300	255,700	5,240,000	5,243,999	157,200	104,800	262,000
5,118,000	5,119,999	153,500	102,300	255,800	5,244,000	5,245,999	157,300	104,800	262,100
5,120,000	5,123,999	153,600	102,400	256,000	5,246,000	5,247,999	157,300	104,900	262,200
5,124,000	5,125,999	153,700	102,400	256,100	5,248,000	5,249,999	157,400	104,900	262,300

退職の特別徴収

退職所得控除額控除後の退職手当等の金額（2分の1前）		特別徴収税額			退職所得控除額控除後の退職手当等の金額（2分の1前）		特別徴収税額		
から	まで	市町村民税（特別区民税）	道府県民税（都民税）	合　計	から	まで	市町村民税（特別区民税）	道府県民税（都民税）	合　計
円	円	円	円	円	円	円	円	円	円
5,250,000	5,253,999	157,500	105,000	262,500	5,376,000	5,377,999	161,200	107,500	268,700
5,254,000	5,255,999	157,600	105,000	262,600	5,378,000	5,379,999	161,300	107,500	268,800
5,256,000	5,257,999	157,600	105,100	262,700	5,380,000	5,383,999	161,400	107,600	269,000
5,258,000	5,259,999	157,700	105,100	262,800	5,384,000	5,385,999	161,500	107,600	269,100
5,260,000	5,263,999	157,800	105,200	263,000	5,386,000	5,387,999	161,500	107,700	269,200
5,264,000	5,265,999	157,900	105,200	263,100	5,388,000	5,389,999	161,600	107,700	269,300
5,266,000	5,267,999	157,900	105,300	263,200	5,390,000	5,393,999	161,700	107,800	269,500
5,268,000	5,269,999	158,000	105,300	263,300	5,394,000	5,395,999	161,800	107,800	269,600
5,270,000	5,273,999	158,100	105,400	263,500	5,396,000	5,397,999	161,800	107,900	269,700
5,274,000	5,275,999	158,200	105,400	263,600	5,398,000	5,399,999	161,900	107,900	269,800
5,276,000	5,277,999	158,200	105,500	263,700	5,400,000	5,403,999	162,000	108,000	270,000
5,278,000	5,279,999	158,300	105,500	263,800	5,404,000	5,405,999	162,100	108,000	270,100
5,280,000	5,283,999	158,400	105,600	264,000	5,406,000	5,407,999	162,100	108,100	270,200
5,284,000	5,285,999	158,500	105,600	264,100	5,408,000	5,409,999	162,200	108,100	270,300
5,286,000	5,287,999	158,500	105,700	264,200	5,410,000	5,413,999	162,300	108,200	270,500
5,288,000	5,289,999	158,600	105,700	264,300	5,414,000	5,415,999	162,400	108,200	270,600
5,290,000	5,293,999	158,700	105,800	264,500	5,416,000	5,417,999	162,400	108,300	270,700
5,294,000	5,295,999	158,800	105,800	264,600	5,418,000	5,419,999	162,500	108,300	270,800
5,296,000	5,297,999	158,800	105,900	264,700	5,420,000	5,423,999	162,600	108,400	271,000
5,298,000	5,299,999	158,900	105,900	264,800	5,424,000	5,425,999	162,700	108,400	271,100
5,300,000	5,303,999	159,000	106,000	265,000	5,426,000	5,427,999	162,700	108,500	271,200
5,304,000	5,305,999	159,100	106,000	265,100	5,428,000	5,429,999	162,800	108,500	271,300
5,306,000	5,307,999	159,100	106,100	265,200	5,430,000	5,433,999	162,900	108,600	271,500
5,308,000	5,309,999	159,200	106,100	265,300	5,434,000	5,435,999	163,000	108,600	271,600
5,310,000	5,313,999	159,300	106,200	265,500	5,436,000	5,437,999	163,000	108,700	271,700
5,314,000	5,315,999	159,400	106,200	265,600	5,438,000	5,439,999	163,100	108,700	271,800
5,316,000	5,317,999	159,400	106,300	265,700	5,440,000	5,443,999	163,200	108,800	272,000
5,318,000	5,319,999	159,500	106,300	265,800	5,444,000	5,445,999	163,300	108,800	272,100
5,320,000	5,323,999	159,600	106,400	266,000	5,446,000	5,447,999	163,300	108,900	272,200
5,324,000	5,325,999	159,700	106,400	266,100	5,448,000	5,449,999	163,400	108,900	272,300
5,326,000	5,327,999	159,700	106,500	266,200	5,450,000	5,453,999	163,500	109,000	272,500
5,328,000	5,329,999	159,800	106,500	266,300	5,454,000	5,455,999	163,600	109,000	272,600
5,330,000	5,333,999	159,900	106,600	266,500	5,456,000	5,457,999	163,600	109,100	272,700
5,334,000	5,335,999	160,000	106,600	266,600	5,458,000	5,459,999	163,700	109,100	272,800
5,336,000	5,337,999	160,000	106,700	266,700	5,460,000	5,463,999	163,800	109,200	273,000
5,338,000	5,339,999	160,100	106,700	266,800	5,464,000	5,465,999	163,900	109,200	273,100
5,340,000	5,343,999	160,200	106,800	267,000	5,466,000	5,467,999	163,900	109,300	273,200
5,344,000	5,345,999	160,300	106,800	267,100	5,468,000	5,469,999	164,000	109,300	273,300
5,346,000	5,347,999	160,300	106,900	267,200	5,470,000	5,473,999	164,100	109,400	273,500
5,348,000	5,349,999	160,400	106,900	267,300	5,474,000	5,475,999	164,200	109,400	273,600
5,350,000	5,353,999	160,500	107,000	267,500	5,476,000	5,477,999	164,200	109,500	273,700
5,354,000	5,355,999	160,600	107,000	267,600	5,478,000	5,479,999	164,300	109,500	273,800
5,356,000	5,357,999	160,600	107,100	267,700	5,480,000	5,483,999	164,400	109,600	274,000
5,358,000	5,359,999	160,700	107,100	267,800	5,484,000	5,485,999	164,500	109,600	274,100
5,360,000	5,363,999	160,800	107,200	268,000	5,486,000	5,487,999	164,500	109,700	274,200
5,364,000	5,365,999	160,900	107,200	268,100	5,488,000	5,489,999	164,600	109,700	274,300
5,366,000	5,367,999	160,900	107,300	268,200	5,490,000	5,493,999	164,700	109,800	274,500
5,368,000	5,369,999	161,000	107,300	268,300	5,494,000	5,495,999	164,800	109,800	274,600
5,370,000	5,373,999	161,100	107,400	268,500	5,496,000	5,497,999	164,800	109,900	274,700
5,374,000	5,375,999	161,200	107,400	268,600	5,498,000	5,499,999	164,900	109,900	274,800

退職の特別徴収

退職所得控除額控除後の退職手当等の金額（2分の1前）		特別徴収税額			退職所得控除額控除後の退職手当等の金額（2分の1前）		特別徴収税額		
から	まで	市町村民税（特別区民税）	道府県民税（都民税）	合　計	から	まで	市町村民税（特別区民税）	道府県民税（都民税）	合　計
円	円	円	円	円	円	円	円	円	円
5,500,000	5,503,999	165,000	110,000	275,000	5,626,000	5,627,999	168,700	112,500	281,200
5,504,000	5,505,999	165,100	110,000	275,100	5,628,000	5,629,999	168,800	112,500	281,300
5,506,000	5,507,999	165,100	110,100	275,200	5,630,000	5,633,999	168,900	112,600	281,500
5,508,000	5,509,999	165,200	110,100	275,300	5,634,000	5,635,999	169,000	112,600	281,600
5,510,000	5,513,999	165,300	110,200	275,500	5,636,000	5,637,999	169,000	112,700	281,700
5,514,000	5,515,999	165,400	110,200	275,600	5,638,000	5,639,999	169,100	112,700	281,800
5,516,000	5,517,999	165,400	110,300	275,700	5,640,000	5,643,999	169,200	112,800	282,000
5,518,000	5,519,999	165,500	110,300	275,800	5,644,000	5,645,999	169,300	112,800	282,100
5,520,000	5,523,999	165,600	110,400	276,000	5,646,000	5,647,999	169,300	112,900	282,200
5,524,000	5,525,999	165,700	110,400	276,100	5,648,000	5,649,999	169,400	112,900	282,300
5,526,000	5,527,999	165,700	110,500	276,200	5,650,000	5,653,999	169,500	113,000	282,500
5,528,000	5,529,999	165,800	110,500	276,300	5,654,000	5,655,999	169,600	113,000	282,600
5,530,000	5,533,999	165,900	110,600	276,500	5,656,000	5,657,999	169,600	113,100	282,700
5,534,000	5,535,999	166,000	110,600	276,600	5,658,000	5,659,999	169,700	113,100	282,800
5,536,000	5,537,999	166,000	110,700	276,700	5,660,000	5,663,999	169,800	113,200	283,000
5,538,000	5,539,999	166,100	110,700	276,800	5,664,000	5,665,999	169,900	113,200	283,100
5,540,000	5,543,999	166,200	110,800	277,000	5,666,000	5,667,999	169,900	113,300	283,200
5,544,000	5,545,999	166,300	110,800	277,100	5,668,000	5,669,999	170,000	113,300	283,300
5,546,000	5,547,999	166,300	110,900	277,200	5,670,000	5,673,999	170,100	113,400	283,500
5,548,000	5,549,999	166,400	110,900	277,300	5,674,000	5,675,999	170,200	113,400	283,600
5,550,000	5,553,999	166,500	111,000	277,500	5,676,000	5,677,999	170,200	113,500	283,700
5,554,000	5,555,999	166,600	111,000	277,600	5,678,000	5,679,999	170,300	113,500	283,800
5,556,000	5,557,999	166,600	111,100	277,700	5,680,000	5,683,999	170,400	113,600	284,000
5,558,000	5,559,999	166,700	111,100	277,800	5,684,000	5,685,999	170,500	113,600	284,100
5,560,000	5,563,999	166,800	111,200	278,000	5,686,000	5,687,999	170,500	113,700	284,200
5,564,000	5,565,999	166,900	111,200	278,100	5,688,000	5,689,999	170,600	113,700	284,300
5,566,000	5,567,999	166,900	111,300	278,200	5,690,000	5,693,999	170,700	113,800	284,500
5,568,000	5,569,999	167,000	111,300	278,300	5,694,000	5,695,999	170,800	113,800	284,600
5,570,000	5,573,999	167,100	111,400	278,500	5,696,000	5,697,999	170,800	113,900	284,700
5,574,000	5,575,999	167,200	111,400	278,600	5,698,000	5,699,999	170,900	113,900	284,800
5,576,000	5,577,999	167,200	111,500	278,700	5,700,000	5,703,999	171,000	114,000	285,000
5,578,000	5,579,999	167,300	111,500	278,800	5,704,000	5,705,999	171,100	114,000	285,100
5,580,000	5,583,999	167,400	111,600	279,000	5,706,000	5,707,999	171,100	114,100	285,200
5,584,000	5,585,999	167,500	111,600	279,100	5,708,000	5,709,999	171,200	114,100	285,300
5,586,000	5,587,999	167,500	111,700	279,200	5,710,000	5,713,999	171,300	114,200	285,500
5,588,000	5,589,999	167,600	111,700	279,300	5,714,000	5,715,999	171,400	114,200	285,600
5,590,000	5,593,999	167,700	111,800	279,500	5,716,000	5,717,999	171,400	114,300	285,700
5,594,000	5,595,999	167,800	111,800	279,600	5,718,000	5,719,999	171,500	114,300	285,800
5,596,000	5,597,999	167,800	111,900	279,700	5,720,000	5,723,999	171,600	114,400	286,000
5,598,000	5,599,999	167,900	111,900	279,800	5,724,000	5,725,999	171,700	114,400	286,100
5,600,000	5,603,999	168,000	112,000	280,000	5,726,000	5,727,999	171,700	114,500	286,200
5,604,000	5,605,999	168,100	112,000	280,100	5,728,000	5,729,999	171,800	114,500	286,300
5,606,000	5,607,999	168,100	112,100	280,200	5,730,000	5,733,999	171,900	114,600	286,500
5,608,000	5,609,999	168,200	112,100	280,300	5,734,000	5,735,999	172,000	114,600	286,600
5,610,000	5,613,999	168,300	112,200	280,500	5,736,000	5,737,999	172,000	114,700	286,700
5,614,000	5,615,999	168,400	112,200	280,600	5,738,000	5,739,999	172,100	114,700	286,800
5,616,000	5,617,999	168,400	112,300	280,700	5,740,000	5,743,999	172,200	114,800	287,000
5,618,000	5,619,999	168,500	112,300	280,800	5,744,000	5,745,999	172,300	114,800	287,100
5,620,000	5,623,999	168,600	112,400	281,000	5,746,000	5,747,999	172,300	114,900	287,200
5,624,000	5,625,999	168,700	112,400	281,100	5,748,000	5,749,999	172,400	114,900	287,300

退職の特別徴収

退職所得控除額控除後の退職手当等の金額（2分の1前）		特別徴収税額			退職所得控除額控除後の退職手当等の金額（2分の1前）		特別徴収税額		
から	まで	市町村民税（特別区民税）	道府県民税（都民税）	合　計	から	まで	市町村民税（特別区民税）	道府県民税（都民税）	合　計
円	円	円	円	円	円	円	円	円	円
5,750,000	5,753,999	172,500	115,000	287,500	5,876,000	5,877,999	176,200	117,500	293,700
5,754,000	5,755,999	172,600	115,000	287,600	5,878,000	5,879,999	176,300	117,500	293,800
5,756,000	5,757,999	172,600	115,100	287,700	5,880,000	5,883,999	176,400	117,600	294,000
5,758,000	5,759,999	172,700	115,100	287,800	5,884,000	5,885,999	176,500	117,600	294,100
5,760,000	5,763,999	172,800	115,200	288,000	5,886,000	5,887,999	176,500	117,700	294,200
5,764,000	5,765,999	172,900	115,200	288,100	5,888,000	5,889,999	176,600	117,700	294,300
5,766,000	5,767,999	172,900	115,300	288,200	5,890,000	5,893,999	176,700	117,800	294,500
5,768,000	5,769,999	173,000	115,300	288,300	5,894,000	5,895,999	176,800	117,800	294,600
5,770,000	5,773,999	173,100	115,400	288,500	5,896,000	5,897,999	176,800	117,900	294,700
5,774,000	5,775,999	173,200	115,400	288,600	5,898,000	5,899,999	176,900	117,900	294,800
5,776,000	5,777,999	173,200	115,500	288,700	5,900,000	5,903,999	177,000	118,000	295,000
5,778,000	5,779,999	173,300	115,500	288,800	5,904,000	5,905,999	177,100	118,000	295,100
5,780,000	5,783,999	173,400	115,600	289,000	5,906,000	5,907,999	177,100	118,100	295,200
5,784,000	5,785,999	173,500	115,600	289,100	5,908,000	5,909,999	177,200	118,100	295,300
5,786,000	5,787,999	173,500	115,700	289,200	5,910,000	5,913,999	177,300	118,200	295,500
5,788,000	5,789,999	173,600	115,700	289,300	5,914,000	5,915,999	177,400	118,200	295,600
5,790,000	5,793,999	173,700	115,800	289,500	5,916,000	5,917,999	177,400	118,300	295,700
5,794,000	5,795,999	173,800	115,800	289,600	5,918,000	5,919,999	177,500	118,300	295,800
5,796,000	5,797,999	173,800	115,900	289,700	5,920,000	5,923,999	177,600	118,400	296,000
5,798,000	5,799,999	173,900	115,900	289,800	5,924,000	5,925,999	177,700	118,400	296,100
5,800,000	5,803,999	174,000	116,000	290,000	5,926,000	5,927,999	177,700	118,500	296,200
5,804,000	5,805,999	174,100	116,000	290,100	5,928,000	5,929,999	177,800	118,500	296,300
5,806,000	5,807,999	174,100	116,100	290,200	5,930,000	5,933,999	177,900	118,600	296,500
5,808,000	5,809,999	174,200	116,100	290,300	5,934,000	5,935,999	178,000	118,600	296,600
5,810,000	5,813,999	174,300	116,200	290,500	5,936,000	5,937,999	178,000	118,700	296,700
5,814,000	5,815,999	174,400	116,200	290,600	5,938,000	5,939,999	178,100	118,700	296,800
5,816,000	5,817,999	174,400	116,300	290,700	5,940,000	5,943,999	178,200	118,800	297,000
5,818,000	5,819,999	174,500	116,300	290,800	5,944,000	5,945,999	178,300	118,800	297,100
5,820,000	5,823,999	174,600	116,400	291,000	5,946,000	5,947,999	178,300	118,900	297,200
5,824,000	5,825,999	174,700	116,400	291,100	5,948,000	5,949,999	178,400	118,900	297,300
5,826,000	5,827,999	174,700	116,500	291,200	5,950,000	5,953,999	178,500	119,000	297,500
5,828,000	5,829,999	174,800	116,500	291,300	5,954,000	5,955,999	178,600	119,000	297,600
5,830,000	5,833,999	174,900	116,600	291,500	5,956,000	5,957,999	178,600	119,100	297,700
5,834,000	5,835,999	175,000	116,600	291,600	5,958,000	5,959,999	178,700	119,100	297,800
5,836,000	5,837,999	175,000	116,700	291,700	5,960,000	5,963,999	178,800	119,200	298,000
5,838,000	5,839,999	175,100	116,700	291,800	5,964,000	5,965,999	178,900	119,200	298,100
5,840,000	5,843,999	175,200	116,800	292,000	5,966,000	5,967,999	178,900	119,300	298,200
5,844,000	5,845,999	175,300	116,800	292,100	5,968,000	5,969,999	179,000	119,300	298,300
5,846,000	5,847,999	175,300	116,900	292,200	5,970,000	5,973,999	179,100	119,400	298,500
5,848,000	5,849,999	175,400	116,900	292,300	5,974,000	5,975,999	179,200	119,400	298,600
5,850,000	5,853,999	175,500	117,000	292,500	5,976,000	5,977,999	179,200	119,500	298,700
5,854,000	5,855,999	175,600	117,000	292,600	5,978,000	5,979,999	179,300	119,500	298,800
5,856,000	5,857,999	175,600	117,100	292,700	5,980,000	5,983,999	179,400	119,600	299,000
5,858,000	5,859,999	175,700	117,100	292,800	5,984,000	5,985,999	179,500	119,600	299,100
5,860,000	5,863,999	175,800	117,200	293,000	5,986,000	5,987,999	179,500	119,700	299,200
5,864,000	5,865,999	175,900	117,200	293,100	5,988,000	5,989,999	179,600	119,700	299,300
5,866,000	5,867,999	175,900	117,300	293,200	5,990,000	5,993,999	179,700	119,800	299,500
5,868,000	5,869,999	176,000	117,300	293,300	5,994,000	5,995,999	179,800	119,800	299,600
5,870,000	5,873,999	176,100	117,400	293,500	5,996,000	5,997,999	179,800	119,900	299,700
5,874,000	5,875,999	176,200	117,400	293,600	5,998,000	5,999,999	179,900	119,900	299,800

退職の特別徴収

退職所得控除額控除後の退職手当等の金額（2分の1前）		特別徴収税額			退職所得控除額控除後の退職手当等の金額（2分の1前）		特別徴収税額		
から	まで	市町村民税（特別区民税）	道府県民税（都民税）	合　計	から	まで	市町村民税（特別区民税）	道府県民税（都民税）	合　計
円	円	円	円	円	円	円	円	円	円
6,000,000	6,003,999	180,000	120,000	300,000	6,126,000	6,127,999	183,700	122,500	306,200
6,004,000	6,005,999	180,100	120,000	300,100	6,128,000	6,129,999	183,800	122,500	306,300
6,006,000	6,007,999	180,100	120,100	300,200	6,130,000	6,133,999	183,900	122,600	306,500
6,008,000	6,009,999	180,200	120,100	300,300	6,134,000	6,135,999	184,000	122,600	306,600
6,010,000	6,013,999	180,300	120,200	300,500	6,136,000	6,137,999	184,000	122,700	306,700
6,014,000	6,015,999	180,400	120,200	300,600	6,138,000	6,139,999	184,100	122,700	306,800
6,016,000	6,017,999	180,400	120,300	300,700	6,140,000	6,143,999	184,200	122,800	307,000
6,018,000	6,019,999	180,500	120,300	300,800	6,144,000	6,145,999	184,300	122,800	307,100
6,020,000	6,023,999	180,600	120,400	301,000	6,146,000	6,147,999	184,300	122,900	307,200
6,024,000	6,025,999	180,700	120,400	301,100	6,148,000	6,149,999	184,400	122,900	307,300
6,026,000	6,027,999	180,700	120,500	301,200	6,150,000	6,153,999	184,500	123,000	307,500
6,028,000	6,029,999	180,800	120,500	301,300	6,154,000	6,155,999	184,600	123,000	307,600
6,030,000	6,033,999	180,900	120,600	301,500	6,156,000	6,157,999	184,600	123,100	307,700
6,034,000	6,035,999	181,000	120,600	301,600	6,158,000	6,159,999	184,700	123,100	307,800
6,036,000	6,037,999	181,000	120,700	301,700	6,160,000	6,163,999	184,800	123,200	308,000
6,038,000	6,039,999	181,100	120,700	301,800	6,164,000	6,165,999	184,900	123,200	308,100
6,040,000	6,043,999	181,200	120,800	302,000	6,166,000	6,167,999	184,900	123,300	308,200
6,044,000	6,045,999	181,300	120,800	302,100	6,168,000	6,169,999	185,000	123,300	308,300
6,046,000	6,047,999	181,300	120,900	302,200	6,170,000	6,173,999	185,100	123,400	308,500
6,048,000	6,049,999	181,400	120,900	302,300	6,174,000	6,175,999	185,200	123,400	308,600
6,050,000	6,053,999	181,500	121,000	302,500	6,176,000	6,177,999	185,200	123,500	308,700
6,054,000	6,055,999	181,600	121,000	302,600	6,178,000	6,179,999	185,300	123,500	308,800
6,056,000	6,057,999	181,600	121,100	302,700	6,180,000	6,183,999	185,400	123,600	309,000
6,058,000	6,059,999	181,700	121,100	302,800	6,184,000	6,185,999	185,500	123,600	309,100
6,060,000	6,063,999	181,800	121,200	303,000	6,186,000	6,187,999	185,500	123,700	309,200
6,064,000	6,065,999	181,900	121,200	303,100	6,188,000	6,189,999	185,600	123,700	309,300
6,066,000	6,067,999	181,900	121,300	303,200	6,190,000	6,193,999	185,700	123,800	309,500
6,068,000	6,069,999	182,000	121,300	303,300	6,194,000	6,195,999	185,800	123,800	309,600
6,070,000	6,073,999	182,100	121,400	303,500	6,196,000	6,197,999	185,800	123,900	309,700
6,074,000	6,075,999	182,200	121,400	303,600	6,198,000	6,199,999	185,900	123,900	309,800
6,076,000	6,077,999	182,200	121,500	303,700	6,200,000	6,203,999	186,000	124,000	310,000
6,078,000	6,079,999	182,300	121,500	303,800	6,204,000	6,205,999	186,100	124,000	310,100
6,080,000	6,083,999	182,400	121,600	304,000	6,206,000	6,207,999	186,100	124,100	310,200
6,084,000	6,085,999	182,500	121,600	304,100	6,208,000	6,209,999	186,200	124,100	310,300
6,086,000	6,087,999	182,500	121,700	304,200	6,210,000	6,213,999	186,300	124,200	310,500
6,088,000	6,089,999	182,600	121,700	304,300	6,214,000	6,215,999	186,400	124,200	310,600
6,090,000	6,093,999	182,700	121,800	304,500	6,216,000	6,217,999	186,400	124,300	310,700
6,094,000	6,095,999	182,800	121,800	304,600	6,218,000	6,219,999	186,500	124,300	310,800
6,096,000	6,097,999	182,800	121,900	304,700	6,220,000	6,223,999	186,600	124,400	311,000
6,098,000	6,099,999	182,900	121,900	304,800	6,224,000	6,225,999	186,700	124,400	311,100
6,100,000	6,103,999	183,000	122,000	305,000	6,226,000	6,227,999	186,700	124,500	311,200
6,104,000	6,105,999	183,100	122,000	305,100	6,228,000	6,229,999	186,800	124,500	311,300
6,106,000	6,107,999	183,100	122,100	305,200	6,230,000	6,233,999	186,900	124,600	311,500
6,108,000	6,109,999	183,200	122,100	305,300	6,234,000	6,235,999	187,000	124,600	311,600
6,110,000	6,113,999	183,300	122,200	305,500	6,236,000	6,237,999	187,000	124,700	311,700
6,114,000	6,115,999	183,400	122,200	305,600	6,238,000	6,239,999	187,100	124,700	311,800
6,116,000	6,117,999	183,400	122,300	305,700	6,240,000	6,243,999	187,200	124,800	312,000
6,118,000	6,119,999	183,500	122,300	305,800	6,244,000	6,245,999	187,300	124,800	312,100
6,120,000	6,123,999	183,600	122,400	306,000	6,246,000	6,247,999	187,300	124,900	312,200
6,124,000	6,125,999	183,700	122,400	306,100	6,248,000	6,249,999	187,400	124,900	312,300

退職の特別徴収

退職所得控除額控除後の退職手当等の金額（2分の1前）		特別徴収税額			退職所得控除額控除後の退職手当等の金額（2分の1前）		特別徴収税額		
から	まで	市町村民税（特別区民税）	道府県民税（都民税）	合計	から	まで	市町村民税（特別区民税）	道府県民税（都民税）	合計
円	円	円	円	円	円	円	円	円	円
6,250,000	6,253,999	187,500	125,000	312,500	6,376,000	6,377,999	191,200	127,500	318,700
6,254,000	6,255,999	187,600	125,000	312,600	6,378,000	6,379,999	191,300	127,500	318,800
6,256,000	6,257,999	187,600	125,100	312,700	6,380,000	6,383,999	191,400	127,600	319,000
6,258,000	6,259,999	187,700	125,100	312,800	6,384,000	6,385,999	191,500	127,600	319,100
6,260,000	6,263,999	187,800	125,200	313,000	6,386,000	6,387,999	191,500	127,700	319,200
6,264,000	6,265,999	187,900	125,200	313,100	6,388,000	6,389,999	191,600	127,700	319,300
6,266,000	6,267,999	187,900	125,300	313,200	6,390,000	6,393,999	191,700	127,800	319,500
6,268,000	6,269,999	188,000	125,300	313,300	6,394,000	6,395,999	191,800	127,800	319,600
6,270,000	6,273,999	188,100	125,400	313,500	6,396,000	6,397,999	191,800	127,900	319,700
6,274,000	6,275,999	188,200	125,400	313,600	6,398,000	6,399,999	191,900	127,900	319,800
6,276,000	6,277,999	188,200	125,500	313,700	6,400,000	6,403,999	192,000	128,000	320,000
6,278,000	6,279,999	188,300	125,500	313,800	6,404,000	6,405,999	192,100	128,000	320,100
6,280,000	6,283,999	188,400	125,600	314,000	6,406,000	6,407,999	192,100	128,100	320,200
6,284,000	6,285,999	188,500	125,600	314,100	6,408,000	6,409,999	192,200	128,100	320,300
6,286,000	6,287,999	188,500	125,700	314,200	6,410,000	6,413,999	192,300	128,200	320,500
6,288,000	6,289,999	188,600	125,700	314,300	6,414,000	6,415,999	192,400	128,200	320,600
6,290,000	6,293,999	188,700	125,800	314,500	6,416,000	6,417,999	192,400	128,300	320,700
6,294,000	6,295,999	188,800	125,800	314,600	6,418,000	6,419,999	192,500	128,300	320,800
6,296,000	6,297,999	188,800	125,900	314,700	6,420,000	6,423,999	192,600	128,400	321,000
6,298,000	6,299,999	188,900	125,900	314,800	6,424,000	6,425,999	192,700	128,400	321,100
6,300,000	6,303,999	189,000	126,000	315,000	6,426,000	6,427,999	192,700	128,500	321,200
6,304,000	6,305,999	189,100	126,000	315,100	6,428,000	6,429,999	192,800	128,500	321,300
6,306,000	6,307,999	189,100	126,100	315,200	6,430,000	6,433,999	192,900	128,600	321,500
6,308,000	6,309,999	189,200	126,100	315,300	6,434,000	6,435,999	193,000	128,600	321,600
6,310,000	6,313,999	189,300	126,200	315,500	6,436,000	6,437,999	193,000	128,700	321,700
6,314,000	6,315,999	189,400	126,200	315,600	6,438,000	6,439,999	193,100	128,700	321,800
6,316,000	6,317,999	189,400	126,300	315,700	6,440,000	6,443,999	193,200	128,800	322,000
6,318,000	6,319,999	189,500	126,300	315,800	6,444,000	6,445,999	193,300	128,800	322,100
6,320,000	6,323,999	189,600	126,400	316,000	6,446,000	6,447,999	193,300	128,900	322,200
6,324,000	6,325,999	189,700	126,400	316,100	6,448,000	6,449,999	193,400	128,900	322,300
6,326,000	6,327,999	189,700	126,500	316,200	6,450,000	6,453,999	193,500	129,000	322,500
6,328,000	6,329,999	189,800	126,500	316,300	6,454,000	6,455,999	193,600	129,000	322,600
6,330,000	6,333,999	189,900	126,600	316,500	6,456,000	6,457,999	193,600	129,100	322,700
6,334,000	6,335,999	190,000	126,600	316,600	6,458,000	6,459,999	193,700	129,100	322,800
6,336,000	6,337,999	190,000	126,700	316,700	6,460,000	6,463,999	193,800	129,200	323,000
6,338,000	6,339,999	190,100	126,700	316,800	6,464,000	6,465,999	193,900	129,200	323,100
6,340,000	6,343,999	190,200	126,800	317,000	6,466,000	6,467,999	193,900	129,300	323,200
6,344,000	6,345,999	190,300	126,800	317,100	6,468,000	6,469,999	194,000	129,300	323,300
6,346,000	6,347,999	190,300	126,900	317,200	6,470,000	6,473,999	194,100	129,400	323,500
6,348,000	6,349,999	190,400	126,900	317,300	6,474,000	6,475,999	194,200	129,400	323,600
6,350,000	6,353,999	190,500	127,000	317,500	6,476,000	6,477,999	194,200	129,500	323,700
6,354,000	6,355,999	190,600	127,000	317,600	6,478,000	6,479,999	194,300	129,500	323,800
6,356,000	6,357,999	190,600	127,100	317,700	6,480,000	6,483,999	194,400	129,600	324,000
6,358,000	6,359,999	190,700	127,100	317,800	6,484,000	6,485,999	194,500	129,600	324,100
6,360,000	6,363,999	190,800	127,200	318,000	6,486,000	6,487,999	194,500	129,700	324,200
6,364,000	6,365,999	190,900	127,200	318,100	6,488,000	6,489,999	194,600	129,700	324,300
6,366,000	6,367,999	190,900	127,300	318,200	6,490,000	6,493,999	194,700	129,800	324,500
6,368,000	6,369,999	191,000	127,300	318,300	6,494,000	6,495,999	194,800	129,800	324,600
6,370,000	6,373,999	191,100	127,400	318,500	6,496,000	6,497,999	194,800	129,900	324,700
6,374,000	6,375,999	191,200	127,400	318,600	6,498,000	6,499,999	194,900	129,900	324,800

退職の特別徴収

退職所得控除額控除後の退職手当等の金額（2分の1前）		特別徴収税額			退職所得控除額控除後の退職手当等の金額（2分の1前）		特別徴収税額		
から	まで	市町村民税（特別区民税）	道府県民税（都民税）	合　計	から	まで	市町村民税（特別区民税）	道府県民税（都民税）	合　計
円	円	円	円	円	円	円	円	円	円
6,500,000	6,503,999	195,000	130,000	325,000	6,626,000	6,627,999	198,700	132,500	331,200
6,504,000	6,505,999	195,100	130,000	325,100	6,628,000	6,629,999	198,800	132,500	331,300
6,506,000	6,507,999	195,100	130,100	325,200	6,630,000	6,633,999	198,900	132,600	331,500
6,508,000	6,509,999	195,200	130,100	325,300	6,634,000	6,635,999	199,000	132,600	331,600
6,510,000	6,513,999	195,300	130,200	325,500	6,636,000	6,637,999	199,000	132,700	331,700
6,514,000	6,515,999	195,400	130,200	325,600	6,638,000	6,639,999	199,100	132,700	331,800
6,516,000	6,517,999	195,400	130,300	325,700	6,640,000	6,643,999	199,200	132,800	332,000
6,518,000	6,519,999	195,500	130,300	325,800	6,644,000	6,645,999	199,300	132,800	332,100
6,520,000	6,523,999	195,600	130,400	326,000	6,646,000	6,647,999	199,300	132,900	332,200
6,524,000	6,525,999	195,700	130,400	326,100	6,648,000	6,649,999	199,400	132,900	332,300
6,526,000	6,527,999	195,700	130,500	326,200	6,650,000	6,653,999	199,500	133,000	332,500
6,528,000	6,529,999	195,800	130,500	326,300	6,654,000	6,655,999	199,600	133,000	332,600
6,530,000	6,533,999	195,900	130,600	326,500	6,656,000	6,657,999	199,600	133,100	332,700
6,534,000	6,535,999	196,000	130,600	326,600	6,658,000	6,659,999	199,700	133,100	332,800
6,536,000	6,537,999	196,000	130,700	326,700	6,660,000	6,663,999	199,800	133,200	333,000
6,538,000	6,539,999	196,100	130,700	326,800	6,664,000	6,665,999	199,900	133,200	333,100
6,540,000	6,543,999	196,200	130,800	327,000	6,666,000	6,667,999	199,900	133,300	333,200
6,544,000	6,545,999	196,300	130,800	327,100	6,668,000	6,669,999	200,000	133,300	333,300
6,546,000	6,547,999	196,300	130,900	327,200	6,670,000	6,673,999	200,100	133,400	333,500
6,548,000	6,549,999	196,400	130,900	327,300	6,674,000	6,675,999	200,200	133,400	333,600
6,550,000	6,553,999	196,500	131,000	327,500	6,676,000	6,677,999	200,200	133,500	333,700
6,554,000	6,555,999	196,600	131,000	327,600	6,678,000	6,679,999	200,300	133,500	333,800
6,556,000	6,557,999	196,600	131,100	327,700	6,680,000	6,683,999	200,400	133,600	334,000
6,558,000	6,559,999	196,700	131,100	327,800	6,684,000	6,685,999	200,500	133,600	334,100
6,560,000	6,563,999	196,800	131,200	328,000	6,686,000	6,687,999	200,500	133,700	334,200
6,564,000	6,565,999	196,900	131,200	328,100	6,688,000	6,689,999	200,600	133,700	334,300
6,566,000	6,567,999	196,900	131,300	328,200	6,690,000	6,693,999	200,700	133,800	334,500
6,568,000	6,569,999	197,000	131,300	328,300	6,694,000	6,695,999	200,800	133,800	334,600
6,570,000	6,573,999	197,100	131,400	328,500	6,696,000	6,697,999	200,800	133,900	334,700
6,574,000	6,575,999	197,200	131,400	328,600	6,698,000	6,699,999	200,900	133,900	334,800
6,576,000	6,577,999	197,200	131,500	328,700	6,700,000	6,703,999	201,000	134,000	335,000
6,578,000	6,579,999	197,300	131,500	328,800	6,704,000	6,705,999	201,100	134,000	335,100
6,580,000	6,583,999	197,400	131,600	329,000	6,706,000	6,707,999	201,100	134,100	335,200
6,584,000	6,585,999	197,500	131,600	329,100	6,708,000	6,709,999	201,200	134,100	335,300
6,586,000	6,587,999	197,500	131,700	329,200	6,710,000	6,713,999	201,300	134,200	335,500
6,588,000	6,589,999	197,600	131,700	329,300	6,714,000	6,715,999	201,400	134,200	335,600
6,590,000	6,593,999	197,700	131,800	329,500	6,716,000	6,717,999	201,400	134,300	335,700
6,594,000	6,595,999	197,800	131,800	329,600	6,718,000	6,719,999	201,500	134,300	335,800
6,596,000	6,597,999	197,800	131,900	329,700	6,720,000	6,723,999	201,600	134,400	336,000
6,598,000	6,599,999	197,900	131,900	329,800	6,724,000	6,725,999	201,700	134,400	336,100
6,600,000	6,603,999	198,000	132,000	330,000	6,726,000	6,727,999	201,700	134,500	336,200
6,604,000	6,605,999	198,100	132,000	330,100	6,728,000	6,729,999	201,800	134,500	336,300
6,606,000	6,607,999	198,100	132,100	330,200	6,730,000	6,733,999	201,900	134,600	336,500
6,608,000	6,609,999	198,200	132,100	330,300	6,734,000	6,735,999	202,000	134,600	336,600
6,610,000	6,613,999	198,300	132,200	330,500	6,736,000	6,737,999	202,000	134,700	336,700
6,614,000	6,615,999	198,400	132,200	330,600	6,738,000	6,739,999	202,100	134,700	336,800
6,616,000	6,617,999	198,400	132,300	330,700	6,740,000	6,743,999	202,200	134,800	337,000
6,618,000	6,619,999	198,500	132,300	330,800	6,744,000	6,745,999	202,300	134,800	337,100
6,620,000	6,623,999	198,600	132,400	331,000	6,746,000	6,747,999	202,300	134,900	337,200
6,624,000	6,625,999	198,700	132,400	331,100	6,748,000	6,749,999	202,400	134,900	337,300

退職の特別徴収

退職所得控除額控除後の退職手当等の金額（2分の1前）		特別徴収税額			退職所得控除額控除後の退職手当等の金額（2分の1前）		特別徴収税額		
から	まで	市町村民税（特別区民税）	道府県民税（都民税）	合　計	から	まで	市町村民税（特別区民税）	道府県民税（都民税）	合　計
円	円	円	円	円	円	円	円	円	円
6,750,000	6,753,999	202,500	135,000	337,500	6,876,000	6,877,999	206,200	137,500	343,700
6,754,000	6,755,999	202,600	135,000	337,600	6,878,000	6,879,999	206,300	137,500	343,800
6,756,000	6,757,999	202,600	135,100	337,700	6,880,000	6,883,999	206,400	137,600	344,000
6,758,000	6,759,999	202,700	135,100	337,800	6,884,000	6,885,999	206,500	137,600	344,100
6,760,000	6,763,999	202,800	135,200	338,000	6,886,000	6,887,999	206,500	137,700	344,200
6,764,000	6,765,999	202,900	135,200	338,100	6,888,000	6,889,999	206,600	137,700	344,300
6,766,000	6,767,999	202,900	135,300	338,200	6,890,000	6,893,999	206,700	137,800	344,500
6,768,000	6,769,999	203,000	135,300	338,300	6,894,000	6,895,999	206,800	137,800	344,600
6,770,000	6,773,999	203,100	135,400	338,500	6,896,000	6,897,999	206,800	137,900	344,700
6,774,000	6,775,999	203,200	135,400	338,600	6,898,000	6,899,999	206,900	137,900	344,800
6,776,000	6,777,999	203,200	135,500	338,700	6,900,000	6,903,999	207,000	138,000	345,000
6,778,000	6,779,999	203,300	135,500	338,800	6,904,000	6,905,999	207,100	138,000	345,100
6,780,000	6,783,999	203,400	135,600	339,000	6,906,000	6,907,999	207,100	138,100	345,200
6,784,000	6,785,999	203,500	135,600	339,100	6,908,000	6,909,999	207,200	138,100	345,300
6,786,000	6,787,999	203,500	135,700	339,200	6,910,000	6,913,999	207,300	138,200	345,500
6,788,000	6,789,999	203,600	135,700	339,300	6,914,000	6,915,999	207,400	138,200	345,600
6,790,000	6,793,999	203,700	135,800	339,500	6,916,000	6,917,999	207,400	138,300	345,700
6,794,000	6,795,999	203,800	135,800	339,600	6,918,000	6,919,999	207,500	138,300	345,800
6,796,000	6,797,999	203,800	135,900	339,700	6,920,000	6,923,999	207,600	138,400	346,000
6,798,000	6,799,999	203,900	135,900	339,800	6,924,000	6,925,999	207,700	138,400	346,100
6,800,000	6,803,999	204,000	136,000	340,000	6,926,000	6,927,999	207,700	138,500	346,200
6,804,000	6,805,999	204,100	136,000	340,100	6,928,000	6,929,999	207,800	138,500	346,300
6,806,000	6,807,999	204,100	136,100	340,200	6,930,000	6,933,999	207,900	138,600	346,500
6,808,000	6,809,999	204,200	136,100	340,300	6,934,000	6,935,999	208,000	138,600	346,600
6,810,000	6,813,999	204,300	136,200	340,500	6,936,000	6,937,999	208,000	138,700	346,700
6,814,000	6,815,999	204,400	136,200	340,600	6,938,000	6,939,999	208,100	138,700	346,800
6,816,000	6,817,999	204,400	136,300	340,700	6,940,000	6,943,999	208,200	138,800	347,000
6,818,000	6,819,999	204,500	136,300	340,800	6,944,000	6,945,999	208,300	138,800	347,100
6,820,000	6,823,999	204,600	136,400	341,000	6,946,000	6,947,999	208,300	138,900	347,200
6,824,000	6,825,999	204,700	136,400	341,100	6,948,000	6,949,999	208,400	138,900	347,300
6,826,000	6,827,999	204,700	136,500	341,200	6,950,000	6,953,999	208,500	139,000	347,500
6,828,000	6,829,999	204,800	136,500	341,300	6,954,000	6,955,999	208,600	139,000	347,600
6,830,000	6,833,999	204,900	136,600	341,500	6,956,000	6,957,999	208,600	139,100	347,700
6,834,000	6,835,999	205,000	136,600	341,600	6,958,000	6,959,999	208,700	139,100	347,800
6,836,000	6,837,999	205,000	136,700	341,700	6,960,000	6,963,999	208,800	139,200	348,000
6,838,000	6,839,999	205,100	136,700	341,800	6,964,000	6,965,999	208,900	139,200	348,100
6,840,000	6,843,999	205,200	136,800	342,000	6,966,000	6,967,999	208,900	139,300	348,200
6,844,000	6,845,999	205,300	136,800	342,100	6,968,000	6,969,999	209,000	139,300	348,300
6,846,000	6,847,999	205,300	136,900	342,200	6,970,000	6,973,999	209,100	139,400	348,500
6,848,000	6,849,999	205,400	136,900	342,300	6,974,000	6,975,999	209,200	139,400	348,600
6,850,000	6,853,999	205,500	137,000	342,500	6,976,000	6,977,999	209,200	139,500	348,700
6,854,000	6,855,999	205,600	137,000	342,600	6,978,000	6,979,999	209,300	139,500	348,800
6,856,000	6,857,999	205,600	137,100	342,700	6,980,000	6,983,999	209,400	139,600	349,000
6,858,000	6,859,999	205,700	137,100	342,800	6,984,000	6,985,999	209,500	139,600	349,100
6,860,000	6,863,999	205,800	137,200	343,000	6,986,000	6,987,999	209,500	139,700	349,200
6,864,000	6,865,999	205,900	137,200	343,100	6,988,000	6,989,999	209,600	139,700	349,300
6,866,000	6,867,999	205,900	137,300	343,200	6,990,000	6,993,999	209,700	139,800	349,500
6,868,000	6,869,999	206,000	137,300	343,300	6,994,000	6,995,999	209,800	139,800	349,600
6,870,000	6,873,999	206,100	137,400	343,500	6,996,000	6,997,999	209,800	139,900	349,700
6,874,000	6,875,999	206,200	137,400	343,600	6,998,000	6,999,999	209,900	139,900	349,800

退職の特別徴収

退職所得控除額控除後の退職手当等の金額（2分の1前）		特別徴収税額			退職所得控除額控除後の退職手当等の金額（2分の1前）		特別徴収税額		
から	まで	市町村民税（特別区民税）	道府県民税（都民税）	合　計	から	まで	市町村民税（特別区民税）	道府県民税（都民税）	合　計
円	円	円	円	円	円	円	円	円	円
7,000,000	7,003,999	210,000	140,000	350,000	7,126,000	7,127,999	213,700	142,500	356,200
7,004,000	7,005,999	210,100	140,000	350,100	7,128,000	7,129,999	213,800	142,500	356,300
7,006,000	7,007,999	210,100	140,100	350,200	7,130,000	7,133,999	213,900	142,600	356,500
7,008,000	7,009,999	210,200	140,100	350,300	7,134,000	7,135,999	214,000	142,600	356,600
7,010,000	7,013,999	210,300	140,200	350,500	7,136,000	7,137,999	214,000	142,700	356,700
7,014,000	7,015,999	210,400	140,200	350,600	7,138,000	7,139,999	214,100	142,700	356,800
7,016,000	7,017,999	210,400	140,300	350,700	7,140,000	7,143,999	214,200	142,800	357,000
7,018,000	7,019,999	210,500	140,300	350,800	7,144,000	7,145,999	214,300	142,800	357,100
7,020,000	7,023,999	210,600	140,400	351,000	7,146,000	7,147,999	214,300	142,900	357,200
7,024,000	7,025,999	210,700	140,400	351,100	7,148,000	7,149,999	214,400	142,900	357,300
7,026,000	7,027,999	210,700	140,500	351,200	7,150,000	7,153,999	214,500	143,000	357,500
7,028,000	7,029,999	210,800	140,500	351,300	7,154,000	7,155,999	214,600	143,000	357,600
7,030,000	7,033,999	210,900	140,600	351,500	7,156,000	7,157,999	214,600	143,100	357,700
7,034,000	7,035,999	211,000	140,600	351,600	7,158,000	7,159,999	214,700	143,100	357,800
7,036,000	7,037,999	211,000	140,700	351,700	7,160,000	7,163,999	214,800	143,200	358,000
7,038,000	7,039,999	211,100	140,700	351,800	7,164,000	7,165,999	214,900	143,200	358,100
7,040,000	7,043,999	211,200	140,800	352,000	7,166,000	7,167,999	214,900	143,300	358,200
7,044,000	7,045,999	211,300	140,800	352,100	7,168,000	7,169,999	215,000	143,300	358,300
7,046,000	7,047,999	211,300	140,900	352,200	7,170,000	7,173,999	215,100	143,400	358,500
7,048,000	7,049,999	211,400	140,900	352,300	7,174,000	7,175,999	215,200	143,400	358,600
7,050,000	7,053,999	211,500	141,000	352,500	7,176,000	7,177,999	215,200	143,500	358,700
7,054,000	7,055,999	211,600	141,000	352,600	7,178,000	7,179,999	215,300	143,500	358,800
7,056,000	7,057,999	211,600	141,100	352,700	7,180,000	7,183,999	215,400	143,600	359,000
7,058,000	7,059,999	211,700	141,100	352,800	7,184,000	7,185,999	215,500	143,600	359,100
7,060,000	7,063,999	211,800	141,200	353,000	7,186,000	7,187,999	215,500	143,700	359,200
7,064,000	7,065,999	211,900	141,200	353,100	7,188,000	7,189,999	215,600	143,700	359,300
7,066,000	7,067,999	211,900	141,300	353,200	7,190,000	7,193,999	215,700	143,800	359,500
7,068,000	7,069,999	212,000	141,300	353,300	7,194,000	7,195,999	215,800	143,800	359,600
7,070,000	7,073,999	212,100	141,400	353,500	7,196,000	7,197,999	215,800	143,900	359,700
7,074,000	7,075,999	212,200	141,400	353,600	7,198,000	7,199,999	215,900	143,900	359,800
7,076,000	7,077,999	212,200	141,500	353,700	7,200,000	7,203,999	216,000	144,000	360,000
7,078,000	7,079,999	212,300	141,500	353,800	7,204,000	7,205,999	216,100	144,000	360,100
7,080,000	7,083,999	212,400	141,600	354,000	7,206,000	7,207,999	216,100	144,100	360,200
7,084,000	7,085,999	212,500	141,600	354,100	7,208,000	7,209,999	216,200	144,100	360,300
7,086,000	7,087,999	212,500	141,700	354,200	7,210,000	7,213,999	216,300	144,200	360,500
7,088,000	7,089,999	212,600	141,700	354,300	7,214,000	7,215,999	216,400	144,200	360,600
7,090,000	7,093,999	212,700	141,800	354,500	7,216,000	7,217,999	216,400	144,300	360,700
7,094,000	7,095,999	212,800	141,800	354,600	7,218,000	7,219,999	216,500	144,300	360,800
7,096,000	7,097,999	212,800	141,900	354,700	7,220,000	7,223,999	216,600	144,400	361,000
7,098,000	7,099,999	212,900	141,900	354,800	7,224,000	7,225,999	216,700	144,400	361,100
7,100,000	7,103,999	213,000	142,000	355,000	7,226,000	7,227,999	216,700	144,500	361,200
7,104,000	7,105,999	213,100	142,000	355,100	7,228,000	7,229,999	216,800	144,500	361,300
7,106,000	7,107,999	213,100	142,100	355,200	7,230,000	7,233,999	216,900	144,600	361,500
7,108,000	7,109,999	213,200	142,100	355,300	7,234,000	7,235,999	217,000	144,600	361,600
7,110,000	7,113,999	213,300	142,200	355,500	7,236,000	7,237,999	217,000	144,700	361,700
7,114,000	7,115,999	213,400	142,200	355,600	7,238,000	7,239,999	217,100	144,700	361,800
7,116,000	7,117,999	213,400	142,300	355,700	7,240,000	7,243,999	217,200	144,800	362,000
7,118,000	7,119,999	213,500	142,300	355,800	7,244,000	7,245,999	217,300	144,800	362,100
7,120,000	7,123,999	213,600	142,400	356,000	7,246,000	7,247,999	217,300	144,900	362,200
7,124,000	7,125,999	213,700	142,400	356,100	7,248,000	7,249,999	217,400	144,900	362,300

退職の特別徴収

退職所得控除額控除後の退職手当等の金額（2分の1前）		特別徴収税額			退職所得控除額控除後の退職手当等の金額（2分の1前）		特別徴収税額		
から	まで	市町村民税（特別区民税）	道府県民税（都民税）	合　計	から	まで	市町村民税（特別区民税）	道府県民税（都民税）	合　計
円	円	円	円	円	円	円	円	円	円
7,250,000	7,253,999	217,500	145,000	362,500	7,376,000	7,377,999	221,200	147,500	368,700
7,254,000	7,255,999	217,600	145,000	362,600	7,378,000	7,379,999	221,300	147,500	368,800
7,256,000	7,257,999	217,600	145,100	362,700	7,380,000	7,383,999	221,400	147,600	369,000
7,258,000	7,259,999	217,700	145,100	362,800	7,384,000	7,385,999	221,500	147,600	369,100
7,260,000	7,263,999	217,800	145,200	363,000	7,386,000	7,387,999	221,500	147,700	369,200
7,264,000	7,265,999	217,900	145,200	363,100	7,388,000	7,389,999	221,600	147,700	369,300
7,266,000	7,267,999	217,900	145,300	363,200	7,390,000	7,393,999	221,700	147,800	369,500
7,268,000	7,269,999	218,000	145,300	363,300	7,394,000	7,395,999	221,800	147,800	369,600
7,270,000	7,273,999	218,100	145,400	363,500	7,396,000	7,397,999	221,800	147,900	369,700
7,274,000	7,275,999	218,200	145,400	363,600	7,398,000	7,399,999	221,900	147,900	369,800
7,276,000	7,277,999	218,200	145,500	363,700	7,400,000	7,403,999	222,000	148,000	370,000
7,278,000	7,279,999	218,300	145,500	363,800	7,404,000	7,405,999	222,100	148,000	370,100
7,280,000	7,283,999	218,400	145,600	364,000	7,406,000	7,407,999	222,100	148,100	370,200
7,284,000	7,285,999	218,500	145,600	364,100	7,408,000	7,409,999	222,200	148,100	370,300
7,286,000	7,287,999	218,500	145,700	364,200	7,410,000	7,413,999	222,300	148,200	370,500
7,288,000	7,289,999	218,600	145,700	364,300	7,414,000	7,415,999	222,400	148,200	370,600
7,290,000	7,293,999	218,700	145,800	364,500	7,416,000	7,417,999	222,400	148,300	370,700
7,294,000	7,295,999	218,800	145,800	364,600	7,418,000	7,419,999	222,500	148,300	370,800
7,296,000	7,297,999	218,800	145,900	364,700	7,420,000	7,423,999	222,600	148,400	371,000
7,298,000	7,299,999	218,900	145,900	364,800	7,424,000	7,425,999	222,700	148,400	371,100
7,300,000	7,303,999	219,000	146,000	365,000	7,426,000	7,427,999	222,700	148,500	371,200
7,304,000	7,305,999	219,100	146,000	365,100	7,428,000	7,429,999	222,800	148,500	371,300
7,306,000	7,307,999	219,100	146,100	365,200	7,430,000	7,433,999	222,900	148,600	371,500
7,308,000	7,309,999	219,200	146,100	365,300	7,434,000	7,435,999	223,000	148,600	371,600
7,310,000	7,313,999	219,300	146,200	365,500	7,436,000	7,437,999	223,000	148,700	371,700
7,314,000	7,315,999	219,400	146,200	365,600	7,438,000	7,439,999	223,100	148,700	371,800
7,316,000	7,317,999	219,400	146,300	365,700	7,440,000	7,443,999	223,200	148,800	372,000
7,318,000	7,319,999	219,500	146,300	365,800	7,444,000	7,445,999	223,300	148,800	372,100
7,320,000	7,323,999	219,600	146,400	366,000	7,446,000	7,447,999	223,300	148,900	372,200
7,324,000	7,325,999	219,700	146,400	366,100	7,448,000	7,449,999	223,400	148,900	372,300
7,326,000	7,327,999	219,700	146,500	366,200	7,450,000	7,453,999	223,500	149,000	372,500
7,328,000	7,329,999	219,800	146,500	366,300	7,454,000	7,455,999	223,600	149,000	372,600
7,330,000	7,333,999	219,900	146,600	366,500	7,456,000	7,457,999	223,600	149,100	372,700
7,334,000	7,335,999	220,000	146,600	366,600	7,458,000	7,459,999	223,700	149,100	372,800
7,336,000	7,337,999	220,000	146,700	366,700	7,460,000	7,463,999	223,800	149,200	373,000
7,338,000	7,339,999	220,100	146,700	366,800	7,464,000	7,465,999	223,900	149,200	373,100
7,340,000	7,343,999	220,200	146,800	367,000	7,466,000	7,467,999	223,900	149,300	373,200
7,344,000	7,345,999	220,300	146,800	367,100	7,468,000	7,469,999	224,000	149,300	373,300
7,346,000	7,347,999	220,300	146,900	367,200	7,470,000	7,473,999	224,100	149,400	373,500
7,348,000	7,349,999	220,400	146,900	367,300	7,474,000	7,475,999	224,200	149,400	373,600
7,350,000	7,353,999	220,500	147,000	367,500	7,476,000	7,477,999	224,200	149,500	373,700
7,354,000	7,355,999	220,600	147,000	367,600	7,478,000	7,479,999	224,300	149,500	373,800
7,356,000	7,357,999	220,600	147,100	367,700	7,480,000	7,483,999	224,400	149,600	374,000
7,358,000	7,359,999	220,700	147,100	367,800	7,484,000	7,485,999	224,500	149,600	374,100
7,360,000	7,363,999	220,800	147,200	368,000	7,486,000	7,487,999	224,500	149,700	374,200
7,364,000	7,365,999	220,900	147,200	368,100	7,488,000	7,489,999	224,600	149,700	374,300
7,366,000	7,367,999	220,900	147,300	368,200	7,490,000	7,493,999	224,700	149,800	374,500
7,368,000	7,369,999	221,000	147,300	368,300	7,494,000	7,495,999	224,800	149,800	374,600
7,370,000	7,373,999	221,100	147,400	368,500	7,496,000	7,497,999	224,800	149,900	374,700
7,374,000	7,375,999	221,200	147,400	368,600	7,498,000	7,499,999	224,900	149,900	374,800

退職の特別徴収

退職所得控除額控除後の退職手当等の金額（2分の1前）		特別徴収税額			退職所得控除額控除後の退職手当等の金額（2分の1前）		特別徴収税額		
から	まで	市町村民税（特別区民税）	道府県民税（都民税）	合　計	から	まで	市町村民税（特別区民税）	道府県民税（都民税）	合　計
円	円	円	円	円	円	円	円	円	円
7,500,000	7,503,999	225,000	150,000	375,000	7,626,000	7,627,999	228,700	152,500	381,200
7,504,000	7,505,999	225,100	150,000	375,100	7,628,000	7,629,999	228,800	152,500	381,300
7,506,000	7,507,999	225,100	150,100	375,200	7,630,000	7,633,999	228,900	152,600	381,500
7,508,000	7,509,999	225,200	150,100	375,300	7,634,000	7,635,999	229,000	152,600	381,600
7,510,000	7,513,999	225,300	150,200	375,500	7,636,000	7,637,999	229,000	152,700	381,700
7,514,000	7,515,999	225,400	150,200	375,600	7,638,000	7,639,999	229,100	152,700	381,800
7,516,000	7,517,999	225,400	150,300	375,700	7,640,000	7,643,999	229,200	152,800	382,000
7,518,000	7,519,999	225,500	150,300	375,800	7,644,000	7,645,999	229,300	152,800	382,100
7,520,000	7,523,999	225,600	150,400	376,000	7,646,000	7,647,999	229,300	152,900	382,200
7,524,000	7,525,999	225,700	150,400	376,100	7,648,000	7,649,999	229,400	152,900	382,300
7,526,000	7,527,999	225,700	150,500	376,200	7,650,000	7,653,999	229,500	153,000	382,500
7,528,000	7,529,999	225,800	150,500	376,300	7,654,000	7,655,999	229,600	153,000	382,600
7,530,000	7,533,999	225,900	150,600	376,500	7,656,000	7,657,999	229,600	153,100	382,700
7,534,000	7,535,999	226,000	150,600	376,600	7,658,000	7,659,999	229,700	153,100	382,800
7,536,000	7,537,999	226,000	150,700	376,700	7,660,000	7,663,999	229,800	153,200	383,000
7,538,000	7,539,999	226,100	150,700	376,800	7,664,000	7,665,999	229,900	153,200	383,100
7,540,000	7,543,999	226,200	150,800	377,000	7,666,000	7,667,999	229,900	153,300	383,200
7,544,000	7,545,999	226,300	150,800	377,100	7,668,000	7,669,999	230,000	153,300	383,300
7,546,000	7,547,999	226,300	150,900	377,200	7,670,000	7,673,999	230,100	153,400	383,500
7,548,000	7,549,999	226,400	150,900	377,300	7,674,000	7,675,999	230,200	153,400	383,600
7,550,000	7,553,999	226,500	151,000	377,500	7,676,000	7,677,999	230,200	153,500	383,700
7,554,000	7,555,999	226,600	151,000	377,600	7,678,000	7,679,999	230,300	153,500	383,800
7,556,000	7,557,999	226,600	151,100	377,700	7,680,000	7,683,999	230,400	153,600	384,000
7,558,000	7,559,999	226,700	151,100	377,800	7,684,000	7,685,999	230,500	153,600	384,100
7,560,000	7,563,999	226,800	151,200	378,000	7,686,000	7,687,999	230,500	153,700	384,200
7,564,000	7,565,999	226,900	151,200	378,100	7,688,000	7,689,999	230,600	153,700	384,300
7,566,000	7,567,999	226,900	151,300	378,200	7,690,000	7,693,999	230,700	153,800	384,500
7,568,000	7,569,999	227,000	151,300	378,300	7,694,000	7,695,999	230,800	153,800	384,600
7,570,000	7,573,999	227,100	151,400	378,500	7,696,000	7,697,999	230,800	153,900	384,700
7,574,000	7,575,999	227,200	151,400	378,600	7,698,000	7,699,999	230,900	153,900	384,800
7,576,000	7,577,999	227,200	151,500	378,700	7,700,000	7,703,999	231,000	154,000	385,000
7,578,000	7,579,999	227,300	151,500	378,800	7,704,000	7,705,999	231,100	154,000	385,100
7,580,000	7,583,999	227,400	151,600	379,000	7,706,000	7,707,999	231,100	154,100	385,200
7,584,000	7,585,999	227,500	151,600	379,100	7,708,000	7,709,999	231,200	154,100	385,300
7,586,000	7,587,999	227,500	151,700	379,200	7,710,000	7,713,999	231,300	154,200	385,500
7,588,000	7,589,999	227,600	151,700	379,300	7,714,000	7,715,999	231,400	154,200	385,600
7,590,000	7,593,999	227,700	151,800	379,500	7,716,000	7,717,999	231,400	154,300	385,700
7,594,000	7,595,999	227,800	151,800	379,600	7,718,000	7,719,999	231,500	154,300	385,800
7,596,000	7,597,999	227,800	151,900	379,700	7,720,000	7,723,999	231,600	154,400	386,000
7,598,000	7,599,999	227,900	151,900	379,800	7,724,000	7,725,999	231,700	154,400	386,100
7,600,000	7,603,999	228,000	152,000	380,000	7,726,000	7,727,999	231,700	154,500	386,200
7,604,000	7,605,999	228,100	152,000	380,100	7,728,000	7,729,999	231,800	154,500	386,300
7,606,000	7,607,999	228,100	152,100	380,200	7,730,000	7,733,999	231,900	154,600	386,500
7,608,000	7,609,999	228,200	152,100	380,300	7,734,000	7,735,999	232,000	154,600	386,600
7,610,000	7,613,999	228,300	152,200	380,500	7,736,000	7,737,999	232,000	154,700	386,700
7,614,000	7,615,999	228,400	152,200	380,600	7,738,000	7,739,999	232,100	154,700	386,800
7,616,000	7,617,999	228,400	152,300	380,700	7,740,000	7,743,999	232,200	154,800	387,000
7,618,000	7,619,999	228,500	152,300	380,800	7,744,000	7,745,999	232,300	154,800	387,100
7,620,000	7,623,999	228,600	152,400	381,000	7,746,000	7,747,999	232,300	154,900	387,200
7,624,000	7,625,999	228,700	152,400	381,100	7,748,000	7,749,999	232,400	154,900	387,300

退職の特別徴収

退職所得控除額控除後の退職手当等の金額（2分の1前）		特別徴収税額			退職所得控除額控除後の退職手当等の金額（2分の1前）		特別徴収税額		
から	まで	市町村民税（特別区民税）	道府県民税（都民税）	合計	から	まで	市町村民税（特別区民税）	道府県民税（都民税）	合計
円	円	円	円	円	円	円	円	円	円
7,750,000	7,753,999	232,500	155,000	387,500	7,876,000	7,877,999	236,200	157,500	393,700
7,754,000	7,755,999	232,600	155,000	387,600	7,878,000	7,879,999	236,300	157,500	393,800
7,756,000	7,757,999	232,600	155,100	387,700	7,880,000	7,883,999	236,400	157,600	394,000
7,758,000	7,759,999	232,700	155,100	387,800	7,884,000	7,885,999	236,500	157,600	394,100
7,760,000	7,763,999	232,800	155,200	388,000	7,886,000	7,887,999	236,500	157,700	394,200
7,764,000	7,765,999	232,900	155,200	388,100	7,888,000	7,889,999	236,600	157,700	394,300
7,766,000	7,767,999	232,900	155,300	388,200	7,890,000	7,893,999	236,700	157,800	394,500
7,768,000	7,769,999	233,000	155,300	388,300	7,894,000	7,895,999	236,800	157,800	394,600
7,770,000	7,773,999	233,100	155,400	388,500	7,896,000	7,897,999	236,800	157,900	394,700
7,774,000	7,775,999	233,200	155,400	388,600	7,898,000	7,899,999	236,900	157,900	394,800
7,776,000	7,777,999	233,200	155,500	388,700	7,900,000	7,903,999	237,000	158,000	395,000
7,778,000	7,779,999	233,300	155,500	388,800	7,904,000	7,905,999	237,100	158,000	395,100
7,780,000	7,783,999	233,400	155,600	389,000	7,906,000	7,907,999	237,100	158,100	395,200
7,784,000	7,785,999	233,500	155,600	389,100	7,908,000	7,909,999	237,200	158,100	395,300
7,786,000	7,787,999	233,500	155,700	389,200	7,910,000	7,913,999	237,300	158,200	395,500
7,788,000	7,789,999	233,600	155,700	389,300	7,914,000	7,915,999	237,400	158,200	395,600
7,790,000	7,793,999	233,700	155,800	389,500	7,916,000	7,917,999	237,400	158,300	395,700
7,794,000	7,795,999	233,800	155,800	389,600	7,918,000	7,919,999	237,500	158,300	395,800
7,796,000	7,797,999	233,800	155,900	389,700	7,920,000	7,923,999	237,600	158,400	396,000
7,798,000	7,799,999	233,900	155,900	389,800	7,924,000	7,925,999	237,700	158,400	396,100
7,800,000	7,803,999	234,000	156,000	390,000	7,926,000	7,927,999	237,700	158,500	396,200
7,804,000	7,805,999	234,100	156,000	390,100	7,928,000	7,929,999	237,800	158,500	396,300
7,806,000	7,807,999	234,100	156,100	390,200	7,930,000	7,933,999	237,900	158,600	396,500
7,808,000	7,809,999	234,200	156,100	390,300	7,934,000	7,935,999	238,000	158,600	396,600
7,810,000	7,813,999	234,300	156,200	390,500	7,936,000	7,937,999	238,000	158,700	396,700
7,814,000	7,815,999	234,400	156,200	390,600	7,938,000	7,939,999	238,100	158,700	396,800
7,816,000	7,817,999	234,400	156,300	390,700	7,940,000	7,943,999	238,200	158,800	397,000
7,818,000	7,819,999	234,500	156,300	390,800	7,944,000	7,945,999	238,300	158,800	397,100
7,820,000	7,823,999	234,600	156,400	391,000	7,946,000	7,947,999	238,300	158,900	397,200
7,824,000	7,825,999	234,700	156,400	391,100	7,948,000	7,949,999	238,400	158,900	397,300
7,826,000	7,827,999	234,700	156,500	391,200	7,950,000	7,953,999	238,500	159,000	397,500
7,828,000	7,829,999	234,800	156,500	391,300	7,954,000	7,955,999	238,600	159,000	397,600
7,830,000	7,833,999	234,900	156,600	391,500	7,956,000	7,957,999	238,600	159,100	397,700
7,834,000	7,835,999	235,000	156,600	391,600	7,958,000	7,959,999	238,700	159,100	397,800
7,836,000	7,837,999	235,000	156,700	391,700	7,960,000	7,963,999	238,800	159,200	398,000
7,838,000	7,839,999	235,100	156,700	391,800	7,964,000	7,965,999	238,900	159,200	398,100
7,840,000	7,843,999	235,200	156,800	392,000	7,966,000	7,967,999	238,900	159,300	398,200
7,844,000	7,845,999	235,300	156,800	392,100	7,968,000	7,969,999	239,000	159,300	398,300
7,846,000	7,847,999	235,300	156,900	392,200	7,970,000	7,973,999	239,100	159,400	398,500
7,848,000	7,849,999	235,400	156,900	392,300	7,974,000	7,975,999	239,200	159,400	398,600
7,850,000	7,853,999	235,500	157,000	392,500	7,976,000	7,977,999	239,200	159,500	398,700
7,854,000	7,855,999	235,600	157,000	392,600	7,978,000	7,979,999	239,300	159,500	398,800
7,856,000	7,857,999	235,600	157,100	392,700	7,980,000	7,983,999	239,400	159,600	399,000
7,858,000	7,859,999	235,700	157,100	392,800	7,984,000	7,985,999	239,500	159,600	399,100
7,860,000	7,863,999	235,800	157,200	393,000	7,986,000	7,987,999	239,500	159,700	399,200
7,864,000	7,865,999	235,900	157,200	393,100	7,988,000	7,989,999	239,600	159,700	399,300
7,866,000	7,867,999	235,900	157,300	393,200	7,990,000	7,993,999	239,700	159,800	399,500
7,868,000	7,869,999	236,000	157,300	393,300	7,994,000	7,995,999	239,800	159,800	399,600
7,870,000	7,873,999	236,100	157,400	393,500	7,996,000	7,997,999	239,800	159,900	399,700
7,874,000	7,875,999	236,200	157,400	393,600	7,998,000	7,999,999	239,900	159,900	399,800

退職所得の特別徴収

退職所得控除額控除後の退職手当等の金額（2分の1前）		特別徴収税額		
から	まで	市町村民税（特別区民税）	道府県民税（都民税）	合　計
8,000,000円以上		退職所得控除額控除後の退職手当等の金額に3.0%を乗じて算出した金額	退職所得控除額控除後の退職手当等の金額に2.0%を乗じて算出した金額	

(注) 1　この表により求める特別徴収税額は，令和4年1月1日以降の退職所得に係るものです。（平成18年までは，「地方税法別表第一，第二」により退職所得に対する住民税額を求めていましたが，平成19年1月1日以降，退職手当等に係る住民税の特別徴収税額は，別表によらず，算出を行います。）

2　この表において「退職所得控除額控除後の退職手当等の金額」とは，退職手当等の金額から退職所得控除額を控除した残額をいいます。

　　3　「退職所得に係る住民税の特別徴収税額早見表」は参考であり，「退職所得控除額控除後の退職手当等の金額（2分の1前）が800万円以上」の退職所得に係る住民税の特別徴収税額の算出にあたっては，下記「退職所得に係る住民税の特別徴収税額の求め方」により計算してください。

〔参　考〕

退職所得に係る住民税の特別徴収税額の求め方

(注) 1　退職手当に対する特別徴収税額の計算については，退職手当等の金額から退職所得控除額を控除した残額を計算し，その残額に2分の1を乗じて計算した課税退職所得金額を求め，税率を乗じて税額を求めます。ただし，特定役員退職手当等（111ページ）及び令和4年以後に確定する一定の短期退職手当等（111ページ）については，2分の1の適用はありません。

2　課税退職所得金額に1,000円未満の端数があるときは，これを切り捨てた後の金額について税額を計算します。

3　特別徴収すべき税額（市町村民税額，道府県民税額）に，100円未満の端数がある場合は，それぞれ100円未満の端数を切り捨てます（特別徴収すべき税額は100円単位）。

はじめて源泉徴収事務を担当する方への主な用語の早わかり一覧表

用　　　　語		説　　　　　　　　　　明
給与等の支払者に関係する用語	源泉徴収義務者 （げんせんちょうしゅうぎむしゃ）	＊　所得税法の規定により，所得税を源泉徴収して国に納付する義務のある者をいい，源泉徴収の対象となる所得の支払者が源泉徴収義務者となります（所法6）。
	給与等の支払者 （きゅうよとうのしはらいしゃ）	＊　給与所得に該当する給与等を支払う会社，個人事業主，官庁などをいい，給与等に対する所得税の源泉徴収義務があります（所法183）。 　ただし，常時2人以下の家事使用人だけに給与等を支払っている個人は，その給与等に対する所得税の源泉徴収義務がありません（所法184）。
	主たる給与等の支払者又は従たる給与等の支払者 （しゅたるきゅうよとうのしはらいしゃまたじゅうたるきゅうよとうのしはらいしゃ）	＊　2か所以上から給与等の支払を受ける人の立場からみた給与等の支払者の区分です。 　主たる給与等の支払者とは，給与等の支払を受ける人が，「給与所得者の扶養控除等申告書」を提出した給与等の支払者をいい，それ以外の支払者を「従たる給与等の支払者」といいます（所法194，195）。 　したがって，給与等の支払者の側からみれば，「給与所得者の扶養控除等申告書」の提出の有無に応じて，ある給与所得者にとっては主たる給与等の支払者となっても，別の給与所得者にとっては従たる給与等の支払者となるということもあります。
	納期の特例適用者 （のうきのとくれいてきようしゃ）	＊　常時10人未満の給与所得者に給与等を支払っている事務所，事業所等で，給与等から源泉徴収した税額を毎月納付しないで，1月から6月までの6か月分の税額を7月10日，7月から12月までの6か月分の税額を翌年の1月20日の年2回の納付期限（これらの日が日曜日，祝日などの休日や土曜日に当たる場合には，その休日明けの日）までに納付することにつき源泉所得税の納税地を所轄する税務署長の承認を受けた者をいいます。 　この承認を受けようとするときは，その承認を受けようとする事務所等の所在地，その事務所等において給与等の支払を受ける人の数等を記載した申請書を源泉所得税の納税地を所轄する税務署長に提出する必要があります（所法216，217）。
	源泉所得税の納税地 （げんせんしょとくぜいのうぜいち）	＊　源泉所得税の納税地は，源泉徴収の対象となる所得を支払う日におけるその支払事務を取り扱う事務所，事業所等の所在地（その支払の日以後に事務所等を移転した場合には，移転後の事務所等の所在地）をいい，源泉徴収した所得税は，納税地を所轄する税務署に納付することになっています。 　ただし，配当や社債の利子等について源泉徴収した所得税の納税地は，本店の所在地となるなど，若干の例外があります（所法17）。
給与等の支払を受ける人に関係する用語	給与所得者 （きゅうよしょとくしゃ）	＊　給与等の支払を受ける人のことをいいます。
	甲欄適用者 （こうらんてきようしゃ）	＊　給与所得の源泉徴収税額表の甲欄が適用される給与所得者のことです（詳細は84，97，100ページ参照）。
	乙欄適用者 （おつらんてきようしゃ）	＊　給与所得の源泉徴収税額表の乙欄が適用される給与所得者のことです（詳細は84，97，100ページ参照）。
	丙欄適用者 （へいらんてきようしゃ）	＊　給与所得の源泉徴収税額表（日額表）の丙欄が適用される給与所得者のことです（詳細は97ページ参照）。
	居住者 （きょじゅうしゃ）	＊　日本国内に住所がある人及び日本国内に住所がない人で現在まで引き続いて1年以上日本国内に居所のある人をいいます（所法2）。 　したがって，外国人でも日本に来てから1年以上経過した人はすべて居住者となり，また，日本に来てから1年を経過しない外国人でも，日本に住所がある場合には居住者となります。なお，日本に入国した人の住所の有無の判定に当たっては，その人が一定の事実に該当する場合には国内に住所を有する人と推定することになっています（所令14）。
	非居住者 （ひきょじゅうしゃ）	＊　日本国内に住所もなく，また1年以上の居所もない人をいいます（所法2）。 　したがって，一般的には外国人がこれに当たりますが，日本人でも海外支店等に勤務するなどのため外国に住所を移し，日本に1年以上居所もないこととなった人は，非居住者となります。なお，日本を出国した人の住所の有無の判定に当たっては，その人が一定の事実に該当する場合には国内に住所を有しない人と推定することになっています（所令15）。

用　語

分類	用語	説明
給与等の金額，税額に関係する用語	給与所得（きゅうよしょとく）	＊　俸給，給料，賃金，歳費や賞与，これらの性質を有する給与（これらを「給与等」といいます。）に係る所得をいい，金銭で支給されるものだけでなく，経済的利益も含まれます（所法28，36）。
	給与所得控除後の給与等の金額（きゅうよしょとくこうじょごのきゅうよとうのきんがく）	＊　年末調整の際に使用される用語で，年末調整の対象となるその年中の給与等の総額から給与所得控除額（給与等の収入金額に応じて定められています。）を控除した後の金額をいいます。
	所得金額調整控除（しょとくきんがくちょうせいこうじょ）	＊　年末調整の際に使用される用語で，給与等の収入金額が850万円を超える人で，特別障害者に該当する場合又は特別障害者や年齢23歳未満の扶養親族等を有する場合には，一定額を給与所得の金額から控除します（詳細は217ページ参照）。
	課税給与所得金額（かぜいきゅうよしょとくきんがく）	＊　年末調整の際に使用される用語で，給与所得控除後の給与等の金額から年末調整の際に認められる各種の所得控除額を控除した後の金額をいいます。
	過不足額（かふそくがく）	＊　年末調整の際に使用される用語で，その年中の給与等の支払のつど源泉徴収した税額の合計額と年税額との差額（過納額と不足額）をいいます。
	過納額（かのうがく）	＊　年末調整の際に使用される用語で，過不足額のうちその年中に源泉徴収した税額の合計額が年税額よりも多い場合の差額をいい，年末調整を行った月分（通常は12月分）として納付する給与等の源泉徴収税額から差し引いて還付し，なお残額がある場合には，その後に納付する税額から順次差し引いて還付します。また，一定の場合には，税務署から直接還付されます。
	不足額（ふそくがく）	＊　年末調整の際に使用される用語で，過不足額のうちその年中に源泉徴収した税額の合計額が年税額よりも少ない場合の差額をいい，その年最後の給与等を支払う際に徴収し，なお徴収しきれないときは，その後に支払う給与等から順次徴収します。
給与所得者の特定支出の控除の特例	特定支出控除（とくていししゅつこうじょ）	＊　給与所得者が，特定支出をした場合において，その年中の特定支出の額の合計額が，次に掲げる場合の区分に応じそれぞれ次の金額を超えるときは，その年分の給与所得の金額は，給与所得控除後の給与等の金額からその超える部分の金額を控除した金額とすることができます（所法57の2①）。 　イ　その年中の給与等の収入金額が1,500万円以下の場合　その年中の給与所得控除額の2分の1に相当する金額 　ロ　その年中の給与等の収入金額が1,500万円を超える場合　125万円 　特定支出とは，次に掲げる支出で，一定の要件に当てはまるものをいいます。 　ただし，特定支出につき，給与の支払者により補填される部分があり，かつ，その補填される部分につき所得税が課されない場合におけるその補填される部分及びその支出につき雇用保険法に規定する教育訓練給付金，母子及び父子並びに寡婦福祉法に規定する母子家庭自立支援教育訓練給付金又は父子家庭自立支援教育訓練給付金が支給される部分がある場合におけるその支給される部分は特定支出には含まれません（所法57の2②）。 ①　通勤のために必要な交通機関の利用又は交通用具の使用のための支出 ②　職務の遂行に直接必要な旅費 ③　転任に伴う転居のための支出 ④　職務の遂行に直接必要な技術又は知識を習得するために受講する研修のための支出 ⑤　職務の遂行に直接必要な資格の取得費 ⑥　転任に伴い単身赴任をしている人の帰宅のための往復旅費 ⑦　職務に関連する図書若しくは勤務場所での着用が必要とされる衣服を購入するため，又は得意先等に対する接待，供応等のための支出（その支出の額の合計額が65万円を超える場合には，65万円までの支出に限ります。）
所得控除に関係する用語	所得控除（しょとくこうじょ）	＊　所得税法において所得金額から差し引かれる控除をいいます。現在では，雑損控除，医療費控除，社会保険料控除，小規模企業共済等掛金控除，生命保険料控除，地震保険料控除，寄附金控除，障害者控除，寡婦控除，ひとり親控除，勤労学生控除，配偶者控除，配偶者特別控除，扶養控除及び基礎控除の15種類があります（所法72から86まで）。 　なお，雑損控除，医療費控除及び寄附金控除は源泉徴収の段階では控除されず，確定申告により控除を受けることになります。
	社会保険料控除（しゃかいほけんりょうこうじょ）	＊　給与等の支払を受ける人が社会保険料を給与から天引きされ又は直接支払った場合に受けられる控除です（詳細は192ページ参照）。
	小規模企業共済等掛金控除（しょうきぼきぎょうきょうさいとうかけきんこうじょ）	＊　給与等の支払を受ける人が，一定の制度に基づく掛金を支払った場合に受けられる控除です（詳細は194ページ参照）。
	生命保険料控除（せいめいほけんりょうこうじょ）	＊　給与等の支払を受ける人が一定の条件に該当する一般の生命保険料，個人年金保険料及び介護医療保険料を支払った場合に受けられる控除です（詳細は194ページ参照）。

用語

所得控除に関係する用語	地震保険料控除 （じしんほけんりょうこうじょ）	※　給与等の支払を受ける人が一定の条件に該当する地震保険料を支払った場合に受けられる控除です（詳細は198ページ参照）。
	障害者控除 （しょうがいしゃこうじょ）	※　給与等の支払を受ける人又はその人の控除対象配偶者や扶養親族が障害者に該当する場合に受けられる控除です（詳細は199ページ参照）。
	寡婦控除 （かふこうじょ）	※　給与等の支払を受ける人が，寡婦である場合に受けられる控除です（詳細は200ページ参照）。
	ひとり親控除 （ひとりおやこうじょ）	※　給与等の支払を受ける人が，ひとり親である場合に受けられる控除です（詳細は202ページ参照）。
	勤労学生控除 （きんろうがくせいこうじょ）	※　給与等の支払を受ける人が，勤労学生である場合に受けられる控除です（詳細は202ページ参照）。
	基礎控除 （きそこうじょ）	※　合計所得金額が2,500万円以下である所得者が受けられる控除です（詳細は138ページ参照）。
	配偶者控除 （はいぐうしゃこうじょ）	※　給与等の支払を受ける人に老人控除対象配偶者又はその他の控除対象配偶者がいる場合に受けられる控除です（詳細は203ページ参照）。
	控除対象配偶者 （こうじょたいしょうはいぐうしゃ）	※　同一生計配偶者のうち，配偶者控除の対象となる人（給与等の支払を受ける人の合計所得金額が1,000万円以下である人の配偶者）をいいます（詳細は203ページ参照）。
	老人控除対象配偶者 （ろうじんこうじょたいしょうはいぐうしゃ）	※　控除対象配偶者のうち，年齢70歳以上の人をいいます。
	同一生計配偶者 （どういつせいけいはいぐうしゃ）	※　給与等の支払を受ける人と生計を一にする配偶者で，合計所得金額が48万円以下である人をいいます（詳細は204ページ参照）。
	源泉控除対象配偶者 （げんせんこうじょたいしょうはいぐうしゃ）	※　給与等の支払を受ける人（合計所得金額が900万円以下である人に限ります。）と生計を一にする配偶者で，合計所得金額が95万円以下である人をいいます（詳細は205，292ページ参照）。
	配偶者特別控除 （はいぐうしゃとくべつこうじょ）	※　給与等の支払を受ける人の合計所得金額が1,000万円以下でその人の配偶者が一定の条件に該当する場合に受けられる控除です（詳細は205ページ参照）。
	扶養控除 （ふようこうじょ）	※　給与等の支払を受ける人に特定扶養親族，老人扶養親族又はその他の控除対象扶養親族がいる場合に受けられる控除です（詳細は206ページ参照）。
	扶養親族 （ふようしんぞく）	※　給与等の支払を受ける人と生計を一にする親族（配偶者を除きます。）やいわゆる里子，養護老人で合計所得金額が48万円以下である人をいいます（詳細は206ページ参照）。
	控除対象扶養親族 （こうじょたいしょうふようしんぞく）	※　扶養親族のうち年齢16歳以上の人をいいます。 （注）　令和5年分以後は，非居住者については新たな要件が適用されます（詳細は215ページ参照）。
	特定扶養親族 （とくていふようしんぞく）	※　控除対象扶養親族のうち，年齢19歳以上23歳未満の人をいいます（詳細は206ページ参照）。
	老人扶養親族 （ろうじんふようしんぞく）	※　控除対象扶養親族のうち，年齢70歳以上の人をいいます。 　なお，老人扶養親族のうち，給与の支払を受ける人又はその配偶者の直系尊属でこれらの者のいずれかとの同居を常況としている人は「同居老親等」といいます（詳細は206ページ参照）。
税額控除に関係する用語	（特定増改築等）住宅借入金等特別控除 （とくていぞうかいちくとう）（じゅうたくかりいれきんとうとくべつこうじょ）	※　個人が住宅借入金等を利用して居住用家屋の新築，取得又は増改築等（以下「取得等」といいます。）をした場合で，一定の要件を満たすときは，その取得等に係る住宅借入金等の年末残高の合計額等を基として計算した金額を，居住の用に供した年分以後，10年間又は13年間の各年分の所得税額から控除する「住宅借入金等特別控除」又は「特定増改築等住宅借入金等特別控除」の適用を受けることができます。 （注）　（特定増改築等）住宅借入金等特別控除は，住宅借入金等特別控除及び特定増改築等住宅借入金等特別控除を総称した用語として使用しています。 　なお，この控除を受ける最初の年分については，確定申告により控除を受けることになっており，年末調整の段階で控除を受けることはできません（詳細は207ページ参照）。

用語

はじめて源泉徴収事務を担当する方への主な用語の早わかり一覧表　**69**

諸用紙類に関係する用語	年末調整等のための給与所得控除後の給与等の金額の表	＊　年末調整をするとき，給与所得控除後の給与等の金額を算出するために使用します（所法別表第五）（24ページ参照）。
	給与所得者の保険料控除申告書	＊　給与所得者が，年末調整のときに生命保険料控除，地震保険料控除，社会保険料控除及び小規模企業共済等掛金控除の適用を受けるためにその年最後に給与等の支払を受ける日の前日までに，主たる給与等の支払者を経由して提出する申告書です（詳細は217ページ参照）。
	給与所得者の扶養控除等申告書	＊　給与所得者が，その年最初に給与等の支払を受ける日の前日までに，控除を受けようとする扶養親族等の氏名や，障害者に該当する事実などを申告するとともに，主たる給与等の支払者を決定するために，主たる給与等の支払者を経由して提出する申告書です（詳細は215ページ参照）。
	従たる給与についての扶養控除等申告書	＊　２か所以上の給与等の支払者から給与等の支払を受ける給与所得者が，主たる給与等の支払者から受ける給与等だけでは社会保険料控除や配偶者控除，扶養控除等の全額を控除できないと見込まれる場合に，従たる給与等の支払者から支払を受ける給与等から配偶者控除又は扶養控除を受けるために従たる給与等の支払者を経由して提出する申告書です（詳細は216ページ参照）。
	給与所得者の配偶者控除等申告書	＊　給与所得者が，年末調整のときに配偶者控除又は配偶者特別控除を受けるためにその年最後に給与等の支払を受ける日の前日までに，主たる給与等の支払者を経由して提出する申告書です（詳細は217ページ参照）。
	給与所得者の基礎控除等申告書	＊　給与所得者が，年末調整のときに基礎控除を受けるためにその年最後に給与等の支払を受ける日の前日までに，主たる給与等の支払者を経由して提出する申告書です（詳細は217ページ参照）。
	給与所得者の所得金額調整控除申告書	＊　給与所得者が，年末調整のときに所得金額調整控除を受けるためにその年最後に給与等の支払を受ける日の前日までに，主たる給与の支払者を経由して提出する申告書です（詳細は217ページ参照）。
	年末調整過納額還付請求書	＊　「年末調整過納額還付請求書兼残存過納額明細書」は，年末調整の過納額を給与等の支払者のもとで還付できなくなったような場合に，その残存額（還付未済額）を税務署から直接給与所得者に還付するようにするために給与等の支払者が源泉所得税の納税地の所轄税務署長に提出するものです（所令313）。
	徴収繰延申請書	＊　正式には，「年末調整による不足額徴収繰延承認申請書」といい，年末調整による不足額について，一定の要件に該当する場合に，給与等の支払を受ける人が，その不足額の徴収の繰延べを受けるために給与等の支払者を経由してその給与等に係る源泉所得税の納税地を所轄する税務署長に提出するものです（所令316）。
	所得税徴収高計算書	＊　源泉徴収義務者が源泉徴収した税額を納付する際に，所得の種類ごとに，支給人員，支給総額，税額などを記載し，金融機関等を経由して納税地の所轄税務署長に提出するもので，納付書と同一の書式になっています。
	源泉徴収票	＊　「給与所得の源泉徴収票」は，給与等の支払者が，給与所得者ごとに給与等の支給額，源泉徴収税額などを記載し，１部を本人に交付し，他の１部は一定額以上のものだけを税務署長へ提出することになっています。源泉徴収票には，このほか「退職所得の源泉徴収票」と「公的年金等の源泉徴収票」があります。
	支払調書	＊　「報酬，料金，契約金及び賞金の支払調書」，「配当，剰余金の分配及び基金利息の支払調書」，「不動産の使用料等の支払調書」などのことをいいます。
	法定調書	＊　源泉徴収票，支払調書などを総称したものです。
	源泉徴収簿又は一人別徴収簿	＊　給与所得等の支給事績，源泉徴収税額の徴収事績，源泉徴収税額の計算の基礎となる事実等をその所得の支払を受ける人の各人ごとに明らかにするため作成する帳簿です。この帳簿の様式は法律等で定められているわけではありませんので，任意の様式で差し支えありません。

用語

3 社会保険料の控除の計算

(イ) 健保，厚保は，4月，5月，6月の給与総額をもと
金の変動等がないかぎり，その額は変わりません。
含めて，給与総額により保険料を算出する点（ただ
給した場合は，月割で算入する点）に注意します。
る人（40歳以上）に注意。なお，協会けんぽは，都道
ます。
(ロ) 労働保険（雇保）は，給与の総額欄に
該当する保険料とします。

◎中村さんの場合の計算

健保，厚保の額は，毎月ほぼ同額の時間外手当が
あるものとして(イ)により求めたものです（中村さ
んの標準報酬月額 440千円）。雇保は，1000分の6
(※)（一般の事業）を乗じて求めます。

		$\normalsize{A} \times \frac{6}{1000}$ (※)	(テ)～(ト)の計
(チ)健保	(リ)厚保	(ヌ)雇保	社保計(ル)
21,956	40,260	3,255	65,471

(チ)健保は，東京都の額

4 所得税，その他の控除の計算

	税額表で求める			(ヲ)～(ソ)の計	(A)−(ル)−(F)	
差引控除後の給与額(E)	(ヲ)所得税及び復興特別所得税	(ワ)市町村民税	(カ)生保	(ヨ)その他	(タ)	控除計(F)	差引支給額(G)
320,051	7,600	6,000	9,000	3,500		26,100	450,951

(C)−(ル)
↓
所得税課税対象額

その他の控除は，特に問題ないと思いますが，所得税及び復興特別所得税は下記の点を確認します。

控除対象
配偶者？

所得税計算のポイント

● 「給与所得者の扶養控除等申告書」は提出
されているか。
● 適用する税額表は月額表の甲欄か，乙欄か。
● 適用する税額表は日額表の甲欄か，乙欄か，
丙欄か。
● 本人が，障害者，寡婦，ひとり親，勤労学生
に該当するか。
● 配偶者は，源泉控除対象配偶者かどうか。
● 同一生計配偶者あるいは扶養親族に障害
者はいないか，また，その障害者の中に，同
居特別障害者はいるか。

◎中村さんの場合の計算

扶養控除等申告書によれば，源
泉控除対象配偶者あり，子供3人
は16歳未満のため控除対象扶養
親族に該当せず，障害者等にも
該当しませんので，月額表甲欄
を適用し，その扶養親族等1人
の欄で，「差引控除後の給与額」
(E)欄の320,051円により税額を
求めると7,600円となります。

扶養控除
与を支払
中途採用
う日の前
扶養控除
じた場合
らうか，
申告書に
これらの
主）で保

変動部分 別途計算					内，非課税 3か月分の実績 額 4,000円 全額が非課税		
⑦時間外手当	⑦家族手当	⑨役付手当	⑤住宅手当	㋬皆勤手当	㋬宿日直手当	㋬通勤手当	給与総額Ⓐ
42,822 時@	13,000	6,000	8,000	3,000	4,300	153,000	542,522

⑦〜㋬の合計

固定額分は問題ありませんが，変動額分（時間外手当）と，非課税分（宿日直手当，通勤手当）がポイントになります。

時間外手当

しかた（労基法の定めによります）

りの割増賃金の基礎額の計算	1時間当たりの割増賃金額
合	深夜労働 ⑦又は㋬×1.5倍（注）
た給与÷その月の時間数	休日労働 ⑦又は㋬×1.35倍
場合	
た給与÷1年間における所定労働時間数の1/12	深夜労働及び休日労働以外 ⑦又は㋬×1.25倍

週給制の場合

週の給与÷その週の所定労働時間数。週によって労働時間が異なる場合は，4週間の総労働時間数÷4を時間数とします。

日給制の場合

日給賃金÷その1日の労働時間数。日によって労働時間が異なる場合は，1週間の総労働時間の1日平均とします。

うち下記のものは含めません。

育手当，宿日直手当，住宅に要する費用に応じて算定，1か月を超える期間ごとに支払われる給与（賞与など）。地域又は期間によっては，午後11時から午前6時まで。合は1.5倍ですが，所定労働時間の一部が深夜労働時間帯である場合は

の時間から休けい時間を除いた時間。

◎中村さんの場合の計算

就業規則で午前9時から午後5時30分までの出勤日数は年間240日（休けい1時間）あるとします。

年間労働時間は，（7時間30分×240日）＝1,800時間，月平均は，1,800÷12＝150時間。

1時間当たり割増賃金＝|基本給(312,400)＋役付(6,000)＋住宅(8,000)＋皆勤(3,000)|÷150時間＝2,196円

深夜以外＝2,196円×1.25倍＝2,745円　2,745円×12時間＝32,940円

深　　夜＝2,196円×1.5倍＝3,294円　3,294円×3時間＝9,882円

中村さんの時間外手当は，32,940円＋9,882円＝42,822円

「非課税額」欄は，給与総額のうち，所得税がかからな部分を記入するための欄です。現物支給の食事，宿日手当や通勤手当などで所得税が課税されない部分の金を記入します。

㋐ 通勤手当を，給料明細に計上する理由は，課税の有無の確認のほか，社会保険料の算出に必要だからです。

◎中村さんの場合の計算

非課税額＝153,000円　（153,000円÷3か月＝51,000円≦150,000円）

他に，宿日直手当は1回当たり4,000円が非課税で，計157,000円が非課税額。

額は月額150,000円です。
も，処理は同じです。
1か月当たりの金額で判定します。
定等で処理し，課税分は給料勘定とします。
する場合は，仮払勘定等で購入し，給料日に，㊀により
場合は，購入の際通勤手当とし，給料明細に計上して控

する場合は，前に支給した額に合算して，課税・非課税

450,000円(1月当たり150,000円)，5月にバス定期1
は，4月分は非課税処理とし，5月分は課税処理とします。

東京↔藤沢
8.20

給与計算とは

給与を支払う場合

与の支払者(事業主)は，給与の
払の際に所得税及び復興特別所
税を徴収し，原則として翌月10
までに納付しなければなりませ

社会保険料を控除します

業主は，社会保険料を給与から控除し，健保，厚保については，翌月末日までに納付し
ければなりません。

給与計算の内容

与計算は，給与総額の計算，所得税の
税対象にならない非課税額の計算，社
保険料控除額の計算，所得税及び復興
別所得税の額の計算，その他の控除額
計算，差引支給額の計算というように
けることができます。
支給額＝基本給＋時間外手当＋諸手当

給与計算の実際

っとも標準的な設例で，給与明細書を使いながら，実際
の計算をしてみます。

■設　例

〈氏　名〉中村一郎（38歳）	〈1か月所定労働時間〉150時間
〈配偶者〉あり（35歳，収入なし）	〈時間外割増賃金〉深夜労働1.5倍（当月3時間）休日および深夜労働以外1.25倍（当月12時間）
〈子　供〉3人（6歳，4歳，0歳）	
〈会社の所在地〉東京都	〈給　与　の　内　容〉・時間外手当，宿日直手当以外は，毎月，固定額。・通勤手当は，3か月分まとめて現金支給し，当月は支給月で，153,000円・宿日直手当，1回4,300円

1 給与総額の計算

個人別給料明細書（日本法令給与B-1）

明細書	5月分	出21	欠0	⑦基本給
	中村一郎殿			312,400

時間外手当計算のポイント

■1時間当たりの金額算出の

支払の区分	1時間当た
月給制の場合	毎月の労働時間が同じ場 ㋑月によって定めら 毎月の労働時間が異な ㋺月によって定めら

■計算上の重要ポイント

㋑割増賃金の基礎額計算の場合，給与の
　家族手当，通勤手当，別居手当，子女
　される住宅手当,臨時に支払われる給与
㋺深夜労働とは午後10時から午前5時ま
　（注）残業の延長として深夜労働時間帯にかかる場
　　　　0.25倍。
㋩労働時間とは，就業時から終了時ま

2 非課税額の計算

非課税額の合計

非課税額⑧	課税分給与額ⓒ
157,000	385,522

ⓐ-⑧
ここから，社会
保険料計を差
引いた額に所
得税がかかる。

通勤手当計算のポイント

㋑交通機関の利用の場合，非課税限度
㋺現物（定期券等）支給，現金支給で
㋩3か月，6か月分等で支給しても，
㊁非課税分は通勤手当，福利厚生費勘
㋭現金（定期券等）を，給料日前に支給
　精算します。非課税分の範囲内である
　除する方法もあります。
㋬電車，バス等，日時を別にして二つ支
　の判断をします。
　例えば，4月に新幹線定期券3か月分
　か月分6,000円を支給している場合に

に，保険料が決定され，固定的賃
給与計算においては，非課税分も
し，通勤手当を数か月まとめて支
健康保険料は介護保険に該当とな
道府県ごとに保険料率が異なってい

給与計算に必要な主な帳票等（年末調整用を除く。弊社では，これらの帳票を販売していますのでご利用ください。）

帳　票　名	用　　途
① 出 勤 簿 ② 欠勤，遅刻等の届書	出退勤の管理フォーム。労働時間，労働日数を確認します。
③ 扶養控除等申告書 ④ 源泉徴収税額表 ┐本書に収録されています ⑤ 社会保険料額表 ┘	税額表の適用区分，税額，社会保険料を求めるのに必要です。
⑥ 給料明細書 ⑦ 賃金（給料）台帳 ⑧ 源泉徴収簿	複写で記入し，写しをはりつけて台帳作成するタック式と転記式の帳票があります。
⑨ 給 料 袋	1か月ごと，1か年ごと，さらにカラーなどのものがあります。

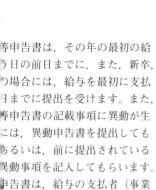

等申告書は，その年の最初の給
う日の前日までに，また，新卒，
の場合には，給与を最初に支払
日までに提出を受けます。また，
等申告書の記載事項に異動が生
には，異動申告書を提出しても
あるいは，前に提出されている
異動事項を記入してもらいます。
申告書は，給与の支払者（事業
します。

給与所得の税額表の適用区分

1. 毎月（日）の給与に対する税額表

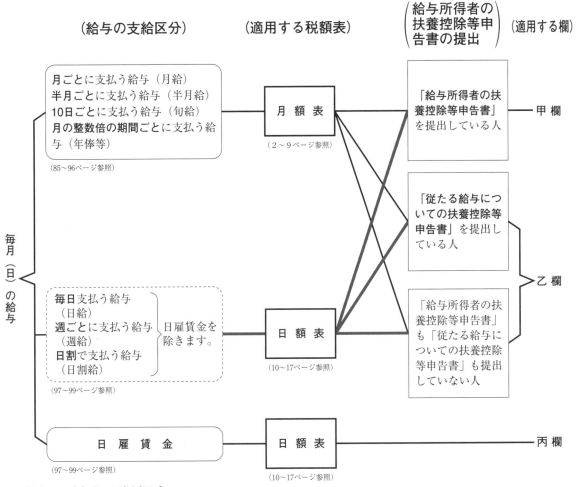

2. 賞与に対する税額表

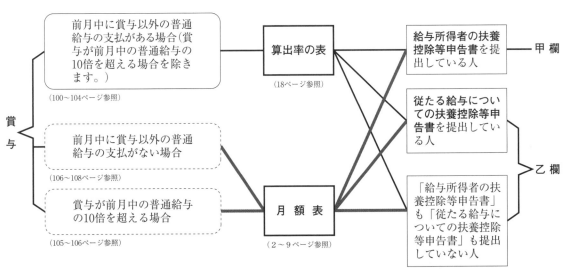

税額表の適用欄の求め方の例示

税額表の適用欄の求め方を例示すると、おおむね次表のようになります。

凡例
- 本……所得者本人
- 配……源泉控除対象配偶者
- 老配……源泉控除対象配偶者のうち老人控除対象配偶者
- 扶……控除対象扶養親族
- 老扶……老人扶養親族
- 特扶……特定扶養親族
- 年少……年齢16歳未満の扶養親族
- ひとり……ひとり親
- 障……障害者
- 特障……特別障害者 （参考）
- 同特……同居特別障害者

区分	設例	税額表の適用欄
①「給与所得者の扶養控除等申告書」を提出している人	〈設例1〉 ①源泉控除対象配偶者なし ②控除対象扶養親族なし ③障害者等の控除なし →甲欄の0人欄	源泉控除対象配偶者も控除対象扶養親族もいないので、甲欄の0人欄を使用することになります。
	〈設例2〉 ①源泉控除対象配偶者あり ②控除対象扶養親族1人 [本—配—扶] →甲欄の2人欄	甲欄の「扶養親族等の数」というのは、源泉控除対象配偶者と控除対象扶養親族の合計数のことですから、甲欄の2人の欄を使用します。
	〈設例3〉 ①源泉控除対象配偶者あり ②控除対象扶養親族2人のうち、1人が老人扶養親族（同居老親等）に、1人が特定扶養親族に該当 [本—配—老扶—特扶] →甲欄の3人欄	控除対象扶養親族のうちに老人扶養親族や特定扶養親族に該当する人がいるときであっても、月々の源泉徴収にあたっては、一般の控除対象扶養親族と同様に取り扱って扶養親族等の数を求めることになっていますから、甲欄の3人の欄を使用します。 (注) 同居老親等や特定扶養親族の扶養控除額と一般の控除対象扶養控除額との差額は年末調整の際に精算することになります。
	〈設例4〉 ①源泉控除対象配偶者あり ②控除対象扶養親族2人 ③本人が障害者に該当 [本—配—扶—扶、本—障] →甲欄の4人欄	甲欄の「扶養親族等の数」というのは、源泉控除対象配偶者と控除対象扶養親族の合計数のことですが、本人が障害者（特別障害者を含みます。）、寡婦、ひとり親又は勤労学生に該当する場合には、その該当する数を加えることになっていますから、甲欄の4人の欄を使用します。
	〈設例5〉 ①源泉控除対象配偶者あり ②控除対象扶養親族2人、うち1人が特別障害者に該当 [本—配—扶—特障—扶] →甲欄の4人欄	同一生計配偶者や扶養親族のうちに障害者に該当する人がいるときは、その障害者の数を加えることになっていますから、甲欄の4人の欄を使用します。 (注) 特別障害者は、月々の源泉徴収にあたっては、一般の障害者と同様に取り扱われます。
	〈設例6〉 ①源泉控除対象配偶者あり ②控除対象扶養親族2人、うち1人が障害者に該当 ③本人が障害者に該当 [本—配—障—扶—扶、本—障] →甲欄の5人欄	源泉控除対象配偶者と控除対象扶養親族の合計数は3人ですが、本人が障害者に該当し、さらに控除対象扶養親族のうち1人が障害者に該当しますので、それぞれ該当するごとに1人を加えた甲欄の5人の欄を使用します。
	〈設例7〉 ①源泉控除対象配偶者のうち老人控除対象配偶者あり ②16歳未満の扶養親族が同居特別障害者に該当 ③本人が障害者に該当 [本—老配、年少—同特、本—障、障] →甲欄の4人欄	源泉控除対象配偶者が老人控除対象配偶者に該当するときであっても、月々の源泉徴収にあたっては、一般の源泉控除対象配偶者と同様に取り扱って扶養親族等の数を求めることになっていますから、源泉控除対象配偶者1人に、本人が障害者、16歳未満の扶養親族が障害者にそれぞれ該当しますので、2人を加え、さらに、16歳未満の扶養親族が同居特別障害者に該当しますから、1人を加えた甲欄の4人欄を使用します。 (注) 16歳未満の扶養親族は、扶養親族等の数に含まれません。 また、老人控除対象配偶者の控除額と一般の配偶者控除額との差額は年末調整の際に精算することになります。
	〈設例8〉 ①源泉控除対象配偶者なし ②控除対象扶養親族2人 [本—扶—扶] →甲欄の2人欄	源泉控除対象配偶者に該当する人はいませんが、控除対象扶養親族が2人いますから、甲欄の2人の欄を使用します。 (注) 源泉控除対象配偶者がなく、扶養親族がある場合の例としては、給与の支払を受ける人に配偶者がいない場合と、配偶者はいるが、その配偶者に所得があるなどの理由で源泉控除対象配偶者に該当しない場合とがありますが、税額計算では、いずれの場合も同様に取り扱われます。
	〈設例9〉 ①源泉控除対象配偶者なし ②控除対象扶養親族1人 ③16歳未満の扶養親族が同居特別障害者に該当 ④本人がひとり親に該当 [本—年少—同特、本—扶—障、ひとり] →甲欄の4人欄	控除対象扶養親族が1人あり、本人がひとり親に該当し、さらに16歳未満の扶養親族が同居特別障害者に該当しますので、甲欄の4人の欄を使用します。
②「給与所得者の扶養控除等申告書」を提出していない人 ③「従たる給与についての扶養控除等申告書」を提出している人	乙欄	「給与所得者の扶養控除等申告書」を提出していない人や「従たる給与についての扶養控除等申告書」を提出している人は、すべて、乙欄を使用します。

(参考)
扶養親族が障害者（特別障害者を含みます。）又は同居特別障害者に該当する場合において、これらの一に該当するごとに扶養親族等の数に1人を加える措置は、その扶養親族が控除対象扶養親族に該当しない年齢16歳未満の扶養親族である場合においても適用されます。

厚生年金保険標準報酬月額保険料額表

標準報酬			報酬月額		(令和2年9月～) 保険料率 18.300% 保険料額	事業主および被保険者負担額
等級	月額	日額	円以上	円未満		
1	88,000	2,930		～ 93,000	16,104.00	8,052.00
2	98,000	3,270	93,000 ～	101,000	17,934.00	8,967.00
3	104,000	3,470	101,000 ～	107,000	19,032.00	9,516.00
4	110,000	3,670	107,000 ～	114,000	20,130.00	10,065.00
5	118,000	3,970	114,000 ～	122,000	21,594.00	10,797.00
6	126,000	4,200	122,000 ～	130,000	23,058.00	11,529.00
7	134,000	4,470	130,000 ～	138,000	24,522.00	12,261.00
8	142,000	4,730	138,000 ～	146,000	25,986.00	12,993.00
9	150,000	5,000	146,000 ～	155,000	27,450.00	13,725.00
10	160,000	5,330	155,000 ～	165,000	29,280.00	14,640.00
11	170,000	5,670	165,000 ～	175,000	31,110.00	15,555.00
12	180,000	6,000	175,000 ～	185,000	32,940.00	16,470.00
13	190,000	6,330	185,000 ～	195,000	34,770.00	17,385.00
14	200,000	6,670	195,000 ～	210,000	36,600.00	18,300.00
15	220,000	7,330	210,000 ～	230,000	40,260.00	20,130.00
16	240,000	8,000	230,000 ～	250,000	43,920.00	21,960.00
17	260,000	8,670	250,000 ～	270,000	47,580.00	23,790.00
18	280,000	9,330	270,000 ～	290,000	51,240.00	25,620.00
19	300,000	10,000	290,000 ～	310,000	54,900.00	27,450.00
20	320,000	10,670	310,000 ～	330,000	58,560.00	29,280.00
21	340,000	11,330	330,000 ～	350,000	62,220.00	31,110.00
22	360,000	12,000	350,000 ～	370,000	65,880.00	32,940.00
23	380,000	12,670	370,000 ～	395,000	69,540.00	34,770.00
24	410,000	13,670	395,000 ～	425,000	75,030.00	37,515.00
25	440,000	14,670	425,000 ～	455,000	80,520.00	40,260.00
26	470,000	15,670	455,000 ～	485,000	86,010.00	43,005.00
27	500,000	16,670	485,000 ～	515,000	91,500.00	45,750.00
28	530,000	17,670	515,000 ～	545,000	96,990.00	48,495.00
29	560,000	18,670	545,000 ～	575,000	102,480.00	51,240.00
30	590,000	19,670	575,000 ～	605,000	107,970.00	53,985.00
31	620,000	20,670	605,000 ～	635,000	113,460.00	56,730.00
32	650,000	21,670	635,000 ～		118,950.00	59,475.00

厚生年金保険標準報酬月額保険料額表について

※賞与から控除する厚生年金保険料は，標準賞与額×保険料率で計算します。標準賞与額とは，賞与の金額の千円未満の端数を切り捨てた額で，上限は150万円です。

◎被保険者負担分に円未満の端数がある場合の端数処理については，事業主と被保険者間に特約がある場合は，その特約に基づきますが，それ以外の場合は，①事業主が給与から被保険者負担分を控除する場合の被保険者負担分の端数処理は，50銭以下切捨て，50銭1厘以上切上げ，②被保険者が被保険者負担分を事業主へ現金で支払う場合の被保険者負担分の端数処理は，50銭未満切捨て，50銭以上切上げ，となります。

雇用保険料率

	雇用保険率	事業主負担分	被保険者負担分
一般の事業	15.5/1,000	9.5/1,000	6/1,000
農林水産業・清酒製造業	17.5/1,000	10.5/1,000	7/1,000
建設業	18.5/1,000	11.5/1,000	7/1,000

※端数処理については左記◎と同様となります。ただし，労使間で慣習的に1円未満を切捨てにしている等の特約がある場合は引き続き同様の取扱いでも差し支えありません。

印紙保険料額表（日雇労働者雇用保険料額表）

等級	賃 金 額	被保険者負担保険料額
1級	日額 11,300円以上	88円
2級	日額 8,200円以上　　日額 11,300円未満	73円
3級	日額 8,200円未満	48円

健 康報酬月額保険料額表

健康保険料率早見表につ[いて]

　健康保険料は，平成18年の健康保[険]
平成21年9月から都道府県ごとの保[険料率が適用されて]
います。

　この保険料率は，被保険者の居住す[る都道府県の]
険料率が適用されるのではなく，事業[主が適]
用事業所の届出を行っている都道府県[の保険料率が適用さ]
れます。

　右の表は，各都道府県の健康保険料[率早見表]
です。右の「該当番号」欄は折表の健[康報酬]
月額保険料額表と対応したもので，表[の該当番]
の番号（①〜㊵）を示しています。

　保険料額を求めるときは，自社が①[〜㊵のどれに]
該当するかを探し，「報酬月額」欄か[ら保険料率が]
交わったところに記載されている率を[使います。]

※賞与から控除する健康保険料は，標[準賞与額に保険]
　料率で計算します。標準賞与額とは[，賞与額の]
　千円未満の端数を切り捨てた額で，[年度累]
　計で573万円です。

| ① 健康保険料（率）新潟県 | | | | ② 健康保険料（率）青森県 | | | |
| 介護保険第2号被保険者に該当しない場合 9.35% | | 介護保険第2号被保険者に該当する場合 10.95% | | 介護保険第2号被保険者に該当しない場合 9.49% | | 介護保険第2号被保険者に該当する場合 11.09% | |
全額	折半額	全額	折半額	全額	折半額	全額	折半額
5,423.0	2,711.5	6,351.0	3,175.5	5,504.2	2,752.1	6,432.2	3,216.1
6,358.0	3,179.0	7,446.0	3,723.0	6,453.2	3,226.6	7,541.2	3,770.6
7,293.0	3,646.5	8,541.0	4,270.5	7,402.2	3,701.1	8,650.2	4,325.1
8,228.0	4,114.0	9,636.0	4,818.0	8,351.2	4,175.6	9,759.2	4,879.6
9,163.0	4,581.5	10,731.0	5,365.5	9,300.2	4,650.1	10,868.2	5,434.1
9,724.0	4,862.0	11,388.0	5,694.0	9,869.6	4,934.8	11,533.6	5,766.8
10,285.0	5,142.5	12,045.0	6,022.5	10,439.0	5,219.5	12,199.0	6,099.5
11,033.0	5,516.5	12,921.0	6,460.5	11,198.2	5,599.1	13,086.2	6,543.1
11,781.0	5,890.5	13,797.0	6,898.5	11,957.4	5,978.7	13,973.4	6,986.7
12,529.0	6,264.5	14,673.0	7,336.5	12,716.6	6,358.3	14,860.6	7,430.3
13,277.0	6,638.5	15,549.0	7,774.5	13,475.8	6,737.9	15,747.8	7,873.9
14,025.0	7,012.5	16,425.0	8,212.5	14,235.0	7,117.5	16,635.0	8,317.5
14,960.0	7,480.0	17,520.0	8,760.0	15,184.0	7,592.0	17,744.0	8,872.0
15,895.0	7,947.5	18,615.0	9,307.5	16,133.0	8,066.5	18,853.0	9,426.5
16,830.0	8,415.0	19,710.0	9,855.0	17,082.0	8,541.0	19,962.0	9,981.0
17,765.0	8,882.5	20,805.0	10,402.5	18,031.0	9,015.5	21,071.0	10,535.5
18,700.0	9,350.0	21,900.0	10,950.0	18,980.0	9,490.0	22,180.0	11,090.0
20,570.0	10,285.0	24,090.0	12,045.0	20,878.0	10,439.0	24,398.0	12,199.0
22,440.0	11,220.0	26,280.0	13,140.0	22,776.0	11,388.0	26,616.0	13,308.0
24,310.0	12,155.0	28,470.0	14,235.0	24,674.0	12,337.0	28,834.0	14,417.0
26,180.0	13,090.0	30,660.0	15,330.0	26,572.0	13,286.0	31,052.0	15,526.0
28,050.0	14,025.0	32,850.0	16,425.0	28,470.0	14,235.0	33,270.0	16,635.0
29,920.0	14,960.0	35,040.0	17,520.0	30,368.0	15,184.0	35,488.0	17,744.0
31,790.0	15,895.0	37,230.0	18,615.0	32,266.0	16,133.0	37,706.0	18,853.0
33,660.0	16,830.0	39,420.0	19,710.0	34,164.0	17,082.0	39,924.0	19,962.0
35,530.0	17,765.0	41,610.0	20,805.0	36,062.0	18,031.0	42,142.0	21,071.0
38,335.0	19,167.5	44,895.0	22,447.5	38,909.0	19,454.5	45,469.0	22,734.5
41,140.0	20,570.0	48,180.0	24,090.0	41,756.0	20,878.0	48,796.0	24,398.0
43,945.0	21,972.5	51,465.0	25,732.5	44,603.0	22,301.5	52,123.0	26,061.5
46,750.0	23,375.0	54,750.0	27,375.0	47,450.0	23,725.0	55,450.0	27,725.0
49,555.0	24,777.5	58,035.0	29,017.5	50,297.0	25,148.5	58,777.0	29,388.5
52,360.0	26,180.0	61,320.0	30,660.0	53,144.0	26,572.0	62,104.0	31,052.0
55,165.0	27,582.5	64,605.0	32,302.5	55,991.0	27,995.5	65,431.0	32,715.5
57,970.0	28,985.0	67,890.0	33,945.0	58,838.0	29,419.0	68,758.0	34,379.0
60,775.0	30,387.5	71,175.0	35,587.5	61,685.0	30,842.5	72,085.0	36,042.5
63,580.0	31,790.0	74,460.0	37,230.0	64,532.0	32,266.0	75,412.0	37,706.0
66,385.0	33,192.5	77,745.0	38,872.5	67,379.0	33,689.5	78,739.0	39,369.5
70,125.0	35,062.5	82,125.0	41,062.5	71,175.0	35,587.5	83,175.0	41,587.5
73,865.0	36,932.5	86,505.0	43,252.5	74,971.0	37,485.5	87,611.0	43,805.5
77,605.0	38,802.5	90,885.0	45,442.5	78,767.0	39,383.5	92,047.0	46,023.5
82,280.0	41,140.0	96,360.0	48,180.0	83,512.0	41,756.0	97,592.0	48,796.0
86,955.0	43,477.5	101,835.0	50,917.5	88,257.0	44,128.5	103,137.0	51,568.5
91,630.0	45,815.0	107,310.0	53,655.0	93,002.0	46,501.0	108,682.0	54,341.0
96,305.0	48,152.5	112,785.0	56,392.5	97,747.0	48,873.5	114,227.0	57,113.5
101,915.0	50,957.5	119,355.0	59,677.5	103,441.0	51,720.5	120,881.0	60,440.5
107,525.0	53,762.5	125,925.0	62,962.5	109,135.0	54,567.5	127,535.0	63,767.5
113,135.0	56,567.5	132,495.0	66,247.5	114,829.0	57,414.5	134,189.0	67,094.5
118,745.0	59,372.5	139,065.0	69,532.5	120,523.0	60,261.5	140,843.0	70,421.5
124,355.0	62,177.5	145,635.0	72,817.5	126,217.0	63,108.5	147,497.0	73,748.5
129,965.0	64,982.5	152,205.0	76,102.5	131,911.0	65,955.5	154,151.0	77,075.5

険料（率）		⑥　健康保険料（率）				⑦　健康保険料（率）				⑧　健康保険料（率）			
県		富山県				岩手県				茨城県			
介護保険第2号被保険者に該当する場合		介護保険第2号被保険者に該当しない場合		介護保険第2号被保険者に該当する場合		介護保険第2号被保険者に該当しない場合		介護保険第2号被保険者に該当する場合		介護保険第2号被保険者に該当しない場合		介護保険第2号被保険者に該当する場合	
11.19%		9.62%		11.22%		9.63%		11.23%		9.66%		11.26%	
全額	折半額	全額	折半額	全額	折半額	全額	折半額	全額	折半額	全額	折半額	全額	折半額
6,490.2	3,245.1	5,579.6	2,789.8	6,507.6	3,253.8	5,585.4	2,792.7	6,513.4	3,256.7	5,602.8	2,801.4	6,530.8	3,265.4
7,609.2	3,804.6	6,541.6	3,270.8	7,629.6	3,814.8	6,548.4	3,274.2	7,636.4	3,818.2	6,568.8	3,284.4	7,656.8	3,828.4
8,728.2	4,364.1	7,503.6	3,751.8	8,751.6	4,375.8	7,511.4	3,755.7	8,759.4	4,379.7	7,534.8	3,767.4	8,782.8	4,391.4
9,847.2	4,923.6	8,465.6	4,232.8	9,873.6	4,936.8	8,474.4	4,237.2	9,882.4	4,941.2	8,500.8	4,250.4	9,908.8	4,954.4
10,966.2	5,483.1	9,427.6	4,713.8	10,995.6	5,497.8	9,437.4	4,718.7	11,005.6	5,502.7	9,466.8	4,733.4	11,034.8	5,517.4
11,637.6	5,818.8	10,004.8	5,002.4	11,668.8	5,834.4	10,015.2	5,007.6	11,679.2	5,839.6	10,046.4	5,023.2	11,710.4	5,855.2
12,309.0	6,154.5	10,582.0	5,291.0	12,342.0	6,171.0	10,593.0	5,296.5	12,353.0	6,176.5	10,626.0	5,313.0	12,386.0	6,193.0
13,204.2	6,602.1	11,351.6	5,675.8	13,239.6	6,619.8	11,363.4	5,681.7	13,251.4	6,625.7	11,398.8	5,699.4	13,286.8	6,643.4
14,099.4	7,049.7	12,121.2	6,060.6	14,137.2	7,068.6	12,133.8	6,066.9	14,149.8	7,074.9	12,171.6	6,085.8	14,187.6	7,093.8
14,994.6	7,497.3	12,890.8	6,445.4	15,034.8	7,517.4	12,904.2	6,452.1	15,048.2	7,524.1	12,944.4	6,472.2	15,088.4	7,544.2
15,889.8	7,944.9	13,660.4	6,830.2	15,932.4	7,966.2	13,674.6	6,837.3	15,946.6	7,973.3	13,717.2	6,858.6	15,989.2	7,994.6
16,785.0	8,392.5	14,430.0	7,215.0	16,830.0	8,415.0	14,445.0	7,222.5	16,845.0	8,422.5	14,490.0	7,245.0	16,890.0	8,445.0
17,904.0	8,952.0	15,392.0	7,696.0	17,952.0	8,976.0	15,408.0	7,704.0	17,968.0	8,984.0	15,456.0	7,728.0	18,016.0	9,008.0
19,023.0	9,511.5	16,354.0	8,177.0	19,074.0	9,537.0	16,371.0	8,185.5	19,091.0	9,545.5	16,422.0	8,211.0	19,142.0	9,571.0
20,142.0	10,071.0	17,316.0	8,658.0	20,196.0	10,098.0	17,334.0	8,667.0	20,214.0	10,107.0	17,388.0	8,694.0	20,268.0	10,134.0
21,261.0	10,630.5	18,278.0	9,139.0	21,318.0	10,659.0	18,297.0	9,148.5	21,337.0	10,668.5	18,354.0	9,177.0	21,394.0	10,697.0
22,380.0	11,190.0	19,240.0	9,620.0	22,440.0	11,220.0	19,260.0	9,630.0	22,460.0	11,230.0	19,320.0	9,660.0	22,520.0	11,260.0
24,618.0	12,309.0	21,164.0	10,582.0	24,684.0	12,342.0	21,186.0	10,593.0	24,706.0	12,353.0	21,252.0	10,626.0	24,772.0	12,386.0
26,856.0	13,428.0	23,088.0	11,544.0	26,928.0	13,464.0	23,112.0	11,556.0	26,952.0	13,476.0	23,184.0	11,592.0	27,024.0	13,512.0
29,094.0	14,547.0	25,012.0	12,506.0	29,172.0	14,586.0	25,038.0	12,519.0	29,198.0	14,599.0	25,116.0	12,558.0	29,276.0	14,638.0
31,332.0	15,666.0	26,936.0	13,468.0	31,416.0	15,708.0	26,964.0	13,482.0	31,444.0	15,722.0	27,048.0	13,524.0	31,528.0	15,764.0
33,570.0	16,785.0	28,860.0	14,430.0	33,660.0	16,830.0	28,890.0	14,445.0	33,690.0	16,845.0	28,980.0	14,490.0	33,780.0	16,890.0
35,808.0	17,904.0	30,784.0	15,392.0	35,904.0	17,952.0	30,816.0	15,408.0	35,936.0	17,968.0	30,912.0	15,456.0	36,032.0	18,016.0
38,046.0	19,023.0	32,708.0	16,354.0	38,148.0	19,074.0	32,742.0	16,371.0	38,182.0	19,091.0	32,844.0	16,422.0	38,284.0	19,142.0
40,284.0	20,142.0	34,632.0	17,316.0	40,392.0	20,196.0	34,668.0	17,334.0	40,428.0	20,214.0	34,776.0	17,388.0	40,536.0	20,268.0
42,522.0	21,261.0	36,556.0	18,278.0	42,636.0	21,318.0	36,594.0	18,297.0	42,674.0	21,337.0	36,708.0	18,354.0	42,788.0	21,394.0
45,879.0	22,939.5	39,442.0	19,721.0	46,002.0	23,001.0	39,483.0	19,741.5	46,043.0	23,021.5	39,606.0	19,803.0	46,166.0	23,083.0
49,236.0	24,618.0	42,328.0	21,164.0	49,368.0	24,684.0	42,372.0	21,186.0	49,412.0	24,706.0	42,504.0	21,252.0	49,544.0	24,772.0
52,593.0	26,296.5	45,214.0	22,607.0	52,734.0	26,367.0	45,261.0	22,630.5	52,781.0	26,390.5	45,402.0	22,701.0	52,922.0	26,461.0
55,950.0	27,975.0	48,100.0	24,050.0	56,100.0	28,050.0	48,150.0	24,075.0	56,150.0	28,075.0	48,300.0	24,150.0	56,300.0	28,150.0
59,307.0	29,653.5	50,986.0	25,493.0	59,466.0	29,733.0	51,039.0	25,519.5	59,519.0	29,759.5	51,198.0	25,599.0	59,678.0	29,839.0
62,664.0	31,332.0	53,872.0	26,936.0	62,832.0	31,416.0	53,928.0	26,964.0	62,888.0	31,444.0	54,096.0	27,048.0	63,056.0	31,528.0
66,021.0	33,010.5	56,758.0	28,379.0	66,198.0	33,099.0	56,817.0	28,408.5	66,257.0	33,128.5	56,994.0	28,497.0	66,434.0	33,217.0
69,378.0	34,689.0	59,644.0	29,822.0	69,564.0	34,782.0	59,706.0	29,853.0	69,626.0	34,813.0	59,892.0	29,946.0	69,812.0	34,906.0
72,735.0	36,367.5	62,530.0	31,265.0	72,930.0	36,465.0	62,595.0	31,297.5	72,995.0	36,497.5	62,790.0	31,395.0	73,190.0	36,595.0
76,092.0	38,046.0	65,416.0	32,708.0	76,296.0	38,148.0	65,484.0	32,742.0	76,364.0	38,182.0	65,688.0	32,844.0	76,568.0	38,284.0
79,449.0	39,724.5	68,302.0	34,151.0	79,662.0	39,831.0	68,373.0	34,186.5	79,733.0	39,866.5	68,586.0	34,293.0	79,946.0	39,973.0
83,925.0	41,962.5	72,150.0	36,075.0	84,150.0	42,075.0	72,225.0	36,112.5	84,225.0	42,112.5	72,450.0	36,225.0	84,450.0	42,225.0
88,401.0	44,200.5	75,998.0	37,999.0	88,638.0	44,319.0	76,077.0	38,038.5	88,717.0	44,358.5	76,314.0	38,157.0	88,954.0	44,477.0
92,877.0	46,438.5	79,846.0	39,923.0	93,126.0	46,563.0	79,929.0	39,964.5	93,209.0	46,604.5	80,178.0	40,089.0	93,458.0	46,729.0
98,472.0	49,236.0	84,656.0	42,328.0	98,736.0	49,368.0	84,744.0	42,372.0	98,824.0	49,412.0	85,008.0	42,504.0	99,088.0	49,544.0
104,067.0	52,033.5	89,466.0	44,733.0	104,346.0	52,173.0	89,559.0	44,779.5	104,439.0	52,219.5	89,838.0	44,919.0	104,718.0	52,359.0
109,662.0	54,831.0	94,276.0	47,138.0	109,956.0	54,978.0	94,374.0	47,187.0	110,054.0	55,027.0	94,668.0	47,334.0	110,348.0	55,174.0
115,257.0	57,628.5	99,086.0	49,543.0	115,566.0	57,783.0	99,189.0	49,594.5	115,669.0	57,834.5	99,498.0	49,749.0	115,978.0	57,989.0
121,971.0	60,985.5	104,858.0	52,429.0	122,298.0	61,149.0	104,967.0	52,483.5	122,407.0	61,203.5	105,294.0	52,647.0	122,734.0	61,367.0
128,685.0	64,342.5	110,630.0	55,315.0	129,030.0	64,515.0	110,745.0	55,372.5	129,145.0	64,572.5	111,090.0	55,545.0	129,490.0	64,745.0
135,399.0	67,699.5	116,402.0	58,201.0	135,762.0	67,881.0	116,523.0	58,261.5	135,883.0	67,941.5	116,886.0	58,443.0	136,246.0	68,123.0
142,113.0	71,056.5	122,174.0	61,087.0	142,494.0	71,247.0	122,301.0	61,150.5	142,621.0	71,310.5	122,682.0	61,341.0	143,002.0	71,501.0
148,827.0	74,413.5	127,946.0	63,973.0	149,226.0	74,613.0	128,079.0	64,039.5	149,359.0	74,679.5	128,478.0	64,239.0	149,758.0	74,879.0
155,541.0	77,770.5	133,718.0	66,859.0	155,958.0	77,979.0	133,857.0	66,928.5	156,097.0	78,048.5	134,274.0	67,137.0	156,514.0	78,257.0

標準報酬			報酬月額		⑨ 健康保険料（率）鳥取県				⑫ 健康保険料（率）栃木県				⑬ 健康保険料（率）群馬県				⑭ 健康保険料（率）山形県			
					介護保険第2号被保険者に該当しない場合 9.68%		介護保険第2号被保険者に該当する場合 11.28%		介護保険第2号被保険者に該当しない場合 9.79%		介護保険第2号被保険者に該当する場合 11.39%		介護保険第2号被保険者に該当しない場合 9.81%		介護保険第2号被保険者に該当する場合 11.41%		介護保険第2号被保険者に該当しない場合 9.84%		介護保険第2号被保険者に該当する場合 11.44%	
等級	月額	日額	円以上	円未満	全額	折半額	全額	折半額	全額	折半額	全額	折半額	全額	折半額	全額	折半額	全額	折半額	全額	折半額
1	58,000	1,930		63,000	5,614.4	2,807.2	6,542.4	3,271.2	5,678.2	2,839.1	6,606.2	3,303.1	5,689.8	2,844.9	6,617.8	3,308.9	5,707.2	2,853.6	6,635.2	3,317.6
2	68,000	2,270	63,000	73,000	6,582.4	3,291.2	7,670.4	3,835.2	6,657.2	3,328.6	7,745.2	3,872.6	6,670.8	3,335.4	7,758.8	3,879.4	6,691.2	3,345.6	7,779.2	3,889.6
3	78,000	2,600	73,000	83,000	7,550.4	3,775.2	8,798.4	4,399.2	7,636.2	3,818.1	8,884.2	4,442.1	7,651.8	3,825.9	8,899.8	4,449.9	7,675.2	3,837.6	8,923.2	4,461.6
4	88,000	2,930	83,000	93,000	8,518.4	4,259.2	9,926.4	4,963.2	8,615.2	4,307.6	10,023.2	5,011.6	8,632.8	4,316.4	10,040.8	5,020.4	8,659.2	4,329.6	10,067.2	5,033.6
5	98,000	3,270	93,000	101,000	9,486.4	4,743.2	11,054.4	5,527.2	9,594.2	4,797.1	11,162.2	5,581.1	9,613.8	4,806.9	11,181.8	5,590.9	9,643.2	4,821.6	11,211.2	5,605.6
6	104,000	3,470	101,000	107,000	10,067.2	5,033.6	11,731.2	5,865.6	10,181.6	5,090.8	11,845.6	5,922.8	10,202.4	5,101.2	11,866.4	5,933.2	10,233.6	5,116.8	11,897.6	5,948.8
7	110,000	3,670	107,000	114,000	10,648.0	5,324.0	12,408.0	6,204.0	10,769.0	5,384.5	12,529.0	6,264.5	10,791.0	5,395.5	12,551.0	6,275.5	10,824.0	5,412.0	12,584.0	6,292.0
8	118,000	3,930	114,000	122,000	11,422.4	5,711.2	13,310.4	6,655.2	11,552.2	5,776.1	13,440.2	6,720.1	11,575.8	5,787.9	13,463.8	6,731.9	11,611.2	5,805.6	13,499.2	6,749.6
9	126,000	4,200	122,000	130,000	12,196.8	6,098.4	14,212.8	7,106.4	12,335.4	6,167.7	14,351.4	7,175.7	12,360.6	6,180.3	14,376.6	7,188.3	12,398.4	6,199.2	14,414.4	7,207.2
10	134,000	4,470	130,000	138,000	12,971.2	6,485.6	15,115.2	7,557.6	13,118.6	6,559.3	15,262.6	7,631.3	13,145.4	6,572.7	15,289.4	7,644.7	13,185.6	6,592.8	15,329.6	7,664.8
11	142,000	4,730	138,000	146,000	13,745.6	6,872.8	16,017.6	8,008.8	13,901.8	6,950.9	16,173.8	8,086.9	13,930.2	6,965.1	16,202.2	8,101.1	13,972.8	6,986.4	16,244.8	8,122.4
12	150,000	5,000	146,000	155,000	14,520.0	7,260.0	16,920.0	8,460.0	14,685.0	7,342.5	17,085.0	8,542.5	14,715.0	7,357.5	17,115.0	8,557.5	14,760.0	7,380.0	17,160.0	8,580.0
13	160,000	5,330	155,000	165,000	15,488.0	7,744.0	18,048.0	9,024.0	15,664.0	7,832.0	18,224.0	9,112.0	15,696.0	7,848.0	18,256.0	9,128.0	15,744.0	7,872.0	18,304.0	9,152.0
14	170,000	5,670	165,000	175,000	16,456.0	8,228.0	19,176.0	9,588.0	16,643.0	8,321.5	19,363.0	9,681.5	16,677.0	8,338.5	19,397.0	9,698.5	16,728.0	8,364.0	19,448.0	9,724.0
15	180,000	6,000	175,000	185,000	17,424.0	8,712.0	20,304.0	10,152.0	17,622.0	8,811.0	20,502.0	10,251.0	17,658.0	8,829.0	20,538.0	10,269.0	17,712.0	8,856.0	20,592.0	10,296.0
16	190,000	6,330	185,000	195,000	18,392.0	9,196.0	21,432.0	10,716.0	18,601.0	9,300.5	21,641.0	10,820.5	18,639.0	9,319.5	21,679.0	10,839.5	18,696.0	9,348.0	21,736.0	10,868.0
17	200,000	6,670	195,000	210,000	19,360.0	9,680.0	22,560.0	11,280.0	19,580.0	9,790.0	22,780.0	11,390.0	19,620.0	9,810.0	22,820.0	11,410.0	19,680.0	9,840.0	22,880.0	11,440.0
18	220,000	7,330	210,000	230,000	21,296.0	10,648.0	24,816.0	12,408.0	21,538.0	10,769.0	25,058.0	12,529.0	21,582.0	10,791.0	25,102.0	12,551.0	21,648.0	10,824.0	25,168.0	12,584.0
19	240,000	8,000	230,000	250,000	23,232.0	11,616.0	27,072.0	13,536.0	23,496.0	11,748.0	27,336.0	13,668.0	23,544.0	11,772.0	27,384.0	13,692.0	23,616.0	11,808.0	27,456.0	13,728.0
20	260,000	8,670	250,000	270,000	25,168.0	12,584.0	29,328.0	14,664.0	25,454.0	12,727.0	29,614.0	14,807.0	25,506.0	12,753.0	29,666.0	14,833.0	25,584.0	12,792.0	29,744.0	14,872.0
21	280,000	9,330	270,000	290,000	27,104.0	13,552.0	31,584.0	15,792.0	27,412.0	13,706.0	31,892.0	15,946.0	27,468.0	13,734.0	31,948.0	15,974.0	27,552.0	13,776.0	32,032.0	16,016.0
22	300,000	10,000	290,000	310,000	29,040.0	14,520.0	33,840.0	16,920.0	29,370.0	14,685.0	34,170.0	17,085.0	29,430.0	14,715.0	34,230.0	17,115.0	29,520.0	14,760.0	34,320.0	17,160.0
23	320,000	10,670	310,000	330,000	30,976.0	15,488.0	36,096.0	18,048.0	31,328.0	15,664.0	36,448.0	18,224.0	31,392.0	15,696.0	36,512.0	18,256.0	31,488.0	15,744.0	36,608.0	18,304.0
24	340,000	11,330	330,000	350,000	32,912.0	16,456.0	38,352.0	19,176.0	33,286.0	16,643.0	38,726.0	19,363.0	33,354.0	16,677.0	38,794.0	19,397.0	33,456.0	16,728.0	38,896.0	19,448.0
25	360,000	12,000	350,000	370,000	34,848.0	17,424.0	40,608.0	20,304.0	35,244.0	17,622.0	41,004.0	20,502.0	35,316.0	17,658.0	41,076.0	20,538.0	35,424.0	17,712.0	41,184.0	20,592.0
26	380,000	12,670	370,000	395,000	36,784.0	18,392.0	42,864.0	21,432.0	37,202.0	18,601.0	43,282.0	21,641.0	37,278.0	18,639.0	43,358.0	21,679.0	37,392.0	18,696.0	43,472.0	21,736.0
27	410,000	13,670	395,000	425,000	39,688.0	19,844.0	46,248.0	23,124.0	40,139.0	20,069.5	46,699.0	23,349.5	40,221.0	20,110.5	46,781.0	23,390.5	40,344.0	20,172.0	46,904.0	23,452.0
28	440,000	14,670	425,000	455,000	42,592.0	21,296.0	49,632.0	24,816.0	43,076.0	21,538.0	50,116.0	25,058.0	43,164.0	21,582.0	50,204.0	25,102.0	43,296.0	21,648.0	50,336.0	25,168.0
29	470,000	15,670	455,000	485,000	45,496.0	22,748.0	53,016.0	26,508.0	46,013.0	23,006.5	53,533.0	26,766.5	46,107.0	23,053.5	53,627.0	26,813.5	46,248.0	23,124.0	53,768.0	26,884.0
30	500,000	16,670	485,000	515,000	48,400.0	24,200.0	56,400.0	28,200.0	48,950.0	24,475.0	56,950.0	28,475.0	49,050.0	24,525.0	57,050.0	28,525.0	49,200.0	24,600.0	57,200.0	28,600.0
31	530,000	17,670	515,000	545,000	51,304.0	25,652.0	59,784.0	29,892.0	51,887.0	25,943.5	60,367.0	30,183.5	51,993.0	25,996.5	60,473.0	30,236.5	52,152.0	26,076.0	60,632.0	30,316.0
32	560,000	18,670	545,000	575,000	54,208.0	27,104.0	63,168.0	31,584.0	54,824.0	27,412.0	63,784.0	31,892.0	54,936.0	27,468.0	63,896.0	31,948.0	55,104.0	27,552.0	64,064.0	32,032.0
33	590,000	19,670	575,000	605,000	57,112.0	28,556.0	66,552.0	33,276.0	57,761.0	28,880.5	67,201.0	33,600.5	57,879.0	28,939.5	67,319.0	33,659.5	58,056.0	29,028.0	67,496.0	33,748.0
34	620,000	20,670	605,000	635,000	60,016.0	30,008.0	69,936.0	34,968.0	60,698.0	30,349.0	70,618.0	35,309.0	60,822.0	30,411.0	70,742.0	35,371.0	61,008.0	30,504.0	70,928.0	35,464.0
35	650,000	21,670	635,000	665,000	62,920.0	31,460.0	73,320.0	36,660.0	63,635.0	31,817.5	74,035.0	37,017.5	63,765.0	31,882.5	74,165.0	37,082.5	63,960.0	31,980.0	74,360.0	37,180.0
36	680,000	22,670	665,000	695,000	65,824.0	32,912.0	76,704.0	38,352.0	66,572.0	33,286.0	77,452.0	38,726.0	66,708.0	33,354.0	77,588.0	38,794.0	66,912.0	33,456.0	77,792.0	38,896.0
37	710,000	23,670	695,000	730,000	68,728.0	34,364.0	80,088.0	40,044.0	69,509.0	34,754.5	80,869.0	40,434.5	69,651.0	34,825.5	81,011.0	40,505.5	69,864.0	34,932.0	81,224.0	40,612.0
38	750,000	25,000	730,000	770,000	72,600.0	36,300.0	84,600.0	42,300.0	73,425.0	36,712.5	85,425.0	42,712.5	73,575.0	36,787.5	85,575.0	42,787.5	73,800.0	36,900.0	85,800.0	42,900.0
39	790,000	26,330	770,000	810,000	76,472.0	38,236.0	89,112.0	44,556.0	77,341.0	38,670.5	89,981.0	44,990.5	77,499.0	38,749.5	90,139.0	45,069.5	77,736.0	38,868.0	90,376.0	45,188.0
40	830,000	27,670	810,000	855,000	80,344.0	40,172.0	93,624.0	46,812.0	81,257.0	40,628.5	94,537.0	47,268.5	81,423.0	40,711.5	94,703.0	47,351.5	81,672.0	40,836.0	94,952.0	47,476.0
41	880,000	29,330	855,000	905,000	85,184.0	42,592.0	99,264.0	49,632.0	86,152.0	43,076.0	100,232.0	50,116.0	86,328.0	43,164.0	100,408.0	50,204.0	86,592.0	43,296.0	100,672.0	50,336.0
42	930,000	31,000	905,000	955,000	90,024.0	45,012.0	104,904.0	52,452.0	91,047.0	45,523.5	105,927.0	52,963.5	91,233.0	45,616.5	106,113.0	53,056.5	91,512.0	45,756.0	106,392.0	53,196.0
43	980,000	32,670	955,000	1,005,000	94,864.0	47,432.0	110,544.0	55,272.0	95,942.0	47,971.0	111,622.0	55,811.0	96,138.0	48,069.0	111,818.0	55,909.0	96,432.0	48,216.0	112,112.0	56,056.0
44	1,030,000	34,330	1,005,000	1,055,000	99,704.0	49,852.0	116,184.0	58,092.0	100,837.0	50,418.5	117,317.0	58,658.5	101,043.0	50,521.5	117,523.0	58,761.5	101,352.0	50,676.0	117,832.0	58,916.0
45	1,090,000	36,330	1,055,000	1,115,000	105,512.0	52,756.0	122,952.0	61,476.0	106,711.0	53,355.5	124,151.0	62,075.5	106,929.0	53,464.5	124,369.0	62,184.5	107,256.0	53,628.0	124,696.0	62,348.0
46	1,150,000	38,330	1,115,000	1,175,000	111,320.0	55,660.0	129,720.0	64,860.0	112,585.0	56,292.5	130,985.0	65,492.5	112,815.0	56,407.5	131,215.0	65,607.5	113,160.0	56,580.0	131,560.0	65,780.0
47	1,210,000	40,330	1,175,000	1,235,000	117,128.0	58,564.0	136,488.0	68,244.0	118,459.0	59,229.5	137,819.0	68,909.5	118,701.0	59,350.5	138,061.0	69,030.5	119,064.0	59,532.0	138,424.0	69,212.0
48	1,270,000	42,330	1,235,000	1,295,000	122,936.0	61,468.0	143,256.0	71,628.0	124,333.0	62,166.5	144,653.0	72,326.5	124,587.0	62,293.5	144,907.0	72,453.5	124,968.0	62,484.0	145,288.0	72,644.0
49	1,330,000	44,330	1,295,000	1,355,000	128,744.0	64,372.0	150,024.0	75,012.0	130,207.0	65,103.5	151,487.0	75,743.5	130,473.0	65,236.5	151,753.0	75,876.5	130,872.0	65,436.0	152,152.0	76,076.0
50	1,390,000	46,330	1,355,000		134,552.0	67,276.0	156,792.0	78,396.0	136,081.0	68,040.5	158,321.0	79,160.5	136,359.0	68,179.5	158,599.0	79,299.5	136,776.0	68,388.0	159,016.0	79,508.0

⑮ 健康保険料（率）秋田県、静岡県、宮崎県

標準報酬 等級	月額	日額	報酬月額 円以上	報酬月額 円未満	介護保険第2号被保険者に該当しない場合 9.85% 全額	折半額	介護保険第2号被保険者に該当する場合 11.45% 全額	折半額
1	58,000	1,930		～ 63,000	5,713.0	2,856.5	6,641.0	
2	68,000	2,270	63,000	～ 73,000	6,698.0	3,349.0	7,786.0	
3	78,000	2,600	73,000	～ 83,000	7,683.0	3,841.5	8,931.0	
4	88,000	2,930	83,000	～ 93,000	8,668.0	4,334.0	10,076.0	
5	98,000	3,270	93,000	～ 101,000	9,653.0	4,826.5	11,221.0	
6	104,000	3,470	101,000	～ 107,000	10,244.0	5,122.0	11,908.0	
7	110,000	3,670	107,000	～ 114,000	10,835.0	5,417.5	12,595.0	
8	118,000	3,930	114,000	～ 122,000	11,623.0	5,811.5	13,511.0	
9	126,000	4,200	122,000	～ 130,000	12,411.0	6,205.5	14,427.0	
10	134,000	4,470	130,000	～ 138,000	13,199.0	6,599.5	15,343.0	
11	142,000	4,730	138,000	～ 146,000	13,987.0	6,993.5	16,259.0	
12	150,000	5,000	146,000	～ 155,000	14,775.0	7,387.5	17,175.0	
13	160,000	5,330	155,000	～ 165,000	15,760.0	7,880.0	18,320.0	
14	170,000	5,670	165,000	～ 175,000	16,745.0	8,372.5	19,465.0	
15	180,000	6,000	175,000	～ 185,000	17,730.0	8,865.0	20,610.0	10,305.0
16	190,000	6,330	185,000	～ 195,000	18,715.0	9,357.5	21,755.0	10,877.5
17	200,000	6,670	195,000	～ 210,000	19,700.0	9,850.0	22,900.0	11,450.0
18	220,000	7,330	210,000	～ 230,000	21,670.0	10,835.0	25,190.0	12,595.0
19	240,000	8,000	230,000	～ 250,000	23,640.0	11,820.0	27,480.0	13,740.0
20	260,000	8,670	250,000	～ 270,000	25,610.0	12,805.0	29,770.0	14,885.0
21	280,000	9,330	270,000	～ 290,000	27,580.0	13,790.0	32,060.0	16,030.0
22	300,000	10,000	290,000	～ 310,000	29,550.0	14,775.0	34,350.0	17,175.0
23	320,000	10,670	310,000	～ 330,000	31,520.0	15,760.0	36,640.0	18,320.0
24	340,000	11,330	330,000	～ 350,000	33,490.0	16,745.0	38,930.0	19,465.0
25	360,000	12,000	350,000	～ 370,000	35,460.0	17,730.0	41,220.0	20,610.0
26	380,000	12,670	370,000	～ 395,000	37,430.0	18,715.0	43,510.0	21,755.0
27	410,000	13,670	395,000	～ 425,000	40,385.0	20,192.5	46,945.0	23,472.5
28	440,000	14,670	425,000	～ 455,000	43,340.0	21,670.0	50,380.0	25,190.0
29	470,000	15,670	455,000	～ 485,000	46,295.0	23,147.5	53,815.0	26,907.5
30	500,000	16,670	485,000	～ 515,000	49,250.0	24,625.0	57,250.0	28,625.0
31	530,000	17,670	515,000	～ 545,000	52,205.0	26,102.5	60,685.0	30,342.5
32	560,000	18,670	545,000	～ 575,000	55,160.0	27,580.0	64,120.0	32,060.0
33	590,000	19,670	575,000	～ 605,000	58,115.0	29,057.5	67,555.0	33,777.5
34	620,000	20,670	605,000	～ 635,000	61,070.0	30,535.0	70,990.0	35,495.0
35	650,000	21,670	635,000	～ 665,000	64,025.0	32,012.5	74,425.0	37,212.5
36	680,000	22,670	665,000	～ 695,000	66,980.0	33,490.0	77,860.0	38,930.0
37	710,000	23,670	695,000	～ 730,000	69,935.0	34,967.5	81,295.0	40,647.5
38	750,000	25,000	730,000	～ 770,000	73,875.0	36,937.5	85,875.0	42,937.5
39	790,000	26,330	770,000	～ 810,000	77,815.0	38,907.5	90,455.0	45,227.5
40	830,000	27,670	810,000	～ 855,000	81,755.0	40,877.5	95,035.0	47,517.5
41	880,000	29,330	855,000	～ 905,000	86,680.0	43,340.0	100,760.0	50,380.0
42	930,000	31,000	905,000	～ 955,000	91,605.0	45,802.5	106,485.0	53,242.5
43	980,000	32,670	955,000	～ 1,005,000	96,530.0	48,265.0	112,210.0	56,105.0
44	1,030,000	34,330	1,005,000	～ 1,055,000	101,455.0	50,727.5	117,935.0	58,967.5
45	1,090,000	36,330	1,055,000	～ 1,115,000	107,365.0	53,682.5	124,805.0	62,402.5
46	1,150,000	38,330	1,115,000	～ 1,175,000	113,275.0	56,637.5	131,675.0	65,837.5
47	1,210,000	40,330	1,175,000	～ 1,235,000	119,185.0	59,592.5	138,545.0	69,272.5
48	1,270,000	42,330	1,235,000	～ 1,295,000	125,095.0	62,547.5	145,415.0	72,707.5
49	1,330,000	44,330	1,295,000	～ 1,355,000	131,005.0	65,502.5	152,285.0	76,142.5
50	1,390,000	46,330	1,355,000	～	136,915.0	68,457.5	159,155.0	79,577.5

	標準報酬		報酬月額	㉕ 健康保険料（率）愛媛県				㉖ 健康保険料（率）福井県			
				介護保険第2号被保険者に該当しない場合 10.03%		介護保険第2号被保険者に該当する場合 11.63%		介護保険第2号被保険者に該当しない場合 10.07%		介護保険第2号被保険者に該当する場合 11.67%	
等級	月額	日額	円以上 ～	全額	折半額	全額	折半額	全額	折半額	全額	折半額
1	58,000	1,930	～	5,817.4	2,908.7	6,745.4	3,372.7	5,840.6	2,920.3	6,768.6	3,384.3
2	68,000	2,270	63,000 ～	6,820.4	3,410.2	7,908.4	3,954.2	6,847.6	3,423.8	7,935.6	3,967.8
3	78,000	2,600	73,000 ～	7,823.4	3,911.7	9,071.4	4,535.7	7,854.6	3,927.3	9,102.6	4,551.3
4	88,000	2,930	83,000 ～	8,826.4	4,413.2	10,234.4	5,117.2	8,861.6	4,430.8	10,269.6	5,134.8
5	98,000	3,270	93,000 ～	9,829.4	4,914.7	11,397.4	5,698.7	9,868.6	4,934.3	11,436.6	5,718.3
6	104,000	3,470	101,000 ～	10,431.2	5,215.6	12,095.2	6,047.6	10,472.8	5,236.4	12,136.8	6,068.4
7	110,000	3,670	107,000 ～	11,033.0	5,516.5	12,793.0	6,396.5	11,077.0	5,538.5	12,837.0	6,418.5
8	118,000	3,930	114,000 ～	11,835.4	5,917.7	13,723.4	6,861.7	11,882.6	5,941.3	13,770.6	6,885.3
9	126,000	4,200	122,000 ～	12,637.8	6,318.9	14,653.8	7,326.9	12,688.2	6,344.1	14,704.2	7,352.1
10	134,000	4,470	130,000 ～	13,440.2	6,720.1	15,584.2	7,792.1	13,493.8	6,746.9	15,637.8	7,818.9
11	142,000	4,730	138,000 ～	14,242.6	7,121.3	16,514.6	8,257.3	14,299.4	7,149.7	16,571.4	8,285.7
12	150,000	5,000	146,000 ～	15,045.0	7,522.5	17,445.0	8,722.5	15,105.0	7,552.5	17,505.0	8,752.5
13	160,000	5,330	155,000 ～	16,048.0	8,024.0	18,608.0	9,304.0	16,112.0	8,056.0	18,672.0	9,336.0
14	170,000	5,670	165,000 ～	17,051.0	8,525.5	19,771.0	9,885.5	17,119.0	8,559.5	19,839.0	9,919.5
15	180,000	6,000	175,000 ～	18,054.0	9,027.0	20,934.0	10,467.0	18,126.0	9,063.0	21,006.0	10,503.0
16	190,000	6,330	185,000 ～	19,057.0	9,528.5	22,097.0	11,048.5	19,133.0	9,566.5	22,173.0	11,086.5
17	200,000	6,670	195,000 ～	20,060.0	10,030.0	23,260.0	11,630.0	20,140.0	10,070.0	23,340.0	11,670.0
18	220,000	7,330	210,000 ～	22,066.0	11,033.0	25,586.0	12,793.0	22,154.0	11,077.0	25,674.0	12,837.0
19	240,000	8,000	230,000 ～	24,072.0	12,036.0	27,912.0	13,956.0	24,168.0	12,084.0	28,008.0	14,004.0
20	260,000	8,670	250,000 ～	26,078.0	13,039.0	30,238.0	15,119.0	26,182.0	13,091.0	30,342.0	15,171.0
21	280,000	9,330	270,000 ～	28,084.0	14,042.0	32,564.0	16,282.0	28,196.0	14,098.0	32,676.0	16,338.0
22	300,000	10,000	290,000 ～	30,090.0	15,045.0	34,890.0	17,445.0	30,210.0	15,105.0	35,010.0	17,505.0
23	320,000	10,670	310,000 ～	32,096.0	16,048.0	37,216.0	18,608.0	32,224.0	16,112.0	37,344.0	18,672.0
24	340,000	11,330	330,000 ～	34,102.0	17,051.0	39,542.0	19,771.0	34,238.0	17,119.0	39,678.0	19,839.0
25	360,000	12,000	350,000 ～	36,108.0	18,054.0	41,868.0	20,934.0	36,252.0	18,126.0	42,012.0	21,006.0
26	380,000	12,670	370,000 ～	38,114.0	19,057.0	44,194.0	22,097.0	38,266.0	19,133.0	44,346.0	22,173.0
27	410,000	13,670	395,000 ～	41,123.0	20,561.5	47,683.0	23,841.5	41,287.0	20,643.5	47,847.0	23,923.5
28	440,000	14,670	425,000 ～	44,132.0	22,066.0	51,172.0	25,586.0	44,308.0	22,154.0	51,348.0	25,674.0
29	470,000	15,670	455,000 ～	47,141.0	23,570.5	54,661.0	27,330.5	47,329.0	23,664.5	54,849.0	27,424.5
30	500,000	16,670	485,000 ～	50,150.0	25,075.0	58,150.0	29,075.0	50,350.0	25,175.0	58,350.0	29,175.0
31	530,000	17,670	515,000 ～	53,159.0	26,579.5	61,639.0	30,819.5	53,371.0	26,685.5	61,851.0	30,925.5
32	560,000	18,670	545,000 ～	56,168.0	28,084.0	65,128.0	32,564.0	56,392.0	28,196.0	65,352.0	32,676.0
33	590,000	19,670	575,000 ～	59,177.0	29,588.5	68,617.0	34,308.5	59,413.0	29,706.5	68,853.0	34,426.5
34	620,000	20,670	605,000 ～	62,186.0	31,093.0	72,106.0	36,053.0	62,434.0	31,217.0	72,354.0	36,177.0
35	650,000	21,670	635,000 ～	65,195.0	32,597.5	75,595.0	37,797.5	65,455.0	32,727.5	75,855.0	37,927.5
36	680,000	22,670	665,000 ～	68,204.0	34,102.0	79,084.0	39,542.0	68,476.0	34,238.0	79,356.0	39,678.0
37	710,000	23,670	695,000 ～	71,213.0	35,606.5	82,573.0	41,286.5	71,497.0	35,748.5	82,857.0	41,428.5
38	750,000	25,000	730,000 ～	75,225.0	37,612.5	87,225.0	43,612.5	75,525.0	37,762.5	87,525.0	43,762.5
39	790,000	26,330	770,000 ～	79,237.0	39,618.5	91,877.0	45,938.5	79,553.0	39,776.5	92,193.0	46,096.5
40	830,000	27,670	810,000 ～	83,249.0	41,624.5	96,529.0	48,264.5	83,581.0	41,790.5	96,861.0	48,430.5
41	880,000	29,330	855,000 ～	88,264.0	44,132.0	102,344.0	51,172.0	88,616.0	44,308.0	102,696.0	51,348.0
42	930,000	31,000	905,000 ～	93,279.0	46,639.5	108,159.0	54,079.5	93,651.0	46,825.5	108,531.0	54,265.5
43	980,000	32,670	955,000 ～	98,294.0	49,147.0	113,974.0	56,987.0	98,686.0	49,343.0	114,366.0	57,183.0
44	1,030,000	34,330	1,005,000 ～	103,309.0	51,654.5	119,789.0	59,894.5	103,721.0	51,860.5	120,201.0	60,100.5
45	1,090,000	36,330	1,055,000 ～	109,327.0	54,663.5	126,767.0	63,383.5	109,763.0	54,881.5	127,203.0	63,601.5
46	1,150,000	38,330	1,115,000 ～	115,345.0	57,672.5	133,745.0	66,872.5	115,805.0	57,902.5	134,205.0	67,102.5
47	1,210,000	40,330	1,175,000 ～	121,363.0	60,681.5	140,723.0	70,361.5	121,847.0	60,923.5	141,207.0	70,603.5
48	1,270,000	42,330	1,235,000 ～	127,381.0	63,690.5	147,701.0	73,850.5	127,889.0	63,944.5	148,209.0	74,104.5
49	1,330,000	44,330	1,295,000 ～	133,399.0	66,699.5	154,679.0	77,339.5	133,931.0	66,965.5	155,211.0	77,605.5
50	1,390,000	46,330	1,355,000 ～	139,417.0	69,708.5	161,657.0	80,828.5	139,973.0	69,986.5	162,213.0	81,106.5

料（率）		㉚ 健康保険料（率）				㉛ 健康保険料（率）				㉜ 健康保険料（率）			
県		徳島県				山口県				北海道			
介護保険第2号被保険者に該当する場合		介護保険第2号被保険者に該当しない場合		介護保険第2号被保険者に該当する場合		介護保険第2号被保険者に該当しない場合		介護保険第2号被保険者に該当する場合		介護保険第2号被保険者に該当しない場合		介護保険第2号被保険者に該当する場合	
11.78%		10.19%		11.79%		10.20%		11.80%		10.21%		11.81%	
全額	折半額	全額	折半額	全額	折半額	全額	折半額	全額	折半額	全額	折半額	全額	折半額
6,832.4	3,416.2	5,910.2	2,955.1	6,838.2	3,419.1	5,916.0	2,958.0	6,844.0	3,422.0	5,921.8	2,960.9	6,849.8	3,424.9
8,010.4	4,005.2	6,929.2	3,464.6	8,017.2	4,008.6	6,936.0	3,468.0	8,024.0	4,012.0	6,942.8	3,471.4	8,030.8	4,015.4
9,188.4	4,594.2	7,948.2	3,974.1	9,196.2	4,598.1	7,956.0	3,978.0	9,204.0	4,602.0	7,963.8	3,981.9	9,211.8	4,605.9
10,366.4	5,183.2	8,967.2	4,483.6	10,375.2	5,187.6	8,976.0	4,488.0	10,384.0	5,192.0	8,984.8	4,492.4	10,392.8	5,196.4
11,544.4	5,772.2	9,986.2	4,993.1	11,554.2	5,777.1	9,996.0	4,998.0	11,564.0	5,782.0	10,005.8	5,002.9	11,573.8	5,786.9
12,251.2	6,125.6	10,597.6	5,298.8	12,261.6	6,130.8	10,608.0	5,304.0	12,272.0	6,136.0	10,618.4	5,309.2	12,282.4	6,141.2
12,958.0	6,479.0	11,209.0	5,604.5	12,969.0	6,484.5	11,220.0	5,610.0	12,980.0	6,490.0	11,231.0	5,615.5	12,991.0	6,495.5
13,900.4	6,950.2	12,024.2	6,012.1	13,912.2	6,956.1	12,036.0	6,018.0	13,924.0	6,962.0	12,047.8	6,023.9	13,935.8	6,967.9
14,842.8	7,421.4	12,839.4	6,419.7	14,855.4	7,427.7	12,852.0	6,426.0	14,868.0	7,434.0	12,864.6	6,432.3	14,880.6	7,440.3
15,785.2	7,892.6	13,654.6	6,827.3	15,798.6	7,899.3	13,668.0	6,834.0	15,812.0	7,906.0	13,681.4	6,840.7	15,825.4	7,912.7
16,727.6	8,363.8	14,469.8	7,234.9	16,741.8	8,370.9	14,484.0	7,242.0	16,756.0	8,378.0	14,498.2	7,249.1	16,770.2	8,385.1
17,670.0	8,835.0	15,285.0	7,642.5	17,685.0	8,842.5	15,300.0	7,650.0	17,700.0	8,850.0	15,315.0	7,657.5	17,715.0	8,857.5
18,848.0	9,424.0	16,304.0	8,152.0	18,864.0	9,432.0	16,320.0	8,160.0	18,880.0	9,440.0	16,336.0	8,168.0	18,896.0	9,448.0
20,026.0	10,013.0	17,323.0	8,661.5	20,043.0	10,021.5	17,340.0	8,670.0	20,060.0	10,030.0	17,357.0	8,678.5	20,077.0	10,038.5
21,204.0	10,602.0	18,342.0	9,171.0	21,222.0	10,611.0	18,360.0	9,180.0	21,240.0	10,620.0	18,378.0	9,189.0	21,258.0	10,629.0
22,382.0	11,191.0	19,361.0	9,680.5	22,401.0	11,200.5	19,380.0	9,690.0	22,420.0	11,210.0	19,399.0	9,699.5	22,439.0	11,219.5
23,560.0	11,780.0	20,380.0	10,190.0	23,580.0	11,790.0	20,400.0	10,200.0	23,600.0	11,800.0	20,420.0	10,210.0	23,620.0	11,810.0
25,916.0	12,958.0	22,418.0	11,209.0	25,938.0	12,969.0	22,440.0	11,220.0	25,960.0	12,980.0	22,462.0	11,231.0	25,982.0	12,991.0
28,272.0	14,136.0	24,456.0	12,228.0	28,296.0	14,148.0	24,480.0	12,240.0	28,320.0	14,160.0	24,504.0	12,252.0	28,344.0	14,172.0
30,628.0	15,314.0	26,494.0	13,247.0	30,654.0	15,327.0	26,520.0	13,260.0	30,680.0	15,340.0	26,546.0	13,273.0	30,706.0	15,353.0
32,984.0	16,492.0	28,532.0	14,266.0	33,012.0	16,506.0	28,560.0	14,280.0	33,040.0	16,520.0	28,588.0	14,294.0	33,068.0	16,534.0
35,340.0	17,670.0	30,570.0	15,285.0	35,370.0	17,685.0	30,600.0	15,300.0	35,400.0	17,700.0	30,630.0	15,315.0	35,430.0	17,715.0
37,696.0	18,848.0	32,608.0	16,304.0	37,728.0	18,864.0	32,640.0	16,320.0	37,760.0	18,880.0	32,672.0	16,336.0	37,792.0	18,896.0
40,052.0	20,026.0	34,646.0	17,323.0	40,086.0	20,043.0	34,680.0	17,340.0	40,120.0	20,060.0	34,714.0	17,357.0	40,154.0	20,077.0
42,408.0	21,204.0	36,684.0	18,342.0	42,444.0	21,222.0	36,720.0	18,360.0	42,480.0	21,240.0	36,756.0	18,378.0	42,516.0	21,258.0
44,764.0	22,382.0	38,722.0	19,361.0	44,802.0	22,401.0	38,760.0	19,380.0	44,840.0	22,420.0	38,798.0	19,399.0	44,878.0	22,439.0
48,298.0	24,149.0	41,779.0	20,889.5	48,339.0	24,169.5	41,820.0	20,910.0	48,380.0	24,190.0	41,861.0	20,930.5	48,421.0	24,210.5
51,832.0	25,916.0	44,836.0	22,418.0	51,876.0	25,938.0	44,880.0	22,440.0	51,920.0	25,960.0	44,924.0	22,462.0	51,964.0	25,982.0
55,366.0	27,683.0	47,893.0	23,946.5	55,413.0	27,706.5	47,940.0	23,970.0	55,460.0	27,730.0	47,987.0	23,993.5	55,507.0	27,753.5
58,900.0	29,450.0	50,950.0	25,475.0	58,950.0	29,475.0	51,000.0	25,500.0	59,000.0	29,500.0	51,050.0	25,525.0	59,050.0	29,525.0
62,434.0	31,217.0	54,007.0	27,003.5	62,487.0	31,243.5	54,060.0	27,030.0	62,540.0	31,270.0	54,113.0	27,056.5	62,593.0	31,296.5
65,968.0	32,984.0	57,064.0	28,532.0	66,024.0	33,012.0	57,120.0	28,560.0	66,080.0	33,040.0	57,176.0	28,588.0	66,136.0	33,068.0
69,502.0	34,751.0	60,121.0	30,060.5	69,561.0	34,780.5	60,180.0	30,090.0	69,620.0	34,810.0	60,239.0	30,119.5	69,679.0	34,839.5
73,036.0	36,518.0	63,178.0	31,589.0	73,098.0	36,549.0	63,240.0	31,620.0	73,160.0	36,580.0	63,302.0	31,651.0	73,222.0	36,611.0
76,570.0	38,285.0	66,235.0	33,117.5	76,635.0	38,317.5	66,300.0	33,150.0	76,700.0	38,350.0	66,365.0	33,182.5	76,765.0	38,382.5
80,104.0	40,052.0	69,292.0	34,646.0	80,172.0	40,086.0	69,360.0	34,680.0	80,240.0	40,120.0	69,428.0	34,714.0	80,308.0	40,154.0
83,638.0	41,819.0	72,349.0	36,174.5	83,709.0	41,854.5	72,420.0	36,210.0	83,780.0	41,890.0	72,491.0	36,245.5	83,851.0	41,925.5
88,350.0	44,175.0	76,425.0	38,212.5	88,425.0	44,212.5	76,500.0	38,250.0	88,500.0	44,250.0	76,575.0	38,287.5	88,575.0	44,287.5
93,062.0	46,531.0	80,501.0	40,250.5	93,141.0	46,570.5	80,580.0	40,290.0	93,220.0	46,610.0	80,659.0	40,329.5	93,299.0	46,649.5
97,774.0	48,887.0	84,577.0	42,288.5	97,857.0	48,928.5	84,660.0	42,330.0	97,940.0	48,970.0	84,743.0	42,371.5	98,023.0	49,011.5
03,664.0	51,832.0	89,672.0	44,836.0	103,752.0	51,876.0	89,760.0	44,880.0	103,840.0	51,920.0	89,848.0	44,924.0	103,928.0	51,964.0
09,554.0	54,777.0	94,767.0	47,383.5	109,647.0	54,823.5	94,860.0	47,430.0	109,740.0	54,870.0	94,953.0	47,476.5	109,833.0	54,916.5
15,444.0	57,722.0	99,862.0	49,931.0	115,542.0	57,771.0	99,960.0	49,980.0	115,640.0	57,820.0	100,058.0	50,029.0	115,738.0	57,869.0
21,334.0	60,667.0	104,957.0	52,478.5	121,437.0	60,718.5	105,060.0	52,530.0	121,540.0	60,770.0	105,163.0	52,581.5	121,643.0	60,821.5
28,402.0	64,201.0	111,071.0	55,535.5	128,511.0	64,255.5	111,180.0	55,590.0	128,620.0	64,310.0	111,289.0	55,644.5	128,729.0	64,364.5
35,470.0	67,735.0	117,185.0	58,592.5	135,585.0	67,792.5	117,300.0	58,650.0	135,700.0	67,850.0	117,415.0	58,707.5	135,815.0	67,907.5
42,538.0	71,269.0	123,299.0	61,649.5	142,659.0	71,329.5	123,420.0	61,710.0	142,780.0	71,390.0	123,541.0	61,770.5	142,901.0	71,450.5
49,606.0	74,803.0	129,413.0	64,706.5	149,733.0	74,866.5	129,540.0	64,770.0	149,860.0	74,930.0	129,667.0	64,833.5	149,987.0	74,993.5
56,674.0	78,337.0	135,527.0	67,763.5	156,807.0	78,403.5	135,660.0	67,830.0	156,940.0	78,470.0	135,793.0	67,896.5	157,073.0	78,536.5
63,742.0	81,871.0	141,641.0	70,820.5	163,881.0	81,940.5	141,780.0	70,890.0	164,020.0	82,010.0	141,919.0	70,959.5	164,159.0	82,079.5

健康保険料（率）

番号	都道府県	該当しない	該当する
㉝	奈良県	10.22%	11.82%
㉞	大分県	10.25%	11.85%
㉟	熊本県	10.30%	11.90%
㊱	香川県	10.33%	11.93%
㊲	大阪府	10.34%	11.94%
㊳	福岡県	10.35%	11.95%

各欄は「介護保険第2号被保険者に該当しない場合（全額・折半額）」および「該当する場合（全額・折半額）」

等級	標準報酬 月額	日額	報酬月額 円以上	円未満	奈良 非該当全額	折半	奈良 該当全額	折半	大分 非該当全額	折半	大分 該当全額	折半	熊本 非該当全額	折半	熊本 該当全額	折半	香川 非該当全額	折半	香川 該当全額	折半	大阪 非該当全額	折半	大阪 該当全額	折半	福岡 非該当全額	折半	福岡 該当全額	折半
1	58,000	1,930		~63,000	5,927.6	2,963.8	6,855.6	3,427.8	5,945.0	2,972.5	6,873.0	3,436.5	5,974.0	2,987.0	6,902.0	3,451.0	5,991.4	2,995.7	6,919.4	3,459.7	5,997.2	2,998.6	6,925.2	3,462.6	6,003.0	3,001.5	6,931.0	3,465.5
2	68,000	2,270	63,000	73,000	6,949.6	3,474.8	8,037.6	4,018.8	6,970.0	3,485.0	8,058.0	4,029.0	7,004.0	3,502.0	8,092.0	4,046.0	7,024.2	3,512.2	8,112.4	4,056.2	7,031.2	3,515.6	8,119.2	4,059.6	7,038.0	3,519.0	8,126.0	4,063.0
3	78,000	2,600	73,000	83,000	7,971.6	3,985.8	9,219.6	4,609.8	7,995.0	3,997.5	9,243.0	4,621.5	8,034.0	4,017.0	9,282.0	4,641.0	8,057.4	4,028.7	9,305.4	4,652.7	8,065.2	4,032.6	9,313.2	4,656.6	8,073.0	4,036.5	9,321.0	4,660.5
4	88,000	2,930	83,000	93,000	8,993.6	4,496.8	10,401.6	5,200.8	9,020.0	4,510.0	10,428.0	5,214.0	9,064.0	4,532.0	10,472.0	5,236.0	9,090.4	4,545.2	10,498.4	5,249.2	9,099.2	4,549.6	10,507.2	5,253.6	9,108.0	4,554.0	10,516.0	5,258.0
5	98,000	3,270	93,000	101,000	10,015.6	5,007.8	11,583.6	5,791.8	10,045.0	5,022.5	11,613.0	5,806.5	10,094.0	5,047.0	11,662.0	5,831.0	10,123.4	5,061.7	11,691.4	5,845.7	10,133.2	5,066.6	11,701.2	5,850.6	10,143.0	5,071.5	11,711.0	5,855.5
6	104,000	3,470	101,000	107,000	10,628.8	5,314.4	12,292.8	6,146.4	10,660.0	5,330.0	12,324.0	6,162.0	10,712.0	5,356.0	12,376.0	6,188.0	10,743.2	5,371.6	12,407.2	6,203.6	10,753.6	5,376.8	12,417.6	6,208.8	10,764.0	5,382.0	12,428.0	6,214.0
7	110,000	3,670	107,000	114,000	11,242.0	5,621.0	13,002.0	6,501.0	11,275.0	5,637.5	13,035.0	6,517.5	11,330.0	5,665.0	13,090.0	6,545.0	11,363.0	5,681.5	13,123.0	6,561.5	11,374.0	5,687.0	13,134.0	6,567.0	11,385.0	5,692.5	13,145.0	6,572.5
8	118,000	3,930	114,000	122,000	12,059.6	6,029.8	13,947.6	6,973.8	12,095.0	6,047.5	13,983.0	6,991.5	12,154.0	6,077.0	14,042.0	7,021.0	12,189.4	6,094.7	14,077.4	7,038.7	12,201.2	6,100.6	14,089.2	7,044.6	12,213.0	6,106.5	14,101.0	7,050.5
9	126,000	4,200	122,000	130,000	12,877.2	6,438.6	14,893.2	7,446.6	12,915.0	6,457.5	14,931.0	7,465.5	12,978.0	6,489.0	14,994.0	7,497.0	13,015.8	6,507.9	15,031.8	7,515.9	13,028.4	6,514.2	15,044.4	7,522.2	13,041.0	6,520.5	15,057.0	7,528.5
10	134,000	4,470	130,000	138,000	13,694.8	6,847.4	15,838.8	7,919.4	13,735.0	6,867.5	15,879.0	7,939.5	13,802.0	6,901.0	15,946.0	7,973.0	13,842.2	6,921.1	15,986.2	7,993.1	13,855.6	6,927.8	15,999.6	7,999.8	13,869.0	6,934.5	16,013.0	8,006.5
11	142,000	4,730	138,000	146,000	14,512.4	7,256.2	16,784.4	8,392.2	14,555.0	7,277.5	16,827.0	8,413.5	14,626.0	7,313.0	16,898.0	8,449.0	14,668.6	7,334.3	16,940.6	8,470.3	14,682.8	7,341.4	16,954.8	8,477.4	14,697.0	7,348.5	16,969.0	8,484.5
12	150,000	5,000	146,000	155,000	15,330.0	7,665.0	17,730.0	8,865.0	15,375.0	7,687.5	17,775.0	8,887.5	15,450.0	7,725.0	17,850.0	8,925.0	15,495.0	7,747.5	17,895.0	8,947.5	15,510.0	7,755.0	17,910.0	8,955.0	15,525.0	7,762.5	17,925.0	8,962.5
13	160,000	5,330	155,000	165,000	16,352.0	8,176.0	18,912.0	9,456.0	16,400.0	8,200.0	18,960.0	9,480.0	16,480.0	8,240.0	19,040.0	9,520.0	16,528.0	8,264.0	19,088.0	9,544.0	16,544.0	8,272.0	19,104.0	9,552.0	16,560.0	8,280.0	19,120.0	9,560.0
14	170,000	5,670	165,000	175,000	17,374.0	8,687.0	20,094.0	10,047.0	17,425.0	8,712.5	20,145.0	10,072.5	17,510.0	8,755.0	20,230.0	10,115.0	17,561.0	8,780.5	20,281.0	10,140.5	17,578.0	8,789.0	20,298.0	10,149.0	17,595.0	8,797.5	20,315.0	10,157.5
15	180,000	6,000	175,000	185,000	18,396.0	9,198.0	21,276.0	10,638.0	18,450.0	9,225.0	21,330.0	10,665.0	18,540.0	9,270.0	21,420.0	10,710.0	18,594.0	9,297.0	21,474.0	10,737.0	18,612.0	9,306.0	21,492.0	10,746.0	18,630.0	9,315.0	21,510.0	10,755.0
16	190,000	6,330	185,000	195,000	19,418.0	9,709.0	22,458.0	11,229.0	19,475.0	9,737.5	22,515.0	11,257.5	19,570.0	9,785.0	22,610.0	11,305.0	19,627.0	9,813.5	22,667.0	11,333.5	19,646.0	9,823.0	22,686.0	11,343.0	19,665.0	9,832.5	22,705.0	11,352.5
17	200,000	6,670	195,000	210,000	20,440.0	10,220.0	23,640.0	11,820.0	20,500.0	10,250.0	23,700.0	11,850.0	20,600.0	10,300.0	23,800.0	11,900.0	20,660.0	10,330.0	23,860.0	11,930.0	20,680.0	10,340.0	23,880.0	11,940.0	20,700.0	10,350.0	23,900.0	11,950.0
18	220,000	7,330	210,000	230,000	22,484.0	11,242.0	26,004.0	13,002.0	22,550.0	11,275.0	26,070.0	13,035.0	22,660.0	11,330.0	26,180.0	13,090.0	22,726.0	11,363.0	26,246.0	13,123.0	22,748.0	11,374.0	26,268.0	13,134.0	22,770.0	11,385.0	26,290.0	13,145.0
19	240,000	8,000	230,000	250,000	24,528.0	12,264.0	28,368.0	14,184.0	24,600.0	12,300.0	28,440.0	14,220.0	24,720.0	12,360.0	28,560.0	14,280.0	24,792.0	12,396.0	28,632.0	14,316.0	24,816.0	12,408.0	28,656.0	14,328.0	24,840.0	12,420.0	28,680.0	14,340.0
20	260,000	8,670	250,000	270,000	26,572.0	13,286.0	30,732.0	15,366.0	26,650.0	13,325.0	30,810.0	15,405.0	26,780.0	13,390.0	30,940.0	15,470.0	26,858.0	13,429.0	31,018.0	15,509.0	26,884.0	13,442.0	31,044.0	15,522.0	26,910.0	13,455.0	31,070.0	15,535.0
21	280,000	9,330	270,000	290,000	28,616.0	14,308.0	33,096.0	16,548.0	28,700.0	14,350.0	33,180.0	16,590.0	28,840.0	14,420.0	33,320.0	16,660.0	28,924.0	14,462.0	33,404.0	16,702.0	28,952.0	14,476.0	33,432.0	16,716.0	28,980.0	14,490.0	33,460.0	16,730.0
22	300,000	10,000	290,000	310,000	30,660.0	15,330.0	35,460.0	17,730.0	30,750.0	15,375.0	35,550.0	17,775.0	30,900.0	15,450.0	35,700.0	17,850.0	30,990.0	15,495.0	35,790.0	17,895.0	31,020.0	15,510.0	35,820.0	17,910.0	31,050.0	15,525.0	35,850.0	17,925.0
23	320,000	10,670	310,000	330,000	32,704.0	16,352.0	37,824.0	18,912.0	32,800.0	16,400.0	37,920.0	18,960.0	32,960.0	16,480.0	38,080.0	19,040.0	33,056.0	16,528.0	38,176.0	19,088.0	33,088.0	16,544.0	38,208.0	19,104.0	33,120.0	16,560.0	38,240.0	19,120.0
24	340,000	11,330	330,000	350,000	34,748.0	17,374.0	40,188.0	20,094.0	34,850.0	17,425.0	40,290.0	20,145.0	35,020.0	17,510.0	40,460.0	20,230.0	35,122.0	17,561.0	40,562.0	20,281.0	35,156.0	17,578.0	40,596.0	20,298.0	35,190.0	17,595.0	40,630.0	20,315.0
25	360,000	12,000	350,000	370,000	36,792.0	18,396.0	42,552.0	21,276.0	36,900.0	18,450.0	42,660.0	21,330.0	37,080.0	18,540.0	42,840.0	21,420.0	37,188.0	18,594.0	42,948.0	21,474.0	37,224.0	18,612.0	42,984.0	21,492.0	37,260.0	18,630.0	43,020.0	21,510.0
26	380,000	12,670	370,000	395,000	38,836.0	19,418.0	44,916.0	22,458.0	38,950.0	19,475.0	45,030.0	22,515.0	39,140.0	19,570.0	45,220.0	22,610.0	39,254.0	19,627.0	45,334.0	22,667.0	39,292.0	19,646.0	45,372.0	22,686.0	39,330.0	19,665.0	45,410.0	22,705.0
27	410,000	13,670	395,000	425,000	41,902.0	20,951.0	48,462.0	24,231.0	42,025.0	21,012.5	48,585.0	24,292.5	42,230.0	21,115.0	48,790.0	24,395.0	42,353.0	21,176.5	48,913.0	24,456.5	42,394.0	21,197.0	48,954.0	24,477.0	42,435.0	21,217.5	48,995.0	24,497.5
28	440,000	14,670	425,000	455,000	44,968.0	22,484.0	52,008.0	26,004.0	45,100.0	22,550.0	52,140.0	26,070.0	45,320.0	22,660.0	52,360.0	26,180.0	45,452.0	22,726.0	52,492.0	26,246.0	45,496.0	22,748.0	52,536.0	26,268.0	45,540.0	22,770.0	52,580.0	26,290.0
29	470,000	15,670	455,000	485,000	48,034.0	24,017.0	55,554.0	27,777.0	48,175.0	24,087.5	55,695.0	27,847.5	48,410.0	24,205.0	55,930.0	27,965.0	48,551.0	24,275.5	56,071.0	28,035.5	48,598.0	24,299.0	56,118.0	28,059.0	48,645.0	24,322.5	56,165.0	28,082.5
30	500,000	16,670	485,000	515,000	51,100.0	25,550.0	59,100.0	29,550.0	51,250.0	25,625.0	59,250.0	29,625.0	51,500.0	25,750.0	59,500.0	29,750.0	51,650.0	25,825.0	59,650.0	29,825.0	51,700.0	25,850.0	59,700.0	29,850.0	51,750.0	25,875.0	59,750.0	29,875.0
31	530,000	17,670	515,000	545,000	54,166.0	27,083.0	62,646.0	31,323.0	54,325.0	27,162.5	62,805.0	31,402.5	54,590.0	27,295.0	63,070.0	31,535.0	54,749.0	27,374.5	63,229.0	31,614.5	54,802.0	27,401.0	63,282.0	31,641.0	54,855.0	27,427.5	63,335.0	31,667.5
32	560,000	18,670	545,000	575,000	57,232.0	28,616.0	66,192.0	33,096.0	57,400.0	28,700.0	66,360.0	33,180.0	57,680.0	28,840.0	66,640.0	33,320.0	57,848.0	28,924.0	66,808.0	33,404.0	57,904.0	28,952.0	66,864.0	33,432.0	57,960.0	28,980.0	66,920.0	33,460.0
33	590,000	19,670	575,000	605,000	60,298.0	30,149.0	69,738.0	34,869.0	60,475.0	30,237.5	69,915.0	34,957.5	60,770.0	30,385.0	70,210.0	35,105.0	60,947.0	30,473.5	70,387.0	35,193.5	61,006.0	30,503.0	70,446.0	35,223.0	61,065.0	30,532.5	70,505.0	35,252.5
34	620,000	20,670	605,000	635,000	63,364.0	31,682.0	73,284.0	36,642.0	63,550.0	31,775.0	73,470.0	36,735.0	63,860.0	31,930.0	73,780.0	36,890.0	64,046.0	32,023.0	73,966.0	36,983.0	64,108.0	32,054.0	74,028.0	37,014.0	64,170.0	32,085.0	74,090.0	37,045.0
35	650,000	21,670	635,000	665,000	66,430.0	33,215.0	76,830.0	38,415.0	66,625.0	33,312.5	77,025.0	38,512.5	66,950.0	33,475.0	77,350.0	38,675.0	67,145.0	33,572.5	77,545.0	38,772.5	67,210.0	33,605.0	77,610.0	38,805.0	67,275.0	33,637.5	77,675.0	38,837.5
36	680,000	22,670	665,000	695,000	69,496.0	34,748.0	80,376.0	40,188.0	69,700.0	34,850.0	80,580.0	40,290.0	70,040.0	35,020.0	80,920.0	40,460.0	70,244.0	35,122.0	81,124.0	40,562.0	70,312.0	35,156.0	81,192.0	40,596.0	70,380.0	35,190.0	81,260.0	40,630.0
37	710,000	23,670	695,000	730,000	72,562.0	36,281.0	83,922.0	41,961.0	72,775.0	36,387.5	84,135.0	42,067.5	73,130.0	36,565.0	84,490.0	42,245.0	73,343.0	36,671.5	84,703.0	42,351.5	73,414.0	36,707.0	84,774.0	42,387.0	73,485.0	36,742.5	84,845.0	42,422.5
38	750,000	25,000	730,000	770,000	76,650.0	38,325.0	88,650.0	44,325.0	76,875.0	38,437.5	88,875.0	44,437.5	77,250.0	38,625.0	89,250.0	44,625.0	77,475.0	38,737.5	89,475.0	44,737.5	77,550.0	38,775.0	89,550.0	44,775.0	77,625.0	38,812.5	89,625.0	44,812.5
39	790,000	26,330	770,000	810,000	80,738.0	40,369.0	93,378.0	46,689.0	80,975.0	40,487.5	93,615.0	46,807.5	81,370.0	40,685.0	94,010.0	47,005.0	81,607.0	40,803.5	94,247.0	47,123.5	81,686.0	40,843.0	94,326.0	47,163.0	81,765.0	40,882.5	94,405.0	47,202.5
40	830,000	27,670	810,000	855,000	84,826.0	42,413.0	98,106.0	49,053.0	85,075.0	42,537.5	98,355.0	49,177.5	85,490.0	42,745.0	98,770.0	49,385.0	85,739.0	42,869.5	99,019.0	49,509.5	85,822.0	42,911.0	99,102.0	49,551.0	85,905.0	42,952.5	99,185.0	49,592.5
41	880,000	29,330	855,000	905,000	89,936.0	44,968.0	104,016.0	52,008.0	90,200.0	45,100.0	104,280.0	52,140.0	90,640.0	45,320.0	104,720.0	52,360.0	90,904.0	45,452.0	104,984.0	52,492.0	90,992.0	45,496.0	105,072.0	52,536.0	91,080.0	45,540.0	105,160.0	52,580.0
42	930,000	31,000	905,000	955,000	95,046.0	47,523.0	109,926.0	54,963.0	95,325.0	47,662.5	110,205.0	55,102.5	95,790.0	47,895.0	110,670.0	55,335.0	96,069.0	48,034.5	110,949.0	55,474.5	96,162.0	48,081.0	111,042.0	55,521.0	96,255.0	48,127.5	111,135.0	55,567.5
43	980,000	32,670	955,000	1,005,000	100,156.0	50,078.0	115,836.0	57,918.0	100,450.0	50,225.0	116,130.0	58,065.0	100,940.0	50,470.0	116,620.0	58,310.0	101,234.0	50,617.0	116,914.0	58,457.0	101,332.0	50,666.0	117,012.0	58,506.0	101,430.0	50,715.0	117,110.0	58,555.0
44	1,030,000	34,330	1,005,000	1,055,000	105,266.0	52,633.0	121,746.0	60,873.0	105,575.0	52,787.5	122,055.0	61,027.5	106,090.0	53,045.0	122,570.0	61,285.0	106,399.0	53,199.5	122,879.0	61,439.5	106,502.0	53,251.0	122,982.0	61,491.0	106,605.0	53,302.5	123,085.0	61,542.5
45	1,090,000	36,330	1,055,000	1,115,000	111,398.0	55,699.0	128,838.0	64,419.0	111,775.0	55,862.5	129,165.0	64,582.5	112,270.0	56,135.0	129,710.0	64,855.0	112,597.0	56,298.5	130,037.0	65,018.5	112,706.0	56,353.0	130,146.0	65,073.0	112,815.0	56,407.5	130,255.0	65,127.5
46	1,150,000	38,330	1,115,000	1,175,000	117,530.0	58,765.0	135,930.0	67,965.0	117,875.0	58,937.5	136,275.0	68,137.5	118,450.0	59,225.0	136,850.0	68,425.0	118,795.0	59,397.5	137,195.0	68,597.5	118,910.0	59,455.0	137,310.0	68,655.0	119,025.0	59,512.5	137,425.0	68,712.5
47	1,210,000	40,330	1,175,000	1,235,000	123,662.0	61,831.0	143,022.0	71,511.0	124,025.0	62,012.5	143,385.0	71,692.5	124,630.0	62,315.0	143,990.0	71,995.0	124,993.0	62,496.5	144,353.0	72,176.5	125,114.0	62,557.0	144,474.0	72,237.0	125,235.0	62,617.5	144,595.0	72,297.5
48	1,270,000	42,330	1,235,000	1,295,000	129,794.0	64,897.0	150,114.0	75,057.0	130,175.0	65,087.5	150,495.0	75,247.5	130,810.0	65,405.0	151,130.0	75,565.0	131,191.0	65,595.5	151,511.0	75,755.5	131,318.0	65,659.0	151,638.0	75,819.0	131,445.0	65,722.5	151,765.0	75,882.5
49	1,330,000	44,330	1,295,000	1,355,000	135,926.0	67,963.0	157,206.0	78,603.0	136,325.0	68,162.5	157,605.0	78,802.5	136,990.0	68,495.0	158,270.0	79,135.0	137,389.0	68,694.5	158,669.0	79,334.5	137,522.0	68,761.0	158,802.0	79,401.0	137,655.0	68,827.5	158,935.0	79,467.5
50	1,390,000	46,330	1,355,000	~	142,058.0	71,029.0	164,298.0	82,149.0	142,475.0	71,237.5	164,715.0	82,357.5	143,170.0	71,585.0	165,410.0	82,705.0	143,587.0	71,793.5	165,827.0	82,913.5	143,726.0	71,863.0	165,966.0	82,983.0	143,865.0	71,932.5	166,105.0	83,052.5

（39）健康保険料（率）

標準報酬			報酬月額			介護保険第2号被保険者に該当しない場合 10.42%		介護保険第2号被保険者に該当する場合 12.02%	
等級	月額	日額	円以上		円未満	全額	折半額	全額	折半額
1	58,000	1,930		～	63,000	6,043.6	3,021.8	6,971.6	3,485.8
2	68,000	2,270	63,000	～	73,000	7,085.6	3,542.8	8,173.6	4,086.8
3	78,000	2,600	73,000	～	83,000	8,127.6	4,063.8	9,375.6	4,687.8
4	88,000	2,930	83,000	～	93,000	9,169.6	4,584.8	10,577.6	5,288.8
5	98,000	3,270	93,000	～	101,000	10,211.6	5,105.8	11,779.6	5,889.8
6	104,000	3,470	101,000	～	107,000	10,836.8	5,418.4	12,500.8	6,250.4
7	110,000	3,670	107,000	～	114,000	11,462.0	5,731.0	13,222.0	6,611.0
8	118,000	3,930	114,000	～	122,000	12,295.6	6,147.8	14,183.6	7,091.8
9	126,000	4,200	122,000	～	130,000	13,129.2	6,564.6	15,145.2	7,572.6
10	134,000	4,470	130,000	～	138,000	13,962.8	6,981.4	16,106.8	8,053.4
11	142,000	4,730	138,000	～	146,000	14,796.4	7,398.2	17,068.4	8,534.2
12	150,000	5,000	146,000	～	155,000	15,630.0	7,815.0	18,030.0	9,015.0
13	160,000	5,330	155,000	～	165,000	16,672.0	8,336.0	19,232.0	9,616.0
14	170,000	5,670	165,000	～	175,000	17,714.0	8,857.0	20,434.0	10,217.0
15	180,000	6,000	175,000	～	185,000	18,756.0	9,378.0	21,636.0	10,818.0
16	190,000	6,330	185,000	～	195,000	19,798.0	9,899.0	22,838.0	11,419.0
17	200,000	6,670	195,000	～	210,000	20,840.0	10,420.0	24,040.0	12,020.0
18	220,000	7,330	210,000	～	230,000	22,924.0	11,462.0	26,444.0	13,222.0
19	240,000	8,000	230,000	～	250,000	25,008.0	12,504.0	28,848.0	14,424.0
20	260,000	8,670	250,000	～	270,000	27,092.0	13,546.0	31,252.0	15,626.0
21	280,000	9,330	270,000	～	290,000	29,176.0	14,588.0	33,656.0	16,828.0
22	300,000	10,000	290,000	～	310,000	31,260.0	15,630.0	36,060.0	18,030.0
23	320,000	10,670	310,000	～	330,000	33,344.0	16,672.0	38,464.0	19,232.0
24	340,000	11,330	330,000	～	350,000	35,428.0	17,714.0	40,868.0	20,434.0
25	360,000	12,000	350,000	～	370,000	37,512.0	18,756.0	43,272.0	21,636.0
26	380,000	12,670	370,000	～	395,000	39,596.0	19,798.0	45,676.0	22,838.0
27	410,000	13,670	395,000	～	425,000	42,722.0	21,361.0	49,282.0	24,641.0
28	440,000	14,670	425,000	～	455,000	45,848.0	22,924.0	52,888.0	26,444.0
29	470,000	15,670	455,000	～	485,000	48,974.0	24,487.0	56,494.0	28,247.0
30	500,000	16,670	485,000	～	515,000	52,100.0	26,050.0	60,100.0	30,050.0
31	530,000	17,670	515,000	～	545,000	55,226.0	27,613.0	63,706.0	31,853.0
32	560,000	18,670	545,000	～	575,000	58,352.0	29,176.0	67,312.0	33,656.0
33	590,000	19,670	575,000	～	605,000	61,478.0	30,739.0	70,918.0	35,459.0
34	620,000	20,670	605,000	～	635,000	64,604.0	32,302.0	74,524.0	37,262.0
35	650,000	21,670	635,000	～	665,000	67,730.0	33,865.0	78,130.0	39,065.0
36	680,000	22,670	665,000	～	695,000	70,856.0	35,428.0	81,736.0	40,868.0
37	710,000	23,670	695,000	～	730,000	73,982.0	36,991.0	85,342.0	42,671.0
38	750,000	25,000	730,000	～	770,000	78,150.0	39,075.0	90,150.0	45,075.0
39	790,000	26,330	770,000	～	810,000	82,318.0	41,159.0	94,958.0	47,479.0
40	830,000	27,670	810,000	～	855,000	86,486.0	43,243.0	99,766.0	49,883.0
41	880,000	29,330	855,000	～	905,000	91,696.0	45,848.0	105,776.0	52,888.0
42	930,000	31,000	905,000	～	955,000	96,906.0	48,453.0	111,786.0	55,893.0
43	980,000	32,670	955,000	～	1,005,000	102,116.0	51,058.0	117,796.0	58,898.0
44	1,030,000	34,330	1,005,000	～	1,055,000	107,326.0	53,663.0	123,806.0	61,903.0
45	1,090,000	36,330	1,055,000	～	1,115,000	113,578.0	56,789.0	131,018.0	65,509.0
46	1,150,000	38,330	1,115,000	～	1,175,000	119,830.0	59,915.0	138,230.0	69,115.0
47	1,210,000	40,330	1,175,000	～	1,235,000	126,082.0	63,041.0	145,442.0	72,721.0
48	1,270,000	42,330	1,235,000	～	1,295,000	132,334.0	66,167.0	152,654.0	76,327.0
49	1,330,000	44,330	1,295,000	～	1,355,000	138,586.0	69,293.0	159,866.0	79,933.0
50	1,390,000	46,330	1,355,000	～		144,838.0	72,419.0	167,078.0	83,539.0

第1 源泉所得税の改正のあらまし

◎ 令和6年度の税制改正により，源泉所得税関係について次のような改正が行われました。

(注) 令和6年4月1日現在の法令に基づいて作成しています。

---

1 令和6年分の所得税について，次のとおり定額減税（特別税額控除制度）を実施することとされました。
   給与所得者については，令和6年6月1日に支払われる給与等に係る源泉所得税から減税されます。

---

(1) 定額減税の対象となる方

令和6年分所得税について，定額による所得税額の特別控除の適用を受けることができる方は，令和6年分所得税の納税者である居住者で，令和6年分の所得税に係る合計所得金額が1,805万円以下である方（給与収入のみの方の場合，給与収入が原則として2,000万円以下である方）です。

(2) 定額減税額

特別控除の額は，次の金額の合計額です。

ただし，その合計額がその人の所得税額を超える場合には，その所得税額が限度となります。

① 本人（居住者に限ります。）   30,000円
② 同一生計配偶者または扶養親族（いずれも居住者に限ります。）
                              1人につき30,000円

(3) 定額減税の実施方法

特別控除は，所得の種類によって，次の方法により実施されます。

① 給与所得者に係る特別控除

令和6年6月1日以後最初に支払われる給与等（賞与を含むものとし，「給与所得者の扶養控除等（異動）申告書」を提出している勤務先から支払われる給与等に限ります。）につき源泉徴収をされるべき所得税及び復興特別所得税（以下「所得税等」といいます。）の額から特別控除の額に相当する金額が控除されます。これにより控除をしてもなお控除しきれない部分の金額は，以後，令和6年中に支払われる給与等につき源泉徴収されるべき所得税等の額から順次控除されます。

なお，「給与所得者の扶養控除等（異動）申告書」に記載した事項の異動等により，特別控除の額が異動する場合は，年末調整により調整することになります。

② 公的年金等の受給者に係る特別控除

令和6年6月1日以後最初に厚生労働大臣等から支払われる公的年金等（確定給付企業年金法の規定に基づいて支給を受ける年金等を除きます。）につき源泉徴収をされるべき所得税等の額から特別控除の額に相当する金額が控除されます。これにより控除をしてもなお控除しきれない部分の金額は，以後，令和6年中に支払われる公的年金等につき源泉徴収されるべき所得税等の額から順次控除されます。

なお，「公的年金等の受給者の扶養親族等申告書」に記載した事項の異動等により，特別控除の額が異動する場合は，令和6年分の所得税の確定申告（令和7年1月以降）により調整することになります。

③　事業所得者等に係る特別控除

　　原則として，令和6年分の所得税の確定申告（令和7年1月以降）の際に所得税の額から特別控除の額が控除されます。

　　予定納税の対象となる方については，令和6年7月の第1期分予定納税額から本人分に係る特別控除の額に相当する金額が控除されます。

　　なお，同一生計配偶者又は扶養親族に係る特別控除の額に相当する金額については，予定納税額の減額申請の手続により特別控除の額を控除することができ，第1期分予定納税額から控除しきれなかった場合には，控除しきれない部分の金額が11月の第2期分予定納税額から控除されます。

（参考）　住民税の定額減税

令和6年度分の個人住民税については，次により特別控除が適用されます。

①　納税義務者の所得割の額から，特別控除の額を控除します。ただし，その方の令和6年度分の個人住民税に係る合計所得金額が1,805万円以下である場合に限ります。

②　特別控除の額は，次の金額の合計額です。ただし，その合計額がその方の所得割の額を超える場合には，所得割の額を限度とします。

　ア　本人　1万円

　イ　控除対象配偶者又は扶養親族（国外居住者を除く。）1人につき1万円

　（注）　控除対象配偶者を除く同一生計配偶者（国外居住者を除く。）については，令和7年度分の所得割の額から，1万円を控除します。

③　給与所得に係る特別徴収の場合の特別控除は，次により実施されます。

　　特別徴収義務者は，令和6年6月に給与の支払をする際は特別徴収を行わず，特別控除の額を控除した後の個人住民税の額の11分の1の額を令和6年7月から令和7年5月まで，それぞれの給与の支払をする際毎月徴収します。

> **2　特定の取締役等が受ける新株予約権の行使による株式の取得に係る経済的利益の非課税等（ストックオプション税制）について，次の措置を講ずることとされました。**
> **この改正は，令和6年分以後の所得税について適用されます。**

⑴　**新株予約権に係る契約要件**

　「新株予約権を与えられた者と当該新株予約権の行使に係る株式会社との間で締結される一定要件を満たす当該行使により交付をされる株式（譲渡制限株式に限ります。）の管理等に関する契約に従って，当該株式会社により当該株式の管理等がされること」との要件を満たす場合には，「新株予約権の行使により取得をする株式につき金融商品取引業者等の営業所等に保管の委託等がされること」との要件を満たすことが不要とされました。

⑵　**権利行使価額の限度額**

①　設立の日以後の期間が5年未満の株式会社が付与する新株予約権については，限度額が2,400万円（改正前：1,200万円）に引き上げられました。

②　一定の株式会社が付与する新株予約権については，限度額が3,600万円（改正前：1,200万円）に引き上げられました。

　（注）　上記の「一定の株式会社」とは，設立の日以後の期間が5年以上20年未満である株式会社で，金融商

品取引所に上場されている株式等の発行者である会社以外の会社又は金融商品取引所に上場されている株式等の発行者である会社のうち上場等の日以後の期間が5年未満であるものをいいます。

> **3 非課税口座内の少額上場株式等に係る配当所得及び譲渡所得等の非課税措置(NISA)等について,次の措置を講ずることとされました。**
> (1)の改正は,令和6年4月1日以後に提出する非課税口座開設届出書,(2)の改正は,同日以後に取得する上場株式等について適用されます。

(1) 廃止通知書について,次の措置が講じられました。

① 金融商品取引業者等の営業所の長は,廃止通知書の交付に代えて,電磁的法により当該廃止通知書に記載すべき事項を提供できることとする。

② 非課税口座を開設し,又は開設していた居住者等は,廃止通知書の提出又は非課税口座開設届出書への添付に代えて,電磁的方法による当該廃止通知書に記載すべき事項の提供及び当該事項を記載した非課税口座開設届出書の提出等ができることとする。

(2) 非課税口座内上場株式等について与えられた新株予約権で一定のものの行使等に際して金銭の払込みをして取得した上場株式等について,次の措置が講じられました。

① 上場株式等は,非課税口座が開設されている金融商品取引業者等を経由して払込みをすること並びに金融商品取引業者等への買付けの委託等により取得した場合と同様の受入期間及び取得対価の額の合計額に係る要件その他の要件を満たす場合に限り,特定非課税管理勘定に受け入れることができることとする。

② 上場株式等を,非課税管理勘定又は特定非課税管理勘定に受け入れることができる非課税管理勘定又は特定非課税管理勘定に係る上場株式等の分割等により取得する上場株式等の範囲から除外する。

③ 上場株式等を,特定口座に受け入れることができる上場株式等の範囲に加える。

(3) 非課税口座内上場株式等の配当等に係る金融商品取引業者等の要件について,国外において発行された株式の配当等に係る支払の取扱者でその者に開設されている非課税口座において株式のみを管理していることその他の要件を満たす場合には,口座管理機関に該当することとの要件が不要とされました。

(4) 累積投資上場株式等の要件のうち上場株式投資信託の受益者に対する信託報酬等の金額の通知に係る要件について廃止するとともに,特定非課税管理勘定で管理する公募株式投資信託については,特定非課税管理勘定に係る非課税口座が開設されている金融商品取引業者等は,その受益者に対して,公募株式投資信託に係る信託報酬等の金額を通知することとされました。

> **4 住宅借入金等を有する場合の所得税額の特別控除について,次の措置を講ずることとされました。**

(1) 個人で,年齢40歳未満であって配偶者を有する者,年齢40歳以上であって年齢40歳未満の配偶者を有する者又は年齢19歳未満の扶養親族を有する者(以下「子育て特例対象個人」といいます。)が,認定住宅等の新築若しくは認定住宅等で建築後使用されたことのないものの取得又は買取再販認定住宅等の取得(以下「認定住宅等の新築等」といいます。)をして令和6年1月1日から同年12月31日までの間に居住の用に供した場合の住宅借入金等の年末残高の限度額(借入限度額)が次のとおりとされ,本特例の適用ができることとされました。

住宅の区分	借入限度額
認定住宅	5,000万円
特定エネルギー消費性能向上住宅	4,500万円
ユネルギー消費性能向上住宅	4,000万円

(2) 認定住宅等の新築又は認定住宅等で建築後使用されたことのないものの取得に係る床面積要件の緩和措置（合計所得金額1,000万円以下の者に限り40m²に緩和）について，令和6年12月31日以前（改正前：令和5年12月31日以前）に建築確認を受けた家屋についても適用できることとされました。

(注) 東日本大震災の被災者等に係る住宅借入金等を有する場合の所得税額の特別控除の控除額に係る特例についても，子育て特例対象個人である住宅被災者が，認定住宅等の新築等をして令和6年1月1日から同年12月31日までの間に居住の用に供した場合の再建住宅借入金等の年末残高の限度額（借入限度額）が次のとおりとされ，本特例の適用ができることとされました。

住宅の区分	借入限度額
認定住宅	
特定エネルギー消費性能向上住宅	5,000万円
エネルギー消費性能向上住宅	

5 金融機関等の受ける利子所得等に対する源泉徴収の不適用の適用対象に，一定の社債であって，金融商品取引業者のうち第一種金融商品取引業を行う者又は登録金融機関にその社債の譲渡についての制限を付することその他の一定の要件を満たす方法により保管の委託がされた社債の利子等が加えられました。

　この改正は，令和6年4月1日以後に支払を受けるべき社債の利子について適用されます。

6 新公益信託の信託財産につき生ずる所得（貸付信託の受益権の収益の分配に係るものにあっては，その受益権が公益信託の信託財産に引き続き属していた期間に対応する部分に限ります。）については，所得税を課さないこととされました。

　この改正は，公益信託に関する法律の施行の日以後に効力が生ずる新公益信託について適用されます。

7 源泉徴収制度及び支払調書の対象となる報酬又は料金等の範囲に，社会保険診療報酬支払基金から支払われる流行初期医療の確保に要する費用が加えられました。

　この改正は，令和6年4月1日以後に支払うべき診療報酬について適用されます。

8 支払調書等の電子情報処理組織（e-Tax）を使用する方法等による提出義務制度について，提出義務の対象となるかどうかの判定基準となるその年の前々年に提出すべきであった支払調書等の枚数を30枚以上（改正前：100枚以上）に引き下げられました。

　この改正は，令和9年1月1日以後に提出すべき支払調書等について適用されます。

令和５年度以前の税制改正により，令和６年１月１日以後適用される主なもの

1　非課税口座内の少額上場株式等に係る配当所得及び譲渡所得等の非課税措置（NISA）について，次の措置が講じられました。

この改正は，令和６年１月１日から適用されます。

---

(1)　非課税保有期間が無期限とされるとともに，口座開設可能期間については期限を設けず，恒久的な措置とされました。

(2)　一定の投資信託を対象とする長期・積立・分散投資の枠（「つみたて投資枠」といいます。）については，年間投資上限額が120万円に拡充されました。

(3)　上場株式への投資が可能な現行の一般NISAの役割を引き継ぐ「成長投資枠」を設けるとともに，「つみたて投資枠」との併用を認めることとされました。

(4)　非課税保有限度額が新たに1,800万円に設定され，「成長投資枠」については，その内数として1,200万円とされました。

【令和６年以降】

	つみたて投資枠　（併用可）	成長投資枠
年間の投資上限額	**120**万円	**240**万円
非課税保有期間	制限なし（**無期限化**）	**同左**
非課税保有限度額 **（総枠）**	**1,800**万円 ※薄価残高方式で管理（枠の再利用が可能）	
		1,200万円（内数）
口座開設可能期間	制限なし（**恒久化**）	**同左**
投資対象商品	積立・分散投資に適した一定の公募等株式投資信託 （商品性について内閣総理大臣が告示で定める要件を満たしたものに限る）	上場株式・公募株式投資信託等 ※安定的な資産形成につながる投資商品に絞り込む観点から，高レバレッジ投資信託などを対象から除外
投資方法	契約に基づき，定期かつ継続的な方法で投資	制限なし
現行制度との関係	令和５年末までに現行の一般NISA及びつみたてNISA制度において投資した商品は，新しい制度の外枠で，現行制度における非課税措置を適用	

（財務省資料より）

2　給与所得者の扶養控除等申告書について，その申告書に記載すべき事項がその年の前年の申告内容と異動がない場合には，その記載すべき事項の記載に代えて，その異動がない旨の記載によることができることとされました。

この改正は，令和７年１月１日以後に支払を受けるべき給与等について提出する給与所得者の扶養控除等申告書について適用されます。

(注)　従たる給与についての扶養控除等申告書についても，同様の改正が行われました。

3　給与所得者の保険料控除申告書について，次に掲げる事項の記載を要しないこととされました。
　　　この改正は，令和6年10月1日以後に提出する給与所得者の保険料控除申告書について適用されます。

⑴　申告者が生計を一にする配偶者その他の親族の負担すべき社会保険料を支払った場合のこれらの者の申告者との続柄

⑵　生命保険料控除の対象となる支払保険料等に係る保険金等の受取人の申告者との続柄

　　4　源泉徴収票の提出方法について，次の見直しが行われました。
　　　この改正は，令和9年1月1日以後に提出すべき給与所得及び公的年金等の源泉徴収票について適用されます。

⑴　給与等の支払をする者が，市区町村の長に給与支払報告書を提出した場合には，その報告書に記載された給与等について税務署長に給与所得の源泉徴収票を提出したものとみなされます。

⑵　上記⑴の見直しに伴い，給与所得の源泉徴収票の税務署長への提出を要しないこととされる給与等の範囲を，給与支払報告書の市区町村の長への提出を要しないこととされる給与等の範囲と同様に，年の中途において退職した居住者に対するその年中の給与等の支払金額が30万円以下である場合のその給与等とされました。

⑶　公的年金等の源泉徴収票の提出方法についても同様の措置が講じられました。

第2　源泉徴収制度のあらまし

区　　　分	説　　　　明
源　泉　徴　収	源泉徴収とは，給与や退職手当，公的年金等，利子，配当，報酬・料金など一定の所得を支払う際に，その支払者が，その支払う金額から所定の金額の所得税及び復興特別所得税を天引きする方法によって徴収し，その徴収した所得税及び復興特別所得税を国に納付することをいいます。 　このようにして徴収された所得税及び復興特別所得税は，源泉分離課税とされる利子所得などを除き，最終的には，その年の年末調整や確定申告によって精算されます。 　なお，この所得税及び復興特別所得税を徴収して国に納付する義務を負う者を**源泉徴収義務者**と呼び，その徴収して納付する所得税及び復興特別所得税を**源泉徴収に係る所得税及び復興特別所得税**又は**源泉所得税及び復興特別所得税**などと呼んでいます。 　**(注)**　平成25年1月1日から令和19年12月31日までの間に生じる所得のうち，所得税の源泉徴収の対象とされている所得については，所得税を徴収する際に，復興特別所得税を併せて徴収し，徴収した所得税と併せて納付する源泉徴収制度が採用されています。
源泉徴収の対象となる所得	所得税及び復興特別所得税の源泉徴収は，次に掲げる所得について行います。 (1)　**居住者である個人に支払うもの** 　**(注)**　「居住者」とは，日本国内に住所を有するか，又は日本国内に現在まで引き続いて1年以上居所を有する個人をいいます。 　イ　**給　　与　　等** 　　俸給，給料，賃金，歳費，賞与，その他これらの性質を有するものです。 　ロ　**退　職　手　当　等** 　　退職手当，退職一時金などです。 　ハ　**公　的　年　金　等** 　　国民年金法や厚生年金保険法等に基づく年金，恩給(一時恩給を除きます。)，過去の勤務に基づき使用者であった者から支給される年金などです。 　ニ　**利　　子　　等** 　　預貯金の利子，公債や社債の利子，合同運用信託又は公社債投資信託や公募公社債等運用投資信託の収益の分配などです。 　ホ　**配　　当　　等** 　　株主や出資者が会社などから受ける剰余金の配当（法人課税信託の受益権，公募公社債等運用投資信託以外の公社債等運用投資信託の受益権及び社債的受益権を含みます。），利益の配当（資産の流動化に関する法律に規定する中間配当を含み，分割型分割によるもの及び株式分配を除きます。）や剰余金の分配，金銭の分配，相互保険会社の基金利息，投資信託（公社債投資信託及び公募公社債等運用投資信託を除きます。）及び特定受益証券発行信託の収益の分配です。 　　なお，会社の合併（法人課税信託に係る信託の併合を含み，適格合併を除

区　　　分	説　　　明
源泉徴収の対象となる所得	きます。）や分割型分割（適格分割型分割を除きます。），資本の払戻し（分割型分割を除きます。），解散，自己の株式又は出資の取得などが行われた場合や，出資の消却（取得した出資について行うものを除きます。），退社若しくは脱退による持分の払戻しが行われた場合などには，剰余金の配当，利益の配当又は剰余金の分配があったものとみなされる場合があります。 　ヘ　報酬・料金など 　　　その内容は，本書の付録4（211ページ以下）に説明してあります。 　ト　生命保険契約等及び損害保険契約等に基づく年金 　チ　定期積金の給付補填金等 　　　定期積金等の給付補填金，抵当証券の利息，貴金属の売戻し条件付売買の利益，一時払養老保険の差益などです。 　リ　匿名組合契約等に基づく利益の分配 　ヌ　源泉徴収を選択した特定口座内の上場株式等の譲渡による所得等 　ル　懸賞金付預貯金等の懸賞金等 　ヲ　割引債の償還差益や割引債の償還金に係る差益金額 (2)　内国法人に支払うもの 　イ　利　　子　　等 　ロ　配　　当　　等 　ハ　定期積金の給付補填金等 　ニ　匿名組合契約等に基づく利益の分配 　ホ　馬主が受ける競馬の賞金 　ヘ　懸賞金付預貯金等の懸賞金等 　ト　割引債の償還差益や割引債の償還金に係る差益金額 (3)　非居住者又は外国法人に支払うもの 　　　その内容は，本書の付録5（236ページ以下）に説明してあります。 (注)　「非居住者」とは，居住者以外の個人をいいます。
源泉徴収税額の計算	源泉徴収する所得税及び復興特別所得税の額は，所得の支払者が計算することになっています。 　この計算方法は，「源泉徴収の対象となる所得」に掲げた所得の種類ごとに定められていますが，給与所得など主要なもののあらましは，次のとおりです。 (1)　給与所得及び退職所得 　　　給与所得については所定の税額表を，退職所得については速算表を使用して計算します。この場合，その計算に当たっては，次のような準備が必要です。なお，これらの準備のために必要な書類は，全て税務署から交付を受けられます（国税庁ホームページ【http://www.nta.go.jp/】でも提供されています。）。 　イ　税額表を用意すること 　　　税額表の種類は，第3（82ページ）に説明してあります。 　ロ　申告書の提出を受けること 　　　給与所得や退職所得の支払を受ける人から，税額計算のために必要な申告書の提出を受け，その内容を検討し，税額表の適用区分や扶養親族等の数又は金額などを確認します。提出を受ける申告書の種類や提出を受ける期限などは，本書の付録3（215ページ以下）に掲げてあります。

区　　　　分	説　　　　　　　　　明
源泉徴収税額の計算	ハ　源泉徴収簿を用意すること 　　給与を支給した事績や所得税及び復興特別所得税を徴収した事績，その徴収した所得税及び復興特別所得税の計算の基礎などは，全て給与の支払を受ける人ごとに記録しておかないと，年末調整の手続ができないことになります。このため，毎年最初（年の中途で就職した人については，就職後最初）に給与を支払う時までに，このような記録をするための帳簿として各人ごとに源泉徴収簿を作成します。 (2)　公 的 年 金 等 　　「公的年金等の受給者の扶養親族等申告書」の提出の有無や公的年金等の区分に応じて，支給金額から一定金額を控除した残額に5.105％又は10.21％の税率を適用して計算します。付録11（262ページ以下）を参照してください。 (3)　利子所得及び配当所得 　　利子所得又は次のイ及びロに掲げる配当所得については，支払金額に15.315％（居住者については，このほかに地方税5％）の税率を適用して計算します。付録6（242ページ以下）及び付録10（256ページ以下）を参照してください。 　イ　私募公社債等運用投資信託の収益の分配 　ロ　特定目的信託の社債的受益権の収益の分配 　　その他の配当所得については20.42％（上場株式等，公募証券投資信託の収益の分配及び特定投資法人の投資口の配当等については15.315％（居住者については，このほかに地方税5％））の税率を適用して計算します。 (4)　定期積金の給付補塡金等 　　支払金額に15.315％（居住者については，このほかに地方税5％）の税率を適用して計算します。 (5)　報酬・料金など 　　付録4（219ページ以下）に説明したところにより計算します。
源泉徴収税額の徴収と納付	計算した税額は，それぞれ，その所得を支払う際に徴収し，その月中に徴収した総額は，翌月の10日までに国に納付します。ただし，この期限については，次のような特例があります。 (1)　源泉徴収時期の特例 　イ　法人の法人税法第2条第15号に規定する役員に対する賞与などや配当（一定の投資信託又は特定受益証券発行信託の収益の分配を除きます。）については，それを支払うことになった日から1年を経過してもなお未払であるときは，その1年を経過した日に支払があったものとみなして所得税及び復興特別所得税を徴収し，その徴収した月の翌月10日までに国に納付します（所法181②，183②）。 　ロ　発行時源泉徴収の対象とされる割引債の償還差益（232ページ）は，その割引債の発行の際に所得税及び復興特別所得税を徴収し，その徴収した月の翌月10日までに国に納付します（措法41の12③）。 (2)　納期の特例 　　常時10人未満の人に給与を支払っている事務所，事業所などで税務署長の承認を受けた者は，その事務所，事業所などで支払った給与や退職手当及び弁護士，税理士，公認会計士などの一定の報酬・料金について源泉徴収した税額を毎年1月から6月まで及び7月から12月までの6か月分ずつをまとめて，それぞれその年の7月10日及び翌年の1月20日まで

区　　　分	説　　　　　　　　　明
源泉徴収税額の徴収と納付	に納付することができます（所法216）。 　なお，この納期の特例の適用を受けるためには，給与支払事務所等の所在地の所轄税務署長に「源泉所得税の納期の特例の承認に関する申請書」を提出する必要があります（所法217①）。 　**(注)**　この申請書を提出した日の属する月の翌月末日までに承認又は却下の処分がなかったときは，その翌月末日において承認があったものとみなされますので，申請月の翌々月以降に納付すべきものからこの特例が適用されます（所法216，217⑤）。 (3)　**翌月10日又は翌年 1 月20日が日曜日，祝日などの休日又は土曜日である場合の納期限** 　源泉徴収した税額の納期限である各月の10日又は(2)の納期の特例の適用を受ける場合の 1 月20日が，日曜日，祝日などの休日に当たる場合や土曜日に当たる場合には，その休日明けの日がそれぞれ納期限となります（通法10②，通令 2 ②）。 (4)　**災害等の場合の納期限の特例** 　災害その他やむを得ない理由により，源泉徴収した税額をその納期限までに納付することができないことになった場合は，その理由がやんだ日から 2 か月以内の期間内で納期限の延長が行われます（通法11）。 　この延長は，災害による被害が広い地域に及ぶ場合や国税庁が運用するシステムに障害があった場合には，地域及び期日又は対象者の範囲及び期日を指定した国税庁長官の告示により行われますが，それ以外の場合には，税務署長に対する個別の申請により行われます（「災害による申告，納付等の期限延長申告書」を提出します。新型コロナウイルスによる場合も同様です。）。
源泉徴収税額の納付方法	徴収した税額は，「所得税徴収高計算書（納付書）」（この用紙は，税務署から交付を受けられます。）に所定の事項を記載し，これに納付金額を添えて所轄の税務署又は日本銀行の本店，支店，代理店，歳入代理店（ほとんどの金融機関の店舗が日本銀行代理店又は歳入代理店となっています。）若しくはゆうちょ銀行の代理店となっている郵便局で納付します。 ※　インターネットを利用して納付することもできます。詳しくは国税電子申告・納税システム(e-Tax)ホームページ【https://www.e-tax.nta.go.jp/】をご覧ください。
源泉徴収税額を納付しなかった場合	源泉徴収義務は，その所得を支払うことによって自動的に生じますから，法定の納期限までにその税額を国に納付しない場合には，国（具体的には，納税地の所轄税務署長）は，その税額をその所得の支払者から徴収します（所法221）。 　また，法定の納期限までに納付しなかった場合には，延滞税や不納付加算税などを負担しなければならないことがあります。
給与や公的年金等の支払者が行わなければならないこと	以上のほか，給与や公的年金等の支払者が所得税及び復興特別所得税の源泉徴収に関して行わなければならないことをまとめてみますと，次のようになります。 (1)　**給与支払事務所等の開設等の届出** 　新たに給与を支払うこととなった場合や支店を開設するなど給与の支払事務を取り扱う事務所，事業所などを設けた場合又はこれらの事務所などを移転したり廃止した場合には，これらの事実があった日から 1 か月以内に，使用人の職種別人員などを記載した届出書を，その事務所な

区　　　分	説　　　　　　　　　明
給与や公的年金等の支払者が行わなければならないこと	どの所在地（事務所を新設した場合には新設した事務所の所在地，事務所を廃止した場合には廃止前の事務所の所在地，平成29年4月1日以後に事務所を移転した場合には移転前の事務所の所在地）を所轄する税務署長に提出します（所法230，所規99）。 (2) **年末調整** 　　毎年最後に給与の支払をする際に年末調整を行います（所法190）。 　　年末調整の要領は，第8（131ページ以下）に説明してあります。 (3) **給与や公的年金等の支払明細書の交付** 　　給与所得や退職所得，公的年金等を支払う者は，支払金額と徴収税額などを記載した支払明細書を，その支払を受ける人に交付します（所法231，所規100）。 (4) **源泉徴収票の交付と提出** 　　その年中の給与所得や退職所得，公的年金等についてそれぞれ源泉徴収票を作成し，次の期限までにその支払を受ける人に交付するとともに，支払金額が一定の金額以上のものについては税務署長にも提出します（所法226）。 　イ　年の中途で退職した人については，退職後1か月を経過する日 　ロ　その他の人については，翌年1月末日 　**(注)** 令和9年1月1日以後，給与等又は公的年金等の支払をする者が，源泉徴収票に記載すべき一定の事項が記載された給与支払報告書又は公的年金等支払報告書を市町村の長に提出した場合には，これらの報告書に記載された給与等又は公的年金等については，その支払をする者は，給与等又は公的年金等の源泉徴収票の提出をしたものとみなされます（所法226⑥）。 (5) **支払調書の提出** 　　報酬・料金，定期積金の給付補塡金等，利子，配当などの支払者は，その報酬・料金，給付補塡金等，利子，配当などについて所定の源泉徴収税額を徴収し，納付するほか，一定金額以上のものについてはそれぞれ支払調書を作成し，所定の期限までに税務署長に提出します（所法225）。 　　ただし，居住者又は非居住者に対して支払う源泉分離課税とされる所得などについては，支払調書の提出を要しないものがあります（措法3③，8の2⑤，41の10③など）。

(注) 令和6年分の所得税については定額減税による所得税の特別控除が適用され、給与等に係る源泉徴収税額から控除する場合には、174ページ以下を参照してください。

第3 源泉徴収のために使う税額表等について

税額などの種類とその適用区分

　給与所得や退職所得から源泉徴収をする所得税及び復興特別所得税の額は，特別の場合を除いては，所得税法や財務省告示により定められている税額表などを使って求めることになっていますが，その税額表などの種類と，どのような場合に，どの表を適用するかという区分は，次のようになっています。

(注)　特別の場合とは，①給与所得については，非居住者に給与を支払う場合や，電子計算機などの機械を使って給与に対する徴収税額の計算を行う場合（162ページ以下参照）であり，②退職所得については，「退職所得の受給に関する申告書」を提出していない人に退職手当を支払う場合です。

税額表などの種類		適用区分
賞与以外の給与を支払うときに適用する表	給与所得の源泉徴収税額表（月額表） （2ページ参照）	①　1か月ごとに支払う給与に適用します。 　　通常の月給はもちろん，いわゆる日給月給のように計算の基礎を日額賃金におくものであっても月1回ずつまとめて支払うもの，又は年俸いくらと定めて月割額を毎月支払うものなど，その支給が1か月ごとと定められている給与については，すべてこの表を適用します。 ②　半月ごと又は10日ごとに支払う給与に適用します。 ③　月の整数倍の期間ごとに支払う給与に適用します。 　　例えば，6か月に1回まとめて支払う役員報酬などは，この表を適用します。
	給与所得の源泉徴収税額表（日額表） （10ページ参照）	①　日々支払う給与に適用します。 　　毎日支払う日給については，すべてこの表を適用します。 ②　日割で支払う給与に適用します。 　　月額で支払額を定めている給与でも，中途就職者又は中途退職者に日割で支払うものについては，この表を適用します。ただし，その日割額が半月分，10日分になるものは月額表を適用します。 ③　①及び②のほか，月額表を適用できない給与（賞与を除きます。）に適用します。給与を週給で支払う場合又は臨時に雇った人に13日分とか23日分の給与をまとめて支払うというような場合には，この表を適用します。

税額表などの種類		適用区分
賞与を支払うときに適用する表	賞与に対する源泉徴収税額の算出率の表 (18ページ参照)	賞与を支払う月の前月中に賞与以外の普通給与の支払を受けていた人に支払う賞与に適用します。 　ただし、前月中の普通給与の額の10倍を超える賞与を支払う場合には、この表は適用できません。
	給与所得の源泉徴収税額表(月額表) (2ページ参照)	①　賞与の額がその賞与を支払う月の前月中に支払を受けた普通給与の金額の10倍を超える場合には、この表を適用します。 ②　賞与を支払う月の前月中に普通給与の支払を受けなかった人(賞与以外の普通給与を月の整数倍の期間により支払を受ける人及び給与の支払が遅れたため前月中に普通給与の支払を受けなかった人を除きます。)に賞与を支払う場合には、この表を適用します。
年末調整をするときに適用する表	年末調整のための算出所得税額の速算表 (33ページ参照)	年末調整の際、算出所得税額を求めるために使用します。
	年末調整等のための給与所得控除後の給与等の金額の表 (24ページ参照)	①　年末調整の際、給与所得控除後の給与等の金額を求めるために使用します。 ②　令和6年分の年末調整のときは、「令和6年分の年末調整等のための給与所得控除後の給与等の金額の表」を適用します。
	控除額の合計額の早見表 (22ページ参照)	①　年末調整の際、扶養控除額及び障害者等の控除額の合計額を求めるために使用します。 ②　令和6年分の年末調整のときは、「令和6年分の扶養控除額及び障害者等の控除額の合計額の早見表」を適用します。
退職所得を支払うときに適用する表	退職所得の源泉徴収税額の速算表 (21ページ参照)	①　退職所得の税額を求めるために使用します。 ②　令和6年分については、「令和6年分の退職所得の源泉徴収税額の速算表」を適用します。
	源泉徴収のための退職所得控除額の表 (20ページ参照)	退職所得控除額を求めるために使用します。

第4 月額表の見方・使い方

I　月額表の甲欄と乙欄との適用区分

　月額表には,「甲」と表示された欄と「乙」と表示された欄とがあり, これらの欄は, 一般にそれぞれ「甲欄」又は「乙欄」と呼ばれていますが, それぞれの欄を適用する給与は, 次のとおりです。

〈甲欄と乙欄との適用区分〉

区　分	適用する欄
(1)「給与所得者の扶養控除等申告書」を提出している人に支払う給与	甲　　欄
(2)「給与所得者の扶養控除等申告書」を提出していない人及び「従たる給与についての扶養控除等申告書」を提出している人に支払う給与	乙　　欄

(注) 1　2か所以上から給与の支払を受ける場合には,「給与所得者の扶養控除等申告書」は, そのうちの1か所だけにしか提出することができません。
　　　　　この場合,「給与所得者の扶養控除等申告書」を提出した給与の支払者から支払を受ける給与を「主たる給与」といい, それ以外の給与の支払者から支払を受ける給与を「従たる給与」といいます。
　　　2　2か所以上から給与の支払を受ける場合の従たる給与はもちろん, 1か所だけからしか給与の支払を受けていない人でも「給与所得者の扶養控除等申告書」を提出していない場合には, その人に支払う給与については乙欄を適用します。

II　使用に当たっての注意

1 「その月の社会保険料等控除後の給与等の金額」

　「その月の社会保険料等控除後の給与等の金額」とは, その月に支給する本俸, 諸手当などの給与の合計額から, その給与から差し引く社会保険料等(注)を控除した金額をいいます。社会保険料等を給与から差し引くには, 前月分の給与について算定される社会保険料等を当月の給与から差し引くか, 又は当月の給与について算定された社会保険料等を当月の給与から差し引くことになりますが, そのいずれの場合でも, その給与から実際に差し引く金額を控除したところによります。なお, その月に支給する給与から差し引く社会保険料等がない場合には, その月に支給する本俸, 諸手当などの給与の合計額がそのまま「その月の社会保険料等控除後の給与等の金額」になります。

　(注) 社会保険料等とは, 厚生年金保険の保険料, 雇用保険の保険料, 健康保険の保険料, 後期高齢者医療制度の保険料, 介護保険の保険料, 公務員の共済組合の掛金などの社会保険料 (192ページ参照) や独立行政法人中小企業基盤整備機構との共済契約の掛金, 個人型又は企業型年金の加入者掛金, 心身障害者扶養共済制度に関する契約の掛金などの小規模企業共済等掛金 (217ページ参照) をいいます。

2 扶養親族等の数

「扶養親族等の数」は，給与を支払うときに申告されている源泉控除対象配偶者と控除対象扶養親族（これらの範囲については付録2を参照）との合計人数によります。ただし，給与の支払を受ける人が障害者（特別障害者を含みます。），寡婦，ひとり親又は勤労学生（これらの範囲については付録2を参照）に該当するときは，その該当するごとに扶養親族等の数に1人を加算した数により，また，申告された同一生計配偶者又は扶養親族のうちに障害者（特別障害者を含みます。）又は同居特別障害者に該当する人がいる場合には，これらの一に該当するごとに扶養親族等の数に1人を加算した数によります（折込表（その2）の「税額表の適用欄の求め方の例示」参照）。

なお，その月中にこの数につき異動の申告があった場合でも，その月分の給与を支払った後における異動の申告は，その給与の税額の計算には影響を与えませんので，やり直しをする必要はありません（所基通194・195-1）。

3 老人控除対象配偶者の配偶者控除及び老人扶養親族若しくは特定扶養親族の扶養控除並びに特別障害者の障害者控除

年齢70歳以上の源泉控除対象配偶者や控除対象扶養親族についての配偶者控除額（48万円）や扶養控除額（同居老親等に該当する場合は58万円，同居老親等以外の場合は48万円），年齢19歳以上23歳未満の人（特定扶養親族）の扶養控除額（63万円），特別障害者に該当する人の障害者控除額（同居特別障害者に該当する場合は75万円，それ以外の場合は40万円）は，それぞれ一般の配偶者控除額（38万円），扶養控除額（38万円），障害者控除額（27万円）よりも多額となっています。

この控除額の差は，年末調整の際に精算されることになっていますので，毎月の税額を求める際には，その控除額の差を考慮する必要はありません。

4 配偶者控除又は配偶者特別控除額

配偶者が源泉控除対象配偶者に該当する場合には，上記2により配偶者控除（38万円）又は配偶者特別控除（38万円）が税額表に織り込まれていますが，源泉控除対象配偶者に該当しない場合の配偶者控除又は配偶者特別控除は，税額表に織り込まれていませんので，年末調整の際に控除することになります。

(注) 「配偶者控除」と「配偶者特別控除」を重複して適用を受けることはできませんので注意してください。

5 乙欄を適用する場合の注意

乙欄は，「給与所得者の扶養控除等申告書」を提出していない人に支払う給与については，乙欄を適用することになります。乙欄の税額は甲欄の場合の税額に比べて高率となっていますので，1か所だけから給与の支払を受けているにもかかわらず，この申告書を提出していない人に対しては，給与を支払う前にまずこの申告書を提出させて，甲欄を適用するようにすることが望ましいでしょう。

Ⅲ 月額表の使用例

この使用例（次ページ～）は，令和6年1月以後に支払の確定した給与についての例です。次の税額の求め方の説明中「月額表」とあるのは，「給与所得の源泉徴収税額表（月額表）」の略称です。控除する社会保険料等は令和6年1月の東京都における一般の事業・40歳未満のケース（一部例外もあります。）によるものです。

通常の場合の使用例

1 「給与所得者の扶養控除等申告書」が提出されている場合

(1) 社会保険料等控除後の給与等の金額が 88,000 円未満の場合

　　その月の給与の金額から社会保険料等を控除した後の金額が88,000円未満となる場合は，源泉控除対象配偶者や控除対象扶養親族がなく，障害者等の控除も全くない場合でも，**徴収する税額は常にありません。**

(2) 控除対象配偶者がいる場合

設 例		
基　本　給	210,200円	
諸　手　当	26,500円	計　　　　236,700円
控除する社会保険料等		35,356円
源泉控除対象配偶者	あり	
控除対象扶養親族	なし	

ポイント　税額欄の該当する行を見間違えないようにします。

税額の求め方

① まず，給与の金額から社会保険料等を控除します。

　　236,700円 − 35,356円 = 201,344円

② 次に，月額表によって「その月の社会保険料等控除後の給与等の金額」欄で201,344円を含む「201,000円以上203,000円未満」の行を求め，この行と「甲」欄の「扶養親族等の数」1人欄との交わるところに記載されている税額を求めます。この場合の税額は**3,220円**であり，これが求める税額です。

(3) 老人控除対象配偶者がいる場合

設 例		
給 与 の 金 額		236,700円
控除する社会保険料等（※）		13,396円
源泉控除対象配偶者	あり（老人控除対象配偶者に該当）	
控除対象扶養親族	なし	

ポイント　老人控除対象配偶者がいても，扶養親族等の数は，一般の源泉控除対象配偶者がいる場合と同じです。

税額の求め方　※70歳以上健保と雇保に加入

① まず，給与の金額から社会保険料等を控除します。

　　236,700円 − 13,396円 = 223,304円

② 次に，月額表によって「その月の社会保険料等控除後の給与等の金額」欄で223,304円を含む「221,000円以上224,000円未満」の行を求め，この行と「甲」欄の「扶養親族等の数」1人欄との交わるところに記載されている税額を求めます。この場合の税額は**3,950円**であり，これが求める税額です。

(4) 源泉控除対象配偶者及び控除対象扶養親族がいる場合

設 例		
給 与 の 金 額		262,600円
控除する社会保険料等		38,340円
源泉控除対象配偶者	あり	
控除対象扶養親族の数	1人	

ポイント　源泉控除対象配偶者と控除対象扶養親族の合計数を扶養親族等の数とします。

税額の求め方

① まず，給与の金額から社会保険料等を控除します。

262,600円 − 38,340円 ＝ 224,260円

② 次に，月額表によって「その月の社会保険料等控除後の給与等の金額」欄で224,260円を含む「224,000円以上227,000円未満」の行を求め，この行と「甲」欄の「扶養親族等の数」2人欄との交わるところに記載されている税額を求めます。この場合の税額は **2,440円** であり，これが求める税額です。

(5) 源泉控除対象配偶者及び老人扶養親族がいる場合

設 例

給 与 の 金 額		305,309円
控除する社会保険料等		44,252円
源泉控除対象配偶者	あり	
控除対象扶養親族の数	1人（老人扶養親族に該当）	

ポイント 老人扶養親族がいても，源泉控除対象配偶者と控除対象扶養親族の合計数を扶養親族等の数とします。

税額の求め方

① まず，給与の金額から社会保険料等を控除します。

305,309円 − 44,252円 ＝ 261,057円

② 次に，月額表によって「その月の社会保険料等控除後の給与等の金額」欄で261,057円を含む「260,000円以上263,000円未満」の行を求め，この行と「甲」欄の「扶養親族等の数」2人欄との交わるところに記載されている税額を求めます。この場合の税額は **3,730円** であり，これが求める税額です。

(6) 源泉控除対象配偶者，控除対象扶養親族及び障害者等のいずれもいない場合 （独身者等）

設 例

給 与 の 金 額	209,500円
控除する社会保険料等	29,537円

ポイント 扶養親族等の数0人の欄で見ます。

税額の求め方

① まず，給与の金額から社会保険料等を控除します。

209,500円 − 29,537円 ＝ 179,963円

② 次に，月額表によって「その月の社会保険料等控除後の給与等の金額」欄で179,963円を含む「179,000円以上181,000円未満」の行を求め，この行と「甲」欄の「扶養親族等の数」0人欄との交わるところに記載されている税額を求めます。この場合の税額は **4,050円** であり，これが求める税額です。

(7) 一般の障害者である控除対象扶養親族がいる場合

設 例

給 与 の 金 額		321,300円
控除する社会保険料等		47,176円
源泉控除対象配偶者	あり	
控除対象扶養親族の数	1人（一般の障害者に該当）	

ポイント 実際の扶養親族等の数に1人を加えたところで月額表を適用します。

税額の求め方

① まず，給与の金額から社会保険料等を控除します。

321,300円 − 47,176円 ＝ 274,124円

② 次に，月額表によって「その月の社会保険料等控除後の給与等の金額」欄で274,124円を含む「272,000円以上275,000円未満」の行を求め，この行と「甲」欄の「扶養親族等の数」3人欄（控除対象扶養親族が障害者であるため，実際の扶養親族等の数2人に1人を加えます。）との交わるところに記載されている税額を求めます。この場合の税額は **2,540円** であり，これが求める税額です。

(8) **一般の障害者である年齢16歳未満の扶養親族がいる場合**

> **設 例**
>
> | | |
> |---|---|
> | 給 与 の 金 額 | 333,000円 |
> | 控除する社会保険料等 | 50,074円 |
> | 源泉控除対象配偶者 | あり |
> | 扶 養 親 族 の 数 | 1人（年齢12歳，一般の障害者に該当） |

ポイント 　年齢16歳未満の扶養親族の人数は，扶養親族等の数に加えませんが，その扶養親族が障害者（特別障害者を含みます。）又は同居特別障害者に該当する場合は，これらの一に該当するごとに扶養親族等の数に1人を加えたところで月額表を適用します。

税額の求め方

① 　まず，給与の金額から社会保険料等を控除します。

　　333,000円 − 50,074円 = 282,926円

② 　次に，月額表によって「その月の社会保険料等控除後の給与等の金額」欄で282,926円を含む「281,000円以上284,000円未満」の行を求め，この行と「甲」欄の「扶養親族等の数」2人欄（扶養親族は16歳未満ですが，障害者であるため，上記の **ポイント** のとおり実際の扶養親族等の数1人に1人を加えます。）との交わるところに記載されている税額を求めます。この場合の税額は **4,480** 円であり，これが求める税額です。

(9) **同居特別障害者である控除対象扶養親族がいる場合**

> **設 例**
>
> | | |
> |---|---|
> | 給 与 の 金 額 | 291,400円 |
> | 控除する社会保険料等 | 44,168円 |
> | 源泉控除対象配偶者 | あり |
> | 控除対象扶養親族の数 | 1人（同居特別障害者に該当） |

ポイント 　実際の扶養親族等の数に1人（障害者に該当）を加え，更にその障害者に該当する人が同居特別障害者に該当するということですから，もう1人を加えたところで月額表を適用します。

税額の求め方

① 　まず，給与の金額から社会保険料等を控除します。

　　291,400円 − 44,168円 = 247,232円

② 　次に，月額表によって「その月の社会保険料等控除後の給与等の金額」欄で247,232円を含む「245,000円以上248,000円未満」の行を求め，この行と「甲」欄の「扶養親族等の数」4人欄（控除対象扶養親族が特別障害者であるため，実際の扶養親族等の数2人に1人を加え，その控除対象扶養親族が同居特別障害者であることから更にもう1人を加えます。）との交わるところに記載されている税額を求めます。この場合の税額は **0**円であり，徴収する税額はありません。

(10) **給与の支払を受ける人が一般の障害者の場合**

> **設 例**
>
> | | |
> |---|---|
> | 給 与 の 金 額 | 251,400円 |
> | 控除する社会保険料等 | 38,272円 |
> | 源泉控除対象配偶者 | あり |
> | 控除対象扶養親族 | なし |
> | 本人が一般の障害者に該当 | |

ポイント 　実際の扶養親族等の数に1人を加えたところで月額表を適用します。

税額の求め方

① 　まず，給与の金額から社会保険料等を控除します。

　　251,400円 − 38,272円 = 213,128円

② 　次に，月額表によって「その月の社会保険料等控除後の給与等の金額」欄で213,128円を含む「213,000円以上215,000円未満」の行を求め，この行と「甲」欄の「扶養親族等の数」2人欄（本人が障害者に該当

するため,実際の扶養親族等の数1人に1人を加えます。)との交わるところに記載されている税額を求めます。この場合の税額は**2,030円**であり，これが求める税額です。

(注)　給与の支払を受ける人が特別障害者に該当する場合も，同じ要領で求めます。

(11)　源泉控除対象配偶者がいない場合

設　例	
給 与 の 金 額	265,300円
控除する社会保険料等	38,356円
源泉控除対象配偶者	なし
控除対象扶養親族の数	2人

ポイント　扶養親族等の数2人の欄で見ます。

税額の求め方

①　まず，給与の金額から社会保険料等を控除します。

265,300円－38,356円＝226,944円

②　次に，月額表によって「その月の社会保険料等控除後の給与等の金額」欄で226,944円を含む「224,000円以上227,000円未満」の行を求め，この行と「甲」欄の「扶養親族等の数」2人欄との交わるところに記載されている税額を求めます。この場合の税額は**2,440円**であり，これが求める税額です。

(12)　ひとり親の場合

設　例	
給 与 の 金 額	236,000円
控除する社会保険料等	35,352円
源泉控除対象配偶者	なし
控除対象扶養親族の数	1人
本人がひとり親に該当	

ポイント　実際の扶養親族等の数に1人を加えたところで月額表を適用します。

税額の求め方

①　まず，給与の金額から社会保険料等を控除します。

236,000円－35,352円＝200,648円

②　次に，月額表によって「その月の社会保険料等控除後の給与等の金額」欄で200,648円を含む「199,000円以上201,000円未満」の行を求め，この行と「甲」欄の「扶養親族等の数」2人欄（本人がひとり親に該当するため，実際の扶養親族等の数1人に1人を加えます。）との交わるところに記載されている税額を求めます。この場合の税額は**1,530円**であり，これが求める税額です。

(注)　給与の支払を受ける人が，寡婦，障害者又は勤労学生に該当する場合にも，同じ要領で求めます。

(13)　勤労学生の場合

設　例	
給 与 の 金 額	114,600円
控除する社会保険料等	17,373円
源泉控除対象配偶者，扶養親族	なし
本人が勤労学生に該当	

ポイント　扶養親族等の数を1人として月額表を適用します。

税額の求め方

①　まず，給与の金額から社会保険料等を控除します。

114,600円－17,373円＝97,227円

②　次に，月額表によって「その月の社会保険料等控除後の給与等の金額」欄で97,227円を含む「97,000円以上98,000円未満」の行を求め，この行と「甲」欄の「扶養親族等の数」1人欄との交わるところに記載

されている税額を求めます。この場合の税額は **0円** であり，徴収する税額はありません。

⒁ 夫婦共働きでそれぞれ控除対象扶養親族がある場合

【 設 例 】

夫	給 与 の 金 額		242,900円
	控除する社会保険料等		35,393円
	控除対象扶養親族の数	1人	
妻	給 与 の 金 額		217,600円
	控除する社会保険料等		32,414円
	控除対象扶養親族の数	1人	

【ポイント】 夫，妻共に扶養親族等の数1人の欄で見ます。

【税額の求め方】

イ 夫の場合

① まず，給与の金額から社会保険料等を控除します。

242,900円 − 35,393円 = 207,507円

② 次に，月額表によって「その月の社会保険料等控除後の給与等の金額」欄で207,507円を含む「207,000円以上209,000円未満」の行を求め，この行と「甲」欄の「扶養親族等の数」1人欄との交わるところに記載されている税額を求めます。この場合の税額は **3,430円** であり，これが求める税額です。

ロ 妻の場合

① まず，給与の金額から社会保険料等を控除します。

217,600円 − 32,414円 = 185,186円

② 次に，月額表によって「その月の社会保険料等控除後の給与等の金額」欄で185,186円を含む「185,000円以上187,000円未満」の行を求め，この行と「甲」欄の「扶養親族等の数」1人欄との交わるところに記載されている税額を求めます。この場合の税額は **2,640円** であり，これが求める税額です。

⒂ 同一世帯の兄弟でそれぞれ控除対象扶養親族がある場合

【 設 例 】

兄	給 与 の 金 額		310,000円
	控除する社会保険料等		47,108円
	源泉控除対象配偶者	なし	
	控除対象扶養親族の数	2人	
弟	給 与 の 金 額		252,600円
	控除する社会保険料等		38,280円
	源泉控除対象配偶者	なし	
	控除対象扶養親族の数	1人	

【ポイント】 それぞれの扶養親族の数に応じて月額表を見ます。

【税額の求め方】

イ 兄の場合

① まず，給与の金額から社会保険料等を控除します。

310,000円 − 47,108円 = 262,892円

② 次に，月額表によって「その月の社会保険料等控除後の給与等の金額」欄で262,892円を含む「260,000円以上263,000円未満」の行を求め，この行と「甲」欄の「扶養親族等の数」2人欄との交わるところに記載されている税額を求めます。この場合の税額は **3,730円** であり，これが求める税額です。

ロ 弟の場合

① まず，給与の金額から社会保険料等を控除します。

252,600円 − 38,280円 = 214,320円

② 次に，月額表によって「その月の社会保険料等控除後の給与等の金額」欄で214,320円を含む「213,000円以上215,000円未満」の行を求め，この行と「甲」欄の「扶養親族等の数」1人欄との交わるところに記載されている税額を求めます。この場合の税額は **3,640 円** であり，これが求める税額です。

⒃ **社会保険料等控除後の給与等の金額が 740,000 円を超える場合**

設 例	
給 与 の 金 額	1,273,700円
控除する社会保険料等	124,751円
源泉控除対象配偶者	なし
控除対象扶養親族の数	3 人

ポイント 月額表に定められている計算式に当てはめて計算します。

税額の求め方

① まず，給与の金額から社会保険料等を控除します。

1,273,700円 － 124,751円 ＝ 1,148,949円

② 次に，月額表によって「その月の社会保険料等控除後の給与等の金額」欄で1,148,949円を含む「950,000円を超え1,700,000円に満たない金額」の場合の計算式を「甲」欄により求めますと，「950,000円の場合の税額に，その月の社会保険料等控除後の給与等の金額のうち950,000円を超える金額の33.693％に相当する金額を加算した金額」となっています。

③ ②により求めた計算式に応じ，まず，「その月の社会保険料等控除後の給与等の金額」が950,000円で扶養親族等の数が3人の場合の税額102,070円を求め，この税額に①により求めたその月の社会保険料等控除後の給与等の金額のうち950,000円を超える金額の33.693％に相当する金額を加えます。

102,070円 ＋（1,148,949円 － 950,000円）× 33.693％ ＝ **169,101 円**（1円未満の端数切捨て）。これが求める税額です。

2 「給与所得者の扶養控除等申告書」が提出されていない場合

（「従たる給与についての扶養控除等申告書」が提出されている場合を含みます。）

⑴ **社会保険料等控除後の給与等の金額が 88,000 円未満の場合**

設 例	
給 与 の 金 額	85,100円
控除する社会保険料等 なし	

ポイント 給与の金額が少額な場合でも3.063％の税率が適用されます。

税額の求め方

月額表によって「その月の社会保険料等控除後の給与等の金額」欄で「88,000円未満」の行を求め，この行と「乙」欄の「税額」欄との交わるところに記載されている税額の求め方により税額を求めます。

85,100円 × 3.063％ ＝ **2,606 円** これが求める税額です。

⑵ **社会保険料等控除後の給与等の金額が 88,000 円から 740,000 円までの場合**

設 例	
給 与 の 金 額	224,800円
控除する社会保険料等 なし	

ポイント 乙欄の税額を求めます。

税額の求め方

控除する社会保険料等がないので，月額表によって「その月の社会保険料等控除後の給与等の金額」欄で224,800円を含む「224,000円以上227,000円未満」の行を求め，この行と「乙」欄の「税額」欄との交わるところに記載されている税額を求めます。この場合の税額は **28,400 円** であり，これが求める税額です。

(3) 社会保険料等控除後の給与等の金額が740,000円を超える場合

設 例	
給 与 の 金 額	1,215,600円
控除する社会保険料等　　　なし	

ポイント　乙欄に掲げる計算方法によります。

税額の求め方

　　月額表によって「その月の社会保険料等控除後の給与等の金額」欄で1,215,600円を含む「950,000円を超え1,700,000円に満たない金額」の行を求め，この行と「乙」欄の「税額」欄との交わるところに記載されている税額の求め方により税額を求めます。

　　　　259,800円＋(1,215,600円－740,000円)×40.84％＝**454,035 円**（1円未満切捨て）　これが求める税額です。

(4) 「従たる給与についての扶養控除等申告書」が提出されている場合

設 例	
給 与 の 金 額	186,900円
控除する社会保険料等　　　なし（※）	
「従たる給与についての扶養控除等申告書」に記載されている扶養親族等	2人

ポイント　乙欄の税額から扶養親族等1人ごとに1,610円を控除します。

税額の求め方　※原則は主たる給与との按分ですが，ここでは考慮しないこととします。

① 　まず，月額表によって「その月の社会保険料等控除後の給与等の金額」欄で186,900円を含む「185,000円以上187,000円未満」の行を求め，この行と「乙」欄の「税額」欄との交わるところに記載されている16,000円を求めます。

② 　次に，①により求めた税額から「従たる給与についての扶養控除等申告書」に記載されている扶養親族等1人ごとに1,610円を控除します。

　　　　16,000円－1,610円×2 ＝**12,780 円**　これが求める税額です。

特殊な場合の使用例

(1) 給与を半月ごとに支給する場合

　　給与を半月ごとに支給する場合は，その半月の社会保険料等控除後の給与等の金額の2倍相当額に応じた税額を「月額表」によって求め，その税額を2分の1して計算します。この場合において，2分の1した税額に1円未満の端数があるときは，その端数は切り捨てます。

設 例	
半 月 分 の 給 与	115,800円
その半月分の給与から控除する社会保険料等	17,663円
源泉控除対象配偶者　　　　あり	
控除対象扶養親族　　　　　なし	
「給与所得者の扶養控除等申告書」の提出　あり	

ポイント　半月分の給与の2倍相当額を基として月額表により求めた税額を2分の1します。

税額の求め方

① 　まず，半月分の給与から社会保険料等を控除します。

　　　115,800円－17,663円＝98,137円

② 　次に，①により求めた金額を2倍します。

　　　98,137円×2 ＝196,274円

③ 次に，月額表の「甲欄」によって「その月の社会保険料等控除後の給与等の金額」が196,274円で，扶養親族等の数が1人の場合の税額3,000円を求めます。

④ ③により求めた税額を2分の1します。

3,000円 ÷ 2 ＝ **1,500円**　これが求める税額です。

(2) 給与の支給期を毎旬（10日ごと払）と定めている場合

> **設　例**
>
> | | |
> |---|---|
> | 10日分の給与 | 113,800円 |
> | 10日分の給与から控除する社会保険料等 | 16,708円 |
> | 源泉控除対象配偶者 | なし |
> | 控除対象扶養親族の数 | 1人 |
> | 「給与所得者の扶養控除等申告書」の提出 | あり |

ポイント　10日分の給与の3倍相当額を基として月額表により求めた税額を3分の1します。

税額の求め方

① まず，10日分の給与から社会保険料等を控除します。

113,800円 － 16,708円 ＝ 97,092円

② 次に，①により求めた金額を3倍します。

97,092円 × 3 ＝ 291,276円

③ 次に，月額表の「甲欄」によって「その月の社会保険料等控除後の給与等の金額」が291,276円で，扶養親族等の数が1人の場合の税額6,420円を求めます。

④ ③により求めた税額を3分の1します。

6,420円 ÷ 3 ＝ **2,140円**（1円未満切捨て）　これが求める税額です。

(3) 給与の支払期間を月の整数倍で定めている場合

役員報酬のように，給与の支払期間を6か月とか3か月とか，月の整数倍で定めている場合には，その役員報酬の月割額に応じた税額を「月額表」によって求め，その税額をその支払期間の月数倍して計算します。

> **設　例**
>
> | | |
> |---|---|
> | 半期の役員報酬（6か月分） | 4,134,000円 |
> | 控除する社会保険料等 | なし（※） |
> | 源泉控除対象配偶者 | あり |
> | 控除対象扶養親族の数 | 2人 |

ポイント　役員報酬の6分の1相当額を基として月額表を適用し，求めた税額を6倍します。

税額の求め方　※常勤役員は社会保険加入義務者ですが，ここでは考慮しないこととします。

イ 「給与所得者の扶養控除等申告書」が提出されている場合

① まず，給与の月割額を求めます。

4,134,000円 ÷ 6 ＝ 689,000円

② 次に，月額表の「甲」欄によって「その月の社会保険料等控除後の給与等の金額」が689,000円で，扶養親族等の数が3人の場合の税額44,240円を求めます。

③ ②により求めた税額を6倍します。

44,240円 × 6 ＝ **265,440円**　これが求める税額です。

ロ 「給与所得者の扶養控除等申告書」が提出されていない場合

① まず，給与の月割額を求めます。

4,134,000円 ÷ 6 ＝ 689,000円

② 次に，月額表の「乙」欄によって「その月の社会保険料等控除後の給与等の金額」が689,000円の場合の税額233,600円を求めます。

③ 次に，②により求めた税額を6倍します。

233,600円 × 6 ＝ **1,401,600 円**　これが求める税額です。

(4)　**給与を追加して支給する場合**

　　給与の追加支給が行われた場合に，その追加支給する給与から徴収する税額は，追加支給する給与をそれまでに支払った給与に合算した金額を基として求めた税額からそれまでに支払った給与に対する税額を控除して求めます。

　　ただし，給与の改訂をそ及して実施した場合の過去の期間の差額を一時に支払う場合には，次の(5)によります。

```
設  例
既に支給したその月分の給与の金額                    225,700円
控除する社会保険料等                              32,462円
既に徴収した税額                                  2,930円
源泉控除対象配偶者               あり
控除対象扶養親族                 なし
追加支給する給与（※）                            20,000円
「給与所得者の扶養控除等申告書」の提出    あり
```

　ポイント　既に支給した給与に上積みして月額表を適用します。

　税額の求め方　※原則は雇用保険料の控除要ですが，ここでは考慮しないこととします。

①　まず，既に支給した給与と追加支給する給与とを合計します。

　　225,700円 ＋ 20,000円 ＝ 245,700円

②　次に，①の合計額から社会保険料等を控除します。

　　245,700円 － 32,462円 ＝ 213,238円

③　次に，月額表の「甲」欄によって「その月の社会保険料等控除後の給与等の金額」が213,238円で扶養親族等の数が1人の場合の税額3,640円を求めます。

④　③により求めた税額から既に支給した給与に対する徴収税額を差し引きます。

　　3,640円 － 2,930円 ＝ **710 円**　これが求める税額です。

(5)　**給与ベースの改定を過去にさかのぼって実施したため新旧給与ベースの差額をまとめて支給する場合**

　　給与ベースの改定を過去にさかのぼって実施したため新旧給与ベースの差額が支給される場合に，その差額から徴収する税額は，その差額をその支給期に支払う普通給与に加算した金額を基として求めます。

　　この場合，その差額については，賞与に準じて税額の計算をしても差し支えありません（所基通183〜193共- 5。賞与の場合の計算例は105ページ以下参照）。

```
設  例
既に支給したその月の給与の金額                     245,800円
控除する社会保険料等                              35,411円
既に徴収した税額                                  1,890円
源泉控除対象配偶者               あり
控除対象扶養親族の数             1人
新旧給与ベースの差額（※）                         60,300円
「給与所得者の扶養控除等申告書」の提出    あり
```

　ポイント　その月分の給与に上積みして月額表を適用します。

　税額の求め方　※原則は雇用保険料の控除要ですが，ここでは考慮しないこととします。

①　まず，既に支給したその月分の給与の額と新旧給与ベースの差額とを合計し，その合計額から社会保険料等を控除します。

　　（245,800円 ＋ 60,300円） － 35,411円 ＝ 270,689円

②　次に，月額表の「甲」欄によって「その月の社会保険料等控除後の給与等の金額」が270,689円で扶養

親族等の数が2人の場合の税額4,050円を求めます。

③　次に，②により求めた税額から既に支給したその月の給与について徴収した税額1,960円を控除します。

　　4,050円－1,890円＝**2,160円**

　　これが新旧給与ベースの差額60,300円に対する税額です。

(注)　この場合，60,300円を賞与の額として税額を計算することもできます（計算方法については，賞与の計算例参照）。

(6)　**給与を概算で支給する場合**

　　支給総額の定まっていない給与を概算で支給する場合の徴収税額は，最初に支払う給与については，その支給額をその月の給与の額として計算した場合の税額であり，第2回以後に支払う給与については，そのときまでに既に支払った給与の累計額と，そのときの給与の額との合計額に対する税額から直前までに徴収した税額を差し引いて計算します（所基通183～193共-2。(4)又は(5)の例参照）。

(7)　**前月分の時間外手当を支給する場合**

　　前月分の時間外手当をその月に支払う場合の税額は，その時間外手当をその月の給与支払日に支払うか，それ以外の日に支払うかにより，次のようにして計算します。

イ　**その月の給与支給日に支払う場合**

　　その時間外手当をその月分の給与に加算して，その合計額に対する税額を一般の例により計算します。

ロ　**その月の給与支給日以外の日に支払う場合**

　　最初に支払う給与については，その支給額に対する税額を一般の例により計算し，次に支払う給与については，そのときまでに既に支払った給与との合計額を基として計算した税額から前に徴収した税額を控除して計算します（(4)又は(5)の例参照）。

(8)　**扶養親族等の数が7人より多い場合**

設　例	
給 与 の 金 額	579,000円
控除する社会保険料等	86,900円
源泉控除対象配偶者	あり
控除対象扶養親族の数	7人
「給与所得者の扶養控除等申告書」の提出	あり

ポイント　月額表の税額から，7人を超える扶養親族等1人について1,610円を控除します。

税額の求め方

①　まず，給与の金額から社会保険料等を控除します。

　　579,000円－86,900円＝492,100円

②　次に，月額表の「甲」欄によって「その月の社会保険料等控除後の給与等の金額」が492,100円で扶養親族等の数が7人の場合の税額4,880円を求めます。

③　②により求めた税額から7人を超える扶養親族等1人について1,610円を控除します。

　　4,880円－1,610円＝**3,270円**　　これが求める税額です。

(9)　**給与が税引で定められている場合**（支払者が所得税及び復興特別所得税を負担する場合）

　　次の設例については，その月分の給与からその月分の給与について計算した社会保険料等を控除することとしますと，源泉徴収税額も社会保険料等の額も互いに変わるため，その計算に著しく手数がかかりますので，その月分の給与からは前月分の給与について計算した社会保険料等を控除することを前提とします。

イ　**社会保険料等控除後の税引給与の金額と，それに対する税額との合計額が740,000円までの場合**

　　まず，税引給与の金額から社会保険料等を控除し，その控除後の税引給与の金額を「その月の社会保険料等控除後の給与等の金額」とした場合の税額を求め，次に，その税額の欄を税額の大きくなる方へ順次下って，その欄の税額と社会保険料等控除後の税引手取金額との合計額が「その月の社会保険料等控除後の給与等の金額」欄に定める額の範囲内となる行を求めれば，その行の税額が求める税額です。

税引手取給与の額	184,100円
その給与から控除する前月分の社会保険料等	27,980円
源泉控除対象配偶者	あり
控除対象扶養親族	なし
「給与所得者の扶養控除等申告書」の提出	あり

税額の求め方

① まず，税引給与から，その給与から控除する前月分の社会保険料等を控除します。

　　184,100円 − 27,980円 = 156,120円

② 次に，月額表の「甲」欄によって「その月の社会保険料等控除後の給与等の金額」が156,120円と扶養親族等の数が1人の場合の税額の合計額が「その月の社会保険料等控除後の給与等の金額」欄に定める給与等の範囲内の金額となるように，税額欄を見ていくと，右の月額表の○印のところが，税額1,640円と156,120円の合計額157,760円を含む給与等の範囲（157,000円以上159,000円未満）内となります。したがって，求める税額は**1,640**円です。

【月額表抜すい】

その月の社会保険料等控除後の給与等の金額		扶養親族等の数
		1　人
以上	未満	税　額
円	円	円
155,000 ～	157,000	1,570
157,000 ～	159,000	○ 1,640
159,000 ～	161,000	1,720

検　算

　　上記の税額計算が正確であるかどうか検算してみましょう。

① まず，税込の給与は，184,100円 + 1,640円 = 185,740円となります。

② 次に，①の金額から社会保険料等を控除します。

　　185,740円 − 27,980円 = 157,760円

③ 月額表の「甲」欄によって「その月の社会保険料等控除後の給与等の金額」が157,760円で扶養親族等の数が1人の場合の税額を求めますと1,640円であり，上記の計算は正しいということになります。

ロ　**社会保険料等控除後の税引給与の金額と，それに対する税額との合計額が740,000円を超える場合**

　　この場合には，月額表を使用して税額を求めることは困難なので，税引給与と扶養親族等の数とに応じて，月額表の計算式に従って一定の算式を作成し，この算式により求めることになりますが，該当例も少ないものと思われますので，計算例は省略します。

第5 日額表の見方・使い方

I 使 用 に 当 た っ て の 注 意

1 日額表の甲欄，乙欄及び丙欄の適用区分

日額表には，甲欄，乙欄及び丙欄がありますが，それぞれの欄を適用する給与は，次のとおりです。

(1) 甲欄を適用する給与

「給与所得者の扶養控除等申告書」を提出している人に支払う給与

(2) 乙欄を適用する給与

「給与所得者の扶養控除等申告書」を提出していない人及び「従たる給与についての扶養控除等申告書」を提出している人に支払う給与。ただし，丙欄を適用する給与を除きます。

(3) 丙欄を適用する給与

イ 日々雇い入れられる人に対し，労働した日又は時間によって計算し，かつ，労働した日ごとに支払う給与。ただし，継続して2か月を超えて支払うこととなった場合には，その2か月を超えて支払う部分の給与は，甲欄又は乙欄を適用することになります。

ロ 日々雇い入れられる人に対し，労働した日又は時間によって計算して支払う給与で労働した日以外の日に支払うもの（例えば，5日ごとに締め切って支払うようなもの）。ただし，継続して2か月を超えて支払うこととなった場合には，その2か月を超えて支払う部分の給与は，甲欄又は乙欄を適用することになります。

ハ あらかじめ定められた雇用契約の期間が2か月以内の人に支払う給与で，労働した日又は時間によって計算されたもの。ただし，雇用契約の期間の延長又は再雇用により継続して2か月を超えて支払うこととなった場合には，その2か月を超えて支払う部分の給与は，甲欄又は乙欄を適用することになります。

2 その他の注意

1以外は，月額表の場合に準じます。

II 日 額 表 の 使 用 例

この使用例は，令和5年1月以後に支払の確定した給与についての例です。なお，次の税額の求め方の説明中「日額表」とあるのは，「給与所得の源泉徴収税額表（日額表）」の略称です。

1 「給与所得者の扶養控除等申告書」が提出されている場合

(1) 給与を日割計算によって支給する場合

月の中途で就職したり退職した人に，給与を日割計算によって支給する場合に徴収する税額は，その給与の日割額（控除する社会保険料等があるときは，社会保険料等控除後の給与等の金額の日割額）に対応する税額を，「日額表」によって求め，その求めた税額をその日数倍して計算します。ただし，その日割計算によって支

払う給与が15日分又は10日分となるときは，月額表の使用例の半月払又は旬払の例（92ページ参照）によることができます（所基通185-5）。

> **設　例**
>
> 社会保険料等控除後の給与の金額（その月の22日から30日までの分）
> 　　　　　　　　　　　　　　　　　　　　　　　　　　80,802円
>
> 源泉控除対象配偶者　　　　　　あり
> 控除対象扶養親族の数　　　　　1人

【ポイント】　給与の日割額を基として日額表を適用します。

【税額の求め方】

① まず，給与の日割額を求めます。なお，給与から控除する社会保険料等があるときは，社会保険料等控除後の給与の日割額を求めます。

　　80,802円÷9（日）（22日〜30日）＝8,978円

② 日額表によって「その日の社会保険料等控除後の給与等の金額」欄で8,978円を含む「8,900円以上9,000円未満」の行を求め，この行と「甲」欄の「扶養親族等の数」2人欄との交わるところに記載されている税額130円を求めます。

③ ②により求めた税額を9倍します。

　　130円×9（日）＝**1,170円**　これが求める税額です。

(2)　週給の例

> **設　例**
>
> 週　　　　　給　　　　　　　　　　　　　　　87,100円
> 控除する社会保険料等　　　　　　　　　　　　13,060円
> 源泉控除対象配偶者　　　　　　あり
> 控除対象扶養親族の数　　　　　1人

【ポイント】　給与の7分の1相当額を基として日額表を適用します。

【税額の求め方】

① まず，給与から社会保険料等を控除します。

　　87,100円－13,060円＝74,040円

② 次に，給与の日割額を求めます。

　　74,040円÷7（日）＝10,577円（1円未満切捨て）

③ 日額表によって「その日の社会保険料等控除後の給与等の金額」が10,577円で，扶養親族等の数が2人の場合の「甲」欄に掲げる税額195円を求めます。

④ ③により求めた税額を7倍します。

　　195円×7（日）＝**1,365円**　これが求める税額です。

(3)　月額表によって税額を求めることができない場合

給与の支給期が5日ごととか14日ごととかのように，月額表によって税額を求めることができない場合にも，(1)又は(2)と同様にして日割額を求めて日額表により税額を求め，その求めた税額をその日数倍して計算します。

(4)　控除対象扶養親族に障害者がある場合

> **設　例**
>
> 社会保険料等控除後の給与の金額(その月の12日から23日までの日給の合計額)
> 　　　　　　　　　　　　　　　　　　　　　　　　　　102,480円
>
> 源泉控除対象配偶者　　　　　　なし
> 控除対象扶養親族の数　　　　　1人（一般の障害者に該当）

【ポイント】　実際の扶養親族等の数に1人を加えたところで日額表の「甲」欄を適用します。

税額の求め方

① まず，給与の日割額を求めます。

102,480円÷12（日）（12日〜23日）＝8,540円

② 日額表によって「その日の社会保険料等控除後の給与等の金額」が8,540円で，扶養親族等の数が2人（障害者が1人あるため，1人を加えます。）の場合の「甲」欄に掲げる税額115円を求めます。

③ ②により求めた税額を12倍します。

115円×12（日）＝ **1,380円** これが求める税額です。

（注） 特別障害者に該当する扶養親族がある場合にも，同じ要領で求めます（98ページ「2 その他の注意」及び86ページ「2 扶養親族等の数」参照）。

2 「給与所得者の扶養控除等申告書」が提出されていない場合

(1) 乙欄を適用する場合

設 例

給 与 の 日 額	8,480円
控除する社会保険料等	なし（※）

ポイント 日額表の「乙」欄を適用します。※従たる給与であっても社会保険の対象ですがここでは無視します。

税額の求め方

日額表によって「その日の社会保険料等控除後の給与等の金額」が8,480円の場合の「乙」欄に掲げる税額を求めると **1,260円** であり，これが求める税額です。

（注）「従たる給与についての扶養控除等申告書」が提出されている場合には，上記により求めた税額から，申告された扶養親族等1人につき50円を控除します。

(2) 丙欄を適用する場合

イ いわゆる日雇労働者に毎日賃金を支払う場合

設 例

賃 金 日 額	13,400円
控除する社会保険料等（※）	80円

ポイント 日額表の「丙」欄を適用します。※雇用保険印紙保険料

税額の求め方

① まず，賃金日額から社会保険料等を控除します。

13,400円 − 80円 ＝ 13,320円

② 日額表によって「その日の社会保険料等控除後の給与等の金額」が13,320円の場合の「丙」欄に掲げる税額を求めると **146円** であり，これが求める税額です。

ロ 短期間（2か月以内）の臨時雇にまとめて賃金を支払う場合

設 例

勤 務 日 数		20日
支 払 賃 金 （日額11,900円）		238,000円
控除する社会保険料等（1日当たり1,768円）（※）		35,364円

ポイント 2か月以内の短期間雇用の場合の日額賃金については，日額表の丙欄を適用します。

税額の求め方 ※短期間ですが，社会保険に加入したものとします。

① 日額表によって「その日の社会保険料等控除後の給与等の金額」が10,132円（11,900円 − 1,768円）の場合の「丙」欄に掲げる税額を求めると31円です。

② 次に，①で求めた税額を勤務日数倍します。

31円×20（日）＝ **620円** これが求める税額です。

第6　賞与に対する源泉徴収税額の算出率の表の見方・使い方

Ⅰ　使用に当たっての注意

1　この表を適用できない賞与

この表（18ページ）は，次に掲げる賞与から徴収する税額を求める場合には，適用できません。なお，次に掲げる賞与から徴収する税額の求め方は，105ページ以下に例示してあります。

(1)　前月中の普通給与の10倍を超える賞与

(2)　前月中に普通給与の支払がない場合に支払う賞与

(注)　前月の普通給与から社会保険料等を控除した後の金額が0となる人は，前月中に普通給与の支払がない人に該当します。

2　普通給与を月の整数倍の期間により支払う場合のこの表の適用

賞与以外の普通給与を月の整数倍の期間により支払う（例えば，6か月に1回役員報酬を支払う）ため，賞与を支払う月の前月中に給与を支払わなかった場合又は前月中に数か月分の給与を支払っていた場合には，前月中に支払を受けた普通給与の額は，その賞与の支払の直前に支払った普通給与の月割額に相当する額であったものとして，この表により求めた率をその支払う賞与の金額に乗じて税額を計算します（所法186①一イ）。

3　甲欄と乙欄との適用区分

「賞与に対する源泉徴収税額の算出率の表」の「甲」欄は，「給与所得者の扶養控除等申告書」を提出している人に支払う賞与に対する率を求める場合に適用し，「乙」欄は，「給与所得者の扶養控除等申告書」を提出していない人及び「従たる給与についての扶養控除等申告書」を提出している人に支払う賞与に

対する率を求める場合に適用します。

4　扶養親族等の数

この表の「甲」欄の「扶養親族等の数」は月額表又は日額表の「甲」欄の「扶養親族等の数」と同じですが，その「数」は，賞与を支払う日において申告されている扶養親族等の数によります。したがって，前月分の給与を支払った後に扶養親族等の数につき異動申告書が提出されているときは，前月分の給与を支払う際に控除した数とは異なることとなります。

(注)　障害者等の控除を受ける人の扶養親族等の数の数え方については，折込表その2の「税額表の適用欄の求め方の例示」参照。

5　前月の社会保険料等控除後の給与等の金額の区分

この表の「前月の社会保険料等控除後の給与等の金額」は，前月の給与から社会保険料等を差し引いているときは，その差し引き後の金額によります。

6　賞与から差し引く社会保険料等がある場合

賞与から差し引く社会保険料等がある場合には，社会保険料等控除後の賞与の金額に，この表により求めた率を乗じます。

7　年末調整を賞与で行う場合の賞与から徴収する税額の特例

年末調整を行う月（通常は12月）に賞与を支払う場合で，その賞与を支払った後に普通給与を支払う

こととなるときは，その賞与の支払の際に，その賞与に対する税額を０円として年末調整を行い，その年末調整によって生ずる過不足額をその賞与で精算することができます（所基通190-6）。

Ⅱ 算出率の表の使用例

　この使用例は，令和５年１月以後に支払の確定した賞与についての例です。なお，次の税額の求め方の説明中「算出率の表」とあるのは，「賞与に対する源泉徴収税額の算出率の表」の略称です。

1 「給与所得者の扶養控除等申告書」が提出されている場合

(1) 前月の普通給与が少額である場合

　賞与を支払う月の前月の普通給与の社会保険料等控除後の金額が，扶養親族等の数（同居特別障害者，障害者（特別障害者を含みます。），寡婦，ひとり親又は勤労学生の控除に該当する場合には，その該当する数を加算した数）に応じ，次の表の金額以下であるときは，賞与の金額に乗ずべき率は０％となりますから，賞与の金額がいくら多くても，賞与から徴収する税額は０円となり，その計算を行う必要はありません。

　ただし，賞与の金額がその賞与を支払う月の前月中の普通給与の金額の10倍を超えるときは，105ページの方法により税額を求めます。

扶養親族等の数	０人	１人	２人	３人	４人	５人	６人	７人以上
前月の社会保険料等控除後の普通給与の金額	67,999円まで	93,999円まで	132,999円まで	170,999円まで	209,999円まで	242,999円まで	274,999円まで	307,999円まで

(2) 通常の場合

```
 設 例
賞 与 の 額                          382,700円
賞与から控除する社会保険料等              56,311円
前月の給与の金額                       189,000円
前月の給与から控除した社会保険料等        28,000円
源泉控除対象配偶者          あり
控除対象扶養親族の数         1人
```

ポイント　前月の普通給与の額が賞与に対する税率の基礎となります。

税額の求め方

① まず，前月の給与の金額から社会保険料等を控除します。
　189,000円－28,000円＝161,000円

② 次に，「算出率の表」によって扶養親族等の数２人と①により求めた金額161,000円とに応じて「甲」欄の「前月の社会保険料等控除後の給与等の金額」欄の該当する行「133千円以上269千円未満」を求めます。

③ ②により求めた行と「賞与の金額に乗ずべき率」欄との交わるところに記載されている率2.042％を求めます。

④ ③により求めた率を社会保険料等控除後の賞与の金額に乗じます。
　（382,700円－56,311円）×2.042％＝ **6,664円**（１円未満切捨て）　これが求める税額です。

(3) **控除対象扶養親族に同居特別障害者に該当する人がいる場合**

＜設 例＞

賞 与 の 額	409,500円
賞与から控除する社会保険料等	60,289円
前月の社会保険料等控除後の給与の金額	267,700円
源泉控除対象配偶者	あり
控除対象扶養親族の数	2人（1人が同居特別障害者に該当）

＜ポイント＞　実際の扶養親族等の数に2人を加えたところで算出率の表を適用します。

＜税額の求め方＞

① まず，算出率の表の「甲」欄によって，扶養親族等の数が5人（控除対象扶養親族のうちに同居特別障害者に該当する人が1人いるので，2人を加えます。）で「前月の社会保険料等控除後の給与等の金額」欄の267,700円を含む「243千円以上300千円未満」の行と「賞与の金額に乗ずべき率」欄の行との交わるところに記載されている率2.042%を求めます。

② 次に，①により求めた率を社会保険料等控除後の賞与の金額に乗じます。

　　（409,500円－60,289円）×2.042% = **7,130円**（1円未満切捨て）　これが求める税額です。

(4) **本人がひとり親である場合**

＜設 例＞

賞 与 の 額	253,700円
賞与から控除する社会保険料等	37,296円
前月の社会保険料等控除後の給与の金額	145,854円
控除対象扶養親族の数	1人
本人がひとり親に該当	

＜ポイント＞　実際の扶養親族等の数に1人を加えたところで算出率の表を適用します。

＜税額の求め方＞

① まず，算出率の表の「甲」欄によって，扶養親族等の数が2人（本人がひとり親に該当するため，1人を加えます。）で「前月の社会保険料等控除後の給与等の金額」が145,854円の場合の賞与の金額に乗ずべき率2.042%を求めます。

② 次に，①により求めた率を社会保険料等控除後の賞与の金額に乗じます。

　　（253,700円－37,296円）×2.042% = **4,418円**（1円未満切捨て）　これが求める税額です。

(5) **本人が勤労学生である場合**

＜設 例＞

賞 与 の 額	155,200円
賞与から控除する社会保険料等	22,847円
前月の社会保険料等控除後の給与の金額	105,613円
源泉控除対象配偶者，控除対象扶養親族	なし
本人が勤労学生に該当	

＜ポイント＞　扶養親族等の数を1人として算出率の表を適用します。

＜税額の求め方＞

① まず，算出率の表の「甲」欄によって，扶養親族等の数が1人（本人が勤労学生に該当するため）で「前月の社会保険料等控除後の給与等の金額」が105,613円の場合の賞与の金額に乗ずべき率2.042%を求めます。

② 次に，①により求めた率を社会保険料等控除後の賞与の金額に乗じます。

　　（155,200円－22,847円）×2.042% = **2,702円**（1円未満切捨て）　これが求める税額です。

(6) **前月の普通給与が半月払（半月給）の場合**

┌─ 設 例 ─────────────────────────────────────┐
│ 賞 与 の 額   430,918円 │
│ 賞与から控除する社会保険料等   63,388円 │
│ 前月の社会保険料等控除後の給与の金額 ┤ 上半月分   94,455円 │
│   └ 下半月分   100,703円 │
│ 源泉控除対象配偶者   あり   │
│ 控除対象扶養親族の数   2人   │
└──┘

ポイント 前月の給与は，半月払給与の合計額によります。

税額の求め方

① まず，前月の社会保険料等控除後の給与の金額を合計します。

  94,455円＋100,703円＝195,158円

② 次に，算出率の表の「甲」欄によって，扶養親族等の数が3人で「前月の社会保険料等控除後の給与等の金額」が195,158円の場合の賞与の金額に乗ずべき率2.042％を求めます。

③ ②により求めた率を社会保険料等控除後の賞与の金額に乗じます。

  （430,918円－63,388円）×2.042％＝**7,504**円（1円未満切捨て） これが求める税額です。

(注) 前月中の普通給与が旬給（10日払）である場合も，週給の場合も，この例と同様に，前月中に支払った社会保険料等控除後の普通給与の合計額を基として賞与の金額に乗ずべき率を求めます。

(7) **通常の給与が数か月ごとに支払われる場合**

┌─ 設 例 ─────────────────────────────────────┐
│ 賞 与 の 額   1,582,900円 │
│ 賞与から控除する社会保険料等   225,689円 │
│ 前月中に支払った半期（6か月）分の役員報酬   │
│ （社会保険料等控除後）   4,683,858円 │
│ 源泉控除対象配偶者   なし   │
│ 控除対象扶養親族の数   2人   │
└──┘

ポイント 前月の給与は，役員報酬の6分の1相当額とします。

税額の求め方

① まず，前月中に支払った半期分の社会保険料等控除後の役員報酬の月割額を求めます。

  4,683,858円÷6（月）＝780,643円

② 次に，算出率の表の「甲」欄によって，扶養親族等の数が2人で「前月の社会保険料等控除後の給与等の金額」が780,643円の場合の賞与の金額に乗ずべき率24.504％を求めます。

③ ②により求めた率を社会保険料等控除後の賞与の金額に乗じます。

  （1,582,900円－225,689円）×24.504％＝**332,570**円（1円未満切捨て） これが求める税額です。

(注) 役員報酬の支払が，この例のように賞与支給月の前月でない場合も，この例と同様の方法によります。

(8) **前月の通常の給与の一部が未払となっている場合**

┌─ 設 例 ─────────────────────────────────────┐
│ 賞 与 の 額   494,900円 │
│ 賞与から控除する社会保険料等   72,821円 │
│ 前月の社会保険料等控除後の給与の金額（支払済分）   262,000円 │
│ 源泉控除対象配偶者   あり   │
│ 控除対象扶養親族の数   2人   │
│ 前月分の未払となっている給与   46,000円 │
└──┘

ポイント 未払であっても，支払の確定している給与は前月の給与に含めます。

税額の求め方

① まず，算出率の表の「甲」欄によって，扶養親族等の数が３人で「前月の社会保険料等控除後の給与等の金額」が308,000円（262,000円＋46,000円）の場合の賞与の金額に乗ずべき率4.084％を求めます。

② 次に，①により求めた率を社会保険料等控除後の賞与の金額に乗じます。

（494,900円－72,821円）×4.084％ ＝ **17,237円**（１円未満切捨て）　これが求める税額です。

(9) 賞与の額を税引で定めている場合（給与の支払者が所得税及び復興特別所得税を負担する場合）

賞与の額が税引で定められている場合でも，税引前の賞与の額に乗ずべき率の求め方は通常の場合と同じですから，次の算式により計算した金額が求める税額です。この場合，賞与から控除する社会保険料等があるときは，計算が困難なので，その後に支給する給与から控除する社会保険料等の金額はないものとして計算してあります。

$$手取賞与 \times \frac{（前月の社会保険料等控除後の税込給与に対応する率）}{100 - （前月の社会保険料等控除後の税込給与に対応する率）}$$

設例

手取賞与の額	420,000円
前月の社会保険料等控除後の給与の金額（税引後の金額）	201,600円
前月の普通給与に対する税額	1,600円
源泉控除対象配偶者	あり
控除対象扶養親族の数	1人

税額の求め方

① まず，前月の社会保険料等控除後の税込給与の金額を求めます。

201,600円＋1,600円＝203,200円

② 算出率の表の「甲」欄によって，扶養親族等の数が２人で「前月の社会保険料等控除後の給与等の金額」が203,200円の場合の賞与の金額に乗ずべき率2.042％を求めます。

③ ②により求めた率を上記の算式に当てはめます。

$$420,000円 \times \frac{2.042}{100 - 2.042} = \textbf{8,755円}（１円未満切捨て）　これが求める税額です。$$

検算

上記の計算が正確であるかどうか検算してみましょう。

① 税込賞与の額は，420,000円＋8,755円＝428,755円です。

② 賞与の額428,755円に対する税額は，428,755円×2.042％＝8,755円（１円未満切捨て）です。したがって，上記の計算は正しいということになります。

2 「給与所得者の扶養控除等申告書」が提出されていない場合

（「従たる給与についての扶養控除等申告書」が提出されている場合を含みます。）

設例

役員賞与の額	821,000円
賞与から控除する社会保険料等	116,089円
前月の社会保険料等控除後の役員報酬の額	273,800円

ポイント　算出率の表の乙欄による率を適用します。

税額の求め方

① まず，算出率の表の「乙」欄によって，「前月の社会保険料等控除後の給与等の金額」が273,800円の場合の賞与の金額に乗ずべき率20.42％を求めます。

② 次に，①により求めた率を社会保険料等控除後の賞与の金額に乗じます。

（821,000円－116,089円）×20.42％ ＝ **143,942円**（１円未満切捨て）　これが求める税額です。

（注）「従たる給与についての扶養控除等申告書」が提出されている場合であっても，算出率の表を使用するときは扶養親族等についての控除は行いません。

算出率の表を適用できない賞与に対する税額の求め方

（一）　前月中の普通給与の額の10倍を超える賞与に対する税額の計算方法と計算例

前月中の普通給与の額の10倍を超える賞与に対する税額計算は，次により行います（所法186②）。

なお，前月中の普通給与又はその支払う賞与から控除する社会保険料等がある場合，前月中の普通給与の額の10倍を超える賞与であるかどうかの判定はそれぞれ社会保険料等控除後の金額により行います。

⑴　まず，支払う賞与の額（その賞与から差し引く社会保険料等があるときは，その差引き後の賞与の額）を6分の1（その賞与の計算の基礎となった期間が6か月を超えるときは，12分の1）し，

⑵　次に，⑴により計算した金額を前月中に支払った普通給与の額（その給与の額から社会保険料等を

差し引いているときは，その差引き後の額）に加算し，

⑶　そして，⑵の金額について月額表の「甲」欄（「給与所得者の扶養控除等申告書」が提出されていない場合には，「乙」欄）に定める税額を求めます。

⑷　更に，⑶により求めた税額と前月中に支払った普通給与について⑶に準じて求めた税額（前月の給与を支払った後に扶養親族等の数に異動がなく，かつ，税額の計算について税法の改正がないときは，その給与を支払う際に徴収した税額と同額になります。）との差額を求め，その差額を6倍（賞与の計算の基礎となった期間が6か月を超えるときは，12倍）します。これが求める税額です。

1　「給与所得者の扶養控除等申告書」が提出されている場合

設　例

賞　与　の　額（計算期間6か月）	1,999,300円
賞与から控除する社会保険料等	248,996円
前月の給与の額	193,200円
前月の給与から控除した社会保険料等	28,025円
源泉控除対象配偶者　　　　あり	
控除対象扶養親族　　　　　なし	

ポイント　算出率の表を適用しないで月額表を適用します。

税額の求め方
①　まず，賞与の金額から社会保険料等を控除し，その控除後の金額の6分の1に相当する金額を求めます。
　　（1,999,300円 − 248,996円）÷ 6 ＝ 291,717円（1円未満切捨て）
②　次に，①により求めた金額と前月の社会保険料等控除後の給与の金額とを合計します。
　　291,717円 ＋（193,200円 − 28,025円）＝ 456,892円
③　次に，月額表の「甲」欄により「その月の社会保険料等控除後の給与等の金額」が456,892円で扶養親族等の数が1人の場合の税額を求めます。この場合の税額は17,930円です。
④　月額表の「甲」欄により，「その月の社会保険料等控除後の給与等の金額」が165,175円（193,200円 − 28,025円）で賞与支給時において申告されている扶養親族等の数（前月の給与から控除した扶養親族等の数とは必ずしも一致しない場合があります。）1人の場合の税額を求めます。この場合の税額は1,930円です。

⑤　③により求めた税額から④により求めた税額を控除します。

　　17,930円 − 1,930円 = 16,000円

⑥　⑤により求めた金額を6倍します。

　　16,000円 × 6 = **96,000円**　これが求める税額です。

2　「給与所得者の扶養控除等申告書」が提出されていない場合

設　例

賞 与 の 額（計算期間12か月）	1,525,500円
賞与から控除する社会保険料等	222,500円
前月の社会保険料等控除後の給与の金額	112,973円

ポイント　月額表の乙欄を適用します。

税額の求め方

①　まず，賞与の金額から社会保険料等を控除し，その控除後の金額の12分の1に相当する金額を求めます。

　　（1,525,500円 − 222,500円）÷ 12 = 108,583円（1円未満切捨て）

②　次に，①により求めた金額と前月の社会保険料等控除後の給与の金額とを合計します。

　　108,583円 + 112,973円 = 221,556円

③　次に，月額表の「乙」欄により「その月の社会保険料等控除後の給与等の金額」が221,556円の場合の税額を求めます。この場合の税額は27,400円です。

④　③により求めた税額から前月の社会保険料等控除後の給与の金額112,973円について月額表の「乙」欄により求めた税額4,000円を控除します。

　　27,400円 − 4,000円 = 23,400円

⑤　④により求めた金額を12倍します。

　　23,400円 × 12 = **280,800円**　これが求める税額です。

（二）　前月中に普通給与を受けなかった人に支払う賞与に対する税額の計算方法と計算例

　前月中に普通給与の支払がない人に支払う賞与に対する税額の計算は，次により行います（所法186①一ロ）。

　なお，前月中に普通給与の支払がない人には，前月中の給与から社会保険料等を差し引いた残額が0となる人を含みますが，前月中の普通給与が未払のため前月中に普通給与の支払を受けなかった人や役員報酬等で数か月に1回しか支払われないため，たまたま前月中にその支払を受けなかった人は含みません。

(1)　まず，支払う賞与の額（その賞与から差し引く社会保険料等がある場合には，その差引き後の賞与の額）を6分の1（賞与の計算の基礎となった期間が6か月を超える場合には，12分の1）します。この金額に1円未満の端数があるときは1円未満の端数を切り捨てます。

(2)　次に，月額表の「甲」欄（「給与所得者の扶養控除等申告書」が提出されていない場合には，「乙欄」）によって(1)の金額に対応する税額を求めます。

(3)　そして，(2)により求めた税額を6倍（賞与の計算の基礎となった期間が6か月を超える場合には，12倍）して計算します。

1　「給与所得者の扶養控除等申告書」が提出されている場合

(1)　徴収税額がない場合

> 設例
>
> 賞　与　の　額（計算の基礎となった期間6か月）　　483,000円
>
> 賞与から控除する社会保険料等　　　　　　　　　　71,194円
>
> 源泉控除対象配偶者　　　　　あり
>
> 控除対象扶養親族の数　　　　2人
>
> 　（前月中の給与なし）

ポイント　社会保険料等控除後の賞与の額の6分の1相当額について月額表の甲欄を適用します。

税額の求め方

① 　まず，社会保険料等控除後の賞与の金額を6分の1します。

　　（483,000円－71,194円）÷6＝68,634円（1円未満切捨て）

② 　次に，月額表の「甲」欄によって，「その月の社会保険料等控除後の給与等の金額」が68,634円で扶養親族等の数が3人の場合の税額を求めます。この場合の税額は**0円**ですので，徴収する税額はありません。

(2)　徴収税額がある場合

> 設例
>
> 賞　与　の　額（計算の基礎となった期間6か月）　　1,794,900円
>
> 賞与から控除する社会保険料等　　　　　　　　　　237,540円
>
> 源泉控除対象配偶者　　　　　あり
>
> 控除対象扶養親族の数　　　　2人
>
> 　（前月中の給与なし）

ポイント　社会保険料等控除後の賞与の額の6分の1相当額について月額表の甲欄を適用します。

税額の求め方

① 　まず，社会保険料等控除後の賞与の金額を6分の1します。

　　（1,794,900円－237,540円）÷　6＝259,560円（1円未満切捨て）

② 　次に，月額表の「甲」欄によって，「その月の社会保険料等控除後の給与等の金額」が259,560円で扶養親族等の数が3人の場合の税額2,000円を求めます。

③ 　②により求めた税額を6倍します。

　　2,000円×6＝**12,000円**　これが求める税額です。

2　「給与所得者の扶養控除等申告書」が提出されていない場合

(1)　一般の場合

> 設例
>
> 賞　与　の　額（計算の基礎となった期間1年）　　1,688,000円
>
> 賞与から控除する社会保険料等　　　　　　　　　231,609円
>
> 　（前月中の給与なし）

ポイント　社会保険料等控除後の賞与の額の12分の1相当額について月額表の乙欄を適用します。

税額の求め方

① 　まず，社会保険料等控除後の賞与の金額を12分の1します。

　　（1,688,000円－231,609円）÷12＝121,365円（1円未満切捨て）

② 次に，月額表の「乙」欄によって「その月の社会保険料等控除後の給与等の金額」が121,365円の場合の税額4,500円を求めます。

③ ②により求めた税額を12倍します。

4,500円×12＝**54,000円** これが求める税額です。

(2)「従たる給与についての扶養控除等申告書」が提出されている場合

> **設 例**
>
> 半期分の役員賞与（計算の基礎となった期間6か月）　　934,800円
> 賞与から控除する社会保険料等　　　　　　　　　　　　132,068円
> （前月中の給与なし）
> 「従たる給与についての扶養控除等申告書」
> の控除対象扶養親族の数　　　　　　　　2人

`ポイント` 賞与の月割額について，月額表の乙欄により求めた税額から，扶養親族等1人につき1,610円を控除します。

`税額の求め方`

① まず，社会保険料等控除後の賞与の金額を6分の1します。

（934,800円－132,068円）÷ 6 ＝133,788円（1円未満切捨て）

② 次に，月額表の「乙」欄によって「その月の社会保険料等控除後の給与等の金額」が133,788円の場合の税額を求めます。この場合の税額は6,300円です。

③ ②により求めた税額から「従たる給与についての扶養控除等申告書」に記載された扶養親族等1人につき1,610円を控除します。

6,300円－1,610円× 2 ＝3,080円

④ ③で求めた金額を6倍します。

3,080円× 6 ＝ **18,480円** これが求める税額です。

（三）　年末調整を賞与で行う場合等の賞与に対する税額の計算方法の特例と計算例

(1) 次のイ及びロのいずれにも該当する場合の賞与については，前記（一）及び（二）で説明した賞与に対する税額の計算方法により求めた税額に，ロの不足額を加算した額を賞与に対する税額とすることができます（所法186③）。

イ その年最後の給与を支払う月（通常の場合は12月）中に支払う賞与であり，かつ，その賞与の支払をした後同月中に普通給与が支払われることとなっている場合に支払う賞与であること。

ロ その年最後に支払う普通給与の支払の際に年末調整を行うとした場合に，その賞与を支払う日の現況により，年末調整による不足額が生ずると見込まれること。

(2) (1)の方法による賞与に対する税額の計算については，次の点に注意してください。

イ 12月中に先に賞与を支払い，その後に普通給与を支払う場合には，(1)の方法によらず，その賞与を支払う際にその賞与に対する税額を0円として年末調整を行い，その年末調整によって生ずる過不足額をその賞与で精算することもできます（所基通190- 6 ）。

したがって，不足額だけを賞与から徴収するために(1)の方法によることは手続的に面倒です。

ロ (1)の税額の計算方法は，その年最後に支払う普通給与から年末調整による不足額を徴収することとした場合には，その給与の手取額が激減

するおそれがあるようなときに，その不足額を
あらかじめ賞与から徴収しておくことができる
道を開いたものですから，不足額が生ずる場合

にすべて(1)の税額の計算方法によらなければな
らないというものではありません。

設　例

賞 与 の 額（12月15日支払）	1,083,200円
賞与から控除する社会保険料等	159,635円
前月の社会保険料等控除後の給与の金額	544,112円
源泉控除対象配偶者　　　なし	
一般の控除対象 扶養親族の数　　2人	（当初3人でしたが，長女が10月に結婚 したため11月から2人となっています。）
（不足額計算に関する事項）	
その年最後に支払う普通給与の額（12月25日支払）	637,100円
同上の給与から控除する社会保険料等	92,988円
同上の給与から徴収すべき税額	23,820円
1月～11月までの間に支払った給与・賞与の金額	7,836,800円
同上の給与等から控除した社会保険料等	1,141,968円
同上の給与等から徴収した税額（定額減税後）	209,479円
令和6年分定額減税額　月次（4人）	120,000円
年調（3人）	90,000円

税額の求め方

A　(1)の計算方法による場合

① まず，「算出率の表」により扶養親族等の数が2人で「前月の社会保険料等控除後の給与等の金額」が
544,112円の場合の賞与の金額に乗ずべき率18.378％を求め，この率を社会保険料等控除後の賞与の金額
に乗じます。

（1,083,200円－159,635円）×18.378％＝169,732円（1円未満切捨て）

② 次に，賞与の支払の日の現況において確定しているその年中の給与について年末調整の計算を行い，不
足額の見込額を計算します。

年末調整の対象となる給与は，7,836,800円＋1,083,200円＋637,100円＝9,557,100円です。
社会保険料等控除額は，1,141,968円＋159,635円＋92,988円＝1,394,591円です。
生命保険料控除額は，50,000円，地震保険料控除額は，50,000円とします。

(注) 賞与の支払日までに「給与所得者の保険料控除申告書」の提出を受けて確認します。

イ　まず，9,557,100円の給与所得控除後の給与等の金額を「年末調整等のための給与所得控除後の給与等
の金額の表（所得税法別表第五）」により求めます。

9,557,100円－1,950,000円＝7,607,100円

ロ　次に，課税給与所得金額を求めます。

※所得金額調整控除は適用ないものとして計算します。

7,607,100円－1,394,591円－100,000円－1,240,000円＝4,872,000円（1,000円未満切捨て）

給与所得控 除後の給与 等の金額	社会保険 料等控除 額	生命保険料 控除額及び 地震保険料 控除額	扶養控除額 及び基礎控 除額の合計 額	課税給与 所得金額

ハ　ロの金額を基として算出所得税額を求めます。この場合の税額は，4,872,000円×20％－427,500円＝
546,900円です。

ニ　この設例の場合，住宅借入金等特別控除の適用がありませんので，ハで求めた算出所得税額がそのまま年調所得税額となります。

ホ　令和6年分定額減税額90,000円を控除した残額は456,900円となります。

ヘ　ホで求めた年調所得税額456,900円に102.1%を乗じた466,400円（100円未満切捨て）が令和6年分の年税額となります。

ト　ヘで求めた令和6年分の年税額と徴収済税額の合計額とを比較して不足額の見込額を求めます。

不足額の見込額は，466,400円－（209,479円＋169,732円＋23,820円）＝63,369円です。

③　①で求めた税額と②で求めた不足額の見込額とを合計します。

169,732円＋63,369円＝**233,101円**　これが賞与から徴収する税額です。

(注)　前月の普通給与がない場合及び賞与の額が前月の普通給与の額の10倍を超える場合にも，①の計算が異なるだけで，その他は同じ要領で計算します。

B　(2)のイの計算方法による場合

①　まず，賞与の支払日の現況において確定しているその年中の給与について令和6年分の年税額を求めます。この場合の令和6年分の年税額は，Aの②ヘにより466,400円となります。

②　次に，①で求めた令和6年分の年税額から，1月～11月までの間の給与・賞与に対する源泉徴収税額209,479円及びその年最後に支払う普通給与に対する源泉徴収税額23,820円の合計額を差し引きます（賞与に対する税額は0円とします。）。

466,400円－（209,479円＋23,820円）＝**233,101円**　これが賞与から徴収する税額です。

(注)　年税額から，その賞与以外のその年中の給与に対する源泉徴収税額を控除した残額が，0円又は赤字になる場合には，その賞与から徴収する税額はないことになります。

なお，年末調整を行う月の税引給与の総額がその前月までのその年中の平均税引給与額の70%未満となる場合には，税務署長の承認を受けたうえ，年末調整によって生じた不足額を翌年に繰り延べて徴収することもできます（所法192②）が，この繰り延べの対象となる不足額は，上記(2)のイの計算方法によって求めた不足額ではなく，(1)の計算方法によって求めた不足額です。

[参考]　本設例の源泉徴収簿は，176ページを参照してください。

退職所得の源泉徴収税額の求め方

I　退職所得に対する課税方法と源泉徴収税額の計算

1　退職所得の課税標準

退職所得は，その年中に支払を受ける退職手当の区分に応じた次の退職所得の金額を課税標準として，他の所得と分離して課税することとされています（所法22①③，30①②，所令71の2①③⑤⑦）。

〈退職所得の金額の算式の表〉

退職手当の区分	退職所得の金額（課税退職所得金額）
一般退職手当等の場合	$\left(\dfrac{一般退職手当}{等の収入金額} - \dfrac{退職所得}{控\ 除\ 額}\right) \times \frac{1}{2}$
短期退職手当等の場合	①　短期退職手当等の収入金額－退職所得控除額≦300万円の場合 （短期退職手当等の収入金額－退職所得控除額）×½
	②　短期退職手当等の収入金額－退職所得控除額＞300万円の場合 150万円＋{短期退職手当等の収入金額－（300万円＋退職所得控除額）}
特定役員退職手当等の場合	$\dfrac{特定役員退職手}{当等の収入金額} - \dfrac{退職所得}{控\ 除\ 額}$

(注)　1　一般退職手当等とは，退職手当等のうち，特定役員退職手当等及び短期退職手当等のいずれにも該当しないものをいいます（所法30⑦）。

　　　2　短期退職手当等とは，短期勤続年数（役員等以外の者として勤続した期間により計算した勤続年数が5年以下であるものをいい，この勤続年数については，役員等として勤務した期間がある場合には，その期間を含めて計算します。）に対応する退職手当等として支払を受けるものであって，特定役員退職手当等に該当しないものをいいます（所法30④，所令69の2①③）。

　　　3　特定役員退職手当等とは，役員等としての勤続年数（以下「役員等勤続年数」といいます。）が5年以下である人が支払を受ける退職手当等のうち，その役員等勤続年数に対応する退職手当等として支払を受けるものをいいます（所法30⑤，所令69の2②）。

また，その年中に支払を受ける退職手当が，一般退職手当等，短期退職手当等又は特定役員退職手当等の複数の退職手当を含むものである場合には，次の算式により計算した金額が退職所得の課税標準とされます。

(1)　一般退職手当等及び短期退職手当等の両方の支給がある場合

　イ　短期退職手当等の収入金額－短期退職所得控除額①が300万円以下の場合

$$\dfrac{退職所得}{の\ 金\ 額} = \left\{\left(\dfrac{短期退職手当等の収入金額} - \dfrac{短期退職所得控除額}\right)_{①} \times \dfrac{1}{2}\right\} + \left\{\left(\dfrac{一般退職手当等の収入金額} - \dfrac{一般退職所得控除額}\right)_{②} \times \dfrac{1}{2}\right\}$$

　ロ　短期退職手当等の収入金額－短期退職所得控除額①が300万円を超える場合

$$\dfrac{退職所得}{の\ 金\ 額} = \left\{\dfrac{150万円} + \dfrac{短期退職手当等の収入金額} - \left(\dfrac{300万円} + \dfrac{短期退職所得控除額}\right)\right\}_{③} + \left\{\left(\dfrac{一般退職手当等の収入金額} - \dfrac{一般退職所得控除額}\right)_{②} \times \dfrac{1}{2}\right\}$$

(注) 1　一般退職所得控除額は、「退職所得控除額－短期退職所得控除額」の算式により計算します。

　　　2　「短期退職手当等の収入金額－短期退職所得控除額」①がマイナスの場合は、そのマイナスの金額を「一般退職手当等の収入金額－一般退職所得控除額」②から差し引きます。

　　　3　「一般退職手当等の収入金額－一般退職所得控除額」②がマイナスの場合は、そのマイナスの金額を「短期退職手当等の収入金額－短期退職所得控除額」①及び「短期退職手当等の収入金額－(300万円＋短期退職所得控除額)」③から差し引きます。

(2)　短期退職手当等及び特定役員退職手当等の両方の支給がある場合

　　イ　<u>短期退職手当等の収入金額－短期退職所得控除額</u>①が300万円以下の場合

$$
\text{退職所得の金額}=\underbrace{\left(\begin{array}{c}\text{特定役員退}\\\text{職手当等の}\\\text{収入金額}\end{array}-\begin{array}{c}\text{特定役員}\\\text{退職所得}\\\text{控除額}\end{array}\right)}_{②}+\underbrace{\left\{\left(\begin{array}{c}\text{短期退職}\\\text{手当等の}\\\text{収入金額}\end{array}-\begin{array}{c}\text{短期退職}\\\text{所得控除}\\\text{額}\end{array}\right)\times\frac{1}{2}\right\}}_{①}
$$

　　ロ　<u>短期退職手当等の収入金額－短期退職所得控除額</u>①が300万円を超える場合

$$
\text{退職所得の金額}=\underbrace{\left(\begin{array}{c}\text{特定役員退}\\\text{職手当等の}\\\text{収入金額}\end{array}-\begin{array}{c}\text{特定役員}\\\text{退職所得}\\\text{控除額}\end{array}\right)}_{②}+\underbrace{\left\{\begin{array}{c}150\\\text{万円}\end{array}+\left(\begin{array}{c}\text{短期退職}\\\text{手当等の}\\\text{収入金額}\end{array}-\left(\begin{array}{c}300\\\text{万円}\end{array}+\begin{array}{c}\text{短期退職}\\\text{所得控除}\\\text{額}\end{array}\right)\right)\right\}}_{③}
$$

(注) 1　「特定役員退職手当等の収入金額－特定役員退職所得控除額」②がマイナスの場合は、そのマイナスの金額を「短期退職手当等の収入金額－短期退職所得控除額」①及び「短期退職手当等の収入金額－(300万円＋短期退職所得控除額)」③から差し引きます。

　　　2　「短期退職手当等の収入金額－短期退職所得控除額」①がマイナスの場合は、そのマイナスの金額を「特定役員退職手当等の収入金額－特定役員退職所得控除額」②から差し引きます。

(3)　一般退職手当等、短期退職手当等及び特定役員退職手当等の全ての支給がある場合

　　イ　<u>短期退職手当等の収入金額－短期退職所得控除額</u>①が300万円以下の場合

$$
\text{退職所得の金額}=\underbrace{\left(\begin{array}{c}\text{特定役員退}\\\text{職手当等の}\\\text{収入金額}\end{array}-\begin{array}{c}\text{特定役員}\\\text{退職所得}\\\text{控除額}\end{array}\right)}_{②}+\underbrace{\left\{\left(\begin{array}{c}\text{短期退職}\\\text{手当等の}\\\text{収入金額}\end{array}-\begin{array}{c}\text{短期退職}\\\text{所得控除}\\\text{額}\end{array}\right)\times\frac{1}{2}\right\}}_{①}+\underbrace{\left\{\left(\begin{array}{c}\text{一般退職}\\\text{手当等の}\\\text{収入金額}\end{array}-\begin{array}{c}\text{一般退職}\\\text{所得控除}\\\text{額}\end{array}\right)\times\frac{1}{2}\right\}}_{③}
$$

　　ロ　<u>短期退職手当等の収入金額－短期退職所得控除額</u>①が300万円を超える場合

$$
\text{退職所得の金額}=\underbrace{\left(\begin{array}{c}\text{特定役員退}\\\text{職手当等の}\\\text{収入金額}\end{array}-\begin{array}{c}\text{特定役員}\\\text{退職所得}\\\text{控除額}\end{array}\right)}_{②}+\underbrace{\left\{\begin{array}{c}150\\\text{万円}\end{array}+\left(\begin{array}{c}\text{短期退職}\\\text{手当等の}\\\text{収入金額}\end{array}-\left(\begin{array}{c}300\\\text{万円}\end{array}+\begin{array}{c}\text{短期退職}\\\text{所得控除}\\\text{額}\end{array}\right)\right)\right\}}_{④}+\underbrace{\left\{\left(\begin{array}{c}\text{一般退職}\\\text{手当等の}\\\text{収入金額}\end{array}-\begin{array}{c}\text{一般退職}\\\text{所得控除}\\\text{額}\end{array}\right)\times\frac{1}{2}\right\}}_{③}
$$

(注) 1　「特定役員退職手当等の収入金額－特定役員退職所得控除額」②がマイナスの場合は、そのマイナスの金額を2分の1した金額を、「短期退職手当等の収入金額－短期退職所得控除額」①及び「短期退職手当等の収入金額－(300万円＋短期退職所得控除額)」④並びに「一般退職手当等の収入金額－一般退職所得控除額」③からそれぞれ差し引きます（以下（注1）において、この差し引いた後の金額を、それぞれ①′若しくは④′又は③′といいます。）。

　　　　　この場合は、①又は④の金額がその2分の1した金額に満たない場合は、その満たない部分の金額を③′から差し引きます。また、③の金額がその2分の1した金額に満たない場合は、その満たない部分の金額を①′及び④′から差し引きます。

　　　　　なお、2分の1した金額に1円未満の端数が生じる場合は、①又は④から差し引く際の金額はその端数を1円に切り上げ、③から差し引く際の金額はその端数を切り捨てます。

　　　2　「短期退職手当等の収入金額－短期退職所得控除額」①がマイナスの場合は、そのマイナスの金額を2分の1した金額を、「特定役員退職手当等の収入金額－特定役員退職所得控除額」②及び「一般退職手当等の収入金額－一般退職所得控除額」③からそれぞれ差し引きます（以下（注2）において、この差し引いた後の金額を、それぞれ②′又は③′といいます。）。

　　　　　この場合は、②の金額がその2分の1した金額に満たない場合は、その満たない部分の金額を③′から差し引きます。また、③の金額がその2分の1した金額に満たない場合は、その満たない部分の金額を②′か

ら差し引きます。

　なお，2分の1した金額に1円未満の端数が生じる場合は，②から差し引く際の金額はその端数を1円に切り上げ，③から差し引く際の金額はその端数を切り捨てます。

3 「一般退職手当等の収入金額－一般退職所得控除額」③がマイナスの場合は，そのマイナスの金額を2分の1した金額を，「特定役員退職手当等の収入金額－特定役員退職所得控除額」②並びに「短期退職手当等の収入金額－短期退職所得控除額」①及び「短期退職手当等の収入金額－（300万円＋短期退職所得控除額）」④からそれぞれ差し引きます（以下（注3）において，この差し引いた後の金額を，それぞれ③′又は①′若しくは④′といいます。）。

　この場合は，②の金額がその2分の1した金額に満たない場合は，その満たない部分の金額を①′及び④′から差し引きます。また，①又は④の金額がその2分の1した金額に満たない場合は，その満たない部分の金額を②′から差し引きます。

　なお，2分の1した金額に1円未満の端数が生じる場合は，②から差し引く際の金額はその端数を1円に切り上げ，①又は④から差し引く際の金額はその端数を切り捨てます。

2　短期退職手当等

　短期退職手当等とは，短期勤続年数に対応する退職手当として支払を受けるものであって，特定役員退職手当等に該当しないものをいいます（所法30④）。

　この短期勤続年数とは，115ページの2(1)イからハまでにより勤続期間に一定の期間を加算した期間（以下「調整後勤続期間」といいます。）のうち，役員等以外の者として勤続した期間の年数（1年未満の端数がある場合はその端数を切り上げたもの）が5年以下であるものをいいます（所法30④，所令69の2）。

　なお，調整後勤続期間のうちに役員等勤続期間がある場合には，役員等以外の者として勤務した期間にはその役員等勤続期間を含むものとして，退職所得とみなされる一時金の支払を受ける場合には，その一時金の支払金額の計算の基礎とされた期間を役員等以外の者として勤務した期間として短期退職手当等に該当するかの判定を行います（所令69の2③）。

(注) 「役員等」については，次の「3　特定役員退職手当等」の **(注)** 1を参照してください。

※　短期退職所得控除額については117ページ以下で説明します。

3　特定役員退職手当等

　特定役員退職手当等とは，役員等勤続年数が5年以下である人が，その役員等勤続年数に対応する退職手当として支払を受けるものをいい，一般退職手当等とは特定役員退職手当等以外の退職手当をいい

ます（所法30④，所令71の2①）。

　この役員等勤続年数とは，115ページの2(1)イからハまでにより勤続期間に一定の期間を加算した期間（以下「調整後勤続期間」といいます。）のうち，役員等[注1]として勤務した期間[注2]の年数（1年未満の端数がある場合はその端数を切り上げたもの）をいいます（所令30④，所令69の2）。

(注) 1　「役員等」とは，次に掲げる人をいいます。

①　法人の取締役，執行役，会計参与，監査役，理事，監事及び清算人並びにこれ以外の者で法人の経営に従事している一定の者（法法2十五に規定する役員）

②　国会議員及び地方公共団体の議会の議員

③　国家公務員及び地方公務員

2　調整後勤続期間のうち，役員等として勤務した期間を「役員等勤続期間」といいます。

※　特定役員退職所得控除額については118ページ以下で説明します。

4　源泉徴収税額の計算

イ　源泉徴収税額の計算

　退職所得の源泉徴収税額については，「1　退職所得の課税標準」で算出した退職所得の金額（課税退職所得金額）に所得税法第89条に定める税率を乗じて求めることになっています（平成25年分の所得税から，復興特別所得税も併せて源泉徴収することとされています。）。

　なお，この源泉徴収税額については，「令和6年分の退職所得の源泉徴収税額の速算表」（21ページ参照）を使用して求めると便利です。

(注) 1 退職所得については，原則として基礎控除や扶養控除等の所得控除も，また，配当控除等の税額控除も行いませんが，その年の退職所得以外の所得が少額なため，退職所得以外の所得や税額から控除しきれない所得控除や税額控除があるときは，確定申告により退職所得の金額又はその税額からこれらの控除を受けることができます。

2 確定給付企業年金法の規定に基づいて支払を受ける一時金でその受給者の退職により支払われるものも退職手当とみなされますが，この規約に基づいて拠出された掛金のうちに，その一時金の受給者が負担した金額があるときは，その一時金の額から受給者の負担した金額を控除した金額に相当する退職手当の支払があったものとみなして，上記の計算をします（所法31三）。

ロ 退職所得の受給に関する申告書

退職所得に対する源泉徴収税額の計算方法は，その退職手当の支払を受ける人が「退職所得の受給に関する申告書」を提出したかどうか，及びその年中に既に他から退職手当の支払を受けたことがあるかどうかにより，次のように区分されています。

(イ) 「退職所得の受給に関する申告書」が提出されている場合で，その申告書にその退職手当の支払を受けるときまでに他からその年分の退職手当を受けたことがない旨の記載がされているとき

上記「1 退職所得の課税標準」の「退職所得の金額の算式の表」に掲げる退職手当の区分に応じて課税退職所得金額を求め，この課税退職所得金額に応じて「令和6年分の退職所得の源泉徴収税額の速算表」（21ページ参照）を使用して求めます（所法201①一）。

(ロ) 「退職所得の受給に関する申告書」が提出されている場合で，その申告書にその退職手当の支払を受けるときまでに既に他からその年分の退職手当を受けたことがある旨の記載がされているとき

他から受けた退職手当の金額とその退職手当の支払金額との合計額について(イ)の方法で求めた税額から，他から受けた退職手当について源泉徴収された税額を控除して求めます（所法201①二）。

(ハ) 「退職所得の受給に関する申告書」が提出されていない場合

退職手当の支払金額に一律20.42％の税率を適用して求めます（所法201③）。

II 退職所得控除額の計算

退職所得控除額の計算の基礎となる勤続年数と退職所得控除額は，次により計算します。

1 通常の場合の勤続年数と退職所得控除額の計算

退職所得控除額は，次の2に該当する場合を除き，退職手当の支払を受ける人がその退職手当の支払者のもとにおいてその退職手当の支払の基因となった退職の日まで引き続き勤務した期間（以下「勤続期間」といいます。）によって計算した勤続年数を基として，「源泉徴収のための退職所得控除額の表」（20ページ参照）によって求めます（所法30③，所令69①一）。

この場合，職務上又は職務外の傷病により障害者となったことに直接基因して退職したと認められる場合には，この表の「障害退職の場合」欄の金額（一般退職の場合の退職所得控除額に100万円を加算した金額です。）が退職所得控除額となります（所法30⑤三）。

なお，①障害者になったかどうかは，障害者控除の対象となる障害者に該当することとなったかどうかにより判定し，②障害者になったことに直接基因して退職したと認められる場合とは，障害者になった日以後全く勤務しないか又はほとんど勤務に服さないで退職した場合をいいます（所令71）が，次に掲げるような場合には，障害者になったことに基づいて退職したものでないことが明らかであるときを除き，障害者になったことに直接基因して退職したものとされます（所基通30-15）。

(イ) 障害者になった後一応勤務には復したが，平常の勤務に復することができないままその勤務に復した後おおむね6か月以内に退職した場合

（ロ）　障害者になった後一応平常の勤務には復したが，その勤務に耐えられないで，その勤務に復した後おおむね2か月以内に退職した場合

（注）　上記(イ)，(ロ)の場合とも，常勤の役員又は使用人が非常勤となったことにより退職手当の支給を受け，常勤の役員又は使用人としては退職したと同様の状態になった場合を含みます。

以上のほか，勤続年数の計算に当たっては，次の点に注意する必要があります。

（1）　勤続期間に1年未満の端数があるときは，その端数は1年に切り上げて，勤続年数を計算します（所令69②）。

（2）　勤続年数は，退職手当の支払金額の計算の基礎となった期間が，その退職手当の支払者の下において引き続き勤務した期間の一部である場合又はその勤務した期間に一定の率を乗ずるなどにより換算をしたものである場合であっても，その引き続き勤務した実際の期間により計算します（所基通30-6）。

（3）　長期欠勤や休職（他に勤務するため休職する場合を除きます。）の期間も，勤続期間に含まれます（所基通30-7）。

（4）　引き続き勤務する人に支給される給与で退職手当とされるもの（いわゆる打切支給の退職手当，所基通30-2参照）についての勤続年数は，その給与の計算の基礎とされた勤続期間の末日において退職したものとして計算します（所基通30-8）。

（5）　日々雇い入れられるため，その支給を受ける給与について日額表の丙欄の適用を受けていた期間は，勤続期間には含まれません（所基通30-9）。

2　特殊な場合の勤続年数と退職所得控除額の計算

（1）　勤続年数の計算

次の場合の勤続年数は，それぞれ次により計算します。

イ　退職手当の支払を受ける人がその退職手当の支払者である会社（以下「A社」といいます。）において就職の日から退職の日までの間に一時勤務しなかった期間がある場合──その一時勤務しなかった期間前にA社において引き続き勤務した期間を勤続期間に加算した期間により勤続年数を計算します（所令69①一イ）。

ロ　退職手当の支払を受ける人がA社において勤務しなかった期間に他の会社（以下「B社」といいます。）に勤務したことがある場合で，A社がその手当の支払金額の計算の基礎とする期間のうちにB社において勤務した期間を含めて計算するとき──B社において勤務した期間を勤続期間に加算した期間により勤続年数を計算します（所令69①一ロ）。

ハ　退職手当の支払を受ける人がA社から前に退職手当の支払を受けたことがある場合──前の退職手当の支払金額の計算の基礎とされた期間の末日以前の期間は，1の勤続期間や上記のイ又はロにより加算する期間には含めないで勤続年数を計算します。ただし，A社がその退職手当の支払金額の計算の基礎とする期間のうちに，前の退職手当の支払金額の計算の基礎とされた期間を含めて計算する場合には，その含めて計算した前の退職手当の支払金額の計算の基礎とされた期間は，1の勤続期間や上記のイ又はロにより加算する期間に含めて勤続年数を計算します（所令69①一ハ）。

ニ　退職手当とみなされる退職一時金等（所法31）がある場合──その退職一時金等の支払金額の計算の基礎とされた期間（組合員等であった期間）により勤続年数を計算します。この場合，その期間が時の経過に従って計算した期間によらず，これに一定の期間を加算した期間によっているときは，その加算をしなかったものとして計算した期間によります（所令69①二）。

ホ　その年に2以上の退職手当や退職一時金等の支払を受ける場合──これらの退職手当等のそれぞれについて，1又は上記のイからニまでに述べたところにより計算した期間のうち，最も長い期間によって勤続年数を計算します。ただし，その最も長い期間以外の期間のうちにその最も長い期間と重複しない期間があるときは，その重複しない部分の期間について1又は上記のイからニまでに準じて計算した期間をその最も長い期間に加算して，勤続年数を計算します（所令69①三）。

（注）　以上により計算した期間に1年未満の端数があるときは，その端数は1年に切り上げて勤続年数を計算します（所令69②，所基通30-13）。

(2) 退職所得控除額の計算

次の場合の退職所得控除額は，(1)により求めた勤続年数等に応じ，それぞれ次により計算します（所令70）。

イ　退職手当が前年以前に支払を受けた退職手当の勤続期間を通算して計算されている場合

例えば，退職手当の支払を受ける人が，①A社において勤務しなかった期間にB社に勤務したことがある場合で，B社から退職手当の支払を受けているとき又は②A社から前に退職手当の支払を受けたことがある場合において，A社が，B社に勤務した期間又はA社が前に支払った退職手当の計算の基礎となった期間を今回支払う退職手当の支払金額の計算の基礎に含めているときは，今回支払う退職手当に対する退職所得控除額は，次の(イ)に掲げる金額から(ロ)に掲げる金額を控除した金額となります（所法30⑤一，所令70①一，③）。

(イ)　今回支払を受ける退職手当につき１又は上記の(1)により計算した勤続年数を基として，「源泉徴収のための退職所得控除額の表」の「一般退職の場合」欄により求めた金額

(ロ)　B社から前に支払を受けた退職手当又はA社から前に支払を受けた退職手当につき１又は上記の(1)により計算した期間（その期間に１年未満の端数があるときは，その端数を切り捨てた期間）を勤続年数とみなして次により求めた金額

A　勤続年数が20年以下である場合
40万円×勤続年数

B　勤続年数が20年を超える場合
800万円＋70万円×（勤続年数−20年）

ロ　A社から退職手当を受けた年の前年以前４年内（確定拠出年金法に基づく老齢給付金として支給される一時金の場合には14年内）にB社から退職手当（イに該当するものを除きます。）の支払を受けた場合で，A社から支払を受けた退職手当についての勤続期間等とB社から支払を受けた退職手当についての勤続期間等とに重複している期間がある場合

その年にA社から支払を受ける退職手当につき１又は上記の(1)により計算した勤続期間等の一部がB社から支払を受けた退職手当につき１又は上記の(1)により計算した勤続期間等と重複している場合には，その年にA社から支払を受けた退職手当についての退職所得控除額は，原則として，次の(イ)に掲げる金額から(ロ)に掲げる金額を控除した金額となります（所法30⑤一，所令70①二）。

(イ)　その年にA社から支払を受ける退職手当につき１又は上記の(1)により計算した勤続年数を基として「源泉徴収のための退職所得控除額の表」の「一般退職の場合」欄により求めた金額

(ロ)　その重複している部分の期間（その期間に１年未満の端数があるときは，その端数を切り捨てた期間）を勤続年数とみなして，次により求めた金額

A　勤続年数が20年以下である場合
40万円×勤続年数

B　勤続年数が20年を超える場合
800万円＋70万円×（勤続年数−20年）

ハ　控除不足額がある場合の控除額の計算

(イ)　ロの場合において，B社から支払を受けた退職手当の金額が，その退職手当につき１又は上記の(1)により計算した勤続年数を基とし，次表によって計算した退職所得控除額に満たない場合には，B社の退職手当に係る勤続期間等は，次の(ロ)により計算します。

勤　続　年　数	退職所得控除額
20年以下の場合	40万円×勤続年数
20年を超える場合	800万円＋70万円×（勤続年数−20年）

(ロ)　(イ)の場合のB社の退職手当の勤続期間等は，その退職手当の金額の計算の基礎とされた勤続期間等のうち，その退職手当についての就職の日（退職手当とみなされる退職一時金等については，その支払金額の計算の基礎となった期間の初日）から，その退職手当の収入金額に応じ，それぞれ次表の算式により計算した数（その数に１未満の端数が生じたときは，これを切り捨てた数）に相当する年数を経過した日の前日までの期間であったものとして，ロのその年にA社から支払を受ける退職手当についての勤続期間等との重複期間の計算をします（所令70②）。

B社の退職手当の収入金額	算　式
800万円以下の場合	収入金額÷40万円
800万円を超える場合	(収入金額−800万円)÷70万円＋20

ニ　退職所得控除額が80万円に満たない場合

　　上記のイからハまでにより計算した退職所得控除額が80万円に満たない場合には，退職所得控除額は80万円とされます（所法30⑤二）。

ホ　障害退職の場合

　　職務上又は職務外の傷病により障害者となったことに直接基因して退職したと認められる場合には，上記のイからニまでにより計算した退職所得控除額に更に100万円が加算されます（所法30⑤三）。

　　障害者となったことに直接基因して退職したかどうかは，1の場合と同様に判定します。

3　短期退職所得控除額の計算

(1)　一般退職手当等及び短期退職手当等の両方の支給がある場合の短期退職所得控除額の計算

　　一般退職手当等及び短期退職手当等の両方の支給がある場合の短期退職所得控除額は，次の算式により求めた金額となります（所令71の2①一）。

〈算式〉

$$\text{短期退職所得控除額}=40\text{万円}\times\left(\text{短期勤続年数}-\text{重複勤続年数}\right)+20\text{万円}\times\text{重複勤続年数}$$

イ　「短期勤続年数」とは，短期勤続期間の年数をいいます（所令71の2②）。

ロ　「重複勤続年数」とは，短期勤続期間と一般勤続期間（一般退職手当等につき115ページの2(1)により計算をした期間をいいます。以下同じです。）とが重複している期間の年数をいいます（所令71の2②）。

(注)　上記イの短期勤続期間又はロの重複している期間に1年未満の端数が生じたときは，これを1年として短期勤続年数又は重複勤続年数を計算します（所令69②，71の2⑩）。

(2)　短期退職手当等及び特定役員退職手当等の両方の支給がある場合の短期退職所得控除額の計算

　　短期退職手当等及び特定役員退職手当等の両方の支給がある場合の短期退職所得控除額は，次の算式により求めた金額となります（所令71の2⑤二）。

〈算式〉

$$\text{短期退職所得控除額}=\text{退職所得控除額}-\text{特定役員退職所得控除額}$$

(3)　一般退職手当等，短期退職手当等及び特定役員退職手当等の全ての支給がある場合の短期退職所得控除額の計算

　　一般退職手当等，短期退職手当等及び特定役員退職手当等の全ての支給がある場合の短期退職所得控除額は，次の算式により求めた金額となります（所令71の2⑦二）。

〈算式〉

$$\text{短期退職所得控除額}=40\text{万円}\times\left\{\text{短期勤続年数}-\left(\text{重複勤続年数}+\text{全重複勤続年数}\right)\right\}+20\text{万円}\times\text{重複勤続年数}+13\text{万円}\times\text{全重複勤続年数}$$

イ　「重複勤続年数」とは，短期勤続期間と特定役員等勤続期間とが重複している期間（全重複期間を除きます。）及び短期勤続期間と一般勤続期間とが重複している期間（全重複期間を除きます。）により計算した年数をいいます（所令71の2⑧）。

ロ　「全重複勤続年数」とは，特定役員等勤続期間，短期勤続期間及び一般勤続期間の全ての期間が重複している期間（以下「全重複期間」といいます（所令71の2⑧）。）により計算した年数をいいます。

(注)　上記イ又はロの重複している期間に1年未満の端数が生じたときは，これを1年として重複勤続年数又は全重複勤続年数を計算します（所令69②，71の2⑩）。

(4)　一時勤務しなかった期間がある場合の短期退職所得控除額の計算

　　116ページの(2)イ又はロの場合に該当し，かつ，次のいずれかに該当するときは，上記(1)及び(3)の短期退職所得控除額は上記の算式により求めた金額からそれぞれ次の金額を控除したものとされます（所令71の2⑪）。

イ　116ページの(2)イの前年以前に支払を受けた退職手当で勤続期間を通算したものの全部又は一部が短期退職手当等に該当する場合

　　短期勤続期間のうち，その前年以前に支払を受けた短期退職手当等に係る期間を基礎として

2(1)（115ページ）により計算した期間を勤続年数とみなして，20ページに掲げる表により計算した金額

ロ　短期勤続期間の全部又は一部が116ページの(2)ロの前年以前4年内に支払を受けた他の退職手当についての勤続期間等と重複している場合

その重複している部分の期間を勤続年数とみなして，20ページに掲げる表により計算した金額

(注)　イの計算した期間又はロの重複している部分の期間に1年未満の端数があるときは，これを切り捨てます（所令70③）。

4　特定役員退職所得控除額の計算

(1)　**一般退職手当等及び特定役員退職手当等の両方の支給がある場合又は短期退職手当等及び特定役員退職手当等の両方の支給がある場合の特定役員退職所得控除額の計算**

一般退職手当等及び特定役員退職手当等の両方の支給がある場合又は短期退職手当等及び特定役員退職手当等の両方の支給がある場合の特定役員退職所得控除額は，次の算式により求めた金額となります（所令71の2③一，⑤一）。

〈算式〉

$$\text{特定役員退職所得控除額} = 40\text{万円} \times \left(\text{特定役員等勤続年数} - \text{重複勤続年数}\right) + 20\text{万円} \times \text{重複勤続年数}$$

イ　「特定役員等勤続年数」とは，特定役員等勤続期間（特定役員退職手当等につき115ページの**2**(1)イからハまで，及びホにより計算をした期間をいいます。）の年数をいいます（所令71の2④）。

ロ　「重複勤続年数」とは，特定役員等勤続期間と一般勤続期間とが重複している期間の年数又は特定役員等勤続期間と短期勤続期間とが重複している期間の年数をいいます（所令71の2④⑥）。

(注)　上記イの特定役員等勤続期間又はロの重複している期間に1年未満の端数が生じたときは，これを1年として特定役員等勤続年数又は重複勤続年数を計算します（所令69②，71の2⑩）。

(2)　**一般退職手当等，短期退職手当等及び特定役員退職手当等の全ての支給がある場合の特定役員退職所得控除額の計算**

一般退職手当等，短期退職手当等及び特定役員

退職手当等の全ての支給がある場合の特定役員退職所得控除額は，次の算式により求めた金額となります（所令71の2⑦一）。

〈算式〉

$$\text{特定役員退職所得控除額} = 40\text{万円} \times \left\{\text{特定役員等勤続年数} - \left(\text{重複勤続年数} + \text{全重複勤続年数}\right)\right\}$$
$$+ 20\text{万円} \times \text{重複勤続年数} + 14\text{万円} \times \text{全重複勤続年数}$$

イ　「重複勤続年数」とは，特定役員等勤続期間と短期勤続期間とが重複している期間（全重複期間を除きます。）及び特定役員等勤続期間と一般勤続期間とが重複している期間（全重複期間を除きます。）により計算した年数をいいます（所令71の2⑧）。

ロ　「全重複勤続年数」とは，特定役員等勤続期間，短期勤続期間及び一般勤続期間の全ての期間が重複している期間（全重複期間）（所令71の2⑧）により計算した年数をいいます。

(注)　上記イ又はロの重複している期間に1年未満の端数が生じたときは，これを1年として重複勤続年数又は全重複勤続年数を計算します（所令69②，71の2⑩）。

(3)　**一時勤務しなかった期間がある場合の特定役員退職所得控除額の計算**

116ページの(2)イ又はロの場合に該当し，かつ，次のいずれかに該当するときは，特定役員退職所得控除額は上記の算式により求めた金額からそれぞれ次の金額を控除したものとされます（所令71の2⑫）。

イ　116ページの(2)イの前年以前に支払を受けた退職手当で勤続期間を通算したものの全部又は一部が特定役員退職手当等に該当する場合

特定役員等勤続期間のうち，その前年以前に支払を受けた特定役員退職手当等に係る期間を基礎として**2**(1)（115ページ）により計算した期間を勤続年数とみなして，20ページに掲げる表により計算した金額

ロ　特定役員等勤続期間の全部又は一部が116ページの(2)ロの前年以前4年内に支払を受けた他の退職手当についての勤続期間等と重複している場合

その重複している部分の期間を勤続年数とみ

なして，20ページに掲げる表により計算した金額

(注) イの計算した期間又はロの重複している部分の

期間に1年未満の端数があるときは，これを切り捨てます（所令70③）。

Ⅲ　令和6年分の退職所得の源泉徴収税額の速算表

課税退職所得金額(A)		所得税率(B)	控除額(C)	税額＝((A)×(B)ー(C))×102.1%
	1,950,000円以下	5 %	—	((A)× 5 %　　　　　　　) ×102.1%
1,950,000円超	3,300,000円 〃	10%	97,500円	((A)×10% －　　 97,500円)×102.1%
3,300,000円 〃	6,950,000円 〃	20%	427,500円	((A)×20% －　 427,500円)×102.1%
6,950,000円 〃	9,000,000円 〃	23%	636,000円	((A)×23% －　 636,000円)×102.1%
9,000,000円 〃	18,000,000円 〃	33%	1,536,000円	((A)×33% －1,536,000円)×102.1%
18,000,000円 〃	40,000,000円 〃	40%	2,796,000円	((A)×40% －2,796,000円)×102.1%
40,000,000円 〃		45%	4,796,000円	((A)×45% －4,796,000円)×102.1%

(注) 1 退職手当等に係る「課税退職所得金額」は，退職手当等の収入金額から退職所得控除額を控除した残額の2分の1に相当する金額（1,000円未満の端数切捨て）となります。

　　　　なお，特定役員退職手当等（111ページ）及び令和4年以後に確定する一定の短期退職手当等（111ページ）については，2分の1の適用はありません。

　　2　上記の税額は，復興特別所得税を含んでおり，税額の端数処理については，計算の途中では端数処理を行わず，最後に1円未満の端数を切り捨てます。

Ⅳ　計　算　例

　この使用例は，令和6年1月以後に支払の確定した退職所得についての例です。税額の求め方の説明では，次の略称を使用しています。

(1)　令和6年分の退職所得の源泉徴収税額の速算表

……「速算表」

(2)　令和6年分の源泉徴収のための退職所得控除額の表……「控除額の表」

【一般退職手当等の例】

（一）　一般の場合

1　他の勤務先からその年分の退職手当の支払を受けたことがない旨の「退職所得の受給に関する申告書」が提出されている場合

(1)　退職手当が退職所得控除額に満たない場合

設　例	
退　職　手　当（一般退職手当等）	1,500,000円
勤　続　期　間	4年9か月
退　職　の　区　分	一般退職

税額の求め方

① まず，「控除額の表」により，勤続年数が5年（勤続期間は4年9か月ですが，1年未満の端数は1年とします。）で一般退職の場合の退職所得控除額を求めると2,000,000円です。

② 退職手当は1,500,000円で退職所得控除額の2,000,000円に満たないため，**徴収すべき税額はありません。**

(2) 勤続年数が2年以下の場合

設　例

退　職　手　当（一般退職手当等）	550,000円
勤　続　期　間	1年4か月
退　職　の　区　分	一般退職

ポイント　勤続年数が2年以下の場合の退職所得控除額は，一律に80万円です。

税額の求め方

① まず，「控除額の表」により，勤続年数が2年（端数切上げ）で一般退職の場合の退職所得控除額を求めると800,000円です。

② 退職手当は550,000円で退職所得控除額の800,000円に満たないため，**徴収すべき税額はありません。**

(3) 退職手当が退職所得控除額を超える場合（その1）

設　例

退　職　手　当（一般退職手当等）	16,550,000円
勤　続　期　間	24年1か月
退　職　の　区　分	一般退職

ポイント　退職所得控除額控除後の金額を2分の1した金額を「速算表」に当てはめて，税額の計算を行います。

税額の求め方

① まず，「控除額の表」により，勤続年数が25年（端数切上げ）で一般退職の場合の退職所得控除額を求めると11,500,000円です。

② 退職手当の額から退職所得控除額を控除した後の金額を2分の1して課税退職所得金額を求めます。

$$(16,550,000円 - 11,500,000円) \times \frac{1}{2} = 2,525,000円$$

③ ②により求めた金額を「速算表」の課税退職所得金額の欄に当てはめて，税額を求めます。

〔課税退職所得金額〕　〔税率〕　〔控除額〕　　　　〔税額〕

$(2,525,000円 \quad \times \quad 10\% \quad - \quad 97,500円) \times 102.1\% =$ **158,255円**　これが求める税額です。

(4) 退職手当が退職所得控除額を超える場合（その2）

設　例

退　職　手　当（一般退職手当等）	21,100,000円
勤　続　期　間	22年10か月
退　職　の　区　分	一般退職

税額の求め方

① まず，「控除額の表」により勤続年数が23年（端数切上げ）で，一般退職の場合の退職所得控除額を求めると，10,100,000円です。

② 退職手当の額から退職所得控除額を控除した後の金額を2分の1して課税退職所得金額を求めます。

$$(21,100,000円 - 10,100,000円) \times \frac{1}{2} = 5,500,000円$$

③ ②により求めた金額を「速算表」の課税退職所得金額の欄に当てはめて，税額を求めます。

〔課税退職所得金額〕　〔税率〕　〔控除額〕　　　　〔税額〕

$(5,500,000円 \quad \times \quad 20\% \quad - \quad 427,500円) \times 102.1\% =$ **686,622円**（1円未満切捨て）

これが求める税額です。

(5) 一時勤務しなかった期間がある場合

退　職　手　当（一般退職手当等）	13,500,000円
計算の基礎となった期間 $\left(\begin{array}{ll}自 & 平成 9. 9. 1\\ 至 & 令和 6. 10. 31\end{array}\right)$	27年2か月
計算の基礎となった期間のうち平成23年5月1日から平成27年12月31日までは一時勤務しなかった期間です。	
退　職　の　区　分	一般退職

税額の求め方

① この場合の勤務した期間は，平成28. 1. 1～令和6. 10. 31の8年10か月に平成9. 9. 1～平成23. 4. 30の13年8か月を加えた22年6か月ですから，勤続年数は23年（端数切上げ）です。

② 「控除額の表」により，勤続年数が23年で一般退職の場合の退職所得控除額を求めると10,100,000円です。

③ 退職手当の額から退職所得控除額を控除した後の金額を2分の1して課税退職所得金額を求めます。

$$(13,500,000円 - 10,100,000円) \times \frac{1}{2} = 1,700,000円$$

④ ③により求めた金額を「速算表」の課税退職所得金額の欄に当てはめて，税額を求めます。

〔課税退職所得金額〕　〔税率〕　　　　　〔税額〕

（1,700,000円　×　5％）×102.1％ ＝ **86,785円**　これが求める税額です。

(6) 障害退職の場合

退　職　手　当（一般退職手当等）	8,300,000円
勤　続　期　間	14年5か月
退　職　の　区　分	障害退職

ポイント　「控除額の表」の「障害退職の場合」欄により退職所得控除額を求めます。

税額の求め方

① まず，「控除額の表」により，勤続年数が15年（端数切上げ）で障害退職の場合の退職所得控除額を求めると7,000,000円です。

② 退職手当の額から退職所得控除額を控除した後の金額を2分の1して課税退職所得金額を求めます。

$$(8,300,000円 - 7,000,000円) \times \frac{1}{2} = 650,000円$$

③ ②により求めた金額を「速算表」の課税退職所得金額の欄に当てはめて，税額を求めます。

〔課税退職所得金額〕　〔税率〕　　　　〔税額〕

（650,000円　×　5％）×102.1％ ＝ **33,182円**（1円未満切捨て）　これが求める税額です。

2　他の勤務先からその年分の退職手当を既に受けたことがある旨の記載がある「退職所得の受給に関する申告書」が提出されている場合

(1) 他の勤務先の勤続期間がすべて重複している場合

最初に退職したA社の	退職手当（一般退職手当等）	9,150,000円
	勤続期間 $\left(\begin{array}{ll}自 & 平成19. 8. 1\\ 至 & 令和 6. 10. 20\end{array}\right)$	17年2か月20日
	源泉徴収された税額	49,773円

次に退職し たB社の	退職手当（一般退職手当等）	5,950,000円
	勤続期間（自　平成18. 11. 20 　　　　　至　令和 6. 11. 25）	18年 6 日
退職の区分		A社，B社ともに一般退職

<u>ポイント</u>　A，B両社の退職手当の合計額に対する税額からA社の退職手当についての税額を控除します。

<u>税額の求め方</u>

① 既に受けたA社の退職手当とB社の退職手当とを合計します。

9,150,000円＋5,950,000円＝15,100,000円

② A社とB社の勤続期間のうち長い期間はB社の18年6日であり，しかも，この場合のA社の勤続期間はすべてB社の勤続期間と重複していますから，勤続年数は19年（端数切上げ）です。

③ 「控除額の表」により，勤続年数が19年で一般退職の場合の退職所得控除額を求めると7,600,000円です。

④ ①で求めた合計額から退職所得控除額を控除した後の金額を2分の1して課税退職所得金額を求めます。

$$(15,100,000円 － 7,600,000円) \times \frac{1}{2} = 3,750,000円$$

⑤ ④により求めた金額を「速算表」の課税退職所得金額の欄に当てはめて，税額を求めます。

〔課税退職所得金額〕　〔税率〕　〔控除額〕　　　　　　　〔税額〕

（3,750,000円　　×　20％　－　427,500円）×102.1％　＝　329,272円（1円未満切捨て）

⑥ ⑤により求めた税額からA社の退職手当について源泉徴収された税額49,773円を控除します。

329,272円－49,773円＝**279,499円**　これが求める税額です。

(注) 上記⑥の場合に，既に受けた退職手当について源泉徴収された税額を控除した結果が赤字となるときは，徴収する税額はないことになり，その赤字の精算は，受給者が確定申告により行うことになります(所基通201-2)。

(2) 他の勤務先の勤続期間と重複していない期間がある場合

<u>設　例</u>

最初に退職 したC社の	退職手当（一般退職手当等）	13,500,000円
	勤続期間（自　平成14. 1. 1 　　　　　至　令和 6. 10. 31）	22年10か月
	源泉徴収された税額	86,785円
次に退職し たD社の	退職手当（一般退職手当等）	10,980,000円
	勤続期間（自　平成18. 4. 1 　　　　　至　令和 6. 12. 31）	18年 9 か月
退職の区分		C社，D社ともに一般退職

<u>ポイント</u>　勤続期間の長いC社の勤続期間に，D社の勤続期間のうちC社の勤続期間と重複していない期間を加えて勤続年数を計算します。

<u>税額の求め方</u>

① 既に受けたC社の退職手当とD社の退職手当とを合計します。

13,500,000円＋10,980,000円＝24,480,000円

② C社とD社の勤続期間のうち長い期間はC社の22年10か月であり，この22年10か月にD社の勤続期間18年9か月のうちC社の勤続期間と重複していない期間2か月（令和6. 11. 1～令和6. 12. 31）を加えると23年になりますから，勤続年数は23年です。

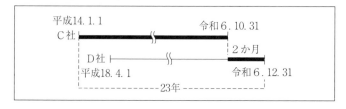

③ 「控除額の表」により，勤続年数が23年で一般退職の場合の退職所得控除額を求めると10,100,000円です。

④ ①で求めた合計額から退職所得控除額を控除した後の金額を2分の1して課税退職所得金額を求めます。

$$(24,480,000円 - 10,100,000円) \times \frac{1}{2} = 7,190,000円$$

⑤ ④により求めた金額を「速算表」の課税退職所得金額の欄に当てはめて，税額を求めます。

〔課税退職所得金額〕 〔税率〕 〔控除額〕 〔税額〕

(7,190,000円 × 23% - 636,000円) × 102.1% = 1,039,071円（1円未満切捨て）

⑥ ⑤により求めた税額からC社の退職手当について源泉徴収された税額86,785円を控除します。

1,039,071円 - 86,785円 = **952,286 円**　これが求める税額です。

3 「退職所得の受給に関する申告書」が提出されていない場合

設　例	
退　職　手　当	651,000円
勤　続　期　間	4年6か月

ポイント　退職手当の額や勤続期間にかかわらず，退職手当の額に20.42％の税率を乗じます。

税額の求め方

この場合には，退職所得控除額の控除は行わず，また，退職手当の額や勤続年数の長短にかかわらず，退職手当の額の20.42％に相当する額を求めます。

651,000円 × 20.42% = **132,934 円**（1円未満切捨て）　これが求める税額です。

(注)　「退職所得の受給に関する申告書」が提出されない場合には，この例のように多額の税額が源泉徴収されることとなりますが，この税額の精算は，本人が直接税務署に確定申告をすることにより行うことになります。

(二)　前年以前に他の退職手当の支払を受け，退職所得控除額について特殊な調整を要する場合

(1)　他の者の下において勤務した期間を退職手当の計算の基礎に含めている場合

設　例		
A社の退職手当（一般退職手当等）		18,690,000円
計算の基礎となった期間（自　平成 10. 4. 1／至　令和 6.10.31）		26年7か月
退　職　の　区　分		一般退職

計算の基礎となった期間のうち平成10年4月1日から平成19年6月30日まではB社の勤続期間であり，B社を退職する際，B社から3,680,000円の退職手当の支払を受けています。

(注)　A社は，B社の子会社であるため，A社の退職手当の金額はB社の勤続期間とA社の勤続期間の合計年数を勤続期間として計算した退職手当の金額から，B社の退職の際に支払われた退職手当の金額を差し引いて計算されることになっています。

この場合の勤務した期間を図示すると，次のとおりです。

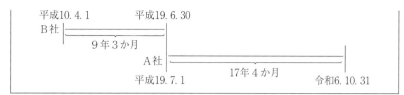

平成10.4.1　　　　平成19.6.30
B社├─────────────┤
　　　　　　9年3か月
　　　　　　A社├──────────────────┤
　　　　　　　　　　　　　17年4か月
平成19.7.1　　　　　　　　　　　　　　　　　令和6.10.31

税額の求め方

① 「控除額の表」により，勤続年数が27年（端数切上げ）の場合の退職所得控除額に相当する額を求めると12,900,000円です。

② B社の勤続年数9年（平成10.4.1〜平成19.6.30…9年3か月の1年未満の端数切捨て）の場合の退職所得控除額に相当する額を求めると3,600,000円です。

③ ①の金額から②の金額を控除します。

　　12,900,000円－3,600,000円＝9,300,000円　これが退職所得控除額です。

④ A社の退職手当の額から退職所得控除額を控除した後の金額を2分の1して課税退職所得金額を求めます。

$$（18,690,000円－9,300,000円）×\frac{1}{2}＝4,695,000円$$

⑤ ④により求めた金額を「速算表」の課税退職所得金額の欄に当てはめて，税額を求めます。

　〔課税退職所得金額〕　〔税率〕　〔控除額〕　　　　　　　〔税額〕
　　（4,695,000円　　×　20％　－　427,500円）×102.1％　＝ **522,241 円**（1円未満切捨て）

　これが求める税額です。

(注) B社を退職する際に退職手当の支払を受けていない場合には③の控除は必要がなく，退職所得控除額は12,900,000円となります。

設 例

A社の退職手当（一般退職手当等）	13,880,000円
計算の基礎となった期間（自 平成12.12.1／至 令和6.11.30）	24年
退 職 の 区 分	一般退職

計算の基礎となった期間のうち平成23年10月1日から平成29年11月30日まではB社の勤続期間であり，B社を退職する際，B社から1,590,000円の退職手当の支払を受けています。

この場合の勤務した期間を図示すると，次のとおりです。

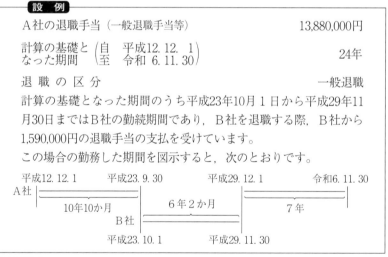

平成12.12.1　　　　平成23.9.30　　　　平成29.12.1　　　　令和6.11.30
A社├──────┤
　　　　10年10か月
　　　　　　　　B社├──────┤
　　　　　　　　　　6年2か月
　　　　　　　　　　　　　　　　├──────┤
　　　　　　　　　　　　　　　　　　7年
平成23.10.1　　　　平成29.11.30

税額の求め方

① 「控除額の表」により勤続年数が24年の場合の退職所得控除額に相当する額を求めると10,800,000円です。

② B社の勤続年数6年（1年未満の端数切捨て）の場合の退職所得控除額に相当する額を求めると2,400,000円です。

③ ①の金額から②の金額を控除します。

　　10,800,000円－2,400,000円＝8,400,000円　これが退職所得控除額です。

④ A社の退職手当の額から退職所得控除額を控除した後の金額を2分の1して課税退職所得金額を求めます。

$$（13,880,000円－8,400,000円）×\frac{1}{2}＝2,740,000円$$

⑤　④により求めた金額を「速算表」の課税退職所得金額の欄に当てはめて，税額を求めます。

〔課税退職所得金額〕　　〔税率〕　　〔控除額〕　　　　　　　〔税額〕

（2,740,000円　　×　10% － 97,500円）×102.1% ＝ **180,206** 円（1円未満切捨て）

これが求める税額です。

(注)　B社を退職する際に退職手当の支払を受けていない場合には③の控除は必要がなく，退職所得控除額は

10,800,000円となります。

(2)　復職前に勤務した期間がある場合

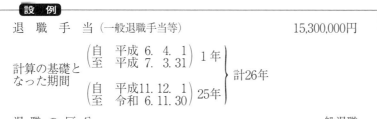

〔設　例〕

退　職　手　当（一般退職手当等）　　　　　　　　15,300,000円

計算の基礎と
なった期間

$\left. \begin{array}{l} \left(\begin{array}{ll} 自 & 平成\ 6.\ 4.\ 1 \\ 至 & 平成\ 7.\ 3.\ 31 \end{array} \right) 1年 \\ \left(\begin{array}{ll} 自 & 平成11.12.\ 1 \\ 至 & 令和\ 6.11.30 \end{array} \right) 25年 \end{array} \right\}$ 計26年

退　職　の　区　分　　　　　　　　　　　　　　　一般退職

平成7年3月31日に退職手当の支払を受けて退職し，平成11年12月
1日に復職したものです。復職に際し退職手当の返還はありません。

〔税額の求め方〕

①　「控除額の表」により勤続年数が26年で一般退職の場合の退職所得控除額に相当する金額を求めると
12,200,000円です。

②　前の退職手当について勤続年数が1年の場合の退職所得控除額に相当する金額を求めると400,000円
（400,000円×1年）です（この場合は，最低控除額80万円の適用はありません。）。

③　①の金額から②の金額を控除します。

12,200,000円－400,000円＝11,800,000円　　これが退職所得控除額です。

④　退職手当の額から退職所得控除額を控除した後の金額を2分の1して課税退職所得金額を求めます。

$$(15,300,000円－11,800,000円)×\frac{1}{2}＝1,750,000円$$

⑤　④により求めた金額を「速算表」の課税退職所得金額の欄に当てはめて，税額を求めます。

〔課税退職所得金額〕　　〔税率〕　　　　　　　〔税額〕

（1,750,000円　　×　5%）×102.1% ＝ **89,337** 円（1円未満切捨て）　これが求める税額です。

(3)　勤続期間が前年以前4年内に支払を受けた他の退職手当の勤続期間と重複している場合

イ　前の退職手当について控除不足がない場合

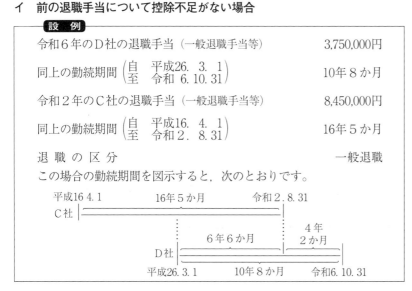

〔設　例〕

令和6年のD社の退職手当（一般退職手当等）　　　　3,750,000円

同上の勤続期間 $\left(\begin{array}{ll} 自 & 平成26.\ 3.\ 1 \\ 至 & 令和\ 6.10.31 \end{array} \right)$　　　　10年8か月

令和2年のC社の退職手当（一般退職手当等）　　　　8,450,000円

同上の勤続期間 $\left(\begin{array}{ll} 自 & 平成16.\ 4.\ 1 \\ 至 & 令和\ 2.\ 8.31 \end{array} \right)$　　　　16年5か月

退　職　の　区　分　　　　　　　　　　　　　　　一般退職

この場合の勤続期間を図示すると，次のとおりです。

① 「控除額の表」により，勤続年数が11年（端数切上げ）の場合の退職所得控除額に相当する額を求めると4,400,000円です。

② 令和２年のＣ社の退職手当に係る勤続年数は17年（端数切上げ）で，その退職所得控除額は6,800,000円となりますから退職手当の額8,450,000円に対して控除不足はありません。そこで，重複期間６年（６年６か月の１年未満の端数切捨て）を勤続年数とみなした場合の退職所得控除額に相当する金額を求めると2,400,000円です。

③ ①の金額から②の金額を控除します。

4,400,000円 − 2,400,000円 ＝ 2,000,000円

これが令和６年のＤ社の退職手当に係る退職所得控除額です。

④ Ｄ社の退職手当の額から退職所得控除額を控除した後の金額を２分の１して課税退職所得金額を求めます。

$$(3,750,000円 − 2,000,000円) \times \frac{1}{2} = 875,000円$$

⑤ ④により求めた金額を「速算表」の課税退職所得金額の欄に当てはめて，税額を求めます。

〔課税退職所得金額〕　〔税率〕　　　　〔税額〕

（875,000円　×　5％）×102.1％ ＝ **44,668円**（1円未満切捨て）　これが求める税額です。

ロ　前の退職手当について控除不足がある場合

設　例

令和６年のＦ社の退職手当（一般退職手当等）	10,900,000円
同上の勤続期間（自　平成16. 9. 1／至　令和 6. 10. 31）	20年２か月
令和４年のＥ社の退職手当（一般退職手当等）	4,300,000円
同上の勤続期間（自　平成10. 9. 1／至　令和 4. 12. 31）	24年４か月
退職の区分	一般退職

この場合の勤続期間を図示すると，次のとおりです。

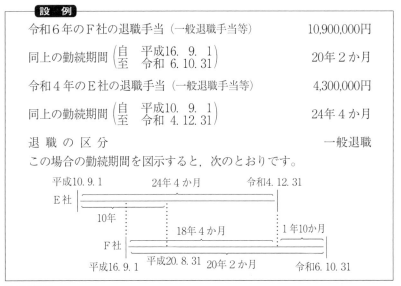

税額の求め方

① 「控除額の表」により，勤続年数が21年（端数切上げ）の場合の退職所得控除額に相当する額を求めると8,700,000円です。

② 令和４年のＥ社の退職手当に係る勤続年数は25年（端数切上げ）で，その退職所得控除額は11,500,000円（800万円＋70万円×（25年−20年））となりますから，退職手当の額4,300,000円に対して控除不足があります。そこで，4,300,000円を400,000円で除して計算した数を求めます（116ページ参照）。

4,300,000円÷400,000円 ＝ 10（1未満の端数切捨て）

③ 令和６年のＦ社の退職手当に係る勤続期間のうち令和４年のＥ社の退職手当に係る就職の日（平成10. 9. 1）から②により求めた数に相当する年数を経過した日の前日（平成20. 8. 31）までの期間と重複する期間を求め，この重複期間４年（平成16. 9. 1～平成20. 8. 31）を勤続年数とみなした場合の退職所得控除額に相当する額を求めると1,600,000円です。

④ ①の金額から③の金額を控除します。

8,700,000円 − 1,600,000円 = 7,100,000円

これが令和6年のF社の退職手当に係る退職所得控除額です。

⑤ F社の退職手当の額から退職所得控除額を控除した後の金額を2分の1して課税退職所得金額を求めます。

$$(10,900,000円 − 7,100,000円) × \frac{1}{2} = 1,900,000円$$

⑥ ⑤により求めた金額を「速算表」の課税退職所得金額の欄に当てはめて，税額を求めます。

〔課税退職所得金額〕　〔税率〕　　　　〔税額〕

(1,900,000円　×　5%) × 102.1% = **96,995円**　これが求める税額です。

【短期退職手当等の例】

1　他の勤務先からその年分の退職手当の支払を受けたことがない旨の「退職所得の受給に関する申告書」が提出されている場合

設　例	
退　職　手　当（短期退職手当等）	6,500,000円
勤　続　期　間	4年2か月
退　職　の　区　分	一般退職

税額の求め方

① まず，「控除額の表」により，勤続年数が5年（勤続期間は4年2か月ですが，1年未満の端数は1年とします。）で一般退職の場合の退職所得控除額を求めると，2,000,000円となります。

② 「短期退職手当等の収入金額6,500,000円 − 退職所得控除額2,000,000円」は4,500,000円であり，3,000,000円を超えることから，課税退職所得金額を次により計算します（1,000円未満切捨て）。

1,500,000円 +〔短期退職手当等の収入金額6,500,000円 − (3,000,000円 + 退職所得控除額2,000,000円)〕= 3,000,000円

③ ②により求めた金額を「速算表」の課税退職所得金額の欄に当てはめて，税額を求めます。

〔課税退職所得金額〕　〔税率〕　〔控除額〕　　　　〔税額〕

(3,000,000円　×　10% −　97,500円) × 102.1% = **206,752円**（1円未満切捨て）　これが求める税額です。

2　他の勤務先からその年分の退職手当の支払を受けたことがある旨の記載がある「退職所得の受給に関する申告書」が提出されている場合

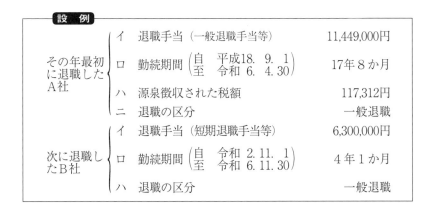

設　例			
その年最初に退職したA社	イ	退職手当（一般退職手当等）	11,449,000円
	ロ	勤続期間 （自　平成18. 9. 1 至　令和 6. 4.30）	17年8か月
	ハ	源泉徴収された税額	117,312円
	ニ	退職の区分	一般退職
次に退職したB社	イ	退職手当（短期退職手当等）	6,300,000円
	ロ	勤続期間 （自　令和 2.11. 1 至　令和 6.11.30）	4年1か月
	ハ	退職の区分	一般退職

B社における退職手当に対する源泉徴収税額を次により求めます。

① A社とB社の勤続期間のうち長い期間はA社の17年8か月であり，この期間に，B社の勤続期間4年1か月のうちA社の勤続期間と重複していない期間7か月（令和6.5.1～令和6.11.30）を加えると18年3か月となりますから勤続年数は19年となります。

「控除額の表」により，勤続年数が19年で一般退職の場合の退職所得控除額を求めると7,600,000円です。

② 短期勤続年数は，B社の勤続期間の4年1か月で5年となり，また，A社の一般勤続期間とB社の特定役員等勤続期間とが重複している期間（令和2.11.1～令和6.4.30）は3年6か月ですので，重複勤続年数は4年となります。

したがって，短期退職所得控除額を次により計算します。

400,000円×（短期勤続年数5年－重複勤続年数4年）+200,000円×重複勤続年数4年＝1,200,000円

③ 次に，一般退職所得控除額を次により計算します。

退職所得控除額7,600,000円－短期退職所得控除額1,200,000円＝6,400,000円

④ 「短期退職手当等の収入金額6,300,000円－短期退職控除額1,200,000円」は5,100,000円であり，3,000,000円を超えることから，短期退職手当等に係る退職所得金額を次により計算します。

1,500,000円＋{短期退職手当等の収入金額6,300,000円－（3,000,000円＋短期退職所得控除額1,200,000円）}＝3,600,000円

⑤ 次に一般退職手当等に係る退職所得金額を次により計算します。

一般退職手当等の収入金額11,449,000円－一般退職所得控除額6,400,000円＝5,049,000円

⑥ ④と⑤の金額を合計して，退職所得金額を計算します。

3,600,000円＋5,049,000円＝8,649,000円

この課税退職所得金額8,649,000円について，「退職所得の源泉徴収税額の速算表」の「税額」欄に示されている算式に従って税額を求めると1,381,688円（1円未満切捨て）{(8,649,000円×23％－636,000円)×102.1％}となります。

⑦ ⑥で求めた金額から先にA社で源泉徴収された税額117,312円を控除します。

1,381,688円 － 117,312円 ＝ **1,264,376円** これが求める税額です。

3 「退職所得の受給に関する申告書」が提出されていない場合

設 例	
イ 退 職 手 当（短期退職手当等）	6,500,000円
ロ 勤 続 期 間	4年2か月

この場合には，退職所得控除額の控除は行わず，また，退職手当の額や勤続年数の長短にかかわらず，退職手当の額の20.42％に相当する額を求めます。

6,500,000円 × 20.42％ ＝ **1,327,300円** これが求める税額です。

(注) 「退職所得の受給に関する申告書」が提出されない場合には，この例のように多額の税額が源泉徴収されることとなりますが，この税額の精算は，本人が直接税務署に確定申告をすることにより行うことになります。

【特定役員退職手当等の例】

1　他の勤務先からその年分の退職手当の支払を受けたことがない旨の「退職所得の受給に関する申告書」が提出されている場合

> **設　例**
>
> | | |
> |---|---|
> | 退　職　手　当（特定役員退職手当等） | 6,500,000円 |
> | 勤　続　期　間 | 4年2か月 |
> | 退　職　の　区　分 | 一般退職 |

税額の求め方

① まず，「控除額の表」により，勤続年数が5年（勤続期間は4年2か月ですが，1年未満の端数は1年とします。）で一般退職の場合の退職所得控除額を求めると，2,000,000円となります。

② 退職手当が特定役員退職手当等に該当する場合の課税退職所得金額は，退職手当の額から退職所得控除額を控除した残額に相当する金額（1,000円未満切捨て）である4,500,000円（6,500,000円−2,000,000円）となります。

③ ②により求めた金額を「速算表」の課税退職所得金額の欄に当てはめて，税額を求めます。

　〔課税退職所得金額〕　〔税率〕　〔控除額〕　　　　　　〔税額〕

　（4,500,000円　×　20％　−　427,500円）×102.1％　＝ **482,422円**（1円未満切捨て）　これが求める税額です。

2　他の勤務先からその年分の退職手当の支払を受けたことがある旨の記載がある「退職所得の受給に関する申告書」が提出されている場合

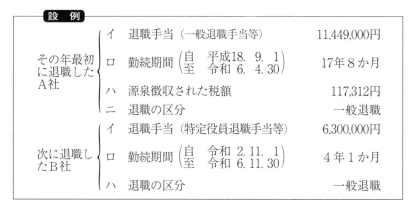

> **設　例**
>
> | | | | |
> |---|---|---|---|
> | その年最初に退職したA社 | イ | 退職手当（一般退職手当等） | 11,449,000円 |
> | | ロ | 勤続期間（自　平成18. 9. 1／至　令和6. 4.30） | 17年8か月 |
> | | ハ | 源泉徴収された税額 | 117,312円 |
> | | ニ | 退職の区分 | 一般退職 |
> | 次に退職したB社 | イ | 退職手当（特定役員退職手当等） | 6,300,000円 |
> | | ロ | 勤続期間（自　令和2.11. 1／至　令和6.11.30） | 4年1か月 |
> | | ハ | 退職の区分 | 一般退職 |

税額の求め方

　B社における退職手当に対する源泉徴収税額を次により求めます。

① A社とB社の勤続期間のうち長い期間はA社の17年8か月であり，この期間に，B社の勤続期間4年1か月のうちA社の勤続期間と重複していない期間7か月（令和6. 5. 1〜令和6. 11. 30）を加えると18年3か月となりますから勤続年数は19年となります。

　「控除額の表」により，勤続年数が19年で一般退職の場合の退職所得控除額を求めると7,600,000円です。

② 特定役員等勤続年数は，B社の勤続期間の4年1か月で5年となり，また，A社の一般勤続期間とB社の特定役員等勤続期間とが重複している期間（令和2. 11. 1〜令和6. 4.30）は3年6か月ですので，重複勤続年数は4年となります。したがって，特定役員退職所得控除額は120万円{40万円×（5（年）−4（年））+20万円×4（年）}となります。

③ 「退職所得の金額の算式の表」(111ページ)の算式に当てはめて課税退職所得金額を計算すると,課税退職所得金額は7,624,000円(1,000円未満の端数切捨て)〔(6,300,000円−1,200,000円)＋{11,449,000円−(7,600,000円−1,200,000)}×½〕となります。

④ 次に,課税退職所得金額7,624,000円について,「退職所得の源泉徴収税額の速算表」の「税額」欄に示されている算式に従って税額を求めると1,140,987円(1円未満切捨て){(7,624,000円×23％−636,000円)×102.1％}となります。

⑤ ④で求めた金額から先にA社で源泉徴収された税額117,312円を控除します。

1,140,987円 － 117,312円 ＝ **1,023,675 円** これが求める税額です。

3 「退職所得の受給に関する申告書」が提出されていない場合

▎**設 例**

| イ 退 職 手 当 (特定役員退職手当等) | 6,500,000円 |
| ロ 勤 続 期 間 | 4年2か月 |

▎**税額の求め方**

この場合には,退職所得控除額の控除は行わず,また,退職手当の額や勤続年数の長短にかかわらず,退職手当の額の20.42％に相当する額を求めます。

6,500,000円 × 20.42％ ＝ **1,327,300 円** これが求める税額です。

(注) 「退職所得の受給に関する申告書」が提出されない場合には,この例のように多額の税額が源泉徴収されることとなりますが,この税額の精算は,本人が直接税務署に確定申告をすることにより行うことになります。

第8 年末調整

Ⅰ 令和6年分の年末調整の要領

1 年末調整を行う給与

年末調整は，本年最後の給与を支払うときまでに「給与所得者の扶養控除等申告書」を提出している人（本年中の給与の総額が2,000万円を超える人を除きます。）に対し，本年中に支払うべき給与について行います。「本年中に支払うべき給与」とは，本年中の給与として支払の確定したものをいいますから，前年の未払給与で本年に繰り越して支払ったものは含まれませんが，本年の未払給与で翌年に繰り越して支払うものは含まれます。

なお，本年の中途で就職した人については，本年中にその就職前の他の勤務先から支払を受けた給与（「給与所得者の扶養控除等申告書」の提出先から支払を受けた給与に限ります。）があれば，その給与の金額及びその給与から徴収した税額は，新たに就職した勤務先が就職後に支払った給与の金額及び徴収した税額とそれぞれ合計して年末調整を行わなければなりません（所法190，所令311）。

2 年末調整を行わない給与

次に掲げる人に支払った給与については，年末調整をしないことになっています。
(1) 本年中の給与の総額（本年中途で就職した人については，その就職前に「給与所得者の扶養控除等申告書」を提出していた他の勤務先から受けた給与を含めた総額）が2,000万円を超える人
(2) 本年最後の給与を支払うときまでに「給与所得者の扶養控除等申告書」を提出していない人（日額表の丙欄によって源泉徴収を受けている人を含みます。）
(3) 災害により被害を受け，本年中に「災害被害者に対する租税の減免，徴収猶予等に関する法律」第3条の規定により，給与に対する源泉所得税及び復興特別所得税の徴収猶予又は還付を受けた人
(4) 本年中途で退職した人（①死亡により退職した人，②著しい心身の障害のため退職した人で，その退職の時期からみて本年中に再就職することが明らかに不可能と認められ，かつ，その退職後本年中に給与の支払を受けることとなっていない人，③12月分の給与を受けた後に退職した人及び④いわゆるパートタイマーとして働いている人などが退職した場合で，本年中に支払を受ける給与の総額が103万円以下である人（退職後本年中に他の勤務先等から給与の支払を受けると見込まれる人を除きます。）を除きます。）
(5) 非居住者（日本国内に住所がなく，かつ現在まで引き続いて1年以上居所がない人）

3 年末調整を行う時期

年末調整は，原則として本年最後の給与を支払うとき（通常は12月）に行いますが，年の中途においても年末調整を行わなければならない事情が生ずることがあります。

例えば前記2(4)の①から④のような人は，その年において再び給与を受けないことが明らかであり，また，海外支店勤務などのために出国し非居住者となった人は，居住者として受ける給与がなくなるので，それぞれの事由が生じたときにおいて源泉徴収税額の精算を行いますので，年末でない時期に年末調整を行うこととなります。

4 年末調整の準備

(1) 本年中の給与と徴収税額の集計

まず，本年中に支払うべき給与の金額と徴収すべき税額とを，その支払を受ける人ごとにそれぞれ集計します。この場合，本年最後に支払う給与に対する税額は，その計算を省略して0としたところで集計することができます。

第8 年末調整 **131**

なお，この集計にあたっては，次の点に注意してください。

イ　本年の中途で就職した人については，就職前に他の勤務先から支払を受けていた給与の有無を確認し，受けていた人については，合算すべき給与（退職所得は含みません。）や，それに対する税額をその人が前の勤務先から交付を受けている源泉徴収票等によって確認し，新たに就職した勤務先が支払う給与と税額にそれぞれ合算します。

ロ　昨年分の年末調整によって生じた過不足額を本年に繰り越して還付や徴収をしている場合には，その繰り越された金額を除いて集計します。

(2)　給与から控除した社会保険料等の集計

本年1月1日以後各人の給与から控除した社会保険料等の金額（年の中途で就職した人について，前の勤務先が支払った給与を合算する場合には，その合算する給与から控除された社会保険料等の金額を含みます。）を給与の支払を受ける人ごとに集計します。

(3)　直接支払った社会保険料の確認

生計を一にする親族の国民健康保険の保険料や国民健康保険税などを給与の支払を受ける人が直接自分で支払ったような場合には，その人から年末調整を行うときまでに「給与所得者の保険料控除申告書」の提出を受け，控除すべき社会保険料の額を確認します。

なお，年末調整において，国民年金の保険料又は国民年金基金の掛金について社会保険料控除を受けようとする場合には，「給与所得者の保険料控除申告書」にそれらの保険料等の支払をした旨を証する書類等を添付等しなければならないこととされています。

(4)　小規模企業共済等掛金の確認

年末調整を行うときまでに，給与の支払を受ける人から「給与所得者の保険料控除申告書」の提出を受け，その申告書に記載された小規模企業共済等掛金（掛金の支払証明書等が添付等されているものに限ります。）につき，控除すべき掛金の額を確認します。

(5)　生命保険料の確認

年末調整を行うときまでに，給与の支払を受ける人から「給与所得者の保険料控除申告書」の提出を受け，その申告書に記載された生命保険料（一般の生命保険料のうち旧生命保険料にあっては年間払込保険料が1つの契約で9,000円を超えるもの，また，一般の生命保険料のうち新生命保険料，介護医療保険料及び個人年金保険料にあっては保険料の金額の多少にかかわらず全てのものについて，その保険料を支払ったことの証明書等を添付等することが必要です。）につき，控除すべき保険料の額を確認します。この場合，生命保険契約等に基づく剰余金の分配や割戻金の割戻しを受け又はこれらのものを保険料の払込みに充てているときは，支払った保険料の金額は契約保険料の金額からその剰余金又は割戻金の額を控除した残額となることに注意してください。

(6)　地震保険料の確認

年末調整を行うときまでに，給与の支払を受ける人から「給与所得者の保険料控除申告書」の提出を受け，その申告書に記載された地震保険料（その保険料を支払ったことの証明書等を添付等することが必要です。）につき，控除すべき保険料の額を確認します。この場合，地震保険契約等に基づく剰余金の分配や割戻金の割戻しを受け又はこれらのものを保険料の払込みに充てているときは，支払った保険料の金額は契約保険料の金額からその剰余金又は割戻金の額のうち地震保険に係る部分を控除した残額となることに注意してください。

(7)　障害者，控除対象扶養親族等の数の確認

年末調整の際に控除の対象となる障害者（同居特別障害者，その他の特別障害者を含みます。），寡婦，ひとり親，勤労学生，控除対象扶養親族（特定扶養親族，同居老親等，その他の老人扶養親族を含みます。）は，いずれも年末調整を行う時までに給与の支払を受ける人から提出された「給与所得者の扶養控除等申告書」により確認することとなりますから，その時までに申告されている内容に誤りがないかどうか，また，専修学校や各種学校の生徒，認定職業訓練を受ける訓練生で，勤労学生控除を受ける人については，所定の証明書類が添付等されているかどうかを確認する必要があります。

また，扶養控除又は障害者控除の対象とされる親族が非居住者である場合には，「親族関係書類」及び「送金関係書類」を確認する必要があります（215ページ参照）。

（注） 障害者控除，扶養控除及び勤労学生控除の所得
金額要件は，平成30年度税制改正において改正
され，令和２年分所得税から適用されています。
また，令和５年分以後は，控除対象扶養親族の
うち非居住者については新たな要件が適用され
ます（215ページ参照）。

(8) 配偶者控除又は配偶者特別控除額の確認

年末調整を行う時までに，給与の支払を受ける人
から「給与所得者の配偶者控除等申告書」の提出
を受け，その申告書に記載された配偶者控除又は配
偶者特別控除額につき，給与の支払を受ける人及
び配偶者の本年の合計所得金額に応じた正しい控
除額で申告が行われているかどうかを確認します。

なお，この配偶者控除又は配偶者特別控除を受
けられるのは，給与の支払を受ける人自身の本年
の合計所得金額が1,000万円以下で，かつ，その
人の生計を一にする配偶者の本年の合計所得金額
が一定額以下である場合に限られます。

具体的には，この配偶者の合計所得金額が48
万円以下の場合には配偶者控除，48万円超133万
円以下の場合には配偶者特別控除が適用されます。

（注） 配偶者控除又は配偶者特別控除の対象とされ
る配偶者が非居住者である場合には，(7)と同様
の書類を確認する必要があります。
また，配偶者控除及び配偶者特別控除の所得金
額要件は，平成30年度税制改正において改正さ
れ，令和２年分所得税から適用されています。

(9) 所得金額調整控除額及び基礎控除額の確認

所得金額調整控除額は「所得金額調整控除申告
書」に基づき，また，基礎控除額は「給与所得者
の基礎控除申告書」に基づき，その内容が正しい
かどうかを確認します。

これらの申告書は，上記(8)の「給与所得者の配
偶者控除等申告書」と同一の用紙に印刷されてい
ます（国税庁作成の様式名は「令和６年分給与所得者
の基礎控除申告書兼給与所得者の配偶者控除等申告書
兼所得金額調整控除申告書」です。）。

なお，所得金額調整控除は，令和２年分の所得
税から適用されますが，給与の収入金額が850万円
以下の場合には適用されません（170ページ参照）。

また，基礎控除額は，令和２年分所得税から改
正されており，合計所得金額の見積額が2,500万円
を超える場合には適用されません。

(10) （特定増改築等）住宅借入金等特別控除額の確認

（注） 「（特定増改築等）住宅借入金等特別控除」と
は，住宅借入金等特別控除及び特定増改築等
住宅借入金等特別控除を総称した用語として
使用しています。
各控除方法における控除期間，住宅借入金等
の年末残高の限度額及び控除率については，138
ページ以降を参照してください。また，制度の概
要については，207ページ以降を参照してください。

イ （特定増改築等）住宅借入金等特別控除を受け
ようとする最初の年分については，確定申告によ
り，控除の適用を受ける必要があります。しかし，
その後の年分については，年末調整の際に，各人
から提出された「給与所得者の（特定増改築等）
住宅借入金等特別控除申告書」（以下「住宅借入
金等特別控除申告書」といいます。）に基づいて
控除を行うことができることになっていますから，
この控除を受けようとする人に対しては，所要事
項を記載した住宅借入金等特別控除申告書を年
末調整のときまでに提出してもらいます。

ロ 住宅借入金等特別控除申告書には，次に掲げ
る証明書の添付が必要です。
① その人の住所地の税務署長が発行した「年
末調整のための（特定増改築等）住宅借入金
等特別控除証明書」
② 借入等を行った金融機関等が発行した「住
宅取得資金に係る借入金の年末残高等証明書」

（注） 居住年が令和５年以後である場合には，②の証
明書の添付は原則として不要とされます。

ハ 住宅借入金等特別控除申告書は，控除を受け
ることとなる各年分のものを一括して税務署か
ら所得者本人に送付されますが，本年分の年末
調整の際には，そのうち令和６年分の住宅借入
金等特別控除申告書を提出してもらいます。

(11) 年調減税額の確認

同一生計配偶者については，「配偶者控除等申告
書」又は「年末調整に係る申告書」により確認しま
す。また，扶養親族については，「扶養控除等申告書」
又は「年末調整に係る申告書」により確認します。

定額減税の対象となる同一生計配偶者は，居住者
の配偶者で居住者と生計を一にするもの（青色事
業専従者等を除きます。）のうち，合計所得金額が
48万円以下である人をいいます。また，定額減税

の対象となる扶養親族は，居住者と生計を一にする親族等（青色事業専従者を除きます。）で合計所得金額が48万円以下である人をいいます。

なお，定額減税の対象者は，本人，同一生計配偶者及び扶養親族のいずれも居住者に限られます。

5　年末調整の方法

(1)　令和6年分の年調年税額の計算

「年調年税額」とは，給与の支払を受ける人の本年1年間に支払を受ける給与の総額を基として計算した税額をいい，次のようにして求めます。

イ　「令和6年分の年末調整等のための給与所得控除後の給与等の金額の表」（24ページ参照）により本年中の給与の総額に対応する給与所得控除後の給与等の金額を求めます。

なお，所得金額調整控除額がある場合には，「給与所得控除後の給与等の金額」からこの調整控除額を控除して「給与所得控除後の給与等の金額（調整控除後）」の金額を求めます。

ロ　イにより求めた給与所得控除後の給与等の金額（調整控除後）から，社会保険料控除額，小規模企業共済等掛金控除額，生命保険料控除額，地震保険料控除額，障害者控除額，寡婦控除額，ひとり親控除額，勤労学生控除額，配偶者控除額，配偶者特別控除額，扶養控除額及び基礎控除額を控除し，課税給与所得金額を求めます。

この求めた金額に1,000円未満の端数があるときは，その端数は切り捨てます。

控除する金額は，控除額一覧表（136ページ参照）のとおりです。なお，扶養控除額，障害者控除額，寡婦控除額，ひとり親控除額及び勤労学生控除額の合計額は，個別の控除額を積算することなく「令和6年分の扶養控除額及び障害者等の控除額の合計額の早見表」（22ページ参照）により求めることができます。

ハ　次に，ロにより求めた課税給与所得金額に応じた算出所得税額を「令和6年分の年末調整のための算出所得税額の速算表」（33ページ参照）によって求めます。

ニ　（特定増改築等）住宅借入金等特別控除の適用を受ける場合には，ハにより求めた算出所得税額から更に（特定増改築等）住宅借入金等特別控除額を控除し，その控除後の残額である「年調所得税

額」を求めます。なお，（特定増改築等）住宅借入金等特別控除の適用を受けない人については，算出所得税額がそのまま年調所得税額となります。

ホ　令和6年分については定額減税が適用され，ニで求めた年調所得税額から定額減税額（年調減税額）を控除した後の所得税額を求めます（174ページ参照）。

ヘ　ホで求めた減税後の所得税額に102.1%（復興特別所得税額を含みます。）を乗じて，年調年税額を求めます。

なお，求めた金額に100円未満の端数があるときは，その端数は切り捨てます。

(2)　過不足額の精算

4の(1)により集計した本年中の徴収税額と上記(1)で算出した「年調年税額」とを比べて，年調年税額のほうが少ないときは，その差額は過納額となり，逆に年調年税額のほうが多いときは，その差額は不足額となりますが，これらの過不足額は次のようにして精算します。

イ　過納額の精算

(イ)　過納額は，まず，本年最後に支払うべき給与から徴収すべき税額に充当します。

(注)　通常は，その年最後に支払う給与から徴収する税額は，その計算を省略して0として集計しますので，この充当は行う必要がありません。

(ロ)　(イ)の充当を行っても，なお残高があるときのその残額（通常は過納額そのままの額となります。）は，年末調整を行った月分の税額としてその給与の支払者が徴収した源泉徴収税額（給与所得，退職所得又は特定の報酬・料金（所法204①二）などに対する徴収税額に限ります。）を原資として還付し，なお，過納額が残るときは，その支払者が翌年において徴収し納付すべき源泉徴収税額のうちから順次還付します。

この場合において，その過納額のうちに給与が未払であるため，まだ徴収していない部分の税額があるときは，その部分の税額を控除した残額を還付します（所法191）。

(ハ)　(ロ)により過納額の還付を行うべき給与の支払者が，過納額の還付を終わらないうちに給与の支払者でなくなったことなどにより還付できなくなった場合又は還付すべきこととなった

日の翌月1日から起算して2か月を経過しても
なお還付しきれない場合には，給与の支払者
が，まだ還付しきれない過納額の残額などを
記載した書類を税務署長に提出すれば，その
過納額は税務署長から還付されます（所令313）。

ロ　不足額の精算

(イ)　不足額は，原則として，本年最後の給与を
支払う際にその給与から徴収し，なお不足額
が残るときは，翌年1月以降に支払う給与か
ら順次徴収します。

(ロ)　本年最後の給与を支払う際に不足額を徴収
することにより，その月中の税引手取給与の
総額（賞与などの臨時の給与があれば，それも
含みます。）が本年1月（年の中途で就職した
人で前職のない人については，就職の月）から
年末調整を行った月の前月まで（通常は，1
月から11月まで）の税引手取給与の平均額の
70％未満となる場合において，給与の支払を
受ける人が本年最後の給与の支払を受ける日
の前日までに不足額の徴収の繰延べにつき税
務署長の承認を受けたときは，その徴収繰延
が認められた不足額については，その2分の
1ずつを翌年の1月と2月に給与を支払う際
に徴収します（所法192，所令315，316）。

6　最後に支払う給与が通常の給与である場合の特例

年末調整は，その年最後の給与を支払う際に行う
のが原則です。しかし，その年最後の給与を支払う
月（通常は12月）において賞与と賞与以外の普通給
与とが支払われる場合で，賞与を支払った後に普通
給与を支払うこととなるときは，年末調整による過
不足額を普通給与を支払う際に還付し又は徴収する
ことが困難となる事例が生ずることもあります。

そこで，所得税法においては，その賞与を支払う
際に年末調整による不足額を計算し，その不足額を
賞与から徴収することができる旨の特例を定めてい

ます（所法186③，108ページの説明及び計算例参照）が，
この特例をさらに進めれば，その賞与を支払う際に
年末調整をしてしまうことになります。

実務的にも，年末調整により生ずる不足額を計算
し，その不足額だけを徴収するというよりも，過不足
額の全部を計算し，その過不足額の全部を賞与の支
払の際に還付し又は徴収することとすれば，その賞
与について通常の例により徴収する税額の計算を省
略できることとなって都合がよいことになりますので，
実務上は，この方法によって年末調整を行うこともで
きることになっています（所基通190-3，190-6）。

賞与を支払う際に，その後に支払うこととなる普
通給与の額及びその給与から徴収する税額を見込ん
で年末調整を行うにあたっては，特に次のことに注
意してください。

(1)　賞与を支払う時において，その後に支払うこと
となるその年最後の普通給与の額及びその給与か
ら控除する社会保険料等並びにその給与から徴収
することとなる税額を正確に見積って計算し，こ
れらをそれぞれの年中の給与の総額，社会保険料
等の額及び徴収税額の中に含めて令和6年分の
年調年税額及び過不足額の計算をすること。

(2)　賞与を支払った後にその年最後の普通給与を払
う際にその給与から徴収する税額は，次の税額と
なること。

イ　その給与の額が賞与を支払う際に見積った額
と同額であるときは，年末調整の計算上その給
与につき徴収すべき税額として算入された税額
（年末調整の過納額で，まだ還付していないものがあ
るときは，その過納額の残額を控除した額とします。）

ロ　その給与の額が賞与を支払う際に見積った額
と異なることとなったときは，年末調整の計算
上その給与につき徴収すべき税額として算入さ
れた税額につき，その支給額が減少し又は増加
したことにより減少又は増加することとなった
部分の税額だけ減額又は増額した税額

（参考）　年末調整手続の電子化

平成30年度税制改正により，令和2年分の年末調整から，生命保険料控除，地震保険料控除及び住宅
借入金等特別控除に係る控除証明書等について，勤務先に電子データによる提供を行うことができ，次に
より年末調整手続の電子化が実施されています（令和2年10月以後）。

① 従業員が，保険会社等から控除証明書等を電子データで受額する。
② ①の電子データを年末調整控除申告書作成用ソフトウェア（※１）にインポートする。（自動入力，控除額（※２）の自動計算）
③ 控除額が自動計算された年末調整申告書データを勤務先に提供する。
④ 勤務先において，③のデータを給与システム等にインポートして年税額を計算する。

※１　年末調整控除申告書作成用ソフトウェア（年調ソフト）とは，年末調整申告書について，従業員が控除証明書等データを活用して簡便に作成し，勤務先に提出する電子データ又は書面を作成する機能を持つ，国税庁が無償で提供するソフトウェアです。

※２　所得金額調整控除額の計算については，勤務先で行います。

〔控 除 額 一 覧 表〕

控 除 の 種 類	控　除　　　　　　　額	
社 会 保 険 料 控 除	支払った保険料の全額	これらを併せて社会保険料等控除といいます。
小規模企業共済等掛金控除	支払った掛金の全額	
生 命 保 険 料 控 除 (注) 一般の生命保険料や介護医療保険料，個人年金保険料の範囲については，194ページ以下参照	次の表により求めた金額の合計額（適用限度額12万円） 　なお，一般の生命保険料の控除額は(A)，(B)，(C)のうち最も大きい金額とし，個人年金保険料の控除額は(D)，(E)，(F)のうち最も大きい金額とすることができます。	

保険料等の区分		控除額
一般の 生命保険料	(1)　新生命保険料を支払った場合（(3)の場合を除く）	①の表により求めた金額(A)
	(2)　旧生命保険料を支払った場合（(3)の場合を除く）	②の表により求めた金額(B)
	(3)　新生命保険料及び旧生命保険料の両方を支払った場合	上記(A)及び(B)の金額の合計額（上限４万円）(C)
介護医療保険料		①の表により求めた金額
個人年金保険料	(1)　新個人年金保険料を支払った場合（(3)の場合を除く）	①の表により求めた金額(D)
	(2)　旧個人年金保険料を支払った場合（(3)の場合を除く）	②の表により求めた金額(E)
	(3)　新個人年金保険料及び旧個人年金保険料の両方を支払った場合	上記(D)及び(E)の金額の合計額（上限４万円）(F)

① 【新生命保険料，介護医療保険料又は新個人年金保険料を支払った場合】

支払った保険料等の金額	控　除　額
20,000円以下	支払った保険料等の全額
20,001円から40,000円まで	$\left(\begin{array}{l}\text{支払った保険料等}\\\text{の金額の合計額}\end{array}\right) \times \frac{1}{2} + 10,000円$
40,001円から80,000円まで	$\left(\begin{array}{l}\text{支払った保険料等}\\\text{の金額の合計額}\end{array}\right) \times \frac{1}{4} + 20,000円$
80,001円以上	一律に40,000円

控 除 の 種 類	控 除 額
生命保険料控除 (注) 一般の生命保険料や介護医療保険料，個人年金保険料の範囲については，194ページ以下参照	② 【旧生命保険料又は旧個人年金保険料を支払った場合】 表（下記参照） (注) 新生命保険料とは，平成24年1月1日以後に締結した保険契約等のうち一定のもの，旧生命保険料とは，平成23年12月31日以前に締結した保険契約等のうち一定のものに基づいて支払った保険料です。 　　また，新個人年金保険料とは，平成24年1月1日以後に締結した個人年金保険契約等，旧個人年金保険料とは，平成23年12月31日以前に締結した個人年金保険契約等に基づいて支払った保険料です。

② 【旧生命保険料又は旧個人年金保険料を支払った場合】

支払った保険料等の金額	控 除 額
25,000円以下	支払った保険料等の全額
25,001円から50,000円まで	$\left(\begin{array}{l}\text{支払った保険料等}\\\text{の金額の合計額}\end{array}\right) \times \dfrac{1}{2} + 12,500円$
50,001円から100,000円まで	$\left(\begin{array}{l}\text{支払った保険料等}\\\text{の金額の合計額}\end{array}\right) \times \dfrac{1}{4} + 25,000円$
100,001円以上	一律に50,000円

控 除 の 種 類	控 除 額
地震保険料控除 (注) 地震保険料の範囲については，198ページ以下参照	(1) 支払った保険料が地震保険料だけの場合 　イ　支払った地震保険料が50,000円以下の場合 　　　　支払った保険料の全額 　ロ　支払った地震保険料が50,001円以上の場合 　　　　一律に50,000円 (2) 支払った保険料が平成18年12月31日までに締結した長期損害保険契約等に係る保険料だけの場合 　イ　支払った保険料が10,000円以下の場合　支払った保険料の全額 　ロ　支払った保険料が10,001円から20,000円までの場合 　　　　支払った保険料の金額の合計額×½+5,000円 　ハ　支払った保険料が20,001円以上の場合　一律に15,000円 (3) 地震保険料控除と(2)の保険料控除を合わせて適用する場合 　イ　(1)と(2)のそれぞれの控除額の合計額が50,000円以下の場合 　　　　その合計額 　ロ　(1)と(2)のそれぞれの控除額の合計額が50,001円以上の場合 　　　　一律に50,000円 　(注) 一つの損害保険契約等が，地震等損害により保険金や共済金が支払われる損害保険契約等と長期損害保険契約等のいずれの契約区分にも該当する場合には，選択によりいずれか一方の契約区分にのみ該当するものとして，地震保険料控除の控除額を計算します。
障 害 者 控 除	給与の支払を受ける人，同一生計配偶者又は扶養親族が障害者（又は特別障害者）に該当する場合 { 一般の障害者については，　1人につき　270,000円 特別障害者については，　　1人につき　400,000円 同居特別障害者については，1人につき　750,000円 (注) 令和2年分より合計所得金額の要件が改正されています。
寡 婦 控 除	給与の支払を受ける人が寡婦に該当する場合　270,000円 (注) 令和2年分より寡婦の要件が改正されています。
ひ と り 親 控 除	給与の支払を受ける人がひとり親に該当する場合　350,000円 (注) 令和2年分より適用され，「ひとり親」の要件については202ページを参照してください。

控 除 の 種 類	控　　　　　除　　　　　額
勤 労 学 生 控 除	給与の支払を受ける人が勤労学生に該当する場合　270,000円
配 偶 者 控 除	一般の控除対象配偶者については、　　　　　　　　　　　　　最高 380,000円 老人控除対象配偶者については、　　　　　　　　　　　　　最高 480,000円 （控除額は203ページを参照してください。） **(注)**　令和2年分より合計所得金額の要件が改正されています。
配 偶 者 特 別 控 除	最高380,000円（控除額は205ページを参照してください。） 　なお、配偶者が控除対象配偶者に該当する場合（給与所得のみである場合には、給与の収入が103万円未満）には、配偶者特別控除は適用されません。 **(注)**　令和2年分より合計所得金額の要件が改正されています。
扶 養 控 除	一般の控除対象扶養親族については、　1人につき　　　　　　　380,000円 特定扶養親族については、　1人につき　　　　　　　　　　　630,000円 老人扶養親族については、　　$\left\{\begin{array}{l}\text{同居老親等1人につき}\\\text{同居老親等以外の者1人につき}\end{array}\right.$　　　580,000円 　　　　　　　　　　　　　　　　　　　　　　　　　　　　480,000円 **(注)**　令和2年分より合計所得金額の要件が改正されています。
基 礎 控 除	最高480,000円（控除額は171ページを参照してください。）
（特定増改築等）住宅借入金等特別控除 **(注)**　控除を受ける最初の年分については、確定申告によらなければなりません。 **(※)**　「（特定増改築等）住宅借入金等特別控除」は、右欄の1　住宅借入金等特別控除及び2　特定増改築等住宅借入金等特別控除を総称した用語として使用しています。	**1　住宅借入金等特別控除** $\left[\begin{array}{l}\text{令和5年12月31日まで（特別特例取得に係るものは令和4年12月31日まで）}\\\text{に住宅を居住の用に供した場合}\end{array}\right]$ **I　本　則** 　住宅を居住の用に供した年から10年間又は13年間適用することができますが、その控除額は居住の用に供した年などに基づき、それぞれ次の算式により計算することとされています。ただし、一定の事実が生じたときは、控除の適用を受けることができなくなる場合があります（212ページ(3)参照）。 **(注)**　それぞれの算式により求めた住宅借入金等特別控除額に100円未満の端数がある場合には、これを切り捨てます。 (1)　平成27年1月1日から令和3年12月31日までの間に居住の用に供した人 【その住宅の取得等が特定取得^(※)に該当する場合】 ・全期間（10年間） $\left(\begin{array}{l}\text{住宅借入金等の年末残}\\\text{高の合計額のうち、4,000}\\\text{万円以下の部分の金額}\end{array}\right) \times 1\% = $住宅借入金等特別控除額（最高40万円） 【その住宅の取得等が特定取得^(※)に該当しない場合】 ・全期間（10年間） $\left(\begin{array}{l}\text{住宅借入金等の年末残}\\\text{高の合計額のうち、2,000}\\\text{万円以下の部分の金額}\end{array}\right) \times 1\% = $住宅借入金等特別控除額（最高20万円）

控除の種類	控除額
（特定増改築等）住宅借入金等特別控除 **（注）** 控除を受ける最初の年分については，確定申告によらなければなりません。 **（※）**「（特定増改築等）住宅借入金等特別控除」は，右欄の1　住宅借入金等特別控除及び2　特定増改築等住宅借入金等特別控除を総称した用語として使用しています。	(2)　その住宅の取得等が特別特定取得^(※)に該当し，令和元年10月1日から令和2年12月31日までの間に居住の用に供した人 ・控除期間13年間のうち11年目から13年目までの3年間（10年目までは上記(1)の特定取得に該当する場合と同じ） 　次に掲げる金額のうちいずれか少ない金額（最高26.7万円） 　イ $\left(\begin{array}{l}\text{特別特定住宅借入金等の年末残高の合計}\\\text{額のうち4,000万円以下の部分の金額}\end{array}\right)\times 1\%$ 　ロ $\left(\begin{array}{l}\text{住宅の取得等の対価の額からその対価の}\\\text{額に含まれる消費税額等相当額を控除し}\\\text{た残額のうち4,000万円以下の部分の金額}\end{array}\right)\times 2\%\div 3$

(3)　その住宅の取得等が特別特例取得^(※)に該当し，令和3年1月1日から令和4年12月31日までの間に居住の用に供した人
・控除期間13年間のうち11年目から13年目までの3年間（10年目までは上記(2)の特定取得に該当する場合と同じ）
　次に掲げる金額のうちいずれか少ない金額（最高26.7万円）
　イ $\left(\begin{array}{l}\text{特別特例住宅借入金等の年末残高の合計}\\\text{額のうち4,000万円以下の部分の金額}\end{array}\right)\times 1\%$
　ロ $\left(\begin{array}{l}\text{住宅の取得等の対価の額からその対価の}\\\text{額に含まれる消費税額等相当額を控除し}\\\text{た残額のうち4,000万円以下の部分の金額}\end{array}\right)\times 2\%\div 3$

(4)　令和4年1月1日から令和5年12月31日までの間に居住の用に供した人（(3)に該当する人を除きます。）
〔新築等〕（13年間）
$\left(\begin{array}{l}\text{住宅借入金等の年末残高の合計額のうち}\\\text{3,000万円以下の部分の金額}\end{array}\right)\times 0.7\%=$住宅借入金等特別控除額（最高21万円）
〔既存・増改築〕（10年間）
$\left(\begin{array}{l}\text{住宅借入金等の年末残高の合計額のうち}\\\text{2,000万円以下の部分の金額}\end{array}\right)\times 0.7\%=$住宅借入金等特別控除額（最高14万円）

（※）　(1)の特定取得とは，その住宅の取得等に係る対価の額又は費用の額に含まれる消費税額等相当額が，8％又は10％である場合の住宅の取得等をいいます。
　また，(2)の特別特定取得とは，その住宅の取得等に係る対価の額に含まれる消費税額等相当額が10％である場合の住宅の取得等をいい，(3)の特別特例取得とは，特別特定取得のうち，その特別特定取得に係る契約が一定の期間内に締結されているものをいいます（213ページの**（注）**2※参照）。

Ⅱ　認定住宅の新築等の特例
　一定の住宅借入金等を利用して，長期優良住宅の普及の促進に関する法律に規定する認定長期優良住宅又は都市の低炭素化の促進に関する法律に規定する低炭素建築物等（以下，これを合わせて「認定住宅」といいます。）の新築又は建築後使用されたことのない認定住宅の取得をして平成27年1月1日から令和3年12月31日（特別特例取得に係るものは，令和3年1月1日から令和4年12月31日）までの間に居住の用に供した人については，上記Ⅰによる控除額に代えて本人の選択により次の控除額によることができます（なお，認定住宅新築等特別税額控除（措法41の19の4）の適用を受ける場合を除きます。）。

控 除 の 種 類	控 除 額
（特定増改築等）住宅借入金等特別控除 （注）　控除を受ける最初の年分については，確定申告によらなければなりません。 （※）　「（特定増改築等）住宅借入金等特別控除」は，右欄の 1　住宅借入金等特別控除及び 2　特定増改築等住宅借入金等特別控除を総称した用語として使用しています。	(1)　平成27年 1 月 1 日から令和 3 年12月31日までの間に居住の用に供した人 【その住宅の取得等が特定取得^(注)に該当する場合】 ・全期間（10年間） $\left(\begin{array}{l}\text{住宅借入金等の年末残}\\\text{高の合計額のうち,5,000}\\\text{万円以下の部分の金額}\end{array}\right) \times 1\% = $住宅借入金等特別控除額（最高50万円） 【その住宅の取得等が特定取得^(注)に該当しない場合】 ・全期間（10年間） $\left(\begin{array}{l}\text{住宅借入金等の年末残}\\\text{高の合計額のうち,3,000}\\\text{万円以下の部分の金額}\end{array}\right) \times 1\% = $住宅借入金等特別控除額（最高30万円） (2)　その住宅の取得等が特別特定取得^(注)に該当し，令和元年10月 1 日から令和 2 年12月31日までの間に居住の用に供した人 ・控除期間13年間のうち11年目から13年目までの 3 年間（10年目までは上記(1)の特定取得に該当する場合と同じ） 次に掲げる金額のうちいずれか少ない金額（最高33.3万円） イ　$\left(\begin{array}{l}\text{認定特別特定住宅借入金等の年末残高の}\\\text{合計額のうち5,000万円以下の部分の金額}\end{array}\right) \times 1\%$ ロ　$\left(\begin{array}{l}\text{住宅の取得等の対価の額からその対価の}\\\text{額に含まれる消費税額等相当額を控除し}\\\text{た残額のうち5,000万円以下の部分の金額}\end{array}\right) \times 2\% \div 3$ (3)　その住宅の取得等が特別特例取得^(注)に該当し，令和 3 年 1 月 1 日から令和 4 年12月31日までの間に居住の用に供した人 ・控除期間13年間のうち11年目から13年目までの 3 年間（10年目までは上記(1)の特定取得に該当する場合と同じ） 次に掲げる金額のうちいずれか少ない金額（最高33.3万円） イ　$\left(\begin{array}{l}\text{認定特別特例住宅借入金等の年末残高の}\\\text{合計額のうち5,000万円以下の部分の金額}\end{array}\right) \times 1\%$ ロ　$\left(\begin{array}{l}\text{住宅の取得等の対価の額からその対価の}\\\text{額に含まれる消費税額等相当額を控除し}\\\text{た残額のうち5,000万円以下の部分の金額}\end{array}\right) \times 2\% \div 3$ (4)　令和 4 年 1 月 1 日から令和 5 年12月31日までの間に居住の用に供した人（(3)に該当する人を除きます。） 〔新築等〕（13年間） $\left(\begin{array}{l}\text{住宅借入金等の年末残高の合計額のうち}\\\text{5,000万円以下の部分の金額}\end{array}\right) \times 0.7\% = $住宅借入金等特別控除額（最高35万円） 〔既存〕（10年間） $\left(\begin{array}{l}\text{住宅借入金等の年末残高の合計額のうち}\\\text{3,000万円以下の部分の金額}\end{array}\right) \times 0.7\% = $住宅借入金等特別控除額（最高21万円） （注）　特定取得，特別特定取得及び特別特例取得については，139ページの（※）を参照してください。

控　除　の　種　類	控　　　　　除　　　　　額
（特定増改築等）住宅借入金等特別控除 （注）　控除を受ける最初の年分については，確定申告によらなければなりません。 （※）　「（特定増改築等）住宅借入金等特別控除」は，右欄の1　住宅借入金等特別控除及び2　特定増改築等住宅借入金等特別控除を総称した用語として使用しています。	Ⅲ　住宅の再取得等に係る住宅借入金等特別控除の控除額の特例 　　自己の所有していた家屋でその居住の用に供していたものが東日本大震災によって被害を受けたことにより自己の居住の用に供することができなくなった個人が，一定の住宅の取得等をして，かつ，その居住の用に供することができなくなった日から令和3年12月31日（特別特例取得に係るものは，令和3年1月1日から令和4年12月31日）までの間に居住の用に供した人については，上記Ⅰによる控除額に代えて，本人の選択により次の控除額によることができます。 ⑴　平成27年1月1日から令和3年12月31日までの間に居住の用に供した人 　・全期間（10年間） 　　$\left(\begin{array}{l}\text{住宅借入金等の年末残}\\\text{高の合計額のうち，5,000}\\\text{万円以下の部分の金額}\end{array}\right)$×1.2％＝住宅借入金等特別控除額（最高60万円） ⑵　その住宅の取得等が特別特定取得に該当し，令和元年10月1日から令和2年12月31日までの間に居住の用に供した人 　・控除期間13年間のうち11年目から13年目までの3年間（10年目までは上記⑴に該当する場合と同じ） 　　次に掲げる金額のうちいずれか少ない金額（最高33.3万円） 　　イ　$\left(\begin{array}{l}\text{認定特別特定住宅借入金等の年末残高の}\\\text{合計額のうち5,000万円以下の部分の金額}\end{array}\right)$×1.2％ 　　ロ　$\left(\begin{array}{l}\text{住宅の取得等の対価の額からその対価の}\\\text{額に含まれる消費税額等相当額を控除し}\\\text{た残額のうち5,000万円以下の部分の金額}\end{array}\right)$×2％÷3 ⑶　その住宅の取得等が特別特例取得に該当し，令和3年1月1日から令和4年12月31日までの間に居住の用に供した人 　・控除期間13年間のうち11年目から13年目までの3年間（10年目までは上記⑴に該当する場合と同じ） 　　次に掲げる金額のうちいずれか少ない金額（最高33.3万円） 　　イ　$\left(\begin{array}{l}\text{認定特別特例住宅借入金等の年末残高の}\\\text{合計額のうち5,000万円以下の部分の金額}\end{array}\right)$×1％ 　　ロ　$\left(\begin{array}{l}\text{住宅の取得等の対価の額からその対価の}\\\text{額に含まれる消費税額等相当額を控除し}\\\text{た残額のうち5,000万円以下の部分の金額}\end{array}\right)$×2％÷3 （注）　特別特定取得及び特別特例取得については，139ページの（※）を参照してください。

控 除 の 種 類	控　　　　除　　　　額

〔令和4年1月1日以後に住宅を居住の用に供した場合〕

住宅を居住の 用に供した日	控　　除 期　　間		住宅借入金等の年末残高 に乗ずる控除率等		各年の 控除限度額
			借入限度額	控除率	
令和4年1月1日から 令和5年12月31日まで	本則	13年間	3,000万円	0.7%	21万円
	認定住宅	13年間	5,000万円		35万円
	特定エネルギー 消費性能向上住宅		4,500万円		31.5万円
	エネルギー消費 性能向上住宅		4,000万円		28万円
	住宅の再取得等に 係る控除額の特例	13年間	5,000万円	0.9%	45万円

住宅を居住の 用に供した日	控　　除 期　　間		住宅借入金等の年末残高 に乗ずる控除率等		各年の 控除限度額
			借入限度額	控除率	
令和6年1月1日から 令和7年12月31日まで	本則	10年間	2,000万円	0.7%	14万円
	認定住宅	13年間	4,500万円		31.5万円
	特定エネルギー 消費性能向上住宅		3,500万円		24.5万円
	エネルギー消費 性能向上住宅		3,000万円		21万円
	住宅の再取得等に 係る控除額の特例	13年間	4,500万円	0.9%	40.5万円

（特定増改築等）住宅借入金等特別控除
（注）控除を受ける最初の年分については，確定申告によらなければなりません。
（※）「（特定増改築等）住宅借入金等特別控除」は，右欄の1　住宅借入金等特別控除及び2　特定増改築等住宅借入金等特別控除を総称した用語として使用しています。

(注)1　住宅の取得等が居住用家屋の新築又は居住用家屋で建築後使用されたことのないもの若しくは買取再販住宅（既存住宅のうち宅地建物取引業者により一定の増改築等が行われたものをいいます。）の取得以外の場合（既存住宅の取得又は住宅の増改築）においては，借入限度額は2,000万円，控除期間は10年，各年の控除限度額は14万円となります。

2　住宅の取得等が認定住宅等の新築又は認定住宅等で建築後使用されたことのないもの若しくは買取再販認定住宅等（認定住宅等である既存住宅のうち宅地建物取引業者により一定の増改築等が行われたものをいいます。）の取得以外の場合においては，借入限度額は3,000万円，控除期間は10年，各年の控除限度額は21万円となります。

3　住宅の再取得等が居住用家屋の新築又は居住用家屋で建築後使用されたことのないもの若しくは宅地建物取引業者により一定の増改築等が行われたものの取得以外の場合（既存住宅の取得又は住宅の増改築）においては，借入限度額は3,000万円，控除期間は10年，各年の控除限度額は27万円となります。

4　特定エネルギー消費性能向上住宅とは，認定住宅以外の家屋でエネルギーの使用の合理化に著しく資する住宅の用に供する家屋（断熱等性能等級5以上及び一次エネルギー消費量等級6以上の家屋）に該当するものとして証明がされたものをいいます。

5　エネルギー消費性能向上住宅とは，認定住宅及び特定エネルギー消費性能向上住宅以外の家屋でエネルギーの使用の合理化に資する住宅の用に供する家屋（断熱等性能等級4以上及び一次エネルギー消費量等級4以上の家屋）に該当するものとして証明がされたものをいいます。

控　除　の　種　類	控　　　　　除　　　　　額

6　個人で，年齢40歳未満であって配偶者を有する人，年齢40歳以上であって年齢40歳未満の配偶者を有する人又は年齢19歳未満の扶養親族を有する人（以下「特例対象個人」といいます。）が，認定住宅等の新築等又は買取再販認定住宅等の取得をして令和6年1月1日から同年12月31日までの間に居住の用に供した場合の住宅借入金等の年末残高の限度額（借入限度額）を次のとおりとして住宅借入金等特別控除を適用することができます。

住宅の区分	借入限度額
認定住宅	5,000万円
特定エネルギー消費性能向上住宅	4,500万円
エネルギー消費性能向上住宅	4,000万円

2　特定増改築等住宅借入金等特別控除
I　バリアフリー改修工事等の特例

特定個人が，自己の居住の用に供する家屋について，一定の住宅借入金等を利用して，高齢者等居住改修工事等を含む増改築等を行い，令和2年1月1日から令和3年12月31日までの間に居住の用に供したときは，一定の要件のもとで，上記1 Iによる控除額に代えて，本人の選択により次の控除額によることができます（なお，住宅特定改修特別税額控除（措法41の19の3）の適用を受ける場合を除きます。）。

（特定増改築等）住宅借入金等特別控除

（注） 控除を受ける最初の年分については，確定申告によらなければなりません。

（※） 「（特定増改築等）住宅借入金等特別控除」は，右欄の1　住宅借入金等特別控除及び2　特定増改築等住宅借入金等特別控除を総称した用語として使用しています。

【その住宅の取得等が特定取得^(※)に該当する場合】

・全期間（5年間）

$$\left(\begin{array}{l}\text{増改築等住宅借入金等年末残高の合}\\\text{計額のうち高齢者等居住改修工事等}\\\text{に要した費用，特定断熱改修工事等}\\\text{に要した費用，特定多世帯同居改修}\\\text{工事等に要した費用及び特定耐久性}\\\text{向上改修工事等に要した費用の合計}\\\text{額に係る250万円以下の部分の金額}\\①\end{array}\right) \times 2\% + \left(\begin{array}{l}\text{増改築等住宅借入}\\\text{金等年末残高の合計}\\\text{額のうち1,000万円}\\\text{以下の部分の金額}\\-（①の金額）\end{array}\right) \times 1\%$$

＝住宅借入金等特別控除額（最高12万5千円）

【その住宅の取得等が特定取得^(※)に該当しない場合】

・全期間（5年間）

$$\left(\begin{array}{l}\text{増改築等住宅借入金等年末残高の合}\\\text{計額のうち高齢者等居住改修工事等}\\\text{に要した費用及び特定断熱改修工事}\\\text{等に要した費用の合計額に係る200}\\\text{万円以下の部分の金額}①\end{array}\right) \times 2\% + \left(\begin{array}{l}\text{増改築等住宅借入}\\\text{金等年末残高の合計}\\\text{額のうち1,000万円}\\\text{以下の部分の金額}\\-（①の金額）\end{array}\right) \times 1\%$$

＝住宅借入金等特別控除額（最高12万円）

（注） ①年齢が50歳以上であること，②介護保険法の要介護又は要支援の認定を受けていること，③障害者であること，④その人の親族のうち上記②若しくは③に該当する親族又は年齢が65歳以上の親族のいずれかと同居していること，のいずれかに該当する個人をいいます。

（※） 2における特定取得とは，その住宅の増改築等に係る費用の額に含まれる消費税額等相当額が，8％又は10％である場合の住宅の増改築等をいいます。

控　除　の　種　類	控　　　　　除　　　　　額

Ⅱ　省エネ改修工事等の特例

　個人が，自己の居住の用に供する家屋について，一定の住宅借入金等を利用して，特定断熱改修工事等又は断熱改修工事等を含む増改築等を行い，令和2年1月1日から令和3年12月31日までの間に居住の用に供した人については，上記1Ⅰによる控除額に代えて，本人の選択により次の控除額によることができます（なお，住宅特定改修特別税額控除（措法41の19の3）の適用を受ける場合を除きます。）。

【その住宅の取得等が特定取得^(注)に該当する場合】

・全期間（5年間）

$$\left(\begin{array}{l}\text{増改築等住宅借入金等年末残高の合}\\\text{計額のうち特定断熱改修工事等に要}\\\text{した費用，特定多世帯同居改修工事}\\\text{等に要した費用及び特定耐久性向上}\\\text{改修工事等に要した費用の合計額に}\\\text{係る250万円以下の部分の金額①}\end{array}\right) \times 2\% + \left(\begin{array}{l}\text{増改築等住宅借入}\\\text{金等年末残高の合計}\\\text{額のうち1,000万円}\\\text{以下の部分の金額}\end{array}\right) \times 1\% \\ -（①の金額）$$

　　＝住宅借入金等特別控除額（最高12万5千円）

【その住宅の取得等が特定取得^(注)に該当しない場合】

・全期間（5年間）

$$\left(\begin{array}{l}\text{増改築等住宅借入金等年末残高の合}\\\text{計額のうち特定断熱改修工事等に要}\\\text{した費用の合計額に係る200万円以}\\\text{下の部分の金額①}\end{array}\right) \times 2\% + \left(\begin{array}{l}\text{増改築等住宅借入}\\\text{金等年末残高の合計}\\\text{額のうち1,000万円}\\\text{以下の部分の金額}\end{array}\right) \times 1\% \\ -（①の金額）$$

　　　＝住宅借入金等特別控除額（最高12万円）

(注)　特定取得については，上記Ⅰの（※）を参照してください。

Ⅲ　多世帯同居改修工事等の特例

　個人が，自己の居住の用に供する家屋について，一定の住宅借入金等を利用して，特定多世帯同居改修工事等を含む増改築等を行い，令和2年1月1日から令和3年12月31日までの間に居住の用に供したときは，一定の要件のもとで，上記1Ⅰによる控除額に代えて，本人の選択により次の控除額によることができます（なお，住宅特定改修特別税額控除（措法41の19の3）の適用を受ける場合を除きます。）。

・全期間（5年間）

$$\left(\begin{array}{l}\text{増改築等住宅借入金等年末残高の合}\\\text{計額のうち特定多世帯同居改修工事}\\\text{等に要した費用の額に係る250万円}\\\text{以下の部分の金額①}\end{array}\right) \times 2\% + \left(\begin{array}{l}\text{増改築等住宅借入}\\\text{金等年末残高の合計}\\\text{額のうち1,000万円}\\\text{以下の部分の金額}\end{array}\right) \times 1\% \\ -（①の金額）$$

　　　＝住宅借入金等特別控除額（最高12万5千円）

| 定　額　減　税　額 | 令和6年分の合計所得金額が1,805万円以下の所得者（居住者に限ります。）を対象に次の金額の合計額が定額減税額（年調所得税額が限度）となります。
①本人（居住者に限ります）　30,000円
②同一生計配偶者及び扶養親族（いずれも居住者に限ります。）　一人につき30,000円 |

Ⅱ 使 用 例

この使用例は，令和6年1月以後に年末調整を行う場合の例です。令和6年分の年調年税額の求め方の説明では，次の略称を使用します。

(1) 令和6年分の年末調整のための算出所得税額の速算表……「年末調整のための算出所得税額の速算表」（33ページ）

(2) 令和6年分の年末調整等のための給与所得控除後の給与等の金額の表……「控除後の表」（24ページ以降）

(1) 通常の場合

設 例

年 間 給 与 総 額 （うち賞与 625,000円）	5,545,000円
徴 収 税 額 （6月以降定額減税額を控除）	35,450円
控除した社会保険料等	817,455円
支払った一般の生命保険料（旧生命保険料）	90,000円
支払った地震保険料	46,000円
控除対象配偶者　　　　　　あり（所得なし）	
控除対象扶養親族の数　　　　1人	
令和6年分定額減税（3人）	90,000円

ポイント　端数計算に注意します。

税額の求め方

① まず，年間給与総額5,545,000円に対する給与所得控除後の給与等の金額を「控除後の表」によって求めると，3,995,200円です。

② 次に，課税給与所得金額を求めます。

3,995,200円 － 817,455円 － 47,500円 － 46,000円 － 380,000円 － 860,000円 ＝1,844,245円 ⇨ 1,844,000円

給与所得控除後の給与等の金額　　社会保険料等控除額　　生命保険料控除額　　地震保険料控除額　　配偶者控除額　　扶養控除額及び基礎控除額の合計額　　（1,000円未満切捨）　　差引課税給与所得金額

(注) 1 生命保険料控除額は，支払保険料が一般の生命保険料（旧生命保険料）だけであるため，90,000円の4分の1に相当する金額22,500円と25,000円との合計額47,500円となります。

  2 地震保険料控除額は，地震保険の支払保険料が控除限度額の50,000円以下であるため，46,000円となります。

  3 配偶者特別控除は，配偶者に所得がなく控除対象配偶者に該当しますから適用がありません。

③ ②により求めた金額に応じ，「年末調整のための算出所得税額の速算表」によって算出所得税額を求めます。

〔課税給与所得金額〕　　〔税率〕　　〔算出所得税額〕
　　1,844,000円　　×　5％　＝　92,200円

④ この設例の場合，住宅借入金等特別控除の適用がありませんので，③で求めた算出所得税額がそのまま年調所得税額となり，この年調所得税額92,200円から定額減税額90,000円を控除した後の所得税額2,200円に102.1％を乗じた2,200円（100円未満端数切捨て）が令和6年分の年調年税額となります。

⑤ ④で求めた年調年税額と徴収済税額との合計額とを比較して年末調整による過不足税額を求めます。
　　35,450円 － 2,200円 ＝**33,250円**（過納額）となります。

(2) 給与総額が高額である場合

設　例

年 間 給 与 総 額 (うち賞与 3,770,000円)	16,130,000円
徴　収　税　額 (6月以降定額減税額を控除)	2,126,547円
控除した社会保険料等	1,837,261円
支払った一般の生命保険料 (旧生命保険料)	130,000円
支払った個人年金保険料 (旧個人年金保険料)	155,000円
支払った地震保険料	89,000円
控除対象配偶者　　　　　　なし(給与所得 65万円)	
控除対象扶養親族の数　　　2人(うち同居老親等1人,特定扶養親族20歳1人)	
令和6年分定額減税 (3人)	90,000円

税額の求め方

① まず, 年間給与総額16,130,000円に対する給与所得控除後の給与等の金額を「控除後の表」によって求めると, 16,130,000円－1,950,000円＝14,180,000円となります。

② 給与等の収入金額が850万円を超え, 年齢23歳未満の扶養親族がいますので, 所得金額調整控除が適用されます。

(1,000万円－850万円)×10%＝15万円

③ 次に, 課税給与所得金額を求めます。

14,180,000円－150,000円－1,837,261円－100,000円－50,000円－1,690,000円＝10,352,739円⇨10,352,000円

給与所得控除後の給与等の金額	所得金額調整控除額	社会保険料等控除額	生命保険料控除額	地震保険料控除額	扶養控除額及び基礎控除額の合計額	(1,000円未満切捨て)	差引課税給与所得金額

(注) 1 一般の生命保険料 (旧生命保険料) についてはその支払った保険料の金額が100,000円を超えているため, 50,000円が控除限度額となり, 個人年金保険料 (旧個人年金保険料) についてはその支払った保険料の金額が100,000円を超えているため, 50,000円が控除限度額となりますので, これらの合計額100,000円が生命保険料控除額となります。

2 地震保険料控除額は, 地震保険の支払保険料が50,000円を超えているため控除限度額の50,000円となります。

3 配偶者控除又は配偶者特別控除は, 給与所得者本人の合計所得金額が10,000,000円を超えていますから適用がありません。

④ ③により求めた金額に応じ, 「年末調整のための算出所得税額の速算表」によって算出所得税額を求めます。

〔課税給与所得金額〕　〔税率〕　〔控除額〕　　〔算出所得税額〕
10,352,000円　　×　33%　－1,536,000円＝1,880,160円

⑤ この設例の場合, 住宅借入金等特別控除の適用がありませんので, ④で求めた算出所得税額がそのまま年調所得税額となり, この年調所得税額1,880,160円から定額減税額90,000円を控除した後の所得税額1,790,160円に102.1%を乗じた1,827,700円 (100円未満端数切捨て) が令和6年分の年調年税額となります。

⑥ ⑤で求めた年調年税額と徴収済税額の合計額とを比較して年末調整による過不足税額を求めます。

2,126,547円－1,827,700円＝ **298,847円** (過納額) となります。

(3) 扶養親族等に同居特別障害者がある場合

設 例

年間給与総額（うち賞与 715,000円）	5,275,000円
徴 収 税 額（6月以降定額減税額を控除）	21,480円
控除した社会保険料等	755,018円
支払った一般の生命保険料（旧生命保険料）	36,000円
控除対象配偶者	あり（給与所得118,000円）
控除対象扶養親族の数	1人（同居特別障害者に該当）
令和6年分定額減税（3人）	90,000円

ポイント 同居特別障害者がある場合の控除額に注意します。

税額の求め方

① まず，年間給与総額5,275,000円に対する給与所得控除後の給与等の金額を「控除後の表」によって求めると，3,777,600円です。

② 次に，課税給与所得金額を求めます。

3,777,600円 − 755,018円 − 30,500円 − 380,000円 − 1,610,000円 ＝ 1,002,082円 ⇨ 1,002,000円

給与所得控除後の給与等の金額	社会保険料等控除額	生命保険料控除額	配偶者控除額	扶養控除額,基礎控除額及び障害者控除額の合計額	(1,000円未満切捨て)	差引課税給与所得金額

(注) 1 生命保険料控除額は，支払保険料が一般の生命保険料（旧生命保険料）だけであるため，36,000円の2分の1に相当する金額18,000円と12,500円との合計額30,500円となります。

2 配偶者特別控除は，配偶者の合計所得金額が480,000円以下であり，控除対象配偶者に該当しますから適用がありません。

③ ②により求めた金額に応じ，「年末調整のための算出所得税額の速算表」によって算出所得税額を求めます。

〔課税給与所得金額〕〔税率〕〔算出所得税額〕
　　　1,002,000円 × 5％ ＝ 50,100円

(注) この設例の場合，住宅借入金等特別控除の適用がありませんので，③で求めた算出所得税額がそのまま年調所得税額となり，この年調所得税額50,100円から定額減税額50,100円を控除した後の所得税額は0となります。これが令和6年分の年調年税額となります（減税控除不足額39,900円）。

④ ③で求めた年調年税額と徴収済税額の合計額とを比較して年末調整による過不足税額を求めます。

21,480円 − 0円 ＝ **21,480円**（過納額）となります。

(4) 勤労学生の場合

設 例

年間給与総額	1,245,000円
徴 収 税 額（6月以降定額減税額を控除）	0円
控除した社会保険料等	178,002円
配 偶 者 　　なし	
控除対象扶養親族 　　なし	
本人が勤労学生に該当	
令和6年分定額減税（1人）	30,000円

ポイント 勤労学生控除として270,000円を控除します。

【税額の求め方】

① まず，年間給与総額1,245,000円に対する給与所得控除後の給与等の金額を「控除後の表」によって求めると，1,245,000円－550,000円＝695,000円となります。

② 次に，課税給与所得金額を求めます。

695,000円 － 178,002円 － 750,000円 ≦ ０円

| 給与所得控除後の給与等の金額 | 社会保険料等控除額 | 勤労学生控除額及び基礎控除額の合計額 | 差引課税給与所得金額 |

③ したがって，算出年税額は０円となります。

④ この設例の場合，算出年税額が０円ですので，０円がそのまま令和６年分の年調年税額となります（減税控除不足額30,000円）。

⑤ ④で求めた年調年税額と徴収済税額の合計額はいずれも０円ですので過不足税額はありません。

(5) 前職のある中途就職者の場合

【設　例】

前職の (1～3月)	給与の総額	1,020,000円
	控除された社会保険料等	150,450円
	徴収税額	18,930円
中途就職後の (4～12月)	給与の総額（うち賞与 610,000円）	4,030,000円
	控除した社会保険料等	594,022円
	徴収税額（６月以降定額減税を控除）	41,340円
支払った一般の生命保険料		96,000円
控除対象配偶者（給与所得330,000円）あり		
控除対象扶養親族　　　　　　　　なし		
令和６年分定額減税（２人）		60,000円

【ポイント】　前職の給与や税額も含めます。

【税額の求め方】

① まず，前職の給与1,020,000円と中途就職後の給与4,030,000円との合計額5,050,000円について，給与所得控除後の給与等の金額を「控除後の表」によって求めると3,598,400円です。

② 次に，課税給与所得金額を求めます。

3,598,400円 － (150,450円＋594,022円) － 49,000円 － 380,000円 － 480,000円 ＝ 1,944,928円 ⇨ 1,944,000円

| 給与所得控除後の給与等の金額 | 社会保険料等控除額 | 生命保険料控除額 | 配偶者控除額 | 基礎控除額 | (1,000円未満切捨て) | 差引課税給与所得金額 |

(注) 1　生命保険料控除額は，支払保険料が一般の生命保険料（旧生命保険料）だけであるため，96,000円の４分の１に相当する金額24,000円と25,000円との合計額49,000円となります。

2　配偶者特別控除は，配偶者の合計所得金額が480,000円以下であり，控除対象配偶者に該当しますから適用がありません。

③ ②により求めた金額に応じ，「年末調整のための算出所得税額の速算表」によって算出所得税額を求めます。

〔課税給与所得金額〕　〔税率〕　〔算出所得税額〕

1,944,000円　×　５％　＝　97,200円

④ この設例の場合，住宅借入金等特別控除の適用がありませんので，③で求めた算出所得税額がそのまま年調所得税額となり，この年調所得税額97,200円から定額減税60,000円を控除した後の所得税額37,200円に102.1％を乗じた37,900円（100円未満端数切捨て）が令和６年分の年調年税額となります。

⑤ ④で求めた年調年税額と徴収済税額の合計額とを比較して年末調整による過不足税額を求めます。

(18,930円＋41,340円) － 37,900円 ＝ **22,370円**（過納額）となります。

148 第８　年末調整

(注) 中途就職者であっても，本年中に他から給与の支払を受けたことがない場合には，通常の例により年末調整を行い，各種控除額の月割計算はしません。

(6) 年の中途で死亡した場合

設 例

死亡時までの給与総額（うち賞与 424,000円）	3,304,000円
同上の給与に対する徴収税額（6月以降定額減税額を控除）	20,800円
死亡後に支給期が来る給与	352,000円
死亡時までに控除した社会保険料等	487,106円
支払った一般の生命保険料（旧生命保険料）	49,000円
支払った地震保険料	39,500円
控除対象配偶者　　　　　　あり（所得なし）	
控除対象扶養親族の数　　　　1人	
令和6年分定額減税（3人）	90,000円

ポイント 死亡後に支給期が来る給与は除いて計算します。

税額の求め方

① まず，給与総額3,304,000円（死亡後に支給期が来る給与352,000円は所得税については非課税のため除きます。）に対する給与所得控除後の給与等の金額を「控除後の表」によって求めると2,232,800円です。

② 次に課税給与所得金額を求めます。

2,232,800円 − 487,106円 − 37,000円 − 39,500円 − 380,000円 − 860,000円 ＝ 429,194円 　⇨　 429,000円

給与所得控除後の給与等の金額	社会保険料等控除額	生命保険料控除額	地震保険料控除額	配偶者控除額	扶養控除額及び基礎控除額の合計額	(1,000円未満切捨て)	差引課税給与所得金額

(注)1 生命保険料控除額は，支払保険料が一般の生命保険料（旧生命保険料）だけであるため，49,000円の2分の1に相当する金額24,500円と12,500円の合計額37,000円となります。

2 地震保険料控除額は，地震保険の支払保険料が39,500円であるため39,500円となります。

3 配偶者特別控除は，配偶者に所得がなく控除対象配偶者に該当しますから適用がありません。

③ ②により求めた金額に応じ，「年末調整のための算出所得税額の速算表」によって算出所得税額を求めます。

〔課税給与所得金額〕　〔税率〕〔算出所得税額〕
　　429,000円　　　× 5 ％ ＝ 21,450円

④ この設例の場合，住宅借入金等特別控除の適用がありませんので，③で求めた算出所得税額がそのまま年調所得税額となり，この年調所得税額21,450円から定額減税額21,450円を控除した後の所得税額は0となります。これが令和6年分の年調年税額となります（減税控除不足額68,550円）。

⑤ ④で求めた年調年税額と徴収済税額との合計額とを比較して年末調整による過不足税額を求めます。

20,800円 − 0 円 ＝ **20,800 円**（過納額）となります。

(7)　年末賞与の一部が未払である場合

設　例

本年中に支払った給与総額（うち賞与 327,000円）	3,427,000円
同上の給与に対する徴収税額（6月以降定額減税額を控除）	18,900円
未払賞与（分割支給のため翌年払）	500,000円
同上の賞与から徴収すべき税額	10,210円
社会保険料等	508,045円
支払った一般の生命保険料（旧生命保険料）	106,000円
控除対象配偶者　　　　　　　あり（給与所得350,000円）	
控除対象扶養親族　　　　　　なし	
令和6年分定額減税（2人）	60,000円

ポイント　未払でも年末調整に含めます。

税額の求め方

① まず，支払済給与3,427,000円と未払賞与500,000円との合計額3,927,000円に対する給与所得控除後の給与等の金額を「控除後の表」によって求めると，2,699,200円です。

② 次に，課税給与所得金額を求めます。

2,699,200円 − 508,045円 − 50,000円 − 380,000円 − 480,000円 ＝ 1,281,155円　⇨　1,281,000円

給与所得控　　社会保険　　生命保険　　配偶者　　基礎控除額　　（1,000円
除後の給与　　料等控除　　料控除額　　控除額　　　　　　　　　　未満切
等の金額　　　額　　　　　　　　　　　　　　　　　　　　　　　　捨て）

(注) 1 生命保険料控除額は，支払保険料が一般の生命保険料（旧生命保険料）だけであり，その支払った保険料の金額が100,000円を超えているため，50,000円が控除限度額となり，この50,000円が生命保険料控除額となります。

　2 配偶者特別控除は，配偶者の合計所得金額が480,000円以下であり，控除対象配偶者に該当しますから適用がありません。

③ ②により求めた金額に応じ，「年末調整のための算出所得税額の速算表」によって算出所得税額を求めます。

〔課税給与所得金額〕　〔税率〕〔算出所得税額〕
　1,281,000円　　　×　5％　＝　64,050円

④ この設例の場合，住宅借入金等特別控除の適用がありませんので，③で求めた算出所得税額がそのまま年調所得税額となり，この年調所得税額64,050円から定額減税額60,000円を控除した後の所得税額4,050円に102.1％を乗じた4,100円（100円未満端数切捨て）が令和6年分の年調年税額となります。

⑤ ④で求めた年調年税額と徴収済税額との合計額とを比較して年末調整による過不足税額を求めます。

（18,900円 ＋ 10,210円）− 4,100円 ＝ **25,010円**（過納額）となります。

(8) 不足額の徴収繰延に該当する場合

設例

1月～11月までの間の給与総額（うち賞与 1,640,000円）	3,730,000円
同上の給与から控除した社会保険料等	549,859円
同上の給与から控除した徴収税額（6月以降定額減税額を控除）	8,950円
12月分の給与の額	190,000円
同上の給与から控除する社会保険料等	28,006円
同上の給与から徴収すべき税額	0円
配　偶　者　　　　　　　　なし	
控除対象扶養親族の数　　　　1人	
12月に上記控除対象扶養親族が結婚	
令和6年分定額減税　月次（2人）	60,000円
年調（1人）	30,000円

ポイント 最後の給与に対する税額の計算を省略しないで不足額を計算します。

税額の求め方

① まず，年間給与総額3,920,000円（3,730,000円＋190,000円）について給与所得控除後の給与等の金額を「控除後の表」によって求めると，2,696,000円です。

② 次に，課税給与所得金額を求めます。

2,696,000円 －（549,859円＋28,006円）－ 480,000円 ＝ 1,638,135円　⇨　1,638,000円
給与所得控除後の給与等の金額　社会保険料等控除額　基礎控除額の合計額　（1,000円未満切捨て）　差引課税給与所得金額

③ ②により求めた金額に応じ，「年末調整のための算出所得税額の速算表」によって算出所得税額を求めます。

〔課税給与所得金額〕　〔税率〕　〔算出所得税額〕
1,638,000円　×　5％　＝　81,900円

④ この設例の場合，住宅借入金等特別控除の適用がありませんので，③で求めた算出所得税額がそのまま年調所得税額となり，この年調所得税額81,900円から定額減税額30,000円を控除した後の所得税額51,900円に102.1％を乗じた52,900円（100円未満端数切捨て）が令和6年分の年調年税額となります。

⑤ したがって，年末調整による不足額は，52,900円 －（8,950円 ＋ 0円）＝ **43,950円** となります。

⑥ そこで，この不足額を12月分の給与から徴収すると，12月分の手取給与は，190,000円 － 0円 － 43,950円 ＝ 146,050円となります。

⑦ 1～11月までの平均手取給与額の70％相当額を求めます。
（3,730,000円 － 8,950円）÷ 11（月）× 70％ ＝ 236,794円

⑧ ⑦の金額から⑥の金額を控除します。
236,794円 － 146,050円 ＝ 90,744円

⑨ そこで，所得者が「年末調整による不足額徴収繰延承認申請書」を給与の支払者の所轄の税務署長に提出して徴収繰延の承認を受けた場合には，不足額43,950円のうち⑧で求めた90,744円までの金額（この例では，不足額の全額）については，翌年の1月に21,975円（43,950円×½（1円未満の端数がある場合には端数切上げ）），2月に21,975円をそれぞれ繰り延べて徴収することができます。

(注) この不足額は，年末調整をする月分の給与に対する税額計算を省略しないで通常どおり徴収税額を計算し，その上で年末調整をしてもなお不足となる税額ですから，その月の給与に対する通常の税額については徴収繰延べは認められません。

(注) これに該当する事例は，年末調整を行う月（通常は12月）に賞与等の臨時の給与がなく，その他の月に臨時の給与が多額にあった人など特殊な場合に生じるものと思われます。

(9) その年最後の給与が普通給与である場合

設　例

1月から11月までの間の給与総額（うち賞与 334,000円）	3,414,000円
同上の給与から控除した社会保険料等	503,308円
同上の給与から徴収した税額（6月以降定額減税額を控除）	22,450円
12月10日に支払う賞与の額	700,000円
同上の賞与から控除する社会保険料等	103,180円
12月20日に支払う12月分の普通給与の額	270,000円
同上の給与から控除する社会保険料等	41,212円
同上の給与から徴収すべき税額	0円
支払った個人年金保険料（旧個人年金保険料）	38,000円
生計を一にする配偶者	あり（給与所得 1,280,000円）
控除対象扶養親族の数	1人
12月の賞与を支払う際に年末調整を行うことにします。	
令和6年分定額減税（2人）	60,000円

ポイント　12月分の普通給与を含めます。

税額の求め方

① まず，年間給与総額4,384,000円（3,414,000円＋700,000円＋270,000円）に対する給与所得控除後の給与等の金額を「控除後の表」によって求めると，3,067,200円です。

② 次に，課税給与所得金額を求めます。

$$3,067,200円 - \underbrace{(503,308円 + 103,180円 + 41,212円)}_{\text{社会保険料等控除額}} - \underbrace{31,500円}_{\text{生命保険料控除額}} - \underbrace{60,000円}_{\text{配偶者特別控除額}} - \underbrace{860,000円}_{\text{扶養控除額及び基礎控除額の合計額}}$$

（給与所得控除後の給与等の金額）

$$= 1,468,000円 \quad \Rightarrow \quad 1,468,000円$$

（1,000円未満切捨て）　　差引課税給与所得金額

(注) 1 生命保険料控除額は，支払保険料が個人年金保険料（旧個人年金保険料）だけであるため，38,000円の2分の1に相当する金額19,000円と12,500円の合計額31,500円となります。

2 配偶者特別控除額は，「配偶者特別控除額の早見表」（205ページ）に配偶者の合計所得金額1,280,000円を当てはめて求めた金額60,000円となります。

③ ②により求めた金額に応じ，「年末調整のための算出所得税額の速算表」（33ページ）によって算出所得税額を求めます。

〔課税給与所得金額〕　〔税率〕　〔算出所得税額〕
　　1,468,000円　　　×　5％　＝　73,400円

④ この設例の場合，住宅借入金等特別控除の適用がありませんので，③で求めた算出所得税額がそのまま年調所得税額となり，この年調所得税額73,400円から定額減税額60,000円を控除した後の所得税額13,400円に102.1％を乗じた13,600円（100円未満端数切捨て）が令和6年分の年調年税額となります。

⑤ ④で求めた年調年税額と徴収済税額との合計額とを比較して年末調整による過不足額を求めます。
　　22,450円－13,600円＝**8,850円**（過納額）となります。

⑽　年末調整終了後に給与の追加支給があった場合

<table>
<tr><td colspan="2">設　例</td></tr>
<tr><td>当初の年末調整までの給与総額（うち賞与 720,000円）</td><td>5,040,000円</td></tr>
<tr><td>同上の給与から控除した社会保険料等</td><td>743,004円</td></tr>
<tr><td>当初の年末調整の場合の令和6年分年税額</td><td>37,200円</td></tr>
<tr><td>年末調整後に追加支給する給与</td><td>160,000円</td></tr>
<tr><td>同上の給与から控除する社会保険料等</td><td>960円</td></tr>
<tr><td>支払った一般の生命保険料（旧生命保険料）</td><td>34,000円</td></tr>
<tr><td>生計を一にする配偶者　　　　あり（給与所得 1,310,000円）</td><td></td></tr>
<tr><td>控除対象扶養親族の数　　　　1人</td><td></td></tr>
<tr><td>令和6年分定額減税（2人）</td><td>60,000円</td></tr>
</table>

ポイント　追加支給の給与を加えて再計算します。

税額の求め方

① まず，当初の給与総額5,040,000円と追加支給する給与160,000円との合計額5,200,000円に対する給与所得控除後の給与等の金額を「控除後の表」によって求めると，3,720,000円です。

② 次に，課税給与所得金額を求めます。

3,720,000円 − (743,004円 + 960円) − 29,500円 − 30,000円 − 860,000円 = 2,056,536円　⇨　2,056,000円

給与所得控除後の給与等の金額　｜社会保険料等控除額｜生命保険料控除額｜配偶者特別控除額｜扶養控除額及び基礎控除額の合計額｜(1,000円未満切捨て)｜差引課税給与所得金額

(注) 1　生命保険料控除額は，支払保険料が一般の生命保険料（旧生命保険料）だけであるため，34,000円の2分の1に相当する金額17,000円と12,500円との合計額29,500円となります。

　　 2　配偶者特別控除額は，「配偶者特別控除額の早見表」(205ページ)に配偶者の合計所得額1,310,000円を当てはめて求めた30,000円です。

③ ②により求めた金額に応じ，「年末調整のための算出所得税額の速算表」(33ページ)によって算出所得税額を求めます。

〔課税給与所得金額〕　〔税率〕　〔控除額〕　〔算出所得税額〕
2,056,000円　　×　10%　−97,500円　=　108,100円

④ この設例の場合，住宅借入金等特別控除の適用がありませんので，③で求めた算出所得税額がそのまま年調所得税額となり，この年調所得税額108,100円から定額減税額60,000円を控除した後の所得税額48,100円に102.1%を乗じた49,100円（100円未満端数切捨て）が令和6年分の年調年税額となります。

⑤ したがって，年末調整終了後に追加支給する給与160,000円に対する税額は，49,100円 − 37,200円 = **11,900円**となります。

(注) 年末調整後に扶養親族等の数が増加した場合や保険料を支払った場合などには，所得者から申告を受けて，この例と同様に年末調整の再計算を行うことができます。この場合に生ずる過納額は，一般の例により還付することになります。

第9 パートタイマー，アルバイトの源泉徴収

Ⅰ パートタイマー，アルバイトの課税関係

　いわゆるパートタイマーやアルバイトの定義は明確ではありませんが，1日，1週又は1か月の労働時間が一般従業員よりも短い人や短時間の雇用者のことを一般的にパートタイマーやアルバイトと呼んでいるようであり，その雇用形態は様々です。これらのパートタイマーとして雇用されている人やアルバイトとして雇用されている人が支払を受ける賃金は，一般的には雇用の対価として支払を受けるものですから，給与所得に該当します。また，その賃金についての特別な課税方法というものはありませんので，これらの賃金についても一般の給与所得者が支払を受ける給与の場合と同様の課税（源泉徴収）

を受けることになります。

　ただ，パートタイマーやアルバイトについては，雇用期間が短期間であることが多いため結果として，日額表の丙欄が適用されるケースも多いと認められますので，その点注意が必要となります。

　なお，いわゆる内職などの場合のように雇用の形態を採らず，独立した仕事の形態を採っている場合には，その報酬は事業所得又は雑所得に該当し，一般の事業所得又は雑所得の場合と同様の課税を受けることになります（家内労働者等の所得計算の特例があります。）。

Ⅱ 月々（日々）の賃金に対する源泉徴収

1 税額表の適用区分

　パートタイマーやアルバイトに支払う賃金についてだけ適用する特別の税額表というものはありません。したがって，一般の給与所得者の場合と同様に「給与所得の源泉徴収税額表」を適用して税額を求めます。

　この税額表には，「月額表」，「日額表」及び「賞与に対する源泉徴収税額の算出率の表」（以下「算出率の表」といいます。）がありますが，月々（日々）

支払う賃金の場合には，「月額表」又は「日額表」を使用します。

　月額表には「甲」欄及び「乙」欄があり，また，日額表には「甲」欄，「乙」欄及び「丙」欄がありますが，これらの税額表は，給与の支給区分及び「給与所得者の扶養控除等申告書」の提出の有無に応じ，それぞれ次の〈税額表の適用区分〉のとおり適用します。

　⑦の日雇賃金とは，日々雇い入れられる人が，労働した日又は時間によって算定され，かつ，労働した日ごとに支払を受ける給与をいいます。

　ただし，継続して2か月を超えて支払うこととなった場合には，その2か月を超えて支払うこととなった部分の給与等は，労働した日ごとに支払われる給与等には含まれません（所法185①三，所令309）。

〈税額表の適用区分〉

給与の支給区分		適用する税額表	扶養控除等申告書の提出の有無	適用する欄	
①月ごとに支払うもの ②半月ごと，旬ごとに支払うもの ③月の整数倍の期間ごとに支払うもの		月額表	提出あり	甲	欄
			提出なし	乙	欄
④毎日支払うもの ⑤週ごとに支払うもの ⑥日割で支払うもの	次の⑦を除きます。	日額表	提出あり	甲	欄
			提出なし	乙	欄
⑦日雇賃金		日額表	（提出不要）	丙	欄

(注) パートタイマーやアルバイトの賃金が「時間給」又は「日給」により計算されている場合であっても，それが月ごとにまとめて支払われることになっているときには原則として，「月額表」が適用されることになります。

2 日額表丙欄を適用する賃金

1の表の⑦にある「日雇賃金」には，次のものも含まれます（所基通185−8）。

イ 毎日その日限りとして雇用した人に対して，日額又は時間当たりいくらとして計算し，その日以外の日において支払う給与（同一人に対して継続して2か月を超えて支払う給与を除きます。）

ロ あらかじめ定められた雇用期間が2か月以内である人に日額又は時間当たりいくらとして計算して支払う給与（まとめて支払った場合も含みます。ただし，雇用契約の期間の延長又は再雇用により継続して2か月を超えて雇用されることとなった人にその2か月を超える部分の期間について支払われるものは除かれます。）

3 税額表の適用例

(1) 雇用期間が2か月を超える人に日額給与をまとめて支払う場合

設 例	
雇 用 期 間	1 年
その月の勤務日数	20日
支 払 給 与（日額11,700円）	234,000円
控除する社会保険料等	35,316円
給 与 の 支 払 日	毎月25日
扶養親族等の数	0 人
「給与所得者の扶養控除等申告書」の提出	あり

ポイント 日額給与であっても月ごとにまとめて支払われ，しかも，雇用期間が2か月を超える場合には，月額表を適用します。

税額の求め方

① まず，支払給与の額から社会保険料等を控除します。

234,000円 − 35,316円 = 198,684円

② 次に，月額表の「甲」欄によって「その月の社会保険料等控除後の給与等の金額」が198,684円で扶養親族等の数が0人の場合の税額 **4,700円** を求めます。これが求める税額です。

(2) 雇用期間が2か月以内の人に日額給与をまとめて支払う場合

設 例	
雇 用 期 間	2か月
その月の勤務日数	19日
支 払 給 与（日額10,500円）	199,500円
控除する社会保険料等（1日当たり1,550円）（※）	29,457円
給 与 の 支 払 日	毎月20日

ポイント 2か月以内の短期雇用の場合の日額給与については，まとめて支払ってもその日額給与について日額表の「丙」欄を適用します。※短期間ですが社会保険に加入したものとします。

税額の求め方

① まず，賃金の日額から日額の社会保険料等を控除します。

10,500円 − 1,550円 = 8,950円

② 日額表によって「その日の社会保険料等控除後の給与等の金額」が8,950円の場合の「丙」欄に掲げる

税額を求めると0円であり，徴収する税額はありません。

③ 徴収する税額がある場合には，②で求めた税額を勤務日数倍します。

(3) 日々雇用する人に毎日賃金を支払う場合

設 例

日 額 給 与	12,500円
控除する社会保険料等 （※）	75円
給 与 の 支 払 日	毎日

ポイント 日額表の「丙」欄を適用します。※雇用保険印紙保険料

税額の求め方

① まず，日額給与から社会保険料等を控除します。

12,500円 − 75円 = 12,425円

② 日額表によって「その日の社会保険料等控除後の給与等の金額」が12,425円の場合の「丙」欄に掲げる税額を求めると **113円** であり，これが求める税額です。

(4) 2か月経過後に雇用期間を延長した場合

設 例

雇 用 期 間	当初2か月，その後1か月延長
その月（3か月目）の勤務日数	24日
支払給与（日額9,500円）	228,000円
控除する社会保険料等（1日当たり1,321円）	32,454円
給 与 の 支 払 日	毎月末日
扶養親族等の数	0人
「給与所得者の扶養控除等申告書」の提出	あり

ポイント 当初の2か月分の給与は日額表の「丙」欄を適用しますが，2か月を超える部分の期間につき支払われる給与については，月額表を適用します。

税額の求め方

① まず，支払給与の額から社会保険料等を控除します。

228,000円 − 32,454円 = 195,546円

② 次に，月額表の「甲」欄によって「その月の社会保険料等控除後の給与等の金額」が195,546円で扶養親族等の数が0人の場合の税額 **4,630円** を求めます。これが求める税額です。

③ なお，当初の2か月分の給与については日額表の「丙」欄が適用されます。

(5) 時間給を毎旬（10日ごと）にまとめて支払う場合

設 例

雇 用 期 間	1年
その支払期間（10日間）の勤務時間数	34時間
支払給与（1時間当たり1,400円）	47,600円
控除する社会保険料等	6,974円
給 与 の 支 払 日	10日ごと
扶養親族等の数	0人
「給与所得者の扶養控除等申告書」の提出	あり

ポイント 10日分の給与の3倍相当額を基として月額表により求めた税額を3分の1します。

税額の求め方

① まず，支払給与から社会保険料等を控除します。

47,600円 − 6,974円 = 40,626円

② 次に，①により求めた金額を3倍します。

40,626円 × 3 ＝ 121,878円

③ 次に，月額表の「甲」欄によって「その月の社会保険料等控除後の給与等の金額」が121,878円で，扶養親族等の数が0人の場合の税額1,850円を求めます。

④ ③により求めた税額を3分の1します。

1,850円 ÷ 3 ＝ **616円**（1円未満切捨て）これが求める税額です。

(6) 月の中途で採用した場合

【 設 例 】

雇 用 期 間	2月5日から1年間
2月分の勤務日数	13日
支 払 給 与（日額13,900円）	180,700円
控除する社会保険料等	43,474円
給与の支払日	毎月末日
給与の支給対象期間	毎月21日～翌月20日
扶養親族等の数	0人
「給与所得者の扶養控除等申告書」の提出	あり

ポイント 給与の日割額を基として日額表を適用します。

税額の求め方

① まず，給与の額から社会保険料等を控除します。

180,700円 － 43,474円 ＝ 137,226円

② 次に，給与の日割額を計算します。

137,226円 ÷ 16（日）（あらかじめ賃金の支払日が定められていますので2月5日から2月20日までの間の休日を含めた日数により日割額を計算します。この場合には，実際の勤務日数のいかんは問いません。）
＝ 8,576円（1円未満切捨て）

③ 日額表の「甲」欄によって「その日の社会保険料等控除後の給与等の金額」が8,576円で，扶養親族等の数が0人の場合の税額225円を求めます。

④ ③により求めた税額を16倍します。

225円 × 16（日）＝ **3,600円**　これが求める税額です。

(7) 1回の勤務時間が長い場合

【 設 例 】

雇用期間	2週間
勤務時間	午後6時～翌日午後6時（24時間），翌日休み
支払給与（1回15,600円）	109,200円
控除する社会保険料等	なし
給与の支払日	最後の日
「給与所得者の扶養控除等申告書」の提出	なし

ポイント 1回分の給与を2日間就労したものとして日額賃金を計算します。

税額の求め方

① 1回分の給与15,600円を2分の1します。

$15,600円 × \frac{1}{2} = 7,800円$

② 控除する社会保険料等がありませんから，日額表によって「その日の社会保険料等控除後の給与等の金額」が7,800円の場合の「丙」欄に掲げる税額を求めると**0円**となっていますので，支払給与109,200円に対しては徴収する税額はありません。

(8) 他に主たる給与の支払を受けている場合

設例

雇 用 期 間	1年
支 払 給 与（9日分，日額9,700円）	87,300円
控除する社会保険料等（※）	なし
給 与 の 支 払 日	毎月20日
「給与所得者の扶養控除等申告書」の提出	なし
（他に主たる給与の支給を受けている。）	

ポイント 月額表の「乙」欄を適用します。※原則は主たる給与との按分ですが，ここでは考慮しないこととします。

税額の求め方

　控除する社会保険料等がありませんから，月額表によって「その月の社会保険料等控除後の給与等の金額」が87,300円の場合の「乙」欄を見ると，その月の社会保険料等控除後の給与等の金額が88,000円未満の場合の税額は，一律3.063％とされています。したがって，87,300円に3.063％を乗じて求めた金額2,673円（1円未満切捨て）が税額です。

　87,300円×3.063％＝ **2,673** 円（1円未満切捨て）

(9) 通勤手当の支払がある場合

設例

雇 用 期 間	1週間
勤 務 日 数	7日
支 払 給 与（日額10,900円）	76,300円
通 勤 手 当（電車通勤実費日額1,200円）	8,400円
控除する社会保険料等	なし
給 与 の 支 払 日	最後の日

ポイント 交通機関を利用している人に支給する通勤手当は1か月当たり150,000円までが非課税とされ，日割計算は行いません。

税額の求め方

① 通勤手当8,400円は150,000円以下ですので，その全額が非課税となります。

② 日額表によって「その日の社会保険料等控除後の給与等の金額」が10,900円の場合の「丙」欄に掲げる税額を求めると60円です。

③ 次に，②で求めた税額を勤務日数倍します。

　60円×7（日）＝ **420** 円　これが求める税額です。

Ⅲ 賞与に対する源泉徴収

1 適用する税額表

パートタイマーやアルバイトに支払う賞与についても一般の給与所得者の場合と同様「算出率の表」を使用して税額を求めます。この算出率の表には「甲」欄及び「乙」欄がありますが、「給与所得者の扶養控除等申告書」の提出がある人については「甲」欄、同じく提出のない人については「乙」欄を使用します。

なお、日額表の丙欄適用者に対しても臨時の手当等が支払われる場合がありますが、日額表の丙欄適用者に支払われる臨時手当等については、「算出率の表」は使用せず、その支払を受ける日の通常の給与と合計して源泉徴収税額を計算します。しかし、その臨時の手当等が、期末手当、越冬手当等のように、既往の給与の追加払であることが明らかなものである場合には、その計算の基礎となった期間内の日々の給与にその臨時の手当等の日割額を上積みして差額の税額を求め、その日々の差額の税額の合計額をその臨時の手当等に対する源泉徴収税額とします。

2 税額表の適用例

(1) 月額表の甲欄適用者に賞与を支給する場合

設 例	
雇 用 期 間	定めなし
賞 与 の 額	208,600円
賞与から控除する社会保険料等	30,642円
前月の社会保険料等控除後の給与の額	147,060円
扶養親族等の数	1 人
「給与所得者の扶養控除等申告書」の提出	あり

ポイント　前月の社会保険料等控除後の給与の金額が賞与に対する税率の基礎となります。

税額の求め方

① まず、算出率の表の「甲」欄によって、扶養親族等の数が1人で「前月の社会保険料等控除後の給与等の金額」が147,060円の場合の「賞与の金額に乗ずべき率」2.042%を求めます。
② 次に、①により求めた率を社会保険料等控除後の賞与の金額に乗じます。
　　(208,600円－30,642円)×2.042% = **3,633 円**（1円未満切捨て）　これが求める税額です。

(2) 丙欄適用者に臨時手当を支給する場合

設 例	
支給対象期間中に労働した日数	45日
臨時手当の額	
（支給対象期間中に労働した日数1日当たり870円）	39,150円
支給対象期間中の日額給与	10,800円
同上の日額給与に対する徴収税額	56円
控除した社会保険料等	なし

ポイント　日額給与に臨時手当の日割額を上積みして計算します。

税額の求め方

① まず、既に支払われた日額給与に臨時手当の日割額を加えます。
　　10,800円＋870円＝11,670円

② 次に，日額表の「丙」欄によって，「その日の社会保険料等控除後の給与等の金額」が11,670円の場合の税額84円を求めます。

③ 次に，②で求めた84円から既に徴収した税額56円を差し引きます。

84円－56円＝28円

④ ③で求めた金額に支払対象日数を乗じます。

28円×45（日）＝**1,260円** これが求める税額です。

Ⅳ 年 末 調 整

1 年末調整の対象者

パートタイマーやアルバイトに支払われる給与についても，一般の給与所得者に支払われる給与の場合と同様に，「給与所得者の扶養控除等申告書」を提出している人（給与総額が2,000万円を超える人を除きます。）について，一般の例により年末調整を行います。

2 中途退職者の年末調整

通常は年の中途で退職した人については特別な場合を除き年末調整を行わず，税額の精算は確定申告により行うことになりますが，いわゆるパートタイマーとして働いている人については，次の要件を満たしている場合には，その退職の際に年末調整を行い，税額の精算をすることができることになっています。

① その退職した勤務先に「給与所得者の扶養控除等申告書」を提出していること。

② その年中の給与の総額が103万円以下であること。

③ 退職後において他の勤務先等から給与の支払を受けることになっていないこと。

3 乙欄又は丙欄適用の給与の支払がある場合

年末調整は，「給与所得者の扶養控除等申告書」を提出している人の給与（甲欄適用の給与）について行いますが，この申告書を提出する時までに，その提出先である給与の支払者がその年中にその人に対し乙欄適用の給与や丙欄適用の給与を支払っている場合には，これらの給与をすべて含めたところで年末調整を行います。

(注) 令和6年分については定額減税が適用されますので，174ページを参照してください。

4 税額計算の具体例

丙欄適用の給与がある場合の年末調整

設 例	
年間の丙欄適用給与の額（採用当初の2か月分）	285,200円
同上の給与に対する徴収税額	0円
同上の給与から控除した社会保険料	41,842円
年間の甲欄適用給与の額（採用後3か月目から12月までの分）	2,010,000円
同上の給与に対する徴収税額（6月以降定額減税額を控除）	11,310円
同上の給与から控除した社会保険料等	294,660円
支払った一般の生命保険料（旧生命保険料）	125,000円
控除対象配偶者及び控除対象扶養親族	なし
「給与所得者の扶養控除等申告書」の提出	あり
令和6年分定額減税（1人）	30,000円

ポイント 丙欄適用の給与の額も年末調整に含めます。

税額の求め方

① まず，丙欄適用の給与の額と甲欄適用の給与の額を合計し，年間の給与総額を求めます。
285,200円＋2,010,000円＝2,295,200円

② 次に，①で求めた年間の給与総額について，給与所得控除後の給与等の金額を「年末調整等のための給与所得控除後の給与等の金額の表」によって求めると，1,524,400円です。

③ 次に，課税給与所得金額を求めます。

1,524,400円 － (41,842＋294,660)円 － 50,000円 － 480,000円 ＝ 657,898円 ⇨ 657,000円

給与所得控除後の給与等の金額	社会保険料等控除額	生命保険料控除額	基礎控除額	(1,000円未満切捨て)	差引課税給与所得金額

(注) 生命保険料控除額は，支払保険料が一般の生命保険料（旧生命保険料）だけであるため，最高限度の50,000円となります。

④ 次に，657,000円に対する算出所得税額を「年末調整のための算出所得税額の速算表」によって求めると32,850円（657,000×5％）です。

⑤ 住宅借入金等特別控除の適用がありませんので，④で求めた算出所得税額がそのまま年調所得税額となり，この年調所得税額32,850円から定額減税額30,000円を控除した後の所得税額2,850円に102.1％を乗じた2,900円（100円未満切捨て）が年調年税額となります。

⑥ したがって，年末調整による過納額は，11,310円 － 2,900円 ＝ **8,410円** となります。

Ⅴ　控除対象配偶者等に該当するための所得要件

　主婦のパートタイマーや学生アルバイトなどは他の所得者の控除対象配偶者や控除対象扶養親族となっている場合が多いようですが，控除対象配偶者や控除対象扶養親族に該当するためには，その年中の合計所得金額が48万円以下であることが必要です。

　その主婦や学生の収入がパートタイマーやアルバイトの給与収入だけである場合には，年間の収入が103万円（所得要件48万円＋給与所得控除額55万円）以下であれば，所得金額が48万円以下となり，控除対象配偶者等に該当するための所得要件を満たすことになります。

　なお，家内労働法に規定する家内労働者，外交員，集金人，電力量計の検針人その他特定の者に対して継続的に人的役務の提供を行うことを業務とする人が事業所得又は雑所得を有する場合において，その所得に係る必要経費の合計額が55万円に満たないときは，必要経費の額について55万円（ただし給与所得がある場合には，55万円から給与所得控除額を控除した金額が，また，55万円から給与所得控除額を控除した金額が事業所得又は雑所得の収入金額を超える場合には収入金額が限度とされます。）まで認められる特例がありますので，この場合にも，年間の収入が103万円以下であれば，所得要件を満たすことになります。

　(注) 控除対象配偶者に該当するための所得要件及び家内労働者の必要経費額の特例に係る限度額は，平成30年度税制改正において改正され，令和2年分所得税から適用されています。

第10 機械計算による税額等の計算方法

給与所得に対する源泉徴収税額は，各種の税額表を適用して求めることになっています。ところで，給与の支払に関する計算を電子計算機等の事務機械によって処理している場合には，その給与の金額に対する源泉徴収税額の計算も併せて機械計算により行えばより効率的であると思われます。

そのため，所得税法では，各種の税額表のうち最も使用頻度の高い「月額表の甲欄」について，その税額計算を通常の税額表によらないで財務大臣が告示する方法（簡易な機械計算）によることができる特例が設けられています（所法189，昭63大蔵省告示185号（令3財務省告示82号改正），復興財確法29，平24財務省告示116号（令3財務省告示89号改正））。

「月額表の甲欄」以外の税額の計算や年末調整の際の年調年税額の計算等については，財務大臣の告示による税額計算の特例は認められていませんが，これらについても，その税額表等の作成方法に従った計算方法を電子計算機に組み込むか又は税額表等そのものを電子計算機に組み込むなどの方法により，税額表等を適用した場合の税額と同じ税額を計算機により計算しても差し支えありません。

ここでは，財務省告示による「月額表の甲欄」の税額の機械計算の方法以外に，「月額表の乙欄」の税額及び「年末調整」の際の年調年税額等の機械計算の方法についても説明することとします。

I 月額表の甲欄に対応する税額の計算

月額表の甲欄に対応する税額を機械により計算する特例は，税額表の計算方法に準じて，財務省告示によって定められていますが，税額表に掲げられている税額がその月の社会保険料等控除後の給与等の金額を一定の階級ごとに区分し，その区分の中間値を基にして計算してあるのに対し，財務省告示による税額計算の方法では，この中間値によらないで，実際のその月の社会保険料等控除後の給与等の金額そのものを基として計算できるようになっています。

なお，税額を機械によって計算する場合であっても，必ずしもこの告示による税額計算の方法による必要はありません。したがって，容量の大きい電子計算機にあっては，税額表の作成方法に従った計算方法などによって税額表に掲げる税額と同じ税額を求めることとしてもよいということになります。

ここでは，この告示による税額計算の特例について説明することとします。

1 対象となる給与

告示による税額計算の特例の対象となる給与は，「給与所得者の扶養控除等申告書」を提出している人に支払う次の給与に限られています。

(1) 支給期が毎月，毎半月，毎旬又は月の整数倍の期間ごとと定められている給与

(2) 前月中の通常の給与を受けていない人に支払う賞与

(3) 前月中の通常の給与の10倍を超える賞与

2 税額計算の方法

給与等についての税額は，次の方法によって求めます。

(1) まず，その月の給与等の金額から社会保険料等

の金額を控除し「その月の社会保険料等控除後の給与等の金額」を求めます。

(2) (1)で求めたその月の社会保険料等控除後の給与等の金額から次の①から④までの金額の合計額を控除し「その月の課税給与所得金額」を求めます。

① その月の社会保険料等控除後の給与等の金額に応じて、第1表により求めた給与所得控除の額

② 源泉控除対象配偶者に該当する人がいる場合には、第2表に定める配偶者控除の額又は配偶者特別控除の額

③ 控除対象扶養親族に該当する人がいる場合に

は、第2表により求めた扶養控除の額

(注) 所得者本人が障害者(特別障害者を含みます。)、寡婦、ひとり親又は勤労学生に該当する人については、その該当するごとに控除対象扶養親族が1人いるものとし、また、同一生計配偶者又は扶養親族のうちに障害者(特別障害者を含みます。)又は同居特別障害者に該当する人がいる場合には、これらの一に該当するごとに他に1人の控除対象扶養親族がいるものとします。

④ (1)で求めたその月の社会保険料控除後の給与等の金額に応じて、第3表に定める基礎控除の額

(3) (2)で求めたその月の課税給与所得金額に応じて、第4表に定める算式により税額を計算します。

第1表（令和6年分）

その月の社会保険料等控除後の給与等の金額 (A)				給　与　所　得　控　除　の　額
以	上	以	下	
	円		円	
——			135,416	45,834円
135,417			149,999	(A)×40% − 8,333円
150,000			299,999	(A)×30% + 6,667円
300,000			549,999	(A)×20% +36,667円
550,000			708,330	(A)×10% +91,667円
708,331円以上				162,500円

(注) 給与所得控除の額に1円未満の端数があるときは、これを切り上げた額をもってその求める給与所得控除の額とします。

第2表（令和6年分）

配偶者控除の額又は配偶者特別控除の額	31,667 円
扶　養　控　除　の　額	31,667 円×控除対象扶養親族の数

第3表（令和6年分）

その月の社会保険料等控除後の給与等の金額				基　礎　控　除　の　額
以	上	以	下	
	円		円	
——			2,162,499	40,000円
2,162,500			2,204,166	26,667円
2,204,167			2,245,833	13,334円
2,245,834円以上				0円

第4表（令和6年分）

その月の課税給与所得金額（B）		税　　額　　の　　算　　式
以　　　　上	以　　　　下	
円	円	
――	162,500	(B) × 5.105%
162,501	275,000	(B) ×10.210％ － 8,296円
275,001	579,166	(B) ×20.420％ － 36,374円
579,167	750,000	(B) ×23.483％ － 54,113円
750,001	1,500,000	(B) ×33.693％ －130,688円
1,500,001	3,333,333	(B) ×40.840％ －237,893円
3,333,334円以上		(B) ×45.945％ －408,061円

（注）　税額に10円未満の端数があるときは，これを四捨五入した額をもってその求める税額とします。
　　　　なお，税額には復興特別所得税が含まれています。

3　機械計算の特例により求めた税額と税額表による税額との差異

　2による機械計算の特例により求めた税額は2ページ以下に掲げた源泉徴収税額表のそれぞれの該当欄の税額とは必ずしも一致しませんが，これは次のような理由によるものです。

(1)　税額表の税額は，その月の社会保険料等控除後の給与等の金額の範囲（例えば，「93,000円以上94,000円未満」）の中間値（93,500円）を基にして計算してあるのに対し，機械計算による特例では，その月の社会保険料等控除後の給与等の金額そのものを基にして計算することになっています。

【計算例】　その月の社会保険料等控除後の給与等の金額が 199,500 円で，源泉控除対象配偶者と控除対象扶養親族 1 人の場合
① 月額表甲欄の税額　　　　　　　　　　　　　1,530円
② 計算機による特例計算による税額　　　　　　1,510円
{199,500円 －（199,500円×30％ ＋6,667円）－31,667円 －31,667円× 1 人 －40,000円}×5.105％ ＝
1,513.58円→1,510円（10円未満四捨五入）

---

(2)　扶養親族等の数が7人を超える場合には，税額表では7人の場合の税額を計算し，その計算した税額から7人を超える1人につき1,610円を控除することとしているのに対し，機械計算による特例では扶養親族等の数に応じ，給与所得控除後の給与等の金額から常に1人当たり31,667円を控除する方法で計算することになっています。

【計算例】　その月の社会保険料等控除後の給与等の金額が 453,800 円で，源泉控除対象配偶者と控除対象扶養親族 7 人の場合
① 月額表甲欄の税額　　　　　　　　　　　3,290円－1,610円＝1,680円
② 計算機による特例計算による税額　　　　　　　　　1,690円
{453,800円 －（453,800円×20％ ＋36,667円）－31,667円 －31,667円× 7 人 －40,000円}×5.105％ ＝
1,686.53円→1,690円（10円未満四捨五入）

---

(3)　その月の社会保険料等控除後の給与等の金額が74万円を超える場合には，税額表の税額では扶養親族等の数が0人の場合を基準として税率の切替えをし，しかも若干の調整が加えられており，また扶養親族等の数に関係なく同じ税率を適用して計算している部分があるのに対し，機械計算によ

る特例ではこのような調整をしないで，その月の社会保険料等控除後の給与等の金額が74万円を

超える場合にも74万円以下の場合と同じ要領で計算することになっています。

【計算例】 その月の社会保険料等控除後の給与等の金額が**1,223,200円**で，控除対象扶養親族**3人**の場合

① 月額表甲欄の税額 194,119円

102,070円＋（1,223,200円－950,000円）×33.693％＝194,119円

② 計算機による特例計算による税額 181,210円

{1,223,200円－162,500円－31,667円× 3人－40,000円}

×33.693％－130,688円＝181,207円→181,210円（10円未満四捨五入）

II　月額表の乙欄に対する税額の計算

税額の計算方法の特例として財務省告示により定められているのは，既に述べたとおり，月額表の甲欄に掲げる税額に代わる税額だけで，月額表の乙欄に掲げる税額等については，税額の計算方法としての特例は設けられていません。

したがって，月額表の乙欄に掲げる税額を計算機により計算する場合には，その給与に対する税額を求めるために作られている税額表等の作成根基を電

子計算機に組み込むか，あるいは表そのものを電子計算機に組み込むかして，税額表等を適用して求めた税額と同じ税額が求められるようにしなければなりません。

1　税額の計算方法

社会保険料等控除後の給与等の金額に応じて，次の方法により計算します。

その月の社会保険料等控除後の給与等の金額（Ⓐ）	税　　額
88,000円未満	Ⓐの3.063％に相当する金額^(注1,2)
88,000円以上740,000円以下	以下の「2 計算基準額の算出」〜「4 扶養控除等の額の控除」に掲げるところにより計算した金額
740,001円以上1,700,000円未満	259,800円に，Ⓐのうち740,000円を超える金額の40.84％に相当する金額を加算した金額^(注1,2)
1,700,000円以上	651,900円に，Ⓐのうち1,700,000円を超える金額の45.945％に相当する金額を加算した金額^(注1,2,3)

（注）1 求めた税額に1円未満の端数があるときは，これを切り捨てます。

2 「従たる給与についての扶養控除等申告書」を提出して従たる給与から控除する扶養控除等がある場合には，上記により求めた税額からその扶養親族等1人につき1,610円を控除します。なお，この場合，税額がマイナスとなったときは，税額0とします。

3 社会保険料等控除後の給与等の金額（Ⓐ）が1,700,000円の場合は，651,900円が求める税額となります（従たる給与から控除する扶養控除等がない場合）。

計算式：651,900円＋（1,700,000円－1,700,000円）×45.945％＝651,900円

2　計算基準額の算出

乙欄の税額は，月額表の「その月の社会保険料等控除後の給与等の金額」欄の最低値（税額表の「以上」

の欄の金額）を基として計算されていますので，まず，その月の社会保険料等控除後の給与等の金額を次の算式によりこの最低値（以下「計算基準額」といいます。）に修正します。

（算式）

$$\frac{\left(\begin{array}{l}\text{社会保険料等控除}\\\text{後の給与等の金額}\end{array}\right) - \left(\begin{array}{l}\text{同一階差}\\\text{の最小値}\end{array}\right)}{\text{階　差}} = \text{商}\cdots\text{余り（R）}\quad\text{この商の値は自然数又は0に限ります。}$$

$$\left(\begin{array}{l}\text{社会保険料等控除}\\\text{後の給与等の金額}\end{array}\right) - \text{R} = \text{計算基準額}$$

(注) 1　「階差」は，次の表によって求めます。

その月の社会保険料等控除後の給与等の金額		階　差
以　　上	以　　下	
円	円	円
88,000	98,999	1,000
99,000	220,999	2,000
221,000	739,999	3,000

　　2　「同一階差の最小値」とは，階差が1,000円の場合は88,000円，階差が2,000円の場合は99,000円，階差が3,000円の場合は221,000円をいいます。

　　3　その月の社会保険料等控除後の給与等の金額が740,000円の場合は，「2　計算基準額の算出」の（算式）によらず，740,000円が求める計算基準額となります。

3　税額の算出

2により求めた計算基準額を次の算式に当てはめて税額を求めます。

（算式）

A＝（計算基準額×2.5－給与所得控除の額－基礎控除の額）×税率　《1円未満の端数切り捨て》

B＝（計算基準額×1.5－給与所得控除の額－基礎控除の額）×税率　《1円未満の端数切り捨て》

A－B＝C　《50円未満の端数は切り捨て，50円以上100円未満の端数は100円に切り上げ》

C×1.021＝乙欄の税額　《50円未満の端数は切り捨て，50円以上100円未満の端数は100円に切り上げ》

(注) 1　上記の算式では，第1表から第3表を使用します。

　　　　A及びBを求める算式中，「給与所得控除の額」は，計算基準額を2.5倍又は1.5倍した金額を基に第1表により求め，「基礎控除の額」は第2表により求めます。

　　　　また，「税率」は第3表の「税額の算式」を意味します。

　　2　Aは主たる給与と従たる給与の合計額に対する税額を，Bは主たる給与に対する税額を意味します。

4　扶養控除等の額の控除

「従たる給与についての扶養控除等申告書」を提出して従たる給与から控除する扶養控除等がある場合には，3により求めた税額からその扶養親族等1人につき1,610円を控除します。なお，この場合，税額がマイナスとなったときは，税額0とします。

第1表（令和6年分）

その月の社会保険料等控除後の給与等の金額（A）		給　与　所　得　控　除　の　額
以　　上	以　　下	
円	円	
――――	135,416	45,834円
135,417	149,999	（A）×40％－　8,333円
150,000	299,999	（A）×30％＋　6,667円
300,000	549,999	（A）×20％＋36,667円
550,000	708,330	（A）×10％＋91,667円
708,331円以上		162,500円

(注)　給与所得控除の額に1円未満の端数があるときは，これを切り上げた額をもってその求める給与所得控除の額とします。

第2表（令和6年分）

その月の社会保険料等控除後の給与等の金額	基 礎 控 除 の 額
2,162,499円以下	40,000円

(注) その月の社会保険料等控除後の給与等の金額が2,162,500円以上の場合は，上記「2　計算基準額の算出」〜「4　扶養控除等の額の控除」までに掲げる計算の対象（その月の社会保険料等控除後の給与等の金額が88,000円以上740,000円以下）とはなりません。

第3表（令和6年分）復興特別所得税を含みません。

その月の課税給与所得金額（B）		税 額 の 算 式
以　　　上	以　　　下	
円	円	
——	162,500	(B)×5%
162,501	275,000	(B)×10% −　8,125円
275,001	579,166	(B)×20% −　35,625円
579,167	750,000	(B)×23% −　53,000円
750,001	1,500,000	(B)×33% −128,000円
1,500,001	3,333,333	(B)×40% −233,000円

(注) その月の課税給与所得金額が3,333,334円以上の場合は，上記「2　計算基準額の算出」〜「4　扶養控除等の額の控除」に掲げる計算の対象（その月の社会保険料等控除後の給与等の金額が88,000円以上740,000円以下）とはなりません。

【計算例】
① その月の社会保険料等控除後の給与等の金額　　184,400円
② 従たる給与から控除する扶養親族等　　なし

(説明)

(1) 計算基準額の計算

　　社会保険料等控除後の給与等の金額184,400円が該当する月額表の「その月の社会保険料等控除後の給与等の金額」（以下「給与等の金額」という。）欄の金額の範囲（183,000円以上185,000円未満）の階差は2,000円で，階差が2,000円となっている給与等の金額欄に該当する給与等の金額の最小値は99,000円ですから，次により計算基準額を求めます。

　　① $\dfrac{184,400円－99,000円}{2,000円}＝42\cdots1,400円（余り）$

　　② 184,400円 − 1,400円（①の余り）＝183,000円……計算基準額

(2) 税額の算出

　　計算基準額が「99,000円以上220,999円以下」の場合ですから計算基準額の2.5倍及び1.5倍の金額を求めると，それぞれ457,500円（183,000円×2.5）と274,500円（183,000円×1.5）となります。

　　次に，これらの金額を166ページの第1表から第3表までの算式に当てはめて税額を求めます。

Ⓐ… {457,500円 − （457,500円×20% + 36,667円）− 40,000円} × 20% − 35,625 = 22,241.6 ≒ 22,241円（1円未満切捨て）

Ⓑ… {274,500円 − （274,500円×30% + 6,667円）− 40,000円} × 5% = 7,274.15 ≒ 7,274円（1円未満切捨て）

Ⓒ…Ⓐ − Ⓑ = 22,241円 − 7,274円 = 14,967円 → 15,000円（50円以上100円未満の端数切上げ）

　　15,000×1.021 = 15,315 → 15,300円（50円未満の端数切捨て）が，この従たる給与から源泉徴収する税額です。

Ⅲ　年末調整の際の年調年税額等の計算

電子計算機等を使用して年末調整を行う場合であっても，その計算方法などは，通常の年末調整と変わりがありません。しかし，「令和6年分の年末調整のための給与所得控除後の給与等の金額の表」(以下「控除後の表」といいます。)などをそのまま電子計算機等に組み込むことは手数を要しますし，また，相当の記憶容量を持つ電子計算機が必要となりますから，これらの表を一定の計算式により組み込むなど次のような方法により行うことが便利です。

1　年調給与額の算出

「控除後の表」の「給与等の金額」欄は，給与の総額が1,619,000円以上6,600,000円未満のものについては，1,000円，2,000円又は4,000円刻みで作成され，それぞれの刻み(各階級)の最低金額(例えば，1,000円の階差で区分されている)を基にして給与所得控除後の給与等の金額が計算されています。そこで，まず，別表第1により本年中の給与の総額の区分に応じ，本年中の給与の総額を「控除後の表」の各階級の最低金額(以下「年調給与額」といいます。)に置き換えます。

別表第1　(令和6年分)

給与の総額の区分	階　　差	同一階差の最小値	年 調 給 与 額 の 求 め 方
1,618,999円まで			給与の総額をそのまま年調給与額とします。
1,619,000円から1,619,999円まで	1,000円	1,619,000円	次の算式により計算した金額を年調給与額とします。 ① $\dfrac{(給与の総額)-(同一階差の最小値)}{階　　差}$ ＝商…余り 　　(この商の値は，自然数又は0とします。)
1,620,000円から1,623,999円まで	2,000円	1,620,000円	
1,624,000円から6,599,999円まで	4,000円	1,624,000円	②　給与の総額−①の余り＝年調給与額
6,600,000円から			給与の総額をそのまま年調給与額とします。

【計算例】　令和6年中の給与の総額が **3,631,000円** の場合
①　$\dfrac{3,631,000円-1,624,000円}{4,000円}$ ＝501…余り 3,000円
②　3,631,000円−3,000円＝3,628,000円……**年調給与額**

2　給与所得控除後の給与等の金額の計算

給与所得控除後の給与等の金額は，1により算出した年調給与額を基にして，別表第2により計算します。

別表第2（令和6年分）

年　調　給　与　額　(A)　の　区　分		給与所得控除後の給与等の金額の計算式
1円から 550,999円まで		0円
551,000　〃　1,618,999　〃		(A) − 550,000円
1,619,000　〃　1,619,999　〃		(A) × 60% + 97,600円
1,620,000　〃　1,621,999　〃		(A) × 60% + 98,000円
1,622,000　〃　1,623,999　〃		(A) × 60% + 98,800円
1,624,000　〃　1,627,999　〃		(A) × 60% + 99,600円
1,628,000　〃　1,799,999　〃		(A) × 60% + 100,000円
1,800,000　〃　3,599,999　〃		(A) × 70% − 80,000円
3,600,000　〃　6,599,999　〃		(A) × 80% − 440,000円
6,600,000　〃　8,499,999　〃		(A) × 90% − 1,100,000円
8,500,000　〃　20,000,000　〃		(A) − 1,950,000円

(注) 1　Aは年調給与額を表します。
　　2　年調給与額が6,600,000円以上のものについて，上記の算式により計算した金額に1円未満の端数があるときは，その端数を切り捨てた金額を給与所得控除後の給与等の金額とします。
　　3　年調給与額が20,000,000円を超える場合には，年末調整を行いませんので，この表は，年調給与額が20,000,000円以下の場合だけについて作成してあります。

【計算例】　給与所得控除後の給与等の金額
①　給与の総額が550,999円までの場合
　　例えば，給与の総額が527,000円のときの年調給与額は527,000円で，給与所得控除後の給与等の金額は0円となります。
②　給与の総額が551,000円から1,618,999円までの場合
　　例えば，給与の総額が1,271,000円のときの年調給与額は1,271,000円で，給与所得控除後の給与等の金額は721,000円となります。
　　　1,271,000円 − 550,000円 = 721,000円
③　給与の総額が1,619,000円から1,619,999円までの場合
　　この場合の年調給与額は1,619,000円で，給与所得控除後の給与等の金額は1,069,000円となります。
　　　1,619,000円 × 60% + 97,600円 = 1,069,000円
④　給与の総額が1,620,000円から1,621,999円までの場合
　　この場合の年調給与額は1,620,000円で，給与所得控除後の給与等の金額は1,070,000円となります。
　　　1,620,000円 × 60% + 98,000円 = 1,070,000円
⑤　給与の総額が1,622,000円から1,623,999円までの場合
　　この場合の年調給与額は1,622,000円で，給与所得控除後の給与等の金額は1,072,000円となります。
　　　1,622,000円 × 60% + 98,800円 = 1,072,000円
⑥　給与の総額が1,624,000円から1,627,999円までの場合
　　この場合の年調給与額は1,624,000円で，給与所得控除後の給与等の金額は1,074,000円となります。
　　　1,624,000円 × 60% + 99,600円 = 1,074,000円
⑦　給与の総額が1,628,000円から1,799,999円までの場合
　　例えば，給与の総額が1,653,000円のときの年調給与額は1,652,000円で，給与所得控除後の給与等の金額は1,091,200円となります。
　　　1,652,000円 × 60% + 100,000円 = 1,091,200円
⑧　給与の総額が1,800,000円から3,599,999円までの場合
　　例えば，給与の総額が1,884,500円のときの年調給与額は1,884,000円で，給与所得控除後の給与等の金額は1,238,800円となります。
　　　1,884,000円 × 70% − 80,000円 = 1,238,800円

⑨　給与の総額が3,600,000円から6,599,999円までの場合

　　例えば，給与の総額が4,976,500円のときの年調給与額は4,976,000円で，給与所得控除後の給与等の金額は3,540,800円となります。

　　　4,976,000円×80％－440,000円＝3,540,800円

⑩　給与の総額が6,600,000円から8,499,999円までの場合

　　例えば，給与の総額が7,835,000円のときの年調給与額は7,835,000円で，給与所得控除後の給与等の金額は5,951,500円となります。

　　　7,835,000円×90％－1,100,000円＝5,951,500円

⑪　給与の総額が8,500,000円から20,000,000円までの場合

　　例えば，給与の総額が11,570,000円のときの年調給与額は11,570,000円で，給与所得控除後の給与等の金額は9,620,000円となります。

　　　11,570,000円－1,950,000円＝9,620,000円

以上の計算結果が「控除後の表」を用いて求めた金額と一致していることを確かめてください。

3　所得金額調整控除額の計算

（1）の所得金額調整控除額は，年末調整の対象とされ，「所得金額調整控除申告書」に基づき給与の支払者が計算します。

（1）　子ども・特別障害者を有する者等の所得金額調整控除額（年末調整の対象）

その年中の給与等の収入金額が850万円を超える給与所得者で，特別障害者に該当するもの又は年齢23歳未満の扶養親族を有するもの若しくは特別障害者である同一生計配偶者若しくは扶養親族を有するものに係る総所得金額を計算する場合には，給与等の収入金額(注1)から850万円を控除した金額の100分の10に相当する金額が，給与所得の金額から控除されます。

(注)1　その給与等の収入金額が1,000万円を超える場合には，1,000万円

　　2　給与所得者が年末調整において，この所得金額調整控除の適用を受ける場合には，その年最後に給与等の支払を受ける日の前日までに，「所得金額調整控除申告書」を給与等の支払者に提出する必要があります。

（2）　給与所得と年金所得の双方を有する者に対する所得金額調整控除（確定申告による）

その年中の給与所得控除後の給与等の金額及び公的年金等に係る雑所得の金額がある給与所得者で，その給与所得控除後の給与等の金額及びその公的年金等に係る雑所得の金額の合計額が10万円を超えるものに係る総所得金額を計算する場合には，その給与所得控除後の給与等の金額(注1)及びその公的年金等に係る雑所得の金額(注2)の合計額から10万円を控除した残額が，給与所得の金額(注3)から控除されます。

(注)1　その給与所得控除後の給与等の金額が10万円を超える場合には，10万円

　　2　その公的年金等に係る雑所得の金額が10万円を超える場合には，10万円

　　3　上記（1）の所得金額調整控除の適用を受ける場合には，その適用後の金額

4　所得控除額の計算

給与所得控除後の給与等の金額（3の調整控除後）の計算が終わったら次に各種の所得控除額の計算をする必要があります。

所得控除額は，「給与所得者の扶養控除等申告書」，「給与所得者の配偶者控除等申告書」，「基礎控除申告書」及び「給与所得者の保険料控除申告書」に基づき計算した次の控除額の合計です。

⑴　扶養控除

⑵　配偶者控除又は配偶者特別控除額

⑶　基礎控除額

⑷　障害者，寡婦，ひとり親及び勤労学生控除額

⑸　社会保険料，小規模企業共済等掛金，生命保険料及び地震保険料控除額

控 除 の 種 類		控 除 額	
(1) 配偶者控除	一 般 の 控 除 対 象 配 偶 者	最高	380,000円（注1）
	老 人 控 除 対 象 配 偶 者	最高	480,000円（注1）
(2) 配偶者特別控除		最高	380,000円（注2）
(3) 扶養控除	一 般 の 控 除 対 象 扶 養 親 族	1人につき	380,000円
	特 定 扶 養 親 族	1人につき	630,000円
	老人扶養親族　同居老親等以外の者	1人につき	480,000円
	同居老親等	1人につき	580,000円
(4) 基礎控除		最高	480,000円（注3）
(5) 障害者控除	一 般 の 障 害 者	1人につき	270,000円
	特 別 障 害 者	1人につき	400,000円
	同 居 特 別 障 害 者	1人につき	750,000円
(6) 寡婦控除			270,000円
(7) ひとり親控除			350,000円
(8) 勤労学生控除			270,000円

（**注1**）　配偶者控除額は，次の区分に応じた金額です。

		所得者の合計所得金額 （給与所得だけの場合の所得者の給与等の収入金額）			【参考】 配偶者の収入が給与所得だけの場合の配偶者の給与等の収入金額
		900万円以下 （1,095万円以下）	900万円超 950万円以下 (1,095万円超 1,145万円以下)	950万円超 1,000万円以下 (1,145万円超 1,195万円以下)	
配偶者控除	配偶者の合計 所得金額48万円以下	38万円	26万円	13万円	1,030,000円以下
	老人控除対象 配偶者	48万円	32万円	16万円	

（注2） 配偶者特別控除額は，次の区分に応じた金額です。

	所得者の合計所得金額 （給与所得だけの場合の所得者の給与等の収入金額）			【参考】 配偶者の収入が給与所得だけの場合の配偶者の給与等の収入金額
	900万円以下 （1,095万円以下）	900万円超 950万円以下 （1,095万円超 1,145万円以下）	950万円超 1,000万円以下 （1,145万円超 1,195万円以下）	
配偶者の合計所得金額 48万円超　95万円以下	38万円	26万円	13万円	1,030,000円超 1,500,000円以下
95万円超　100万円以下	36万円	24万円	12万円	1,500,000円超 1,550,000円以下
100万円超　105万円以下	31万円	21万円	11万円	1,550,000円超 1,600,000円以下
105万円超　110万円以下	26万円	18万円	9万円	1,600,000円超 1,667,999円以下
110万円超　115万円以下	21万円	14万円	7万円	1,667,999円超 1,751,999円以下
115万円超　120万円以下	16万円	11万円	6万円	1,751,999円超 1,831,999円以下
120万円超　125万円以下	11万円	8万円	4万円	1,831,999円超 1,903,999円以下
125万円超　130万円以下	6万円	4万円	2万円	1,903,999円超 1,971,999円以下
130万円超　133万円以下	3万円	2万円	1万円	1,971,999円超 2,015,999円以下
133万円超	0円	0円	0円	2,015,999円超

（注3） 基礎控除額は，次の区分に応じた金額です。

所得者の合計所得金額	2,400万円以下	2,400万円超 2,450万円以下	2,450万円超 2,500万円以下
控　　除　　額	48万円	32万円	16万円

（1） 扶養控除額及び障害者等の控除額の合計額の計算

令和6年分の扶養控除額，障害者控除額，寡婦控除額，ひとり親控除額，勤労学生控除額は，それぞれ上記の表のとおりです。

このため，年末調整の際には，毎月支払う給与や賞与から源泉徴収する税額の計算をする場合とは異なり，控除対象扶養親族や障害者の数，その内容等を確認し，それぞれの控除に応じて控除額の合計額を計算しなければなりません。

そこで，上記の表をそのまま電子計算機等に組み込み，所得者，扶養親族の態様別に所得控除額を1人別に加算していく方法や，「令和6年分の扶養控除額及び障害者等の控除額の合計額の早見表」（22ページ参照）と同様の考え方により控除額の合計額を算出する方法等も考えられますが，ここでは，計算方法の一例として，扶養控除額及び障害者等の控除額の合計額を一括して計算する方法を説明します。

まず，扶養控除額は次の算式により計算します。

380,000円×（一般の控除対象扶養親族の数）+630,000円×（特定扶養親族の数）+580,000円×（老人扶養親族のうち同居老親等の数）+480,000円×（「同居老親等以外の老人扶養親族」の数）

次に，障害者等の控除額を次の算式により加算します。

270,000円×（一般の障害者の数+寡婦又は勤労学生の控除を受ける人の数）+350,000円（ひとり

親）＋400,000円×〔特別障害者（同居特別障害者を除く）の数〕＋750,000円×（同居特別障害者の数）

（2） 配偶者控除額又は配偶者特別控除額の計算

配偶者控除額又は配偶者特別控除額は，「給与所得者の配偶者控除等申告書」に基づき，給与の支払を受ける者及び配偶者の合計所得金額に応じて計算します。

（3） 基礎控除額の計算

基礎控除額は，「給与所得者の基礎控除申告書」に基づき，給与の支払を受ける者の合計所得金額に応じて計算します。

（4） 社会保険料控除額などの計算

社会保険料，小規模企業共済等掛金，生命保険

料及び地震保険料の控除額は，136〜137，192〜199ページの表に説明するところにより計算します。

5　課税給与所得金額の計算

2から4の計算の次に，2により計算した金額から4の(1)から(4)までにより計算した金額を控除して課税給与所得金額を計算します。

6　算出所得税額の計算

5の金額の計算が終われば，その課税給与所得金額に基づいて次の速算表により算出所得税額を計算します。

令和6年分の年末調整のための算出所得税額の速算表

課税給与所得金額　(A)		税　率　(B)	控除額　(C)	税額＝(A)×(B)−(C)
	1,950,000円以下	5 %	――――	(A)× 5 %
1,950,000円超	3,300,000円 〃	10%	97,500円	(A)×10% − 97,500円
3,300,000円 〃	6,950,000円 〃	20%	427,500円	(A)×20% − 427,500円
6,950,000円 〃	9,000,000円 〃	23%	636,000円	(A)×23% − 636,000円
9,000,000円 〃	18,000,000円 〃	33%	1,536,000円	(A)×33% − 1,536,000円
18,000,000円 〃	18,050,000円 〃	40%	2,796,000円	(A)×40% − 2,796,000円

（注） 1　課税給与所得金額に1,000円未満の端数があるときは，これを切り捨てます。

2　課税給与所得金額が18,050,000円を超える場合は，年末調整の対象となりません。

7　年調所得税額の計算

6で求めた算出所得税額から（特定増改築等）住宅借入金等特別控除額を控除して年調所得税額を計算します。

なお，（特定増改築等）住宅借入金等特別控除の適用を受けない人については，算出所得税額がそのまま年調所得税額となります。

8　減税後の年調年税額の計算

令和6年分については定額減税が適用され，7で求めた年調所得税額から定額減税額（年調減税額）を控除した後の所得税額に102.1%（復興特別所得税を含みます。）を乗じて，年調年税額を計算します（174ページ参照）。

なお，計算した金額に100円未満の端数があるときは，その端数は切り捨てます。

【計算例】　課税給与所得金額が 4,570,000 円の場合（住宅借入金等特別控除なし）

●**算出所得税額の計算**

4,570,000円×20% − 427,500円 ＝ 486,500円

住宅借入金等特別控除の適用を受けないため算出所得税額がそのまま年調所得税額となります。この金額から定額減税額（例えば3人分の場合には90,000円）を控除した後の所得税額は396,500円となります。

●**年調年税額の計算**

396,500円×102.1% ＝ 404,826.5円→404,800円（100円未満切捨て）

所得税の定額減税は，令和6年6月1日以後最初に支払う給与等につき源泉徴収を行うときから実施することとされています。給与等に係る源泉徴収税額から控除する場合の概要は，次のとおりです。

(注) 定額減税の制度の詳細については，国税庁ホームページの定額減税特設サイトに解説が掲載されておりますので，ご参照ください。

1 令和6年分所得税の定額減税の概要

(1) 居住者の所得税額から，定額減税額（以下「特別控除の額」といいます。）を控除することとされました。ただし，その人の令和6年分の合計所得金額が1,805万円以下である場合に限ります（措法41の3の3①）。

(2) 特別控除の額は，次の金額の合計額です。ただし，その合計額がその人の所得税額を超える場合には，所得税額を限度とします（措法41の3の3②）。

　① 本人（居住者に限ります。）　　　3万円

　② 同一生計配偶者又は扶養親族（いずれも居住者に限ります。以下「同一生計配偶者等」といいます。）　　　1人につき3万円

(注) 「同一生計配偶者」は，居住者の配偶者でその居住者と生計を一にするもの（青色事業専従者等を除きます。）のうち，合計所得金額が48万円以下である人をいいます。また，「扶養親族」は，居住者と生計を一にする親族等（青色事業専従者等を除きます。）で合計所得金額が48万円以下である人をいいます。

2 源泉徴収税額からの控除の実施

主たる給与等の支払者のみが特別控除を実施し，従たる給与等の支払者は行いません（措法41の3の7）。

(注) 「主たる給与等の支払者」とは，給与所得者の扶養控除等申告書の提出の際に経由した給与等の支払者をいいます。

3 源泉徴収税額からの控除の実施方法

(1) 令和6年6月1日において主たる給与等の支払を受ける人（いわゆる甲欄適用者）を対象として，令和6年6月1日以後最初の給与等（賞与を含みます。以下同じです。）の支払日（以下「給与支払日」といいます。）までに提出された扶養控除等申告書に記載された情報に基づき，特別控除の額を計算します（措法41の3の7）。

(注1) 源泉控除対象配偶者に該当しない同一生計配偶者については，配偶者控除等申告書で把握可能な人（配偶者控除の対象者のうち源泉控除対象配偶者でない人）を除き，新たに「年末調整に係る申告書」の提出を求めることとし，原則として年末調整において控除することとされています。ただし，令和6年6月1日以後最初の給与支払日までに「源泉徴収に係る申告書」が提出された場合には，以下の(2)(3)の控除の対象に加えることができます。

(注2) 15歳以下の扶養親族については，令和6年6月1日以後最初の給与支払日までに新たに「源泉徴収に係る申告書」の提出を求め，以下の(2)(3)の控除の対象に加えることができます。ただし，その申告書の記載情報に代えて，扶養控除等申告書の「住民税に関する事項」を参照して計算することも可能です。なお，この場合には他の方の扶養親族として特別控除を受けていないことを確認する必要があります。

(2) 令和6年6月1日以後最初に支払を受ける給与等について源泉徴収をされるべき所得税の額（控除前源泉徴収税額）から特別控除の額を控除します（措法41の3の7）。

なお，各人別の月次減税額と各月の控除額等を管理するため，国税庁ホームページでは，便宜的

に「各人別控除事績簿」を公開しています。

(注) 源泉徴収簿を利用する場合は，次によります。

> 令和6年分の源泉徴収簿には，その月の「算出
> 税額」欄に控除前税額を記入し，その下に控除し
> た月次減税額を「△●●円」と記入します。「差引
> 徴収税額」欄には，控除前税額から月次減税額を
> 控除した差額を記入し，この金額を源泉徴収します。

(3) (2)において控除しきれない部分の金額は，以後，令和6年中に支払われる給与等（同年において最後に支払われるもの（年末調整をする場合）を除きます。）に係る控除前源泉徴収税額から，順次控除します（措法41の3の7）。

(4) 年末調整においては，住宅借入金等特別控除後の所得税額から，住宅借入金等特別控除後の所得税額を限度に，特別控除の額を控除します。また，特別控除の額を控除した金額に付加税率を乗じた税額を加えて，復興特別所得税を含めた年税額を計算します。ただし，年末調整を除く給与収入に係る源泉徴収税額からの控除に当たっては，所得税及び復興特別所得税が一体として納税されていることも踏まえ，その合計額から特別控除の額を控除します（措法41の3の8）。

(注) 源泉徴収簿を利用する場合は，次によります。

> 令和6年分源泉徴収簿の余白に，年調減税額と
> して「㉔-2 ×××円」，年調年税額から年調減
> 税額を控除した残額として「㉔-3 △△△円」
> と記入します。控除しきれない場合は「㉔-3
> 0円」と記入し，年調年税額のうち控除しきれな
> かった金額を控除外額として「㉔-4 ◇◇◇円」
> と記入します。
> そして，年調減税額控除後の年調所得税額「㉔-
> 3 △△△円」に102.1％を乗じて，復興特別所得
> 税を含む年調年税額を算出し，「年調年税額㉕」欄
> に記入します。

(5) 令和6年6月1日より後に雇用されて扶養控除等申告書を提出した人については，特別控除の額について年末調整時に控除することとし，各給

与等支払時における控除については行わないこととされています。

4 源泉徴収票等の記載事項

(1) 主たる給与等の支払者が令和6年6月1日以後に年末調整をして作成する源泉徴収票の摘要欄の記載事項

① 所得税の定額減税控除済額，控除しきれなかった額

② （該当者のみ）合計所得金額が1,000万円超である居住者の同一生計配偶者（以下「非控除対象配偶者」といいます。）分の特別控除を実施した場合，その旨

> （記載例）
> 源泉徴収時所得税減税控除済額●●円，控
> 除外額●●円
> 非控除対象配偶者減税有

(2) 令和6年6月1日以後に交付する給与明細等の記載事項

給与明細等に係る控除前源泉徴収税額から控除した定額減税の控除済額

> （記載例）
> 定額減税額（所得税）●●円，定額減税●
> ●円 等

5 その他

(1) 令和6年6月1日より前に退職・国外転出・死亡している場合には，源泉徴収による対応は不要です。

(注) 令和6年6月1日より前に国外転出・死亡している人が，それまでの期間において居住者として令和6年分の給与収入を得ている場合には，確定申告により他の所得も含めた令和6年分の所得全体に係る所得税額から定額減税をします。

令和6年分 給与所得に対する源泉徴収簿

（甲欄・乙欄）

所属 ○○○　**職名** ○○○　**氏名（フリガナ）** ○○○

住所（郵便番号 xx-xxx）○○○市○○○町×××

整理番号 ○○○

前年の年末調整に基づき繰り越した過不足税額　還付した税額／徴収した過不足税額

生年月日 明・大・昭・平・令　×年×月×日入

給料・手当等

区分	月区分	支給月日	総支給金額	社会保険料等控除額	社会保険料等控除後の給与等の金額	扶養親族等の数	算出税額	年末調整による過不足税額	差引徴収税額
給料・賃金	1	1 25	634,200	91,535	542,665	3人	18,570		18,570
	2	2 22	634,200	91,535	542,665	3	18,570		18,570
	3	3 25	634,200	91,535	542,665	3	18,570		18,570
	4	4 25	637,100	92,988	544,112	3	18,570		18,570
	5	5 24	637,100	92,988	544,112	3	18,570		18,570
	6	6 25	637,100	92,988	544,112	3	18,570		0
	7	7 25	637,100	92,988	544,112	3	△18,570		0
	8	8 23	637,100	92,988	544,112	3	△18,570		0
	9	9 25	637,100	92,988	544,112	3	△18,570		0
	10	10 25	637,100	92,988	544,112	3	△18,570		0
	11	11 25	637,100	92,988	544,112	3	23,820		0
	12	12 25	637,100	92,988	544,112	2	23,820		23,820
計			① 7,636,500	② 1,111,497			③ 233,340 △116,670 116,670		116,670

賞与等

月区分	支給月日	総支給金額	社会保険料等控除額	社会保険料等控除後の給与等の金額	扶養親族等の数	算出税額	年末調整による過不足税額	差引徴収税額
	3 29	837,400	123,459	713,941	3	（税率 14.310%）116,629		116,629
	12 15	1,083,200	159,635	923,565	2	（税率 18.378%）169,732		233,101
計		④ 1,920,600	⑤ 283,094			⑥ 286,361		

年末調整

区分		金額	税額
給料・手当等	計	① 7,636,500	9,557,100 (⑥)
賞与等	計	④ 1,920,600	236,361 (⑥)
計		① 9,557,100	433,031 (⑧)
給与所得控除後の給与等の金額	⑦	7,607,100	
所得金額調整控除の適用 有・無	⑨	7,607,100	
給与所得控除後の給与等の金額（調整控除後）(⑨-⑩)	⑩		
給与所得控除後の給与等の金額（②+⑤）	⑪	7,607,100	
社会保険料等控除分	⑫	1,394,591	配偶者の合計所得金額
申告による社会保険料の控除分	⑬		旧長期損害保険料支払額
申告による小規模企業共済等掛金の控除分	⑭		⑫のうち小規模企業共済等掛金の金額
生命保険料の控除額	⑮	50,000	
地震保険料の控除額	⑯	50,000	⑬のうち国民年金保険料等の金額
配偶者（特別）控除額	⑰		
扶養控除額及び障害者等の控除額の合計額	⑱	760,000	
基礎控除額	⑲	480,000	
所得控除額の合計額(⑫+⑬+⑭+⑮+⑯+⑰+⑱+⑲)	⑳	2,734,591	
差引課税給与所得金額(⑪-⑳)及び算出所得税額	㉑	4,872,000 / 546,900	
（特定増改築等）住宅借入金等特別控除額	㉒	546,900	
年調所得税額(㉑-㉒)	㉓		
年調年税額(㉓×102.1%)	㉔	546,900	
差引超過額又は不足額(㉔-⑧)	㉕	466,400	
本年最後の給与から徴収する税額に充当する金額	㉖	63,369	
未払給与に係る未徴収の税額に充当する金額	㉗		
差引還付する金額	㉘		
同上のうち 本年中に還付する金額	㉙		
翌年において還付する金額	㉚		
翌年に繰り越して徴収する金額	㉛		
本年最後の給与から徴収する金額	㉜	63,369	
翌年に繰り越して徴収する金額	㉝		

㉔-2 90,000　㉔-3 456,900
㉔-2 90,000　㉔-3 456,900　㉔-4 0

各人別控除事績簿

（以後略）

基準日在職者（受給者の氏名）	月次減税額の計算		月次減税額の控除												備考
	① 同一生計配偶者と扶養親族の数	② 月次減税額（(受給者本人＋①の人数)×30,000円）	令和6年6月25日			令和6年7月25日			令和6年8月23日			令和6年9月25日			
			③ 控除前税額	④ ②のうち控除した金額	⑤ ②のうち控除しきれない金額（②－④）	⑥ 控除前税額	⑦ ⑤のうち控除した金額	⑧ ⑤のうち控除しきれない金額（⑤－⑦）	⑨ 控除前税額	⑩ ⑧のうち控除した金額	⑪ ⑧のうち控除しきれない金額（⑧－⑩）	⑫ 控除前税額	⑬ ⑪のうち控除した金額	⑭ ⑪のうち控除しきれない金額（⑪－⑬）	
○○ ○○	3	120,000	18,570	18,570	101,430	18,570	18,570	82,860	18,570	18,570	64,290	18,570	18,570	45,720	

(2) 源泉徴収した所得税及び復興特別所得税を納付する場合，所得税徴収高計算書には定額減税の控除後の源泉徴収税額を記載します。

(3) 令和6年分の給与収入に係る源泉徴収税額から控除しきれない額があった場合であっても，令和7年分の給与収入に係る源泉徴収税額から控除はしません。

【参考1】 住民税の定額減税

令和6年度分の個人住民税については，次により特別控除が適用されます。

(1) 納税義務者の所得割の額から，特別控除の額を控除します。ただし，その人の令和6年度分の個人住民税に係る合計所得金額が1,805万円以下である場合に限ります。

(2) 特別控除の額は，次の金額の合計額です。ただし，その合計額がその人の所得割の額を超える場合には，所得割の額を限度とします。

① 本人 1万円

② 控除対象配偶者又は扶養親族（国外居住者を除きます。） 1人につき1万円

(注) 控除対象配偶者を除く同一生計配偶者（国外居住者を除きます。）については，令和7年度分の所得割の額から，1万円を控除します。

(3) 給与所得に係る特別徴収の場合は，特別徴収義務者は，令和6年6月に給与の支払をする際は特別徴収を行わず，特別控除の額を控除した後の個人住民税の額の11分の1の額を令和6年7月から令和7年5月まで，それぞれの給与の支払をする際毎月徴収します。

【参考2】 国税庁「令和6年分所得税の定額減税Q&A」より一部抜粋

2－4 給与所得者における定額減税の適用選択権の有無

> 問　給与所得者が，主たる給与の支払者のもとで定額減税の適用を受けるか受けないかを，自分で選択することはできますか。

[A] 令和6年6月1日現在，給与の支払者のもとで勤務している人のうち，給与等の源泉徴収において源泉徴収税額表の甲欄が適用される居住者の人（その給与の支払者に扶養控除等申告書を提出している居住者の人）については，一律に主たる給与の支払者のもとで定額減税の適用を受けることになり，自分で定額減税の適用を受けるか受けないかを選択することはできません。

2－2 所得制限を超える人に対する定額減税

> 問　定額減税の適用には所得制限があるとのことですが，合計所得金額が1,805万円を超える人についても，主たる給与の支払者のもとで定額減税の適用を受けるのですか。

[A] 合計所得金額が1,805万円を超える人であっても，主たる給与の支払者のもとでは，令和6年6月以後の各月（日々）において，給与等に係る控除前税額から行う控除（月次減税）の適用を受けることになります。

一方，合計所得金額が1,805万円を超える人については，年末調整の際に年調所得税額から行う控除（年調減税）の適用が受けられませんので，年末調整の際にそれまで控除した額の精算を行うことになりますが，主たる給与の支払者からの給与収入が2,000万円を超える人は年末調整の対象となりませんので，その人は確定申告で最終的な年間の所得税額と定額減税額との精算を行うこととなります。

(注) 年末調整の際に年調減税の適用を受けない人は，主たる給与の支払者からの給与収入は2,000万円を超えないが，その他の所得があるために合計所得金額

が1,805万円を超える人になります。（例：給与収入が1,900万円（給与所得 1,705万円）で，不動産所得が200万円である人）

2−5　従たる給与に係る定額減税

問　2か所から給与の支払を受けている人の従たる給与（乙欄適用給与）に係る源泉徴収税額について定額減税の適用を受けるには，どうしたらいいですか。

［A］　定額減税額は，主たる給与の支払者のもとでのみ控除されることになっていて，従たる給与の支払者のもとで控除されることはありません。

　　　したがって，定額減税額のうち主たる給与の支払者のもとで控除しきれなかった金額がある場合には，確定申告の際に，主たる給与と従たる給与（給与所得以外の申告をする必要のある所得がある場合には，その所得を含みます。）を合わせたところで計算される年の所得税額との間で，控除しきれなかった金額を精算することになります。

(注)「従たる給与（乙欄適用給与）」とは，扶養控除等申告書を提出していない人に支払う給与等（次の問の「日雇賃金」を除きます。）をいいます。

2−6　日雇賃金に係る定額減税

問　日雇賃金（丙欄適用給与）の支払を受けている人は，どのような手続により定額減税の適用を受けるのですか。

［A］　丙欄適用者については，給与の支払者のもとで定額減税の適用を受けることはできませんが，令和6年分所得税について確定申告書を提出することによって定額減税の適用を受けることができます。

(注)「日雇賃金（丙欄適用給与）」とは，日々雇い入れられる人が，労働した日又は時間によって算定され，

かつ，労働した日ごとに支払を受ける給与等をいいます。ただし，一の給与の支払者から継続して2か月を超えて支払を受ける場合には，その2か月を超える部分の期間につき支払を受ける給与等は，ここでいう日雇賃金には含まれません。

6−6　源泉控除対象配偶者（所得金額の見積額が48万円超）に係る月次減税

問　扶養控除等申告書に氏名等が記載されている「源泉控除対象配偶者」の中には，令和6年中の所得金額の見積額が48万円超95万円以下の配偶者も含まれます。このような配偶者は月次減税額の計算に含めますか。

［A］　令和6年中の合計所得金額の見積額が48万円超の配偶者については，月次減税額の計算に含めないこととされています。

　　　そのため，扶養控除等申告書に記載された源泉控除対象配偶者の令和6年中の所得金額の見積額をご確認いただき，月次減税額の計算に含めるべき配偶者か否かを判定していただくことになります。

(注) 令和6年中の合計所得金額の見積額が48万円超の配偶者は，配偶者自身の所得税において定額減税額の控除が行われます。

6−12　扶養親族の人数が変更になった場合

問　令和6年7月以降に扶養親族の数が変わる場合は，月次減税額も変わることになりますか。

［A］　月次減税額は，本人分30,000円に，同一生計配偶者等の数により計算した一定額（1人につき30,000円）を加算して算出することとされており，この同一生計配偶者等の人数については，最初の月次減税事務を行うときまでに提出されている扶養控除等申告書又は「源泉徴収に係る申告書」の記載内容に基づき判定し，これによ

り算出した月次減税額をもって控除を行うこととされています。

　したがって，例えば，7月に子の出生によって扶養親族の人数が増え，令和6年6月と7月とでは扶養親族の人数が異なることとなっても，月次減税額の増額は行いません。

　なお，こうした人数の異動により生ずる定額減税額の差額は，年末調整又は確定申告により精算されることになります。

付録 **1** 現物給与・特殊な給与の取扱い

区　　　　分	説　　　　　明
有　価　証　券	有価証券（商品券を含みます。）は，金額の多少にかかわらず，全て給与所得（退職により支給するものは，退職所得）として課税されます。
譲　渡　制　限　株　式	個人が法人に対して役務の提供をした場合において，その役務の提供の対価として次に掲げる条件が付された譲渡制限付株式であってその役務の提供の対価としてその個人に交付されるもの等については，その譲渡制限付株式についての譲渡制限が解除された日における価額が，給与所得等として課税されることになります（所令84①②，所規19の4）。 ① 譲渡についての制限がされており，かつ，その譲渡についての制限に係る期間が設けられていること。 ② その個人から役務の提供を受ける法人等がその株式を無償で取得することとなる事由（その個人の勤務状況に基づく事由又はその法人等の業績その他の指標の状況に基づく事由に限ります。）が定められていること。
課税されないストックオプション	株式会社又はその株式会社の特定の子会社等の取締役，執行役又は使用人（一定の大口株主等を除きます。）又は特定従事者が，その株式会社の株主総会の付与決議に基づきその株式会社と締結した次に掲げる要件等が定められた付与契約により与えられた新株予約権を，その付与契約に従って行使することにより株式を取得した場合における経済的利益（その年の権利行使価額の合計額が1,200万円を超えることとなる場合のその権利行使による経済的利益を除きます。）については，課税されません（措法29の2）。 ① 株主総会の付与決議の日後2年を経過した日から当該決議の日後10年を経過する日（一定の場合には15年を経過する日）までに権利行使しなければならないこと ② 権利行使価額（一定の場合には1/2又は1/3の金額）の年間の合計額が1,200万円を超えないこと ③ 1株当たりの権利行使価額は，ストックオプションの権利付与契約締結時におけるその株式の1株当たりの価額相当額以上とされていること ④ 新株予約権については，譲渡をしてはならないこと ⑤ 権利行使に係る株式の交付が，その交付のために付与決議がされた募集事項に反しないで行われるものであること ⑥ 権利行使により取得する株式は，次に掲げる要件のいずれかを満たすこと。 　イ 一定の方法によって金融商品取引業者等（証券業者又は信託会社（信託銀行を含みます。）をいいます。）の振替口座簿に記載若しくは記録を受け又は保管の委託等がされること。 　ロ 権利行使により交付をされるその株式会社の株式（譲渡制限株式に限ります。）の管理に関する取決め（管理に係る契約が権利者の別に締結されるものであることその他の一定の要件が定められるものに限ります。）に従い，取得後直ちに，その株式会社により管理がされること。 ⑦ 新株予約権の行使の日までに国外転出をする場合には，契約を締結した会社にその旨を通知しなければならないこと ⑧ 新株予約権を与えられた者に係る認定社外高度人材活用新事業分野開拓計画につき当該新株予約権の行使の日以前に認定の取消しがあった場合には，当該新株予約権に係る契約を締結した株式会社は，速やかに，その者にその旨を通知しなければならないこと 　なお，発行法人から与えられた新株予約権等（当該権利を行使したならば経済的利益として課税されるものに限ります。）を，その発行法人に譲渡したときは，当該譲渡の対価の額から当該権利の取得価額を控除した金額は，給与所得等に係る収入金額とみなされます（所法41の2，所令88の2，所基通41の2-1）。

区　　　分	説　　　　　　　　　　　明
	(注)　上記の要件を満たさないストックオプションについては，新株予約権を行使することにより株式を取得した場合の経済的利益は給与所得等として課税されることになります（所基通23〜35共‐6）
通勤用定期乗車券（金銭による通勤手当を含みます。）	役員又は使用人に対し支給する通勤用定期乗車券や，通常の給与に加算して支給する金銭による通勤手当については，次に掲げる部分までは課税されませんが，次に掲げる部分を超える部分があるときは，その超える部分だけ（例えば，1か月163,700円の通勤用定期乗車券を支給した場合には，163,700円－150,000円＝13,700円）は給与所得として課税されます（所法9①五，所令20の2）。

<table>
<tr><td colspan="2">①　通勤のため交通機関又は有料の道路を利用する人（④に該当する人を除きます。）に金銭で支給する通勤手当
　最も経済的で合理的な通常の通勤の経路及び方法による運賃又は料金の額。ただし，1か月150,000円を限度とします。</td></tr>
<tr><td colspan="2">②　通勤のため自動車その他の交通用具を使用する人（通勤距離が片道2キロメートル未満の人及び④に該当する人を除きます。）に支給する通勤手当</td></tr>
<tr><td>イ　通勤距離が片道2キロメートル以上10キロメートル未満である場合</td><td>1か月あたり　　4,200円</td></tr>
<tr><td>ロ　通勤距離が片道10キロメートル以上15キロメートル未満である場合</td><td>1か月あたり　　7,100円</td></tr>
<tr><td>ハ　通勤距離が片道15キロメートル以上25キロメートル未満である場合</td><td>1か月あたり　12,900円</td></tr>
<tr><td>ニ　通勤距離が片道25キロメートル以上35キロメートル未満である場合</td><td>1か月あたり　18,700円</td></tr>
<tr><td>ホ　通勤距離が片道35キロメートル以上45キロメートル未満である場合</td><td>1か月あたり　24,400円</td></tr>
<tr><td>ヘ　通勤距離が片道45キロメートル以上55キロメートル未満である場合</td><td>1か月あたり　28,000円</td></tr>
<tr><td>ト　通勤距離が片道55キロメートル以上である場合</td><td>1か月あたり　31,600円</td></tr>
</table>

(注)　上記の課税されない金額は平成28年1月1日以後に支払われるべき通勤手当から適用されます。

③　通勤のため交通機関を利用する人（①の通勤手当を受ける人及び④に該当する人を除きます。）に支給する通勤用定期乗車券（これに類する乗車券などを含みます。）
　最も経済的で合理的な通常の通勤の経路及び方法による定期乗車券などの価額。ただし，1か月150,000円を限度とします。

④　通勤のため交通機関又は有料の道路を利用するほか，あわせて自動車その他の交通用具を使用する人（交通用具を使用する距離が片道2キロメートル未満の人を除きます。）に支給する通勤手当又は通勤用定期乗車券
　最も経済的で合理的な通常の通勤の経路及び方法による運賃等の額又は定期乗車券の価額の1か月当たりの金額に②の金額を加えた金額。ただし，1か月150,000円を限度とします。

(注)　上記の「最も経済的で合理的な通常の通勤の経路及び方法による運賃等の額」には，新幹線鉄道を利用した場合の特別急行料金は含まれますが，グリーン料金は含まれません（所基通9‐6の3）。

社宅	役員社宅の場合	①　役員に貸与した住宅など（居住用の土地，借地権又は家屋をいいます。）について賃貸料を徴収していない場合又は低額の賃貸料を徴収している場合には，その住宅などにつき通常支払われるべき賃貸料の額に相当する金額又はその額と実際に徴収している賃貸料の額との差額に相当する金額が，その住宅などの貸与を受けている役員に対する給与所得として課税されます（所基通36‐15(2)）。ただし，その役員から実際に徴収している賃貸料の額がその役員に貸与した住宅などについて通常支払われるべき賃貸料の額に満たない場合であっても，住宅などを貸与したすべての

区　　分	説　　　　明
役員社宅の場合	役員からその住宅などの状況に応じてバランスのとれた賃貸料を徴収している場合で，その使用者が役員に貸与したすべての住宅などについて実際に徴収している賃貸料の額の合計額が，役員に貸与したすべての住宅などについて通常支払われるべき賃貸料の合計額以上であるときは，課税されません（所基通36-44）。

② ①の「通常支払われるべき賃貸料の額」は，次に掲げる算式により計算した金額です。ただし，使用者が他から借り受けた住宅などについては，使用者が支払っている賃貸料の額の2分の1に相当する金額と次に掲げる算式により計算した金額とのうちいずれか多い金額とされます（所基通36-40）。

$$\left\{\begin{array}{l}\text{その年度の}\\\text{家屋の固定}\\\text{資産税の課}\\\text{税標準額}\end{array}\times 12\% \left[\begin{array}{l}\text{ただし，木}\\\text{造家屋以外}\\\text{の家屋につ}\\\text{いては10\%}\end{array}\right] + \begin{array}{l}\text{その年度の}\\\text{敷地の固定}\\\text{資産税の課}\\\text{税標準額}\end{array}\times 6\%\right\}\times\frac{1}{12}=\begin{array}{l}\text{通常支払われるべ}\\\text{き賃貸料の月額}\end{array}$$

(注) 1　家屋だけ又は敷地だけを貸与した場合には，その家屋だけ又は敷地だけについてこの取扱いが適用されます。
　　　2　「木造家屋以外の家屋」とは，耐用年数が30年を超える家屋をいいます。

③ 次のイ及びロに掲げる住宅などの「通常支払われるべき賃貸料の額」は，②にかかわらず，次に掲げる算式により計算した金額とされます（基通36-41）。

$$\left(\begin{array}{l}\text{その年度の家屋の固定}\\\text{資産税の課税標準額}\end{array}\right)\times 0.2\% + 12\text{円}\times\frac{\text{家屋の総床面積（m}^2\text{）}}{3.3\text{（m}^2\text{）}}$$

$$+\left(\begin{array}{l}\text{その年度の敷地の固定}\\\text{資産税の課税標準額}\end{array}\right)\times 0.22\% =\text{通常支払われるべき賃貸料の月額}$$

(注)　敷地だけを貸与した場合には，この取扱いによらず，②によります。
イ　床面積（2以上の世帯を収容する構造の家屋にあっては，1世帯として使用する部分の床面積。以下ロにおいて同じです。）が132平方メートル（約40坪）以下の木造家屋である住宅など
ロ　床面積が99平方メートル（約30坪）以下の「木造家屋以外の家屋」である住宅など
④ 次に掲げる住宅などについては，その使用の状況を考慮して「通常支払われるべき賃貸料の額」を定めます。この場合，使用者の徴収している賃貸料の額が，次に掲げる金額以上である住宅などについては，「通常支払われるべき賃貸料の額」を徴収しているものとされます（所基通36-43）。
イ　使用者の業務に関する使用部分がある住宅など
　　②又は③により計算した「通常支払われるべき賃貸料の月額」の70％に相当する金額
ロ　単身赴任者のような人が一部を利用しているにすぎない住宅など
　　その利用している部分の家屋の床面積が50平方メートル（約15坪）であるとして次の算式により計算した金額

$$\begin{array}{l}\text{その住宅などについて②又は③により計算}\\\text{した「通常支払われるべき賃貸料の月額」}\end{array}\times\frac{50\text{（m}^2\text{）}}{\text{その家屋の総床面積（m}^2\text{）}}$$

⑤ 次に掲げる場合に該当するときは，それぞれ次により①から④までの取扱いが適用されます（所基通36-42）。
イ　その住宅などの固定資産税の課税標準額が改訂された場合
　　その改訂後の課税標準額による固定資産税の第1期の納期限の翌月分（通常はその年の5月分）の賃貸料から改訂後の課税標準額によって通常支払われるべき賃貸料の額を計算することになります。
ロ　その住宅などが年の中途で新築した家屋のように固定資産税の課税標準額が定められていない住宅などである場合
　　その住宅などと状況が類似する住宅などの固定資産税の課税標準額に比準する価額を基として通常支払われるべき賃貸料の額を計算することになります。
ハ　その住宅などが月の中途で役員の居住の用に供された場合
　　その居住の用に供された日の属する月の翌月分から，役員に対して貸与した住宅等としての通常支払われるべき賃貸料の額を計算することになります。

区　　　分	説　　　　　明
役員社宅の場合	**(注)**　使用者が役員又は使用人に対し，これらの者の居住の用に供する家屋の敷地を貸与した場合において，借地（借地権）を無償で返還することとされているとき（法人税基本通達13-1-7の取扱いの適用がある場合）は，法人税基本通達13-1-2に定める相当の地代の額が，その土地に係る賃貸料相当額となります（所基通36-45の２）。 ⑥　役員に貸与している住宅などが社会通念上一般に貸与されている住宅等と認められないいわゆる豪華な役員社宅である場合の通常支払われるべき賃貸料の額は，②又は③の計算式によらず，その住宅などの利用につき通常支払われるべき使用料その他その利用の対価に相当する額（その住宅などが一般の賃貸住宅である場合に授受されると認められる賃貸料の額）とされています。また，この場合の賃貸料の額には②のただし書きの適用はありません。 　その住宅などが，社会通念上一般に貸与されている住宅等に該当するかどうかについては，家屋の床面積（業務に関する使用部分等がある場合のその部分を除きます。）が240平方メートルを超えるもののうち，その住宅などの取得価額，支払賃貸料の額，内外装その他の設備の状況等を総合勘案して判定します（平7課法8-1）。 **(注)**　家屋の床面積が240平方メートル以下の住宅などであっても， 　　1　一般の住宅などに設置されていないプール等の設備等があるもの 　　2　役員個人の嗜好等を著しく反映した設備等を有するもの 　　などは，いわゆる豪華な役員社宅に該当します。
使用人社宅の場合	使用人に貸与した住宅などについて，上記役員社宅の場合の③の算式により計算した賃貸料相当額の２分の１以上（２分の１以上であるかどうかは，役員以外の使用人に貸与した社宅などのすべてを通じて合計額で判定することができます。）の家賃又は家屋代を徴収している場合には課税されませんが，家賃や部屋代を全く徴収していない場合又は２分の１未満しか徴収していない場合には，役員社宅の場合の③の算式により計算した賃貸料相当額とその使用人から徴収している家賃との差額が給与所得として課税されます（所基通36-45，36-47，36-48）。
課税されない社宅	次に掲げるものについては，貸与を受けている人から賃貸料等を徴収しない場合でも課税されません。 ①　国家公務員宿舎法の規定による公邸又は無料宿舎（所法9①六，所令21四，所基通9-10） ②　職務の遂行上やむを得ない必要に基づき使用者から指定された場所に居住する人が，その指定する場所に居住するために貸与を受けた家屋又は部屋（所法9①六，所令21四） **(注)**　これに該当する家屋又は部屋には，次のようなものがあります（所基通9-9）。 　　1　船舶乗組員に対し提供した船室 　　2　常時交替制により昼夜作業を継続する事業場において，その作業に従事するため常時早朝又は深夜に出退勤をする使用人に対し，その作業に従事させる必要上提供した家屋又は部屋 　　3　通常の勤務時間外においても勤務を要することを常例とする看護師，守衛などその職務の遂行上勤務場所を離れて居住することが困難な使用人に対し，その職務に従事させる必要上提供した家屋又は部屋 　　4　次に掲げる家屋又は部屋 　　　イ　早朝又は深夜に勤務することを常例とするホテル，旅館，牛乳販売店などの住込みの使用人に対し提供した部屋 　　　ロ　季節的労働に従事する期間その勤務場所に住み込む使用人に対し提供した部屋 　　　ハ　鉱山の掘採場（これに隣接して設置されている選鉱場，製錬場その他の付属設備を含みます。）に勤務する使用人に対し提供した家屋又は部屋 　　　ニ　工場寄宿舎その他の寄宿舎で事業所などの構内又はこれに隣接する場所に設置されているものの部屋

区　　分	説　　　　　明
食事 課税されない食事	次に掲げる食事については，課税されません。 ① 船員法第80条第1項《食料の支給》の規定により乗船中の船員に支給する食事（所法9①六，所令21一） ② 残業又は宿直若しくは日直をした人（その人の通常の勤務時間外における勤務としてこれらの勤務を行った人に限ります。）に対し，これらの勤務をすることにより支給する食事（所基通36-24）
一　般　の　食　事	① 役員又は使用人に支給する食事については，その食事の価額の半額以上を本人負担とし，しかも，使用者負担が月額3,500円以下であれば，課税されません（所基通36-38の2）。 （注）　使用者負担が3,500円以下であるかどうかは，消費税及び地方消費税の額を除いた金額（10円未満の端数切捨て）により判定します（平元直法6-1，平9課法8-1，平26課法9-1改正）。 ② この場合の食事の価額は，次のように評価します（所基通36-38）。 イ 使用者が調理して支給する食事は，主食，副食，調味料などに要する直接費の額により評価します。給食のための人件費や水道光熱費などの間接的な費用は，評価に当たって考慮しなくて差し支えありません。 ロ 使用者が他から購入して支給する食事は，その購入価額により評価します。
商　品，　製　品　な　ど	役員又は使用人に支給する商品，製品などの物品については，給与所得として課税されます。この場合，その評価額は，次に掲げる価額によります（所基通36-39）。 ① その物品が使用者において通常他に販売するものである場合には，その使用者の通常の販売価額 ② その物品が使用者において通常他に販売するものでない場合には，その物品の通常売買される価額。ただし，その物品が，役員又は使用人に支給するため使用者が購入したものであり，かつ，その購入時からその支給時までの間にその価額にさして変動がないものであるときは，その購入価額によることができます。
課税されない現物支給 制　　　　　服	職務上制服の着用を必要とする人に支給される制服その他の身回品（所法9①六，所令21二，三） （注）1　警察職員，消防職員，刑務所職員，郵便集配人，税関職員，守衛などの制服が，これに該当します。 　　　2　ここでいう「制服」とは，これを着用する人がそれにより一見して特定の職員又は特定の使用者の使用人であることが判別できるものであることを必要とします。したがって，職員一般に色調，型などを定めた事務服，作業服などを交付しても，これは制服とはいえません。ただし，その事務服，作業服などが勤務先だけで着用するものである場合には，制服に準じて取り扱っても差し支えありません（所基通9-8）。 なお，制服等の支給又は貸与に代えて金銭を支給する場合には，その金額の多少にかかわらず給与が支給されたものとして課税されます。
掘採場勤務者の燃料	鉱業を営む使用者が掘採場（これに隣接して設置されている選鉱場，製錬場その他の付属設備を含みます。）に勤務する使用人に対し，これらの人の保健衛生のため，社会通念上必要な厚生施設の設置に代えて支給すると認められる程度の石炭，たきぎ等の燃料（所基通36-25）
寄宿舎の電気料など	使用者が寄宿舎などの電気，ガス，水道などの料金を負担することにより，その寄宿舎などに居住する役員又は使用人が受ける利益で，その料金の額がその寄宿舎などに居住するために通常必要であると認められる範囲内のものであり，かつ，各人ごとの使用部分に相当する金額が明らかでないもの（所基通36-26）

区　　　分	説　　　明
課税されない現物支給 レクリエーション費用	①　使用者が役員又は使用人のレクリエーションのために社会通念上一般的に行われていると認められる会食，旅行，演芸会，運動会などの行事のために負担した費用。 　　ただし，使用者が，その行事に参加しなかった役員又は使用人（使用者の業務の必要に基づいて参加できなかった人を除きます。）に対しその参加に代えて金銭を支給する場合には，その参加者を含めて全員にその金銭の額に相当する給与が支給されたものとして課税され，また，役員だけを対象としてその行事の費用を負担する場合には，その参加した役員にその費用に相当する給与が支給されたものとして課税されます（所基通36-30，36-50）。 ②　従業員慰安旅行については，旅行期間が4泊5日（目的地が海外の場合は，目的地における滞在日数）以内であるなど一定の要件を満たしている場合には，その経済的利益の額が少額不追求の趣旨を逸脱しない限り原則として課税されません（昭63直法6-9，平5課法8-1改正）。
永年勤続者の記念品	使用者が永年勤続者に対しその表彰のための記念として旅行，観劇などに招待し，又は記念品（現物に代えて支給する金銭は含みません。）を支給することによる利益で受彰者の勤続期間などに照らし社会通念上相当と認められるもの（所基通36-21） **(注)**　永年勤続者とは，おおむね10年以上勤続した人をいい，同一人に対する表彰はおおむね5年以上の間隔をおいて行われるものであることが必要です。
創業記念品など	使用者が役員又は使用人に対して創業記念，増資記念，工事完成記念，合併記念などに際して，その記念として支給する記念品（現物に代えて支給する金銭は含みません。）で，社会通念上記念品としてふさわしいものであって，そのものの価額（処分見込価額により評価した価額）が10,000円以下であるもの（所基通36-22） 　この場合，処分見込価額が10,000円を超えるかどうかは，消費税及び地方消費税の額を除いた金額（10円未満の端数切捨て）により判定します（平元直法6-1，平9課法8-1，平26課法9-1改正）。 **(注)**　創業記念のように一定期間ごとに到来する記念に際して支給する記念品については，創業後おおむね5年以上の間隔をおいて支給するものに限られ，また，工事完成記念の記念品には，建築請負業者，造船業者などが請負工事，造船の完成などに際して支給するものは含まれません。
値　引　販　売	役員又は使用人が使用者から使用者の取り扱う商品，製品など（有価証券及び食事は除きます。）の値引販売を受けたことによる利益で，次に掲げる要件のいずれにも該当する場合に生じたもの（所基通36-23） ①　使用者の取得価額以上の価額で販売すること ②　販売価額が使用者の通常他に販売する価額に比し著しく低額（おおむね70%未満）でないこと ③　値引が役員又は使用人の全部につき一律か，又は勤続年数などに応じた合理的なバランスが保たれた率で行われていること ④　値引販売を受けた商品などの数量が，一般の消費者が自分の家事のために通常消費すると認められる程度のものであること
宿　直　料，　日　直　料	①　宿直又は日直1回につき支給する宿直料又は日直料のうち4,000円までの部分については課税されません。例えば，宿直1回について4,400円を支給しているときは，400円（4,400円－4,000円）が，給与所得として課税されます（所基通28-1）。 ②　ただし，次のいずれかに該当するものは，その全額について課税されます。 　イ　休日又は夜間の留守番だけの勤務をする人に支給するもの 　ロ　宿直又は日直を通常の勤務時間内の勤務として行った人又は宿直若しくは日直をしたことにより代日休暇を与えられる人に支給するもの

区　　　分	説　　　　　明
宿直料，日直料	ハ　給与の額に比例した金額又は比例した額に近似するように給与の額の階級区分に応じて定められた金額（以下これらを「給与比例額」といいます。）により支給するもの ③　次の場合には，次のように取り扱われます。 　イ　宿直料又は日直料として食事と金銭とを支給する場合には，次の算式により計算した金額だけが課税されます。 　　　金銭で支給する額－（4,000円－食事の価額）＝課税金額 　ロ　給与比例額を併給する場合には，給与比例額部分はすべて課税し，定額支給部分だけについてこの取扱いをします。 　ハ　同じ人が引き続いて宿直と日直とを行った場合には，宿直と日直に相当する部分ごとにそれぞれの勤務を1回ずつ行ったとして，①の取扱いをします（所基通28-2）。
表　　彰　　金	①　永年勤続者に対し支給する表彰のための記念品については，186ページの「永年勤続者の記念品」参照。 ②　発明，考案などをした人に支給する報償金，表彰金などについては，次によります（所基通23〜35共-1）。 　イ　業務上有益な発明，考案又は創作をした役員又は使用人に支払うもので，その発明などについての特許権，実用新案権若しくは意匠権又はこれらの権利の出願権を使用者が承継したことにより支払うものについては，次によります。 　　(イ)　これらの権利の承継（出願権の承継の場合には，その出願権に基づいて特許などを受けた場合を含みます。）に際し，又はこれらの権利を実施するに際し一時に支払うものは，譲渡所得とします。 　　(ロ)　これらの権利を承継した後において支払うものは，雑所得とします。 　ロ　役員又は使用人が取得した特許権，実用新案権や意匠権について通常実施権又は専用実施権を設定したことにより支給するものについては，雑所得とされます。 　ハ　特許などの登録を受けるに至らない工夫，考案などをした役員又は使用人に支払うものは，その工夫，考案などがその役員又は使用人の通常の職務の範囲内の行為である場合は給与所得とし，その他の場合は一時所得（その工夫，考案などを実施した後の成績に応じ継続的に支払うものは雑所得）とします。 　ニ　災害などの防止又は発生した災害などによる損害の防止などの功績のあった役員又は使用人に一時に支払うものは，その防止などがその役員又は使用人の通常の職務の範囲内の行為である場合は給与所得とし，その他の場合は一時所得とします。 　ホ　篤行者として社会的に顕彰され，使用者に栄誉を与えた役員又は使用人に一時に支払うものは一時所得とします。 　**(注)**　支払が所得税法第204条第1項第1号に規定する工業所有権の使用料に該当する場合には，当該支払の際に所得税及び復興特別所得税を源泉徴収する必要があります。
職務に直接必要な技術等の取得のための費用	使用者が業務遂行上の必要に基づいて，役員又は使用人にその役員又は使用人としての職務に直接必要な技術若しくは知識を習得させ，又は免許若しくは資格を取得させるための研修会，講習会等の出席費用又は大学等における聴講費用に充てるものとして支給する金品については，これらの費用として適正なものに限り，課税されません（所基通36-29の2）。
使用者が支給する学資金	学費に充てるために給付される金品のうち給与その他対価の性質を有するものは非課税の対象から除外されていますが，給与所得者が使用者から受ける学資金のうち，通常の給与に加算して給付されるものについては，次に掲げる場合に該当するものを除き，非課税とされます（所法9①十五）。

区　　分	説　　　　明
使用者が支給する学資金	①　法人である使用者からその法人の役員の学資に充てるため給付する場合 ②　法人である使用者からその法人の使用人（その法人の役員を含みます。）と特別の関係がある者の学資に充てるため給付する場合 ③　個人である使用者からその個人の営む事業に従事するその個人の親族（その個人と生計を一にする者を除きます。）の学資に充てるため給付する場合 ④　個人である使用者からその個人の使用人（その個人の営む事業に従事するその個人の親族を含みます。）と特別の関係がある者（その個人と生計を一にするその個人の親族に該当する者を除きます。）の学資に充てるため給付する場合 **（注）**　①から④までに該当する場合は，役員，使用人又は親族に対する給与等として課税されます（所基通9-15）。
旅　　　　費	①　次の旅行に必要な支出に充てるため支給される金品で，その旅行に通常必要と認められるものについては，課税されません（所法9①四）。 　イ　勤務する場所を離れて職務を遂行するために行う旅行 　ロ　転任に伴う転居のために行う旅行 　ハ　就職や退職をした人の転居又は死亡により退職した人の遺族の転居のために行う旅行 **（注）**　その旅行に通常必要とされる費用の支出に充てられると認められる範囲の金額を超える場合には，その超える部分の金額は給与所得等として課税されます（所基通9-4）。 ②　職務を遂行するために行う旅行の費用に充てるものとして支給される金品であっても，年額又は月額により支給されるものについては給与所得として課税されます。 　　ただし，支給を受けた者の職務を遂行するために行う旅行の実情に照らし，明らかに上記①の旅費に相当すると認められるものは課税されません（所基通28-3）。
金銭の無利息貸付け等	金銭を無利息又は一定の方法により評価した利息相当額に満たない利息で貸し付けたことにより，役員又は使用人が受ける経済的利益については，次のいずれかに該当する場合には課税されません（所基通36-28）。 ①　災害，疾病等により臨時に多額の生活資金を要することとなった人に対し，その資金に充てるために貸し付けた金額につき，その返済に要する期間として合理的と認められる期間内に受ける経済的利益 ②　役員又は使用人に貸し付けた金額につき，使用者における借入金の平均調達金利（例えば，当該使用者が貸付けを行った日の前年中又は前事業年度中における借入金の平均残高に占める当該前年中又は前事業年度中に支払うべき利息の額の割合など合理的に計算された利率をいいます。）など合理的と認められる貸付利率を定め，これにより利息を徴している場合に生じる経済的利益 ③　①及び②の貸付金以外の貸付金について受ける経済的利益で，その年又はその事業年度における利益の合計額が5,000円（使用者が法人であり，その事業年度が1年に満たない場合には5,000円 $\times \dfrac{その事業年度の月数}{12}$ の金額）以下のもの **（注）**　「一定の方法により評価した利息相当額」とは，貸し付けた金銭が使用者において他から借り入れて貸し付けたものであることが明らかな場合には，その借入金の利率により，その他の場合（平成26年1月1日以後貸付を行った場合）には，貸付けを行った日の属する年の租税特別措置第93条第2項《利子税の割合の特例》に規定する利子税特例基準割合による利率により評価した利息相当額をいいます（所基通36-49）。 　　なお，令和3年1月1日以後，利子税の特例基準割合は，「平均貸付割合＋年0.5％」とされています（令和3年は年1.0％，令和4年～6年は0.9％）。

区　　　分	説　　　　　　　明
用　役　の　提　供　等 	次の経済的利益は，その額が著しく多額であると認められる場合や役員だけを対象としている場合を除き，課税されません（所基通36-29）。 ① 使用者が福利厚生施設の運営費等を負担することにより，その福利厚生施設を無償又は通常の対価の額に満たない額で利用した使用人が受ける利益 ② 運送業や興行業などを営む使用者がその用役を無償又は通常の対価の額に満たない対価で提供することにより，その用役の提供を受けた使用人が受ける利益
生命保険料等の負担	① 使用者契約の生命保険契約等 　使用者が自己を契約者として，役員又は使用人を被保険者とする生命保険契約に加入して，その保険料を支払ったことにより役員又は使用人が受ける経済的利益については，次により取り扱われます（所基通36-31〜36-31の3）。 　イ　養老保険 　（イ）　死亡保険金と生存保険金の受取人が使用者である場合には，課税されません。 　（ロ）　死亡保険金と生存保険金の受取人が被保険者又はその遺族である場合には，その支払った保険料の額に相当する金額が給与所得とされます。 　（ハ）　死亡保険金の受取人が遺族で，生存保険金の受取人が使用者である場合には，課税されません。ただし，役員又は特定の使用人（これらの者の親族を含みます。）のみを被保険者としている場合には，その支払った保険料の2分の1に相当する金額が給与所得とされます。 　ロ　定期保険 　　死亡保険金の受取人が遺族で，かつ，役員又は特定の使用人（これらの者の親族を含みます。）のみを被保険者としている場合に限り，その支払った保険料の額に相当する金額が給与所得とされます。 　ハ　定期付養老保険 　（イ）　保険料の金額が養老保険部分と定期保険部分とに区分されている場合には，イ又はロの取扱いによります。 　（ロ）　その他の場合には，イの取扱いによります。 ② 使用者契約の保険契約等 　使用者が自己を契約者及び満期返戻金等の受取人とし，役員又は使用人の身体を保険の目的とするいわゆる第三分野の保険契約，役員又は使用人の身体を保険又は共済の目的とする損害保険契約等，あるいは役員又は使用人に係る所得税法第77条第1項《地震保険料控除》に規定する家屋又は資産を保険又は共済の目的とする損害保険契約等に係る保険料を支払ったことにより役員又は使用人が受ける経済的利益については，課税されません（所基通36-31の7）。 　ただし，役員又は特定の使用人（これらの者の親族を含みます。）のみを対象としている場合には，その支払った保険料に相当する金額が給与所得とされます。 ③ 使用人契約の保険契約等 　使用者が，役員又は使用人が支払うべき社会保険料や生命保険契約等に係る保険料等を負担した場合には，その負担した金額は給与所得として課税されます（所基通36-31の8）。 ④ 少額な保険料等の負担 　使用者が役員又は使用人のために次の保険料等を負担した場合の経済的利益については，その者のその月中に負担する金額の合計額が300円以下である場合に限り，課税されません。ただし，役員又は特定の使用人（これらの者の親族を含みます。）のみを対象としている場合には，その支払った保険料に相当する金額が給与所得とされます（所基通36-32）。

付録1

区　　分	説　　明
	イ　健康保険法，雇用保険法，厚生年金保険法又は船員保険法の規定により役員又は使用人が被保険者として負担すべき保険料 ロ　生命保険契約等又は損害保険契約等に係る保険料等（①，②及び③により課税されないものを除きます。）
ゴルフクラブ 	使用者がゴルフクラブの入会金，年会費その他の費用を負担することにより，その役員又は使用人が受ける経済的利益については，次により取り扱われます。 ①　入会金を負担する場合（所基通36-34） 　イ　法人会員として入会した場合には，記名式の法人会員で名義人である特定の役員等が専ら法人の業務に関係なく利用するため，これらの者が負担すべきであるものと認められるときは，その入会金に相当する金額は，給与所得とされます。 　ロ　個人会員として入会した場合には，給与所得とされます。ただし，無記名式の法人会員制度がないため役員等を個人会員として入会させた場合において，その入会が法人の業務の遂行上必要であると認められ，かつ，その入会金を法人が資産に計上しているときは，課税されません。 ②　年会費等を負担する場合（所基通36-34の２） 　イ　使用者がゴルフクラブの年会費，年決めロッカー料その他の費用（その名義人を変更するために支出する費用を含み，次のロの費用を除きます。）を負担する場合には，その入会金が法人の資産に計上されているときは課税されませんが，入会金が給与等とされているときは，その負担する金額は，その役員等に対する給与所得とされます。 　ロ　使用者が，プレーをする場合に直接要する費用を負担する場合には，その負担する金額は，そのプレーをする役員等に対する給与所得とされます。ただし，その費用が法人の業務の遂行上必要と認められるときは，課税されません。
レジャークラブ・社交団体・ロータリークラブ・ライオンズクラブ	①　レジャークラブの入会金，年会費その他の費用を負担することにより，その役員又は使用人が受ける経済的利益については，ゴルフクラブの入会金等の負担と同様に取り扱われます（所基通36-34の３）。 　　レジャークラブの利用に応じて支払われる費用を負担する場合で，その費用が特定の役員又は使用人が負担すべきものであると認められるときは，給与所得とされます。 ②　社交団体の入会金，会費その他の費用を負担することにより，その使用者の役員又は使用人が受ける経済的利益については，次のように取り扱われます（所基通36-35）。 　イ　社交団体に個人会員として入会した役員又は使用人の入会金及び経常会費を使用者が負担する場合には，給与所得とされます。ただし，法人会員制度がないため役員又は使用人を個人会員として入会させた場合で，その入会が法人の業務の遂行上必要であると認められるときは，課税されません。 　ロ　経常会費以外の費用を負担する場合で，その費用が使用者の業務の遂行上必要であると認められるときは，課税されません。ただし，その費用が特定の役員又は使用人の負担すべきものであると認められるときは，給与所得とされます。 ③　ロータリークラブ又はライオンズクラブに入会した役員又は使用人の入会金，会費その他の費用を負担することにより，その使用者の役員又は使用人が受ける経済的利益については，課税されません。ただし，経常会費以外の費用を負担する場合で，その費用が特定の役員又は使用人の負担すべきものであると認められるときは，その費用は給与所得とされます（所基通36-35の２）。

（区分欄に縦書きで「入会金等の負担」）

区　　　分	説　　　　　　　明
非常勤役員などの出勤の ための費用	次に掲げるような常には出勤を要しない人に対し，その出勤のために行う旅行，宿泊などに必要な費用に充てるために支給する金品については，その支給について社会通念上合理的な理由があると認められるものである限り，その出勤のために直接必要と認められる部分の金額までは課税されません（所基通9-5）。 ①　国，地方公共団体の議員，委員，顧問又は参与 ②　会社その他の団体の役員，顧問，相談役又は参与
祝 金 品，　見 舞 金	①　労働協約などに定めるところにより支給する祝金品及び見舞金は，給与所得として課税されます。ただし，その金額が祝金品，災害等の見舞金として社会通念上相当と認められるものは課税されません（所基通9-23，28-5）。 ②　労働基準法の規定により支払う休業補償，療養補償，障害補償，打切補償，遺族補償，葬祭料又は分割補償は，課税されません（所法9①三イ，所令20，所基通9-1）。休業補償等の法定額を超えて補償した場合の法定額超過部分についても同じです。 ③　業務上の傷病者となった人に特別に支給する見舞金などは，心身に加えられた損害につき支払を受ける相当な見舞金又はこれらに類するものと認められる限り，課税されません（所令30）。
死亡後に支払う給与，退 職手当	死亡した人に係る給与又は退職手当で，その死亡後に支給期の到来するもののうち相続税法の規定により相続税の課税価格計算の基礎に算入されるものについては，所得税は課税されません（所基通9-17）。

区　　分		説　　　　　明
社　会　保　険　料　控　除（所法74）	あ　ら　ま　し	所得者が，自分で負担すべき社会保険料を給与から差し引かれたり，支払ったりした場合又は自分と生計を一にする配偶者その他の親族の負担すべき社会保険料を支払った場合には，その給与から差し引かれた社会保険料又はその支払った社会保険料の全額が，自分の所得から控除されます。 　年末調整の段階でこの控除を受けるためには，給与から差し引かれるものについては申告の必要はありませんが，その他のものについては給与の支払者に申告が必要です。
	社会保険料の範囲	社会保険料とは，次に掲げるものをいいます。ただし，所得税を課されない在勤手当などから差し引かれるものは除かれます（所法74②，所令208，措法41の7②）。 (1)　健康保険法の規定により被保険者として負担する健康保険の保険料 (2)　国民健康保険法の規定による国民健康保険の保険料又は地方税法の規定による国民健康保険税 (3)　高齢者の医療の確保に関する法律（昭和57年法律80号）の規定による保険料（後期高齢者医療制度の保険料） (4)　介護保険法の規定による介護保険の保険料 (5)　労働保険の保険料の徴収等に関する法律の規定により雇用保険の被保険者として負担する労働保険料 (6)　国民年金法の規定により被保険者として負担する国民年金の保険料及び国民年金基金の加入員として負担する掛金 (7)　独立行政法人農業者年金基金法の規定により被保険者として負担する農業者年金の保険料 (8)　厚生年金保険法の規定により被保険者として負担する厚生年金保険の保険料及び改正前の厚生年金保険法の規定により存続厚生年金基金の加入員として負担する掛金（同法140④の規定により負担する徴収金を含みます。） (9)　船員保険法の規定により被保険者として負担する船員保険の保険料 (10)　国家公務員共済組合法の規定による掛金 (11)　地方公務員等共済組合法の規定による掛金（特別掛金を含みます。） (12)　私立学校教職員共済法の規定により加入者として負担する掛金 (13)　恩給法第59条（他の法律において準用する場合を含みます。）の規定による納金 (14)　労働者災害補償保険法4章の2の規定により労働者災害補償保険の保険給付を受けることができることとされた人に係る労働保険の保険料の徴収等に関する法律の規定による保険料 (15)　地方公共団体の職員が条例の規定により組織する互助会の行う職員の相互扶助に関する制度で一定の要件を備えているものとして所轄税務署長の承認を受けているものに基づいてその職員が負担する掛金 (16)　国家公務員共済組合法等の一部を改正する法律（昭和36年法律152号）附則第9条から第11条までの規定による掛金 (17)　健康保険法附則第4条第1項又は船員保険法附則第3条第1項に規定する被保険者が，健康保険法附則第4条第3項又は船員保険法附則第3条第3項の規定により一定の承認法人等に支払う負担金 **(注)**　(9)及び(17)には，船員の雇用の促進に関する特別措置法（平成2年法律51号）の規定により船員保険法の被保険者とみなされた労務供給船員の支払う船員保険の保険料を含みます。
	所得税を課されない給与から差し引かれる社会保険料の計算	所得税を課されない在勤手当などから差し引かれる社会保険料は控除の対象となる社会保険料から除かれていますが，所得税を課されない在勤手当などと所得税を課される他の給与との合計額について計算される社会保険料については，社会保険料の総額のうち，所得税を課されない在勤手当などの支払を受けないものとした場合に計算される社会保険料の金額だけが控除の対象となる金額とされます（所基通74・75-5）。

区　　　分		説　　　　　明
社　会　保　険　料　控　除（所法74）	被保険者が負担する療養の費用	国民健康保険に基づく療養の給付を受けた人が負担する療養の費用は，告知書などにより市町村などに納付するものでも，国民健康保険の保険料又は国民健康保険税ではないので社会保険料控除の対象にはなりません（所基通74・75-6）。 **(注)**　この療養の費用は，確定申告による医療費控除の対象になります。
	給与から差し引かれる社会保険料	給与から差し引かれる社会保険料とは，健康保険，厚生年金保険，雇用保険などの保険料のように，通常給与から控除されることになっている社会保険料で，その年中に実際に給与から差し引かれるものをいいます。
	給与から差し引かれる社会保険料として取り扱う場合	健康保険，厚生年金保険，雇用保険などの保険料のように，通常給与から差し引かれることになっているものは，たまたま給与の支払がないなどのため，直接本人から徴収し，退職手当等から差し引き又は労働基準法第76条に規定する休業補償のような所得税を課されない所得から差し引いている場合であっても，給与から控除される社会保険料として取り扱われます（所基通74・75-3）。
	使用者が負担した社会保険料	使用者が負担した社会保険料の金額は，それが法定額又は認可の額以内であるかどうかに関係なく，控除される社会保険料には該当しません。ただし，使用者が法定又は認可の割合を超えて負担している場合において，その超える部分の金額で役員又は使用人に支給した給与として課税されたものについては，控除される社会保険料の金額に含まれます（所基通74・75-4）。
	生計を一にする親族の負担すべき社会保険料を所得者が支払う場合の具体例	生計を一にする配偶者その他の親族の負担すべき社会保険料を所得者が支払う場合とは，次に掲げるような場合をいいます。 (1)　国民健康保険の保険料又は国民健康保険税のような社会保険料の支払者とされている者に支払能力がないなどのため，その人と生計を一にする所得者が支払う場合 (2)　健康保険，厚生年金保険又は船員保険の任意継続被保険者である配偶者その他の親族に支払能力がないなどのため，その負担すべき社会保険料を生計を一にする所得者が支払う場合 **(注)**　後期高齢者医療制度の保険料について，被保険者の世帯主又は配偶者が，生計を一にする被保険者の負担すべき保険料を口座振替により支払った場合には，口座振替によりその保険料を支払った世帯主又は配偶者に社会保険料控除が適用されます。
	社会保険料を前納した場合の取扱い	翌年以後に納付期日が到来する社会保険料を前納した場合には，その前納した金額を一度に控除しないで，前納期間の各年において，次の算式により計算した金額を支払ったものとして控除します。ただし，前納期間が1年以内のもの及び法令に一定期間の社会保険料等を前納することができる旨の規定がある場合における当該規定に基づき前納したものについては，前納した総額をその支払った年において控除することができます（所基通74・75-1(2)，74・75-2）。 前納した社会保険料の総額（割引があるときは，割引後の金額）　×　$\dfrac{（A）のうちその年中に到来する納付期日の回数}{前納した社会保険料に係る納付期日の総回数（A）}$ **(注)**　2年前納された国民年金保険料について，各年分の保険料に相当する額を各年において控除する方法を選択する場合は，各年分に対応する社会保険料控除証明書を本人自らが年分ごとに切り取り，保険料控除申告書に添付して給与等の支払者へ提出又は提示します。
	控除を受ける手続	社会保険料のうち給与から差し引かれるものは，なんら手続をしなくても，給与の支払者がその額を確認して控除することになっていますが，給与から差し引かれるもの以外のものは，その年最後に給与の支払を受ける日の前日までに，給与の支払者に「給与所得者の保険料控除申告書」を提出して年末調整の際に控除を受けることになります（所法188，190，196）。
	証明書の添付など	社会保険料のうち国民年金の保険料又は国民年金基金の掛金（以下「国民年金保険料等」といいます。）について社会保険料控除の適用を受ける場合には，「給与所得者の保険料控除申告書」の提出の際，申告書に記載された国民年金保険料等についてそれらの支払をした旨を証する書類又は電磁的記録印刷書面を添付等しなければ国民年金保険料等についての控除は受けられません。（所法190, 196，所令319一）。ただし，証明書の添付等がない場合であっても翌年1月31日までにその証明書を提出等するこ

区　　　分		説　　　　　　明
社会保険料控除（所法74）	証明書の添付など	とを条件に控除を行っておくことができます（所基通196-1）。 **(注)** 国民年金保険料等以外の社会保険料については，証明書の添付等は必要ありません。
	年末調整の際に申告して控除を受ける社会保険料	年末調整の際に「給与所得者の保険料控除申告書」に記載して控除を受ける社会保険料には，次に掲げるようなものがあります。 (1) 国民健康保険の保険料，国民健康保険税，国民年金の保険料又は国民年金基金の掛金 (2) 健康保険，厚生年金保険又は船員保険の任意継続被保険者が負担する健康保険料，厚生年金保険料又は船員保険料
小規模企業共済等掛金控除（所法75）	あ　ら　ま　し	所得者が小規模企業共済等掛金を給与から差し引かれたり支払ったりした場合には，その給与から差し引かれたり支払ったりした金額の全額が所得から控除されます。 　年末調整の段階でこの控除を受けるためには，給与から差し引かれるものについては申告の必要はありませんが，その他のものについては給与の支払者に申告することが必要です。
	小規模企業共済等掛金の範囲	小規模企業共済等掛金とは，次に掲げるものをいいます（所法75②）。 (1) 小規模企業共済法第2条第2項に規定する共済契約（旧第2種共済契約を除きます。）に基づく掛金 (2) 確定拠出年金法に基づく企業型年金又は個人型年金の加入者掛金 (3) 条例の規定により地方公共団体が実施する一定の心身障害者扶養共済制度に係る契約に基づく掛金
	小規模企業共済法の共済契約を締結できる人	小規模企業共済法第2条第2項に規定する共済契約は，小規模企業者である個人事業主及び小規模企業である会社などの役員に限り，独立行政法人中小企業基盤整備機構との間で締結できます。したがって，源泉徴収の際にこの掛金について小規模企業共済等掛金控除を受けることができる人は，主として小規模企業である会社などの役員です。
	掛金を前納した場合の取扱い	翌年以後に納付期日が到来する小規模企業共済等掛金を前納した場合には，その前納した掛金を一度に控除しないで，前納期間の各年において，次の算式により計算した金額を支払ったものとして控除します。ただし，前納期間が1年以内のもの及び法令に一定期間前納することができる旨の規定がある場合における当該規定に基づき前納したものについては，前納した総額をその支払った年において控除することができます（所基通74・75-1(2)，74・75-2）。 前納した掛金の総額（割引があるときは，割引後の金額） × $\dfrac{\text{（A）のうちその年中に到来する納付期日の回数}}{\text{前納した掛金に係る納付期日の総回数（A）}}$
	控除を受ける手続	小規模企業共済等掛金のうち給与から控除されるものは，なんら手続をしなくても，給与の支払者がその額を確認して控除することになっていますが，給与から差し引かれるもの以外のものは，その年最後に給与の支払を受ける日の前日までに，給与の支払者に「給与所得者の保険料控除申告書」を提出して年末調整の際にこの控除を受けることになります（所法188，190，196）。
	証明書の添付など	「給与所得者の保険料控除申告書」を提出するときは，提出の際，申告書に記載された掛金を支払ったことを証する書面又は電磁的記録印刷書面を添付等しなければ，その掛金についての控除は受けられません（所法190，196，所令319二）。ただし，証明書の添付等がない場合であっても翌年1月31日までにその証明書を提出することを条件に控除を行っておくことができます（所基通196-1）。
生命保険料控除（所法76）	あ　ら　ま　し	所得者が一定の要件に該当する一般の生命保険料や介護医療保険料，個人年金保険料を支払った場合には，支払った金額に応じ，一定の金額が所得から控除されます。 　年末調整の段階でこの控除を受けるためには，給与の支払者に申告することが必要です。 **(注)** 勤労者財産形成貯蓄契約，勤労者財産形成年金貯蓄契約又は勤労者財産形成住宅貯蓄契約に基づく生命保険料は，生命保険料控除の対象となりません（措法4の4②）。

194 〈付録2〉源泉徴収における諸控除の取扱い

区　　　分		説　　　　　　　明
生命保険料控除（所法76）	控除される一般の生命保険料の要件	生命保険料控除の対象となる一般の生命保険料は，保険金等の受取人の全てが所得者本人又は所得者の配偶者や親族となっている一定の生命保険契約等に基づいて支払った保険料等（次の介護医療保険料及び個人年金保険料を除きます。）をいい，新生命保険料及び旧生命保険料に区分されます（所法76①⑤⑥，所令208の3，208の4，208の6，210，210の2，昭62大蔵省告示159号（最終改正平30財務省告示243号）　平22金融庁告示36号，平22農林水産省告示535号（最終改正平28農林水産省告示864号））。 (1)　新生命保険料 　　新生命保険料とは，平成24年1月1日以後に生命保険会社等又は損害保険会社等と締結した保険契約等のうち，次に掲げるものに基づいて支払った保険料等^(注)をいいます。 　**(注)**　イ～ハの契約等に係るものにあっては生存又は死亡に基因して一定額の保険金等を支払うことを約する部分に係る保険料等などの一定のものに限ります。 　イ　生命保険会社又は外国生命保険会社等と締結した保険契約のうち生存又は死亡に基因して一定額の保険金等が支払われるもの（外国生命保険会社等については国内で締結したものに限ります。） 　ロ　郵政民営化法等の施行に伴う関係法律の整備等に関する法律第2条（法律の廃止）の規定による廃止前の簡易生命保険法第3条（政府保証）に規定する簡易生命保険契約（以下「旧簡易生命保険契約」といいます。）のうち生存又は死亡に基因して一定額の保険金等が支払われるもの 　ハ　次の組合等と締結した生命共済に係る契約又はこれに類する共済に係る契約（以下「生命共済契約等」といいます。）のうち生存又は死亡に基因して一定額の保険金等が支払われるもの 　　　農業協同組合，農業協同組合連合会，漁業協同組合，水産加工業協同組合，共済水産業協同組合連合会，消費生活協同組合連合会，共済事業を行う特定共済組合，火災共済の再共済の事業を行う協同組合連合会又は特定共済組合連合会，神奈川県民共済生活協同組合，教職員共済生活協同組合，警察職員生活協同組合，埼玉県民共済生活協同組合，全国交通運輸産業労働者共済生活協同組合，電気通信産業労働者共済生活協同組合，全国理容生活衛生同業組合連合会，独立行政法人中小企業基盤整備機構 　ニ　確定給付企業年金に係る規約 　ホ　適格退職年金契約 (2)　旧生命保険料 　　旧生命保険料とは，平成23年12月31日以前に生命保険会社又は損害保険会社等と締結した保険契約等のうち，次に掲げるものに基づいて支払った保険料等をいいます。 　イ　上記(1)のイの契約 　ロ　旧簡易生命保険契約 　ハ　生命共済契約等 　ニ　生命保険会社，外国生命保険会社等，損害保険会社又は外国損害保険会社等と締結した疾病又は身体の傷害その他これらに類する事由により保険金等が支払われる保険契約のうち，医療費等支払事由^(注)に基因して保険金等が支払われるもの 　ホ　上記(1)のニ及びホの契約等 　　**(注)**　「医療費等支払事由」とは，次に掲げる事由をいいます。 　　　・疾病にかかったこと又は身体の傷害を受けたことを原因とする人の状態に基因して生ずる医療費その他の費用を支払ったこと。 　　　・疾病若しくは身体の傷害又はこれらを原因とする人の状態（約款に，これらの事由に基因して一定額の保険金等を支払う旨の定めがある場合に限ります。） 　　　・疾病又は身体の傷害により就業することができなくなったこと。
	控除される介護医療保険料	生命保険料控除の対象となる介護医療保険料は，平成24年1月1日以後に生命保険会社又は損害保険会社等と締結した次に掲げる保険契約等のうち，保険金等の受取人の全てが所得者本人又は所得者の配偶者や親族となっているものに基づき支払った保険料等で，医療費等支払事由に基因して保険金等を支払うことを約する部分に係るものなどの一定のものをいいます（所法76②⑦，所令208の6，208の7）。

区　　分		説　　　　　　明	
生命保険料控除（所法76）	控除される介護医療保険料	イ　上記の一般の生命保険料の(2)ニの契約 ロ　疾病又は身体の傷害その他これらに類する事由に基因して保険金等が支払われる旧簡易生命保険契約又は生命共済契約等（上記一般の生命保険料の(1)ロハを除きます。）のうち医療費等支払事由に基因して保険金等が支払われるもの	
	控除される個人年金保険料の要件	生命保険料控除の対象となる個人年金保険料は，年金を給付する定めのある一定の生命保険契約等（退職年金を給付する定めのあるものは除かれます。）で，次の表に掲げる契約に基づいて支払った保険料等をいい，新個人年金保険料及び旧個人年金保険料に区分されます（所法76③⑧⑨，所令211，212）。 　なお，次の表の契約の範囲には，その契約の内容に傷害特約や疾病特約が付されている場合のその特約の内容は含まれません。	

契約の区分	契　約　の　範　囲	契　約　の　要　件
①　一般の生命保険料の(1)イの契約（所令211一）	イ　年金以外の金銭の支払（剰余金の分配及び解約返戻金の支払を除く。）は，被保険者が死亡し又は重度の障害に該当することとなった場合に限り行うものであること。 ロ　イの金銭の額は，その契約の締結日以後の期間又は支払保険料の総額に応じて逓増的に定められていること。 ハ　年金の支払は，その支払期間を通じて年1回以上定期に行うものであり，かつ，年金の一部を一括して支払う旨の定めがないこと。 ニ　剰余金の分配は，年金支払開始日前に行わないもの又はその年の払込保険料の範囲内の額とするものであること。	1　年金の受取人（所法76⑧一） 　保険料等の払込みをする者又はその配偶者が生存している場合には，これらの者のいずれかとするものであること。 2　保険料等の払込方法（所法76⑧二） 　年金支払開始日前10年以上の期間にわたって定期に行うものであること。 3　年金の支払方法（所法76⑧三，所令212） 　年金の支払は，次のいずれかとするものであること。 ①　年金の受取人の年齢が60歳に達した日以後の日で，その契約で定める日以後10年以上の期間にわたって定期に行うものであること。 ②　年金受取人が生存している期間にわたって定期に行うものであること。 ③　①の年金の支払のほか，被保険者の重度の障害を原因として年金の支払を開始し，かつ，年金の支払開始日以後10年以上の期間にわたって，又はその者が生存している期間にわたって定期に行うものであること。
②　旧簡易生命保険契約（所令211二）	契約の内容が①のイからニまでの要件を満たすもの	
③　農協・漁協等の生命共済契約等（所令211三）	契約の内容が①のイからニまでの要件に相当する要件その他の財務省令（所規40の7）で定める要件を満たすもの	
④　③以外の生命共済契約等（所令211四）	一定の要件を満たすものとして，財務大臣の指定するもの（昭61大蔵省告示155号（最終改正平10大蔵省告示307号））	

		(1)　新個人年金保険料 　　新個人年金保険料とは，上記の表に掲げる契約のうち，平成24年1月1日以後に生命保険会社又は損害保険会社等と締結したものに基づいて支払った保険料等をいいます。 (2)　旧個人年金保険料 　　旧個人年金保険料とは，上記の表に掲げる契約のうち，平成23年12月31日以前に生命保険会社又は損害保険会社等と締結したものに基づいて支払った保険料等をいいます。	
	生命保険料を前納した場合の取扱い	翌年以後に払込期日が到来する一般の生命保険料などを前納した場合には，その前納した保険料などを一度に控除しないで，前納期間の各年において，次の算式により計算した金額を支払ったものとして控除します。この場合，前納期間が1年以内のときでも，社会保険料控除や小規模企業共済等掛金控除のように前納した総額をその支払った年において一度に控除することはできません（所基通76-3(3)）。 前納した生命保険料などの総額（割引があるときは，割引後の金額）× $\dfrac{\text{（A）のうちその年中に到来する払込期日の回数}}{\text{前納した生命保険料などに係る払込期日の総回数（A）}}$	
	振替貸付けによる生命保険料の払込み	いわゆる振替貸付けにより一般の生命保険料などの払込みに充当された金額は，その振替貸付けが行われた年に支払った金額として取り扱われます（所基通76-3(2)）。	

区　　分		説　　　　　明
生命保険料控除（所法76）	分配される剰余金などを保険会社などに積み立てた場合	生命保険契約等に基づいて分配される剰余金又は割戻金で，保険約款等により保険会社などに積み立てておき，契約者からの申出により随時払い戻すこととしているものは，その年に分配された剰余金又は割戻金として支払った生命保険料などの額から差し引くことが必要です（所基通76-7）。
	２口以上の生命保険契約などがある場合の保険料と剰余金などの通算	２口以上の生命保険契約などを締結している場合で，例えば，Ａの契約については保険料を支払うだけであり，Ｂの契約については剰余金の分配を受けるだけであるような場合には，Ａの契約の保険料とＢの契約の剰余金を通算して支払保険料の合計額を計算します。ただし，一般の生命保険料と個人年金保険料とは，その保険料の区分ごとにそれぞれ通算を行うことになります（所基通76-6）。
	控　除　額	控除額の計算方法については，136ページを参照してください。 (1)　平成23年12月31日以前に締結した保険契約等に係る控除額 　　控除される金額は，一般の旧生命保険料と旧個人年金保険料について，それぞれその年中に支払った金額（剰余金の分配などがあるときは，その金額を控除した後の金額）に応じて次の方法で計算した金額の合計額となります（合計適用限度額は10万円）（所法76）。 　イ　支払った金額が25,000円以下のとき……その支払った金額の全額 　ロ　支払った金額が25,001円から50,000円までのとき……支払った金額×½＋12,500円 　ハ　支払った金額が50,001円から100,000円までのとき……支払った金額×¼＋25,000円 　ニ　支払った金額が100,001円以上のとき……一律に50,000円 (2)　平成24年1月1日以後に締結した保険契約等（以下「新契約」といいます。）に係る控除額 　　控除される金額は，一般の新生命保険料，介護医療保険料と新個人年金保険料について，それぞれその年中に支払った金額（剰余金の分配などがあるときは，主契約と特約のそれぞれの支払保険料等の金額の比に応じて，その金額を控除した後の金額）に応じて次の方法で計算した金額の合計額となります（所法76）。 　イ　支払った金額が20,000円以下のとき……その支払った金額の全額 　ロ　支払った金額が20,001円から40,000円までのとき……支払った金額×½＋10,000円 　ハ　支払った金額が40,001円から80,000円までのとき……支払った金額×¼＋20,000円 　ニ　支払った金額が80,001円以上のとき……一律に40,000円 (注)　1　新契約については，主契約又は特約それぞれの保障内容に応じ，各保険料控除が適用されます。 　　　2　新契約については，異なる複数の保障内容が一の契約で締結されている保険契約等は，その保険契約等の主たる保障内容に応じて保険料控除が適用されます。 　　　3　新契約に係る剰余金の分配や割戻金の割戻しについては，主契約と特約のそれぞれの支払保険料等の金額の比に応じて剰余金の分配等の金額を按分し，それぞれの支払保険料等の額から差し引きます。
	控除を受ける手続	年末調整の際にこの控除を受けるためには，その年最後に給与の支払を受ける日の前日までに，給与の支払者に「給与所得者の保険料控除申告書」を提出する必要があります（所法196）。
	証明書の添付など	「給与所得者の保険料控除申告書」を提出するときは，提出の際，一般の旧生命保険料についてはその年中に支払った金額（剰余金の分配などがあるときは，その剰余金などの額を差し引いた残額）が1契約で9,000円を超えるものについて，一般の新生命保険料，介護医療保険料や個人年金保険料についてはその金額の多少にかかわらずそのすべてのものについて，その年中に支払った保険料又は掛金の金額を証明する書類又は電磁的記録印刷書面を添付等しなければ，その支払った保険料又は掛金について控除を受けることはできません（所法190，196，所令319三四）。ただし，証明書の添付等がない場合であっても翌年1月31日までにその証明書を提出等することを条件として，控除を行っておくことができます（所基通196−1）。

区　　　分	説　　　明
団体契約などによる払込みの場合の証明書の取扱い	勤務先を対象とする団体特約により支払った保険料又は確定給付企業年金規約若しくは適格退職年金契約に基づいて支払った保険料については，「給与所得者の保険料控除申告書」に記載された事項に誤りがないことにつき，勤務先の代表者又はその代理人の確認印を受けておけば証明書の添付又は提示をする必要はありません（所基通196-2）。
あ　ら　ま　し	所得者が，本人又は本人と生計を一にする親族が所有している家屋・家財のうち一定のものを保険や共済の目的とし，かつ，地震若しくは噴火又はこれらによる津波を直接又は間接の原因とする火災，損壊，埋没又は流失による損害（地震等損害）により，これらの資産について生じた損失の額をてん補する保険金や共済金が支払われる損害保険契約等に係る地震等損害部分の保険料や掛金を支払った場合には，一定の金額が所得から控除されます。 　年末調整の段階でこの控除を受けるためには，給与の支払者に申告することが必要です。
控除される地震保険料の要件	控除される地震保険料は，次の要件などに該当するものです（所法77②，所令214，平成18年財務省告示139号（最終改正 平成30年財務省告示244号））。 (1)　次に掲げる契約に附帯して締結される損害保険契約等又はその契約と一体となって効力を有する一の保険契約若しくは共済に係る契約のうち，いずれかのものに基づいて支払った保険料又は掛金であること。 　イ　損害保険会社又は外国損害保険会社等と結んだ保険契約のうち，一定の偶然の事故によって生ずることのある損害をてん補するもの（損害保険会社又は外国損害保険会社等と結んだ身体の傷害又は疾病により保険金が支払われる一定の保険契約及び外国損害保険会社等と国外で結んだ契約を除きます。） 　ロ　農業協同組合又は農業協同組合連合会と結んだ建物更生共済契約又は火災共済契約 　ハ　農業共済組合又は農業共済組合連合会と結んだ火災共済契約又は建物共済契約 　ニ　漁業協同組合，水産加工業協同組合又は共済水産業協同組合連合会と結んだ建物若しくは動産の共済期間中の耐存を共済事故とする共済契約又は火災共済契約 　ホ　火災等共済組合と結んだ火災共済契約 　ヘ　消費生活協同組合連合会と結んだ火災共済契約又は自然災害共済契約 　ト　消費生活協同組合法第10条第1項第4号の事業を行う次の法人と結んだ自然災害共済契約 　　①　教職員共済生活協同組合 　　②　全国交通運輸産業労働者共済生活協同組合 　　③　電気通信産業労働者共済生活協同組合 (2)　所得者又は所得者と生計を一にする配偶者その他の親族が所有して常時居住している家屋や，これらの人の所有している生活に通常必要な家具，什器，衣服その他の家財（宝石，貴金属，書画，骨とうなどで1個又は1組の価額が30万円を超えるものその他の生活に通常必要でない資産を除きます。）を保険又は共済の目的とする損害保険契約等であること。
地震保険料を前納した場合の取扱い	翌年以降に払込期日が到来する地震保険料などを前納した場合には，生命保険料を前納した場合と同様に取り扱われます（所基通77-7）（196ページ参照）。
振替貸付けによる地震保険料の払込み	いわゆる振替貸付けにより地震保険料などの払込みに充当された金額は，生命保険料の場合と同様に取り扱われます（所基通77-7）（196ページ参照）。
分配される剰余金などを保険会社などに積み立てた場合	損害保険契約などに基づいて分配される剰余金又は割戻金を保険会社などに積み立てた場合には，生命保険料の場合と同様に取り扱われます（所基通77-7）（197ページ参照）。
控　　除　　額	控除される金額は，その年中に支払った地震保険料などの金額（剰余金の分配又は割戻金の割戻しがあるときは，その剰余金などを差し引いた残額）の合計額（最高5万円）となります（所法77①）。
控除を受ける手続，証明書の添付など	生命保険料控除の場合と同様です（197ページ参照）。ただし，その年中に支払った地震保険料などの金額，契約者の氏名などを証明する書類又は電磁的記録印刷書面の添付等は，支払った金額の多少にかかわらず，全て必要です（所法190，196，所令319八）。

（地震保険料控除（所法77））

区　　　分		説　　　　明　　　　明
地震保険料控除（所法77）	経　過　措　置	所得者が，平成19年分以後の各年において，平成18年12月31日までに結んだ長期損害保険契約等（注）に係る保険料等（以下「旧長期損害保険料等」といいます。）を支払った場合には，上記の控除額にかかわらず，支払った地震保険料等（地震保険料控除の対象となる地震保険料及び旧長期損害保険料等）の区分に応じて次により計算した金額とすることができます（平18改正法附則10②）。

<table>
<tr><td colspan="2">支払った保険料等の区分</td><td>保　険　料　等　の　金　額</td><td>控　　除　　額</td></tr>
<tr><td>①</td><td>地震保険料等の全てが地震保険料控除の対象となる損害保険契約等である場合</td><td>－　　　　　　　－</td><td>その年中に支払った地震保険の金額の合計額（最高5万円）</td></tr>
<tr><td rowspan="3">②</td><td rowspan="3">地震保険料等に係る契約の全てが長期損害保険契約等（注）に該当するものである場合</td><td>旧長期損害保険料等の金額の合計額　10,000円以下</td><td>その合計額</td></tr>
<tr><td>10,000円超20,000円以下</td><td>（支払った保険料の金額の合計額）×1/2＋5,000円</td></tr>
<tr><td>20,000円超</td><td>15,000円</td></tr>
<tr><td rowspan="2">③</td><td rowspan="2">①と②がある場合</td><td>①，②それぞれ計算した金額の合計額　50,000円以下</td><td>その合計額</td></tr>
<tr><td>50,000円超</td><td>5万円</td></tr>
</table>

（※）　上記①〜③により控除額を計算する場合において，一の損害保険契約等又は一の長期損害保険契約等が①又は②のいずれにも該当するときは，いずれか一の契約のみに該当するものとして同項の規定を適用します。

（注）　「長期損害保険契約等」とは，次の全てに該当する損害保険契約等をいいます（保険期間又は共済期間の始期が平成19年1月1日以後であるものを除きます。）。
① 保険期間又は共済期間の満了後に満期払戻金を支払う旨の特約のある契約その他一定の契約（※）であること
② 保険期間又は共済期間が10年以上であること
③ 平成19年1月1日以後にその損害保険契約等の変更をしていないものであること
（※）「その他一定の契約」は，建物又は動産の共済期間中の耐存を共済事故とする共済に係る契約をいいます（平18改正令附則14①）。

障害者控除（所法79）	あ　ら　ま　し	所得者自身が障害者である場合又は所得者の同一生計配偶者若しくは扶養親族のうちに障害者に該当する人がいる場合に，この控除が受けられます。 　控除額は，障害者が特別障害者に該当するかどうかによって，また，所得者の同一生計配偶者又は扶養親族が特別障害者である場合は，同居特別障害者に該当するかどうかによって，それぞれ次の金額となります（所法79）。 　一般の障害者　　　1人につき　270,000円 　特別障害者　　　　1人につき　400,000円 　同居特別障害者　　1人につき　750,000円
	障　害　者　の　範　囲	障害者控除の対象となる障害者とは，次に掲げる人をいいます（所法2①二十八，所令10①）。 (1)　精神上の障害により事理を弁識する能力を欠く常況にある人又は児童相談所，知的障害者更生相談所，精神保健福祉センター若しくは精神保健指定医から知的障害者と判定された人 (2)　精神保健及び精神障害者福祉に関する法律の規定により精神障害者保健福祉手帳の交付を受けている人 (3)　身体障害者福祉法第15条第4項の規定により交付を受けた身体障害者手帳に身体上の障害があるとして記載されている人 (4)　戦傷病者特別援護法第4条の規定による戦傷病者手帳の交付を受けている人 (5)　原子爆弾被爆者に対する援護に関する法律第11条第1項の規定による厚生労働大臣の認定を受けている人 (6)　常に就床を要し，複雑な介護を要する人 (7)　精神又は身体に障害のある年齢65歳以上（昭和35年1月1日以前に生まれた人）の人のうち，障害の程度が(1)又は(3)に該当する人に準ずるものとして市町村長，特別区の区長や福祉事務所長の認定を受けている人

区　　分		説　　　明
障害者控除（所法79）	特別障害者の範囲	特別障害者とは，障害者に該当する人のうち，次のいずれかに該当する人をいいます（所法2①二十九，所令10②）。 (1)　精神上の障害により事理を弁識する能力を欠く常況にある人又は児童相談所若しくは精神保健指定医などにより重度の知的障害者と判定された人 (2)　精神障害者保健福祉手帳に記載された障害等級が1級である人 (3)　身体障害者手帳に記載された身体上の障害の程度が1級又は2級である人 (4)　戦傷病者手帳に記載された障害の程度が恩給法別表第1号表ノ2の特別項症から第3項症までである人 (5)　原子爆弾被爆者に対する援護に関する法律第11条第1項の規定による厚生労働大臣の認定を受けている人 (6)　常に就床を要し，複雑な介護を要する人 (7)　精神又は身体に障害のある年齢65歳以上（昭和35年1月1日以前に生まれた人）の人のうち，障害の程度が(1)又は(3)に該当する人に準ずるものとして市町村長，特別区の区長や福祉事務所長の認定を受けている人
	同居特別障害者の範囲	同居特別障害者とは，特別障害者に該当する人のうち，次のいずれにも該当する人をいいます（所法79③）。 (1)　同一生計配偶者又は扶養親族 (2)　所得者，所得者の配偶者又は所得者と生計を一にするその他の親族のいずれかとの同居を常況としている人
	障害者として取り扱うことができる人	身体障害者手帳又は戦傷病者手帳の交付を受けていない人であっても，次に掲げる要件のいずれにも該当する人は，障害者に該当するものとして差し支えありません。 　また，障害の程度が明らかに特別障害者に該当するものであれば，特別障害者に該当するものとして差し支えありません（所基通2-38）。 (1)　その年分の「給与所得者の扶養控除等申告書」を提出する時において，これらの手帳の交付を申請中であること又はこれらの手帳の交付を受けるための身体障害者福祉法第15条第1項若しくは戦傷病者特別援護法施行規則第1条第4号に規定する医師の診断書を有していること。 (2)　その年12月31日又は死亡の日その他障害者であるかどうかを判定すべき時の現況において，明らかにこれらの手帳に記載され，又はその交付を受けられる程度の障害があると認められる人であること。
	判定の時期	障害者又は特別障害者に該当するかどうかは，毎年12月31日（年の中途において所得者又は親族などが死亡した場合には，その死亡の時）の現況により判定します（所法85）。
	控除を受ける手続	源泉徴収の段階でこの控除を受けるためには，「給与所得者の扶養控除等申告書」に，この控除に関する事項を記載して提出しなければなりません（所法194）。この場合，非居住者である親族について障害者控除の適用を受ける場合には，親族関係書類及び送金関係書類の添付等が必要です（215ページ参照）。
寡婦控除	あらまし	所得者自身が寡婦である場合に，この控除が受けられます。控除額は，270,000円です。 (注)　「特別の寡婦」及び「寡夫」については，令和2年分所得税から「寡婦（寡夫）控除」の対象から除外され，一定の要件の下に「ひとり親控除」の対象とされることになりました。「寡婦（寡夫）控除」と「ひとり親控除」の対比は次のとおりです。

区　　　分	説　　　　　　　　明

令和2年改正前

寡婦(寡夫)控除

本人が女性

配偶関係	死別		離別	
本人所得	~500万	500万~	~500万	500万~
扶養親族 有 子	35	27	35	27
子以外	27	27	27	27
無	27	—	27	—

本人が男性

配偶関係	死別		離別	
本人所得	~500万	500万~	~500万	500万~
扶養親族 有 子	27	—	27	—
子以外	—	—	—	—
無	—	—	—	—

令和2年改正後

配偶関係	死別		離別		未婚のひとり親 ~500万
本人所得	~500万	500万~	~500万	500万~	~500万
扶養親族 有 子	35	—	35	—	35
子以外	27		27		—
無	27	—			

寡婦控除 ／ ひとり親控除

配偶関係	死別		離別		未婚のひとり親 ~500万
本人所得	~500万	500万~	~500万	500万~	~500万
扶養親族 有 子	35	—	35	—	35
子以外	—	—	—	—	—
無	—	—	—	—	—

（財務省資料より）

寡 婦 控 除 （所法80）	寡 婦 の 範 囲	寡婦とは，次に掲げる人でひとり親に該当しない人をいいます（所法2①三十，所令11，所規1の3）。 (1) 夫と離婚した後婚姻をしていない人のうち，①扶養親族を有し，②年間の合計所得金額が500万円以下で，③その人と事実上婚姻関係と同様の事情にあると認められる人（住民票の続柄に「夫（未届）」の記載がある人等）がいない人 (2) 夫と死別した後婚姻をしていない人又は夫の生死が明らかでない人のうち，①年間の合計所得金額が500万円以下で，②その人と事実上婚姻関係と同様の事情にあると認められる人がいない人 (注) 夫の生死が明らかでない人とは，次のいずれかに該当する人の妻をいいます。 　イ 太平洋戦争の終結の当時もとの陸海軍に属していた人で，まだ国内に帰らない人 　ロ イに掲げる人以外の人で，太平洋戦争の終結の当時国外にあってまだ国内に帰らず，かつ，その帰らないことについてイに掲げる人と同様の事情があると認められる人 　ハ 船舶が沈没し，転覆し，滅失し，若しくは行方不明となった際その船舶に乗っていた人若しくは船舶に乗っていてその船舶の航行中に行方不明となった人又は航空機が墜落し，滅失し，若しくは行方不明となった際その航空機に乗っていた人などで3か月以上その生死が明らかでない人 　ニ ハに掲げる人のほか，死亡の原因となるべき危難に遭遇した人のうち，その危難が去った後1年以上その生死が明らかでない人 　ホ イからニまでのいずれかに該当する人のほか，3年以上その生死が明らかでない人
	夫，妻，離婚，婚姻の意義	寡婦の判定上の「夫」，「離婚」又は「婚姻」は，いずれも民法の規定による夫，離婚又は婚姻をいいます。したがって，婚姻の届出をしないで内縁関係にあった人と死別したような場合は，寡婦には該当しません。
	夫の生死が明らかでない人に対する取扱い	夫が前記の「寡婦の範囲」の (注) のハ又はニの人に該当するかどうかは，原則として，過去における生死不明の期間がこれらの期間を経過したかどうかにより判定しますが，これらの危難に遭遇した人で，同一の危難に遭遇した人について既に死亡が確認されているなど，その危難の状況からみて生存していることが期待できないと認められる人については，その危難があったときからこれらの人に該当するものとして差し支えありません。この場合において，後日その人の生存が確認されたときにおいてもその確認された日前の寡婦の判定には影響しないものとして取り扱われます（所基通2-42）。
	判定の時期，控除を受ける手続	障害者控除の場合と同様です（200ページ参照）。

区　　分		説　　　　明

<table>
<tr><td rowspan="4">ひ
と
り
親
控
除
（所法81）</td><td>あ　ら　ま　し</td><td>　所得者自身がひとり親である場合に，この控除が受けられます。控除額は350,000円です。
　なお，この控除は令和２年分以後の所得税について適用されます。</td></tr>
<tr><td>ひとり親の範囲</td><td>　ひとり親とは，現に婚姻をしていない人又は配偶者の生死が明らかでない人のうち，①総所得金額等の合計額が48万円以下である生計を一にする子を有し，②年間の合計所得金額が500万円以下で，③その人と事実上婚姻関係と同様の事情にあると認められる人がいない人をいいます（所法２①三十一，所令11の２）。
(注) 配偶者の生死が明らかでない人とは，上記の「寡婦の範囲」の項**(注)**に掲げるような人の配偶者をいいます。
　　また，その人と事実上婚姻関係と同様の事情にあると認められる人とは，住民票の続柄に「夫（未届）」又は「妻（未届）」の記載がある人等をいいます。

(参考)
</td></tr>
<tr><td>判定の時期，控除を受ける手続</td><td>　障害者控除の場合と同様です（200ページ参照）。
　ただし，源泉徴収の段階でこの控除を受けられるのは，令和３年１月１日に支払うべき給与等です（令和２年分の所得税については，年末調整の段階で控除）。</td></tr>
<tr><td></td><td></td></tr>
<tr><td rowspan="4">勤
労
学
生
控
除
（所法82）</td><td>あ　ら　ま　し</td><td>　所得者が学校の生徒などで，勤労学生の要件に該当する人である場合に，この控除が受けられます。控除額は270,000円です。</td></tr>
<tr><td>勤労学生の範囲</td><td>　勤労学生とは，次の⑴から⑷までのすべての要件に該当する人をいいます（所法２①三十二，所令11の３）。
⑴　次のいずれかに該当すること。
　イ　学校教育法第１条に規定する学校の学生，生徒又は児童であること。
　ロ　国，地方公共団体又は私立学校法３条に規定する学校法人，同法64条第４項の規定により設立された法人若しくはこれらに準ずる一定の者の設置した学校教育法第124条に規定する専修学校又は同法第134条第１項に規定する各種学校の生徒で一定の課程を履修する人であること。
　ハ　職業訓練法人の行う職業能力開発促進法第24条第３項に規定する認定職業訓練を受ける人で，一定の課程を履修する人であること。
⑵　自己の勤労に基づく事業所得，給与所得，退職所得又は雑所得があること。
⑶　自己の勤労に基づく⑵の所得以外の各種所得の金額の合計額が10万円以下であること。
⑷　合計所得金額が75万円以下であること。</td></tr>
<tr><td>学校教育法の学校の判定</td><td>　学校教育法第１条に規定する学校であるかどうかは，その名称に小学校，中学校，義務教育学校，高等学校，中等教育学校，高等専門学校，大学又は特別支援学校の名称が付いているかどうかにより判定できます。</td></tr>
<tr><td>夜間の学生，通信教育生</td><td>　学校教育法第１条に規定する学校の学生，生徒又は児童であれば，夜間部の学生であると通信教育生であるとを問いませんが，この場合の通信教育生とは，通信による教育により正規の課程を履修する学生又は生徒で，履修後は，通信による教育以外の教育を受けた一般の学生又は生徒と同一の資格が与えられる学生又は生徒をいいます（所基通２-43）。</td></tr>
</table>

区　　分	説　　明
勤労学生控除（所法82） 専修学校，各種学校の生徒や認定職業訓練を受ける人が履修する課程	専修学校及び各種学校の生徒や認定職業訓練を受ける人が履修する一定の課程とは，次の要件を満たすものです（所令11の3②）。 (1) 専修学校の高等課程及び専門課程 　イ　職業に必要な技術の教授をすること。 　ロ　修業期間が1年以上であること。 　ハ　1年の授業時間数が800時間以上（夜間その他特別な時間において授業を行う場合には，その1年の授業時間が450時間以上であり，かつ，修業期間を通ずる授業時間数が800時間以上）であること。 　ニ　授業が年2回を超えない一定の時期に開始され，かつ，終期が明確に定められていること。 (2) (1)の課程以外の課程 　イ　(1)のイ及びニに掲げる要件 　ロ　修業期間（普通科，専攻科その他これらに類する区別された課程があり，それぞれの修業期間が1年以上であって1つの課程に他の課程が継続する場合には，これらの課程の修業期間を通算した期間）が2年以上であること。 　ハ　1年の授業時間数が680時間以上（普通科，専攻科その他これらに類する区別された課程がある場合には，それぞれの課程の授業時間数が680時間以上）であること。
判定の時期	障害者控除の場合と同様です（200ページ参照）。
控除を受ける手続	源泉徴収の段階でこの控除を受けるためには，「給与所得者の扶養控除等申告書」にこの控除に関する事項を記載しなければなりません。この場合，勤労学生控除を受けようとする人の在学する学校又は認定職業訓練法人の設置する課程が上記の一定の要件に該当する旨の主務大臣の証明書類の写し及びその人がその課程を履修する生徒である旨の学校長又は認定職業訓練法人の代表者の証明書の交付を受け，これらをこの申告書を提出する際に添付又は提示しなければなりません（所法194，所令316の2，所規73の2）。
配偶者控除（所法83） あらまし	所得者の配偶者が控除対象配偶者に該当する場合に，この控除が受けられます。 　控除額は，所得者の合計所得金額に応じて次のとおりとされます（所得者の合計所得金額が1,000万円を超える場合には適用できません。） 　表（下記）

所得者の合計所得金額	控除額	
	控除対象配偶者	老人控除対象配偶者
900万円以下	38万円	48万円
900万円超950万円以下	26万円	32万円
950万円超1,000万円以下	13万円	16万円

区　　分	説　　明
控除対象配偶者の範囲	控除対象配偶者とは，同一生計配偶者のうち，合計所得金額が1,000万円以下である所得者の配偶者をいいます（所法2①三十三の二）。 　なお，同一生計配偶者とは，所得者の配偶者でその所得者と生計を一にするもの（青色事業専従者等を除きます。）のうち，合計所得金額が48万円以下である人をいいます（所法2①三十三）。 　また，老人控除対象配偶者とは，控除対象配偶者のうち年齢70歳以上（昭和30年1月1日以前に生まれた人）の人をいいます（所法2①三十三の三）。
配偶者の意義	配偶者とは，「夫」に対しては「妻」，「妻」に対しては「夫」をいいます。したがって，夫に所得がなく，妻に所得があるときは，「夫」が妻の控除対象配偶者になることになります。 　なお，正式な婚姻をしていない人は配偶者となりませんから，婚姻の届出をしていないいわゆる内縁関係の人は控除対象配偶者になりません（所基通2-46）。
所得金額の判定上の注意	合計所得金額は，次により計算します。 (1) 給与所得については給与所得控除額を控除した残額により，退職所得については，特定役員退職手当等及び一定の短期退職手当等を除き，退職所得控除額を控除した

付録2

区　　分	説　　　　　　明
配 **偶** **者** **控** **除** （所法 83）	

	所得金額の判定上の注意	残額の2分の1に相当する金額により，また公的年金等に係る雑所得については公的年金等控除額を控除した残額によります（所法28，30，35②一）。 　　したがって，配偶者がパート・タイム勤務により賃金を受けている場合のように，その年中の所得が給与だけである場合には，その年中の給与の収入金額が103万円以下の人であれば，給与所得控除額の最低保障額55万円の控除が受けられますのでその所得金額は48万円以下となり，また，配偶者の収入金額が公的年金等だけの場合には，その年中の公的年金等の収入金額が，65歳以上（昭和35年1月1日以前に生まれた人）の人について158万円，65歳未満の人については108万円以下であれば，公的年金等控除額控除後の所得金額は48万円以下となりますので，その人が他の要件を備えている限り，控除対象配偶者に該当することとなります。 (2)　事業所得，雑所得（公的年金等を除きます。）については，収入金額から必要経費を控除した金額により，山林所得及び一時所得については，所得税法に定めるそれぞれの特別控除額を控除した残額（一時所得については，その残額の2分の1）により，また，租税特別措置法の規定により分離課税とされる土地，建物等及び株式等の譲渡による所得の金額（特別控除前の金額）及び商品先物取引の差金決済による所得の金額についてはこれを含めたところにより計算した金額とします。 　　なお，家内労働法に規定する家内労働者，外交員，集金人，電力量計の検針人その他特定の者に対して継続的に人的役務の提供を行うことを業務とする人が事業所得又は雑所得を有する場合において，その所得に係る必要経費の合計額が55万円に満たないときは，必要経費について55万円（ただし給与所得がある場合には，55万円から給与所得控除額を控除した金額が，また，55万円から給与所得控除額を控除した金額が事業所得又は雑所得の収入金額を超える場合には収入金額が限度とされます。）の最低保障が認められています（措法27，措令18の2）。 (3)　所得税を課されない所得や源泉分離課税とされる利子所得及び割引債の償還差益，確定申告をしない（又は含めない）ことを選択した配当所得及び源泉徴収選択特定口座内保管上場株式等の譲渡等による所得などは含めないところにより，また，所得金額の計算に関する特例の適用を受けた場合には，その適用後の所得金額により計算します（所基通2-41）。
	「生計を一にする」の意味	控除対象配偶者は所得者と生計を一にすることが要件となっていますが，この場合の「生計を一にする」とは，必ずしも同一家屋に起居していることをいうものではありません。次のような場合には，それぞれ次によります（所基通2-47）。 (1)　勤務，修学，療養等の都合上他の親族と日常の起居を共にしていない親族がいる場合であっても，次に掲げる場合に該当するときは，これらの親族は生計を一にするものとします。 　　イ　その他の親族と日常の起居を共にしていない親族が，勤務，修学等の余暇には起居を共にすることを常例としている場合 　　ロ　これらの親族間において，常に生活費，学資金，療養費等の送金が行われている場合 (2)　親族が同一の家屋に起居している場合には，明らかに互いに独立した生活を営んでいると認められる場合を除き，これらの親族は生計を一にするものとします。
	判　定　の　時　期	控除対象配偶者や老人控除対象配偶者に該当するかどうかは，毎年12月31日（年の中途において配偶者が死亡したときは，その死亡当時）の現況により判定します（所法85③）。
	再婚した場合の控除	年の中途において配偶者と死別した人がその年中に再婚した場合には，死亡した配偶者又は再婚した配偶者のうち，同一生計配偶者の要件を備える1人だけが同一生計配偶者とされ，他の配偶者は，原則として他の所得者の扶養親族にも該当しません（所令220）。

区　　分		説　　　　　明

<table>

配偶者控除 (所法83)

年の中途で死亡した所得者の控除対象配偶者等についての控除

年の中途において死亡した所得者の控除対象配偶者又は生計を一にする配偶者，扶養親族とされていた人が，その後その年中において他の所得者の控除対象配偶者又は生計を一にする配偶者，扶養親族にも該当するときは，この他の所得者の控除対象配偶者又は生計を一にする配偶者，扶養親族としても控除することができます（所基通83～84-1）。

控除を受ける手続

配偶者が源泉控除対象配偶者に該当する場合には，各月の源泉徴収の段階でこの控除を受けることができ，そのためには「給与所得者の扶養控除等申告書」にこの控除に関する事項を記載して提出しなければなりません（所法194）。それ以外の場合には，年末調整の際に「給与所得者の配偶者控除等申告書」を提出して控除を受けます。なお，非居住者である親族について配偶者控除の適用を受ける場合には，親族関係書類及び送金関係書類の添付等が必要です（215ページ参照）。

(注) 源泉控除対象配偶者とは，所得者（合計所得金額が900万円以下である人に限ります。）と生計を一にする配偶者で，合計所得金額が95万円以下である人をいいます。

</table>

付録2（右余白縦書き）

配偶者特別控除 (所法83の2)

あらまし

所得者（合計所得金額が1,000万円以下の人に限ります。）が生計を一にする配偶者（他の所得者の扶養親族とされる人，青色事業専従者として給与の支払を受ける人や白色事業専従者は除くものとし，合計所得金額が133万円以下の人に限ります。）で控除対象配偶者に該当しない人を有する場合に，この控除が受けられます。

なお，夫婦の双方がお互いに配偶者特別控除の適用を受けることはできません。

控　除　額

控除される金額は，所得者及び配偶者の合計所得金額に応じ，次の表のとおりとされます（所法83の2）。

配偶者の合計所得金額 ＼ 所得者の合計所得金額	900万円以下	900万円超950万円以下	950万円超1,000万円以下
48万円超　95万円以下	38万円	26万円	13万円
95万円超　100万円以下	36万円	24万円	12万円
100万円超　105万円以下	31万円	21万円	11万円
105万円超　110万円以下	26万円	18万円	9万円
110万円超　115万円以下	21万円	14万円	7万円
115万円超　120万円以下	16万円	11万円	6万円
120万円超　125万円以下	11万円	8万円	4万円
125万円超　130万円以下	6万円	4万円	2万円
130万円超　133万円以下	3万円	2万円	1万円
133万円超	0円	0円	0円

配偶者控除の取扱いの準用

配偶者控除における「控除対象配偶者の範囲」，「配偶者の意義」，「所得金額の判定上の注意」，「生計を一にする意味」，「判定の時期」，「再婚した場合の控除」，「年の中途で死亡した生計を一にする配偶者」及び「控除を受ける手続」の取扱いは，配偶者特別控除の場合も同様です（配偶者控除の項（203～205ページ）参照）。

区　　　分	説　　　　　明
あ　ら　ま　し	所得者に控除対象扶養親族に該当する人がいる場合に，この控除が受けられます。 　控除額は，一般の控除対象扶養親族については1人につき380,000円，特定扶養親族については1人につき630,000円，同居老親等については1人につき580,000円，同居老親等以外の老人扶養親族については1人につき480,000円です。
扶養親族，控除対象扶養親族の範囲	扶養親族とは，所得者の親族（配偶者を除きます。）並びに児童福祉法の規定により所得者に養育を委託されたいわゆる里子及び老人福祉法の規定により所得者に養護を委託されたいわゆる養護老人でその所得者と生計を一にする人（青色事業専従者として給与の支払を受ける人や白色事業専従者は除きます。）のうち，合計所得金額が48万円以下の人をいい，控除対象扶養親族とは，扶養親族のうち年齢16歳以上（平成21年1月1日以前に生まれた人）の人をいいます。特定扶養親族とは，控除対象扶養親族のうち年齢19歳以上23歳未満（平成14年1月2日から平成18年1月1日までの間に生まれた人）の人をいいます（所法2①三十四，三十四の二，三十四の三）。 　また，老人扶養親族とは，控除対象扶養親族のうち年齢70歳以上（昭和30年1月1日以前に生まれた人）の人をいい，同居老親等とは，所得者又は所得者の配偶者の直系尊属（父母や祖父母など）である老人扶養親族で，その所得者又は所得者の配偶者のいずれかとの同居を常況としている人をいいます（所法2①三十四の四，措法41の16①）。 **(注)**　令和5年分以後は，控除対象扶養親族のうち非居住者については新たな要件が適用されます。この結果，留学生や障害者，送金関係書類において38万円以上の送金等が確認できる人を除く30歳以上70歳未満の成人については，扶養控除の対象とはされません（215ページ**(注)**参照）。
親　族　の　範　囲	扶養親族の対象となる「親族（配偶者を除きます。）」とは，6親等内の血族及び3親等内の姻族をいいます（民法725）（この範囲については，次の**親族表**を参照してください。）。
〔親族表〕	**（備　考）** ⑴　肩書数字は親等を示します。 ⑵　点枠は姻族を，偶は配偶者を示します。 ⑶　自分の配偶者は配偶者控除の対象となるから扶養親族には含まれません。 高祖父母の父母5 高祖父母4　従高祖父母6 曽祖父母3　曽祖父母3　従曽祖父母5 祖父母2　祖父母2　従祖父母4　従曽祖伯叔父母6 伯叔父母3　父母1　父　母1　伯叔父母3＝偶3　従曽伯叔父母5 兄弟姉妹2　偶　本　人　兄弟姉妹2＝偶2　従兄弟姉妹4　再従兄弟姉妹6 甥　姪3　偶　子1　甥　姪3＝偶3　従甥姪5 偶　孫2　甥姪の子4　従甥姪の子6 偶　曽　孫3　甥姪の孫5 玄　孫4
判　定　の　時　期	扶養親族（特定扶養親族及び老人扶養親族を含みます。）に該当するかどうか，老人扶養親族が同居老親等に該当するかどうかは，毎年12月31日（年の中途においてその親族が死亡したときは，その死亡当時）の現況により判定します（所法85，措法41の16②）。
同じ世帯に所得者が2人以上いる場合の控除	扶養親族と生計を同じくする所得者が同じ世帯に2人以上いる場合には，これらの扶養親族は，「給与所得者の扶養控除等申告書」などに記載することにより，いずれの所得者の扶養親族であるかを定めます（所令218，219）。
配偶者控除の取扱いの準用	扶養親族についての「所得金額の判定上の注意」，「生計を一にする意味」，「年の中途で死亡した扶養親族についての控除」は，配偶者控除の場合と同様です（配偶者控除の項（203～205ページ）参照）。

左側縦見出し：扶　養　控　除（所法84）

区　　　分		説　　　　　　　　　明
	控除を受ける手続	源泉徴収の段階でこの控除を受けるためには，「給与所得者の扶養控除等申告書」にこの控除に関する事項を記載して提出しなければなりません（所法194）。この場合，非居住者である親族について扶養控除の適用を受ける場合には，親族関係書類及び送金関係書類の添付等が必要です（215ページ参照）。
基礎控除（所法86）	あ　ら　ま　し	合計所得金額が2,500万円以下である所得者については，次の区分に応じた金額かその所得から控除されます。 　(注)　基礎控除における「所得金額の判定上の注意」の取扱いは，配偶者控除の場合と同様です。

（基礎控除）

所得者の合計所得金額	2,400万円以下	2,400万円　超 2,450万円以下	2,450万円　超 2,500万円以下
控　除　額	48万円	32万円	16万円

区分		説明
（特定増改築等）住宅借入金等特別控除（措法41・41の2の2・41の3の2）	あ　ら　ま　し （参考）　新型コロナウイルス関係の特例（注）	（特定増改築等）住宅借入金等特別控除を受ける最初の年分については，確定申告により控除を受けることになっており，年末調整の段階で控除を受けることはできません（措法41の2の2）。 　(注)　（特定増改築等）住宅借入金等特別控除は，(1)の住宅借入金等特別控除及び(2)の特定増改築等住宅借入金等特別控除を総称した用語として使用しています。 (1)　住宅借入金等特別控除 　(i)　一般の住宅等の取得等の場合（本則） 　　　個人（平成28年3月31日以前の取得等は居住者）が，国内において，一定の要件を満たす居住用家屋の新築若しくは居住用家屋で建築後使用されたことのないものの取得（贈与による取得及び配偶者や居住者の特別関係者からの取得を除きます。），買取再販住宅の取得，既存住宅の取得又はその人の居住の用に供している家屋の増改築等をして，これらの家屋を平成25年1月1日から令和7年12月31日までの間にその人の居住の用に供した場合において，その人が一定の住宅借入金等を有するときは，その居住の用に供した日の属する年以後10年間（居住年が令和4年又は令和5年であり，かつ，その居住に係る住宅の取得等が居住用家屋の新築等又は買取再販住宅の取得に該当するものである場合には，13年間）の各年のうち，合計所得金額が2,000万円以下（一定の小規模家屋については1,000万円以下，また，令和3年12月31日までに居住の用に供した場合には，3,000万円以下）である年について，住宅借入金等の年末残高の合計額を基として，それぞれ次表の控除率により計算した金額が住宅借入金等特別控除額としてその年分の所得税の額から控除されます（措法41①〜⑤，41の2）。 　(注)　それぞれの算式により求めた住宅借入金等特別控除額に100円未満の端数がある場合には，これを切り捨てることとされています。 (参考)

取得等	居住年	借入限度額	控除率	控除期間
新築住宅等	令和4年・令和5年	3,000万円	0.7%	13年
	令和6年・令和7年	2,000万円		10年
既存住宅，増改築等	令和4年〜令和7年	2,000万円		10年

　　　なお，その住宅の取得等が特別特定取得に該当し，令和元年10月1日から令和2年12月31日までの間に居住の用に供した場合には，控除期間は13年間とされ，11年目から13年目までの3年間の控除額は，次に掲げる金額のうちいずれか少ない金額とされます（10年目までの控除額は，表の特定取得の場合の控除率によります。）（措法41⑮〜⑰）。

　　イ　$\left(\begin{array}{c}\text{特別特定住宅借入金等の年末残高の合計}\\\text{額のうち4,000万円以下の部分の金額}\end{array}\right) \times 1\%$

付録2

区　　　分	説　　　明

<table>
<tr><td rowspan="2">（特定増改築等）住宅借入金等特別控除（措法41・41の2の2・41の3の2）</td><td>あ　ら　ま　し</td><td>

ロ $\left(\begin{array}{l}\text{住宅の取得等の対価の額からその対価の}\\\text{額に含まれる消費税額等相当額を控除し}\\\text{た残額のうち4,000万円以下の部分の金額}\end{array}\right) \times 2\% \div 3$

（注）　特別特定取得とは，住宅の取得等に係る対価の額に含まれる新消費税額等相当額が10％である場合をいいます（措法41⑯）。

(ii)　**認定住宅等の新築等の場合**

　　個人（平成28年3月31日以前の取得等は居住者）が，国内において，次に掲げる認定住宅等の新築又は建築後使用されたことのない認定住宅の取得，買取再販認定住宅等の取得又は認定住宅等である既存住宅の取得をして，これらの認定住宅等を平成25年1月1日から令和7年12月31日までの間に，その認定住宅をその人の居住の用に供した場合において，その人がその認定住宅の新築等のため住宅借入金等を有するときは，上記(i)との選択により，居住年以後10年間（居住年が令和4年から令和7年までの各年であり，かつ，その居住の用に供する住宅の取得等が認定住宅等の新築等又は買取再販認定住宅等の取得に該当するものである場合には，13年間）の各年にわたり，認定住宅借入金等の年末残高の合計額を基として，次表の控除率により計算した金額が住宅借入金等特別控除としてその年分の所得税の額から控除されます（措法41⑩）。

①　長期優良住宅の普及の促進に関する法律に規定する認定長期優良住宅に該当する家屋で一定のもの

②　都市の低炭素化の促進に関する法律に規定する低炭素建築物に該当する家屋で一定のもの又は低炭素建築物とみなされる特定建築物に該当する家屋で一定のもの

③　特定エネルギー消費性能向上住宅

④　エネルギー消費性能向上住宅

（参考）

<table>
<tr><th colspan="2">取得等</th><th>居住年</th><th>借入限度額</th><th>控除率</th><th>控除期間</th></tr>
<tr><td rowspan="6">新築住宅等</td><td rowspan="2">認定住宅
（上記①，②）</td><td>令和4年・令和5年</td><td>5,000万円</td><td rowspan="6">0.7%</td><td rowspan="6">13年</td></tr>
<tr><td>令和6年・令和7年</td><td>4,500万円</td></tr>
<tr><td rowspan="2">特定エネルギー
消費性能向上住宅</td><td>令和4年・令和5年</td><td>4,500万円</td></tr>
<tr><td>令和6年・令和7年</td><td>3,500万円</td></tr>
<tr><td rowspan="2">エネルギー
消費性能向上住宅</td><td>令和4年・令和5年</td><td>4,000万円</td></tr>
<tr><td>令和6年・令和7年</td><td>3,000万円</td></tr>
<tr><td colspan="2">既存の認定住宅等</td><td>令和4年～令和7年</td><td>3,000万円</td><td></td><td>10年</td></tr>
</table>

（注）個人で，年齢40歳未満であって配偶者を有する者，年齢40歳以上であって年齢40歳未満の配偶者を有する者又は年齢19歳未満の扶養親族を有する者（以下「特例対象個人」といいます。）が，認定住宅等の新築等又は買取再販認定住宅等の取得をして令和6年1月1日から同年12月31日までの間に居住の用に供した場合には，住宅借入金等の年末残高の限度額（借入限度額）を次のとおりとして住宅借入金等特別控除を適用することができます。

住宅の区分	借入限度額
認定住宅	5,000万円
特定エネルギー消費性能向上住宅	4,500万円
エネルギー消費性能向上住宅	4,500万円

　　なお，その住宅の取得等が特別特定取得に該当し，令和元年10月1日から令和2年12月31日までの間に居住の用に供した場合には，控除期間は13年間とされ，11年目から13年目までの3年間の控除額は，次に掲げる金額のうちいずれか少ない金額とされます（10年目までの控除額は，表の特定取得の場合の控除率によります。）（措法41⑱⑲）。

イ $\left(\begin{array}{l}\text{認定特別特定住宅借入金等の年末残高の}\\\text{合計額のうち5,000万円以下の部分の金額}\end{array}\right) \times 1\%$

ロ $\left(\begin{array}{l}\text{住宅の取得等の対価の額からその対価の}\\\text{額に含まれる消費税額等相当額を控除し}\\\text{た残額のうち5,000万円以下の部分の金額}\end{array}\right) \times 2\% \div 3$

（注）　特別特定取得については，上記(i)の（注）を参照してください。

</td></tr>
</table>

区　　　分	説　　　　明

区　分：あ　ら　ま　し

説　明：

(iii)　住宅再取得等に係る住宅借入金等特別控除の控除額の特例

　自己の所有していた家屋でその居住の用に供していたものが東日本大震災によって被害を受けたことにより自己の居住の用に供することができなくなった個人が，一定の住宅の取得等をして，かつ，その居住の用に供することができなくなった日から令和7年12月31日までの間に，その人の居住の用に供した場合において，その人がその住宅の再取得等のための住宅借入金等を有するときは，その人の選択により，通常の住宅借入金等特別控除の適用に代えて，その居住年以後10年間（居住年が令和4年から令和7年までの各年であり，かつ，その居住に係る住宅の取得等が居住用家屋の新築等，買取再販住宅の取得，認定住宅等の新築等又は買取再販認定住宅等の取得に該当するものである場合には，13年間）の各年において，住宅借入金等の年末残高の合計額を基として，次表の控除率により計算した金額が住宅借入金等特別控除額としてその年分の所得税の額から控除されます（震災特例法13の2）（特別特定取得に該当する場合は141ページ(3)参照）。

(参考)

取得等	居住年	借入限度額	控除率	控除期間
新築住宅等	令和4年・令和5年	5,000万円	0.9%	13年
	令和6年・令和7年	4,500万円		
既存住宅，増改築等	令和4年～令和7年	3,000万円		10年

（注）上記(ⅱ)の（参考）の（注）記載の「特定対象個人」である住宅被災者が，認定住宅等の新築等をして令和6年1月1日から同年12月31日までの間に居住の用に供した場合には，再建住宅借入金等の年末残高の限度額（借入限度額）を次のとおりとして住宅借入金等特別控除を適用することができます。

住宅の区分	借入限度額
認定住宅	5,000万円
特定エネルギー消費性能向上住宅	
エネルギー消費性能向上住宅	

〔表〕控除率

住宅を居住の用に供した日	控除期間			住宅借入金等の年末残高に乗ずる控除率					各年の控除限度額
				2,000万円以下の部分の金額	2,000万円超2,500万円以下の部分の金額	2,500万円超3,000万円以下の部分の金額	3,000万円超4,000万円以下の部分の金額	4,000万円超5,000万円以下の部分の金額	
	本則	特定取得(注)	特別特定取得	1～10年目	1.0%				–	40万円
				11～13年目	1.0%				–	(注2)26.7万円
			特定取得以外	10年間	1.0%					40万円
		特定取得以外		10年間	1.0%		–			20万円
平成27年1月1日から令和3年12月31日まで（特別特定取得に係るものは令和元年10月1日から令和2年12月31日まで）（特例特別特例取得に係るものは令和3年1月1日から令和4年12月31日まで）	認定住宅	特定取得(注)	特別特定取得	1～10年目	1.0%					50万円
				11～13年目	1.0%					(注2)33.3万円
			特定取得以外	10年間	1.0%					50万円
		特定取得以外		10年間	1.0%		–			30万円
	住宅の再取得等に係る控除額の特例	特別特定取得		1～10年目	1.2%					60万円
				11～13年目	1.2%					(注2)33.3万円
		特定取得以外		10年間	1.2%					60万円

（措法41・41の2の2・41の3の2）

| 区　　分 | 説　　明 |

	区　　分
（特定増改築等）住宅借入金等特別控除（措法41・41の2・41の2の2・41の3の2）	あ　ら　ま　し

説　明

住宅を居住の用に供した日	控除期間		住宅借入金等の年末残高に乗ずる控除率					各年の控除限度額
			2,000万円以下の部分の金額	2,000万円超2,500万円以下の部分の金額	2,500万円超3,000万円以下の部分の金額	3,000万円超4,000万円以下の部分の金額	4,000万円超5,000万円以下の部分の金額	
令和4年1月1日から令和5年12月31日まで	本則	新築等　13年間	0.7%			–		21万円
		既存・増改築　10年間	0.7%			–		14万円
	認定住宅	新築等　13年間	0.7%					35万円
		既存　10年間	0.7%					21万円
	特定エネルギー消費性能向上住宅(注3)	新築等　13年間	0.7%（4,500万円以下）				–	31.5万円
		既存　10年間	0.7%					21万円
	エネルギー消費性能向上住宅(注4)	新築等　13年間	0.7%				–	28万円
		既存　10年間	0.7%					21万円
令和6年1月1日から令和7年12月31日まで	本則	新築等　10年間	0.7%			–		14万円
		既存・増改築　10年間	0.7%			–		14万円
	認定住宅	新築等　13年間	0.7%（4,500万円以下）				–	31.5万円
		既存　10年間	0.7%					21万円
	特定エネルギー消費性能向上住宅(注3)	新築等　13年間	0.7%（3,500万円以下）			–		24.5万円
		既存　10年間	0.7%					21万円
	エネルギー消費性能向上住宅(注4)	新築等　13年間	0.7%					21万円
		既存　10年間	0.7%					21万円

(注)1　特定取得とは，個人の住宅の取得等に係る対価の額又は費用の額に含まれる消費税額等が，8％又は10％の税率により課されるべき消費税額等である場合の住宅の取得等をいいます（措法41⑤）。また，特別特例取得は213ページの2※を参照してください。

2　11年目から13年目までの控除限度額については，住宅の新築取得等で特別特定取得に該当するものに係る対価の額又は費用の額からその住宅の新築取得等に係る対価の額又は費用の額に含まれる消費税額等を控除した残額とされる一定の金額に2％を乗じて計算した金額を3で除して計算した金額となります（措法41⑰⑲，震災特例法13の2④）。

※　この計算における住宅の新築取得等には，土地等の取得は含まれません。

3　「特定エネルギー消費性能向上住宅」とは，エネルギーの使用の合理化に著しく資する住宅の用に供する家屋をいいます（措法41⑩三）。

4　「エネルギー消費性能向上住宅」とは，エネルギーの使用の合理化に資する住宅の用に供する家屋をいいます（措法41⑩四）。

区　　分	説　　明

（特定増改築等）住宅借入金等特別控除（措法41・41の2の2・41の3の2）

あ　ら　ま　し

(2)　特定増改築等住宅借入金等特別控除

(i) **高齢者等居住改修工事等を含む増改築等**

　　特定個人が，その人の所有する居住の用に供する家屋について，高齢者等居住改修工事等を含む増改築等（以下「バリアフリー改修工事等」といいます。）をして，平成30年1月1日から令和3年12月31日までの間に自己の居住の用に供した場合において，その人がその住宅の増改築等のための一定の借入金又は債務（以下「増改築等住宅借入金等」といいます。）を有するときは，上記(1)との選択により，居住年以後5年間の各年にわたり，増改築等住宅借入金等の年末残高の1,000万円以下の部分の金額を基として，次表のとおりの控除率により計算した金額がバリアフリー改修工事等に係る特定増改築等住宅借入金等特別控除としてその人のその年分の所得税の額から控除されます（措法41の3の2①〜④）。

住宅を居住の用に供した日	区　　分	増改築等住宅借入金等の年末残高の限度額	控除率	控除期間	各年の控除限度額
令和2年1月1日から令和3年12月31日まで	①バリアフリー改修工事等に係る費用	1,000万円（※1）	1.0%	5年	12.5万円（※3）
	②うち高齢者等居住改修工事等，特定断熱改修工事等，特定多世帯同居改修工事等及び特定耐久性向上改修工事等に係る費用	250万円（※2）	2.0%		

（※1）　増改築等住宅借入金等の年末残高の限度額は，①と②の合計で1,000万円となります。
（※2）　特定取得以外の場合は200万円となります。
（※3）　特定取得以外の場合は12万円となります。

　(注)　(2)における特定取得とは，個人の住宅の増改築等に係る費用の額に含まれる消費税額等が，8％又は10%の税率により課されるべき消費税額等である場合の住宅の増改築等をいいます（措法41の3の2⑱）。

(ii) **断熱改修工事等又は特定断熱改修工事等を含む増改築等**

　　個人が，その人の所有する居住の用に供する家屋について，断熱改修工事等又は特定断熱改修工事等を含む増改築等（以下「省エネ改修工事等」といいます。）をして，平成30年1月1日から令和3年12月31日までの間に自己の居住の用に供した場合において，その人が増改築等住宅借入金等を有するときは，上記(1)との選択により，居住年以後5年間の各年にわたり，増改築等住宅借入金等の年末残高の1,000万円以下の部分の金額を基として，次表のとおりの控除率により計算した金額が省エネ改修工事等に係る特定増改築等住宅借入金等特別控除としてその人のその年分の所得税の額から控除されます（措法41の3の2⑤）。

住宅を居住の用に供した日	区　　分	増改築等住宅借入金等の年末残高の限度額	控除率	控除期間	各年の控除限度額
令和2年1月1日から令和3年12月31日まで	①省エネ改修工事等に係る費用	1,000万円（※1）	1.0%	5年	12.5万円（※3）
	②うち特定断熱改修工事等，特定多世帯同居改修工事等及び特定耐久性向上改修工事等に係る費用	250万円（※2）	2.0%		

（※1）　増改築等住宅借入金等の年末残高の限度額は，①と②の合計で1,000万円となります。
（※2）　特定取得以外の場合は200万円となります。
（※3）　特定取得以外の場合は12万円となります。

付録2

区　　　分		説　　　　　明

（特定増改築等）住宅借入金等特別控除（措法41・41の2の2・41の3の2）

あらまし

(iii) **特定多世帯同居改修工事等を含む増改築等**

　　個人が，その人の所有する居住の用に供する家屋について，特定多世帯同居改修工事等を含む増改築等（以下「多世帯同居改修工事等」といいます。）をして，平成30年1月1日から令和3年12月31日までの間に自己の居住の用に供した場合において，その人が増改築等住宅借入金等を有するときは，上記(1)との選択により，居住年以後5年間の各年にわたり，増改築等住宅借入金等の年末残高の1,000万円以下の部分の金額を基として，次表のとおりの控除率により計算した金額が多世帯同居改修工事等に係る特定増改築等住宅借入金等特別控除としてその人のその年分の所得税の額から控除されます（措法41の3の2⑧～⑩）。

住宅を居住の用に供した日	区　　　分	増改築等住宅借入金等の年末残高の限度額	控除率	控除期間	各年の控除限度額
令和2年1月1日から令和3年12月31日まで	①多世帯同居改修工事等に係る費用	1,000万円（※）	1.0%	5年	12.5万円
	②うち特定多世帯同居改修工事等に係る費用	250万円	2.0%		

（※）　増改築等住宅借入金等の年末残高の限度額は，①と②の合計で1,000万円となります。

(3)　（特定増改築等）住宅借入金等特別控除が受けられない場合

　　確定申告において（特定増改築等）住宅借入金等特別控除の適用を受けている場合であっても，その後の年において次のような事実が生じたときは，この控除の適用を受けることはできません（措法41①㉕，41の3）。したがって，年末調整の際にこの控除の適用を受けようとする人がいるときは，注意が必要です。

(i)　家屋に入居後，その年の12月31日まで引き続き居住の用に供していないとき

(注)　居住の用に供さなくなったことが災害を事由とするものであるときは，一定の場合を除き，災害により居住の用に供することができなくなった年以後の従前家屋に係る適用年について控除を受けることができます（措法41㉞）。

　　なお，「東日本大震災の被災者等に係る国税関係法律の臨時特例に関する法律」により，その居住の用に供していた家屋が東日本大震災によって被害を受けたことにより居住の用に供することができなくなった場合において，その居住の用に供することができなくなった日の属する年の翌年以後の各年において住宅借入金等の金額を有するときは，残りの適用期間についても引き続き住宅借入金等特別控除の適用を受けることができます（以下この特例を「適用期間の特例」といいます。）。

　　また，この適用期間の特例と住宅の再取得等に係る住宅借入金等特別控除の控除額の特例については，重複して適用を受けることができます。

(ii)　居住用家屋を居住の用に供した年の翌年から3年目に該当する年までの間にその居住用家屋やその敷地の用に供されている土地以外の所定の資産を譲渡した場合において，「居住用財産を譲渡した場合の長期譲渡所得の課税の特例」や「居住用財産の譲渡所得の特別控除」等（措法31の3①，35①，36の2，36の5，37の5）の課税の特例を受けることとなったとき

(注)　既にこの制度の適用を受けた年分の所得税については，修正申告書又は期限後申告書を提出し，既に受けた住宅借入金等特別控除額に相当する税額を納付することになります。

控除を受ける手続

　　（特定増改築等）住宅借入金等特別控除を受ける最初の年分については，確定申告によらなければなりませんが，その後の年分については，年末調整の際に控除が受けられることになっています。

　　年末調整の際にこの控除を受けるためには，その年最後に給与の支払を受ける日の前日までに，給与の支払者に（特定増改築等）住宅借入金等特別控除申告書（以下「申告書」といいます。）を提出する必要があります（措法41の2の2）。

区　　　分	説　　　　　明
証 明 書 の 添 付	申告書には，次に掲げる証明書を添付しなければなりません（措法41の２の２）。 (1)「年末調整のための（特定増改築等）住宅借入金等特別控除証明書」（所得者の所轄税務署長から年末調整を受ける最初の年に発行されます。なお，平成22年以前に住宅を居住の用に供しており，翌年以後は同一の給与の支払者の下において年末調整で控除を受ける場合には，原則として，この証明書の添付に代え申告書に既に年末調整でこの制度の適用を受けている旨を記載します。） (2)「住宅取得資金に係る借入金の年末残高等証明書」（借入れ等を行った金融機関等から発行を受けます。）（居住年が令和５年以後である場合には，不要とされます。）

（注）1　新型コロナウイルス感染症等の影響に対応するための国税関係法律の臨時特例に関する法律（令和２年４月30日公布・施行）において，（特定増改築等）住宅借入金等特別控除の特例が次のとおり設けられました（同法６）。

(1)　既存住宅の取得をし，かつ，特定増改築等をした個人が，新型コロナウイルス感染症及びそのまん延防止のための措置の影響によりその既存住宅をその取得の日から６月以内にその者の居住の用に供することができなかった場合において，その既存住宅を令和３年12月31日までにその者の居住の用に供したとき（その特定増改築等の日から６月以内にその者の居住の用に供した場合に限ります。）は，（特定増改築等）住宅借入金等特別控除を適用できることとされました。

(2)　要耐震改修住宅の取得をし，かつ，耐震改修に係る契約を一定の日までに締結している個人が，新型コロナウイルス感染症及びそのまん延防止のための措置の影響によりその耐震改修をしてその要耐震改修住宅をその取得の日から６月以内にその者の居住の用に供することができなかった場合において，その耐震改修をしてその要耐震改修住宅を令和３年12月31日までにその者の居住の用に供したとき（その耐震改修の日から６月以内にその者の居住の用に供した場合に限ります。）は，（特定増改築等）住宅借入金等特別控除を適用できることとされました。

(3)　住宅の新築取得等で特例取得に該当するものをした者が，新型コロナウイルス感染症及びそのまん延防止のための措置の影響により特例取得をした家屋を令和２年12月31日までにその者の居住の用に供することができなかった場合において，その家屋を令和３年１月１日から同年12月31日までの間にその者の居住の用に供したときは，（特定増改築等）住宅借入金等特別控除の控除期間の３年間延長の特例を適用できることとされました。

2　令和３年度税制改正において，上記１の臨時特例に関する法律が改正され，次のとおり住宅借入金等を有する場合の所得税額の特別控除に係る居住の用に供する期間等の特例措置が講じられました（同法６の２，同法施行令４の２）。

(1)　住宅の新築取得等（住宅の取得等又は認定住宅の新築等をいいます。以下同じです。）で特別特例取得に該当するものをした者が，その特別特例取得をした家屋を令和３年１月１日から令和４年12月31日までの間にその者の居住の用に供した場合には，住宅借入金等を有する場合の所得税額の特別控除，認定住宅の新築等に係る住宅借入金等を有する場合の所得税額の特別控除の特例及び東日本大震災の被災者等に係る住宅借入金等を有する場合の所得税額の特別控除の控除額に係る特例並びにこれらの控除の控除期間の３年間延長の特例を適用することができることとされました。

(2)　上記(1)の住宅借入金等を有する場合の所得税額の特別控除の特例は，個人が取得等をした床面積が40㎡以上50㎡未満である住宅の用に供する家屋についても適用できることとされました。ただし，床面積が40㎡以上50㎡未満である住宅の用に供する家屋に係る上記(1)の住宅借入金等を有する場合の所得税額の特別控除の特例は，その者の13年間の控除期間のうち，その年分の所得税に係る合計所得金額が1,000万円を超える年については，適用されません。

※　上記(1)の「特別特例取得」とは，その取得に係る対価の額又は費用の額に含まれる消費税額等の税率が10％である場合の住宅の取得等で，次に掲げる区分に応じそれぞれ次に定める期間内にその契約が締結されているものをいいます。

イ　居住用家屋又は認定住宅の新築　令和２年10月１日から令和３年９月30日までの期間

ロ　居住用家屋で建築後使用されたことのないもの若しくは既存住宅の取得，その者の居住の用に供する家屋の増改築等又は認定住宅で建築後使用された使用されたことのないものの取得　令和２年12月１日から令和３年11月30日までの期間

3　令和４年度税制改正において，上記１の臨時特例に関する法律が改正され，上記２の居住の用に供する期間等の特例について，住宅借入金等を有する場合の所得税額の特別控除の改正に伴う所要の整備が行われました。

（参考）　居住年が令和５年以後である場合の確定申告手続等（令和４年度税制改正）

①　令和５年１月１日以後に居住の用に供する家屋について，住宅借入金等を有する場合の所得税額の特別控除（以下「住宅ローン控除」といいます。）の適用を受けようとする個人は，住宅借入金等に係る一定の債権者に対して，その個人の氏

付録2

名及び住所，個人番号その他の一定の事項（以下「申請事項」といいます。）を記載した申請書（以下「住宅ローン控除申請書」といいます。）の提出をしなければなりません。

② 住宅ローン控除申請書の提出を受けた債権者は，その住宅ローン控除申請書の提出を受けた日の属する年の翌年以後の控除期間の各年の10月31日（その提出を受けた日の属する年の翌年にあっては，1月31日）までに，その住宅ローン控除申請書に記載された事項及びその住宅ローン控除申請書の提出をした個人のその年の12月31日（その者が死亡した日の属する年にあっては，同日）における住宅借入金等の金額等を記載した調書を作成し，その債権者の本店又は主たる事務所の所在地の所轄税務署長に提出しなければなりません。この場合において，その債権者は，その住宅ローン控除申請書につき帳簿を備え，その住宅ローン控除申請書の提出をした個人の各人別に，申請事項を記載し，又は記録しなければならないこととされています（一定の経過措置が設けられています。）。

③ 住宅借入金等を有する場合の所得税額の特別控除証明書の記載事項に，住宅借入金等の年末残高が加えられます。

④ 令和5年1月1日以後に居住の用に供する家屋に係る住宅ローン控除の適用を受けようとする個人は，住宅取得資金に係る借入金の年末残高証明書及び新築の工事の請負契約書の写し等については，確定申告書への添付は不要です。この場合において，税務署長は，確定申告期限等から5年間，その適用に係る新築の工事の請負契約書の写し等の提示又は提出を求めることができることとされ，その求めがあったときは，その適用を受ける個人は，その書類の提示又は提出をしなければならないこととされています。

⑤ 給与等の支払を受ける個人で年末調整の際に，令和5年1月1日以後に居住の用に供する家屋に係る住宅ローン控除の適用を受けようとする人は，住宅取得資金に係る借入金の年末残高証明書については，給与所得者の住宅借入金等を有する場合の所得税額の特別控除申告書への添付は不要です。

付録**3** 給与所得者が給与の支払者に提出する各種申告書など

種　　類	提　出　先	提出期限	提　出　に　当　た　っ　て　の　注　意　点
給与所得者の扶養控除等（異動）申告書	給与の支払者（二以上の支払者から給与の支払を受ける人については主たる給与の支払者）	(1)　毎年最初に給与の支払を受ける日（年の中途で就職したときは、就職後最初に給与の支払を受ける日）の前日まで（所法194①） (2)　異動申告書は、先に提出した申告書に記載した事項に異動があったときに、その異動のあった後最初に給与の支払を受ける日の前日まで（所法194③）	(1)　この申告書は、①主たる給与の支払者を特定するためと、②源泉控除対象配偶者や控除対象扶養親族などに該当する人を有する人が配偶者控除（又は配偶者特別控除）や扶養控除などの控除を受けるために提出するものです。 **(注)**　令和7年1月1日以後は、この申告書に記載すべき事項がその年の前年の申告内容と異動がない場合には、その記載すべき事項の記載に代えて、その異動がない旨の記載によることができます。 (2)　この申告書を提出しないときは、源泉控除対象配偶者や控除対象扶養親族に該当する人を有する場合や同一生計配偶者又は扶養親族に該当する人のうちに障害者に該当する人がいる場合でも、また、自分が障害者、寡婦、ひとり親又は勤労学生に該当する場合でも、原則として、これらの控除が受けられないほか、「給与所得の源泉徴収税額表」の「乙」欄に定める税額（その税額は「甲」欄に定める税額よりも高額となっています。）を源泉徴収され、しかも、年末調整もされないことになります。 (3)　扶養親族などがいない人でもこの申告書を提出しなければ、「給与所得の源泉徴収税額表」の「乙」欄に定める税額を源泉徴収され、しかも、年末調整もされないことになります。 (4)　勤労学生に該当する旨を記載した専修学校や各種学校の生徒及び認定職業訓練を受ける訓練生については、在学する学校や職業訓練法人から主務大臣の証明書の写しと学校長等の発行した証明書の交付を受け、これらをこの申告書に添付等しなければ勤労学生の控除が受けられません。 (5)　平成28年分以後、非居住者である親族（以下「国外居住親族」といいます。）に係る扶養控除、配偶者控除又は障害者控除の適用を受ける場合には、この申告書にその親族に係る「親族関係書類」を添付する必要があります。 　　年末調整において、国外居住親族に係る扶養控除、配偶者控除又は障害者控除の適用を受ける場合には、その年最後に給与等の支払を受ける日の前日までに、この申告書に国外居住親族と生計を一にする事実を記載した上で、「送金関係書類」を添付して提出するか、又はその申告書の提出の際に「送金関係書類」を提示する必要があります。 イ　「親族関係書類」とは、次の①又は②のいずれかの書類で、国外居住親族が居住者の親族であることを証するものをいいます（その書類が外国語で作成されている場合には、その翻訳文を含みます。）。 　①　戸籍の附票の写しその他の国又は地方公共団体が発行した書類及び国外居住親族の旅券（パスポート）の写し 　②　外国政府又は外国の地方公共団体が発行した書類（国外居住親族の氏名、生年月日及び住所又は居所の記載があるものに限ります。） ロ　「送金関係書類」とは、次の書類で、居住者がその年において国外居住親族の生活費又は教育費に充てるための支払を、必要の都度、各人に行ったことを明らかにするものをいいます（その書類が外国語で作成されている場合には、その翻訳文を含みます。）。

種　　　　類	提　出　先	提　出　期　限	提　出　に　当　た　っ　て　の　注　意　点
			①　金融機関の書類又はその写しで，その金融機関が行う為替取引によりその居住者から国外居住親族に支払をしたことを明らかにする書類
			②　いわゆるクレジットカード発行会社の書類又はその写しで，国外居住親族がそのクレジットカード発行会社が交付したカードを提示等してその国外居住親族が商品等を購入したこと等により，その商品等の購入等の代金に相当する額の金銭をその居住者から受領し，又は受領することとなることを明らかにする書類
			(注)　令和5年分以後，非居住者については次に掲げる人が控除対象扶養親族とされます。
			①　年齢16歳以上30歳未満の人（令和6年分の所得税については，平成7年1月2日から平成21年1月1日までの間に生まれた人）
			②　年齢70歳以上の人（令和6年分の所得税については，昭和30年1月1日以前に生まれた人）
			③　年齢30歳以上70歳未満の人（令和6年分の所得税については，昭和30年1月2日から平成7年1月1日までの間に生まれた人）のうち，次のいずれかに該当する人
			イ　留学により国内に住所及び居所を有しなくなった人
			ロ　障害者
			ハ　所得者からその年において生活費又は教育費に充てるための支払を38万円以上受けている人
			(6)　源泉徴収義務者は，給与所得者からこの申告書の提出を受ける場合には，給与所得者本人，源泉控除対象配偶者及び控除対象扶養親族等の個人番号が記載された申告書の提出を受ける必要があり，その際には，給与所得者本人の本人確認を行う必要があります。
			(7)　二以上の支払者から給与の支払を受ける人は，そのうちいずれか一の支払者を主たる給与の支払者として定め，その支払者だけにこの申告書を提出します。この場合，どの支払者を主たる給与の支払者とするかは，この申告書を提出する人が任意に定めることができますが，通常は給与の支給額が最も多い支払者に提出するのが有利です。
			(注)　年齢16歳未満の扶養親族（以下「年少扶養親族」といいます。）に対する扶養控除については，所得税は平成23年分以後の所得税について，住民税は平成24年度分以後の住民税についての年少扶養親族に対する扶養控除が廃止されています。
			税務署から配布される申告書の様式は，住民税の算定に必要な「給与所得者の扶養親族申告書」と統合した1枚の様式となっているため，給与所得者の扶養控除等（異動）申告書に，住民税に関する事項を記載して提出すれば，給与所得者の扶養親族申告書を別に提出する必要はありません。
従たる給与についての扶養控除等（異動）申告書	従たる給与の支払者	(1)　適用を受けようとする給与の支払を受ける日の前日まで（所法195①） (2)　異動申告書は，上欄の申告書と同様（所法195③）	(1)　この申告書は，二以上の支払者から給与の支払を受ける人が，主たる給与の支払者から支払を受ける給与だけでは配偶者控除や扶養控除などの全額を控除できないと見込まれる場合に，配偶者控除又は扶養控除を従たる給与から受けようとするために提出するものです。 (2)　この申告書を提出すれば，「給与所得の源泉徴収税額表」の「乙」欄に定める税額から，申告された控除対象扶養親族など1人につき，月額表を適用する場合は1,610円，日額表を適用する場合は50円がそれぞれ控除されます。 **(注)**　令和7年1月1日以後は，前年の申告内容と異動がない場合には，異動がない旨の記載によることができます。

種　　　類	提　出　先	提　出　期　限	提　出　に　当　た　っ　て　の　注　意　点
給与所得者の所得金額調整控除申告書	主たる給与の支払者	その年最後に給与の支払を受ける日の前日まで（措法41の3の12②）	(1)　この申告書は，年末調整の際に所得金額調整控除を受けようとする人が提出するものです。 (2)　所得金額調整控除は，令和2年分以後の年の給与等の収入金額850万円を超える人で，特別障害者に該当するもの又は年齢23歳未満の扶養親族を有するもの若しくは特別障害者である同一生計配偶者若しくは扶養親族を有する場合には，給与等の収入金額（1,000万円限度）から850万円を控除した金額の10％に相当する金額を，その年分の給与所得の金額から控除するものです（措法41の3の11①）。
給与所得者の配偶者控除等申告書	主たる給与の支払者	その年最後に給与の支払を受ける日の前日まで（所法195の2①）	(1)　この申告書は，給与の支払を受ける人が年末調整において配偶者控除又は配偶者特別控除を受けるために提出するものです。 (2)　この申告書は，給与の支払を受ける人の本年中の合計所得金額の見積額が1,000万円を超える場合又は配偶者の合計所得金額の見積額が133万円を超える場合には，提出することができません。
給与所得者の基礎控除等申告書	主たる給与の支払者	その年最後に給与の支払を受ける日の前日まで（所法195の3①）	(1)　この申告書は，給与の支払を受ける人が年末調整において基礎控除を受けるために提出するものです。 (2)　この申告書は，給与の支払を受ける人のその年中の合計所得金額の見積額が2,500万円を超える場合には，提出することができません。
給与所得者の保険料控除申告書	主たる給与の支払者	その年最後に給与の支払を受ける日の前日まで（所法196①）	(1)　この申告書は，年末調整の際に，国民健康保険などの保険料のように給与から天引きされない社会保険料について控除を受けようとする人，小規模企業共済等掛金（給与から差し引かれるものを除きます。），一般の生命保険料，介護医療保険料，個人年金保険料又は地震保険料について控除を受けようとする人が提出するものです。 (2)　次のものについて控除を受けようとするときは，この申告書とともにその支払金額等を証する書類を添付等しなければなりません。 　　イ　国民年金の保険料及び国民年金基金の掛金 　　ロ　一般の生命保険料（旧生命保険料については1契約について9,000円を超えるものに限ります。） 　　ハ　介護医療保険料 　　ニ　個人年金保険料 　　ホ　地震保険料 　　ヘ　小規模企業共済等掛金（給与から差し引かれるものを除きます。）
給与所得者の（特定増改築等）住宅借入金等特別控除申告書	主たる給与の支払者	その年最後に給与の支払を受ける日の前日まで（措法41の2の2②）	(1)　この申告書は，年末調整の際に（特定増改築等）住宅借入金等特別控除を受けようとする人が提出するものです。 (2)　この申告書には，その人の住所地の所轄税務署長が発行した「年末調整のための（特定増改築等）住宅借入金等特別控除証明書」（平成22年以前に住宅を居住の用に供しており，翌年以後は同一の給与の支払者の下において年末調整で控除を受ける場合には，原則として，この証明書の添付に代え申告書に既に年末調整でこの制度の適用を受けている旨を記載）と金融機関等が発行した「住宅取得資金に係る借入金の年末残高等証明書」を添付することが必要です。 (注)　令和5年以後に居住する場合には，手続が変更になります（213ページの（参考）を参照してください。）。 (3)　この申告書は，給与の支払を受ける人の本年中の合計所得金額の見積額が2,000万円（一定の小規模住宅の取得等は1,000万円，居住年が令和3年までの場合には3,000万円）を超える場合には，提出することができません。

付録3

種　　　類	提　出　先	提　出　期　限	提　出　に　当　た　っ　て　の　注　意　点
源泉徴収に係る定額減税のための申告書（令和6年分のみ）	主たる給与の支払者	令和6年6月1日以後最初に支払を受ける給与の支払日まで（措法41の3の7⑤）	(1)　この申告書は，同一生計配偶者又は扶養親族につき定額減税額を加算して控除を受けようとする場合に提出します。 (2)　「給与所得者の扶養控除等（異動）申告書」に記載した源泉控除対象配偶者又は扶養親族及び「給与所得者の配偶者控除申告書」に記載した控除対象配偶者については，この申告書への記載は不要です。 (3)「源泉徴収に係る定額減税のための申告書」は，源泉徴収に係る申告書として使用する場合に提出します。
年末調整に係る定額減税のための申告書（令和6年分のみ）	主たる給与の支払者	年末調整を行うときまで（措法41の3の8④）	(4)「年末調整に係る定額減税のための申告書」は，年末調整に係る申告書として使用する場合に提出します。
年末調整による不足額徴収繰延承認申請書	給与の支払者の所轄税務署長（給与の支払者を経由して提出します。）	その年最後に給与の支払を受ける日の前日まで（所法192②，所令316①）	(1)　この申請書は，給与の支払を受ける人が年末調整により不足額が生じた場合に，その不足額の全額をその年最後に支払を受ける給与から徴収されると，その給与の税引手取額が11月までの平均税引手取額の70%未満となるときに提出できるものです。提出部数は，正副2通です。 (2)　給与の支払を受ける人がこの申請書を提出して税務署長の承認を受けたときは，給与の支払者はその不足額の全額をその年最後の給与から徴収する必要はなく，その承認を受けた税額の2分の1ずつを翌年の1月と2月にそれぞれ徴収することになります。
退職所得の受給に関する申告書	退職所得の支払者	退職所得の支払を受ける時まで（所法203①）	(1)　この申告書は，退職所得の支払者に対して，勤続年数やその年中に既に他から退職所得を受けたことがあるかどうか及び受けたことがあるときはその支払金額などを明らかにするために提出するものです。 (2)　この申告書を提出しないときは，退職所得の支払金額のいかんにかかわらず，一律にその支払金額の20.42%に相当する額を源泉徴収することになります。 (3)　その年中に既に退職所得の支払を受けているときは，その退職所得の源泉徴収票をこの申告書に添付しなければなりません。 **(注)**　税務署から配布される申告書の様式は，住民税の特別徴収のために必要な「退職所得申告書」と同一用紙となっていますので，退職所得の受給に関する申告書を提出すれば，住民税について退職所得申告書を別に提出する必要はありません。

(注)1　上記の申告書等は，「年末調整による不足額徴収繰延承認申請書」を除き，税務署長から提出を求められた場合のほかは，給与又は退職所得の支払者において保管するようになっています。

　　2　給与等，退職手当等又は公的年金等（以下「給与等」といいます。）の支払をする者は，給与等の支払を受ける者から次の申告書に記載すべき事項に関し電磁的提供を受けるための必要な措置を講じ，かつ受給者の同意を得る等の一定の要件を満たしている場合には，その受給者から書面による申告書の提出に代えて電磁的方法により申告書に記載すべき事項の提供を受けることができます（所法198②，203④，203の5④，措法41の2の2，41の3の2）。
　　①　給与所得者の扶養控除等申告書
　　②　従たる給与についての扶養控除等申告書
　　③　所得金額調整控除申告書
　　④　給与所得者の配偶者控除等申告書
　　⑤　給与所得者の基礎控除申告書
　　⑥　給与所得者の保険料控除申告書
　　⑦　給与所得者の（特定増改築等）住宅借入金等特別控除申告書
　　⑧　退職所得の受給に関する申告書
　　⑨　公的年金等の受給者の扶養親族等申告書

付録4 報酬・料金などに対する源泉徴収

1　個人（居住者）に対して支払う報酬・料金など
　(1)　所法204①一号の報酬・料金

区　　　　分	左の報酬・料金に該当するもの	左の報酬・料金に類似しているもので該当しないもの	源泉徴収税率
① 原 稿 の 報 酬	(1)　原稿料 (2)　演劇，演芸の台本の報酬 (3)　口述の報酬 (4)　映画のシノプス（筋書）料 (5)　書籍などの編さん料又は監修料 (6)　文，詩，歌，俳句，標語などの懸賞応募作品の入選者に支払う賞金など。ただし，同一人に対し１回に支払う賞金などの額がおおむね５万円以下のものについては，源泉徴収をしなくて差し支えありません（所基通204-10(1)）。 (7)　新聞，雑誌などの読者投稿欄への投稿者又はニュース写真などの提供者に支払う謝金など。ただし，あらかじめその投稿又は提供を委嘱した人にその対価として支払うものを除き，同一人に対し１回に支払う謝金などの額がおおむね５万円以下のものについては，源泉徴収をしなくて差し支えありません（所基通204-10(2)）。 (8)　ラジオ又はテレビジョン放送の聴視者番組への投稿者又はニュース写真などの提供者に支払う謝金など。ただし，あらかじめその投稿又は提供を委嘱した人にその対価として支払うものを除き，同一人に対し１回に支払う謝金などの額がおおむね５万円以下のものについては，源泉徴収をしなくて差し支えありません（所基通204-10(3)）。	(1)　懸賞応募作品の選稿料又は審査料 (2)　試験問題の出題料又は各種答案の採点料 (3)　クイズなどの問題又は解答の投書に対する賞金等 　(注)　228ページの(8)①の賞金に該当するものについては，賞金として源泉徴収を行います。 (4)　いわゆる直木賞，芥川賞，野間賞，菊池賞などとしての賞金品 (5)　鑑定料 　(注)　不動産鑑定士などの業務に関する報酬・料金に該当するものについては，不動産鑑定士などの業務に関する報酬・料金として源泉徴収を行います。 (6)　ラジオ，テレビジョンその他のモニターに対する報酬	10.21％ ただし，同一人に対する１回の支払金額が100万円を超える場合は， (1)　100万円までの部分　10.21％ (2)　100万円を超える部分　20.42％
② 挿 絵 の 報 酬	書籍，新聞，雑誌などの挿絵の報酬		
③ 写 真 の 報 酬	雑誌，広告その他の印刷物に掲載するための写真の報酬・料金		
④ 作 曲 の 報 酬	作曲，編曲の報酬	映画又は演劇関係の選曲料 　(注)　これは，226ページの(5)②の報酬・料金に該当します。	

区　　　分	左の報酬・料金に該当するもの	左の報酬・料金に類似しているもので該当しないもの	源泉徴収税率
⑤レコード，テープ又はワイヤーの吹き込みの報酬	レコード，テープ，ワイヤーの吹込料映画フィルムのナレーションの吹き込みの報酬		10.21％ただし，同一人に対する1回の支払金額が100万円を超える場合は，(1) 100万円までの部分　10.21％(2) 100万円を超える部分　20.42％
⑥デザインの報酬	(1) 次のようなデザインの報酬　イ　工業デザイン　ロ　クラフトデザイン　ハ　グラフィックデザイン　ニ　パッケージデザイン　ホ　広告デザイン　ヘ　インテリアデザイン　ト　ディスプレイ　チ　服飾デザイン　リ　ゴルフ場，庭園，遊園地等のデザイン　(注)1　上記のデザインの報酬は，一時に支払うものばかりでなく，製品価額の何％などと定めて継続的に支払うものも含まれます。　2　ネオンサイン，広告塔，ショーウィンドー，陳列棚，商品展示会場又は庭園等のデザインとその施工とを併せて請け負った者にその対価を一括して支払うような場合には，その対価の総額をデザインの報酬・料金と施工の対価とに区分し，デザインの報酬・料金について源泉徴収を行いますが，そのデザインの報酬・料金の部分が極めて少額であると認められるときは，源泉徴収をしなくて差し支えありません（所基通204-8）。(2) 映画関係の原画料，線画料又はタイトル料(3) テレビジョン放送のパターン製作料(4) 標章の懸賞応募作品の入賞金。ただし，同一人に対して1回に支払う入賞金の額がおおむね5万円以下のものについては，源泉徴収をしなくて差し支えありません（所基通204-10(1)）。	1　織物業者が支払ういわゆる意匠料（図案を基に織原版を作成するのに必要な下画の写調料）又は紋切料（下画を基にする織原版の作成料）2　字又は絵などの看板書き料	
⑦　放　送　謝　金	ラジオ放送，テレビジョン放送等の謝金等	放送演技者に支払うもの及びいわゆる素人のど自慢，素人クイズ放送の出演者に対する賞金品等(注)　放送演技者に支払うものは，226ページの(5)①の報酬・料金に該当し，いわゆる素人のど自慢，素人クイズ放送の出演者に対する賞金品等は228ページの(8)①の賞金品に該当します（所基通204-32）。	

区　　　分	左の報酬・料金に該当するもの	左の報酬・料金に類似しているもので該当しないもの	源泉徴収税率
⑧著作権（著作隣接権を含みます。）の使用料	(1) 書籍の印税，映画，演劇又は演芸の原作料，上演料等 (2) 著作物の複製，上演，演奏，放送，展示，上映，翻訳，編曲，脚色，映画化その他著作物の利用又は出版権の設定の対価 (3) レコードのいわゆる吹込印税等	商業用レコードの二次使用料	10.21% ただし，同一人に対する1回の支払金額が100万円を超える場合は， (1) 100万円までの部分　10.21% (2) 100万円を超える部分　20.42%
⑨工業所有権等の使用料	工業所有権，技術に関する権利，特別の技術による生産方式又はこれらに準ずるものの使用料		
⑩講　　演　　料	講演を依頼した場合の講師に支払う謝金	ラジオ，テレビジョンその他のモニターに対する報酬 **(注)** 前記の⑦の放送謝金に該当するものについては，放送謝金として源泉徴収を行います。	
⑪技芸，スポーツ，知識等の教授・指導料	生け花，茶の湯，舞踊，囲碁，将棋等の遊芸師匠に対し実技指導の対価として支払う謝金等 編物，ペン習字，着付，料理，ダンス，カラオケ，民謡，語学，短歌，俳句等の教授・指導料 各種資格取得講座の講師謝金等	**(注)** 上記⑩の講演料及び224ページの(4)に掲げられている職業運動家の業務に関する報酬・料金に該当するものについては，これらの報酬・料金として源泉徴収を行います。	
⑫脚　　本　　料	映画や演劇，演芸等の脚本又はラジオ，テレビジョン放送の脚本の料金		
⑬脚　　色　　料	潤色料（脚本の修正，補正料）又はプロット料（あら筋，構想）など		
⑭翻　　訳　　料	翻訳の料金		
⑮通　　訳　　料	通訳の報酬	手話通訳の報酬	
⑯校　　正　　料	書籍，雑誌などの校正の料金		
⑰書籍の装丁料	書籍の装丁の報酬	製本の料金	
⑱速　　記　　料	速記料		
⑲版　　下　　料	(1) 原画又は原図を基として製版に適する下画又は下図を写調する報酬・料金 (2) 原画又は原図を基として直接亜鉛版（ジンク版）に写調する報酬・料金 (3) 活字の母型下を作成する報酬・料金 (4) 写真製版用写真原板の修整料	(1) 織物業者が支払う意匠料及び紋切料 (2) 図案などのプレス型の彫刻料 (3) 写真植字料	
⑳投資助言の報酬	金融商品取引法第28条第6項に規定する投資助言業務の報酬		

〈留意事項〉　1　上記の報酬・料金には，給与所得又は退職所得に該当するものは含まれません（所法204②一）。
　　　　　　　2　謝礼，賞金，研究費，取材費，材料費，車賃，記念品代，酒こう料などの名義で支払うものであっても，原稿又は講演などの報酬・料金の性質を有するものは，上記のそれぞれの報酬・料金に該当します（所基通204-2）。
　　　　　　　3　上記の報酬・料金の支払の基因となる役務を提供する人の役務を提供するために行う旅行，宿泊などの費用を，役務の提供を受ける報酬・料金の支払者が交通機関，ホテル，旅館などに直接支払う方法により負担する場合には，その負担する金額がその旅行などに通常必要と認められる範囲内のものである限り，その金額については，源泉徴収をしなくて差し支えありません（所基通204-4）。

付録4

4　上記の報酬・料金を金銭以外の物などで支払う場合には，228ページの(8)①の賞品の評価（所令321，所基通205-9）に準じて評価し，その額が少額なものについては源泉徴収をしなくて差し支えありません（所基通204-3(2)）。

　　5　上記の報酬・料金の支払をする人が個人である場合で，その個人が給与所得の支払をする人でない場合には，源泉徴収を行う必要はありません（所法204②二）。

(2)　所法204①二号の報酬・料金

区　　　　分	左の報酬・料金に該当するもの	左の報酬・料金に類似しているもので該当しないもの	源泉徴収税率
①弁護士（外国法事務弁護士を含みます。），弁理士，税理士，社会保険労務士，計理士，公認会計士，会計士補の業務に関する報酬・料金	弁護料，監査料，助言に対する対価その他名義のいかんを問わずその業務に関する一切の報酬・料金		10.21％ ただし，同一人に対する1回の支払金額が100万円を超える場合は， (1)　100万円までの部分　10.21％ (2)　100万円を超える部分　20.42％
②建築士，建築代理士，測量士，測量士補，不動産鑑定士，不動産鑑定士補の業務に関する報酬・料金	(1)　建築士や測量士などの資格を有しない人で建築士や測量士などの資格を有する使用人を使用している人が支払を受けるこれらの業務に関する報酬・料金も含まれます（所基通204-12）。 (2)　建築代理士以外の人で建築に関する申請や届出の書類を作成し又は手続の代理をする人のその業務に関する報酬・料金も含まれます（所令320②）。 (3)　建築士の業務と建築の請負とを併せて行っている者に設計等とその施工とを併せて請け負わせた対価を一括して支払うような場合には，その対価の総額を建築士の業務に関する報酬・料金と建築の対価とに区分し，建築士の業務に関する報酬・料金について源泉徴収を行いますが，建築士の業務に関する報酬・料金の部分は極めて少額であると認められるときは，源泉徴収をしなくて差し支えありません（所基通204-14）。		
③技術士又は技術士補の業務に関する報酬・料金	技術士又は技術士補以外の人で技術士の行う業務と同一の業務を行うものに対するその業務に関する報酬・料金も含まれます（所令320②）。 (注)　「技術士の行う業務と同一の業務」とは，科学技術（人文科学のみに係るものを除きます。）に関する高等の専門的応用能力を必要とする事項について計画，研究，設計，分析，試験，評価又はこれらに関する指導の業務（他の法律においてその業務を行うことが制限されている業務，例えば，次に掲げるような業務を除		

区　　　分	左の報酬・料金に該当するもの	左の報酬・料金に類似しているもので該当しないもの	源泉徴収税率
③技術士又は技術士補の業務に関する報酬・料金	きます。）をいいます（所基通204-18）。 (1) 電気事業法第43条《主任技術者》に規定する主任技術者の業務 (2) ガス事業法第25条《ガス主任技術者》，第65条《ガス主任技術者》又は第98条《ガス主任技術者》に規定するガス主任技術者の業務 (3) 医師法第17条《非医師の医業禁止》に規定する医師の業務 (4) 医薬品，医療機器等の品質，有効性及び安全性の確保等に関する法律第7条《薬局の管理》，第17条《医薬品等総括製造販売責任者等の設置》，第23条の2の14《医療機器等総括製造販売責任者等の設置》又は第23条の34《再生医療等製品総括製造販売責任者等の設置》の規定により薬剤師等が行うべき管理の業務 (5) 電離放射線障害防止規則第47条各号《エックス線作業主任者の職務》に規定するエックス線作業主任者の業務 (6) 食品衛生法第48条第1項《食品衛生管理者》に規定する食品衛生管理者の義務		10.21％ ただし，同一人に対する1回の支払金額が100万円を超える場合は， (1) 100万円までの部分 10.21％ (2) 100万円を超える部分 20.42％
④企業診断員の業務に関する報酬・料金	中小企業診断士の業務に関する報酬・料金のほか，企業の求めに応じて，その企業の状況について調査及び診断を行い，又は企業経営の改善及び向上のための指導を行う人の業務に関する報酬・料金も含まれます（所基通204-15）。 (例) 経営士，経営コンサルタント，労務管理士などの業務に関する報酬・料金		
⑤火災損害鑑定人，自動車等損害鑑定人の業務に関する報酬・料金	損害保険会社（損害保険に類する共済の事業を行う法人を含みます。）が支払うものに限ります（所基通204-17）。 (注)1 火災損害鑑定人とは，社団法人日本損害保険協会に登録されている火災損害登録鑑定人及び火災損害登録鑑定人補をいいます（所基通204-16）。 2 自動車等損害鑑定人とは，自動車又は建設機械に係る損害保険契約の保険事故に関して損害額の算定又はその損害額の算定に係る調査を行うことを業とする人をいい，社団法人日本損害保険協会にアジャスターとして登録されています（所令320②，所基通204-16）。	火災損害鑑定人の見習として登録されている人のその業務に関する報酬・料金	

付録4

区　　　　分	左の報酬・料金に該当するもの	左の報酬・料金に類似しているもので該当しないもの	源泉徴収税率
⑥司法書士，土地家屋調査士，海事代理士の業務に関する報酬・料金	(1)　裁判所，検察庁，法務局又は地方法務局に提出する書類の作成その他の業務に関する報酬・料金 (2)　不動産の表示に関する登記につき必要な土地又は家屋に関する調査，測量又は官公庁に対する申請手続その他の業務に関する報酬・料金 (3)　船舶法，船舶安全法，船員法，海上運送法又は港湾運送事業法の規定に基づく申請，届出，登記その他の手続又はこれらの手続に関する書類の作成その他の業務に関する報酬・料金		同一人に対し1回に支払う金額から1万円を控除した残額に対し10.21％

〈留意事項〉　1　上記の報酬・料金には，給与所得又は退職所得に該当するものは含まれません（所法204②一）。
　　　　　　2　上記の報酬・料金の支払の基因となる役務を提供する人のその役務を提供するために行う旅行，宿泊などの費用を，役務の提供を受ける報酬・料金の支払者が交通機関，ホテル，旅館などに直接支払う方法により負担する場合には，その負担する金額がその旅行などに通常必要と認められる範囲内のものである限り，その金額については，源泉徴収をしなくて差し支えありません（所基通204-4）。
　　　　　　3　上記の報酬・料金の支払者が，国又は地方公共団体に対し登記，申請などをするため本来納付すべきものとされている登録免許税，手数料などに充てるものとして支払われたことが明らかなものについては，源泉徴収をしなくて差し支えありません（所基通204-11）。
　　　　　　4　上記の報酬・料金を金銭以外の物などで支払う場合には，228ページの(8)①の賞品の評価（所令321，所基通205-9）に準じて評価し，その額が少額なものについては，源泉徴収をしなくて差し支えありません（所基通204-3(2)）。
　　　　　　5　上記の報酬・料金の支払者が個人である場合で，その個人が給与所得の支払をする人でない場合には，源泉徴収を行う必要はありません（所法204②二）。
　　　　　　6　上記の報酬・料金について源泉徴収をした所得税及び復興特別所得税の納付については，納期の特例（79ページ参照）の適用があります（所法216）。

(3)　所法204①三号の診療報酬

区　　　　分	左の報酬・料金に該当するもの	左の報酬・料金に類似しているもので該当しないもの	源泉徴収税率
社会保険診療報酬	社会保険診療報酬支払基金法の規定により支払われる診療報酬（感染症の予防及び感染症の患者に対する医療に関する法律の規定により都道府県知事から流行初期医療確保措置に係る事務を委託された支払基金から支払われる流行初期医療の確保に要する費用を含みます。）	(1)　健康保険組合，国民健康保険を行う市町村又は国民健康保険組合が直接支払う診療報酬 (2)　福祉事務所が支払う生活保護法に規定する診療報酬	同一人に対し1か月分として支払う金額から20万円を控除した残額に対し10.21％

(4)　所法204①四号の報酬・料金

区　　　　分	左の報酬・料金に該当するもの	左の報酬・料金に類似しているもので該当しないもの	源泉徴収税率
①職業野球の選手，プロサッカーの選手，プロテニスの選手の業務に関する報酬・料金	(1)　職業野球の選手，監督，コーチャー，トレーナー又はマネージャーに対し選手契約に定めるところにより支払われるすべての手当，賞品品等 (2)　プロサッカーの選手に支払われる定期報酬，出場料，成功報酬その他その業務に関する報酬・料金		10.21％ ただし，同一人に対する1回の支払金額が100万円を超える場合は， (1)　100万円までの部分10.21％

区　　　　分	左の報酬・料金に該当するもの	左の報酬・料金に類似しているもので該当しないもの	源泉徴収税率
	(3) プロテニスの選手に支払われる専属契約に係る報酬，入賞賞金，出場料その他その業務に関する報酬・料金		(2) 100万円を超える部分 20.42%
②競馬の騎手，自転車競技の選手，小型自動車競走の選手，モーターボート競走の選手の業務に関する報酬・料金	(1) 競馬の騎手に支払われるその業務に関する報酬・料金 (2) 普通賞金，特別賞金，寄贈賞，特別賞（先頭賞，記録賞，敢闘賞，副賞），参加賞その他競技に出場したことにより支払うもの		10.21% ただし，同一人に対する1回の支払金額が100万円を超える場合は， (1) 100万円までの部分 10.21% (2) 100万円を超える部分 20.42%
③自動車のレーサーの業務に関する報酬・料金	サーキットでのレース，ラリー，モトクロス，トライアル等の自動車（原動機を用い，かつ，レール又は架線によらないで運転する車をいいます。）の競走・競技に出場するドライバー，ライダー等に支払われる賞金品，ヘルメット・レーシングスーツにワッペンを貼付すること等によりスポンサーから受領する広告料その他その業務に関する報酬・料金		
④プロレスラー，プロゴルファー，プロボウラーの業務に関する報酬・料金	(1) プロレスラーに支払うファイトマネー，賞金品その他の業務に関する報酬・料金 (2) プロゴルファー及びプロボウラーに支払う賞金品，手当その他その業務に関する報酬・料金		
⑤モデルの業務に関する報酬・料金	(1) ファッションモデルなどの報酬・料金 (2) 雑誌，広告その他の印刷物にその容姿を掲載したことにより支払う報酬・料金		
⑥職業拳闘家の業務に関する報酬・料金	プロボクサーに支払うファイトマネー，賞金品その他その業務に関する報酬・料金		同一人に対し1回に支払う金額から5万円を控除した残額に対し10.21%
⑦外交員，集金人，電力量計の検針人の業務に関する報酬・料金	(1) 外交員（セールスマン），集金人の業務に関する報酬・料金 (2) 新聞の購読又は広告勧誘手数料 (3) 電力量計の検針人の業務に関する報酬・料金	(1) 保険会社が団体の代表者に対して支払う団体扱保険料の集金手数料（所基通204-23(1)） (2) 保険会社が代理店に対して支払う集金手数料（所基通204-23(2)） (注) 生命保険会社がその代理店に対し生命保険契約の募集に関して支払うものは，外交員の業務に関する報酬・料金に該当します。	同一人に対し，その月中に支払う金額から12万円（別に給与を支払っているときは，12万円からその月中に支払う給与の金額を控除した金額）を控除した残額に対し10.21%

付録4

〈留意事項〉	1 上記の報酬・料金には，給与所得又は退職所得に該当するものは含まれません（所法204②一）。
	2 上記の報酬・料金の支払の基因となる役務を提供する人のその役務を提供するために行う旅行，宿泊などの費用を，役務の提供を受ける報酬・料金の支払者が交通機関，ホテル，旅館などに直接支払う方法により負担する場合には，その負担する金額がその旅行などに通常必要と認められる範囲内のものである限り，その金額については，源泉徴収をしなくて差し支えありません（所基通204-4）。
	3 上記の報酬・料金を金銭以外の物などで支払う場合には，次によります。
	(1) 職業野球の選手，外交員，集金人などのように一定の会社などに専属して役務を提供する人に対し支払う物品などについては，給与所得者に対する現物給与の取扱いに準じます（所基通204-3(1)）。
	(2) (1)以外の人に対し支払う物品などについては，228ページの(8)①の賞品の評価（所令321，所基通205-9）に準じて評価し，その額が少額なものについては，源泉徴収をしなくて差し支えありません（所基通204-3(2)）。
	4 上記の報酬・料金の支払者が個人である場合で，その個人が給与所得の支払をする人でない場合には，源泉徴収を行う必要はありません（所法204②二）。

(5) 所法204①五号の報酬・料金

区　　　分	左の報酬・料金に該当するもの	左の報酬・料金に類似しているもので該当しないもの	源泉徴収税率
①映画，演劇その他の芸能，ラジオ放送，テレビジョン放送の出演の報酬・料金	(1) 映画，演劇，音楽，音曲，舞踊，講談，落語，浪曲，漫談，漫才，腹話術，歌唱，奇術，曲芸又は物まねの出演等に関する報酬・料金 　ただし，料理屋，旅館などにおいて特定の客（団体客を含みます。）の求めに応じ，日本舞踊，三味線等の伎芸をもって客に接し酒興を添えるために軽易な芸を披露した人（その料理屋，旅館などに専属して芸を披露している人又は常時出演している人など専ら客に対して芸能の提供を行う人を除きます。）に対し，その客が直接に又はその料理屋，旅館などを通じて支払う報酬・料金については，源泉徴収をしなくて差し支えありません（所基通204-25）。 (2) ラジオ又はテレビジョン放送に出演した報酬・料金（放送謝金に該当するものは，219ページの(1)⑦の放送謝金として源泉徴収を行います。） (3) クイズ放送又はいわゆるのど自慢放送の審査員に対する報酬・料金（所基通204-24）	いわゆる素人のど自慢放送，クイズ放送の出演者に対する賞金品等は228ページの(8)①の賞金品として源泉徴収を行います（所基通204-32）。	10.21% ただし，同一人に対する1回の支払金額が100万円を超える場合は， (1) 100万円までの部分　10.21% (2) 100万円を超える部分　20.42%
②映画，演劇その他の芸能，ラジオ放送，テレビジョン放送の演出，企画の報酬・料金	(1) 映画や演劇の指揮，監督，製作，振付け（剣技指導その他これに類するものを含みます。），舞台装置，照明，撮影，演奏，録音（擬音効果を含みます。），編集，美粧又は考証の報酬・料金 (2) 映画，演劇関係の監修料（カット料）又は選曲料		

区　　　　分	左の報酬・料金に該当するもの	左の報酬・料金に類似しているもので該当しないもの	源泉徴収税率
③映画，演劇の俳優，映画監督，舞台監督，演出家などの芸能人の役務の提供を内容とする事業に関する報酬・料金	映画や演劇の俳優，映画監督，舞台監督（プロデューサーを含みます。），演出家，放送演技者，音楽指揮者，楽士，舞踊家，講談師，落語家，浪曲師，漫談家，漫才家，腹話術師，歌手，奇術師，曲芸師又は物まね師の役務の提供を内容とする事業に係るその役務の提供に関する報酬・料金 **(注)**　税務署長から交付を受けた源泉徴収免除証明書をその報酬・料金の支払者に提示した人に対し，その証明書の有効期間内に支払うものについては，源泉徴収を要しません（所法206①）。	自ら主催して演劇その他の芸能の公演を行うことにより，観客等から受ける入場料など不特定多数の者から受けるもの（所基通204-28の4） （その公演に係る客席等の全部又は一部の貸切契約を締結することにより支払を受けるその貸切契約に係る対価は，不特定多数の者から受けるものに該当するものとして取り扱われます。）	10.21％ ただし，同一人に対する1回の支払金額が100万円を超える場合は， (1)　100万円までの部分 10.21％ (2)　100万円を超える部分 20.42％

〈留意事項〉　1　上記の①及び②の報酬・料金には，給与所得又は退職所得に該当するものは含まれません（所法204②一）。

　　　　　　　2　上記の報酬・料金の支払の基因となる役務を提供する人のその役務を提供するために行う旅行，宿泊などの費用を，役務の提供を受ける報酬・料金の支払者が交通機関，ホテル，旅館などに直接支払う方法により負担する場合には，その負担する金額がその旅行などに通常必要と認められる範囲内のものである限り，その金額については，源泉徴収をしなくて差し支えありません（所基通204-4）。

　　　　　　　3　上記の報酬・料金を金銭以外の物品などで支払う場合には，228ページの(8)①の賞品の評価（所令321，所基通205-9）に準じて評価し，その額が少額なものについては，源泉徴収をしなくて差し支えありません（所基通204-3(2)）。

　　　　　　　4　上記の報酬・料金の支払者が個人である場合で，その個人が給与所得の支払をする人でない場合には，源泉徴収を行う必要はありません（所法204②二）。

(6)　所法204①六号の報酬・料金

区　　　　分	左の報酬・料金に該当するもの	左の報酬・料金に類似しているもので該当しないもの	源泉徴収税率
ホステスなどの業務に関する報酬・料金	(1)　キャバレー，ナイトクラブ，バーその他これらに類する施設で，フロアにおいて客にダンスをさせ又は客に接待をして遊興や飲食をさせるものにおいて，客に侍してその接待をすることを業務とするホステスその他の人の業務に関する報酬・料金 (2)　ホテル，旅館，飲食店その他飲食をする場所（臨時に設けられたものを含みます。）で行われる飲食を伴うパーティー等の会合において，専ら客の接待等の役務の提供を行うことを業務とするいわゆるバンケットホステス・コンパニオン等を派遣して，接待等の業務を行わせる事業を営む者（派遣業者）が支払うそのバンケットホステス，コンパニオン等の業務に関する報酬・料金（措法41の20）	客がバー等の経営者（キャバレー，ナイトクラブ，バーその他これらに類する施設の経営者及びバンケットホステス・コンパニオン等をホテル，旅館等に派遣して接待等の業務を行わせることを内容とする事業を営む者）を通じないで直接ホステスなどに支払うもの	同一人に対し1回に支払う金額から5,000円にその支払金額の計算期間の日数を乗じて計算した金額（別に給与を支払っているときはその金額〔5,000円×計算期間の日数〕からその計算期間に係る給与の金額を控除した金額）を控除した残額に対し 10.21％

区　　　　分	左の報酬・料金に該当するもの	左の報酬・料金に類似している もので該当しないもの	源泉徴収税率
	(注)　客が経営者，派遣業者を通じてホステス，コンパニオンなどに支払うものは，その経営者等がホステス，コンパニオンなどに交付したときに，その経営者等が支払った報酬とみなして源泉徴収を行います。		

〈留意事項〉　一定の経営者等に専属するホステスなどに上記の報酬・料金を金銭以外の物などで支払う場合には，給与所得者に対する現物給与の取扱いに準じます（所基通204-3(1)）。

(7)　所法204①七号の契約金

区　　　　分	左の報酬・料金に該当するもの	左の報酬・料金に類似している もので該当しないもの	源泉徴収税率
役務の提供を約することにより一時に支払う契約金	(1)　職業野球の選手などの契約金 (2)　一定の会社などに専属して役務を提供し，又はそれ以外の者のために役務を提供しないことを約することにより一時に支払われる契約金 (注)　契約金には，役務提供契約を締結することにより受ける支度金，移転料なども含まれます。ただし，給与所得者の就職に伴う旅費に該当するものは，契約金には含まれません（所基通204-30）。		10.21% ただし，同一人に対する1回の支払金額が100万円を超える場合は， (1)　100万円までの部分 10.21% (2)　100万円を超える部分 20.42%

〈留意事項〉　　1　上記の契約金には，給与所得又は退職所得に該当するものは含まれません（所法204②一）。
　　　　　　　2　上記の契約者の支払者が個人である場合で，その個人が給与所得の支払をする人でない場合には，源泉徴収を行う必要はありません（所法204②二）。

(8)　所法204①八号の賞金

区　　　　分	左の報酬・料金に該当するもの	左の報酬・料金に類似している もので該当しないもの	源泉徴収税率
①事業の広告宣伝のための賞金	事業の広告宣伝のために賞として支払う金品その他の経済上の利益 (注)　1　旅行その他役務の提供を内容とするもので，金品との選択をすることができないものは，源泉徴収の対象となりません。 　　　2　現物支給のものにあっては，金銭との選択ができるものはその金銭の額，そうでないものはその品物の処分見込価額に相当する金額が支払われたものとされます。 　　　3　上記2の処分見込価額は，有価証券（ただし，商品券は券面額），貴金属類，不動産にあってはその	次に掲げる賞金品等で，それが他から寄贈を受けたものであって，その寄贈者等の事業の広告宣伝のための賞金品等であると認められるもの以外のもの 1　社会的に顕彰される行為，業績等を表彰するために支払う賞金品等で，社会通念上それが支払者の営む収益事業と密接な関係があると認められないもの（所基通204-33(1)） 2　勤務先又はその支払を受ける人の所属団体が支払うもので，その支払を受ける人の勤務，業務，競技又は演技などの成績を表彰することを目的としているもの（所基通204-33(2)）	同一人に対し1回に支払う賞金品の額から50万円を控除した残額に対し 10.21%

区　　　　分	左の報酬・料金に該当するもの	左の報酬・料金に類似している もので該当しないもの	源泉徴収税率
	受けることとなった日の時価，その他の一般商品にあっては，いわゆる現金正価の60％相当額によります（所基通205-9）。	3　行政官庁又はその協力団体が支払うもので，行政上の広報を目的としているもの（所基通204-33(3)）	
②馬主が受ける競馬の賞金	馬主に対して競馬の賞として支払われる金品のうち，金銭で支払われるもの	副賞として交付される賞品	その賞金の額からその額の20％と60万円との合計額を控除した残額に対し10.21％
〈留意事項〉　上記の①の賞金品の支払者が個人である場合で，その個人が給与所得の支払をする人でない場合は，源泉徴収を行う必要はありません（所法204②二）。			

(9)　生命保険契約などに基づく年金

区　　　　分	左の年金に該当するもの	左の年金に類似しているもので該当しないもの	源泉徴収税率
生命保険契約などに基づく年金（所法207，208）	次の(1)～(17)に掲げる契約に基づいて支払われる年金及び(18)の年金 (1)　保険業法に規定する生命保険会社又は外国生命保険会社等と結んだ生命保険契約（保険期間が５年未満の貯蓄保険の契約及び外国生命保険会社等と国外で結んだ生命保険の契約を除きます。） (2)　郵政民営化法等の施行に伴う関係法律の整備等に関する法律（平成17年法律第102号）第２条（法律の廃止）の規定による廃止前の簡易生命保険法（昭和24年法律第68号）第３条（政府保証）に規定する簡易生命保険契約 (3)　農業協同組合，農業協同組合連合会，漁業協同組合，水産加工業協同組合又は共済水産業協同組合連合会と結んだ生命共済契約（共済期間が５年未満の生命共済の契約を除きます。） (4)　消費生活協同組合連合会と結んだ生命共済契約 (5)　特定共済組合，協同組合連合会又は特定共済組合連合会と結んだ生命共済契約 (6)　消費生活協同組合法に規定する事業を行う一定の法人と結んだ生命共済契約 (7)　生活衛生関係営業の運営の適正化及び振興に関する法律に規定する事業を行う全国理容生活衛生同業組合連合会と結んだ年金共済契約 (8)　独立行政法人中小企業基盤整備機構	将来の年金給付の総額に代えて支払われる一時金（所基通35-3）	10.21％

区　　　　分	左の年金に該当するもの	左の年金に類似しているもので該当しないもの	源泉徴収税率
生命保険契約など に基づく年金（所 法207，208）	と結んだ旧第2種共済契約 ⑼　生命保険会社若しくは外国生命保険会社等又は損害保険会社若しくは外国損害保険会社等と結んだ身体の傷害又は疾病により保険金が支払われる保険契約（外国生命保険会社等又は外国損害保険会社等と国外で結んだ保険契約を除きます。） ⑽　保険業法に規定する損害保険会社又は外国損害保険会社等と結んだ損害保険契約（外国損害保険会社等と国外で結んだ損害保険の契約を除きます。） ⑾　農業協同組合と結んだ建物更生共済契約，火災共済契約又は身体の傷害若しくは医療費の支出に関する共済契約 ⑿　農業協同組合連合会と結んだ建物更生共済契約，火災共済契約又は身体の傷害に関する共済契約 ⒀　農業共済組合又は農業共済組合連合会と結んだ火災共済契約又は建物共済契約 ⒁　漁業協同組合，水産加工業協同組合又は共済水産業協同組合連合会と結んだ建物若しくは動産の共済期間中の耐存を共済事故とする共済契約，火災共済契約又は身体の傷害に関する共済契約 ⒂　火災等共済組合と結んだ火災共済契約 ⒃　消費生活協同組合連合会と結んだ火災共済契約若しくは自然災害共済契約又は身体の傷害に関する共済契約 ⒄　消費生活協同組合法に規定する事業を行う一定の法人と結んだ火災共済契約若しくは自然災害共済契約又は身体の傷害に関する共済契約 ⒅　確定給付企業年金法による規約型企業年金に係る規約の承認の取消し，若しくは企業年金基金の解散の命令又は適格退職年金契約の承認の取消しがあった場合に，その規約又は契約に基づきその承認の取消し又は解散の命令があった後に支払う年金 **(注)**　その年の年金の年額から次の算式により計算した金額を控除した残額に対し税率を適用します。ただし，その控除した残額が25万円に満たないものについては，源泉徴収を要しません（所法209，所令326④⑤）。		10.21％

区　　　分	左の年金に該当するもの	左の年金に類似しているもので該当しないもの	源泉徴収税率
	(控除額) その年中の × $\dfrac{支払保険料(掛金)の総額}{年金の総額}$ 年金の額 （総額が確定していない 場合は見込額）		10.21%

(注)　平成25年1月1日以後に支払うべき生命保険契約，損害保険契約等に基づく年金のうち，次に掲げる契約で，その契約に基づく保険金等の支払事由が生じた日以後において，その保険金等を年金として支給することとされた契約以外のものに基づく年金については，源泉徴収をする必要はありません（所法209，所令326⑥）。

1　年金受取人と保険契約者とが異なる契約（3の団体保険に係わる契約を除きます）。

2　年金受取人と保険契約者とが同一である契約のうち，その契約に基づく保険金等の支払事由が生じたことによりその保険契約者の変更が行われたもの

3　団体保険に係る契約であって，被保険者と年金受取人とが異なるもの

　※　団体保険とは，団体の代表者を保険契約者とし，その団体に所属する人を被保険者とすることとなっている保険をいいます。

⑽　定期積金の給付補塡金等

区　　　分	左の給付補塡金等に該当するもの	左の給付補塡金等に該当しないもの	源泉徴収税率
定期積金の給付補塡金等（所法209の2，209の3）	(1)　定期積金に係る給付補塡金 　**(注)**　給付補塡金の額は，契約による給付金額から掛金総額を控除した残額をいいます。 (2)　銀行法第2条第4項の契約（旧相互掛金）に基づく給付補塡金 　**(注)**　給付補塡金の額は，契約による給付金額から掛金総額を控除した残額をいいます。 (3)　抵当証券の利息 (4)　貴金属等の売戻し条件付き売買契約に基づく利益 (5)　外貨建預貯金のうち，その元本と利子を予め約定した率により円貨又はその他の外貨に換算して支払うこととされているものの差益（「その他の外貨」に換算して支払うこととされている外貨建預貯金については，平成18年1月1日以後預入するものの，同日以後に受けるべき差益について適用されます。） (6)　いわゆる一時払養老保険，一時払損害保険等に係る差益（保険期間等が5年以下のもの及び保険期間等が5年を超えるもので保険期間等の初日から5年以内に解約されたものに限られます。）	(1)　定期積金契約及び銀行法第2条第4項の契約（旧相互掛金契約）の中途解約前の期間又は満期後の期間に対応して支払う利子（所基通23-1(3)(4)） (2)　定期積金契約及び銀行法第2条第4項の契約（旧相互掛金契約）に定められた払込日後に掛金の払込みがされたことにより，給付金の額から控除される遅延利息又は延滞利息（所基通174-1(1)）	15.315% （このほか地方税5％の特別徴収） **(注)**　源泉徴収だけで納税が完了する源泉分離課税が適用されます（措法41の10）。

(11)　匿名組合契約などに基づく利益の分配

区　　　　分	左の利益の分配に該当するもの	左の利益の分配に該当しないもの	源泉徴収税率
匿名組合契約など**に基づく利益の分****配**（所法210, 211, 所令288, 327）	(1)　匿名組合契約に基づく利益の分配 (2)　当事者の一方が相手方の事業のために出資をし，相手方がその事業から生ずる利益を分配することを約する契約に基づく利益の分配		20.42%

(12)　割引債の償還差益（発行時源泉徴収）

区　　　　分	左の償還差益に該当するもの	左の償還差益に該当しないもの	源泉徴収税率
割引債の償還差益（措法41の12，措令26の15）	割引の方法により発行される公社債（国債，地方債，内国法人及び外国法人が発行する社債）で次に掲げるものなどについて支払を受けるべき償還差益（償還金額又は買入金額から発行価額を差し引いた金額をいいます。なお，外国法人により国外において発行された割引債の償還差益については，外国法人が国内において行う事業に係る部分に限られます。） (1)　特別の法令により設立された法人（独立行政法人住宅金融支援機構，沖縄振興開発金融公庫及び独立行政法人都市再生機構を除きます。）がこれらの法令の規定により発行する債券 —— 商工債券，農林債券等 (2)　長期信用銀行法第2条に規定する長期信用銀行が同法の規定により発行する債券 —— みずほ債券，あおぞら債券，長期信用債券 (3)　信用金庫法第54条の2第1項に規定する全国を地区とする信金中央金庫が同法の規定により発行する債券 —— しんきん中金債券 (4)　東京湾横断道路株式会社が東京湾横断道路の建設に関する特別措置法の規定による認可を受けて発行する社債 (5)　民間都市開発推進機構が民間都市開発の推進に関する特別措置法の規定による認可を受けて発行する債券	(1)　外貨債 (2)　独立行政法人住宅金融支援機構，沖縄振興開発金融公庫及び独立行政法人都市再生機構が発行する割引債 (3)　平成28年1月1日以後に発行された公社債（長期信用銀行債等及び農林債を除きます。）	18.378% ただし，(4)及び(5)の特定割引債については，16.336% **(注)**　源泉徴収だけで納税が完了する源泉分離課税が適用されます。

⒀　割引債の差益金額（償還時源泉徴収）

区　　　分	左の差益金額に該当するもの	左の差益金額に該当しないもの	源泉徴収税率
割引債の差益金額（措法41の12の2，措令26の17）	措法第37条の10第2項第7号に掲げる公社債（平成28年1月1日以後に発行される一定の公社債など）のうち，次に掲げるものの差益金額をいいます。 ⑴　割引の方法により発行されるもの ⑵　分離元本公社債 ⑶　分離利子公社債 ⑷　利子が支払われる公社債で，その発行価額の額面全額に対する割合が90%以下であるもの **(注)**　源泉徴収の対象となる差益金額は，次に掲げる区分に応じそれぞれ次に定める金額をいいます。 　　イ　割引債（分離利子公社債を除きます。）のうち発行の日から償還の日までの期間が1年以下であるもの（ハに掲げるものを除きます。）……割引債の償還金の額に0.2%を乗じて計算した金額 　　ロ　割引債（分離利子公社債を除きます。）のうち発行の日から償還の日までの期間が1年を超えるもの及び分離利子公社債（ハに掲げるものを除きます。）……割引債の償還金の額に25%を乗じて計算した金額 　　ハ　割引債管理契約に基づき，その割引債の取得に要した金額が管理されているもの……割引債の償還金の額がその割引債管理契約に基づき管理されているその割引債の取得に要した金額を超える場合におけるその差益の金額	⑴　償還の時に特定口座において管理されているもの ⑵　外貨債	15.315%（このほか地方税5%の特別徴収）

⒁　懸賞金付預貯金等の懸賞金等

区　　　分	左の懸賞金等に該当するもの	左の懸賞金等に該当しないもの	源泉徴収税率
懸賞金付預貯金等の懸賞金等（措法41の9，措令26の9）	預貯金等（預貯金，合同運用信託，公社債，公社債投資信託の受益権，定期積金等）の契約に基づき預入等がされた預貯金等を対象として行われるくじ引等の方法により支払等を受ける金品その他の経済上の利益		15.315%（このほか地方税5%の特別徴収） **(注)**　源泉徴収だけで納税が完了する源泉分離課税が適用されます。

付録
4

2 内国法人に対して支払う報酬・料金など

(1) 所法174三号から八号までの定期積金の給付補塡金等

区　　　　分	左の給付補塡金等に該当するもの	左の給付補塡金等に該当しないもの	源泉徴収税率
定期積金の給付補塡金等	(1)　定期積金に係る給付補塡金 　**(注)**　給付補塡金の額は，契約による給付金額から掛金総額を控除した残額をいいます。 (2)　銀行法第2条第4項の契約（旧相互掛金）に基づく給付補塡金 　**(注)**　給付補塡金の額は，契約による給付金額から掛金総額を控除した残額をいいます。 (3)　抵当証券の利息 (4)　貴金属等の売戻し条件付き売買契約に基づく利益 (5)　外貨建預貯金のうち，その元本と利子を予め約定した率により円貨又はその他の外貨に換算して支払うこととされているものの差益（「その他の外貨」に換算して支払うこととされている外貨建預貯金については，平成18年1月1日以後預入するものの，同日以後に受けるべき差益について適用されます。） (6)　いわゆる一時払養老保険，一時払損害保険等に係る差益（保険期間等が5年以下のもの及び保険期間等が5年を超えるもので保険期間等の初日から5年以内に解約されたものに限られます。）	(1)　定期積金契約及び銀行法第2条第4項の契約（旧相互掛金契約）の中途解約前の期間又は満期後の期間に対応して支払う利子（所基通23-1(3)(4)） (2)　定期積金契約及び銀行法第2条第4項の契約（旧相互掛金契約）に定められた払込日後に掛金の払込みがされたことにより，給付金の額から控除される遅延利息又は延滞利息（所基通174-1(1)）	15.315%

(2) 所法174九号の利益の分配

区　　　　分	左の利益の分配に該当するもの	左の利益の分配に該当しないもの	源泉徴収税率
匿名組合契約などに基づく利益の分配	(1)　匿名組合契約に基づく利益の分配 (2)　当事者の一方が相手方の事業のために出資をし，相手方がその事業から生ずる利益を分配することを約する契約に基づく利益の分配		20.42%

(3) 所法174十号の賞金

区　　　分	左の賞金に該当するもの	左の賞金に類似しているもので，該当しないもの	源泉徴収税率
馬主が受ける競馬の賞金	馬主に競馬の賞として支払われる金品のうち，金銭で支払われるもの	副賞として交付される賞品	その賞金の額からその額の20％と60万円との合計額を控除した残額に対し10.21％

(4) 割引債の償還差益（発行時源泉徴収）

区　　　分	左の償還差益に該当するもの	左の償還差益に該当しないもの	源泉徴収税率
割引債の償還差益（措法41の12，措令26の15）	232ページの「⑿割引債の償還差益（発行時源泉徴収）」の欄を参照	232ページの「⑿割引債の償還差益（発行時源泉徴収）」の欄を参照	18.378％ただし，特定割引債のものについては，16.336％

(5) 割引債の差益金額（償還時源泉徴収）

区　　　分	左の償還差益に該当するもの	左の償還差益に該当しないもの	源泉徴収税率
割引債の差益金額（措法41の12の2，措令26の17）	233ページの「⒀割引債の償還差益（償還時源泉徴収）」の欄を参照	233ページの「⒀割引債の償還差益（償還時源泉徴収）」の欄を参照	15.315％

(6) 懸賞金付預貯金等の懸賞金等

区　　　分	左の懸賞金等に該当するもの	左の懸賞金等に該当しないもの	源泉徴収税率
懸賞金付預貯金等の懸賞金等（措法41の9，措令26の9）	預貯金等（預貯金，合同運用信託，公社債，公社債投資信託の受益権，定期積金等）の契約に基づき預入等がされた預貯金等を対象として行われるくじ引等の方法により支払等を受ける金品その他の経済上の利益		15.315％（このほか地方税5％の特別徴収）

付録4

非居住者又は外国法人に支払う所得に対する源泉徴収

付録5

非居住者又は外国法人に対して，次に掲げる国内源泉所得を支払う際に，原則として10.21％，15.315％又は20.42％の税率により源泉徴収を行います（所法212①，213①，措法8の2④，41の12，41の22）。

源泉徴収の対象となる国内源泉所得の種類	左の所得に該当するもの	左の所得に該当しないもの	源泉徴収税率
(1) **組合契約事業利益の配分**（所法161①四，所令281の2）	次の組合契約に基づいて恒久的施設を通じて行う事業から生ずる利益でその組合契約に基づいて配分を受けるもののうち一定のもの (1) 民法第667条第1項に規定する組合契約 (2) 投資事業有限責任組合契約 (3) 有限責任事業組合契約 (4) 外国における上記(1)から(3)に掲げる契約に類する契約		20.42％
(2) **土地等の譲渡による対価**（所法161①五，所令281の3）	国内にある土地，土地の上に存する権利，建物及びその附属設備又は構築物の譲渡による対価	譲渡対価の額が1億円以下で，かつ，土地等を自己又はその親族の居住の用に供するために譲り受けた個人から支払われるもの	10.21％
(3) **人的役務の提供事業の対価**（所法161①六，所令282，328一，所基通161-25，178-1，212-1）	(1) 映画や演劇の俳優，音楽家その他の芸能人又は職業運動家の役務の提供を主たる内容とする事業の対価 (注)1 租税条約の規定により国内に恒久的施設を有しないことなどを要件として免税とされる免税芸能法人等が支払を受ける芸能人等の役務提供報酬については，240ページの「(17)免税芸能法人等が支払を受ける芸能人等の役務提供事業の対価等」を参照。 2 非居住者又は外国法人が自ら主催して演劇の公演等の役務を提供することにより観客等から支払われる入場料，観覧料等については，源泉徴収をする必要はありません。 (2) 弁護士，公認会計士，建築士その他の自由職業者の役務の提供を主たる内容とする事業の対価 (3) 科学技術，経営管理その他の分野に関する専門的知識又は特別の技能を有する者のその知識又は技能を活用して行う役務の提供を主たる内容とする事業の対価	(1) 機械設備の販売業者が機械設備の販売に伴い販売先に対しその機械設備の据付け，組立て，試運転等のために技術者等を派遣する行為に係る事業の対価 (2) 工業所有権，ノーハウ等の権利者がその権利の提供を主たる内容とする業務を行うことに伴いその提供先に対しその権利の実施のために技術者等を派遣する行為に係る事業の対価	20.42％
(4) **不動産の賃貸料等**（所法161①七，所令328二）	国内にある不動産，不動産の上に存する権利，採石権の貸付け，租鉱権の設定又は居住者や内国法人に対する船舶や航空機の貸付けによる対価 (注) 土地家屋等の賃貸料で，その土地家屋等を自己又はその親族の居住の用に供するために借り受けた個人から支払われるものについては，源泉徴収をする必要はありません。		20.42％

236 〈付録5〉非居住者又は外国法人に支払う所得に対する源泉徴収

源泉徴収の対象となる国内源泉所得の種類	左の所得に該当するもの	左の所得に該当しないもの	源泉徴収税率
(5) **利子等**(所法161①八，所令282の2，措法5の2，5の3，6)	(1) 日本国の国債，地方債，内国法人の発行する債券の利子 (2) 外国法人の発行する債券の利子のうち外国法人の恒久的施設を通じて行う事業に係るもの (3) 国内にある営業所等に預け入れられた預貯金の利子 (4) 国内にある営業所等に信託された合同運用信託，公社債投資信託又は公募公社債等運用投資信託の収益の分配 **(注)** 1 平成10年4月1日以後に内国法人が国外で発行した債券及び外国法人が国外で発行した債券（一般民間国外債等）のうち一定のものにつき，国外において非居住者又は外国法人に支払われる一定の利子及び発行差金については，氏名・名称・住所などを記載した非課税適用申告書あるいは利子受領者情報の通知を受けるなどにより，その利子受領者が非居住者又は外国法人であることを確認した場合に限り源泉徴収をする必要はありません。 2 振替国債等及び振替社債等の利子については，一定の要件の下に，非居住者又は外国法人（一定の外国投資信託を含みます。）の所有していた期間（その振替国債等について引き続き振替口座簿への記載又は記録を受けていた期間に限ります。）に対応する金額に対しては，源泉徴収をする必要はありません。	240ページの「(15)割引債の償還差益（発行時源泉徴収）」に掲げる割引債の償還差益 240ページの「(16)割引債の差益金額（償還時源泉徴収）」に掲げる割引債の差益金額	15.315%
(6) **配当等**(所法161①九，措法8の2③，9の3)	(1) 内国法人から受ける剰余金の配当，利益の配当，剰余金の分配，金銭の分配又は基金利息 (2) 国内にある営業所に信託された投資信託（公社債投資信託及び公募公社債等運用投資信託を除きます。）の収益の分配，特定受益証券発行信託の収益の分配		20.42%**(注)** ただし，上場株式等については15.315%，私募公社債等運用投資信託の収益の分配などについては15.315%
(7) **貸付金の利子**(所法161①十，所令283，所基通161-15，161-16，161-17，161-20，措法42の2)	(1) 国内において業務を行う者に対する貸付金でその者の国内において行う業務の用に供されている部分の貸付金に対応する利子 **(注)** レポ取引（債券の買戻又は売戻条件付売買取引）により支払を受ける利子も貸付金の利子に含まれますが，外国の金融機関が，国内の金融機関との間で行うレポ取引から生ずるものについては一定の要件の下で非課税とされます。 (2) 勤務先に対する預け金で預貯金に該当しないものの利子 (3) 取引先等に対する保証金，預け金の利子 (4) 売買，請負等の対価に係る延払債権等の利子	(1) 次に掲げる債権でその履行期間が6か月を超えないものの利子（所令283） ① 国内において業務を行う者に対してする資産の譲渡又は役務の提供の対価に係る債権 ② ①の対価の決済に関し，金融機関が有する債権 (2) (1)以外の商品等の輸入代金に係る延払債権の利子相当額のうち，商品等の代金に含めて関税の課税標準とされるもの (3) 次に掲げる貸付金の利子 ① 非居住者等の業務の用に供される船舶又は航空機の購入のために，その非居住者等に対して提供された貸付金	20.42%

付録5

源泉徴収の対象となる国内源泉所得の種類	左の所得に該当するもの	左の所得に該当しないもの	源泉徴収税率
	(5) 売買，請負等の対価に代わる性質を有する損害賠償金等に係る延払債権	② 国外において業務を行う者に対して提供された貸付金で，その国外において行う業務に係るもの ③ 非居住者に対して提供された貸付金で，その非居住者の行う業務以外のものに係るもの	
(8) 使用料等（所法161①十一，所令284，所基通161-34，161-37）	国内において業務を行う者から受ける次の使用料又は譲渡の対価で，国内において行う業務に供されている部分に対応するもの (1) 工業所有権その他の技術に関する権利，特別の技術による生産方式などの使用料又はその譲渡による対価 (2) 著作権（出版権，著作隣接権などを含みます。）の使用料又はその譲渡による対価 (3) 機械，装置，車両，運搬具，工具，器具，備品の使用料 (4) 上記(2)又は(3)の資産で居住者又は内国法人の業務の用に供される船舶又は航空機において使用されるものの使用料	(1) 海外における技術の動向，製品の販路，特定の品目の生産高等の情報又は機械，装置，原材料等の材質等の鑑定，性能の調査，検査等の対価 (2) 技術等又は著作権の提供契約に基づき支払われる①技術等の提供者が派遣した技術者に支払う給与，通常必要と認められる渡航費，滞在費，国内旅費，②技術等の提供者のもとに技術習得のために派遣された技術者に対する技術を伝授するために必要な費用，③図面，型紙，見本等の代金でその作成のための実費を超えないもの及び④スチール写真等の広告宣伝用材料の代金でその作成のための実費を超えないもので，使用料の金額と明確に区分されているもの	20.42%
(9) 給与，報酬又は年金（所法161①十二，所令285）	(1) 俸給，給料，賃金，歳費，賞与又はこれらの性質を有する給与その他人的役務の提供に対する報酬のうち，国内において行う勤務その他の人的役務の提供（内国法人の役員としての国外勤務等を含みます。）に基因するもの (2) 公的年金等 (3) 退職手当等のうちその支払を受ける人が居住者であった期間に行った勤務その他の人的役務の提供（内国法人の役員として非居住者の期間に行った勤務等を含みます。）に基因するもの (注)1 非居住者が国内及び国外の双方にわたって行った勤務又は人的役務の提供に基因して給与又は報酬の支払を受ける場合におけるその給与又は報酬の総額のうち，国内において行った勤務又は人的役務の提供に係る部分の金額は，国内における公演等の回数，収入金額等の状況に照らしその給与又は報酬の総額に対する金額が著しく少額であると認められる場合を除き，次の算式により計算します（所基通161-41）。 給与又は報酬の総額 × 国内において行った勤務又は人的役務の提供の期間 / 給与又は報酬の総額の計算の基礎となった期間 ただし，国内において勤務し又は人的役務を提供したことにより特に給与又は報酬の額が加算されている場合には，上記の算式は適用しないこととされています。	(1) 給与の計算期間の中途において国外にある支店等から国内にある本店等に転勤したため帰国した人に支払う給与で，その人の居住者となった日以後に支給期の到来するものについては，その給与の金額のうちに非居住者であった期間の勤務に対応する部分の金額が含まれているときであっても，その総額を居住者に対する給与として源泉徴収を行います（所基通212-5（注）2）。 (2) 外国の法令に基づいて支給される年金	20.42% ただし，(2)の公的年金等については，次の区分に掲げる金額にその支払われる年金の額に係る月数を乗じた金額を控除した残額に20.42% 年齢65歳以上…9万5千円 年齢65歳未満…5万円

源泉徴収の対象となる 国内源泉所得の種類	左の所得に該当するもの	左の所得に該当しないもの	源泉徴収税率
	2 給与等の計算期間の中途において居住者から非居住者となった人に支払うその非居住者となった日以後に支給期の到来する給与等のうち, その計算期間が1か月以下であるものについては, その給与等の全額がその人の国内において行った勤務に対応するものである場合を除き, その総額を国内源泉所得に該当しないものとして差し支えありません (所基通212-5)。 3 退職手当等については, 上記の算式中「給与又は報酬」を「退職手当等」と,「国内において行った勤務又は人的役務の提供の期間」を「居住者であった期間に行った勤務等の期間及び所得税法施行令第285条第3項に規定する非居住者であった期間に行った勤務等の期間」と読み替えて計算します(所基通161-41(注)2) 4 免税芸能法人等から支払を受ける芸能人等の役務提供報酬については,「(17)免税芸能法人等が支払を受ける芸能人等の役務提供事業の対価等」を参照。		
(10) 事業の広告宣伝のための賞金品 (所法161①十三, 所令286)	国内において行われる事業の広告宣伝のために賞として支払われる金品その他の経済的利益	旅行その他の役務の提供を内容とするもので, 金品との選択をすることができないもの	50万円を控除した残額に20.42%
(11) 生命保険契約に基づく年金等 (所法161①十四, 所令287)	国内にある営業所, 国内において契約の締結の代理をする者を通じて締結した生命保険契約, 損害保険契約その他の年金に係る契約に基づいて受ける年金で(9)の公的年金等に該当しないもの		払い込まれた保険料等のうち年金の額に対応する部分の金額を控除した残額に20.42%
(12) 定期積金の給付補塡金等(所法161①十五, 174七)	(1) 国内にある営業所が受け入れた定期積金契約に基づく給付補塡金 (2) 国内にある営業所が受け入れた銀行法第2条第4項の契約(旧相互掛金)に基づく給付補塡金 (3) 国内にある営業所を通じて締結された契約により支払われる抵当証券の利息 (4) 国内にある営業所を通じて締結された貴金属等の売戻し条件付売買契約に基づく利益 (5) 外国通貨で表示された預貯金で, その元本と利子をあらかじめ約定した率により本邦通貨又は他の外国通貨に換算して支払うこととされている差益のうち国内にある営業所が受け入れた預貯金に係るもの (6) 国内にある営業所を通じ又は国内において契約の代理をする者を通じて締結された, いわゆる一時払養老保険, 一時払損害保険等に係る差益 (保険期間		15.315%

源泉徴収の対象となる国内源泉所得の種類	左の所得に該当するもの	左の所得に該当しないもの	源泉徴収税率
	等が5年以下のもの及び保険期間等が5年を超えるものでその保険期間等の初日から5年以内に解約されたものに限られます。)		
(13) 匿名組合契約等の利益の分配（所法161①十六，所令288）	国内において事業を行う者に対する出資につき，匿名組合契約又はこれに準ずる契約に基づいて受ける利益の分配		20.42%
(14) 懸賞金付預貯金等の懸賞金等（措法41の9，措令26の9）	国内において預貯金等（預貯金，合同運用信託，公社債，公社債投資信託の受益権，定期積金等）の契約に基づき預入等がされた預貯金等を対象として行われるくじ引等の方法により支払等を受ける金品その他の経済上の利益		15.315%
(15) 割引債の償還差益（発行時源泉徴収）（措法41の12，措令26の9の2）	232ページの「(12)割引債の償還差益（発行時源泉徴収）」の(1)～(6)に掲げる割引債の償還差益 (注) 割引の方法により発行される特定短期国庫債券又は短期社債等で，その発行の際にその銘柄が同一である他の特定短期国庫債券又は短期社債等のすべてとともに特定の振替記載等がされるものについては，その発行時の償還差益に対する源泉徴収が免除されます。	(1) 独立行政法人住宅金融支援機構，沖縄振興開発金融公庫，独立行政法人都市再生機構が発行する債券 (2) 外貨公債の発行に関する法律第1条第1項に規定する外貨債 (3) 平成28年1月1日以後に発行された公社債（長期信用銀行債等及び農林債を除きます。）	18.378% ただし，特定のものについては16.336%（232ページ参照）
(16) 割引債の差益金額（償還時源泉徴収）（措法41の12の2，措令26の17）	233ページの「(13)割引債の差益金額（償還時源泉徴収）」の差益金額	(1) 償還の時に特定口座において管理されているもの (2) 外貨債	15.315%
(17) 免税芸能法人等が支払を受ける芸能人等の役務提供事業の対価等（措法41の22，実施特例法3，実施特例省令1の2）	(1) 芸能人や職業運動家の役務提供を主たる内容とする事業を行う非居住者又は外国法人で，その役務提供の対価につき租税条約によって所得税が免除される一定のもの（以下「免税芸能法人等」といいます。）が支払を受ける国内において行ったその芸能人等の役務提供を主たる内容とする事業の対価（いったん源泉徴収された後に自己帰属所得部分について還付されます。） (2) 非居住者又は外国法人が免税芸能法人等から支払を受ける次の給与，報酬又は料金（(1)の対価のうちから支払われるものに限ります。） 　イ 免税芸能法人等の事業のために役務の提供をした芸能人等の非居住者（実際に芸能活動等を行った個人）が支払を受ける報酬等 　ロ 免税芸能法人等の事業のために芸能人等の役務の提供事業を行った非居住者又は外国法人（芸能企業が複数介在している場合の他の芸能企業）が支払を受ける対価		20.42% ただし，免税芸能法人等が一定の書類をその対価の支払者を経由して税務署長に提出した場合は15.315%

※　わが国と租税条約を締結している国の居住者又は法人に支払う一定の所得については，これらの条約の適用を受けるための「租税条約に関する届出書」をその支払者を経由して所轄税務署長に提出すれば，その所得に対する源泉徴収税率が軽減され，又は免除されます。また，外国居住者等所得相互免除法の規定により，台湾に住所を有する個人，台湾に本店等を有する法人等が支払を受ける一定の所得については，課税が軽減又は非課税とされる場合があります。

(注) 措置法第3条，第8条の2及び第41条の10の規定により，恒久的施設を有する非居住者が得る利子等，私募公社債等運用投資信託等の収益の分配に係る配当等及び定期積金の給付補塡金等については，居住者の場合と同様，15.315％の税率で源泉分離課税が適用されます。

　また，措置法第8条の5の規定により，恒久的施設を有する非居住者が支払を受ける配当等（源泉分離課税が適用されるものを除きます。）のうち，上場株式等の配当等，公募株式投資信託等の収益の分配に係る配当等又はこれら以外の配当等で1回に支払を受けるべき金額が10万円に配当計算期間（その配当等の直前にその法人が支払った配当等の支払に係る基準日の翌日からその法人が支払う配当等の支払に係る基準日までの期間）の月数（最高12か月）を乗じて12で除して計算した金額以下のものについては，確定申告不要制度の適用が認められています。

付録 **6** 利子に対する課税関係

1 源泉徴収の対象となる利子所得の範囲

　源泉徴収の対象となる利子所得は，次の表に掲げるとおりです（所法23，174，181，212，措法3の3，4の4，6）。

区　　　分	説　　　　　明
公　債　の　利　子	国又は地方公共団体（外国又は外国の地方公共団体を含みます。）が発行する債券の利子（所基通2-10） 　(**注**)　分離利子公社債に係るものを除きます。
社　債　の　利　子	①　会社が会社法等の規定により発行する債券の利子 ②　会社以外の内国法人が特別の法律の規定により発行する債券の利子 ③　外国法人が発行する債券で①又は②に準ずるものの利子 　(**注**)1　分離利子公社債に係るものを除きます。 　　　　2　債券の発行につき法律の規定をもたない会社以外の内国法人が発行するいわゆる学校債，組合債等の利子は，利子所得ではなく，雑所得になります（所基通2-11）。
預　貯　金　の　利　子	①　銀行その他の金融機関に対する預金及び貯金の利子 　(**注**)　金融機関とは，法律の規定により預貯金の受入れの業務を行うことが認められている銀行，信用金庫，信用金庫連合会，労働金庫，労働金庫連合会，信用協同組合，農業協同組合，漁業協同組合，水産加工業協同組合等をいいます（所基通2-12）。 ②　労働基準法又は船員法の規定により管理される，いわゆる勤務先預金の利子（所令2一） 　(**注**)　労働基準法第18条又は船員法第34条に基づく貯蓄金管理協定が作成されていない勤務先預金の利子やこれらの協定のある勤務先預金であっても，代表権や業務執行権のある役員や従業員の家族などの預金に対する利子は，利子所得ではなく雑所得となります。 ③　国家公務員共済組合法，地方公務員等共済組合法又は私立学校教職員共済法に規定する組合等に対する組合員等の貯金の利子（所令2二） ④　勤労者財産形成貯蓄契約，勤労者財産形成住宅貯蓄契約又は勤労者財産形成年金貯蓄契約に基づく有価証券の購入のための証券会社（一定の金融商品取引業者）に対する預託金の利子（所令2三，措規3の8）
合同運用信託の収益の分配	信託会社が引き受けた金銭信託で，共同しない多数の委託者の信託財産を合同して運用するいわゆる指定金銭信託や貸付信託の収益の分配（委託者非指図型投資信託や委託者が実質的に多数でないものとされる一定の信託等を除きます。）
公社債投資信託の収益の分配	証券投資信託のうち，その信託財産を公社債に対する投資として運用することを目的とするもので，株式又は出資に対する投資として運用しないものの収益の分配
公募公社債等運用投資信託の収益の分配	証券投資信託以外の投資信託のうち，信託財産として受け入れた金銭を公社債等に対して運用するもの（その設定に係る受益権の募集が公募によるものに限ります。）の収益の分配
国外公社債等の利子等	国外で発行された公社債（外貨建公社債を除きます。）又は公社債投資信託若しくは公募公社債等運用投資信託の受益権の利子又は収益の分配に係る利子等（国内において支払われるものに限ります。）で，国内における支払の取扱者を通じて交付されるもの

区　　分	説　　　　　明
勤労者財産形成貯蓄保険契約等に基づき支払を受ける差益	勤労者財産形成貯蓄契約，勤労者財産形成住宅貯蓄契約又は勤労者財産形成年金貯蓄契約に基づき支払を受ける生命保険若しくは損害保険又は生命共済の差益（勤労者財産形成年金貯蓄契約が災害，疾病その他やむを得ない事情以外の理由で解約された場合の解約返戻金等に含まれる差益を除きます。）

2　利子所得に対する源泉徴収

(1)　居住者に支払う利子所得

　①居住者に国内において利子等を支払う者，②居住者に支払われる国外公社債等の利子等の国内における支払の取扱者，③民間国外債の利子を居住者に対し国外において支払う者は，その支払又は交付の際，次の表に掲げるところにより所得税及び復興特別所得税を源泉徴収しなければなりません。

課税方式	対象となる利子等の種類	源泉徴収税率	確定申告の要否
源泉分離課税制度〔源泉徴収だけで納税義務が完結するもの（措法3①，3の3①，4の4①）〕	①　次に掲げる一般利子等（措法3①） 　イ　特定公社債以外の公社債の利子（国外公社債等の利子等及び⑩の利子を除きます。） 　ロ　預貯金の利子 　ハ　合同運用信託の収益の分配，公社債投資信託でその受益権の募集が公募以外の方法（私募）により行われたものの収益の分配 ②　国外一般公社債等の利子等（措法3の3①） ③　利子等とみなされる勤労者財産形成貯蓄保険契約等に基づき支払を受ける差益（措法4の4①）	15.315% （注）　このほかに地方税5％の特別徴収が必要。	不要 （確定申告をすることはできません。）
申告分離課税制度〔確定申告により申告分離課税を受けるもの（措法8の4①）〕	④　特定公社債の利子（措法3①一） ⑤　公社債投資信託のうち，次のいずれかのものの収益の分配（措法3①二） 　イ　その設定に係る受益権の募集が一定の公募により行われたもの 　ロ　その受益権が金融商品取引所に上場しているもの又はその受益権が外国金融商品市場において売買されているもの ⑥　公募公社債等運用投資信託の収益の分配（措法3①三） ⑦　国外一般公社債等の利子等以外の国外公社債等の利子等（措法3の3）		原則として，確定申告をすることを要しません（措法8の5①二，三，七，3の3⑦）。（注1，2）
総合課税制度〔確定申告により総合課税を受けるもの（所法22）〕	⑧　特定公社債以外の公社債の利子で，その利子の支払をした法人が法人税法第2条第10号に規定する同族会社に該当するときにおけるその判定の基礎となる一定の対象者（特定個人）及びその親族等が支払を受けるもの（措法3①四，措令1の4③） ⑨　民間国外債の利子（措法6②）		要 （注）　給与所得者で給与所得以外の利子所得などの所得が20万円以下の人は原則として不要です（所法121①）（注2）。
	⑩　公社債の利子で条約又は法律において源泉徴収の規定が適用されないもの（措令1の4①）（注3）	適用なし	

(注) 1 　確定申告をして源泉徴収税額の還付を受けることもできます。また，上場株式等に係る譲渡損失の金額がある場合には，申告分離課税の適用を受ける上場株式等に係る配当所得等の金額を限度として，その配当所得等の金額から控除することができます（措法37の12の2①）。

　　　2 　④〜⑩の利子の支払を受ける人は，氏名，住所及び個人番号（一定の場合には不要です。）を支払者に告知（無記名の公社債の利子，無記名の貸付信託又は公社債投資信託の収益の分配の支払を受ける場合には，受領に関する告知書を，支払の取扱者に提出）しなければならないことになっています。この場合，その支払を受ける人は，住民票の写しその他一定の書類を提示等しなければならないものとされ，その支払者等はその告知された事項又は告知書に記載されている事項を確認しなければならないこととされています（所法224①②）。

　　　3 　⑩の利子（不適用利子）であっても，特定公社債の利子に該当するものは，申告分離課税の適用を受けます。

なお，「特定公社債」とは次に掲げる一定の公社債（長期信用銀行債等，農林債及び償還差益について発行時に源泉徴収がされた一定の割引債を除きます。）をいいます（措法3①一，37の10②七，37の11②一，五〜十四，措令25の8③）。

イ　金融商品取引所に上場されている公社債，外国金融商品市場において売買されている公社債その他これらに類するもの

ロ　国債，地方債

ハ　外国又はその地方公共団体が発行し，又は保証する債権

ニ　会社以外の法人が特別の法律により発行する一定の債権

ホ　公社債でその発行の際の有価証券の募集が一定の公募により行われたもの

ヘ　社債のうち，その発行の日前9月以内（外国法人にあっては，12月以内）に有価証券報告書等を内閣総理大臣に提出している法人が発行するもの

ト　金融商品取引所等においてその規制に基づき公表された公社債情報に基づき発行する一定の公社債

チ　国外において発行された一定の公社債

リ　外国法人が発行し，又は保証する一定の債券

ヌ　銀行業等を行う法人等が発行した一定の社債

ル　平成27年12月31日以前に発行された一定の公社債（同族会社が発行したものを除きます。）

また，「国外一般公社債等の利子等」とは，国外公社債の利子等のうち，上記の表④から⑥までに掲げる利子等以外のものをいいます（措法3の3①）。

(2)　内国法人に支払う利子所得

①内国法人に対し国内において利子等を支払う者，②内国法人に支払われる国外公社債等の利子等の国内における支払の取扱者，③民間国外債の利子を内国法人に対し国外において支払う者は，その支払又は交付の際，その利子等に対し15.315%の税率により源泉徴収を行うことになっています（所法212③，213②，措法3の3②③，6②）。

(注)　内国法人が支払を受ける利子等のうち，

　　　①　金融機関の受ける利子等

　　　②　金融商品取引業者等の受ける公社債の利子等

　　　③　資本金又は出資金の額が1億円以上の内国法人のうち一定のものが受ける公社債の利子などの利子等で，一定のもの

については，源泉徴収を要しないこととされています（措法8①〜③）。

付録7 勤務先預金の利子に対する課税関係

区　分		説　　　明
課税のあらまし	1　所　得　区　分	勤務先預金の利子は，その預金が所得税法上の「預貯金」に該当する場合には利子所得とされ，その他の場合には雑所得とされます。
	2　利子所得とされるもの	利子所得とされる勤務先預金の利子は，次のものです（所令2一）。 (1)　労働基準法第18条の規定により管理される労働者の貯蓄金の利子 (2)　船員法第34条の規定により管理される船員の貯蓄金の利子
	3　雑所得とされるもの	勤務先預金の利子のうち次のものは，利子所得ではなく，雑所得とされます。 (1)　法人の役員の預金の利子。ただし，業務執行権も代表権もなく，しかも，工場長，部長等の職にあって賃金の支払を受けている役員の預金利子は，利子所得とされます。 (2)　労働者や船員の家族又は既に退職した人の預金の利子。ただし，退職した人の預金で退職後1か月以内に解約されたものの利子又は死亡により退職した人の預金で同じ勤務先に勤務する相続人が相続したものの利子は，利子所得とされます。
	4　利子所得とされるものに対する課税	勤務先預金の利子で利子所得とされるものについては，課税上次のように取り扱われます。 (1)　障害者等のマル優制度の適用を受ける利子には，所得税は課されません。 (2)　(1)以外の利子については，15.315％の税率による源泉徴収（居住者については，このほかに地方税5％の特別徴収）だけで納税が完了する源泉分離課税制度が適用されます。
	5　雑所得とされるものに対する課税	勤務先預金の利子で雑所得とされるものについては，源泉徴収の必要はありませんが，確定申告の際には，他の所得と総合して申告しなければなりません。ただし，非居住者である役員などの預金の利子で利子所得とされないものについては，非居住者に支払う貸付金の利子として，通常20.42％の税率による源泉徴収が必要です（所法161①十）。
	6　そ　の　他	勤労者財産形成住宅貯蓄契約，勤労者財産形成年金貯蓄契約に基づいて預入された一定の預金等で元本550万円までのものについては，一定の手続をとることによりその利子につき非課税扱いが受けられます（措法4の2，4の3）が，勤務先預金はこの対象となりません。
障害者等のマル優制度のあらまし	1　非課税貯蓄申告書の提出	勤務先預金の利子について障害者等のマル優制度の適用を受けようとする人は，最初に勤務先に預金をするときまでに非課税貯蓄申告書を勤務先を通じて所轄税務署長に提出します（所法10③）。
	2　申告書に記載する非課税貯蓄限度額	1の非課税貯蓄申告書には，非課税限度額を記載します。非課税限度額は預貯金，合同運用信託及び公社債などの有価証券を通じて，元本の合計額が350万円と定められていますから，勤務先預金だけについてこの制度の適用を受ける人は，非課税限度額を350万円と記載できますし，他の銀行などの預貯金や合同運用信託，公社債などの有価証券についてもこの制度の適用を受けようとする人は，それらとの合計額が350万円の範囲内で，それぞれの非課税限度額を適宜定め，勤務先預金について定めた非課税限度額を記載します（所法10⑦，措法3の4）。 　また，非課税貯蓄申告書に記載した非課税限度額を変更しようとする場合には，その都度，非課税貯蓄限度額変更申告書を勤務先を通じて所轄税務署長に提出します（所法10④）。
	3　非課税貯蓄申込書	非課税貯蓄申告書を提出した人が非課税の対象とする預金の預入をする場合には，4に該当する場合を除き，その預入の都度，勤務先に対し非課税貯蓄申込書を提出します。この申込書を提出しないで預入をしたものは非課税の対象となりません。
	4　最高限度額方式による非課税貯蓄申込書	普通預金や反覆して預入することを約した定期預金等については，3の非課税貯蓄申込書に，その預金の口座に預入をしようとする予定最高限度額（口座限度額）を記載することにより，その後の預入の際の非課税貯蓄申込書の提出を省略できます。また，この限度額を変更しようとするときは，変更後の口座限度額を記載した非課税貯蓄申込書を提出します。
	5　最高限度額を超えて預入した場合	4により限度額を定めた預金につき，その限度額を超えて預入をした場合（8に該当する場合を除きます。）には，その預金の利子については，その後は元本の合計額のいかんを問わず，非課税の適用は一切受けられなくなります。

付録7

区　　分	説　　明
6　非課税とされる利子	非課税とされる利子は，非課税貯蓄申込書を提出して預入をした預金の利子で，その利子計算期間中の日々の残高（2口以上の預金があるときは，残高の合計額）が勤務先を経由して提出した非課税貯蓄申告書に記載した「非課税限度額」以下である場合の利子に限られます。この場合，4の「最高限度額方式による非課税貯蓄申込書」を提出した預金については，実際の残高のいかんにかかわらず，その申込書に記載された口座限度額に相当する預金が常時あったものとして非課税限度額以下であったかどうかを判定します。 　なお，勤務先預金の合計額が非課税貯蓄申告書に記載された非課税限度額を超えることとなる場合には，その超えることとなる部分の金額は別口座の預金として非課税貯蓄申込書を提出した口座の預金と明確に区分し，非課税貯蓄申込書を提出した預金の残高が非課税限度額以下となるようにしておけば，その限度額までが非課税となります。
7　障害者等のマル優制度の適用を受けていた人が死亡した場合	障害者等のマル優制度の適用を受けていた人が死亡した場合には，死亡後に支払われる利子は相続人の所得として課税されることになりますが，その死亡した日を含む利子の計算期間に係る利子のうち生存中の期間に対応する利子については非課税として取り扱われます。したがって，死亡後に支払われる利子については，その利子の計算期間のうち死亡した日の翌日以後の期間に対応する利子について課税されることとなります。 **(注)**　障害者等のマル優制度の適用を受けていた人が死亡した場合には，その相続人が障害者等のマル優制度の適用を受けることができるときは，一定の手続をして引き続き利子の非課税を受けることができます。
8　障害者等に該当しないこととなった場合の預入と非課税とされる利子	(1)　勤務先預金のうち普通預金又は普通貯金に相当するものにつき最高限度額方式による非課税貯蓄申込書を提出した人が，その後障害者等に該当しないこととなった場合には，その該当しないこととなった日の属する利子の計算期間までは，障害者等のマル優制度が適用されます。 (2)　上記(1)以外の勤務先預金につき最高限度額方式による非課税貯蓄申込書を提出した人が，その後障害者等に該当しないこととなった場合で，かつ，その預金契約に基づいてその預金に引き続き預入をしたときは，預入した金額やその預金の利率等を基礎として計算した「該当しないこととなった日前に預入した部分の利子」が非課税となります。 (3)　勤務先預金につき，最高限度額方式によらない非課税貯蓄申込書を提出した人が，その後障害者等に該当しないこととなった場合には，その預金の満期払の利子，期日後利子及び期限前解約の利子はいずれも非課税となります。 **(注)**　中間払利子を新たな預金とする場合や，これまでの預金を継続して新たな預金とする場合には，非課税貯蓄申込書を提出できないことになりますので，これらの預金については，障害者等のマル優制度の適用は受けられないことになります。
9　申告書等の確認	預金の受入者が非課税貯蓄申告書，非課税貯蓄限度額変更申告書又は非課税貯蓄に関する異動申告書の提出を受けたときは，その人から身体障害者手帳や遺族基礎年金の年金証書などの確認書類の提示を受けて，その申告書に記載された住所，氏名，生年月日及び個人番号並びに障害者等に該当する旨が真実であることを確認し，その申告書に確認した旨の証印をするほか，他の金融機関などに対し既に非課税貯蓄申告書を提出している人については，申告書に記載した非課税限度額の合計額が350万円を超えることのないように注意します（所法10⑤）。 **(注)1**　3の非課税貯蓄申込書を受け取ったときにも，原則として確認書類の提示を受けて，その申込書に記載された住所，氏名，生年月日及び障害者等に該当する旨が真実であることを確認しておかなければなりません（所法10②）。 **2**　障害者等のマル優制度の適用を受けようとする人から確認書類の写しが添付された「申請書」の提出を受け，それに基づいて預金の受入者が作成した帳簿により，非課税貯蓄申込書に記載された住所，氏名，生年月日及び障害者等に該当する事実を確認する方法（以下「申請書方式による確認方法」といいます。）も認められています。
10　障害者等に該当しないこととなった場合の届出	最高限度額方式による非課税貯蓄申込書を提出していた人又は申請書方式による確認方法を依頼していた人が障害者等に該当しないこととなった場合には，遅滞なく，「資格喪失届出書」を提出しなければなりません（所令35④，41の2②，所規6②，7⑥）。
11　申告書等の送付	預金の受入者が9の申告書や非課税貯蓄廃止申告書，非課税貯蓄者死亡届出書を受け取ったとき又は貯蓄者が死亡したことを知ったときには，その受理した日又は死亡したことを知った日の属する月の翌月10日までに，これらの申告書等をその勤務先預金を受け入れている事業所などの所在地の所轄税務署長に送付します。

区　　分	説　　明
障害者等のマル優制度のあらまし 12　転勤の場合の引継ぎ	転勤した人の勤務先預金を新勤務先に引き継ぐことにしているときは，非課税貯蓄に関する異動申告書を旧勤務先及び新勤務先を経由して転勤前（異動前）の所在地の所轄税務署長に提出すれば，その勤務先預金について引き続き非課税の適用を受けることができます。
13　非課税貯蓄の表示	非課税貯蓄申込書が提出された預金の通帳，証書その他の書類には，その旨を表示します。
14　各人別元本などの記録	預金の受入者は，非課税貯蓄申込書が提出された預金について帳簿を備え，各人別に，元本額，支払利子額などの記録を明らかにしなければなりません。
15　金融機関の営業所等の届出書	勤務先預金の受入者は，最初に非課税貯蓄申告書を受理することになると見込まれる日までに，所定の届出書を，その預金の受入れをした事業所などの所在地の所轄税務署長を経由して，国税庁長官に提出しなければなりません。
16　金融機関等の特定業務の停止等	金融機関等が特定業務（有価証券の購入に係る業務）の停止命令を受けた場合等においては，障害者等のマル優制度の適用を受けている有価証券を他の金融機関等へ移管し，非課税制度を継続することができます。
17　電磁的方法による提供	次に掲げる書類の金融機関の営業所等に対する書面による提出に代えて，その金融機関の営業所等に対してその書類に記載すべき事項を電磁的方法による提供を行うことができます。この場合において，その提供があったときは，その書類の提出があったものとみなされます（所法10⑧）。 イ　特別非課税貯蓄申込書 ロ　特別非課税貯蓄申告書 ハ　特別非課税貯蓄限度額変更申告書

障害者等の範囲と確認書類

　障害者等のマル優制度の有資格者は，「障害者」，「その他の人（寡婦年金の受給者など）」に大別されますが，これらの人が非課税貯蓄申告書を提出する際に提示しなければならない確認書類の範囲と取扱いの概要は次のようになっています。

(1) 「障害者」については，その資格を証する「手帳・証書等」のほか，別途「個人番号カード等」の提示が必要となります。

(注) 1　個人番号カード等とは，次のいずれかの書類をいいます。

　　イ　個人番号カード

　　ロ　通知カード※及び住所等確認書類

　　　※　通知カードを番号確認書類として使用するためには，通知カードの記載事項が住民票の氏名，住所等と一致している必要があります。また，令和2年5月25日以後交付される「個人番号通知書」については，番号確認書類として使用することはできません

　　ハ　住民票の写し又は住民票の記載事項証明書（個人番号の記載のあるものに限ります。）及びこれら以外の住所等確認書類（印鑑証明書，健康保険の被保険者証，国民年金手帳，運転免許証，旅券など一定の書類をいいます。）

　　2　「手帳・証書等」に住所，氏名及び生年月日の記載（住所，氏名に変更があった場合には，その変更後の住所，氏名の記載のあるものに限ります。）がある場合には，「住所等確認書類」の提示は不要とされます。

(2) 「その他の人」については，その資格を証する「証書等」と「妻（母）であることを証する書類」のほか，別途，「個人番号カード等」の提示が必要とされています。ただし，妻（母）であることを証する書類とされる「妻（母）であることを証する事項の記載のある住民票の写し又は住民票の記載事項証明書（消除された事項の記載があるものを含みます。）」は「住所等確認書類」の一つですから，その人の現在の住所，氏名及び生年月日が記載されているものであれば，「住所等確認書類」を重複して提出する必要はないことになります。また「証書等」に妻（母）である旨の「続柄」の記載がある場合には，「妻（母）であることを証する書類」は不要とされます。

付録8 勤労者財産形成住宅貯蓄の利子等に対する課税関係

区　　　分	説　　　　　明
1　制　度　の　概　要	国内に住所を有する勤労者が，勤労者財産形成住宅貯蓄契約に基づき預入等をした財産形成住宅貯蓄の利子等については，所定の手続をとれば，所得税を課されないこととされています（措法4の2①）。
2　対　　象　　者	勤労者財産形成住宅貯蓄非課税制度の適用を受けることのできる人は，国内に住所を有する勤労者で，その勤務先（賃金の支払者）に「給与所得者の扶養控除等申告書」を提出している人です（措法4の2①）。したがって，勤労者であっても国内に住所を有しない人や，退職又は役員昇格によりその勤務先の勤労者に該当しなくなった人は，原則として，この制度の適用を受けることができません。 　ただし，勤労者財産形成住宅貯蓄非課税制度の適用を受けていた人が海外の支店等に転勤した場合や育児休業等をする場合であっても，雇用関係が継続しているなど一定の要件に該当する人については，所定の手続をとることにより，引き続き非課税扱いを受けることができることになっています。
3　非課税扱いの対象となる財産形成住宅貯蓄	この制度による非課税扱いの対象となる財産形成住宅貯蓄は，勤労者財産形成住宅貯蓄契約に基づき，貯蓄者は勤務先を通じて賃金から天引きの方法によって預入，信託，購入又は払込みをする預貯金，合同運用信託，特定の有価証券又は生命保険若しくは損害保険の保険料若しくは生命共済の共済掛金です（措法4の2）。ただし，勤務先預金及び共済組合貯金は，この制度の対象とはなりません（措令2の5②）。 　なお，この制度の対象となる生命保険，損害保険又は生命共済に係る差益（満期返戻金等の額から保険料の額又は共済掛金の額の合計額を控除した金額をいいます。）は，利子等とみなされることになっています（措法4の4①）。
4　勤労者財産形成住宅貯蓄契約の内容	勤労者財産形成住宅貯蓄契約とは，年齢55歳未満の勤労者が締結した次の貯蓄契約をいいます（財形法6④）。 　なお，勤労者財産形成住宅貯蓄契約は，一人一契約に限ることとされていますから，既に勤労者財産形成住宅貯蓄契約を締結している勤労者は，新たにこの契約を締結することはできません（財形法6⑤）。 (1)　銀行その他の金融機関若しくは信託会社又は金融商品取引業者を相手方とする一定の預貯金，合同運用信託又は有価証券の預入，信託又は購入に関する契約で，次の要件を満たすもの 　イ　5年以上の期間にわたって定期に預入等をするものであること 　ロ　積立金等については，一定の方法に従って住宅の取得及び一定の増改築等のための頭金等の支払に充てられるものであること 　ハ　ロに掲げる住宅の取得及び一定の増改築等のための払出，継続預入等のための払出又は勤労者が死亡した場合を除き，払出，譲渡又は償還をしないこととされていること 　ニ　住宅の取得のための対価から頭金を控除した残額に相当する支払は，その勤労者を雇用する事業主等から貸付けを受けて支払うことを予定しているものであること 　ホ　預入等は，勤労者と事業主との契約に基づき，事業主から支払われる賃金からの天引きにより行うか，又は財形給付金や財形基金給付金に係る金銭により行うものであること (2)　生命保険会社，損害保険会社，独立行政法人郵便貯金・簡易生命保険管理機構又は生命共済事業を行う農業協同組合，農業協同組合連合会若しくは消費生活協同組合連合会等を相手方とする生命保険契約，損害保険契約，簡易生命保険契約又は生命共済契約で，上記(1)のイ，ニ及びホの要件のほか，次の要件を満たすもの 　イ　生命保険契約等の保険期間又は共済期間は5年以上であること 　ロ　保険金や共済金は，持家の取得等の時の頭金等の支払のほか災害等の特別の理由で死亡した場合に限り支払われるものであること

区　　分	説　　　　明
4　勤労者財産形成住宅貯蓄契約の内容	ハ　上記ロの災害等により死亡した場合に支払われる保険金や共済金は，所定の金額以下であること ニ　被保険者又は被共済者と満期保険金又は満期共済金の受取人とが，ともにその勤労者であること ホ　剰余金の分配や割戻金の割戻しは，利差益の部分からのみ行われるものであること
5　財産形成非課税住宅貯蓄申告書の提出	財産形成住宅貯蓄の利子等について勤労者財産形成住宅貯蓄非課税制度の適用を受けようとする人は，最初にその預入等をする日までに，財産形成非課税住宅貯蓄申告書を勤務先（中小企業の事業主が勤労者財産形成住宅貯蓄契約に係る事務を事務代行団体に委託している場合には当該事務代行団体を含みます。以下「勤務先等」といいます。）及び金融機関の営業所等を経由して所轄税務署長に提出します（措法4の2④）。
6　財産形成非課税住宅貯蓄申告書に記載する非課税限度額	5の財産形成非課税住宅貯蓄申告書には，その金融機関の営業所等において非課税扱いを受けようとする財産形成住宅貯蓄の非課税限度額を記載します。 　なお，非課税限度額は預貯金，合同運用信託，公社債などの有価証券，生命保険又は損害保険の保険料及び生命共済の掛金を通じ財産形成年金貯蓄との合計額が最高550万円と定められています（措法4の2⑦）。
7　財産形成非課税住宅貯蓄申込書	財産形成非課税住宅貯蓄申告書を提出した人が非課税の対象とする財産形成住宅貯蓄の預入等をする場合には，その都度，勤務先等を経由して金融機関の営業所等に対し財産形成非課税住宅貯蓄申込書を提出します。この申込書を提出しないで預入等をしたものは非課税の対象となりませんし，また，既に非課税扱いとした財産形成住宅貯蓄の口座に財産形成非課税住宅貯蓄申込書を提出しないで追加預入等をした場合には，8に該当する場合を除き，その口座の財産形成住宅貯蓄については，その後非課税の適用はなくなります。
8　限度額方式による財産形成非課税住宅貯蓄申込書	積立定期預金や公社債投資信託など反復して預入等をするものについては，最初に預入等をする際に提出する財産形成非課税住宅貯蓄申込書に，その財産形成住宅貯蓄の口座についての限度額を定めて記載することにより，その後の預入等の際の財産形成非課税住宅貯蓄申込書の提出を省略できます。また，この限度額を変更しようとするときは，変更後の限度額を記載した財産形成非課税住宅貯蓄申込書を提出します。
9　限度額を超えて預入等をした場合	8により限度額を定めた財産形成住宅貯蓄につき，その限度額を超えて預入等をした場合には，その預貯金等については，その後は元本の合計額のいかんを問わず，非課税の適用は一切受けられなくなります。
10　非課税とされる利子等	非課税とされる利子等は，財産形成非課税住宅貯蓄申込書を提出して預入等をした財産形成住宅貯蓄の利子等で，その利子等の計算期間中の日々の残高が勤務先等と金融機関の営業所等を経由して提出した財産形成非課税住宅貯蓄申込書に記載した「非課税限度額」以下である場合の利子等に限られます。この場合，8の「限度額」方式による財産形成非課税住宅貯蓄申込書を提出した財産形成住宅貯蓄については，実際の残高のいかんにかかわらず，その申込書に記載された限度額に相当する財産形成住宅貯蓄の金額が常時あったものとして非課税限度額以下であったかどうかを判定します。
11　申告書の確認	貯蓄者から勤務先等に対し財産形成非課税住宅貯蓄申込書，財産形成非課税住宅貯蓄の勤務先異動申告書又は財産形成非課税住宅貯蓄に関する異動申告書の提出があったときは，その申告書に記載された住所及び氏名が真実なものであることを確認するほか，他の金融機関などに対し既に財産形成非課税年金貯蓄申告書を提出している人については，申告書に記載した非課税限度額の合計額が550万円を超えることのないように注意します。 　なお，財産形成非課税住宅貯蓄申告書に記載したその金融機関の営業所等における非課税限度額と，既に他の金融機関の営業所等に提出した財産形成非課税年金貯蓄申告書に記載した非課税限度額との合計額が550万円を超えることとなる場合には，勤務先等はその超えることとなる財産形成非課税住宅貯蓄申告書を受理することはできないこととされています（措法4の2⑦）。
12　申告書の保管	財産形成非課税住宅貯蓄申告書が金融機関の営業所等に受理されたときは，その受理された日に，その非課税住宅貯蓄申告書は税務署長に提出されたものとみなされ（措法4の2⑥），財産形成非課税住宅貯蓄申告書は，税務署長が提出を求めるまでの間，その金融機関の営業所等の長が勤務先ごとに整理し，保存するものとされています（措規3の6④）。

付録8

区　　　分	説　　　明
12　申告書の保管	**(注)**　この申告書の提出又は保管の取扱いは，当該制度に係る他の申告書や申込書の提出又は保管についても同様です。
13　退職等の場合の取扱い	退職，転任その他の理由により不適格事由（財産形成非課税住宅貯蓄申告書に記載した勤務先がその者の勤務先に該当しなくなったこと又は当該申告書に記載した勤務先の賃金の支払者に係る勤労者に該当しなくなったことをいいます。）に該当する場合には，次の利子等については非課税の適用は受けられません（措令2の12①）。 ①　利子等の計算期間が1年以下であるもの……不適格事由が生じた日の属する計算期間後の計算期間に対応するもの ②　利子等の計算期間が1年を超えるもの及び保険契約に基づく差益……不適格事由が生じた日から起算して1年を経過する日後に支払われるもの
14　転勤・転職の場合の引継ぎ	**(1)　同一の金融機関の営業所等において引き続き預入等をする場合** 　国内の他の勤務先に転勤や転職をした勤労者が，現に財産形成住宅貯蓄の受入れをしている金融機関の営業所等において引き続き預入等をしようとする場合（次の①又は②に該当するときに限ります。）には，その転勤や退職の日から2年以内に，異動事項などを記載した「財産形成非課税住宅貯蓄の勤務先異動申告書」を，新勤務先等及び現に預入等をしている金融機関の営業所等を経由して税務署長に提出することにより，その財産形成住宅貯蓄の利子等について引き続き非課税扱いを受けることができます（措令2の19①）。 ①　勤労者が転勤した場合において，転勤前の勤務先等を通じ財産形成住宅貯蓄に関する事務の全部が新勤務先に移管されたとき。 ②　勤労者が転職した場合において，現に財産形成住宅貯蓄の受入れをしている金融機関の営業所等に対し，財産形成非課税住宅貯蓄申告書などの写しを新勤務先等に送付するべきことを依頼し，かつ，その送付があったとき。 　なお，他の勤務先への異動が上記①の場合又は②の場合であってそれが転籍を伴う出向等を命じられたことによるもの若しくは事業譲渡によるものであるときは，当該他の勤務先の長は，その勤労者による勤務先異動申告書の提出に代えて，その異動があった旨その他一定の事項を記載した書類を，金融機関の営業所等を経由して税務署長に提出することができます（措令2の19②～④）。 **(2)　他の財産形成住宅貯蓄取扱機関において引き続き預入等をする場合** 　勤労者が国内の他の勤務先に転勤や転職をした場合において，現に財産形成住宅貯蓄の受入れをしている金融機関の営業所等が新勤務先等における財産形成住宅貯蓄取扱機関となっていないときは，新勤務先等における財産形成住宅貯蓄取扱機関である金融機関の営業所等と勤労者財産形成住宅貯蓄契約とみなされる新契約を締結して，財産形成住宅貯蓄に関する事務の全部をその金融機関の営業所等に移管するとともに，その転勤や退職の日から2年以内（新契約に基づく預入等に係る金銭の払込みをする場合には，その金銭の払込みをする日まで）に，新契約を締結した旨などを記載した「転職者等の財産形成非課税住宅貯蓄継続適用申告書」を，新勤務先等及び新契約の締結先である金融機関の営業所等を経由して税務署長に提出することにより，その財産形成住宅貯蓄の利子等について引き続き非課税扱いを受けることができます（措令2の20①）。 **(注)**　財産形成住宅貯蓄取扱機関が業務を廃止等した場合には，上記に準じた方法により引き続き非課税扱いを受けることができます（措令2の20②）。
15　各人別元本などの記録	勤務先等は，財産形成非課税住宅貯蓄申告書の提出を受けたときは，その提出された申告書の非課税限度額を管理するため，各人別に帳簿を備えるか，又は財産形成非課税住宅貯蓄申告書の控えを保管しなければなりません。
16　勤労者の退職等に関する通知	財産形成非課税住宅貯蓄申告書を提出した勤労者が，その提出後，退職，役員昇格等の理由により，その事業主に係る勤労者に該当しないこととなったことなど一定の不適格事由が生じた場合には，その人の預貯金等については，この制度による非課税扱いは受けられないことになりますが，財産形成非課税住宅貯蓄申告書を提出した勤労者についてこれら一定の不適格事由が生じた場合には，その人の勤務先の長は，これらの事実が生じた日後6か月を経過する日までに，財産形成非課税住宅貯蓄申告書を提出した金融機関の営業所等の長に対し，その旨を通知しなければならないことになっています。 　なお，その勤労者が財産形成非課税住宅貯蓄廃止申告書を提出したときは，この通知書の提出は不要です。

区　　分	説　　　　明
17　届出書の提出	勤務先の長は，最初に財産形成非課税住宅貯蓄申告書を受理したとき（既に財産形成非課税年金貯蓄申告書を受理している場合を除きます。）は，その旨を記載した財産形成非課税住宅貯蓄に関する届出書を，その受理した日の属する月の翌月10日までにその勤務先の所在地の所轄税務署長に提出しなければなりません。
18　海外転勤者に係る特例	(1)　海外転勤後も非課税の継続適用を受けることができる勤労者は，勤労者財産形成住宅貯蓄非課税制度の適用を受けている勤労者のうち国外において勤務するため出国をすることとなった人で，その事業主との間に引き続いて雇用契約が継続しており，かつ，国内において賃金の支払を受けることとなっている人（海外転勤者）に限られます。 (2)　非課税の対象となる財産形成住宅貯蓄は，財産形成非課税住宅貯蓄申告書に記載した預貯金等のうち特定財産形成住宅貯蓄契約（反復して預入等をする契約）に基づいて預入等をしたもので，8の限度額方式による財産形成非課税住宅貯蓄申込書を提出しているものに限られます。 (3)　非課税の継続適用を受けるためには，海外転勤者は，その出国の日までに「海外転勤者の財産形成非課税住宅貯蓄継続適用申告書」を勤務先等及び現に非課税扱いを受けている財産形成住宅貯蓄の預入先等である金融機関の営業所等を経由して所轄税務署長に提出しなければなりません（措令2の21①②）。 　(注)　「海外転勤者の財産形成非課税住宅貯蓄継続適用申告書」を提出している人の海外勤務期間中に財産形成住宅貯蓄取扱機関が業務を廃止等した場合には，14の(2)に準じた方法により引き続き非課税扱いを受けることができます。 (4)　海外において勤務することとなった後，次の事由が生じた場合は，これらの事由が生じた日の属する利子計算期間の利子（利子の計算期間が1年を超える預貯金等や生命保険，損害保険，生命共済については，これらの事由が生じた日から1年以内に支払われる利子や差益）をもって非課税扱いは打ち切られ，その後の利子計算期間の利子については課税扱いとなります。 　イ　上記(1)の事業主との間の雇用契約に基づく国内払の賃金の支払を受けなくなったこと。 　ロ　出国をした日から7年を経過する日までに上記の事業主の国内にある勤務先に勤務することとならなかったこと。 　　なお，海外勤務期間中，非課税扱いを受ける財産形成住宅貯蓄への預入等は，その財産形成住宅貯蓄に係る利子を元加する場合など一定の預入等に限られており，国内払の賃金からの預入や財形給付金（財形基金給付金を含みます。）による預入をした場合には，その後は，非課税扱いは受けられないことになっています（措令2の7③，2の8二）。 (5)　海外転勤者（上記(4)のイ及びロに該当する人を除きます。）が，再びその事業主の国内にある勤務先に勤務することとなった場合には，その勤務をすることとなった日から2か月以内に「海外転勤者の国内勤務申告書」を出国時の勤務先等及び現に非課税扱いを受けている財産形成住宅貯蓄の受入れをしている金融機関の営業所等を経由して，所轄税務署長に提出することになります。 　　この申告書を提出すると，その後は，国内勤務の勤労者として引き続き勤労者財産形成住宅貯蓄非課税制度の適用を受けることができます。
19　育児休業等をする者に係る特例	(1)　育児休業等をする場合における継続適用申告書の提出 　　勤労者財産形成住宅貯蓄非課税制度の適用を受けていた勤労者が，育児休業等^(注1)をすることとなった場合において，育児休業等の開始の日までに，育児休業等をする者の財産形成非課税住宅貯蓄継続適用申告書（以下「育児休業等をする者の財形住宅貯蓄継続適用申告書」といいます。）を勤務先等及び金融機関の営業所等を経由して税務署長に提出することにより，その財形住宅貯蓄の利子等について引き続き非課税扱いを受けることができます（措令2の21の2①）。 　　なお，引き続き非課税扱いを受けることができる財形住宅貯蓄は，育児休業等の開始前に非課税扱いを受けていた財形住宅貯蓄（利子等により元加されるものを含みます。）に限られ，また，育児休業等の期間中はその財形住宅貯蓄の口座に賃金からの天引預入等をしないことが要件とされています^(注2)（措令2の7③，2の8二）。 　(注)　1　「育児休業等」とは，厚生年金保険法第23条の3第1項に規定する産前産後休業並びに同法第23条の2第1項に規定する育児休業等及び裁判官の育児休業に

区　　　　分	説　　　　　明
19　育児休業等をする者に係る特例	関する法律第２条第１項に規定する育児休業をいいます。 　２　平成27年４月１日以後に育児休業等をする者の財形住宅貯蓄継続適用申告書を提出する場合について適用されます（平26改正令附則４）。 (2)　**育児休業等の期間を変更する場合における育児休業等期間変更申告書の提出** 　育児休業等をする者の財形住宅貯蓄継続適用申告書を提出した勤労者が，当該申告書に記載した育児休業等の期間を変更する場合には，当該変更前の育児休業等の期間の終了の日（同日が変更後の育児休業等の期間の終了の日後となる場合にあっては，変更後の育児休業等の期間の終了日）までに，育児休業等期間変更申告書を育児休業等取得時の勤務先等及び金融機関の営業所等を経由して，税務署長に提出する必要があります（措令２の21の２③）。 (3)　**育児休業等の終了日後に最初に到来する金銭等の払込日に，金銭等の払込みをしなかった場合における課税** 　育児休業等をする者の財形住宅貯蓄継続適用申告書を提出した勤労者が，育児休業等の終了日後最初に勤労者財産形成住宅貯蓄契約に基づく金銭等の払込みをすべき日（再開日）に，その金銭等の払込みをしなかった場合には，当該育児休業等の終了日後に支払われる利子等については，この制度による非課税扱いは受けられません（措令２の21の２②）。
20　契約上の要件違反が生じたことにより非課税の扱いとされない場合及び目的外払出し等が行われた場合の遡及課税	勤労者財産形成住宅貯蓄契約について，次のような要件違反の事実が生じた場合には，これらの事実が生じた日以後に支払われる利子等については，この制度による非課税扱いは受けられません（措法４の２②，措令２の13） ①　最後の払込みのあった日から２年を経過する日までの間に金銭等の払込みがなかった場合 ②　勤労者財産形成住宅貯蓄契約又はその履行につき，４の要件に該当しないこととなる事実が生じた場合（金銭等の払込みが定期に行われなかった場合を除きます。） 　また，住宅取得以外の目的外払出しが行われた場合には，その払出しが行われた日前５年内に支払われた利子等については，遡及して課税されることになっており，その払出しが行われた日においてその利子等の支払があったものとして所得税及び復興特別所得税の源泉徴収が行われることになっています（措法４の２⑨）。 　ただし，勤労者につき次に掲げる事由が生じた日から同日以後１年を経過する日までの間に，その事由が生じたことによりその勤労者が勤労者財産形成住宅貯蓄の払出しを行う場合（その事由が生じたことによりその払出しを行うことについて所轄税務署長の確認を受けたときに限ります。）には，その払出しをした日に支払われる利子等に対する課税及び同日前５年以内に支払われた利子等に対する遡及課税を行わないことになっています（措令２の25の２）。 イ　勤労者が居住の用に供している家屋であってその者又はその者と生計を一にする親族が所有しているものについて，災害により全壊，流失，半壊，床上浸水その他これらに準ずる損害を受けたこと。 ロ　勤労者が支払った医療費で，その者又はその支払の時においてその者と生計を一にする親族のためにその年中に支払ったものの金額の合計額が200万円を超えたこと。 ハ　勤労者が配偶者と死別等をし，所得税法の寡婦（扶養親族を有する者に限ります。）又はひとり親に該当し，又は該当することが見込まれること。 ニ　勤労者が特別障害者に該当することとなったこと。 ホ　勤労者が雇用保険法の特定受給資格者又は特定理由離職者に該当することとなったこと。
21　電磁的方法による提供	勤労者，勤務先の長又は事務代行先の長（以下「提出者」といいます。）は，次に掲げる書類（以下「財産形成非課税申込書等」といいます。）について，その財産形成非課税申込書等の提出を受けるべき者が一定の要件を満たす場合には，財産形成非課税申込書等の提出に代えて，その者に対し，その財産形成非課税申込書等に記載すべき事項の電磁的方法による提出を行うことができます。この場合において，その提出者は，氏名又は名称を明らかにする措置であって一定のものを講じているときは，その財産形成非課税申込書等を提出したものとみなされます（措法４の３の２）。 イ　財産形成非課税住宅貯蓄申込書 ロ　財産形成非課税住宅貯蓄申告書 ハ　財産形成非課税住宅貯蓄限度額変更申告書

付録9 勤労者財産形成年金貯蓄の利子等に対する課税関係

区　　　分	説　　　　　　　明
1　制　度　の　概　要	国内に住所を有する勤労者が，勤労者財産形成年金貯蓄契約に基づき預入等をした財産形成年金貯蓄の利子等については，所定の手続をとれば，所得税を課されないこととされています（措法4の3①）。
2　対　　象　　者	勤労者財産形成年金貯蓄非課税制度の適用を受けることのできる人は，勤労者財産形成住宅貯蓄非課税制度の適用対象者と同様に，国内に住所を有する勤労者で，その勤務先（賃金の支払者）に「給与所得者の扶養控除等申告書」を提出している人です（措法4の3①）。したがって，勤労者であっても国内に住所を有しない人や役員昇格によりその勤務先の勤労者に該当しなくなった人は，原則として，この制度の適用を受けることができません。ただし，積立期間終了後の据置期間中や年金支払期間中にこれらの要件を欠くことになっても，この制度の適用を受けることができます。 　なお，この制度の適用を受けていた人が積立期間中に海外の支店等に転勤した場合や育児休業等をする場合であっても，雇用関係が継続しているなど一定の要件に該当する人については，所定の手続をとることにより，引き続き非課税の扱いを受けることができます。
3　非課税扱いの対象となる財産形成年金貯蓄	この制度により非課税扱いの対象となる財産形成年金貯蓄は，勤労者財産形成年金貯蓄契約に基づき，貯蓄者の勤務先を通じて賃金からの天引きの方法によって預入，信託，購入又は払込みをする預貯金，合同運用信託，特定の有価証券，生命保険若しくは損害保険の保険料又は生命共済の共済掛金です（措法4の3①，措令2の27）。ただし，勤務先預金及び共済組合貯金は，この制度の対象とはなりません。 　なお，この制度の対象となる生命保険，損害保険，生命共済に係る差益（次の①又は②により計算した金額）は，利子等とみなされることになっています（措法4の4①）。 ①　年金の額－払込保険料の総額×$\dfrac{\text{年金の額}}{\text{年金の支払総額}}$ ②　解約返戻金の額－払込保険料の総額 　**(注)**　この場合の解約返戻金等とは，災害等の事由が生じたことにより生命保険契約等を解約した場合，その災害等の事由が生じた日から同日以後1年を経過する日までの間に支払われる解約返戻金（一定の剰余金又は割戻金を含みます。）をいいます（措令2の28）。
4　勤労者財産形成年金貯蓄契約の内容	勤労者財産形成年金貯蓄契約とは，年齢55歳未満の勤労者が締結した次の貯蓄契約をいいます（財形法6②）。 　なお，勤労者財産形成年金貯蓄契約は，一人一契約に限ることとされていますから，既に勤労者財産形成年金貯蓄契約を締結している勤労者は，新たにこの契約を締結することはできません（財形法6③）。 (1)　銀行その他の金融機関若しくは信託会社又は金融商品取引業者を相手方とする一定の預貯金，合同運用信託又は有価証券の預入，信託又は購入に関する契約で，次の要件を満たすもの 　イ　預入等に係る金銭の払込みは，年金支払開始日（最後の預入等の日から5年以内の日で，かつ，その者が60歳に達した日以後の日で契約を定める日）の前日までに限り，5年以上の期間にわたって定期に行うものであること 　ロ　年金の支払は，年金支払開始日以後5年以上の期間にわたって定期に行われるものであること 　ハ　預入等がされた預貯金等（利子等を含みます。）は，ロの支払，継続預入等，勤労者の死亡又は据置期間中の予期しない金利変動により非課税限度額を超えることとなる場合の利子等の全額の払出しを除き，その払出し等をしないこととされていること

付録9

区　　　分	説　　　　　　　　明
4　勤労者財産形成年金貯蓄契約の内容	ニ　預入等は，勤労者と事業主との契約に基づき，事業主から支払われる賃金からの天引きにより行うか，又はその勤労者が財形給付金や財形基金給付金に係る金銭により事業主を通じて行うものであること (2)　生命保険会社，損害保険会社，独立行政法人郵便貯金・簡易生命保険管理機構又は生命共済事業を行う農業協同組合等を相手方とする生命保険契約，損害保険契約，簡易生命保険契約又は生命共済契約で，上記(1)のイ，ロ及びニの要件のほか，次の要件を満たすもの 　イ　保険金，共済金等の金銭の支払は，年金の支払のほか，年金支払開始日前においてその者が死亡した場合などに限り行われるものであること 　ロ　イの場合に支払われる保険金等の額は，所定の金額以下であること 　ハ　被保険者又は被共済者と，これらの者が年金支払開始日において生存している場合の年金受取人とが，共に契約者である勤労者であること 　ニ　剰余金の分配又は割戻金の割戻しは，利差益に係る部分に限り行われるものであること
5　財産形成非課税年金貯蓄申告書に記載する非課税限度額	財産形成非課税年金貯蓄申告書には，その金融機関の営業所等において非課税扱いを受けようとする財産形成年金貯蓄の非課税限度額を記載します。なお，非課税限度額は，財産形成住宅貯蓄と合わせて，最高550万円と定められています（措法4の3⑦）。 　ただし，生命保険若しくは損害保険の保険料，生命共済の共済掛金又は郵便貯金にあっては，385万円（なお，残りの165万円については財産形成住宅貯蓄の非課税枠として利用できます。）を超えてはならないとされています。
6　財産形成年金貯蓄の非課税適用確認申告書の提出	積立期間が満了した勤労者は，その積立期間の末日から2か月を経過する日（積立期間の末日において次に掲げる申告書を提出している者にあっては，それぞれ次に定める日）までに，「財産形成年金貯蓄の非課税適用確認申告書」をその者の勤務先等（又は出国時勤務先等）及び金融機関の営業所等を経由して，所轄税務署長に提出しなければなりません。 (1)　海外転勤者の財形年金貯蓄継続適用申告書……海外転勤者の特別国内勤務申告書を提出する日 (2)　育児休業等をする者の財形年金貯蓄継続適用申告書……その申告書（当該申告書に係る育児休業等期間変更申告書を提出している場合にあっては，当該申告書）に記載された育児休業等の期間の終了の日の翌日 　この財産形成年金貯蓄の非課税適用確認申告書が提出期限までに提出されなかったときは，その提出期限の翌日に財産形成非課税年金貯蓄廃止申告書の提出があったものとみなされます（措令2の32①）。
7　財産形成年金貯蓄者の退職等申告書の提出	6の確認申告書を提出した勤労者が退職等をした場合には，遅滞なく，その旨，退職等の年月日，賃金の支払者であった者又は勤務先であった者の名称，所在地その他の事項を記載した「財産形成年金貯蓄者の退職等申告書」を，金融機関の営業所等を経由して，所轄税務署長に提出しなければなりません（措令2の32②，措規3の13⑧）。
8　契約上の要件違反が生じたことにより非課税の扱いとされない場合及び目的外払出し等が行われた場合の遡及課税	勤労者財産形成年金貯蓄契約について，次のような要件違反の事実が生じた場合には，これらの事実が生じた日以後に支払われる利子等については，非課税の適用が受けられないことになっています（措法4の3②，措令2の31） ①　積立期間中に，積立てが中断され，最後の払込みのあった日から2年を経過する日までの間に金銭等の払込みがなかった場合（最後の払込日から積立期間の末日までの期間が2年未満である場合，海外転勤者の財産形成非課税年金貯蓄継続適用申告書又は育児休業等をする者の財産形成非課税年金貯蓄継続適用申告書が提出されている場合を除きます。） ②　勤労者財産形成年金貯蓄契約又はその履行につき，4の要件に該当しないこととなる事実が生じた場合（金銭等の払込みが定期に行われなかった場合を除きます。）

区　　分	説　　　　　　　　明
8　契約上の要件違反が生じたことにより非課税の扱いとされない場合及び目的外払出し等が行われた場合の遡及課税	また，年金以外の目的外払出しが行われた場合には，その払出し（その払出しが行われた日が年金支払開始日以後である場合には，その年金支払開始日以後5年以内に行われた払出しに限ります。）が行われた日前5年内に支払われた利子等については，遡及して課税されることになっており，その払出しが行われた日においてその利子等の支払があったものとして，所得税及び復興特別所得税の源泉徴収が行われることになっています（措法4の3⑩）。 　ただし，勤労者につき次に掲げる事由が生じた日から同日以後1年を経過する日までの間に，その事由が生じたことによりその勤労者が勤労者財産形成年金貯蓄の払出しを行う場合（その事由が生じたことによりその払出しを行うことについて所轄税務署長の確認を受けたときに限ります。）には，その払出しをした日に支払われる利子等に対する課税及び同日前5年以内に支払われた利子等に対する遡及課税を行わないことになっています（措令2の31）。 イ　勤労者が居住の用に供している家屋であってその者又はその者と生計を一にする親族が所有しているものについて，災害により全壊，流失，半壊，床上浸水その他これらに準ずる損害を受けたこと。 ロ　勤労者が支払った医療費で，その者又はその支払の時においてその者と生計を一にする親族のためにその年中に支払ったものの金額の合計額が200万円を超えたこと。 ハ　勤労者が配偶者と死別等をし，所得税法の寡婦（扶養親族を有する者に限ります。）又はひとり親に該当し，又は該当することが見込まれること。 ニ　勤労者が特別障害者に該当することとなったこと。 ホ　勤労者が雇用保険法の特定受給資格者又は特定理由離職者に該当することとなったこと。
9　勤労者の退職等に関する通知	この制度の適用を受けている勤労者が，積立期間中に退職，役員昇格等の理由により，その事業主に係る勤労者に該当しないこととなったことなど一定の不適格事由が生じた場合や継続適用不適格事由が生じた場合には，その人の財産形成年金貯蓄については，非課税扱いは受けられないことになりますが，これらの事由が生じた場合には，その人の勤務先の長は，これらの事実の生じた日から6か月を経過する日までに，財産形成非課税年金貯蓄申告書を提出した金融機関の営業所等の長に対し，その旨を通知しなければならないことになっています。 　なお，その人が財産形成非課税年金貯蓄廃止申告書を提出したときは，この通知書の提出は不要です。
10　財産形成非課税年金貯蓄申告書の提出等	財産形成非課税年金貯蓄申告書，財産形成非課税年金貯蓄申込書，限度額方式による財産形成非課税年金貯蓄申込書，限度額を超えて預入等をした場合，申告書の確認，申告書の保管，転勤・転職の場合の引継ぎ，各人別元本などの記録，海外転勤者に係る特例，育児休業等をする者に係る特例，財産形成年金貯蓄に関する届出書の提出等については，財産形成住宅貯蓄の場合と同様です。
11　電磁的方法による提供	勤労者，勤務先の長又は事務代行先の長（以下「提出者」といいます。）は，次に掲げる書類（以下「財産形成非課税申込書等」といいます。）について，その財産形成非課税申込書等の提出を受けるべき者が一定の要件を満たす場合には，財産形成非課税申込書等の提出に代えて，その者に対し，その財産形成非課税申込書等に記載すべき事項の電磁的方法による提出を行うことができます。この場合において，その提出者は，氏名又は名称を明らかにする措置であって一定のものを講じているときは，その財産形成非課税申込書等を提出したものとみなされます（措法4の3の2）。 イ　財産形成非課税住宅貯蓄申込書 ロ　財産形成非課税住宅貯蓄申告書 ハ　財産形成非課税住宅貯蓄限度額変更申告書

付録9

付録 **10** 配当に対する課税関係

1 源泉徴収の対象となる配当所得の範囲

源泉徴収の対象となる配当所得は，次の表に掲げるとおりです（所法24，25，181，212，措法8の3，9の2，9の3の2，37の11の6）。

区　　　分	説　　　明
剰 余 金 の 配 当	法人（公益法人等及び人格のない社団等を除きます。）が支払う剰余金の配当（株式（投資口を含みます。）又は出資（法人課税信託の受益権，公募公社債等運用投資信託以外の公社債等運用投資信託の受益権及び社債的受益権を含みます。）に係るものに限り，資本剰余金の額の減少に伴うもの及び分割型分割（法人課税信託に係る信託の分割を含みます。）によるものを除きます。 **(注)** 剰余金の配当には農業協同組合や信用金庫，企業組合などがその出資額に応じて支払う配当で，次に掲げるものが含まれます（所令62①）。 　① 企業組合がその組合員にその企業組合の事業に従事した程度に応じて支払う分配金 　② 協業組合がその組合員に定款の別段の定めに基づき出資口数に応じないで支払う分配金 　③ 農事組合法人，漁業生産組合又は生産森林組合のうち，組合員に給与を支給している組合が，その組合員にその組合などの事業に従事した程度に応じて支払う分配金 　④ 農住組合がその組合員にその組合事業の利用分量に応じて支払う分配金 ※ 協同組合等が支払う分配金であっても，その協同組合等の事業を利用した分量（取り扱った物の数量や金額）などに応じて支払うもので，その協同組合等の所得の計算上損金に算入されるいわゆる事業分量配当は，配当所得ではなく事業所得などになります（所令62④）。
利 益 の 配 当	合名会社，合資会社，合同会社，特定目的会社がその持分や口数に応じて支払う利益の配当
剰 余 金 の 分 配	船主相互保険組合法上の船主相互保険組合から支払われる配当など
金 銭 の 分 配	投資信託及び投資法人に関する法律第137条の金銭の分配（出資等減少分配を除きます。）
基 金 利 息	相互保険会社が保険業法第55条第1項の規定により基金の拠出者に対して支払う基金利息分配
投資信託及び特定受益証券発行信託の収益の分配	投資信託（公社債投資信託及び公募公社債等運用投資信託を除きます。）及び特定受益証券発行信託の収益の分配 　この収益の分配には，毎決算期ごとに支払われる分配金と信託契約の終了又は一部解約により支払われる分配金とがありますが，いわゆるオープン型の証券投資信託の分配金のうち，元本の払戻しに相当する部分として分配されるいわゆる特別分配金（収益調整金の分配金）は非課税とされ，この収益の分配に含まれません（所法9①十一，所令27）。
み な し 配 当	法人（公益法人等及び人格のない社団等を除きます。）が株主等に対し，次に掲げる事由により金銭その他の資産を交付した場合で，その金銭の額とその他の資産の価額との合計額が，その法人の資本金等の額又は連結個別資本金等の額のうちその交付の基因となった株式又は出資に対応する部分の金額を超えるときは，その超える部分の金額に係る金銭その他の資産は，剰余金の配当，利益の配当，剰余金の分配又は金銭の分配とみなされて課税の対象とされます（所法25①，所令61①）。 　① その法人の合併（法人課税信託に係る信託の併合を含み，適格合併を除きます。） 　② その法人の分割型分割（適格分割型分割を除きます。） 　③ その法人の株式分配（適格株式分配を除きます。）

区　分	説　明
み　な　し　配　当	④　その法人の資本の払戻し（資本剰余金の額の減少を伴う株式に係る剰余金の配当のうち，分割型分割によるもの及び株式分配以外のもの並びに出資等減少分配をいいます。）又はその法人の解散による残余財産の分配 ⑤　その法人の自己の株式又は出資の取得（金融商品取引所の開設する市場における購入による取得等を除きます。） ⑥　その法人の出資の消却，出資の払戻し，その法人からの社員その他の出資者の退社若しくは脱退による持分の払戻し又はその法人の株式若しくは出資をその法人が取得することなく消滅させること ⑦　その法人の組織変更（その組織変更に際してその組織変更をした法人の株式又は出資以外の資産を交付したものに限ります。） **(注)**　合併法人又は分割法人が被合併法人の株主等又はその合併法人の株主等に対し合併又は分割型分割により株式その他の資産の交付をしなかった場合においても，その合併又は分割型分割が合併法人又は分割承継法人の株式の交付が省略されたと認められる場合には，これらの株式等が株式の交付を受けたものとみなされて課税の対象とされます（平成30年4月1日以後適用）（所法25②）。

(注)　法人税法第2条第12号の15に規定する適格現物分配に係るものは，源泉徴収の対象となる配当等から除かれます。

2　配当所得に対する所得税の源泉徴収

(1)　居住者に支払う配当所得

　①居住者に対し国内において配当等を支払う者，②居住者に支払われる国外投資信託等の配当等（配当等に該当する投資信託又は特定目的信託の収益の分配のうち，国外で発行され国外で支払われるものをいいます。）の国内における支払の取扱者，又は③居住者に支払われる国外株式の配当等（国外で発行された株式の利益の配当で国外で支払われるものをいいます。）の国内における支払の取扱者は，その支払又は交付の際，次の表に掲げるところにより，所得税及び復興特別所得税の源泉徴収を行うことになっています（所法181①，182二，措法8の2，8の3，8の4，9の2，9の3，9の3の2，37の11の6）。

課税方式	対象となる配当所得	源泉徴収税率	確定申告不要制度の適用
総合課税（注4）	①　上場株式等の配当等（特定株式投資信託の収益の分配を含みます。）（②～⑥を除きます。）（注1，2） ②　公募証券投資信託の収益の分配（特定株式投資信託及び公社債投資信託を除きます。） ③　特定投資法人の投資口の配当等	15.315%（注3）	原則として，確定申告をすることを要しません（措法8の5①二～四）。（注4）
申告分離課税	④　公募投資信託の収益の分配（証券投資信託，特定株式投資信託及び公募公社債等運用投資信託を除きます。） ⑤　公募特定受益証券発行信託の収益の分配 ⑥　特定目的信託の社債的受益権の剰余金の配当（公募のものに限ります。）		原則として，確定申告をすることを要しません（措法8の5①三，五，六）。（注5）

課税方式	対象となる配当所得	源泉徴収税率	確定申告不要制度の適用
総合課税	⑦ ①～⑥以外の配当等	20.42%	1回に支払う金額が，10万円に配当計算期間（その配当等の直前にその法人が支払った配当等の支払に係る基準日の翌日からその法人が支払う配当等の支払に係る基準日までの期間をいいます。）の月数（最高12か月）を乗じてこれを12で除して計算した金額以下であるものについては，確定申告をすることを要しません（措法8の5①一，9の2⑤）。 　ただし，確定申告をして，源泉徴収税額の還付を受けることもできます。（注6，7）
源泉分離課税	⑧ 私募公社債等運用投資信託の収益の分配（注8） ⑨ 特定目的信託の社債的受益権の剰余金の配当（私募のものに限ります。）（注8）	15.315%（注3）	確定申告をすることはできません（源泉徴収だけで納税が完結します（措法8の2）。

(注) 1　「上場株式等」とは，金融商品取引所に上場されている株式など，措法第37条の11第2項第1号に規定するものをいいます。

　2　発行済株式の総数又は出資金額の3％以上に相当する数又は金額の株式又は出資を有する個人（以下「大口株主等」といいます。）が受ける配当を除きます。この場合，大口株主等が受ける上場株式等の配当等については，⑦の配当等に含まれ，20.42％の税率により源泉徴収をすることとなります。

　　なお，令和5年10月1日以後に内国法人から支払を受ける上場株式等の配当等で，その配当等の支払に係る基準日においてその支払を受ける個人とその者を判定の基礎となる株主として選定した場合に同族会社に該当する法人が保有する株式等を合算してその発行済株式等の総数等に占める割合が100分の3以上となるときにおけるその個人が支払を受けるものも総合課税の対象とされます（措法8の4①）。

　3　このほかに地方税5％の特別徴収が必要です。

　4　①～③の配当所得については，総合課税に代えて申告分離課税の適用を受けることができます（措法8の4①②）。また，上場株式等に係る譲渡損失の金額がある場合には，申告分離課税の適用を受ける上場株式等の配当所得等の金額を限度として，その配当所得等の金額から控除することができます（措法37の12の2）。

　　なお，適用に当たっては，申告する上場株式等の配当等に係る配当所得の金額の合計額について，総合課税と申告分離課税のいずれかを選択して適用することとなります。

　5　上場株式等に係る譲渡損失の金額がある場合には，申告分離課税の適用を受ける上場株式等の配当所得等の金額を限度として，その配当所得等の金額から控除することができます（措法37の12の2）。

　6　1回に支払を受ける金額が適用金額を上回る配当等については，確定申告を要します。ただし，給与所得者で給与所得以外の配当所得などの所得が20万円以下の人は，原則として申告を要しません（所法121①）。

　7　国外投資信託の配当等及び国外株式の配当等が確定申告を要しない配当所得に該当するかどうかについては，⑦の配当等としてその適用の有無を判断します（措法8の3⑥，9の2⑤）。

　8　上場株式等（措法37の11②一）に該当するものを除きます（措法8の2①）。

(2) 内国法人に支払う配当所得

　内国法人（非課税法人を除きます。）に配当等を支払う者や，内国法人に支払われる国外投資信託等の配当等及び国外株式の配当等の国内における支払の取扱者は，その支払又は交付の際，上記(1)の表の区分に応じた税率により源泉徴収を行うことになっています（所法212③，213②，措法8の2④，8の3③，9の2②，9の3，9の3の2）。

(注) 1　上記(1)の**(注)** 2～7の適用はありません。

　2　一定の内国法人が令和5年10月1日以後に支払を受けるべき配当等で次に掲げるものについては，所得税の源泉徴収は行われません（所法212③）。

　① 完全子法人株式等に該当する株式等（その内国法人が自己の名義をもって有するものに限ります。下記②において同じで

す。）に係る配当等

② その内国法人が保有する他の内国法人の株式等の発行済株式等の総数等に占める

割合が3分の1超である場合における他の内国法人の株式等に係る配当等

3 非課税口座内の少額上場株式等に係る配当所得（及び譲渡所得等）の非課税制度

居住者又は恒久的施設を有する非居住者（非課税口座を開設しようとする年の1月1日において18歳以上の人に限ります。以下「居住者等」といいます。）が，①金融商品取引業者等の営業所に開設した非課税口座に，非課税管理勘定を設けた日から同日の属する年の1月1日以後5年を経過する日までの間，②累積投資勘定を設けた日から同日の属する

年の1月1日以後20年を経過する日までの間又は③特定累積投資勘定及び④特定非課税管理勘定を設けた日以後に支払を受けるべき非課税口座内上場株式等の配当等（その金融商品取引業者等が国内における支払の取扱者で一定のものである配当等に限ります。）については，所得税が課されません（措法9の8，措法37の14⑤一）。

① 非課税管理勘定（いわゆる「一般NISA」の概要）

	項　　目	内　　　　容
1	非課税対象	非課税口座内の少額上場株式等の配当等，譲渡益
2	非課税投資額	非課税管理勘定の設定年に，次の金額の合計額で120万円（その口座の他の年分の非課税管理勘定等から，その他の年分の非課税管理勘定等の非課税期間終了時に移管がされる上場株式等がある場合には，その上場株式等の時価の金額を控除した金額）を上限（未使用枠は翌年以降繰越不可） ① その年中の新規投資額 ② その口座の他の年分の非課税管理勘定等から移管する上場株式等（非課税期間終了時に移管がされる上場株式等を除く）の時価 ※ 非課税期間終了時に移管がされる上場株式等については，その払出し時の時価が120万円を超える場合であっても移管可
3	非課税投資総額	最大600万円（120万円×5年間）
4	保有期間	最長5年間，途中売却は自由（売却部分の枠は再利用不可）
5	非課税管理勘定設定数	各年分ごとに1非課税管理勘定のみ設定可（累積投資勘定との併設不可，一定の手続の下で，各年分ごとに金融商品取引業者等の変更可）
6	開設者	居住者等（口座開設年の1月1日において18歳以上である者）
7	口座開設期間	平成26年から令和5年までの10年間

② 累積投資勘定（いわゆる「つみたてNISA」の概要）

	項　　目	内　　　　容
1	非課税対象	非課税口座内の公募等株式投資信託の配当等，譲渡益
2	非課税投資額	累積投資勘定の設定年に，定期かつ継続的に投資した額の合計額で40万円を上限（未使用枠は翌年以降繰越不可）
3	非課税投資総額	最大240万円（40万円×6年間）
4	保有期間	最長20年間，途中売却可（売却部分の枠は再利用不可）
5	累積投資勘定設定数	各年分ごとに1累積投資勘定のみ設定可（非課税管理勘定との併設不可，一定の手続の下で，各年分ごとに金融商品取引業者等の変更可）
6	開設者	居住者等（口座開設年の1月1日において18歳以上である者）
7	口座開設期間	平成30年から令和5年までの6年間

③ 特定累積投資勘定（いわゆる「新NISA／つみたて投資枠」の概要）

項　目	内　　　　　　　容
1　非課税対象	非課税口座内の公募等株式投資信託の配当等，譲渡益
2　非課税投資額	特定累積投資勘定の設定年に，定期かつ継続的に投資した額の合計額で120万円を上限（その年において特定累積投資勘定に受け入れた上場株式等及びその年において特定非課税管理勘定に受け入れている上場株式等の取得対価の額の合計額並びに特定累積投資勘定基準額の合計額が1,800万円を超えることとなる場合を除く。
3　非課税保有限度額	特定非課税管理勘定と合わせて1,800万円
4　保有期間	無期限，途中売却可（売却部分の枠は売却の翌年以降再利用可
5　特定累積投資勘定設定数	各年分ごとに1特定累積投資勘定のみ設定可（一定の手続の下で，各年分ごとに金融商品取引業者等の変更可），特定非課税管理勘定との併設可
6　開設者	居住者等（口座開設年の1月1日において18歳以上である者）
7　口座開設期間	令和6年以後の期間

④ 特定非課税管理勘定（いわゆる「新NISA／成長投資枠」の概要）

項　目	内　　　　　　　容
1　非課税対象	非課税口座内の少額上場株式等の配当等，譲渡益
2　非課税投資額	特定非課税管理勘定の設定年に新規に投資した額の合計額で240万円を上限（その年における特定非課税管理勘定に受け入れた上場株式等の取得対価の額の合計額及び特定非課税管理勘定基準額の合計額が1,200万円を超える場合並びにその年において特定累積投資勘定に受け入れている上場株式等及びその年において特定非課税管理勘定に受け入れた上場株式等の取得対価の額の合計額及び特定累積投資勘定基準額の合計額が1,800万円を超える場合を除く。
3　非課税保有限度額	特定累積投資勘定と合わせて1,800万円（内，特定非課税管理勘定は1,200万円）
4　保有期間	無期限，途中売却自由（売却部分の枠は売却の翌年以降再利用可）
5　特定非課税管理勘定設定数	各年分ごとに1特定非課税管理勘定のみ設定可（一定の手続の下で，各年分ごとに金融商品取引業者等の変更可）
6　開設者	居住者等（口座開設年の1月1日において18歳以上である者）
7　口座開設期間	令和6年以後の期間

4　未成年者口座内の少額上場株式等に係る配当所得（及び譲渡所得等）の非課税制度

金融商品取引業者等（260ページ参照）の営業所に未成年者口座を開設している居住者又は国内に恒久的施設を有する非居住者（以下「居住者等」といいます。）が，未成年者口座内上場株式等の区分に応じそれぞれに定める期間内に支払を受けるべきその未成年者口座内上場株式等の配当等（その金融商品取引業者等が国内における支払の取扱者で一定のものである配当等に限ります。）については所得税が課されません（措法9の9①）。

【いわゆる「ジュニアNISA」の概要】

	項　　目	内　　　容
1	非 課 税 対 象	未成年者口座内の少額上場株式等の配当等，譲渡益
2	非 課 税 投 資 額	非課税管理勘定の設定年に，受け入れる上場株式等の取得対価の額の合計額で80万円を上限（未使用枠は翌年以降繰越不可）
3	非 課 税 投 資 総 額	最大400万円（80万円×5年間）
4	開　　設　　者	口座開設年の1月1日において20歳未満（令和5年1月1日以後に開設される未成年者口座については18歳未満）又はその年に出生した居住者等
5	口 座 開 設 期 間	平成28年4月1日から令和5年12月31日までの8年間
6	払　　出　　制　　限	その年3月31日において18歳である年の前年12月31日又は令和5年12月31日のいずれか早い日までは，原則として未成年者口座及び課税未成年者口座からの払出しは不可

付録11 公的年金等の課税関係と源泉徴収

過去の勤務に基づき使用者であった者から支給される年金，恩給（一時恩給を除きます。），国民年金などの社会保障制度に基づいて支給される年金など（以下「公的年金等」といいます。）は，その年中の公的年金等の収入金額から受給者の年齢や公的年金等の収入金額に応じた公的年金等控除額を控除した残額が雑所得として課税されます（所法35②～④）。

この公的年金等を支払う際には，公的年金等の金額から受給者の年齢や公的年金等の種類に応じた一定金額を控除した残額に，5.105％（一定の公的年金等にあっては10.21％）の税率により所得税及び復興特別所得税の源泉徴収を行います（所法203の2，203の3）。

公的年金等については，支払の際に源泉徴収された税額の1年間の合計額と，その人のその年1年間の所得について計算した納付すべき税額との間に過不足額が生じた場合には確定申告により納税額の精算を行うことになります。

ただし，その年中の公的年金等の収入全額が400万円以下で，かつ，その公的年金等の全部（所得税法第203条の6の規定により源泉徴収を要しないものを除きます。）が源泉徴収の対象となる場合において，その年分の公的年金等に係る雑所得以外の所得全額が20万円以下であるときは，その年分の所得税について確定申告は要しません（所法121③）。

区　　分	説　　　　明
1　公的年金等の範囲	公的年金等とは，次に掲げるものをいいます（所法35③，所令82の2）。 イ　国民年金法，厚生年金保険法，国家公務員共済組合法，地方公務員等共済組合法，私立学校教職員共済法，独立行政法人農業者年金基金法及び改正前の船員保険法の規定に基づく年金，指定共済組合が支給する年金，被用者年金制度の一元化等を図るための厚生年金保険法等の一部を改正する法律（平成24年法律第63号）附則の規定に基づく年金，改正前の国家公務員共済組合法の規定に基づく年金，改正前の地方公務員等共済組合法の規定に基づく年金，改正前の私立学校教職員共済法の規定に基づく年金，旧令共済退職年金，地方公務員等共済組合法の一部を改正する法律附則の規定に基づく年金，廃止前の農林漁業団体職員共済組合法の規定に基づく年金，石炭鉱業者年金，改正前の厚生年金保険法第9章の規定に基づく年金 ロ　恩給（一時恩給を除きます。），過去の勤務に基づき使用者であった者から支給される年金（廃止前の国会議員互助年金法に規定する普通退職年金及び地方公務員の退職年金に関する条例の規定による退職を給付事由とする年金を含みます。） ハ　確定給付企業年金法の規定に基づいて支給される年金，確定拠出年金法に基づいて企業型年金規約又は個人型年金規約により老齢給付金として支給される年金，適格退職年金，小規模企業共済制度の共済契約に基づく分割共済金，中小企業退職金共済契約に基づく分割退職金，特定退職金共済団体の支給する年金，一定の外国年金及び平成25年厚生年金等改正法附則又は改正前の確定給付企業年金法の規定に基づいて支給される年金

区　　分	説　　　　　明

2　公的年金等に係る所得金額の計算

イ　公的年金等に係る雑所得の金額は，その年中の公的年金等の収入金額から，次に掲げる公的年金等控除額を控除した残額です（所法35②一）。

ロ　公的年金等控除額（所法35④，措法41の15の３）

受給者の区分	公的年金等の収入金額（A）／公的年金等に係る雑所得以外の所得に係る合計所得金額		1,000万円以下	1,000万円超 2,000万円以下	2,000万円超
年齢65歳以上の人	330万円以下		110万円	100万円	90万円
	330万円超	410万円以下	（A）×25％＋ 27万5,000円	（A）×25％＋ 17万5,000円	（A）×25％＋ 7万5,000円
	410万円超	770万円以下	（A）×15％＋ 68万5,000円	（A）×15％＋ 58万5,000円	（A）×15％＋ 48万5,000円
	770万円超	1,000万円以下	（A）× 5 ％＋ 145万5,000円	（A）× 5 ％＋ 135万5,000円	（A）× 5 ％＋ 125万5,000円
	1,000万円超		195万5,000円	185万5,000円	175万5,000円
年齢65歳未満の人	130万円以下		60万円	50万円	40万円
	130万円超	410万円以下	（A）×25％＋ 27万5,000円	（A）×25％＋ 17万5,000円	（A）×25％＋ 7万5,000円
	410万円超	770万円以下	（A）×15％＋ 68万5,000円	（A）×15％＋ 58万5,000円	（A）×15％＋ 48万5,000円
	770万円超	1,000万円以下	（A）× 5 ％＋ 145万5,000円	（A）× 5 ％＋ 135万5,000円	（A）× 5 ％＋ 125万5,000円
	1,000万円超		195万5,000円	185万5,000円	175万5,000円

（注）1　受給者の年齢が65歳未満であるかどうかの判定は，その年の12月31日における年齢により判定することとされています（措法41の15の３④）。

　　　2　ここにいう「公的年金等に係る雑所得以外の所得に係る合計所得金額」とは，公的年金等の収入金額がないものとして計算した場合における合計所得金額をいいます。

3　公的年金等に対する源泉徴収の方法等

(1)　公的年金等に対する具体的な源泉徴収の方法は次のとおりです。

（「公的年金等の受給者の扶養親族等申告書」（以下「扶養親族等申告書」といいます。）の提出がある人の場合）（所法203の３一）

イ　源泉徴収税額の計算

源泉徴収税額 ＝（公的年金等の支給金額 － 控除額）×5.105％$\left(\begin{array}{l}\text{1円未満の}\\\text{端数切捨て}\end{array}\right)$

ロ　控除額の計算

控除額 ＝（基礎的控除額 ＋ 人的控除額）×月数$\left(\begin{array}{l}\text{その支給金額の計算の基礎}\\\text{となった期間の月数}\end{array}\right)$

（注）1　存続厚生年金基金から支給される老齢年金などのいわゆる２階建部分の年金等に係る控除額は，上記の算式で求めた金額から一定金額が減額されます（所法203の３二，所令319の６）。

　　　2　公的年金等の支払の際に控除される社会保険料がある場合には，その社会保険料を控除した残額が公的年金等の支給金額とみなされます（所法203の５一）。

　　　3　平成27年10月１日以後に国家公務員共済組合連合会等が支払う一定の公的年金等について，支給額から控除額を差し引いた金額が162,500円に月数を乗じた金額を超える場合には，その超える部分の金額に適用される税率は10.21％とされます。

①　基礎的控除額（所法203の３，措法41の15の３②）

受給者の区分	控　　　除　　　額
年齢65歳以上の人	公的年金等の支給金額の月割額×25％＋６万５千円 （計算した金額が13万５千円未満の場合には，13万５千円）
年齢65歳未満の人	公的年金等の支給金額の月割額×25％＋６万５千円 （計算した金額が９万円未満の場合には，９万円）

区　　　分	説　　　　　　　明
3　公的年金等に対する 　源泉徴収の方法等	②　人的控除額

②　人的控除額
「⑦」欄から「㋭」欄により求めた金額の合計額です。

区　分	内　　　　容		控　除　額
本人に関する もの	⑦　障害者に当たる 場合	一般の障害者	22,500円
		特別障害者	35,000〃
	㋺　寡婦又はひとり 親に当たる場合	寡婦	22,500〃
		ひとり親	30,000〃
配偶者及び扶 養親族に関す るもの	㋩　源泉控除対象配 偶者がいる場合	一般の源泉控除 対象配偶者	32,500〃
		老人控除対象配 偶者	40,000〃
	㊁　控除対象扶養親 族がいる場合	一般の控除対象 扶養親族1人に つき	32,500〃
		老人扶養親族1 人につき	40,000〃
		特定扶養親族1 人につき	52,500〃
	㋭　同一生計配偶者 又は扶養親族が 障害者に当たる 場合	一般の障害者1 人につき	22,500〃
		特別障害者1人 につき	35,000〃
		同居特別障害者 1人につき	62,500〃

（扶養親族等申告書を提出できる人でその提出がない場合）（所法203の3六）
イ　源泉徴収税額の計算
　　源泉徴収税額＝（公的年金等の支給金額－控除額）×5.105％（1円未満の端数切捨て）
ロ　控除額の計算
　　控除額＝（前ページ①の基礎的控除額）×支給月額

（扶養控除等申告書を提出できない人の場合）（所法203の3七）
イ　源泉徴収税額の計算
　　源泉徴収税額＝（公的年金等の支給金額－控除額）×10.21％（1円未満の端数切捨て）
ロ　控除額の計算
　　控除額＝公的年金等の支給金額×25％

(注)　扶養親族等申告書を提出することができない人とは，上記3の(2)の**(注)**に掲げる年金の受給者をいいます。

（公的年金等を併給する場合の源泉徴収税額の計算）
　　一の公的年金等の支払者が，一の受給者に対し種類の異なる2以上の公的年金等を支給する場合には，支給する年金の金額を合計し，その合計金額から控除額を控除して源泉徴収を行います。ただし，2以上の公的年金等を支給する場合でも，その2以上の公的年金等がそれぞれ異なる法律に基づくもので，かつ，その2以上の公的年金等が相互に関連又は補完関係を有しないことなどを理由として，支払に関する事務及び支払を別々に行っているような場合には，個々に計算して差し支えありません（所基通203の3－1(1)）。

(注)　2以上の公的年金等を合計して源泉徴収を行う場合において，その2以上の公的年金等が所得税法第203条の3第1号に掲げる公的年金等と同条第2号に掲げる公的年金等とであるときは，その合計額を同条第1号に掲げる公的年金等として控除額を計算することになります（一定の場合を除きます。）（所基通203の3－1(1)）。

（新旧公的年金等の差額等に対する源泉徴収税額の計算）
イ　法令等の改正，改訂が既往の期間に遡って行われた場合
　　既往の期間に遡って支給される年金の収入すべき日（所基通36-14(1)のロに掲げる日）の属する月が法令等に定められている支払期月と同じである場合には，その支払期月に支払われる通常の年金に加算したところにより控除額と税額の計算を行います。また，収入すべき日の属する月と支払期月とが異なる場合には，収入すべ

区　　　分	説　　　　　明
3　公的年金等に対する 　　源泉徴収の方法等	き日の属する年内の，その収入すべき日の属する月の直前又は直後の支払期月に支払われる通常の年金に加算したところにより控除額と税額の計算を行います（所基通203の3－2(1)）。 　　なお，この場合，既住の期間に遡って支給する年金を，その収入すべき日の属する月中に実際に支払っていないときは，実際に支払った日の属する月を収入すべき日の属する月として取り扱うこととする簡便法が認められています（所基通203の3－2(1)の注書）。 　ロ　裁定の遅延，誤びゅう等イ以外の理由により既住に遡って支払が行われた場合 　　過年度分の遡及裁定，再裁定，請求遅延による改定，更正等により支払われることとなった公的年金等については，その公的年金等の計算の対象となった期間に係るそれぞれの支払期月の公的年金等として控除額の計算と税額の計算を行います。ただし，その支払が新規裁定によるものでない場合は，これに代えて公的年金等の月割額の同じグループ単位でその月割額を基として計算する簡便法が認められています。 　　なお，控除額の計算は，公的年金等の収入すべき日（所基通36-14(1)のイに掲げる日）において提出されている扶養親族等申告書（裁定が新たに行われた場合には，支給する日の前日までに提出されているもの）を基に行います（所基通203の3－2(2)）。 (2)　国内において公的年金等の支払を受ける人は，毎年最初に支払を受ける日の前日までに，扶養親族等申告書を提出しなければなりません（所法203の6①③）。 　(注)　次に掲げるいわゆる3階建部分の年金については，扶養親族等申告書を提出することはできません。 　イ　確定給付企業年金法に基づく年金，確定拠出年金法に基づいて企業型年金規約又は個人型年金規約により老齢給付金として支給される年金，適格退職年金，特定退職金共済団体の支給する年金，一定の外国年金，平成25年厚生年金等改正法附則又は改正前の確定給付企業年金法の規定に基づいて支給される年金 　ロ　小規模企業共済法に規定する共済契約に基づく分割共済金 　ハ　中小企業退職金共済契約に基づく分割退職金 　ニ　石炭鉱業者年金 　ホ　過去の勤務に基づき使用者であった者から支給される年金（廃止前の国会議員互助年金法に規定する普通退職年金及び地方公務員の退職年金に関する条例の規定による退職を給付事由とする年金を除きます。） (3)　公的年金等（上記(2)の注書の年金を除きます。）の支払を受ける場合において，その年中に支払を受けるべき額が65歳未満の人については108万円，65歳以上の人については158万円（ただし，いわゆる2階建部分の年金については80万円）未満であれば，扶養親族等申告書の提出は要しないこととされています。また，この場合には，源泉徴収も要しないものとされています（所法203の7，所令319の6，319の12，措令26の27①）。 　　なお，公的年金等の支払者が，一の受給者に対し，2以上の公的年金等を支給する場合には，これらの年金を合計した金額により判定することとし，その2以上の公的年金等が所得税法第203条の3第1号に掲げる公的年金等と同条第2号に掲げる公的年金等である場合には，これらの年金の合計額を同条第1号に掲げる公的年金等の金額として判定します（所基通203の7－1）。 (4)　居住者に対し国内において公的年金等の支払をする者は，その年において支払の確定した公的年金等について，受給者の各人別に源泉徴収票2通を作成し，その年の翌年1月31日までに1通を税務署長に提出し，1通を受給者に交付しなければなりません（所法226③，所規94の2①）。 　　ただし，その支払う公的年金等が次のいずれかに該当する場合には，その公的年金等についての源泉徴収票を税務署長に提出する必要はありません（所規94の2②）。 　①　「公的年金等の受給者の扶養親族等申告書」を提出した人に支払う公的年金等で，その年分の公的年金等の金額が60万円以下のもの 　②　上記①以外の公的年金等で，その年分の公的年金等の金額が30万円以下のもの (5)　令和6年6月1日以後最初に厚生労働大臣等から支払を受ける公的年金等（確定給付企業年金法の規定に基づいて支給を受ける年金等を除きます。）につき源泉徴収をされるべき所得税の額について，令和6年分の特別減税額が控除されます。この減税額は，次の合計額です（控除不足額は，次の年金支払時以降順次控除）。 　イ　本人（居住者）　3万円 　ロ　居住者の一定の同一生計配偶者又は扶養親族（居住者）1人につき　3万円

付録12 特定口座内保管上場株式等の譲渡による所得等の源泉徴収

証券業者（金融商品取引業者（第1種金融商品取引業を行う者に限ります。）），登録金融機関又は投資信託委託会社（以下これらを「金融商品取引業者等」といいます。）の営業所に開設された特定口座に係る振替口座簿に記載若しくは記録がされ，又は特定口座に保管の委託がされている上場株式等を譲渡した場合の所得等については，その特定口座内の譲渡による所得等とその特定口座以外の譲渡による所得等とを区分して計算することとされています。

また，特定口座を通じて行われる上場株式等の譲渡による所得等について申告不要の特例を設け，そ

の特例の前提として，居住者等が源泉徴収方式を選択した特定口座については，上場株式等の譲渡又は信用取引等により一定の利益金額が発生した場合には，その譲渡の対価の額又は信用取引等の差益に相当する金額の支払をする金融商品取引業者等が，その支払をする際に，その一定の利益金額に15.315%（注）の税率を乗じて計算した金額の所得税及び復興特別所得税を徴収し納付することになっています（措法37の11の4①②）。

(注) 居住者については，このほかに地方税5％の特別徴収が必要です。

区　　　分	説　　　　　　明
1　制　度　の　概　要	居住者又は恒久的施設を有する非居住者（以下「居住者等」といいます。）が，金融商品取引業者等に一定の要件を満たす特定口座を開設した場合において，その特定口座に係る振替口座簿に記載若しくは記録がされ，又はその特定口座に保管の委託がされている上場株式等（以下「特定口座内保管上場株式等」といいます。）の譲渡及びその特定口座において処理した信用取引又は発行日取引（以下「信用取引等」といいます。）による上場株式等の譲渡（以下「特定口座内保管上場株式等の譲渡等」といいます。）から生ずる所得の金額は，他の株式等の譲渡等による所得の金額と区分して計算することとされています（措法37の11の3，措令25の10の2）。 　居住者等が源泉徴収の選択をした特定口座（以下「源泉徴収選択口座」といいます。）を通じて行われた特定口座内保管上場株式等の譲渡等により，一定の方法により計算した差益（以下「源泉徴収選択口座内調整所得金額」といいます。）が生じた場合には，その譲渡対価等の支払をする金融商品取引業者等は，その支払をする際，その源泉徴収選択口座内調整所得金額に対し15.315%（居住者の場合には他に地方税5％）の税率による所得税及び復興特別所得税を徴収しなければなりません（注）（措法37の11の4①）。 　また，平成22年1月1日以後は，源泉徴収選択口座への上場株式等の配当等の受入れが可能となっており，その源泉徴収選択口座内における上場株式等の譲渡等につき損失の金額があるときは，その配当等の金額から譲渡による損失の金額を控除した残額を配当等の金額とみなすという，源泉徴収選択口座内での損益通算の特例が適用されます（措法37の11の6）。
2　特定口座の開設手続等	「特定口座」とは，居住者等が，上記1の制度の適用を受けるために，金融商品取引業者等の営業所（国内にあるものに限ります。）の長に対し，「特定口座開設届出書」を提出して，その金融商品取引業者等との間で締結した一定の事項が定められた「上場株式等保管委託契約」又は「上場株式等信用取引等契約」に基づき設定された上場株式等の振替口座等への記載若しくは記録若しくは保管の委託又は上場株式等の信用取引等に係る口座（これらの契約に基づく取引以外の取引に関する事項を扱わないものに限ります。）をいいます（措法37の11の3③一）。

区　　分	説　　　　　明
2　特定口座の開設手続等	(1)　特定口座開設届出書の提出 　　「特定口座開設届出書」は，取得した上場株式等を最初にその口座に受け入れる時，又はその口座で最初に信用取引等を開始する時のいずれか早い時までに提出することとされています（措令25の10の2⑤）。 　（注）　特定口座を開設している居住者等がその特定口座につき，上記1の制度の適用を受けることをやめようとする場合には，特定口座廃止届出書を提出することとされています（措令25の10の7①）。 (2)　特定口座開設時の告知義務 　　居住者等は，「特定口座開設届出書」を提出する際，金融商品取引業者等の営業所の長に住民票の写しその他の書類を提示して氏名，生年月日，住所及び個人番号を告知し，その告知をした事項について確認を受けることになっています（措法37の11の3④）。
3　上場株式等の範囲	「上場株式等」とは，次に掲げるものをいいます（措法37の11②，措令25の9②，措規18の10①）。 ①　金融商品取引所に上場されている株式等 ②　店頭売買登録銘柄（株式で，認可金融商品取引業協会がその定める規則に従い，店頭売買につき，売買価格を発表し，かつ，その株式の発行法人に関する資料を公開するものとして登録をしたものをいいます。）として登録された株式 ③　店頭転換社債型新株予約権付社債（新株予約権付社債で，認可金融商品取引業協会がその定める規則に従い，店頭売買につき，売買価格を発表し，かつ，その新株予約権付社債の発行法人に関する資料を公開するものとして指定をしたものをいいます。） ④　店頭管理銘柄株式（金融商品取引所への上場が廃止され，又は店頭売買登録銘柄としての登録が取り消された株式のうち，認可金融商品取引業協会がその定める規則に従い指定したものをいいます。） ⑤　認可金融商品取引業協会の定める規則に従い，登録銘柄として認可金融商品取引業協会に備える登録原簿に登録された日本銀行出資証券 ⑥　外国金融商品市場において売買されている株式等 ⑦　投資信託でその設定に係る受益権の募集が一定の公募により行われたものの受益権 ⑧　特定投資法人の投資口 ⑨　特定受益証券発行信託でその受益権の募集が一定の公募により行われたものの受益権 ⑩　特定目的信託（その信託契約の締結時において原委託者が取得する社債的受益権の募集が一定の公募により行われたものに限ります。）の社債的受益権 ⑪　国債及び地方債 ⑫　外国又はその地方公共団体が発行し，又は保証する債券 ⑬　会社以外の法人が特別の法律により発行する一定の債権 ⑭　公社債でその発行の際の有価証券の募集が一定の公募により行われたもの ⑮　社債のうち，その発行の日前9月以内（外国法人にあっては，12月以内）に有価証券報告書等を内閣総理大臣に提出している法人が発行するもの ⑯　金融商品取引所等においてその規則に基づき公表された公社債情報に基づき発行する一定の公社債 ⑰　国外において発行された一定の公社債 ⑱　外国法人が発行し，又は保証する一定の債券 ⑲　銀行業等を行う法人等が発行した一定の社債 ⑳　平成27年12月31日以前に発行された公社債（同族会社が発行したものを除きます。）
4　譲渡の範囲	特定口座内保管上場株式等の「譲渡」とは，次に掲げるものをいいます（措法37の11③二，措令25の10の2⑦）。 ①　金融商品取引業者等への売委託による譲渡(注) ②　金融商品取引業者に対してする譲渡

付録12

区　　　分	説　　　　　明
4　譲　渡　の　範　囲	③　法人の合併，分割，株式分配，資本の払戻し，解散，自己の株式若しくは出資の取得，出資の消却，組織変更等又は公社債の元本の償還により，又は分離利子公社債に係る利子として交付を受けた金銭の額等に対応した権利の移転又は消滅のうち一定の方法によるもの ④　投資信託等の終了若しくは一部の解約，特定受益証券発行信託に係る一定の信託の分割又は社債的受益権の元本の償還により交付を受けた金銭の額等に対応した権利の移転又は消滅のうち一定の方法によるもの ⑤　買取請求の方法による単元未満株式の譲渡うち一定の方法によるもの **(注)**　「売委託」とは，売買の媒介，取次ぎ若しくは代理の委託又は売出しの取扱いの委託をいいます（措通（譲）37の12の2-1）。
5　源泉徴収の選択をする場合の手続	その年の特定口座内保管上場株式等の譲渡等につき源泉徴収の選択をしようとする人は，その特定口座ごとにその年の次のうちいずれか早い時までに「特定口座源泉徴収選択届出書」を金融商品取引業者等に提出しなければなりません（措法37の11の4①，措令25の10の11①）。 ①　その年最初に特定口座内保管上場株式等の譲渡をする時 ②　特定口座において処理された上場株式等の信用取引等につきその年最初に差金決済を行う時 **(注)**　源泉徴収の選択は各年ごとに行います。また，譲渡又は差金決済ごとに源泉徴収するか否かを選択することはできません。
6　源泉徴収税額の計算	「源泉徴収選択口座内調整所得金額」とは，特定口座内保管上場株式等の譲渡等が行われた場合において，その居住者等に係る次の算式により計算した金額が生じるときにおけるその金額をいい，金融商品取引業者等はその金額について15.315％（他に地方税5％）の税率で源泉徴収を行うこととされています（措法37の11の4①・②，措令25の10の11③～⑤）。 　源泉徴収の対象となる源泉徴収選択口座内調整所得金額＝

源泉徴収の対象となる源泉徴収選択口座内調整所得金額＝

その年の1月1日から対象譲渡等の時の**以前**の譲渡等に係る次の金額 （零を下回るときは零）		その年の1月1日から対象譲渡等の時の**前**の譲渡等に係る次の金額 （零を下回るときは零）
┌─ 特定口座内保管上場株式等の譲渡 　　譲渡収入金額の総額　−　取得費等の総額 　　＋ 　上場株式等の信用取引等の差金決済 　　差益金額の総額　−　差損金額の総額	−	┌─ 特定口座内保管上場株式等の譲渡 　　譲渡収入金額の総額　−　取得費等の総額 　　＋ 　上場株式等の信用取引等の差金決済 　　差益金額の総額　−　差損金額の総額
（源泉徴収口座内通算所得金額）		（源泉徴収口座内直前通算所得金額）

(注)　上記算式中の用語の意義については次のとおりです。
　　1　「譲渡収入金額」とは，その譲渡をした特定口座内保管上場株式等の譲渡に係る収入金額のうちその源泉徴収選択口座において処理された金額をいいます。
　　　　また，「取得費等」とは，その譲渡につき上記の譲渡収入金額がある場合におけるその特定口座内保管上場株式等に係る源泉徴収選択口座において処理されたその取得費等の金額をいいます。
　　2　「差益金額」とは源泉徴収選択口座において差金決済が行われた上場株式等の信用取引等に係る次の(1)から(2)を控除した残額をいい，「差損金額」とは，その信用取引等に係る次の(2)から(1)を控除した残額をいいます。
　　　(1)　その信用取引等による上場株式等の譲渡又はその信用取引等の決済のために行う上場株式等の譲渡に係る収入金額のうちその源泉徴収選択口座において処理された金額

区　　　分	説　　　　明
6　源泉徴収税額の計算	(2)　上記(1)の信用取引に係る上場株式等の買付けにおいてその上場株式等を取得するために要した金額，委託手数料の額等のうちその源泉徴収選択口座において処理された金額の合計額 　源泉徴収選択口座を有する居住者等が，その年分の株式等の譲渡等に係る譲渡所得等につき所得税の確定申告をするときは，その特定口座内保管上場株式等に係る譲渡所得等の金額を除いたところで確定申告をすることができます^(注)（措法37の11の5①）。 **(注)**　源泉徴収選択口座において生じた所得又は所得の計算上生じた損失の金額を申告することもできます。申告を選択する具体的なケースとしては，源泉徴収選択口座において生じた所得又は所得の計算上生じた損失の金額について，その特定口座以外の株式等に係る譲渡所得等の金額と通算する場合や上場株式等に係る譲渡損失の損益通算及び繰越控除の特例（措法37の12の2）の適用を受ける場合などが考えられます。 　　また，源泉徴収選択口座において，源泉徴収選択口座内配当等と上場株式等に係る譲渡損失の金額を損益通算している場合において，その上場株式等に係る譲渡損失の金額について申告するときは，その源泉徴収選択口座内配当等に係る配当所得も併せて申告しなければなりません。

付録
12

付録**13** 災害を受けた給与所得者に対する救済方法

震災，風水害，落雷，火災などの災害によって住宅や家財に被害を受けた人は，雑損控除を受けるか，「災害被害者に対する租税の減免，徴収猶予等に関する法律」（以下「災免法」といいます。）の規定によって所得税の軽減又は免除と源泉所得税の徴収猶予や還付が受けられることになっています。

ここでは給与所得者が災害を受けた場合の源泉所得税及び復興特別所得税の徴収猶予と還付について，

そのあらましを説明します。

なお，東日本大震災及び能登半島地震の被災者等に対しては，源泉所得税及び復興特別所得税の徴収猶予と還付の他に，特例措置が設けられています。
(注) 災免法の規定により，公的年金等の受給者についても徴収猶予や還付が，また，報酬・料金の支払を受ける人についても徴収猶予が受けられることになっています。

区　　　分	説　　　　　　　　明
1　徴収猶予や還付が受けられる金額	それぞれ次によります。 (1) 被害を受けた年分の合計所得金額の見積額が1,000万円以下で，住宅又は家財についてその価額の50％以上の損害を受けた給与所得者は，次の区分により，源泉所得税及び復興特別所得税の徴収猶予や還付が受けられます（災免法3②③，災免令3の2）。

区　　分	徴収猶予が受けられる税額		還付が受けられる税額
① 合計所得金額の見積額が500万円以下の人	災害のあった日以後その年の12月31日までの間に支払を受けるその年分の給与等に対する源泉徴収税額		その年1月1日から災害のあった日までの間に支払を受けたその年分の給与等に対する源泉徴収税額
② 合計所得金額の見積額が500万円を超え750万円以下の人	イ　6月30日以前に災害を受けた場合	災害のあった日以後6か月間の間に支払を受けるその年分の給与等に対する源泉徴収税額	な　し
	ロ　7月1日以後に災害を受けた場合	災害のあった日以後その年の12月31日までの間に支払を受けるその年分の給与等に対する源泉徴収税額	7月1日から災害のあった日までの間に支払を受けたその年分の給与等に対する源泉徴収税額
	ハ　イ又はロに代えてこの項によることを選択した場合	災害のあった日以後その年の12月31日までの間に支払を受けるその年分の給与等に対する源泉徴収税額の50％相当額	その年1月1日から災害のあった日までの間に支払を受けたその年分の給与等に対する源泉徴収税額の50％相当額
③ 合計所得金額の見積額が750万円を超え1,000万円以下の人	災害のあった日以後3か月間（その期間が翌年にわたるときは，その年の12月31日まで）の間に支払を受けるその年分の給与等に対する源泉徴収税額		な　し

(注)　②のイ又は③の徴収猶予期間は，延長されることがあります（災免令3の2⑥）。また，上記の徴収猶予又は還付を受けていても，雑損控除を受ける方が有利なときは，確定申告の際に，雑損控除の適用を受けることができます（所法72）。

(2) 被害を受けた年分の合計所得金額の見積額が1,000万円超の給与所得者あるいは住宅又は家財についてその価額の50％未満の損害を受けた給与所得者で，被害を受けた年及びその翌年以後3年間において，雑損控除又は雑損失の繰越控除が受けられる人は，次により，源泉所得税及び復興特別所得税の徴収猶予が受けられます（災免法3⑤，災免令9，10）。

区　　　分	徴収猶予が受けられる税額
(1)以外の給与所得者	徴収猶予開始の日又は徴収猶予申請書写しの提出の日の翌日以後その年12月31日までに支払を受ける給与所得のうち，次の徴収猶予限度額に達するまでの金額に対する源泉徴収税額 　雑損失の見積額又は繰越雑損失の金額＋給与所得控除額＋障害者控除額＋寡婦控除額＋ひとり親控除額＋勤労学生控除額＋配偶者控除額＋配偶者特別控除額＋扶養控除額＋基礎控除額＝徴収猶予限度額

区　　　分	説　　　　明
2　徴収猶予や還付を受けるための手続 ①　徴収猶予を受ける場合	それぞれ次によります（災免令4, 5, 6, 10）。 イ　給与所得者が，災害のあった日以後最初に給与の支払を受ける日の前日までに，給与の支払者を経由して自分の納税地（通常は住所地となります。）を所轄する税務署長に対し申請書を提出します。 (注)1　支払者の納税地を所轄する税務署長に提出しても構いませんが，この場合でも，申請書の名宛人は，災害を受けた人の納税地の所轄税務署長としてください。 　　　2　申請書が，災害のあった日以後最初に給与の支払を受ける日の前日までに提出されなかった場合でも，徴収猶予の対象となる期間中の給与で申請書が提出された日の翌日以後支払を受けるものについては徴収猶予が受けられます。 ロ　給与の支払者がイの申請書を受け取ったときは，税務署長が認可する前においてもその申請の内容が確実と認められるものについて，徴収猶予をして差し支えありません。この場合，後日，税務署長から申請に対する処分の通知があったときは，必要に応じ補正します。
②　還付を受ける場合	給与所得者は，自分の納税地を所轄する税務署長に対し還付申請書を提出します。この場合には，給与の支払者から交付を受けた源泉徴収簿の写しなど，還付を受けようとする税額について，徴収されたことを証する書面を添付します。
③　雑損控除又は雑損失の繰越控除を受けることによって徴収猶予を受ける場合	イ　給与所得者は，自分の納税地を所轄する税務署長に対し徴収猶予の申請書を提出します。 ロ　徴収猶予の申請書が受理されたときは，税務署長からその申請書の写しの交付を受け，これを給与の支払者に提出します。 ハ　給与の支払者は，ロの申請書の写しが提出されたとき，又は申請書の写しが提出されなかった人について税務署長から徴収猶予を許可する旨の通知があったときは，その写し又は通知に基づいて，徴収猶予限度額まで徴収を猶予します。ただし，申請書写しの提出による徴収の猶予は，税務署長から申請に対する処分の通知があるまでの間に限ります。 ニ　地域的に集中した災害の場合には，給与の支払を受ける人が提出するイの申請書は，給与の支払者において取りまとめ，給与の支払者の所在地を所轄する税務署長に提出する方法も認められています。

付録13

〔参考〕
　上記の表は給与所得者が災害を受けた場合の徴収猶予又は還付の措置ですが，源泉徴収義務者に対する措置としては，次のものがあります。
イ　国税通則法によるもの
　①　納税の猶予（国税通則法46）
　②　納付等の期限延長（国税通則法11）
ロ　新型コロナウイルス感染症等の影響に対応するための国税関係法律の臨時特例に関する法律（以下「新型コロナ税特法」といいます。）によるもの
　　・納税の猶予（新型コロナ税特法3）

付録 **14** 給与の支払を受ける人の確定申告

　給与所得については，給与の支払者が，給与の支払を受ける人の各人ごとに年末調整を行って源泉徴収税額の精算を行いますので，給与の支払を受ける人は，原則として，確定申告を行う必要がないことになっています。

　しかし，以下に説明するように，給与の支払を受ける人のうちでも，本年中の給与の収入金額が2,000万円を超える人や，本年中に給与のほかにも他の所得がある人で，その金額が20万円を超える場合等には，

給与所得について年末調整が行われたかどうかを問わず，確定申告をして納税しなければならないことになっています。また，確定申告をする必要がないとされている人のうちでも，年末調整の段階では受けることができない控除を受けることにより，源泉徴収税額の還付を受けようとする人などの場合には，確定申告をすることができることになっています。

　なお，令和6年分の確定申告書の提出期間及び提出先税務署は，次のようになっています。

区　　　　　分		提　出　期　間	提出先税務署
確定申告をしなければ ならない人の場合	還付申告書以外	令和7年2月16日から同年3月17日まで	本人の住所地を 所轄する税務署
	還付申告書	令和7年1月1日から還付請求権が消滅するまで （5年間）は，いつでも提出することができます。	
確定申告をする義務はないが，確定申告をすれば源泉徴収税額の還付を受けられる人の場合			

1　確定申告をしなければならない人

(1)　令和6年分の合計所得金額が各種の所得控除額の合計額を超え，その超える部分の金額について計算した税額が，配当控除額及び年末調整により控除を受けた住宅借入金等特別控除額の合計額を超える人（控除しきれなかった外国税額控除の額がある場合，控除しきれなかった源泉徴収税額がある場合又は控除しきれなかっ

た予納税額がある場合を除きます。）で，次の[**申告義務者一覧**]に掲げる人

(2)　令和6年中に支払を受けた退職所得について「退職所得の受給に関する申告書」を提出しなかったため20.42％の税率で源泉徴収をされた人で，その源泉徴収税額が退職所得控除額等を適用して求めた税額よりも少ない人

[申告義務者一覧]

申　告　義　務　者	説　　　明
1　令和6年の給与の総額が2,000万円を超える人（所法120，121①本文）	①　「給与の総額」とは，給与の収入金額の合計額のことをいい，給与所得の金額の合計額ではありません。 ②　2か所以上から給与の支給を受けている人で確定申告をしなければならない人の給与の総額が2,000万円を超えるかどうかの判定は，その2か所以上の給与の収入金額の合計額により行います。この場合，年末調整の対象となる人（給与の総額が2,000万円以下の人）であるかどうかは，給与の支払者ごとに判定しますので，両者の差異に注意してください。 ③　これに該当する人は，給与のほかに他の所得があるかどうかを問わず，確定申告をする必要があります。
2　令和6年中に1か所だけから給与の支払を受けている人（その給与の全部について所得税及び復興特別所得税の源泉徴収をされている人に限られます。）で，**給与所得及び退職所得のほかに，地代，家賃，原稿料などの所得**（源泉分離課税の適用を受けた利子所得，特定の配当所得，特定の金融類似商品等の収益，源泉徴収選択口座内保管上場株式等の譲渡等による所得等，懸賞金付預貯金等の懸賞金等及び割引債の償還差益に係る雑所得は	(1)「特定の配当所得」とは，次に掲げる所得をいい，次の3の給与所得以外の所得においても同じです。 ①　私募公社債等運用投資信託の収益の分配，特定目的信託（社債的受益権に限ります。）の剰余金の配当（私募のものに限ります。）（措法8の2） ②　上場株式等以外の配当等で，1銘柄につき1回に支払を受ける金額が，10万円に配当計算期間の月数を乗じてこれを12で除して計算した金額以下の配当等及び

申　告　義　務　者	説　　　　明
除かれますが，土地建物等の譲渡による所得の金額（譲渡所得の特別控除を受けられる場合には，その控除後の金額），申告分離課税の適用を受ける上場株式等に係る配当所得等の金額，一般株式等に係る譲渡所得等の金額又は上場株式等に係る譲渡所得等の金額及び先物取引の雑所得等の金額は含まれます。以下，この所得のことを「給与所得以外の所得」といいます。）の金額の合計額が20万円を超える人（所法121①一）	上場株式等の配当等，公募証券投資信託の収益の分配，並びに特定投資法人の投資口の配当等（金額の多寡を問いません。）で，確定申告不要制度の適用を受けるもの（措法8の5） (2)　「特定の金融類似商品等の収益」とは，所得税法174条3号から8号までに掲げる給付補てん金，利息，利益又は差益をいいます（措法41の10）。 (3)　「源泉徴収選択口座内保管上場株式等の譲渡による所得等」とは，居住者等が，金融商品取引業者等に一定の要件を満たす特定口座を開設した場合において，その特定口座に保管の委託がされている上場株式等の譲渡等から生ずる所得について，源泉徴収される旨の選択の届出をした場合の当該所得をいいます（措法37の11の4）。
3　令和6年中に2か所以上から給与の支払を受けている人（その給与の全部について所得税の源泉徴収をされている人に限ります。）で，主たる給与の支払者以外の給与の支払者から支払を受けた給与の収入金額と，給与所得以外の所得金額との合計額が20万円を超える人 　ただし，2か所以上から支払を受けた給与の収入金額の合計額が，「150万円＋社会保険料控除額＋小規模企業共済等掛金控除額＋生命保険料控除額＋地震保険料控除額＋障害者控除額＋寡婦控除額＋ひとり親控除額＋勤労学生控除額＋配偶者控除額＋配偶者特別控除額＋扶養控除額」以下で，しかも，給与所得以外の所得の金額が20万円以下の人は除かれます（所法121①二）。	「主たる給与の支払者」とは，「給与所得者の扶養控除等申告書」の提出先の給与の支払者をいいます。
4　同族会社の役員又はその役員の親族であるなど特殊の関係にある人のうち，令和6年中にその会社から給与所得のほかに，例えば，貸付金の利子，店舗，工場などの賃貸料，機械，器具の使用料などの支払を受けている人（所法121①）	「特殊の関係にある人」には，役員と事実上の婚姻関係と同様の事情にある人なども含まれます（所令262の2）。
5　令和6年中に災害により住宅又は家財についてその価額の2分の1以上の損害を受けたことにより，災免法の適用を受けて給与所得に対する源泉徴収税額の徴収猶予や還付を受けている人（災免法3⑥）	「災免法」とは，「災害被害者に対する租税の減免，徴収猶予等に関する法律」のことです。
6　令和6年中に源泉徴収を受ける給与の支払を受けている人（所法120①）	「源泉徴収を受けない給与」には，次のような給与があります（所基通121-5）。 ①　常時2人以下の家事使用人だけを雇用する雇用主からその家事使用人が支払を受ける給与（所法184） ②　日本国外で支払を受ける給与 ③　在日大公使館等から支払を受ける給与

付録14

2　確定申告をする義務はないが，確定申告をすれば源泉徴収税額の還付を受けられる人

還　付　申　告　が　で　き　る　人	説　　　　明
1　令和6年中に災害により住宅又は家財についてその価額の2分の1以上の損害を受け，災免法の規定による給与所得に対する源泉徴収税額の徴収猶予や還付を受けなかった人で，確定申告の段階で同法の規定による所得税の軽減，免除を受けようとする人（災免法2）	「災免法」とは，「災害被害者に対する租税の減免，徴収猶予等に関する法律」のことです。
2　令和6年中に受けた災害などの損失について，雑損控除を受けようとする人（所法72）	①　雑損控除は，災害，盗難又は横領によって資産（商品，製品などのたな卸資産，事業用固定資産及び生活に通常必要でない資産は除きます。）について損害を受けた場合に，その損失額（災害に関連するやむを得ない支出額を含み，保険金などにより補てんされる部分の金額を除

還 付 申 告 が で き る 人	説　　　　明
2　令和6年中に受けた災害などの損失について，雑損控除を受けようとする人（所法72）	きます。）について受けることができます。 　雑損控除額は，次の区分に応じ，それぞれ次の算式によって計算します。 　イ　損失額に含まれる災害関連支出額が5万円以下である場合（災害関連支出がない場合を含みます。） 　　　損失額－所得金額の10％相当額 　ロ　損失額に含まれる災害関連支出額が5万円を超える場合 　　　損失額－（損失額から災害関連支出額のうち5万円を超える部分の金額を控除した金額と所得金額の10％相当額とのいずれか低い金額） 　ハ　損失額のすべてが災害関連支出額である場合 　　　損失額－（5万円と所得金額の10％相当額とのいずれか低い金額） ②　雑損控除は，年末調整の段階では受けられません。
3　令和6年中に支払った医療費について，医療費控除を受けようとする人（所法73）	①　医療費控除額は，次の算式によって計算します。 $\left(医療費-\dfrac{保険金など}{の補てん額}\right)-$（所得金額の5％相当額と10万円とのうちいずれか少ない金額）…………（最高200万円まで） ②　①の控除の対象となる医療費は，原則として，医療費の明細書等のあるものに限ります。 ③　平成29年分より医療費控除の特例が適用され，健康の維持増進及び疾病の予防への取組みとして一定の取組みを行う人が，特定一般用医薬品等購入費をその年中に12,000円を超えて支払った場合には，その超える部分の金額（年間88,000円を限度）を控除することができます（①との選択適用）（措法41の17） ④　医療費控除は，年末調整の段階では受けられません。
4　令和6年中に支出した特定寄附金や特定の政治献金，認定NPO法人に対する寄附金，特定新規株式の取得に要した金額，特定公益信託の信託財産とするために支出した金銭のうち特定寄附金とみなされるものについて，寄附金控除を受けようとする人（所法78，措法41の18①，41の18の2①，41の19）	①　「特定寄附金」とは，国又は地方公共団体に対する寄附金，財務大臣が指定した寄附金及び特定公益増進法人に対する寄附金をいいます。 ②　寄附金控除額は，次の算式によって計算します。 $\left[\begin{array}{l}特定寄附金の額と所得金額の40\%\\相当額とのうちいずれか少ない金額\end{array}\right]-2,000円$ ③　政党に対する寄附金及び認定NPO法人に対する寄附金については，所得控除に代えて税額控除を選択することができます（9参照）。 ④　寄附金控除は，年末調整の段階では受けられません。
5　令和6年中の給与が少額である人で，配当所得を有し，配当控除を受けようとする人（所法92）	①　配当控除額は，次の(1)～(4)に掲げる場合に応じて計算します。 (1)　課税総所得金額が1,000万円以下の場合……次のイとロの合計額 　イ　剰余金の配当，利益の配当，剰余金の分配及び特定株式投資信託の収益の分配（以下「剰余金の配当等」といいます。）に係る配当所得の金額×10％ 　ロ　特定証券投資信託の収益の分配に係る配当所得の金額×5％ (2)　課税総所得金額が1,000万円を超え，かつ，課税総所得金額から特定証券投資信託の収益の分配に係る配当所得の金額を控除した金額が1,000万円以下の場合……次のイとロの合計額 　イ　剰余金の配当等に係る配当所得の金額×10％

還　付　申　告　が　で　き　る　人	説　　　明
5　令和6年中の給与が少額である人で，配当所得を有し，配当控除を受けようとする人（所法92）	ロ　$\left[\begin{array}{l}\text{特定証券投資信託の収益の分配に}\\\text{係る配当所得の金額のうち，課税}\\\text{総所得金額から1,000万円を控除し}\\\text{た金額に相当する部分の金額(A)}\end{array}\right] \times 2.5\%$
	$+\left[\begin{array}{l}\text{特定証券投資信託の}\\\text{収益の分配に係る配}\\\text{当所得の金額のうち，}\\\text{(A)以外の部分の金額}\end{array}\right] \times 5\%$
	(3)　課税総所得金額から特定証券投資信託の収益の分配に係る配当所得の金額を控除した金額が1,000万円を超える場合（(4)に該当する場合を除きます。）……次のイとロの合計額
	イ　$\left[\begin{array}{l}\text{剰余金の配当等に係る配当所得の金}\\\text{額のうち，課税総所得金額から1,000万}\\\text{円と特定証券投資信託の収益の分配}\\\text{に係る配当所得の金額の合計額を控}\\\text{除した金額に相当する部分の金額(A)}\end{array}\right] \times 5\%$
	$+\left[\begin{array}{l}\text{剰余金の配当等}\\\text{に係る配当所得}\\\text{の金額のうち，(A)}\\\text{以外の部分の金額}\end{array}\right] \times 10\%$
	ロ　特定証券投資信託の収益の分配に係る配当所得の金額×2.5%
	(4)　課税総所得金額から剰余金の配当等に係る配当所得の金額と特定証券投資信託の収益の分配に係る配当所得の金額の合計額を控除した金額が1,000万円を超える場合……次のイとロの合計額
	イ　剰余金の配当等に係る配当所得の金額×5%
	ロ　特定証券投資信託の収益の分配に係る配当所得の金額×2.5%
	②　総合課税の対象とされるものであっても，いわゆるプロ私募による投資信託の収益の分配，法人課税信託の収益の分配，特定目的信託の収益の分配，特定目的会社の出資の配当等及び投資法人の投資口の配当等に係る配当所得については，配当控除は受けられません（措法9）。
	③　申告不要制度の適用を受ける配当所得は，配当控除の対象とはなりません。
	④　配当控除は，年末調整の段階では受けられません。
6　令和6年中の特定支出の額の合計額が一定額を超えるため，特定支出控除の特例を受けようとする人（所法57の2）	給与所得者が，特定支出をした場合において，その年中の特定支出の額の合計額が給与所得控除額の2分の1に相当する金額を超えるときは，その年分の給与所得の金額は，給与所得控除後の給与等の金額からその超える部分の金額を控除した金額とすることができます（所法57の2①）。
	特定支出とは，次に掲げる支出で，一定の要件に当てはまるものをいいます。
	ただし，特定支出につき，給与の支払者により補塡される部分があり，かつ，その補塡される部分につき所得税が課されない場合における，その補塡される部分は特定支出には含まれません（所法57の2②）。
	①　通勤のために必要な交通機関の利用又は交通用具の使用のための支出
	②　勤務する場所を離れて職務を遂行するために直接必要な旅行のための支出
	③　転任に伴う転居のための支出
	④　職務の遂行に直接必要な技術又は知識を習得するために受講する研修のための支出
	⑤　職務の遂行に直接必要な資格の取得費

付録14

還 付 申 告 が で き る 人	説　　　　明
	⑥　転任に伴い単身赴任をしている人の帰宅のための往復旅費
	⑦　職務に関連する図書若しくは勤務場所での着用が必要とされる衣服を購入するため，又は得意先等に対する接待，供応等のための支出（その支出の額の合計額が65万円を超える場合には，65万円までの支出に限る。） 　特定支出控除の特例の適用を受けるためには，確定申告書に次の書類の添付等が必要です（所法57の2③④）。 　イ　給与所得者の特定支出に関する明細書 　ロ　給与の支払者の証明書（④，⑤については，又はキャリアコンサルタントの証明書） 　ハ　特定支出の金額等を証する書類 　ニ　鉄道等の利用区間等を証する書類
7　令和6年中の所得のうちに外国で発生した所得があり，その所得について外国の所得税が課されたため外国税額控除又は分配時調整外国税相当額控除を受けようとする人（所法93，95）	外国税額控除又は分配時調整外国税相当額控除は，年末調整の段階では受けられません。
8　住宅の取得等をし，（特定増改築等）住宅借入金等特別控除を受けようとする人（措法41，41の3の2）	控除1年目は確定申告が必要です。控除2年目以降は，年末調整の際に適用を受けることができます。
9　令和6年中に支出した特定の寄附金について，政党等寄附金特別控除，認定NPO法人寄附金特別控除又は公益社団法人等寄附金特別控除（税額控除）の適用を受けようとする人（措法41の18②，41の18の2②，41の18の3）	
10　令和6年中の中途で退職し再就職しなかった人で給与所得以外の所得がないか，あってもごく少額なことにより，給与について源泉徴収をされた税額が納めすぎとなる人	
11　令和6年中の給与が少額である人で，少額の原稿料などがあり，その原稿料などについて源泉徴収をされた税額が納めすぎとなる人	
12　令和6年分の年末調整の際，小規模企業共済等掛金，生命保険料，地震保険料などの控除や住宅借入金等特別控除を受けられるのにこれらの控除を受けなかった人	

付録 **15** 住民税の徴収の方法

個人の市町村民税及び道府県民税（以下「個人の住民税」という。）は，原則として，普通徴収の方法により納税することとされ，納税義務者が前年中において給与の支払を受けた者であり，かつ，その年度の初日において給与の支払を受けている者（以下「給与所得者」という。）又は前年中に公的年金等の支払を受けた者のうち，当該年度の初日において老齢等年金給付を受給している65歳以上の者（以下「年金所得者」という。）である場合には，特別徴収の方法によって納税することとされています。

すなわち，給与所得者については，市町村が個人の住民税を給与から特別徴収の方法によって徴収する場合には，納税義務者に給与の支払をしている者のうち，その給与に係る所得税の源泉徴収義務を有する者を，その市町村の条例に定めるところによって，特別徴収義務者に指定して個人の住民税（公的年金等の所得に係る住民税を除く。）を徴収すること

ととしています。したがって，特別徴収義務者として指定された者は，自らの意思にかかわらず，特別徴収税額を徴収して，その市町村に納入しなければならない義務を負うことになります。

また，市町村が年金所得者について，個人の住民税を公的年金から特別徴収の方法によって徴収する場合には，年金所得者に公的年金の支払をしている年金保険者が，地方税法に定めるところによって，特別徴収義務者として個人の公的年金等に係る所得に対する住民税を徴収することとしています。

なお，給与の支払者が，給与所得者に対する個人の住民税を特別徴収しなければならないこととされているのも，これらの者が租税徴収の便宜を有していることにかんがみ租税が効率的に徴収されるよう国民に対してこれに協力する義務を課したもので，所得税における源泉徴収の制度と同じ理念のもとに律することとしているものです。

給与からの個人の住民税の徴収方法

1 給与支払報告書の提出

(1) 特別徴収の実務は，まず「給与支払報告書」の提出からはじまります。この給与支払報告書は，

　(イ) 市町村における税額計算の基礎資料であるとともに，

　(ロ) 給与所得者が提出すべき個人の住民税の申告書に代えて，給与の支払者から提出されるものです。

(2) 給与支払報告書の提出は電子申告でも行うことができます。電子申告とは，自宅やオフィスなどからインターネット経由で申告手続を行うことができる申告方法です。地方税共同機構が管理運営しており，eLTAXと呼ばれています。

複数の都道府県や市町村に給与支払報告書の提出を行う場合は，作成した給与支払報告書を各市町村へ郵送もしくは，受付窓口へ提出する必要があります。しかし，電子申告では，複数の地方公

付録15

共団体へ提出する場合でも，送信先はいつでも同じ窓口（ポータルセンター）になります。

電子申告の詳しい説明や手続などは，地方税共同機構（URL　https://www.eltax.lta.go.jp/）へご確認ください。

	1月1日現在において給与の支払を受けている者に関する給与支払報告書	年の途中に退職した者に関する給与支払報告書
提出義務者	1月1日現在において給与の支払をする者で，その支払をする際所得税を源泉徴収する義務がある者	給与を支払う者で，その支払をする際所得税を源泉徴収する義務がある者
記載される所得金額	前年中の給与所得の金額	給与の支払を受けなくなった日の属する年の給与所得の金額
提出先	1月1日現在の住所地市町村	退職時の住所地市町村
提出期限	1月31日	退職した年の翌年の1月31日

(注) 年の途中に退職した者に支払った給与の総額が30万円以下の場合は，給与支払報告書の提出をしないこともできます。

2　給与支払報告書の作成

給与支払報告書の様式は所得税の源泉徴収票と同一の様式及び規格で複写式となっていますから，源泉徴収票と給与支払報告書とを同時に作成することができます。なお，給与支払報告書の書き方は，所得税の源泉徴収票の書き方と同じです。

次に，給与所得者ごとに給与支払報告書が作成されますと，その給与支払報告書を，住所を同じくする市町村ごとに区分して，次ページに掲げる様式による総括表を作成します。

(1)　「給与の支払期間」欄には，「報告人員の合計」欄で計上された人員に給与を支払った期間を記載

してください。

(2)　「給与支払者の個人番号又は法人番号」欄には，給与支払者の個人番号又は法人番号を記載してください。なお，個人番号を記載する場合は，左側を1文字空けて記載してください。

(3)　「受給者総人員」欄には，1月1日現在において給与の支払をする事務所，事業所等から給与等の支払を受けている者の総人員を記載してください。

(4)　「特別徴収対象者」欄には，提出先の市町村に対して「給与支払報告書（個人別明細書）」を提出する者で，特別徴収の対象となるものの人員を記載してください。

(5)　「普通徴収対象者（退職者）」欄には，提出先の市町村に対して「給与支払報告書（個人別明細書）」を提出する者で，普通徴収の対象となるもののうち退職者の人員を記載してください。

(6)　「普通徴収対象者（退職者を除く）」欄には，提出先の市町村に対して「給与支払報告書（個人別明細書）」を提出する者で，普通徴収の対象となるもののうち退職者を除いた人員を記載してください。

(7)　「報告人員の合計」欄には，「特別徴収対象者」欄，「普通徴収対象者（退職者）」欄及び「普通徴収対象者（退職者を除く）」欄の人員の合計を記載してください。

(8)　「給与の支払方法及びその期日」欄には，次の例により記載してください。

(イ)　支払方法：「月給」，「週給」等

(ロ)　その期日：「毎月20日」，「毎週月曜日」等

3　異動報告書の作成

特別徴収の対象となる給与所得者は，給与支払報告書に記載されているすべての給与所得者ではなく，その年の4月1日現在において給与の支払を受けている者です。ただし，次の(イ)及び(ロ)に掲げる者については，その給与などの支給が，1月を単位とされていないため，毎月徴収するという特別徴収の方法

給与支払報告書（総括表）

			指　定　番　号		
令和　　　年　　　月　　　日提出					
給 与 の 支 払 期 間	令和　年　月分から　月分まで				
給 与 支 払 者 の 個人番号又は法人番号					
フ　リ　ガ　ナ		事 業 種 目			
給 与 支 払 者 の 氏 名 又 は 名 称					
所 得 税 の 源 泉 徴 収 を し て い る 事 務 所 又 は 事 業 の 名 称		受　　給　　者 総　　人　　員			人
フ　リ　ガ　ナ	〒	報告人員	特別徴収対象者		人
			普通徴収対象者 （退職者）		人
同 上 の 所 在 地			普通徴収対象者 （退職者を除く）		人
給 与 支 払 者 が 法 人 で あ る 場 合 の 代 表 者 の 氏 名			報告人員の合計		人
		所　　　　　轄 税　務　署　名			税務署
連 絡 者 の 氏 名 、 所 属 課 、 係 名 及 び 電 話 番 号	課　　　　係 氏名 （電話　　　　　　）	給 与 の 支 払 方 法 及 び そ の 期 日			
関与税理士等の氏名 及 び 電 話 番 号	氏名 （電話　　　　　　）	納入書の送付			必要 ・ 不要

によることが困難ですので，普通徴収の方法によって徴収されます。

(イ) 給与所得のうち支給期間が1か月を超える期間によって定められている給与のみの支払を受けている者

(ロ) 外国航路を航行する船舶の乗組員で1か月を超える期間以上乗船することとなるため慣行として不定期にその給与の支払を受けている者

したがって，給与支払報告書を提出してから，4月1日までの間に，給与所得者に異動があった場合には，すでに提出した給与支払報告書を訂正する必要があります。

この訂正の手続は，「給与支払報告に係る給与所得者異動届出書」（286ページ参照）の提出によって行われます。この届出書は4月15日までに提出しなけ

ればなりません。なお，前年より引き続いて個人の住民税を特別徴収されていた者が退職したことにより，給与支払報告書の訂正を要する場合であっても，その退職した者については，現に特別徴収されている個人の住民税についての「特別徴収に係る給与所得者異動届出書」が提出されることとなりますので，別途「給与支払報告に係る給与所得者異動届出書」を提出する必要はありません。

異動届出書の表中「異動後の住所」欄には，給与所得者が異動した後の住所を記載することになりますが，その住所が明らかでない場合には，退職当時の住所を記載します。

「給与支払報告に係る給与所得者異動届出書」の様式は，「特別徴収に係る給与所得者異動届出書」と同一となっていますので，同様式を参照してください。

4 特別徴収税額の通知等

給与支払報告書が提出されますと，市町村においては，税額の計算を行います。そして，その税額の計算が終わりますと，それを「特別徴収税額の通知書」によって給与支払者及び給与支払者を経由して納税者にそれぞれ通知しますが，この通知には次のような効果があります。

イ　給与支払者に対しては，通知書に記載された給与所得者から，通知に基づく税額を，毎月の給与の支払の際に徴収するという義務が確定します。この通知を受けた給与支払者を，「特別徴収義務者」といいます。

ロ　給与所得者に対しては，この通知によって年税額が確定します。

この通知は，通常5月31日までに行われることになっていますが，税法の改正などの事情などによって，その日の後に行われた場合であっても，その効果は変わりません。この通知による税額を，個人の住民税及び森林環境税の「特別徴収税額」といいます。

なお，特別徴収税額は，道府県民税（東京都は，都民税），市町村民税（東京都特別区は，特別区民税）（いずれも所得割額と均等割額）及び森林環境税との合計額です。

5 特別徴収税額の徴収

特別徴収の方法によって徴収される個人の住民税及び森林環境税の特別徴収税額は，市町村長から「給与所得等に係る市町村民税・道府県民税・森林環境税特別徴収税額の決定通知書」によって通知されますが，その税額は給与所得者の前年中の給与所得に係る所得割額，均等割額及び森林環境税との合計です。しかし，その給与所得者に前年中に株式の配当，地代，家賃又は原稿料などの給与所得以外の所得がある場合には，原則として，これらの給与所得以外の所得に係る所得割額を合算した所得割額，均等割額及び森林環境税との合計額を特別徴収の方法によって徴収します。

特別徴収税額の徴収は，特別徴収税額が均等割額

及び森林環境税の合計額に相当する金額以下である人は1回で，その他の人は，通常6月から翌年の5月までの間の各月において12回で徴収されます。したがって，毎月の特別徴収税額は，年税額を12等分したものです。この月割額の計算は，次ページの表のとおり，年税額を12で割って100円未満の金額はすべて第1回分にまとめることとし，月割額の特別徴収については，通常6月を第1回として，翌年の5月までの各月において，給与の支払の際に行わなければなりません。

(注) 令和6年度分の個人住民税については，定額減税が実施されますので，定額減税の該当者については，令和6年6月に給与の支払をする際は特別徴収を行わず，定額減税額を控除した後の個人住民税の額の11分の1の額を令和6年7月から令和7年5月まで，それぞれの給与の支払をする際毎月徴収します。

また，給与の支払の方法が，半月ごと，1週間ごとなどである場合は，定められた月割額を適宜あん分して徴収しても差し支えありません。

なお，次のような場合には，それぞれ，(1)その一部を普通徴収とする方法，(2) 2以上の給与支払者から給与などの支払を受けている場合にそのいずれかの支払者から特別徴収を行う方法，(3) 6月1日から翌年4月30日までの間に退職した場合に未納分を一括して徴収する方法をとることもできます。

(1) 税額の一部を普通徴収とする方法

給与所得者が給与所得以外の所得を有するときは，既に述べたとおり，市町村は，原則として，その給与所得以外の所得を含めて税額計算を行い，その税額を通知します。ただし，給与所得者が，その給与所得以外の所得に対する個人の住民税及び森林環境税について，特別徴収の方法によらず普通徴収の方法によって徴収されることを希望する場合，その旨を申告書に記載することができます。

(注) 65歳以上の者の公的年金等所得に係る税額は，原則として公的年金からの特別徴収の対象となり，給与所得に係る税額の特別徴収とあわせて給与から特別徴収すること及び公的年金等以外の所得に係る税額とあわせて普通徴収をすることはできません。

(2) 2以上の給与支払者から給与などの支払を受けている場合の特別徴収の方法

2以上の給与支払者から給与などの支払を受けている給与所得者の特別徴収税額の徴収は，原則として，そのいずれか1つの給与支払者を，特別徴収義務者として行うものとされています。この場合，指定される特別徴収義務者は，通常前年中の給与所得の金額の支払額が最も大きい給与支払者です。また，特別徴収税額の計算は，2以上の給与などの合計額によって行われます。

(3) 6月1日から翌年4月30日までの間に退職した場合に未納分を一括徴収する方法

給与所得者が6月1日から12月31日までの間に退職等によって給与の支払を受けないこととなった場合で，その給与所得者に対して翌年の5月31日までの間に支払われる予定の給与又は退職手当等が未納分（退職した月の翌月以降に徴収されるべき特別徴収税額）に相当する金額を超えるときは，給与支払者は本人の申出によって，給与から特別徴収しきれなかった未納分をその給与又は退職手当から一括徴収することができることとされています。

また，翌年の1月1日から4月30日までの間に退職した者で前述と同様の要件に該当するものについては，本人の申出がなくても給与支払者は，給与から特別徴収しきれなかった未納分の個人の住民税及び森林環境税との合計額をその給与又は退職手当から一括徴収することとされています。

なお，次のような場合には，支払われる退職手当等の額が給与から特別徴収しきれなかった未納の額を超えている場合であっても一括徴収することはできません。

(1) 納税義務者（給与の支払を受けている者）が死亡したことにより退職し，退職手当等の支払を受ける場合

(2) 納税義務者の退職に伴う退職手当等の支払が，特別徴収義務者と生命保険会社等の適格退職年金契約の締結による当該生命保険会社からの退職一時金の支払である場合

このような場合に一括徴収をできない理由としては，一括徴収できる場合が，

① 残税額を超えている退職手当等の支払が本人に対してなされるものであること

② 支払われる退職手当等が特別徴収義務者から支払われるものであること

に限られているからです。したがって，(1)の場合には支払われる退職手当等は死亡した本人に支払われるものではなくその相続人に対して支払われることとなりますので，一括徴収に該当しないこととなり

(給 与 所 得 に 係 る 特 別 徴 収 税 額 の 計 算 例)						
特別徴収税額　　25,500円						
回　　　　　数	1	2	3	4〜10	11	12
徴 収 す べ き 月	6月	7月	8月	9月〜3月	4月	5月
月　　割　　額	2,400円	2,100円	2,100円	2,100円	2,100円	2,100円

① 個人の住民税（所得割）の標準税率

市町村民税 （特別区民税）		道府県民税 （都 民 税）
課税標準額	税　　率	税　　率
一　　律	6 ％	4 ％

※平成30年度以後，指定都市に住所を有する者は，市民税所得割8％，道府県民税所得割2％となる。

② 均等割（年額）

区　　　　　　分	標準税率
道府県民税 （都 民 税）	1,000円
市 町 村 民 税 （特別区民税）	3,000円

※令和6年度から，個人住民税均等割とあわせて，森林環境税（国税）として1,000円が課税される。

ます。また，(2)の場合についても本人に支払われる退職一時金は特別徴収義務者から直接支払われるものではなく生命保険会社等から支払われることとなりますので(1)と同様一括徴収の対象となりません。

これらに対する残税額の取扱いは一括徴収の対象とはならないことから普通徴収となり，(1)については退職手当等の支払を受けた相続人が納税義務を承継することとなり，当該相続人が納税義務者となります。

また，(2)の場合においても残税額は(1)と同様に普通徴収の方法により徴収することとなります。

6 特別徴収税額の納入

特別徴収義務者が特別徴収した月割額は，徴収した月の翌月の10日までに，通知を受けた各市町村に納入しなければなりません。この納入の方法としては，(1)直接納入の方法と，(2)指定された金融機関に納入する方法とがあります。

(1) 各市町村に直接納入する方法

特別徴収義務者は，特別徴収した税額を市町村の窓口に持参することも，また，市町村の収納事務を取り扱っている銀行などに納入することもできます。

(2) 市町村から指定された金融機関に納入する方法

特別徴収義務者の事務所などの所在する市町村と，納入すべき市町村とが異なる場合には，(1)の直接納入の方法をとることが困難ですから，特別徴収義務者が納入に便利な銀行などに納入することを市町村に申し出れば，市町村においては，できる限りその申出のあった銀行などを指定します。したがって，特別徴収義務者は，その指定のあった銀行などに納入すればよいことになります。この指定の申出は，「給与支払報告書の総括表」の所定の欄（前述2(7)参照）に記載することによって行います。

(3) 特別徴収税額の納期の特例

特別徴収義務者は，その事務所，事業所などで給与の支払を受ける者が常時10人未満である場合には，市町村長の承認を受けて，毎月10日までに納入すべ

き特別徴収税額を，12月10日と6月10日の2回（6月分から11月分までは12月10日，12月分から翌年5月分までは6月10日）に分けて納入することができます。

この特例を受けようとする特別徴収義務者は，次の事項を記載した申請書を関係市町村長に提出します。
  イ 特別徴収義務者の氏名又は名称及び住所又は事務所などの所在地
  ロ 最近6か月間の月別に給与を受ける者の数及びその給与の金額
  ハ その他

7 4月2日以後に給与所得者に異動があった場合の手続

特別徴収税額通知書に記載される給与所得者は，原則として，その給与支払者から4月1日現在において給与の支払を受けている者に限られます。したがって，4月2日以後において，退職などによって給与の支払を受けなくなった者については，退職などの後において支払を受ける退職手当等などから残りの月割額を特別徴収されたい旨の申出があるなど次の(1)のなお書に当たる場合を除き，その支払を受けなくなった月の翌月分以降の月割額については，特別徴収の必要はありません。

ただ，この場合には，給与支払者は，異動のあった月の翌月10日までに，「特別徴収に係る給与所得者異動届出書」を提出しなければなりません。

この届出書が提出されますと，市町村は事務処理を行い，その提出が特別徴収税額の通知後であるときは特別徴収義務者あてに，「特別徴収税額の変更通知書」が送付され，はじめに通知した税額が変更されることになります。なお，給与所得者に異動があった場合における特別徴収などの方法は，次のとおりです。

(1) 異動後における住民税の徴収

特別徴収を受けていた給与所得者が，退職などのためにその給与支払者から給与の支払を受けなくなった場合には，前記の届出書に基づき市町村におい

て，未納となっている税額を普通徴収の方法によって徴収します。

普通徴収の手続としては，直接その給与所得者あてに納税通知書を交付しますので，その交付を受けた者は，その通知書により納税することになります。

なお，その退職などが6月1日から12月31日までの場合で，その後の月割額（すなわち残税額）についても，一括徴収の方法によって徴収されたい旨の退職者などからの申出があり，かつ，その者に対してその翌年の5月31日までの間に支払われるべき給与や退職手当等で，その残税額の全額に相当する金額を超えるものがあるときは，その給与の支払者はその給与や退職手当等などの支払をする際にその残税額を徴収し，その徴収した月の翌月10日までに，市町村に納入しなければなりません。また，その退職などが翌年1月1日から4月30日までの場合には，本人の申出がなくても給与支払者は，その給与や退職手当等の支払をする際に，その残税額を一括徴収し，その徴収した月の翌月10日までに，市町村に納入しなければなりません。

(2)　**4月2日以後に入社した給与所得者の取扱い**

4月2日以後に異動のあった場合の手続は，前記のとおりですが，これとは逆に4月2日以後に入社した人の特別徴収の手続は次のとおりです。

イ　4月2日から翌年の4月末日までの間に，新たに給与の支払を受けることとなった者で，

ロ　前年中の給与所得に係る税額について，その給与所得者自身が，新たに給与の支払者となった者を通じて市町村に特別徴収を受けたい旨の届出をすれば，それ以後の税額について給与から特別徴収を行うこととされています。

なお，この届出は，前の給与の支払者から給与の支払を受けなくなった月の翌月の10日（その支払を受けなくなった日が翌年の4月中である場合には，4月30日）までに行わなければならないこととされています。

市町村は，この届出によって，既に通知をした給与からの特別徴収税額の変更を行います。

〈参考〉　令和6年度分住民税各種控除額（令和5年中の所得に対応）

基　礎　控　除	納税義務者の前年の合計所得金額が2,500万円以下である場合には，次の区分に応じた金額を控除します。		
	納税義務者の前年の合計所得金額		基礎控除額
	2,400万円以下		43万円
	2,400万円を超え，2,450万円以下		29万円
	2,450万円を超え，2,500万円以下		15万円
	2,500万円超		適用なし

配　偶　者　控　除	納税義務者の前年の合計所得金額が1,000万円以下で，かつ，前年の合計所得金額が480,000円以下の生計を一にする配偶者を有する場合には，次の区分に応じた金額を控除します。		
		納税義務者の前年の合計所得金額	
	配偶者の区分	900万円以下	900万円を超え950万円以下	950万円を超え1,000万円以下
	控除対象配偶者	330,000円	220,000円	110,000円
	控除対象配偶者が70歳以上である場合	380,000円	260,000円	130,000円

付録15

	納税義務者の前年の合計所得金額が1,000万円以下で，かつ，前年の合計所得金額が48万円を超え133万円以下の生計を一にする配偶者（他の納税義務者の扶養親族又は事業専従者を除く。）を有する場合には，次の区分に応じた金額を控除します。

配偶者の前年の合計所得金額	納税義務者の前年の合計所得金額		
	900万円以下	900万円を超え950万円以下	950万円を超え1,000万円以下
48万円を超え100万円以下	330,000円	220,000円	110,000円
100万円を超え105万円以下	310,000円	210,000円	110,000円
105万円を超え110万円以下	260,000円	180,000円	90,000円
110万円を超え115万円以下	210,000円	140,000円	70,000円
115万円を超え120万円以下	160,000円	110,000円	60,000円
120万円を超え125万円以下	110,000円	80,000円	40,000円
125万円を超え130万円以下	60,000円	40,000円	20,000円
130万円を超え133万円以下	30,000円	20,000円	10,000円

(左欄：配偶者特別控除)

扶養控除

前年の合計所得金額が48万円以下の生計を一にする親族（他の納税義務者の扶養親族又は事業専従者を除く。）を有する場合には，次の金額を控除します。

① 控除対象扶養親族※（扶養親族のうち年齢16歳以上の者をいう。）1人につき
　……………………………………………………………………………………330,000円
　ただし，控除対象扶養親族が19歳以上23歳未満である場合には ……450,000円
　ただし，控除対象扶養親族が70歳以上である場合には ………………380,000円
② 納税義務者又はその配偶者の直系尊属で，同居している70歳
　以上の控除対象扶養親族は1人につき …………………………………450,000円

※国外に居住する親族が30歳以上70歳未満である場合には，次のいずれかに該当する者
イ　留学により日本国内に住民及び居所を有しない者
ロ　障害者
ハ　納税義務者から前年において生活費又は教育費に充てるための支払を38万円以上受けている者

雑損控除

損害金額－保険金等＝差引損失額
（差引損失額－所得金額の10％）か
（差引損失額のうち災害関連支出の金額－50,000円）｝のいずれか多い金額

医療費控除

① 医療費のうち所得金額の5％相当額と100,000円とのいずれか低い金額を超過する金額（最高200万円）
② 健康の保持促進及び疾病の予防への取組として一定の取組を行う個人に係る特定一般用医薬品等購入費のうち12,000円を超過する金額（最高88,000円）
(注) ②は平成30年度から令和9年度までの各年度分に限り適用（①との併用はできません。）

生命保険料控除

① 平成23年12月31日以前に締結した保険契約等（旧契約）に係る生命保険料控除
　一般生命保険料控除・個人年金保険料控除（両方の支払がある場合は下記によりそれぞれ金額を計算）
　(a) 支払保険料等が15,000円以下の場合……支払保険料等全額
　(b) 支払保険料等が15,000円を超え40,000円以下の場合……支払保険料×½＋7,500円
　(c) 支払保険料等が40,000円を超え70,000円以下の場合……支払保険料×¼＋17,500円
　(d) 支払保険料等が70,000円を超える場合……35,000円
② 平成24年1月1日以後に締結した保険契約等（新契約）に係る生命保険料控除
　一般生命保険料控除・介護医療保険料控除・個人年金保険料控除（それぞれの支払がある場合は下記によりそれぞれ金額を計算）

	(a) 支払保険料等が12,000円以下の場合……支払保険料等全額
	(b) 支払保険料等が12,000円を超え32,000円以下の場合……支払保険料×½＋6,000円
	(c) 支払保険料等が32,000円を超え56,000円以下の場合……支払保険料×¼＋14,000円
	(d) 支払保険料等が56,000円を超える場合……28,000円
	(注) 1　各保険料控除の合計適用限度額は70,000円
	2　一般生命保険料・個人年金保険料について新契約・旧契約の両方について控除の適用を受ける場合は28,000円が限度
地　震　保　険　料　控　除	① 支払った保険料が地震保険料だけの場合 支払った保険料が 50,000円以下の場合 ……………………………………$\left[\begin{array}{l}\text{支払った保険料}\\\text{の金額の合計額}\end{array}\right]\times\frac{1}{2}$ 50,000円を超える場合 …………………………………………25,000円 ② 支払った保険料が旧長期損害保険契約等に係るものだけの場合 支払った保険料が 5,000円以下の場合…支払った保険料の全額 5,000円を超え15,000円以下の場合 ………………$\left[\begin{array}{l}\text{支払った保険料}\\\text{の金額の合計額}\end{array}\right]\times\frac{1}{2}+2,500円$ 15,000円を超える場合 …………………………………………10,000円 ③ 支払った保険料のうちに，地震保険料と旧長期損害保険契約等に係るものとの両方である場合 $\left[\begin{array}{l}\text{地震保険料につ}\\\text{いて支払った保}\\\text{険料で①に準じ}\\\text{て計算した金額}\end{array}\right]+\left[\begin{array}{l}\text{旧長期損害保険}\\\text{契約等について}\\\text{支払った保険料}\\\text{で②に準じて計}\\\text{算した金額}\end{array}\right]=\begin{array}{l}\text{地震保険料}\\\text{控除額}\\\text{（最高限度額}\\\text{25,000円）}\end{array}$
社　会　保　険　料　控　除	社会保険料の支払額の全額
小規模企業共済等掛金控除	小規模企業共済等掛金の支払額の全額
障　害　者　控　除	260,000円 ただし，特別障害者については……………………………………300,000円 特別障害者のうち，納税義務者又はその配偶者若しくは納税義務者 と生計を一にしているその他の親族と同居している者の場合には ………530,000円
寡　　婦　　控　　除	260,000円
ひ　と　り　親　控　除	300,000円
勤　労　学　生　控　除	260,000円

(注) 　税額から差し引かれる控除（税額控除）には，調整控除，配当控除，住宅借入金等特別税額控除，寄附金税額控除，外国税額控除などがあります。また，所得金額調整控除は，給与所得金額から控除されます。

　なお，令和6年度分の個人住民税については，合計所得金額が1,805万円以下である者について，次の金額の定額減税（特別税額控除）が実施されます。

　　本人10,000円＋控除対象配偶者又は扶養親族（国外居住者を除きます。）1人につき10,000円＝特別税額控除額（所得割額を限度とします。）

　　ただし，控除対象配偶者を除く同一生計配偶者（国外居住者を除きます。）については，令和7年度分の所得割の額から，10,000円を控除します。

給 与 支 払 報 告 特 別 徴 収	に係る給与所得者異動届出書				年 度	1．現年度 2．新年度 3．両年度

		所 在 地 〒		特別徴収義務者 指 定 番 号	
市町村長殿	給与支払者（特別徴収義務者）	フリガナ		宛 名 番 号	
		氏名又は名称		担当者連絡先	所属
令和 年 月 日提出					氏名
		個人番号 又は法人番号	←個人番号の記載に当たっては、 左端を空欄とし右詰めで記載		電話 内線（ ）

給与所得者	フリガナ		（ア） 特別徴収税額 （年税額）	（イ） 徴収済額	（ウ） 未徴収税額 （ア）－（イ）	異 動 年月日	異 動 の 事 由	異動後の未徴収 税額の徴収方法
	氏 名							
	生年月日 年 月 日						1．退 職 職 務 2．転 勤・転 職 3．休職・長欠 4．死 亡 退 職 5．支払少額・不定期 6．合 併・解 散 他 7．そ の 他	
	個人番号							1．特別徴収継続
	受給者番号		月から	月から	年			2．一 括 徴 収
	1月1日 現在の住所		月まで	月まで	月		右から番号を記入	
	異動後の住所		円	円	円	日	（事由・理由）	3．普 通 徴 収 （本 人 納 付）

新しい勤務先（特別徴収義務者）	1．特別徴収継続の場合						
	特別徴収義務者 指 定 番 号			（新規）法 人 番 号		新しい勤務先へは、月割額 円を	
	所 在 地 〒			担当者連絡先	所属	月分（翌月10日納入期限分）から	
	フリガナ				氏名	徴収し、納入するよう連絡済みです。	
	氏名又は名称				電話 内線（ ）	受給者番号	
						納入書の要否 （新規の場合のみ記載）	1．必要 2．不要

	2．一括徴収の場合	徴収予定月日	徴収予定額 （上記（ウ）と同額）	左記の一括徴収した税額は、
理由	1．異動が令和 年12月31日までで、一括徴収の申出があったため			月分（翌月10日納入期限分）で
右から番号を記入	2．異動が令和 年1月1日以降で、特別徴収の継続の申出がないため	月 日	円	納入します。

	3．普通徴収の場合	※市町村記入欄
理由	1．異動が令和 年12月31日までで、一括徴収の申出がないため	
右から番号を記入	2．令和 年5月31日までに支払われるべき給与又は退職手当等の額が未徴収税額（ウ）以下であるため	
	3．死亡による退職であるため	

退職所得に係る個人の住民税の徴収方法

　所得税において源泉徴収の対象となる退職所得に対する個人の市町村民税（東京都特別区は，特別区民税）及び道府県民税（東京都は，都民税）は，所得税と同様に他の所得と区分して退職手当等の支払われる際に支払者が税額を計算し，支払金額からその税額を差し引いて市町村に納入することとされています。課税退職所得の金額は個人の住民税と所得税とは原則的に一致することとなりますが，個人の住民税の場合には当該退職所得の発生した年の他の所得と分離して徴収する現年分離課税とされていますので，次のように所得税と異なる取扱いがなされます（この現年分離課税の対象となる退職所得に対する個人の住民税を「分離課税に係る所得割」といいます。）。すなわち，

① 所得税においては他の所得において損失が生じた場合には退職所得との損益通算が行われますが，分離課税とされる個人の住民税の場合，損益通算は行われません。

② 所得税においては他の所得から控除できなかった所得控除の額がある場合には退職所得金額からも控除されますが，個人の住民税の場合には所得控除の適用がありませんので，たとえ他の所得において控除しきれない所得控除の額が生じてもこれを控除することはできません。

なお，現年分離課税の対象となる退職所得とは，所得税法199条の規定により居住者に対して支払われる源泉徴収の対象となる退職手当等に限られますので，非居住者に対して支払われる退職手当等については現年分離課税の対象とはなりません。また，退職手当等の支払を受けた年の1月1日現在において非居住者であった場合にも現年分離課税の対象とはなりません。したがって，これらの退職手当等については，当該退職手当等の支払を受けた者が翌年の1月1日現在に日本国内に住所がある場合にはその住所所在の市町村において通常の税額計算が行われることになります。

1　退職所得申告書の提出

退職手当等（退職手当とか一時恩給その他の名称が何であるかを問わず退職によって雇主から一時に受ける給与及びこれらの性質を有する給与をいいます。）の支払を受ける人は，その支払を受ける時までに「退職所得申告書」（所得税の「退職所得の受給に関する申告書」に対応するもので，これと同一用紙になっています。）をその支払者を経由して，その退職手当等の支払を受けるべき日の属する年の1月1日現在における住所が所在する市町村の長に提出しなければならないこととされています（ただし，この申告書は，退職手当等の支払者が受理したときに市町村長に提出したものとみなされ，市町村長が支払者に対し提出を求めるまでの間，支払者の手元に保存していただくことになっていますので支払者が市町村長に提出する必要はありません。なお，退職所得申告書の提出期限の翌年1月10日の翌日から7年を経過する日後においては，支払者も保存しなくてもよいものとされています。）。

2　退職所得申告書の記載事項及び注意点

退職所得申告書の記載事項は，次のようになっています。

(1)　退職手当等の支払者の氏名又は名称
(2)　支払済みの他の退職手当等の有無，あるときはその金額
(3)　退職所得控除額の計算の基礎となる勤続年数
(4)　障害者になったことに直接起因して退職したかどうか及びこれに該当するときはその事由
(5)　退職手当等の支払を受けるべき日の属する年の1月1日現在で，生活保護法の規定による生活扶助を受けている場合には，その旨
(6)　退職手当等の支払を受けるべき日の属する年の1月1日現在の住所
(7)　支払を受けた退職手当等の金額の計算の基礎となった勤続期間に特定役員等勤続期間が含まれる場合には，その旨並びに特定役員等勤続期間，年数及び収入金額等
(8)　その他参考となるべき事項

「退職所得申告書」の提出があった場合は，支払者は次の点に注意する必要があります。

①　同じ年中に2以上の支払者から退職手当等の支払を受ける場合には，受給者はそれぞれ支払者に退職所得申告書を提出しなければなりませんが，この場合は，(イ)同時に提出するときは，その申告書に順序をつけてあるかどうか，(ロ)すでに支払済みの退職手当等がある旨の記載があるときは，支払者から交付される特別徴収票が添付されているかどうかを確認する必要があります。

②　退職手当等の支払を受けるべき日の属する年の1月1日現在において，その支払を受ける人が生活保護法の規定による生活扶助を受けている場合には，分離課税に係る所得割は課税されないこととされています。このため，これらに該当する人が退職手当等の支払を受ける場合は，「退職所得申告書」にその旨記載されていますので，これらの人は所得割を天引きしないでください。

付録15

3 特別徴収票

特別徴収票（所得税の退職所得の源泉徴収票に当たり，本人交付用は，それと同一用紙となっています。したがって，税務署長及び市町村長に必ず提出しなければならない分は，本人交付用を含めて，３枚複写となっています。）は，退職手当等の支払者が各受給者について支払の確定した退職手当等の金額や特別徴収税額等を記載して２部作成し，退職後１月以内に１部を関係市町村に提出し，他の１部を受給者に交付しなければならないこととされています。

ただし，法人（人格のない社団又は財団も含まれます。）の取締役，監査役，理事等以外の受給者の特別徴収票については，市町村長に提出する必要はないものとされています。

また，分離課税に係る所得割の額がないときは，特別徴収票は，退職手当等の支払を受ける者の請求がない場合に限り，退職手当等支払を受ける者に交付することを要しません。

4 特別徴収と特別徴収義務者

分離課税に係る所得割は，市町村からの通知によるのではなく，退職手当等の支払者がその支払を行うときに退職手当等の収入金額に応じ税額を計算（退職所得等の収入金額から退職所得控除額を控除した残額をもとに税額を求めることとされています。）し，支払金額からその税を天引きして，天引きした月の翌月10日までに市町村に納めることとされていますが，この制度を特別徴収制度といい，特別徴収制度によって個人の住民税の特別徴収を行う義務を負う者を「特別徴収義務者」といいます（分離課税に係る所得割についていえば退職手当等の支払をする者が特別徴収義務者です。）。

5 特別徴収税額の納入の手続

特別徴収義務者は，特別徴収した当月分の税額を納入先の市町村ごとに区分し，区分したものをまとめて所定の「市町村民税・道府県民税納入申告書」（納入書と同一用紙になっています。）に所要事項を記載し，その申告書をそれぞれの市町村長に翌月10日までに提出するとともに，申告した税額を同日までに納入書により，申告書提出先の収入役，指定金融機関等に納めることとされています。

公的年金からの個人の住民税の徴収方法

年金所得者についての徴収の方法

1 公的年金等支払報告書の提出

公的年金等支払報告書の提出は，前述の「給与支払報告書の提出」と同じ意味があります。

	1月1日現在において年金の支払を受けている者に関する年金支払報告書
提出義務者	1月1日現在において年金の支払をする者で，その支払をする際所得税を源泉徴収する義務がある者
記載される収入金額	前年中の年金収入の金額
提 出 先	1月1日現在の住所地市町村
提出期限	1月31日

2 公的年金等支払報告書の作成

年金保険者ごとに公的年金等支払報告書が作成されますと、その公的年金等支払報告書を、総務大臣が指定した指定法人を経由して市町村に送付します。様式は「情報交換媒体作成仕様書」によります。

3 特別徴収税額の通知等

公的年金等支払報告書が提出されますと、市町村においては、税額の計算を行います。そして、その税額の計算が終わり、公的年金等所得に係る個人住民税及び森林環境税の特別徴収を実施する場合、特別徴収対象年金所得者及び年金保険者に対して、公的年金等所得に係る個人の住民税及び森林環境税との合計額を特別徴収の方法により徴収する旨及び支払回数割特別徴収税額等の通知をしますが、この通知には次のような効果があります。

　イ　年金保険者に対しては、通知に基づく税額を、年金の支払の際に徴収するという義務が確定します。この通知を受けた年金保険者を、「特別徴収義務者」といいます。
　ロ　年金所得者に対しては、この通知によって年税額が確定します。

この通知は、年金保険者に対しては、7月31日までとされており、年金所得者に対する通知については地方税法第320条に規定する普通徴収に係る納期のうち最初の納期限の10日前までに行われることになっています。年金保険者に対する通知を行うことにより、当該年金保険者に特別徴収義務が生じることとなり、特別徴収対象年金給付の当該年度の10月支給分から特別徴収が行われることになります。

また、これらの通知にあわせて、翌年度の仮徴収に係る通知も行うことができることとされており、当該通知においては、当該年度の10月、12月、翌年2月の支給分に係る支払回数割特別徴収税額にあわせて、翌年度の4月、6月、8月の支給分に係る年金所得に係る支払回数割仮特別徴収税額を記載することとなっています。

なお、税法の改正などの事情によって、通知が法で定められた後に行われた場合であっても、その効果は変わりません。

4 特別徴収税額の徴収

特別徴収の方法によって徴収される個人の公的年金からの住民税及び森林環境税の特別徴収税額は、市町村長から「市町村民税・道府県民税・森林環境税税額決定納税通知書」によって通知されますが、その税額は年金所得者の前年中の公的年金等所得に係る所得割額、均等割額及び森林環境税との合計です。

特別徴収税額の徴収は、通常10月、12月、翌年2月に本徴収、翌年度の4月、6月、8月に仮徴収されます。

ただし、新たに特別徴収の対象となる方は、特別徴収は10月から開始されることとなるため、年税額の2分の1の金額が9月30日までの間において普通徴収により徴収され、残りの2分の1が10月、12月、2月に特別徴収されることとなります。

新たに特別徴収される方

（年金所得に係る特別徴収税額の計算例） 特別徴収税額　60,000円					
	納付書等で納税 （普通徴収）		公的年金からの 特別徴収		
月	6月	8月	10月	12月	2月
税額	15,500円	14,000円	10,300円	10,100円	10,100円

既に特別徴収をされている方

（年金所得に係る特別徴収税額の計算例） 特別徴収税額　60,000円					
	公的年金からの 特別徴収			公的年金からの 仮特別徴収	
月	10月	12月	2月	4月	6月	8月
税額	10,000円	10,000円	10,000円	10,000円	10,000円	10,000円

（注）　65歳以上の者の公的年金等所得に係る税額

は，給与所得に係る税額の特別徴収とあわせて給与から特別徴収すること及び公的年金等以外の所得に係る税額とあわせて普通徴収をすることは原則としてできません。

5 特別徴収税額の納入

年金保険者は，特別徴収対象年金を給付する際に，支払回数割特別徴収税額及び支払回数割仮特別徴収税額を徴収し，翌月の10日までに市町村に納入しなければなりません。この納入の方法としては，市町村が指定した金融機関に納入することとなります。

6 特別徴収対象でなくなった年金所得者に対する手続

特別徴収を行っている途中で，特別徴収の対象でなくなった年金所得者については，次のとおり手続が行われます。

(1) 特別徴収対象年金の支払を受けなくなったこと等の場合

このような場合は，年金保険者が知り得るものであるので，その事由の発生した月の翌月から特別徴収を行わないこととします。また，このような場合には，年金保険者は市町村に対して，当該年金所得者の氏名，年金所得に係る特別徴収税額の徴収の実績等を通知しなければなりません。

(2) その他の事由の場合

年金所得者が転出などをして他市町村へ住所を変更した場合や，年金所得者の当該年度の税額が変更となった場合などは，市町村において確認できるものであるから，それらの事由が生じたことにより特別徴収対象者に該当しないこととなった場合には，その旨を年金保険者に通知しなければなりません。年金保険者は，市町村から特別徴収の対象とならなくなった旨の通知を受けた日以後，特別徴収義務を負わないこととなります。この場合においても，年金保険者は市町村に対して，当該年金所得者の氏名，年金所得に係る特別徴収税額の徴収の実績等を通知しなければなりません。また，市町村は，当該年金所得者に，特別徴収の対象とならなくなった旨の通知をしなければなりません。

7 特別徴収の方法によらないこととなった場合の徴収方法

特別徴収されなくなった場合にあっては，徴収されないこととなった日以後に到来する普通徴収の納期がある場合には各納期において，普通徴収の納期がない場合には直ちに普通徴収の方法により徴収することとなります。

なお，既に納入された特別徴収税額が年税額を超える場合は，年税額を超えて徴収した金額は還付しなければなりません。また，未納に係る地方団体の徴収金があるときは，当該還付金を未納の徴収金に充当することになります。

はじめての人にもよくわかる 源泉徴収実務問答

月額表・日額表について

〈月額表と日額表の適用区分〉

しつもん 1　次の給与については，月額表と日額表のいずれを適用して源泉徴収税額を求めるのか教えてください。
(1)　日額で定められている給与で毎月一定日にまとめて支払うことにしているもの
(2)　月額で給与の額を定めているが，月の中途で入社したため日割額で支払われる給与
(3)　年額で定められている給与で月額にして毎月支払うこととされているもの

こたえ　ご質問の給与については，次のとおりです。
(1)　(1)の給与は，一般に日給月給と呼ばれているものですが，日額により定められている給与を月ごとにまとめて一定日に支払いますので，月額表を適用します。
(2)　(2)の給与のように，月額で定められている給与であっても，月の中途で入社した人や退社した人に対して日割額で支払うものについては，日額表を適用します（所基通185-3(2)）。ただし，その入社や退社をした月の日数が10日又は半月となる場合には，月額表を適用します（所基通185-5(2)）。
(3)　(3)の給与のようにその額が年額で定められているものであっても，その額を月ごとに分割して支払うものについては月額表を適用します。

〈扶養親族等の数〉

しつもん 2　月額表や日額表の甲欄を適用する場合の「扶養親族等の数」とは，どのように計算するのでしょうか。

こたえ　税額表の「甲」欄は，扶養親族等の数の「0人」から「7人」までの各欄に区分され，「扶養親族等の数」に応じてそれぞれ該当する欄を適用します。
　　この「扶養親族等の数」とは，平成30年分以後は源泉控除対象配偶者と控除対象扶養親族（老人扶養親族又は特定扶養親族を含みます。）との合計数をいいます。
　　また，給与の支払を受ける人が障害者（特別障害者を含みます。），寡婦，ひとり親又は勤労学生に該当する場合には，その一に該当するごとに扶養親族等の数に1人を加算し，その人の同一生計配偶者や扶養親族のうちに障害者（特別障害者を含みます。）又は同居特別障害者に該当する人がいる場合には，これらの一に該当するごとに扶養親族等の数に1人を加算した数を，扶養親族等の数とします（所法187）。
(注) 1　「源泉控除対象配偶者」とは，所得者（合計所得金額が900万円以下である人に限ります。）と生計を一にする配偶者（青色事業専従者として専従者給与の支払を受ける人及び白色事業専従者に該当する人を除きます。）で合計所得金額が95万円以下の者をいいます。
　　　2　「同一生計配偶者」とは，所得者と生計を一にする配偶者（青色事業専従者として専従者給与の支払を受ける人及び白色事業専従者に該当する人を除きます。）で合計所得金額が48万円以下の者をいいます。

（参考）

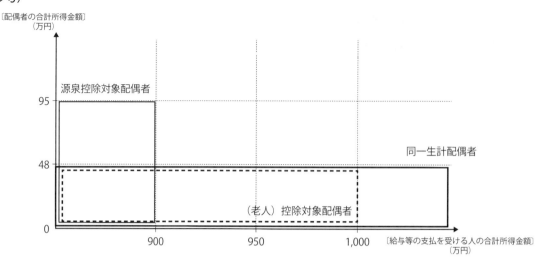

〈源泉控除対象配偶者に該当しないことになった場合〉

┌───┐
│ **しつもん** 3　年の中途で，給与所得者の合計所得金額の見積額又は配偶者の合計所得金額の見積額 │
│ に異動があり，その配偶者が源泉控除対象配偶者に該当しないことになった場合は，どうすればよい │
│ のでしょうか。 │
└───┘

こたえ　年の中途で，給与所得者の合計所得金額の見積額又は配偶者の合計所得金額の見積額に異動があり，その配偶者が源泉控除対象配偶者に該当しないことになった場合には，給与所得者は，給与所得者の合計所得金額の見積額又は配偶者の合計所得金額の見積額に異動があった日以後最初に給与等の支払を受ける日の前日までに「給与所得者の扶養控除等異動申告書」を給与等の支払者へ提出することとなります。

　　なお，提出を受けた給与等の支払者は，給与所得者から「給与所得者の扶養控除等異動申告書」の提出があった日以後，扶養親族等の数から1人を減らして源泉徴収税額を算定することとなります。

(注)　既に源泉徴収を行った月分の源泉徴収税額については，遡って修正することはできませんので年末調整により精算することとなります。

〈中途就職者の税額計算〉

┌───┐
│ **しつもん** 4　月の中途で退職した人に対して日割額で支給する給与は原則として日額表を適用する │
│ とのことですが，月額表を適用してもよい場合があると聞きましたが，その内容について教えてくだ │
│ さい。 │
└───┘

こたえ　月の中途で就職した人や退職した人に日割額で給与を支給する場合には，原則として日額表を適用して源泉徴収税額を求めますが，支給する日数が10日又は半月となるときは，月額表を適用することができます。

　　このような場合には，まず，その10日又は15日分の給与の金額から社会保険料を控除した残額を，それぞれ3倍又は2倍した金額で月額表により税額を求めます。次に，その金額を3分の1又は2分の1した金額が求める源泉徴収税額となります（所法185①一ロ，ハ）。

〈税額表の甲欄，乙欄，丙欄〉

┌───┐
│ **しつもん** 5　給与所得の税額表には，「甲」欄と「乙」欄とがあり，また，日額表には「丙」欄が │
│ ありますが，それらの欄のそれぞれの使用区分を説明してください。 │
└───┘

こたえ　給与所得の源泉徴収税額表の「甲」，「乙」及び「丙」欄の使用区分は，次のとおりです（所法185，所基通185-8）。

(1) 甲欄

　　給与の支払者に「給与所得者の扶養控除等申告書」を提出した人に対して支払う給与について，税額を求める場合に使用します。したがって，扶養親族等がいない人であっても，この申告書が提出されていない場合には，甲欄を使用することはできず，乙欄を使用することとなります。

(2) 乙欄

　　「給与所得者の扶養控除等申告書」を提出していない人に支払う給与や，2か所以上から給与の支払を受ける人に対して主たる給与の支払者（給与所得者の扶養控除等申告書を提出している先）以外の支払者が支払う給与について税額を求める場合に使用します。

(3) 丙欄

　　日々雇い入れられる人に，労働した日又は時間によって計算して支払う賃金（同じ雇用主が継続して2か月を超えて支払をする場合には，その2か月を超えて支払うものを除きます。）や，あらかじめ定められた雇用期間を2か月以内の臨時雇やアルバイト等に労働した日又は時間によって計算して支払う賃金（雇用契約の期間の延長又は再雇用により継続して2か月を超えて雇用されることとなった人にその2か月を超える部分の期間につき支払う賃金を除きます。）について，税額を求める場合に使用します。

〈時間外勤務手当の翌月支給〉

しつもん 6　今月の時間外勤務手当を翌月の給与に併せて支給することとしている場合には，税額表はどのように適用するのでしょうか。

こたえ　給与の源泉徴収税額は，その支給期ごとの合計額について計算することになりますから，ご質問の翌月支給の時間外勤務手当は，翌月分の給与として考えればよいことになります。したがって，翌月分の給与についての源泉徴収税額は，その時間外勤務手当を含めた給与の金額を基に税額表を適用して求めることになります。

〈給与の日割額の計算〉

しつもん 7　月額表が適用できない給与については，その給与の日割額について日額表を適用して求めた税額に，その日割額の計算の基礎となった日数を乗じて求めることとされていますが，この場合の日割額の計算の基礎となる日数はどのように計算するのでしょうか。

こたえ　日割額の計算の基礎となる日数はその給与の支給形態に応じ，次により計算することになります（所基通185-4）。

(1) あらかじめ定められた支給期が到来するごとに支払う給与等については，その給与等にかかる計算期間の日数（その計算期間中における実際の稼働日数のいかんを問いません。）

(2) 上記(1)以外の給与については，次に掲げる日数

　イ　あらかじめ雇用契約の期間が定められている場合においてその期間の終了により支払う給与等については，その期間の日数（その期間における実際の稼働日数のいかんを問いません。）

　ロ　上記イ以外の給与等については，その支払う給与等の計算の基礎となった実際の稼働日数

〈給与の分割支給の場合の税額表の適用〉

しつもん 8　当社では，資金繰りの都合から，4月分の給与を4月28日と5月15日の2回に分割して支給することになりました。この場合の税額計算はどのように行ったらよいでしょうか。

　なお，当社の給与規程による給与の支給期日は，月末となっています。

こたえ　ご質問の場合は，資金繰りの都合で支給総額の確定している給与を分割して支給するものですから，次のようにして税額を求めることになります（所基通183～193共-1）。

(1) 4月28日に支払う給与と5月15日に支払う給与とを合算します。

(2)　(1)により合算した給与で税額表を適用し，税額を求めます。

(3)　(2)により求めた税額を，4月28日に支払う給与の金額と5月15日に支払う給与の金額とを基にして按分計算をします。

(4)　(3)により按分計算した税額のうち4月28日の給与に対応する部分がその給与の支払の際に徴収する税額であり，5月15日の給与に対応する部分がその給与の支払の際に徴収する税額となります。

〈概算払の給与に対する税額計算〉

しつもん 9　当社では，一部に出来高払の給与制度を採用しており，月の途中で一回給与を概算払し，残額は月末に精算払をしています。このような場合には，源泉徴収税額はどのように計算するのでしょうか。

こたえ　ご質問のような概算払の給与については，まず，概算払の給与について通常の例により税額表を当てはめて源泉徴収を行います。次に，精算払の給与については，その給与と先に概算払をした給与とを合算したところで税額表により源泉徴収税額を求め，その税額から，先の概算払の給与から徴収した税額を差し引きます。

この差し引き後の税額が精算払の給与から徴収する税額となります（所基通183～193共-2）。

〈兼務先で支払う超過勤務手当の税額計算〉

しつもん 10　本社勤務の職員がしばらくの間支店勤務を兼ねることとなりました。この場合，基本給や家族手当などは本社で支払いますが，超過勤務手当については，支店で支払うことになりました。

このような場合，支店で支払う超過勤務手当はどのように税額計算を行ったらよいのでしょうか。

また，子会社勤務を兼務することとなる場合に，子会社から支払われる超過勤務手当については，どのような扱いとなりますか。

こたえ　ご質問の場合は，それぞれ次のとおりです。

(1)　同一の会社内の兼務の場合には，兼務先の支店で超過勤務手当を支払っても，本社で支払う給与にその超過勤務手当の額を上積みし，一般の例により税額計算を行います。

なお，このような原則的な取扱いをすると，税額計算にかえって不便な場合も生ずることも考えられますので，このようなときは，支店で支払う超過勤務手当については税額表の乙欄を適用して源泉徴収をすることとして差し支えありません。

(2)　子会社勤務を兼務してその子会社から超過勤務手当が支払われる場合には，上記の同一会社の兼務の場合とは異なり，子会社から支払われるものについては税額表の乙欄を適用して源泉徴収をすることになります。

〈退職した場合の扶養控除等申告書の効力〉

しつもん 11　当社では，本年10月に，4月にさかのぼってベースアップを行うことを決定し，近日中にベースアップの差額を支給することを予定しています。この支給対象者には，在職者だけでなく，10月までに退職した人も含まれることになっています。このような退職者に対して支給するベースアップの差額については，税額表をどのようにして適用したらよいのでしょうか。

なお，これらの退職者は，既に他の会社へ勤務している人が大部分ですが，なかには，どこへも勤務していない人もいます。

こたえ　ご質問については，在職者に給与の改訂差額を支払う場合の源泉徴収の方法と，退職者に対して退職後に給与を支払う場合の税額表の適用関係との2つの問題が含まれていますので，以下，その点について説明をします。

(1)　在職者に支払う給与の改訂差額についての源泉徴収

給与の改訂差額を一括して支払う場合には，その改訂の効力が生じた月（改訂差額について支給期日を定めている場合には，その支給期日の属する月）の給与として源泉徴収を行います（所基通36-9(3)）。この場合，税額表を適用するにあたっては，賞与を支給したものとして賞与の税額表を適用しても，また，通常の給与を支給したものとしてその改訂の効力の生じた月の給与に加算して行っても差し支えありません（所基通183～193共-5）。

(2)　退職者に支払う給与についての税額表を適用

　　給与所得者が退職した場合には，その人が提出していた給与所得者の扶養控除等申告書又は従たる給与についての扶養控除等申告書の効力は失効することになり，その人については申告書が提出されていない状態となります（所基通194・195-6）。したがって，退職者に対し，退職後に給与の追加支給をする場合には，原則として税額表の乙欄を適用して源泉徴収を行うことになります。

　　しかし，次に掲げる区分に応じ，それぞれに掲げることが明らかであれば，退職前に提出された給与所得者の扶養控除等申告書や従たる給与についての扶養控除等申告書は引き続き効力を有するものとして税額表を適用することとして差し支えありません。

　イ　退職者が給与所得者の扶養控除等申告書を提出していた場合

　　給与の追加払をする時において，他の給与の支払者に給与所得者の扶養控除等申告書を提出していないこと。

　ロ　退職者が従たる給与についての扶養控除等申告書を提出していた場合

　　給与の追加払をする時において，その退職した者が他の給与等の支払者を経由してその申告書に記載されている源泉控除対象配偶者及び控除対象扶養親族を記載した扶養控除等申告書又は従たる給与についての扶養控除等申告書を提出していないこと。

〈丙欄の適用〉

しつもん 12　当社では，年末などの繁忙期には1週間から20日程度の間，アルバイトを雇用しています。賃金は日額で定めていますが，雇用期間の終了後に一括して支給することにしています。このような人に支払う賃金については日額表の丙欄を適用してもよいのでしょうか。

こたえ　日額表の丙欄は，原則として日々雇い入れられる人に支払う賃金で，その賃金の額が労働した日又は労働した時間によって定められ，かつ，労働した日ごとに支払うものについて適用されます。ただし，結果的に同一の賃金の支払者がその人に継続して2か月を超えて支払うこととなる場合には，その2か月を超える部分については日額表の丙欄を適用することはできません。

　一方，ご質問のように，労働した日ごとに支払うのではなく，一括して支払うような賃金であっても，次のようなものについては，日額表の丙欄を適用して税額を求めても差し支えありません（所基通185-8）。

(1)　日々雇い入れられる人の労働した日又は時間により算定される賃金で，労働した日以外に支払われるもの（このような賃金であっても，継続して2か月を超えて賃金を支払う場合には，その2か月を超える部分については，日額表の丙欄を適用することはできません。）

(2)　あらかじめ定められた雇用契約の期間が2か月以内である人に支払う賃金で，労働した日又は時間によって算定されるもの（雇用期間の延長又は再雇用により継続して2か月を超えて雇用されることになった人に，その2か月を超える部分の賃金を支払うこととなる場合には，その超える部分の賃金は，日額表の丙欄を適用することはできません。）

〈日額表の丙欄を適用する場合の継続の判定〉

しつもん 13　日額表の丙欄を適用する給与は，同一の支払者からの支払が継続して2か月を超えないものであるとされていますが，休日などにより労働しない日があったら，継続していないものとしてよいのでしょうか。

こたえ　日々雇い入れられる人がたまたま同一の賃金の支払者のもとに勤務しない日があっても，その理由が，その人の病気であるとか，あるいは休養，公休日，天候の都合による作業の休止等によるものであって，しかも，その人の1か月を通じた勤務の状態が，その支払者に専属的に雇用されている人と同程度である場合には，これらの勤務しない日を含む期間を通じて継続して勤務しているものと判断することになります（所基通185-9）。

〈丙欄の適用者に支給する賞与〉

しつもん 14　日額表の丙欄を適用して源泉徴収が行われている者に対して賞与を支給する場合には，どのように源泉徴収を行えばよいのでしょうか。

こたえ いわゆる丙欄適用者に支払う賞与については、次により源泉徴収税額を計算します（所基通185-11）。

(1) 原則として、その賞与を支払う日の通常の賃金と合計して、その合計額をその日の賃金として通常どおり税額を計算します。

(2) 一方、その賞与が既に支払った賃金の追加払であることが明らかである場合には、次により源泉徴収税額を計算することができます。

　イ　賞与の支給額をその賞与の支給対象期間内に就労した日数で除して賞与の日割額を求め、その日割額をその期間内の各日の賃金に加算したところで求めた上積み税額の合計額を、その賞与から徴収する税額とする方法

　ロ　イにより各日ごとの上積み税額を計算することが困難である場合には、賞与の日割額をその賞与を支給する日の賃金に加算したところで求めた上積み税額に、その期間内の就労日数を乗じて計算した金額をその賞与から徴収する方法

賞与に対する源泉徴収税額の算出率の表について

〈賞与支給時の扶養親族の数〉

しつもん 15　賞与の税額表を適用する場合、賞与の支給月と賞与の支給月の前月とで扶養親族等の数に異動があるときは、どのようになるのでしょうか。

こたえ ご質問のような場合には、賞与の支給月の扶養親族等の数により税額を求めます（所基通186-1）。この場合、賞与の支給日の前日までに扶養控除等の異動申告書により扶養親族等に異動があった旨を給与の支払者に対して届け出る必要があることはいうまでもありません。

〈賞与の計算期間〉

しつもん 16　賞与を支給する月の前月に通常の給与の支給がない場合に、賞与の計算期間が6か月のときは賞与の金額を6分の1し、また、6か月を超えるときは12分の1して税額を求めるとのことですが、この場合の賞与の計算期間とは、具体的にどのように求めるのでしょうか。

こたえ ご質問の賞与の計算期間というのは、賞与の金額の算定にあたって基準となった勤務の期間のことをいい、通常の場合には賞与の支給対象期間のことをいいますが、支給対象期間が定められていない場合には、前の賞与の支給期から今回の賞与の支給期までの期間が賞与の支給対象期間となります。

なお、中途就職者又は退職者については、これらの期間のうち、それぞれ就職の時以後の期間又は退職の時までの期間が賞与の計算期間とされることになります（所基通186-2）。

〈前月中にベースアップの差額の支給があった場合の賞与の税額計算〉

しつもん 17　賞与を支給する月の前月中にベースアップの差額が支給されていた場合には、賞与の税額計算にあたっては、そのベースアップの差額を含めた金額を前月の給与の額としなければならないのでしょうか。

こたえ 賞与の税額を求めるための税率は、賞与を支給する月の前月中の給与の額を賞与の税額表に当てはめて求めますが、この給与の額には、賞与などの臨時的な給与は含める必要はありません。

したがって、ベースアップ差額について、賞与として税額計算を行っているときは当然含めなくてもよいわけです。しかし、これを通常の給与に加算して税額計算を行っているときは、ベースアップ差額は通常の給与として取り扱われることになりますので、そのベースアップ差額を含めたものを前月の給与として賞与の税額計算を行うことになります。

〈給与が月の整数倍単位で支払われている場合の賞与の税額計算〉

しつもん 18　当社では，役員に対する報酬は年額で定められており，賞与を支給する月の前月には給与の支給はありません。このような場合には，賞与の支給月の前月中には給与の支給がなかったものとして，賞与の支給額を12分の１して月額表を適用して税額を求めることになりますか。

こたえ　ご質問のように，賞与を支給する月の前月中に通常の給与が支給されていなくても，月の整数倍単位で給与を支給することとしている場合には，給与の月割額を前月中の給与として賞与の税額表により税額を求めることになります（所法186①一イ）。

　したがって，ご質問の場合には，その役員報酬の額を12分の１した金額を前月中の給与として賞与の税額表を適用することになります。

〈昨年分の賞与の支給〉

しつもん 19　当社では，昨年末に賞与を支給しましたが，本年に入ってからこの賞与の追加支給をすることとなり，３月に支給しました。この賞与は昨年分の賞与ですから，昨年分の年末調整の計算をやり直す必要があるのでしょうか。

こたえ　給与の支給額がどの年分の所得になるかについては，雇用契約又は慣習等により支給日が定められているものは，その定められた支給日，支給日が定められていないものは，現実に支払われた時を基準にして判定します（所基通36-9(1)）。

　ご質問の場合には，給与の追加支給をすること及び追加支給額の決定は今年になってから決められたことのようですから，本年分の所得と考えられます。

　したがって，昨年の年末調整はやり直す必要はなく，本年の賞与として源泉徴収を行えばよいことになります。

〈退職者に支払う賞与〉

しつもん 20　当社では，退職した人に対しても，その退職した日までに見合う賞与を支給することとしています。この場合の賞与については，課税上どのように取り扱ったらよいのでしょうか。

こたえ　お尋ねの退職者に支払う賞与については，これが退職金といえるか，あるいは賞与として取り扱われるかという問題があるように思われますので，この点から説明します。

　まず，退職手当とは，本来退職しなかったならば支給されなかったもので，退職したことにより一時に支給されることになったものをいいますので，仮にその賞与が通常の退職金と同時に支給されるものであれば，退職手当として取り扱われる余地があるようにも考えられます。しかし，この賞与の支給基準が中途退職という事情を除き，他の引き続き勤務している人に支給される賞与の金額と同一基準により支給しているなど一般の賞与と同性質のものであり，本来退職しなかったとしても支給されるはずであるものは退職手当には該当せず，賞与として取り扱われます（所基通30-1）。

　お尋ねの場合には，支給基準等が必ずしも明らかではありませんので，明確にお答えすることはできませんが，上記の基準によって判断し，単なる賞与であると認められる場合には退職手当ではなく，通常の例により賞与として源泉徴収を行うことになります。

　なお，賞与として源泉徴収を行う場合の税額表の適用関係については，「しつもん11」の(2)を参照してください。

〈賞与の分割支給の場合の税額計算〉

しつもん 21　当社では，資金繰りの都合で，７月の賞与を７月と８月に分割して支給することになりました。この場合，それぞれの賞与についての源泉徴収税額はどのように計算したらよいのか教えてください。

付録16

こたえ 支給総額の確定している賞与を分割して支給する場合には，通常の給与の分割支給の場合と同様に，賞与の総額に対する税額を求め，その税額を分割して支給する金額に応じて按分計算を行います。

なお，賞与の税額計算にあたっては，賞与の支給総額が前月中の通常の給与の10倍を超えるかどうかによって，税額の計算方法が異なります（106ページ参照）が，この10倍を超えるかどうかの判定は，賞与の支給総額によって判定することになります（所基通186-4(1)）。

〈賞与の支払者と前月中の通常の給与の支払者とが異なる場合の税額計算〉

しつもん 22 当社では，夏の賞与は7月に支給することとしていますが，従業員のうちには，7月に親会社から出向してきた人で，賞与の支給月の前月には当社から通常の給与が支給されていない人がいます。

このような従業員に対して支給する賞与の税額計算にあたっては，親会社から支給された6月の給与の支給額を基にして源泉徴収税額を計算するのでしょうか。

こたえ 賞与を支払う月の前月中に通常の給与の支給があったかどうかについては，賞与の支払者において支払った給与の有無により判定し，他の会社において支払ったものは含めません。

したがって，6月中に親会社で通常の給与の支払が行われていても，賞与に対する源泉徴収税額の計算にあたっては，前月中に通常の給与の支給はないものとして源泉徴収税額を計算することになります。

退職所得の源泉徴収税額の求め方について

〈退職所得の受給に関する申告書〉

しつもん 23 退職金を支払う場合には，受給者から申告書の提出を受ける必要があるそうですが，どのような申告書の提出を受けるのでしょうか。また，その申告書の提出を受けなかった場合には，どのように取り扱うことになりますか。

こたえ 退職金を支払う場合には，退職金の受給者から，その人の氏名，住所，個人番号，勤続年数，他に支給された退職金の有無その他一定の事項を記入した「退職所得の受給に関する申告書」の提出を受けることになります。この申告書は，退職金の支払者を経由してその退職金の支払者の所轄税務署長に対して提出することになっています（所法203）が，給与所得者の扶養控除等申告書と同様に退職金の支払者のもとで保管しておき，税務署長から提出を求められた場合には提出することになります（所規77⑥）。

なお，この申告書が提出された場合には，退職金の支払額からその退職した人の勤続年数に応じて計算した退職所得控除額を控除した残りの金額の2分の1相当額（特定役員退職手当等及び令和4年分以後の一定の短期退職手当等については，退職所得控除額を控除した残額）に対して，その額に応じた税率を適用して源泉徴収税額を計算することになります（111ページ参照）が，この申告書が提出されない場合には，退職金の支給額に対し，一律に20.42％の税率により，源泉徴収税額を計算することになっており，申告書を提出する場合に比べて高額な所得税及び復興特別所得税が徴収されます。

したがって，一般には，退職金の支払者は，受給者に対して，この申告書を提出するよう指導するのが望ましいと考えられます。

〈退職金の分割支給を行う場合の税額計算〉

しつもん 24 当社では，8月31日に退職した社員に対し，1,500万円の退職金を支給する必要がありますが，資金繰りの関係上，8月31日に1,000万円，9月30日に500万円と分割して支給することとしています。この場合の源泉徴収税額は，どのようにして求めたらよいのでしょうか。

こたえ 支給総額の確定している退職金を分割して支給する場合には，給料や賞与と同様にその総額に対する源泉徴収税額を求め，これを分割して支給する退職金の額により按分計算した金額が，それぞれ分割支給をする退職金に対する源泉徴収税額となります（所基通201-3，183～193共-1）。

お尋ねの場合には，３分の２と３分の１に税額を按分することになります。

〈退職所得の源泉徴収税額の求め方〉

しつもん 25　退職所得とは，退職金の収入金額から退職所得控除額を差し引き，その残りの金額の２分の１相当額であると聞きましたが，具体的な税額計算はどのように行えばよいのでしょうか。

こたえ　退職手当等の税額は，まず，退職手当等の収入金額から退職所得控除額を控除した残額を求め，この金額の２分の１に相当する金額（この金額に1,000円未満の端数があるときは，その端数は切り捨てます。）を「退職所得の源泉徴収税額の速算表」に当てはめて税額を計算します。

これを図示すると次のような手順となります。

○退職所得の税額の求め方

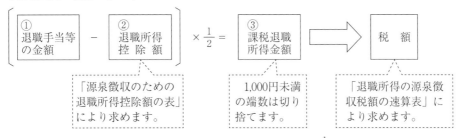

(注)　特定役員退職手当等（111ページ参照）については，「×½」は適用されません。
また，令和４年分以後の短期退職手当等（111ページ参照）に該当する場合，その収入金額から退職所得控除額を控除した残額のうち300万円を超える部分については「×½」は適用されません。

〈退職金の追加支給をする場合の税額計算〉

しつもん 26　当社では，このたびベースアップを行ったことに伴い，退職給与規程を改正し，昨年４月１日にさかのぼって適用することになりました。このため，昨年４月１日以後に退職した従業員に対しては退職金の差額支給を行う必要がありますが，この差額支給分の退職金についてはどのように所得税を徴収したらよいのでしょうか。

こたえ　お尋ねの退職金の差額支給を行う場合など，一の退職による２以上の退職金を受ける権利を有することとなる場合には，この差額支給分などの退職金は，これらの退職金のうち最初に支払を受ける退職金の支給期の属する年の所得とされています（所令77，所基通36－11）。

したがって，お尋ねの場合には，先に支払を受けた退職金と合計して源泉徴収税額の計算をやり直し，これにより求めた金額から先の退職金について徴収した源泉徴収税額を差し引いて，追加支給分に係る源泉徴収税額を算出することになります。

〈退職金の課税年分〉

しつもん 27　当社では，昨年12月末に退職した従業員に対して社内決裁を行った上，１月20日に退職金を支給しました。この場合の退職金は，いつの年分の所得として課税されることになるのか教えてください。
また，一般に，退職金の課税年分がどのように定められているかについて，併せてご教示ください。

こたえ　退職金の課税年分については，原則として退職金の支給期の属する年分によることとされています。
(1)　退職金の支給期
退職金の支給期は，その退職金の支給の基因となった退職の日とされていますので，お尋ねの退職金の課税年分は，退職の日の属する年分すなわち昨年の所得として課税されることになります。ただし，次のような退職金については，それぞれ次の日が支給期とされています（所基通36-10）。

付録16

イ　役員に支給する退職金で，その支給について株主総会その他正当な権限を有する機関の決議を要するものについては，その役員の退職後その決議のあった日。ただし，その決議が退職金の支給だけを定めるにとどまり，具体的な支給金額を定めていない場合には，その金額が具体的に定められた日

ロ　退職給与規程の改訂が既往にさかのぼって実施されたため，追加支給される退職金で支給日が定められているものについては，その支給日，その日が定められていないものについてはその改訂の効力が生じた日

ハ　所得税法上退職金とみなされる一時金については，その一時金の支給の基礎となる法令，契約，規程又は規約により定められた給付事由が生じた日

ニ　引き続き勤務する人に支払われるいわゆる打切支給の退職金については，それぞれの退職金ごとに定められている一定の日

ホ　年金に代えて支給される一時金で退職金とされるものについては，その退職金とされるものの給付事由が生じた日

(2)　一の勤務先を退職することにより，2以上の退職金の支払を有することとなる場合（例外）

　退職金の課税年分については，原則として上記の支給期の属する年分によることとされていますが，次に掲げるように一の勤務先を退職することにより2以上の退職金の支払を受ける権利を有することとなる場合には，その退職金は，そのうち最初に支払を受けるべきものの支給期の属する年分の所得として課税されることになっています（所令77，所基通36-11）。

イ　勤務先を退職することにより，その勤務先から退職金の支払を受けるほか，退職金とみなされる一時金（確定拠出年金法に基づく老齢給付金として支給される一時金を除きます。）の支払者からも，一時金の支払を受けることとなる場合

ロ　退職により退職金の支払を受けた人が，その後退職給与規程の改訂等により退職金の差額の支払を受けることとなる場合

〈死亡退職金の課税〉

| しつもん | 28　死亡により退職した社員の遺族に対して退職金を支払いますが，この場合の源泉徴収はどのように行ったらよいのでしょうか。
　また，退職後まだ退職金の支給をしない間に死亡した社員の遺族に対して支給する退職金はどのように課税されることになりますか。

| こたえ |　死亡により退職した社員の遺族に対して支給する退職金は，相続税法上その遺族が支給を受ける「みなし退職金」とされ，その総額に対し相続税が課税されますので，所得税は課税しないこととされています（所法9①十七，所基通9-17）。

　なお，退職金の支給期は原則として退職の日とされていますから，退職後まだ退職金の支給がされない間に死亡した人の遺族に対して支給する退職金については，死亡した人に支払うべきであった退職金を事実上遺族が受け取ったにすぎませんので，通常どおり所得税及び復興特別所得税の源泉徴収が必要となります。

〈障害に基づく退職者の割増控除〉

| しつもん | 29　障害に基づいて退職をした人については，退職所得控除額の割増控除を受けられるということを聞いていますが，これについて説明してください。

| こたえ |　退職金の支払を受ける人が在職中に障害者になったことが直接の原因となって退職をした場合には，その人の勤続年数によって計算した退職所得控除額に100万円を加算することができます（所法30⑤三）。

　この「在職中に障害者になったことが直接の原因となって退職した場合」というのは，障害者控除を受けられる程度の心身の障害を生じた日以後まったく又はほとんど勤務しなくて退職をした場合をいいますが（所令71），次のような場合には，ほとんど勤務しないで退職した場合に該当するものとして取り扱われています（所基通30-15）。

(1)　障害者に該当することとなった後一応勤務に復したが，平常の勤務に復することができないままその勤務に復した後おおむね6か月以内に退職した場合

(2)　障害者に該当することとなった後一応平常の勤務に復したが，その勤務に耐えられないで，その勤務に復した後おおむね2か月以内に退職した場合

付録17 労働・社会保険料の計算と納付方法

Ⅰ　健康保険料・厚生年金保険料の実務

1　適用事業所と被保険者

(1)　適用事業所

　健康保険・厚生年金保険の加入は，法律に基づき事業所単位に健康保険・厚生年金保険の適用事業所か否かが決定され，適用事業所に勤務する人は本人の意思に関係なく加入します。

　事業所には，加入が義務づけられている事業所(強制適用事業所)と，加入は任意ですが認可を受ければ加入できる事業所(任意包括適用事業所)があります。

〈社会保険の適用関係図〉

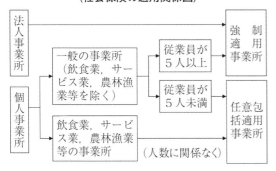

(2)　被保険者

　適用事業所になると，そこで使用されている人は，強制適用事業所でも任意包括適用事業所でも，原則としてすべて被保険者になります。法人事業所の代表者や役員も法人に使用される人という考え方に立ち，被保険者になります。

　新規に適用事業所となった場合にはなった日から，既に適用事業所である場合には使用されることとなった日から被保険者となります(資格取得)。

　ただし，適用事業所に使用される人であっても法律上，「適用除外」とされ被保険者にならない人もいます(下図参照)。

　適用事業所を退職した場合には退職日の翌日に被保険者でなくなります(資格喪失)。

〈適用者〉　　　〈適用除外者〉

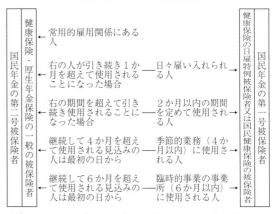

注①　所在地の一定しない事業所(巡回興行など)に使用される人は，国民健康保険・国民年金(第1号被保険者)に加入することになります。
注②　日雇特例被保険者は医療保険に関して健康保険の被保険者となります。
注③　70歳以上の人は，厚生年金保険の被保険者となりません。また，75歳以上の人は，健康保険の被保険者とならず，後期高齢者医療制度に加入することになります。

(3)　社会保険料

　健康保険・厚生年金保険の被保険者資格の取得(適用)・喪失の届出や保険料の処理については，原則として両保険がリンクして行われます(注)。基本的に

はセットで適用されることからこの二つの保険を総称して「社会保険」と呼んでおり，二つの保険料を総称して「社会保険料」と呼んでいます。

(注) 健康保険組合の場合は，別々に手続きする場合があります。

(4) パートタイマー

短時間就労者，いわゆるパートタイマーとして使用される人は，次の基準により加入が判断されます。

・特定適用事業所：従業員数が101人（※1）以上の会社

・任意特定適用事業所：従業員数が100人（※2）以下の会社で，社会保険に加入することについて労使で合意(注)がなされている。

※1　令和6年10月1日以降は51人

※2　令和6年10月1日以降は50人

(注) 従業員の2分の1以上の合意が必要

【特定適用事業所・任意特定適用事業所】

次の①から④の全てに該当する場合に加入する。

① 週所定労働時間が20時間以上

② 賃金の月額が8.8万円（年収106万円）以上

③ 勤務期間が2カ月を超えることが見込まれる

④ 学生でない

【特定適用事業所・任意特定適用事業所以外】

次の①と②の両方に該当する場合に加入する。

① 1週間の所定労働時間が，その会社で働く一般社員の労働時間の4分の3以上

② 1か月の所定労働日数が，その会社で働く一般社員の労働日数の4分の3以上

(5) 外国籍労働者

健康保険・厚生年金の加入については，外国籍労働者(注)も日本人と同様に適用となります。

なお，個人番号と基礎年金番号が結びついていない人などは資格取得や氏名変更等の手続の際に，「ローマ字氏名届」を添付します。

(注) 技能実習生，特定技能外国人も含まれます。

(6) 複数事業所勤務者

同時に2以上の適用事業所に勤務することになり，管轄する年金事務所又は保険者が複数となる場合は，「健康保険厚生年金保険被保険者所属選択・二以上事業所勤務届」を届出し，手続きを行う事業所を選択します。この場合，標準報酬月額はそれぞれの事業所での報酬を合算した額で決められ，保険料は報酬月額に応じて按分されます。

(7) 被扶養者・第3号被保険者

健康保険被扶養者・国民年金第3号被保険者に該当する家族等がいる場合は，被保険者に連動して加入（保険料は不要）又は喪失します。

(8) 70歳以上到達者

70歳以上も引き続き雇用される者は，厚生年金の資格は喪失し，健康保険は75歳到達前日まで継続します。70歳到達時に「被保険者資格喪失届・70歳以上被用者該当届」に関する通知が年金機構から事業所に送られます。退職時は，「被保険者資格喪失届・70歳以上被用者不該当届」を届出します。

(9) 年収の壁・支援強化パッケージ

令和5年10月から最長2年間の暫定措置として106万円（パートタイマーの年収），130万円（協会けんぽ被保検者の年収）の限度額を一時的にオーバーしても得喪要件には該当しないとされています。

2　保険料計算のしくみ

(1) 報酬とは

保険料徴収の対象となるものは報酬です。「報酬」とは，賃金，給料，俸給，手当等その他名称のいかんを問わず，労働者が労働の対償として受けるものをいいます。したがって，事業主が恩恵的に与えるもの，実費弁償的なものは報酬になりません。

臨時に受けるものは，たとえ労働の対償であっても，社会保険（健康保険，厚生年金保険）では報酬に含めません。しかし，労働保険料（労災保険・雇用保険）の計算対象となる賃金には含まれます。臨時に支払われる賃金は，社会保険と労働保険では取扱いが異なりますので注意してください。

また社会保険料は，月々の標準報酬月額と標準賞与額（3か月を超える期間ごとに支払われる報酬）とに分けて，それぞれに保険料率を乗じて算出します。

(2) 報酬月額とは

報酬月額とは，(1)の報酬のうち月額で支払われるものをいいます。基本給はもちろん，家族手当，時間外手当，通勤手当などの諸手当も全て含まれます。ただし，年3回以下支給の賞与や臨時に支給さ

れるもの（大入袋，解雇予告手当，結婚祝金など）は，含まれません。

現物給与（通勤定期券，食事，住宅など）がある場合は，通勤定期券などは1か月相当分の金銭に換算し，食事や住宅などは，都道府県ごとに厚生労働大臣が告示で定めた価額に基づき金銭に換算します。なお，この価額の3分の2以上を被保険者が負担している場合は，現物給与はないものと扱い，負担が3分の2未満の場合は，（価額－本人負担額）を報酬月額に含めます（住宅を除く）。

(3) 標準報酬月額とは

健康保険・厚生年金保険では，個々の被保険者の報酬に応じて保険料を計算します。このとき，報酬月額を一定の幅で区切り（等級という。本書折込表

記載例①

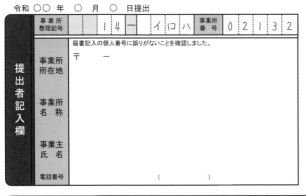

※ 事業所整理記号は，健康保険被保険者証では8桁の数字になっています。

　①の被保険者整理記番号は，資格取得した順に追番号をつけ，退職者は空番とします。

　⑧で被扶養者「有」とした場合は，健康保険被扶養者（異動）届・国民年金第3号被保険者関係届（配偶者が該当する場合）を添付します。

その2（裏面），3参照。），そこにあてはめた標準報酬月額をもとに保険料を計算します。

（4） 標準賞与額

労働者が労働の対償として受けるもののうち，3か月を超える期間ごとに受けるもの（例：年に3回までの賞与）を社会保険では賞与といい，同一の性質を有するものごとに数えます。現物支給も含まれ，その価額の取扱いは，報酬月額と同じです。そして，労働者が受けた賞与額の1,000円未満の端数を切り捨てたものを標準賞与額といいます。標準賞与額には上限があります（4(2)参照）。

また，標準賞与額は1年に3回まで支給のものが対象ですので，4回以上支給されるものは，『標準報酬月額』の対象になり，算定基礎届による定時決定（後述）等の際，月あたり平均額を各月の報酬月額に加算します。

（5） 標準報酬月額の決め方

被保険者一人ひとりの標準報酬月額を決める事務は，下記4通りの方法のいずれかです。

① 資格取得時決定
② 定時決定
③ 随時改定
④ 産休・育休終了時改定

① 資格取得時決定

新しく被保険者になった人の標準報酬月額の決め方です。具体的には，「被保険者資格取得届」で届け出た報酬月額によって決定されます（記載例①）。

② 定時決定

事前に保険者（年金事務所又は健康保険組合）

記載例②

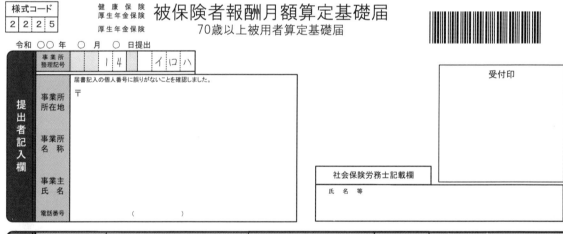

（注） 提出者記入欄と①～⑥は，あらかじめ印字されたものが送付されてきます。

様式コード			
2	2	2	1

健 康 保 険
厚生年金保険
厚生年金保険

被保険者報酬月額変更届
70歳以上被用者月額変更届

令和○○ 年 ○ 月 ○ 日提出

	事業所 整理記号				1 4	—	イ ロ ハ			

提出者記入欄

届書記入の個人番号に誤りがないことを確認しました。

事業所所在地 〒 −

事業所名称

事業主氏名

電話番号 （ ）

受付印

社会保険労務士記載欄
氏 名 等

項目名	① 被保険者整理番号	② 被保険者氏名		③ 生年月日		④ 改定年月	⑰ 個人番号[基礎年金番号] ※70歳以上被用者の場合のみ
	⑤ 従前の標準報酬月額	⑥ 従前改定月	⑦ 昇（降）給		⑧ 遡及支払額		
	⑨ 給与 支給月	⑩ 給与計算の 基礎日数	**報酬月額**			⑭ 総計	⑱ 備考
			⑪ 通貨によるものの額	⑫ 現物によるものの額	⑬ 合計（⑪+⑫）	⑮ 平均額	
						⑯ 修正平均額	

1	① 2	② ○○ ○男		③ 7 02 02 19		④ 令和6年2月	⑰
	⑤ 健 300 千円 厚 300 千円	⑥ 5 年 9 月	⑦ 昇（降）給 38,000 月 1. 昇給 2. 降給		⑧ 遡及支払額 月 円		1. 70歳以上被用者月額変更 2. 二以上勤務 3. 短時間労働者（特定適用事業所等） ④ 昇給・降給の理由（ 基本給昇給 ） 5. 健康保険のみ月額変更 （70歳到達時の契約変更等） 6. その他（ ）
	⑨支給月 ⑩日数 ⑪通貨		⑫現物	⑬合計（⑪+⑫）	⑭総計		
	11 31 338,000 円		0 円	338,000 円	1,014,000		
	12 30 338,000 円		0 円	338,000 円	⑮平均額 338,000		
	1 31 338,000 円		0 円	338,000 円	⑯修正平均額		

（注） ⑨支給月とは，給与の対象となった計算月ではなく，実際に給与の支払を行った月となります。

より事業所宛に送付される届出書に基づいて，毎年7月1日現在において現に被保険者である人について，標準報酬月額を見直すものです。（記載例③）具体的には，直前の4月・5月・6月の3か月に支払われた報酬月額の平均額を「被保険者報酬月額算定基礎届」で届け出ることによって決定されます。育児休業中で報酬を受けていない場合等，通常の方法では「算定が困難なとき」や「著しく不当になる場合」は保険者（日本年金機構）が報酬月額を算定します。これを保険者算定といいます（記載例②）。

③ 随時改定

標準報酬月額が決定された後，基本給の増減，役職手当や通勤手当の変動など報酬の固定的部分が著しく変動しかつ，支払基礎日数等の条件に該当することとなったときに，事業所からの届出によって随時に改定するものです。具体的には報酬

の固定的部分に著しい変動があった月以降3か月の平均額が原則として2等級以上変動することとなったとき「被保険者報酬月額変更届」を提出することによって決定されるものです（記載例③）。単純平均で改定すると「著しく不当になる」場合も保険者算定（修正平均）によって改定します。

なお，業務の性質上2等級以上の差が例年発生することが見込まれ，かつ，報酬月額の変動（定期昇給など）も，業務の性質上例年発生することが見込まれる場合は，年平均額による随時改定の対象となります。

（注） 退職後継続再雇用の場合

60歳以上の者で退職後切れ目なく同一の事業所にて継続して再雇用された場合は，社会保険の被保険者資格も継続します。この場合，再雇用日に使用関係が一旦中断したものとして「資格喪失届」を提出し，同日付で新しい標準報酬月額による「資

格取得届」を提出します。このとき，資格喪失を証明する書類（就業規則の定年規定部分等）及び新たな雇用契約を結んだことがわかる書類（再雇用契約書等）と健康保険証を添付します。健康保険証は再交付されます。

この手続により，再雇用月から，再雇用後の新しい給与に応じた標準報酬月額が適用されます。

④ 産前産後休業・育児休業終了時の改定

育児・介護休業法による育児休業を終了し職場復帰したときに，育児休業の対象となった子が3歳未満だった場合，「育児休業等終了時報酬月額変更届」を事業主経由で提出することで，標準報酬月額の改定が行われます。産前産後休業後に育児休業を取得せずに職場復帰する場合は，「産前産後休業終了時報酬月額変更届」にて手続きを行います（関連307ページ）。

この育児休業・産前産後休業後の改定による標準報酬月額の低下については，将来受ける年金の計算時においては，休業前（低下する前）の標準報酬月額が用いられます。

以上のように標準報酬月額の決め方には4つの方法があり，それぞれの計算方法と有効期間を横断的にまとめたものが次ページの表です。

標準報酬月額等級表の等級については，本書の折込表その2（裏面），3のなかの「標準報酬月額保険料額表」を参照してください。また，健康保険及び厚生年金保険では標準報酬月額等級の上下限が異なっていますので注意してください。

年金事務所等により決定又は改定された標準報酬月額が，その被保険者の月々の保険料計算の基礎となります。

(6) 健康保険被扶養者と国民年金第3号被保険者

健康保険被扶養者は，75歳未満（後期高齢者医療の対象外）で，被保険者の3親等内の人のうち，生計維持（主として被保険者の収入で生計維持して

いること）や同居などの一定の要件を満たす人です。詳細は，届出用紙裏面の記載等を確認してください。

資格取得時に被扶養者がいる場合は，被扶養者（異動）届を添付します。60歳未満の配偶者については国民年金第3号被保険者の資格取得となることがあります。

なお，被扶養者に該当しなくなった場合にも被扶養者（異動）届を提出します。

3 月々の保険料の計算・徴収・納付の実務

(1) 保険料率について

健康保険・厚生年金保険の保険料は，標準報酬月額と標準賞与額にそれぞれ保険料率を乗じて算出されます。

① 健康保険

健康保険では，保険事業の経営責任者（保険者といいます。）が3種類あります。全国健康保険協会（協会けんぽ）・健康保険組合が管掌する健康保険組合（健保組合）・特定の業種で構成する国民健康保険組合（国保組合）です。健康保険の保険料率については，協会けんぽは都道府県ごとに定められ，令和6年は，1,000分の93.5から1,000分の104.2の範囲となっています。健保組合・国保組合は，それぞれの組合の規約により定められます。

なお，健康保険の被保険者である40歳以上65歳未満の人は，介護保険の第2号被保険者に該当し，介護保険料（令和6年3月分から保険料率1,000分の16.0（協会けんぽ）を事業主と被保険者が折半で負担）を徴収します。実際には，介護保険料として別に徴収するのではなく，健康保険料と一体化して徴収されます。健康保険料の額（健康保険料＋介護保険料）は，健康保険料額表の「介護保険第2号被保険者に該当する場合」欄から，本人の標準報酬月額を当てはめて算出します。賞与については標準賞与額に一般健康保険料率と介護保険

項目	資格取得時の決定	定　時　決　定	随　時　改　定	産休・育休終了時改定
計算方法等	① 月給の場合はその額に通勤手当（1か月換算）などを加えた額。週給の場合はその額を7で割って30倍した額。 ② 日給，時間給，出来高給，請負給については，資格取得の日の前1か月間にその事業所で同じような仕事について同じような給料や賃金を受ける者たちが受ける給料や賃金を平均した額。 ③ ①又は②の方法で計算できない場合は，資格取得の日の前1か月間にその事業所と同じ地域で同じような仕事について同じような給料や賃金を受ける者が受けた報酬の額。 ④ 基本給が日給，手当が月給で支給されるというような場合は，上記①と②でそれぞれ計算した額の合計額。	7月1日現在適用事業所に使用されるすべての被保険者について，その事業所で4月，5月，6月の3か月間に支払われた報酬をその月数で除して得た額。これらの月に報酬支払基礎日数が17日未満の月があるときはその月の報酬及び月を除いて算出した額。ただし，6月1日以降に資格を取得した人及び7月から9月までの間に随時改定が行われる人については，その年に限り，定時決定は行われない。 (注) 4月，5月，6月のすべてが17日未満のときや季節的に報酬が片寄るなどの場合は保険者算定となる。	① 昇（降）給などで固定的賃金に変動があったとき又は賃金体系の変更（日給制⇔月給制，月給制⇔歩合制など）があったとき。 ② 変動月以後引き続く3か月間に受けた報酬の平均月額を標準報酬月額にあてはめて，現在の等級と2等級以上(注)の差があるとき。ただし，この3か月間に報酬の支払基礎日数が17日未満の月があれば改定は行われない。 (注) 1等級の例外あり。 　また，固定的賃金は増加しても，非固定的賃金が減少したため，平均額が下がるような場合も改定しない。その逆も同様。 　なお，改定された標準報酬月額が適用されるのは，改定基準月の翌月（つまり第4月目）からである。	① 産休後改定は，産休を終了し，復職する人が対象。育休後改定は，育休終了日に3歳未満の子を養育している人が対象。 ② 産休終了日（又は育休終了日）の翌日（職場復帰日）が属する月以後連続する3か月に受けた報酬の総額をその期間の月数で割った額を報酬月額として標準報酬月額を改定する。 　ただし，3か月間に支払基礎日数17日未満の月は除いて計算する(注)。 ③ 産休終了日（育休終了日）の翌日（職場復帰日）が属する月以後4か月目の標準報酬月額から改定する。 (注) 3か月のいずれも17日未満のパートタイマーの場合，15日以上17日未満の月の報酬月額により算定。
有効期間	被保険者の資格取得日が1月1日から5月31日までの間にある人の場合はその年の8月31日まで，6月1日から12月31日までの間に資格を取得した人については翌年の8月31日まで有効。	定時決定で決められた標準報酬月額は，原則として9月1日から翌年の8月31日まで有効。	随時改定の時期が1月から6月までのときは，その年の8月31日まで，7月から12月までのときは翌年の8月31日まで有効。	改定月が1月から6月までの場合は，その年の8月31日まで，7月から12月までの場合は翌年の8月31日まで有効。

料率を合算した率を乗じて算出します。

② **厚生年金**

厚生年金保険の保険料率は，平成29年9月分以降，1,000分の183で，当分の間固定されることになっています。

(2) **保険料の負担割合について**

協会けんぽと厚生年金保険の保険料は，事業主と被保険者がそれぞれ半分ずつ負担することになっています。健保組合の保険料は，その組合の規約により事業主の負担額が多くなっていることもあります。

厚生年金基金に加入していた場合は，老齢厚生年金の代行部分に係る掛金を基金に納め，その分減額免除された厚生年金保険料を負担します。免除される保険料率は基金によって異なるため，厚生年金保険料率（免除保険料率）も加入基金により異なります。

(3)　1円未満の端数処理について

保険料額表には1円未満の端数があり，事業主と被保険者の負担分についてもそれぞれ1円未満の端数が生じるときがあります。この端数の負担については，事業主と被保険者との間に端数処理についての特約があればその特約によりますが，特約がないときは「通貨の単位及び貨幣の発行等に関する法律」により以下のように処理します（健康保険組合の場合は組合規約により処理します）。

① 事業主が，給与から被保険者負担分を控除する場合，被保険者負担分の端数が50銭以下の場合は切り捨て，50銭を超える場合は切り上げて1円となります。

② 被保険者が，被保険者負担分を事業主へ現金で支払う場合，被保険者負担分の端数が50銭未満の場合は切り捨て，50銭以上の場合は切り上げて1円となります。

(4)　保険料控除の実務

月々の保険料は，本書の折込表その2（裏面），3の「標準報酬月額保険料額表」に照らし合わせて被保険者負担分の保険料を算出します。この算出された保険料を毎月の給料から控除します。

給料から控除される保険料は，1か月分に限られます。控除する方法は，当月の給料から前月分の保険料を控除することになっています。ですから，新規採用した場合，採用した月に支払う給料からは，保険料を控除することができません。例えば，給料の締切日20日，支払日が25日である場合，4月1日に入社した人の4月分の保険料は，4月25日に支払う給料からは控除しないで，5月25日に支払う給料から控除することになります。ただし，入社して被保険者となった同じ月に喪失した場合（同月得喪）は1か月分の保険料を控除します。

なお，健康保険・厚生年金保険の月々の保険料の徴収（控除）は歴月単位で計算し，徴収対象月は被

保険者資格の取得月から喪失月の前月となり，日割計算はしません。極端な例ですが，12月31日に資格取得（入社）した人でも12月は被保険者である月として扱い1か月分の保険料を徴収（1月に支払う給与から控除）します。また，末締・末払の会社において，11月以前から被保険者だった人が12月31日に退社した場合，資格喪失月は1月（資格喪失日は1月1日）で，12月分の保険料が発生するため，12月末に支払う最後の給与から11月分・12月分の2か月分の保険料を控除します。

ちなみに，私傷病や労災による休業のため給与の支払いがない月も，社会保険料は雇用保険料と異なり納付義務がありますので，注意が必要です（産前産後休業及び育児休業の場合は②参照）。

保険料控除に関する留意点は以下のとおりです。

① 控除する保険料は，残業代の変動等で給与総額が変動しても定時決定又は随時改定で標準報酬月額が改定されるまで変更されません。

② 産前産後休業期間中及び3歳未満の子を養育するための育児休業期間中の健康保険料・厚生年金保険料は，事業主からの申出により事業主分・被保険者分とも免除されます。免除される期間は，次のとおりです。

ア）産前産後休業中：産前産後休業開始月から終了日翌日の月の前月まで

イ）育児休業中：育児休業開始月から育児休業終了日翌日の月の前月まで

月内で終了した場合も14日以上育児休業等を取得した場合，その月分は免除されます。

産前産後休業又は育児休業期間中に賞与が支給された場合は，後述の標準賞与額に対する保険料も免除の対象となります。

ただし，賞与支払月の末日を含む連続した1か月超の育児休業に限ります。

③ 3歳未満の子を養育する期間の標準報酬月額が養育開始前より下がるときは，「厚生年金保険養育期間標準報酬月額特例申出書」を提出しま

す。この手続きにより養育期間中の報酬の低下が，将来の年金額に影響せず，従前の標準報酬月額とみなされます。

④ 厚生年金保険では，被保険者が70歳に達すると原則として被保険者資格を喪失します。したがって，厚生年金保険の保険料は月の2日から月末までが誕生日の人はその月の給与まで控除し，1日生まれの人のみ前月の給与まで控除することとなります（『年齢計算に関する法律』により，誕生日の前日に年齢に達するため）。

健康保険では，原則として被保険者が75歳に達すると被保険者資格を喪失します。喪失後は，後期高齢者医療制度に加入することとなります。保険料の控除については，前述の厚生年金保険と同じ扱いです。いずれも会社の定年年齢（例えば60歳）ではありませんので，注意が必要です。

⑤ 70歳以上で一定の要件を満たす被保険者を「70歳以上被用者」といいます。70歳以上被用者は，該当したとき又は該当しなくなったときや，定時決定又は随時改正を行うとき，賞与を支払ったときには，所定の届出様式を提出します。

(5) 保険料の納付手続

健康保険・厚生年金保険の保険料は，事業主が被保険者負担分と事業主負担分を合算して，当月分を翌月末日までに納付します。

納付すべき金額は，毎月20日頃，前月分の額が保険料納入告知通知書（納入告知書）で通知され，その通知書の納付期限に事業主の預金口座から自動引落しされます。

納付期限までに保険料を納めないと，年金事務所から期限を指定した督促状により督促を受けます。その督促状の指定期限が過ぎても納めないときは，国税滞納処分の例によって財産差押えなど強制的な徴収が行われることになります。また，督促状の指定期限までに保険料を納めないと，納付期限の翌日から保険料完納又は財産差押えの日の前日までの期

間について，延滞金軽減法による延滞金が課せられます（最高年率14.6%）。

4 標準賞与額に対する保険料の計算・徴収・納付の実務

(1) 対象となる賞与等

年3回以内で支給される賞与や臨時の手当などは報酬月額に含まれないことは前述しましたが，そのうち，3か月を超える期間ごとに受けるものは賞与とされ，健康保険・厚生年金保険の保険料の対象になります。

(2) 保険料計算の対象額

賞与など（3か月を超える期間ごとに受けるもの）に係る保険料計算の対象になる賞与などを，標準賞与額といいます。標準賞与額は，賞与額から1,000円未満の端数を切り捨てた額となります。また，保険料徴収の対象になる金額には上限があり，健康保険では1年度（4月～翌年3月）で573万円，厚生年金保険・子ども子育て拠出金では1回あたり150万円（同じ月に2回以上支給のときは合算）になっています。例えば，300万円の賞与が支給されたとすると，健康保険では「573万円－その年度の既払い賞与額」（300万円がその年度に支給された初めての賞与である場合は300万円）の賞与として，厚生年金保険・子ども子育て拠出金では150万円の賞与として保険料を計算します。

(3) 保険料率と負担割合

標準賞与額に乗ずる保険料率は，一般保険料率，介護保険料率ともに，標準報酬月額に乗ずる保険料率と同じです。したがって，健康保険の被保険者で40歳以上65歳未満の介護保険第2号被保険者については，（一般保険料率＋介護保険料率）を標準賞与額に乗じて保険料を算出します。

保険料の負担は，上記の保険料を事業主と被保険者で折半します。健保組合の場合にはそれぞれの健

保組合ごとに，保険料率，負担割合とも規約を定めて運用しています。

また算出した保険料額に１円未満の端数が生じた場合は「通貨の単位及び貨幣の発行等に関する法律」により前述した処理をすることになっています。

(4) 賞与支払時期と保険料徴収の実務

賞与などに係る保険料徴収の仕方は，標準報酬月額に係る保険料と同様の考え方をします。例えば，４月16日に被保険者資格を取得したとすると，４月分について保険料がかかります。したがって，４月16日以降４月30日の間に支払われた賞与については，保険料徴収の対象になります。逆に，前月から引き続いて被保険者だった人が，７月15日付けで退職したとすると，被保険者資格喪失日は７月16日で，７月分の保険料は不要です。したがって７月１日以降に支払われた賞与からは保険料は徴収しません。

同様に，育児休業の場合や介護保険第２号被保険者の場合など，いつ支払われた賞与などが保険料徴収の対象になるのか，例を挙げて図で示しましょう。

① 資格取得及び資格喪失の場合

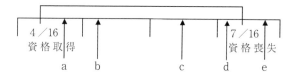

各時期に支払われた賞与と保険料徴収の関係

賞与支払時期	a	b	c	d	e
徴収要・不要	徴収	徴収	徴収	不要	不要

② 同月得喪の場合

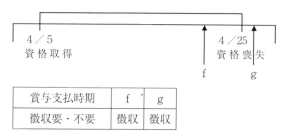

賞与支払時期	f	g
徴収要・不要	徴収	徴収

③ 育児休業開始及び終了の場合

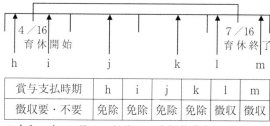

賞与支払時期	h	i	j	k	l	m
徴収要・不要	免除	免除	免除	免除	徴収	徴収

※令和４年10月１日以降は，育児休業期間が１か月以内の場合，賞与に係る保険料免除はありません。

④ 40歳になり介護保険第２号被保険者になる場合の介護保険料（健康保険・厚生年金保険料は徴収されます）

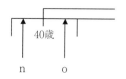

賞与支払時期	n	o
徴収要・不要	徴収	徴収

⑤ 65歳になり介護保険第１号被保険者になる場合の介護保険料（健康保険・厚生年金保険料は徴収されます）

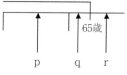

賞与支払時期	p	q	r
徴収要・不要	徴収	不要	不要

(5) 保険料の納付手続

事業主は賞与等を支払ったときには「健康保険・厚生年金被保険者賞与支払届」により，支払日の翌日から５日以内に所轄年金事務所又は健康保険組合へ届け出なければなりません。「支払届」用紙には被保険者ごとに総額と標準賞与額を記載します。[※]

「支払届」に基づいて算出された保険料は月額保

険料に合算され，毎月の納入告知書に記載されて事業所に送付されます。納入告知書の納付期限に月額保険料と合わせて，事業主負担分を含めて預金口座から引き落とされます。

※届出済の賞与支払予定月に支給しなかった場合は賞与不支給報告書を提出します。

5　子ども・子育て拠出金

保険料納入告知書には子ども・子育て拠出金が記載されています。児童手当等の費用は，将来の労働力維持，確保につながる効果が期待され，事業主の立場と密接に結びつくものであるという趣旨から，児童手当を受給する被保険者の有無にかかわらず，事業所における厚生年金被保険者全員の標準報酬月額と標準賞与額の合計額に拠出金率をかけた額を，全額，事業主が負担することになっています。

令和6年4月分からの拠出金率は1,000分の3.6で，事業所の業種，規模等にかかわりなく一律です。

6　電子媒体・電子申請による届出

(1)　電子媒体（CD等）による届出

次の届出については，電子媒体にて届出可能です。届書作成プログラムのダウンロード及び手順の詳細は，日本年金機構のホームページを参照してください（①資格取得届/70歳以上被用者該当届，②資格喪失届/70歳以上被用者不該当届，③報酬月額算定基礎届/70歳以上被用者算定基礎届，④報酬月額変更届/70歳以上被用者月額変更届，⑤賞与支払届/70歳以上被用者賞与支払届，⑥被扶養者（異動）届/国民年金第3号被保険者関係届，⑦国民年金第3号被保険者関係届）。

(2)　電子申請による届出

電子申請とは，年金事務所等の窓口で受け付けていた申請・届出の手続を，パソコンからインターネットを利用して行うものでe-GovまたはGビズIDを使った申請もできるようになりました。電子申請については，

日本年金機構のホームページを参照してください。

なお，大企業等（資本金1億円超の法人など）は，令和2年4月1日から社会保険，労働保険，雇用保険の一部の手続きについて，電子申請が義務化されました。

7　その他の被保険者

(1)　派遣労働者

派遣労働者は，派遣先事業主の指揮命令の下で就労しますが，雇用関係は派遣元事業主との間にあります。したがって健康保険・厚生年金保険の加入手続は，派遣労働者に被保険者資格があれば派遣元事業主が行います。

登録型派遣労働者の資格継続・喪失の判断は，次のように行います。

① **資格継続となる例**

派遣先A社の雇用契約終了日において，1か月以内に次の派遣先B社に1か月以上雇用契約が確実に見込まれる場合。

② **資格喪失となる例**

派遣先A社の雇用契約終了日において，派遣先B社に1か月以上雇用契約が確実に見込まれていたが，1か月以内に契約締結されないことが確実な場合は，その確実となった日の翌日に喪失。

又は，B社との契約締結が遅れて1か月過ぎてしまった場合，1か月経過した日に喪失。

(2)　出向労働者

関連会社への移籍出向の場合は，出向元事業所の資格を喪失し，出向先事業所にて資格取得します。

在籍出向の場合は，報酬の支払い方によって取扱いが次のように変わります。

① 出向元で全額支給：出向元にて加入
② 出向先で全額支給：出向先にて加入
③ 出向元先双方より支給：「被保険者所属選択・二以上事業所勤務届」を提出（関連296ページ）。

Ⅱ　労働保険料の実務

1　労働保険のしくみ

労働保険とは，雇用保険と労災保険（労働者災害補償保険）を合わせ総称した表現で，保険対象となる事業の内容により一元適用事業と二元適用事業に分かれます。

① 一元適用事業……二元適用以外の事業で，雇用保険と労災保険の二つの保険関係を合わせて，一つの保険関係として扱い，保険料の算定・納付を一元的（同時）に処理する事業。

② 二元適用事業……雇用保険と労災保険の保険関係を別々に扱い，保険料の算定・納付も二元的（別々）に処理する４事業

　⑦農林・水産の事業，④建設の事業等，⑤港湾運送事業，⑤都道府県・市町村が行う事業

2　雇用保険の適用事業と被保険者

⑴　適用事業とは

雇用保険は原則として，すべての事業に対して適用されます。業種や規模を問わず，労働者が１人以上雇用される事業はすべて適用事業になります。ただし，農林水産の事業のうち，５人未満の個人経営の事業は暫定的に任意適用とされています。この場合だけは例外的に都道府県労働局長の任意加入の認可を受けてはじめて保険関係が成立します。

⑵　被保険者

雇用保険は，社会保険と同様に強制保険（強制加入）方式をとっています。原則として，雇用保険の適用事業に雇用される労働者であれば，法律上当然に雇用保険の被保険者になります。ですから，事業主や労働者の意思で，任意に被保険者になるならな

いを判断するものではありません。

雇用保険の被保険者は，次の種類に分かれ，それぞれの就労実態に応じた失業給付等が支給されます。

① 一般被保険者（②〜④以外の常用労働者）

② 高年齢被保険者（65歳以上の常用労働者）

③ 短期雇用特例被保険者（季節的に雇用される者等）

④ 日雇労働被保険者（日々雇用される者等）

こうした被保険者の資格の取得，喪失などに関する届出は事業主の義務となっています。

なお，届出書には，個人番号の記載が必要です。

⑶　被保険者にならない労働者

適用事業所に雇用される労働者は，年齢を問わず原則としてすべて被保険者になりますが，雇用保険法６条各号に掲げられている者は適用除外となります。

学生，アルバイト，役員の親族，季節的労働者などについては実務上よく問題となります。そのため，これらの人の被保険者資格取得届の提出にあたっては，その人の労働者的性格の有無などを実態に則して総合的に判断する必要があります。

⑷　法人の取締役等

取締役は，原則として雇用保険の被保険者となりません。しかし，取締役であって同時に部長，工場長等従業員としての身分を有する者で，報酬支払等の面から労働者的性格が強く雇用関係があると認められる場合は，被保険者となります。

監査役については，会社法上従業員との兼職禁止規定があるので，被保険者となりません。しかし，監査役就任が名目的に過ぎず，常態的に雇用関係があると認められる場合に限り，被保険者となります。

なお，被保険者の資格取得手続にあたっては，使用人兼務役員の手続を行う必要があります。保険料は，従業員としての賃金相当分にのみ発生します。

(5) パートタイマー

短時間労働者，いわゆるパートタイマーとして雇用される人も31日以上雇用見込みがあり，週所定労働時間が20時間以上の場合は，雇用保険の被保険者となります。なお，被保険者資格取得の手続にあたっては所定労働時間を確認できる労働契約書等の添付が必要になります。

(6) 外国人労働者

在留資格を有する外国人は，外国公務員及び外国の失業補償制度の適用を受けていることが明らかである者を除き，国籍を問わず被保険者となります。手続の際は，国籍，在留資格，在留期間等を記載して届出することになっています。労災保険については，外国人労働者も一律に適用となります。

ちなみに，雇用保険の被保険者とならない外国人についても雇入れ・離職の際に「外国人雇用状況報告書」によるハローワークへの報告が必要です。

(7) 雇用保険マルチジョブホルダー制度

65歳以上の労働者が，以下の要件を満たす場合，本人の申出により雇用保険の被保険者となります（マルチ高齢被保険者）。

① 2つの事業所（1事業所の週所定労働時間が5時間以上20時間未満）の労働時間合計が週20時間以上

② 2つの事業所の雇用見込みが31日以上

3 雇用保険料の計算・徴収・納付の実務

(1) 保険料率と負担割合について

令和6年度の保険料率と負担割合は次表のように定められています。

事業の種類	保険料率	被保険者負担	事業主負担
一般の事業	$\frac{15.5}{1000}$	$\frac{6}{1000}$	$\frac{9.5}{1000}$
農林水産・清酒製造事業	$\frac{17.5}{1000}$	$\frac{7}{1000}$	$\frac{10.5}{1000}$
建設の事業	$\frac{18.5}{1000}$	$\frac{7}{1000}$	$\frac{11.5}{1000}$

この事業の種類のうち一般事業以外を「特掲事業」といいます。概略すると次のような事業で，おもに短期雇用特例被保険者や日雇労働被保険者を多数雇用する事業といえます。

① 農林水産の事業（そのうち，園芸サービス，牛馬の育成，養鶏，酪農，養豚，内水面養殖の各事業は一般事業となる）

② 清酒製造の事業

③ 建設の事業

また，上表で被保険者負担と事業主負担に差がありますが，その差は雇用二事業（雇用安定事業，能力開発事業）に要する率で，この部分は全額事業主が負担することになっています。

(2) 雇用保険料控除の実務

雇用保険料の被保険者負担分は，被保険者に給与を支払うごとに給与から控除します。保険料は，給与額に被保険者負担分の保険料率を乗じて算出します。控除できるのは，支払う給与に係る分に限られます。過去に控除し忘れたとしてもその分もまとめて控除することはできません。

控除する方法は，社会保険料の場合と異なります。健康保険・厚生年金保険では，当月の給料から前月の保険料（原則として変動せず）を控除しますが，雇用保険はその月に実際に支給された給料の総額に対して前記の被保険者負担率を乗じて算出した保険料を，当月の給料から控除します。給料に変動があれば，雇用保険料もそのつど変動します。例えば，残業代の増減によって給料が月ごとに変動すれば雇用保険料も月ごとに変動します。また長期欠勤中で

付録17

無給の場合，社会保険の保険料は控除し続けますが雇用保険は徴収しません。

雇用保険料の控除については，その他次の点に留意してください。

① 雇用保険の被保険者には社会保険のような年齢制限はありません。

② 年3回以内の賞与などについては健康保険・厚生年金保険では，保険料の計算対象額には上限がありますが雇用保険では，労働の対償として支給された賞与などは，月々の給料と同じように実際に支給された賞与額に保険料率を乗じて雇用保険料を算出し，計算対象額に上限はありません。

③ 被保険者負担分の雇用保険料を求める際，1円未満の端数があるときは，社会保険料と同様に「通貨の単位及び貨幣の発行等に関する法律」により処理します。

(3) 日雇労働者の手続きと保険料

日雇労働被保険者を使用するときは，雇用保険印紙購入通帳の交付を受け，雇用保険印紙を購入します。日雇労働被保険者の所持する日雇労働被保険者手帳に次の表の区分における保険料額の雇用保険印紙を貼付し，割印の枠の上に消印を行うことにより印紙保険料を納付することになります。

印紙保険料	賃金日額区分	保険料額	保険料の負担	
			事業主	被保険者
1級	11,300円以上	176円	88円	88円
2級	8,200円以上 11,300円未満	146円	73円	73円
3級	8,200円未満	96円	48円	48円

4 労災保険の適用と保険料

労災保険は，業態や正社員，パートタイマー，アルバイト等雇用形態に関係なく労働者を一人でも雇い入れればその事業所が適用対象になります。ただし，農林水産事業のうち労働者5人未満の個人経営の事業は暫定任意適用です。

(注) 中小事業主等には，特別加入制度があります。

労災保険は賠償責任保険という考え方であり，雇用保険のように労働者を登録（特定）することはなく，したがって資格取得，喪失等の手続もありません。

令和6年度の保険料率は，事業の種類ごとに1,000分の2.5から1,000分の88まで54種類に分かれています[注]。

雇用するすべての労働者の，一保険年度における賃金総額（二元適用事業の場合は特例あり）に労災保険率を乗じて保険料を算出します。算出された保険料は全額が事業主負担であり労働者からの徴収はいっさいありません。

(注) メリット制の適用がある場合は指定されたメリット料率になります。

5 労働保険料の納付手続

労働保険料の額は，労働者に支払う賃金の総額（給料，賞与，諸手当など労働の対象として支払うもの，臨時に支払われるものもすべて含まれますが実費弁償的なものや恩恵的なものは含まれません）に保険料率（労災保険率＋雇用保険率）を乗じて計算されます。

社会保険料の納付は，月ごとに当月分を翌月末日までに納付しますが，労働保険料は原則として年1回でまとめて納付することになっています。

労働保険では，保険年度（毎年4月1日から翌年3月31日まで）の当初に概算で保険料を前払い（概算保険料という）しておき，年度終了後に，実際に前年度に支払われた賃金の総額に基づいて保険料（確定保険料）を計算し，前払いしてある概算保険料との過不足を精算する方法をとっています。したがって，概算保険料より確定保険料のほうが多ければ，その不足分を次年度の概算保険料に加算して納付します。

逆に，概算保険料より確定保険料のほうが少なければ，その過剰分は次年度の概算保険料に充当又は還付という方法で精算します。これを労働保険の「年度更新」といいます。申告納付期間は毎年6月1日から7月10日の間です。この期間に前年度の確定保険料と当年度の概算保険料を併せて申告・納付します。

手続は，事業所へ送付される申告書（納付書）に納付額を記入し，最寄りの金融機関，労働局，労働基準監督署で納付します。口座振替・電子納付も可能です。

労働保険料は，事業主の自主的な申告・納付を建前としていますが，この申告の手続を怠ったり，記載内容に誤りがあると認められる場合には，保険者である政府は，職権により，事業主が申告すべき保険料の額を決定します。これを認定決定といいます。認定決定によって確定保険料を納付しなければならない場合には，その納付すべき額の10%（印紙保険料は25%）を乗じた額の追徴金を徴収されることになっています。

年度更新の具体的な手続は，まず，令和5年度の労災保険分の賃金総額及び雇用保険分の賃金総額をそれぞれ算出し，その金額を「労働保険概算・確定保険料申告書」へ転記して確定保険料を計算します(注1)。次に，概算保険料は，令和6年度中に支払われることが予想される賃金総額の見込額を基に計算します。その見込みが前年と比較して $\frac{50}{100}$ 以上 $\frac{200}{100}$ 以下の範囲内ならば，確定賃金総額と同額を概算賃金総額として計算します。

概算保険料額が40万円以上（労災保険か雇用保険のどちらか一方の保険関係のみ成立している場合は20万円以上）あれば，これを3回に分けて延納することができます。延納回数は3回のみであり，割り切れない場合の端数額については初回納付額に合算します。

以上の手順により，確定保険料及び今年度の概算保険料の計算ができたら，最後に前年度の申告済概算保険料額と確定保険料額の差引額を計算します。不足額があれば概算保険料と併せて納付し，払いすぎがあれば，今年度の概算保険料額に充当します。

なお，確定保険料に石綿（アスベスト）健康被害者救済費用に充てる「一般拠出金」（業種を問わず，労災保険の確定保険料算出基礎となった賃金総額の1,000分の0.02）を付加することになっており，納付保険料はその額を加えた額となります。

ちなみに，労働保険の年度更新手続きも電子申請で行うことができます。詳細は，電子政府の総合窓口（e-Gov）を参照してください(注2)。

(注) 1　適用事業所に雇用される労働者であっても雇用保険適用除外者となる労働者がいる場合は，労災保険分の賃金総額と雇用保険分の賃金総額は一致しません。
　　 2　大企業等は電子申請が義務化されています（311ページ参照）。

（特定社会保険労務士　太田　彰）
（特定社会保険労務士　増田文香）

付録
17

● 編者・執筆者 ●
岡本　勝秀

6年版

源泉徴収税額表とその見方　　　　令和6年 6 月20日　令和6年版発行

 日本法令®

〒101-0032
東京都千代田区岩本町 1 丁目 2 番19号
https://www.horei.co.jp/

検印省略

編　者　岡本　勝秀
発行者　青木　鉱太
編集者　岩倉　春光
印刷・製本　丸井工文社

（営　業）　TEL　03-6858-6967　　Eメール　syuppan@horei.co.jp
（通　販）　TEL　03-6858-6966　　Eメール　book.order@horei.co.jp
（編　集）　FAX　03-6858-6957　　Eメール　tankoubon@horei.co.jp

（オンラインショップ）　https://www.horei.co.jp/iec/
（お 詫 び と 訂 正）　https://www.horei.co.jp/book/owabi.shtml
（書籍の追加情報）　https://www.horei.co.jp/book/osirasebook.shtml

※万一、本書の内容に誤記等が判明した場合には、上記「お詫びと訂正」に最新情報を掲載
　しております。ホームページに掲載されていない内容につきましては、FAXまたはEメー
　ルで編集までお問合せください。